国家卫生健康委员会全科医学规划教材
供全科医生学历继续教育、转岗培训、农村订单定向医学生培养使用

全科医生
临床操作技能训练

第 3 版

主　编　于晓松

副主编　马　力　张秀峰　孟宪宇

人民卫生出版社
·北京·

图书在版编目（CIP）数据

全科医生临床操作技能训练 / 于晓松主编 . —3 版
. —北京：人民卫生出版社，2023.5（2025.4重印）
国家卫生健康委员会全科医学规划教材
ISBN 978-7-117-34173-8

Ⅰ.①全… Ⅱ.①于… Ⅲ.①家庭医学 —职业培训 —
教材 Ⅳ.①R499

中国版本图书馆 CIP 数据核字（2022）第 243253 号

人卫智网	www.ipmph.com	医学教育、学术、考试、健康，购书智慧智能综合服务平台
人卫官网	www.pmph.com	人卫官方资讯发布平台

全科医生临床操作技能训练
Quanke Yisheng Linchuang Caozuo Jineng Xunlian
第 3 版

主　　编：于晓松
出版发行：人民卫生出版社（中继线 010-59780011）
地　　址：北京市朝阳区潘家园南里 19 号
邮　　编：100021
E - mail：pmph @ pmph.com
购书热线：010-59787592　010-59787584　010-65264830
印　　刷：三河市宏达印刷有限公司
经　　销：新华书店
开　　本：710×1000　1/16　印张：29
字　　数：635 千字
版　　次：2013 年 5 月第 1 版　　2023 年 5 月第 3 版
印　　次：2025 年 4 月第 3 次印刷
标准书号：ISBN 978-7-117-34173-8
定　　价：79.00 元

打击盗版举报电话：010-59787491　E-mail：WQ @ pmph.com
质量问题联系电话：010-59787234　E-mail：zhiliang @ pmph.com
数字融合服务电话：4001118166　E-mail：zengzhi @ pmph.com

编　者（按姓氏笔画排序）

于　凯　　　　中国医科大学附属第一医院

于晓松　　　　中国医科大学附属第一医院

马　力　　　　首都医科大学附属北京天坛医院

王　健　　　　复旦大学附属中山医院

王春梅　　　　天津医科大学

田惠玉　　　　河北医科大学第一医院

刘　杰　　　　北京大学人民医院

杨　冰　　　　桂林医学院附属医院

肖　雪　　　　遵义医科大学附属医院

张卫茹　　　　中南大学湘雅医院

张秀峰　　　　海南医学院第二附属医院

陈丽英　　　　浙江大学医学院附属邵逸夫医院

孟宪宇　　　　黑龙江中医药大学附属第一医院

赵燕萍　　　　复旦大学附属闵行医院

贾　坚　　　　南京医科大学第一附属医院

曹素艳　　　　北京医院

崔美子　　　　吉林大学第一医院

阎　雪　　　　河北医科大学第二医院

编写秘书

朱亮亮　　　　中国医科大学附属第一医院

出版说明

为了贯彻落实党的二十大精神，充分发挥教育、科技、人才在全面建设社会主义现代化国家中的基础性、战略性支撑作用，全面推进健康中国建设，加快全科医学人才培养，健全公共卫生体系，加强重大疫情防控救治体系和应急能力建设，加强重大慢性病健康管理，提高基层防病治病和健康管理能力，在对上版教材深入调研和充分论证的基础上，人民卫生出版社组织全国相关领域专家对"全科医学规划教材"进行第三轮修订。

本轮教材的修订和编写特点如下：

1. 旨在为基层培养具有高尚职业道德和良好专业素质，掌握专业知识和技能，能独立开展工作，以人为中心、以维护和促进健康为目标，向个人、家庭与社区居民提供综合性、协调性、连续性的基本医疗卫生服务的合格全科医生。

2. 由国内全科医学领域一线专家编写，编写过程紧紧围绕全科医生培养目标；注重教材编写的"三基""五性""三特定"原则；注重整套教材的整体优化与互补。

3. 为积极应对人口老龄化的国家战略，结合全科医学发展、全科医生能力培养、重大传染病防控等方面的需求，本次修订新增2种教材（社区卫生服务管理、全科老年病临床实践），共计11种教材。

4. 充分发挥富媒体优势，配备数字内容及电子书，通过随文二维码形式与纸质内容紧密结合，满足全科医生移动阅读的需求；同时，开发中国医学教育题库子题库——全科医学题库，满足当前全科医生多种途径培养和考核的需求。

5. 可供全科医生学历继续教育、转岗培训、农村订单定向医学生培养等各类全科医生培训使用。

本轮教材修订是在全面实施科教兴国战略、人才强国战略，培养和建设一支满足人民群众健康需求和适应新时代医疗要求的全科医生队伍的背景下组织编写的，力求编写出符合医学教育规律、服务医学教育改革与发展、满足基层工作需要的优秀教材，希望全国广大全科医生在使用过程中提供宝贵意见。

融合教材及电子书使用说明

> ▪ 融合教材即通过二维码等现代化信息技术，将纸书内容与数字资源融为一体的新形态教材。本教材以融合教材形式出版，配有操作视频及电子书等数字资源。读者在阅读纸书的同时，通过扫描书中的二维码，即可免费获取线上数字资源和相应的平台服务。

获取数字资源步骤

① 扫描图书封底二维码，打开激活平台。

② 注册或使用已有的人卫账号登录，输入刮开的激活码。

③ 激活成功后，下载 APP 或通过 zengzhi.ipmph.com 浏览资源。

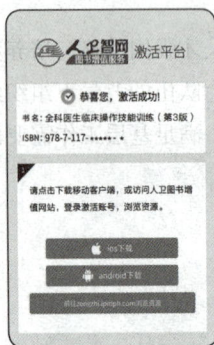

④ 使用 APP"扫码"功能，扫描书中二维码即可浏览数字资源。

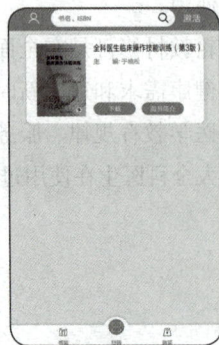

APP及平台使用客服热线　400-111-8166

主编简介

于晓松

二级教授，主任医师，博士生导师，享受国务院政府特殊津贴。中国医科大学全科医学学科带头人、附属第一医院全科住培基地主任。中华医学会全科医学分会前任主任委员、教育部高等学校医学人文素养与全科医学教学指导委员会副主任委员。

从事全科医学、医学教育与评价相关教学、医疗和研究40年，尤其近20余年全身心投入推进我国全科医学的快速发展与全科医生培养质量的全面提升。构建中国全科医生岗位胜任力体系，为全科医生培养与评价提供依据；创新全科医学院校教育，全面改革临床医学类专业本科核心课程"全科医学概论"；不断探索全科医生培养模式，率先实践全科住培学员全科医学科轮转，并提出中国全科医生置信职业行为评价框架，为全科医生的精准评价提供更适宜的方法；构建综合医院全科医学科配置与建设指标体系，指导全科医学科的建设，全方位引领我国全科医学发展与全科医生培养。主持、参加国家自然科学基金等项目10余项；发表文章百余篇。作为主编、副主编等编写了国家级规划教材《全科医学概论》等10余部教材。培养博士、硕士研究生百余名。获首届全国教材建设奖"全国教材建设先进个人"、辽宁省教学名师等称号，国家一流本科课程"全科医学概论"负责人，3次获得辽宁省教学成果奖一等奖。

副主编简介

马 力

副教授，主任医师，硕士生导师。首都医科大学附属北京天坛医院全科医学科主任、全科专业住院医师规范化培训基地执行负责人。担任中国健康管理协会全科与健康医学分会副会长、中国卒中学会全科医学与基层医疗分会副主任委员、中国社区卫生协会家庭医生联合工作委员会副主席、中国医师协会全科医师分会常务委员等。《中华全科医师杂志》《中华全科医学》《中国全科医学》等杂志编委。

从事教学工作 24 年，获全国十佳全科专业带教师资、北京市全科医学十佳优秀师资。近五年发表 SCI 论文 8 篇、核心期刊论文 65 篇，参编书籍 14 部。

张秀峰

教授，主任医师，硕士生导师。海南医学院临床技能实验教学中心副主任兼医院管理处副处长。兼任中国毕业后医学教育省际联盟常务委员、中华医学会细菌感染与耐药防治分会青年委员、海南省医学会医学教育专业委员会副主任委员、海南省医学会内科学专业委员会副主任委员等。

从事教学工作 21 年。长期从事临床技能教学工作，曾多次带队获得全国高等医学院校大学生临床技能竞赛总决赛一等奖和特等奖。主持国家自然科学基金等 10 余项课题，主持编写"临床技能与临床思维系列丛书"等多部临床技能相关书籍。曾获海南省五一劳动奖章。

孟宪宇

主任医师、博士、硕士生导师。黑龙江中医药大学附属第一医院骨伤二科副主任。兼职世界中医药学会联合会骨关节疾病专业委员会副主任委员、AO创伤中国委员、中国康复医学会骨与关节康复专业委员会委员、中华中医药学会骨伤科分会委员。

从事医、教、研工作23年。主持国家级课题两项，教育部春晖计划课题两项，黑龙江省自然科学基金两项。作为第一主编参编骨科专著五部，作为副主编参编国家规划教材三部，《局解手术学杂志》特邀审稿专家，以第一作者发表SCI论文5篇、中文论文30余篇，获专利5项。

前　言

随着医疗卫生体制改革的持续深入，加强基层医疗卫生服务，促进全科医学发展，加大全科医生培养力度，已经成为我国实施健康中国战略，推进分级诊疗制度，实现家庭医生签约服务高质量发展的关键。党中央、国务院一直高度重视全科医学发展与全科医生培养工作，党的二十大报告明确提出"发展壮大医疗卫生队伍，把工作重点放在农村和社区"，持续推进全科医生队伍建设正是贯彻落实党的二十大精神的重要举措，国务院及相关部委也制定并实施了一系列政策措施，全科医生培养工作不断取得新进展。全科医生作为居民健康的"守门人"和基层医疗卫生服务的主力军，主要在基层承担预防保健、常见病多发病诊疗和转诊、患者康复和慢性病管理、健康管理等一体化服务。合格全科医生的培养是促进医疗卫生服务模式转变的根本需要与必然要求。

全科医学发展的不断推进依赖于全科医学学科建设和全科医学专业人才培养。合理有效地利用基层医疗卫生机构的环境条件，且具有高超的交流沟通技巧和扎实的临床能力，是全科医生为人民群众提供优质、安全、便利的全科医疗服务必须具备的核心能力，而核心能力培养的关键环节是全科医生临床操作技能的训练。为此，国内 18 位全科医学和多个专科的专家汇集在一起，传承第 1 版和第 2 版教材的精华，遵循我国全科医生岗位胜任力要求，依据全科医学住院医师规范化培训细则及执业医师 24 项基本技能要求，针对基层临床工作的特点、需求与条件并总结教材使用者提出的意见和建议，编写了此版教材。

本书共分 18 章，首先介绍了全科医疗常用的临床操作技能及人文关怀的理念、总体要求及注意事项，然后根据临床诊疗的逻辑思维和一般流程，先后系统介绍了全科医疗接诊流程和问诊技巧；全身各系统的一般查体方法和眼及耳鼻喉等特殊查体的要点与注意事项；血、尿、便、痰标本的采集要点和相关检测指标结果的解读及影像学、内镜、心电图、超声、核医学等检查项目的适用范围、结果判读；内、外、妇、儿科和护理相关及急症诊疗常用的临床操作技能和多种全科诊疗记录的书写规范，尤其增加了常用传染病相关操作技能部分。在体例上加强了临床操作示例或示意图的运用，以更好地体现教材的针对性和实用性。本书旨在提高全科医生的日常诊疗能力，培养全科医生综合运用全科医学"以人为本"的服务理念、人文关怀的服务技巧及基本临床操作技能，使全科医生掌握为百姓提供全方位全生命周期健康服务的能力。

本书主要用于全科医学住院医师和全科医学研究生的培训，同时亦可作为基层医疗卫生机构管理人员和其他专业技术人员全科医学培训的教材，也可用于全科医生转岗培训等。

在编写过程中，编写团队的各位专家学者集思广益、通力合作，对编写思路和内容均进行了有意义的探索和创新，付出了许多努力。在此，一并表示诚挚的谢意！

由于我国全科医学发展和全科医疗实践尚处在不断探索阶段，而且编者的理论水平和实践经验有限，书中难免有不足之处，欢迎同行专家与广大读者提出宝贵意见与建议，以便我们不断完善。

于晓松

2023 年 1 月

目 录

数字资源目录

第一章 绪论

第一节 全科医疗中常用临床操作技能

一、全科医学的基本理念与全科医疗的任务

全科医学，又称家庭医学，是一个面向社区与家庭，整合临床医学、预防医学、康复医学及人文社会学科相关内容于一体的综合性医学专业临床二级学科；其服务范围涵盖了各年龄、性别、各个器官系统及各类疾病。其主旨是强调提供以人为中心、以家庭为单位、以整体健康维护与促进为方向的长期负责式照顾，并将个体与群体健康照顾融为一体。全科医学范围宽广、内容丰富，涉及内、外、妇、儿等临床专科，社会医学及行为医学等学科，但并不是上述学科内容的简单叠加，而是既与各专科有交叉，但又具有其独特的知识技能体系和态度/价值观。依据服务于社区和家庭、维护与促进健康的需要，将各科相关知识、技能有机地融为一体，对于社区和家庭中各类服务对象的基本卫生服务需求有全面的研究与把握，并注意其个体、家庭、生活方式和社会环境，从广阔的背景上考察健康和疾病进程，在社区条件下作出相应的评价和干预。

全科医疗是将全科/家庭医学理论应用于患者、家庭和社区照顾的一种基本医疗保健的专业服务。也就是说，全科医疗作为医学专科医疗和医疗保健系统的"首诊服务"，致力于在基层医疗服务中为个体提供以人为中心、综合性、持续性的照顾，其服务对象不分年龄、性别、疾病或器官系统，其服务范畴包括家庭和社区，而其服务重点就是提供全方位的照顾。全科医疗的特点包括强调持续性、综合性、个体化的照顾，强调早期发现并及时处理病患，强调预防疾病和维护健康，强调在社区场所为患者提供服务，并在必要时协调利用社区内外的资源；最大特点是强调对当事人的"长期负责式照顾"，这意味着其关注中心是作为整体的人而不仅仅是疾病本身，并对其长期负有管理责任。全科医疗的诊疗策略，最重要的就是对产生症状的最可能病因作出初步诊断，同时排除严重的疾病。任何症状均可能提示一种严重的病症，必须及时识别出少见而危险的、但又可治疗的疾病。在疾病发展过程中，还要警惕新的问题——合并症的发生。另外，应能判断急症，给予最基本的紧急处理，必要时予以正确处理后的紧急转诊。

二、全科医生的能力要求与全科医疗中常用的临床操作技能

全科医生是经过全科医学专业培训、临床技能全面、医德高尚的高素质基本医疗保健人才，富有独立工作能力，能够为个人、家庭及社区提供方便、优质、经济有效的健康促进、预防、诊断、控制、治疗、康复等全方位的服务。作为应用全科医学理论提供全科医疗服务的主体，全科医生负责进行生命、健康与疾病的全过程、全方位管理，发

挥居民健康"守门人"的作用，主要在基层提供基于有限检验检查和有限设备的临床预防、诊断、治疗服务，包括承担预防保健、常见病多发病诊疗和转诊、患者康复、慢性病管理和健康管理等一体化服务，帮助患者在早期阶段发现健康问题，并且管理慢性健康问题，防止疾病恶化或并发症发生。也就是说，全科医生作为首诊医生，应能在社区独立地开展临床工作，提供综合性服务，诊治80%以上各种常见症状、常见疾病、常见健康问题，识别或排除少见但可能威胁患者生命的疾病（问题），及时正确地处置和转诊；能沿着人的生命周期提供以人为中心的照顾；着眼于社区人群的健康维护、疾病预防和疾病控制；具备良好的协调与沟通能力，信息收集、分析与利用的能力，社区卫生服务和全科医疗服务管理的能力，自主学习和发展的能力及基本的教学能力。因此，全科医生比专科医生工作涉及范围更广泛，工作独立性更强，并且缺少高技术辅助手段。全科医生必须具备比专科医生更全面的病史采集能力，物理诊断能力，临床思维与判断能力，跨学科、跨领域、多层面、广范围认识与解决健康与疾病问题的能力。

综上所述，全科医生需要有效地利用基层医疗条件，通过合理充分的病史采集、体格检查、实验室检验与检查、常用临床操作、全面而有条理的诊疗记录及其他必要的特殊技能，出色地完成基层诊疗工作任务。因此，全科医疗中应具备的基本临床操作技能如下。

（一）详细而综合的病史采集

以主诉为主线的现病史、个人的既往史、家族史、社会行为史都至关重要，据之可对80%的健康问题作出初步判断。全科医疗的接诊流程是否科学、问诊沟通是否有效，对全科诊疗的过程和效果均有重要影响。全科医生不但要耐心倾听、了解症状的性质和病程特点；更要注意与语言性信息同样重要的非语言性线索，如有肌肉骨骼疼痛的患者按摩疼痛部位等。因此，接诊与问诊能力被列为全科医疗的首要临床技能，需要全科医生掌握并灵活运用。与专科诊疗不同，全科医生的问诊应体现全科医学"以病人为中心"的理念，把服务对象看作是一个人，而不是一部损坏的机器，"疾病"与"健康"对应的不是"主诉"与"症状"的有无。医生的接诊强调要进入服务对象的"生活世界"，站在服务对象的社会、教育、文化背景基础上，从服务对象的角度来看待健康与疾病。将"以疾病为导向"转为"以健康为导向"，关注服务对象是否存在提示疾病早期或未分化状态的"红色警报症状"，以进行有针对性的体格检查、实验室检验与检查或干预，实现疾病的预防或早期发现。接诊时间的高效利用、沟通交流的顺畅和谐、医患关系的良好建立以及对服务对象社会、文化、教育、生活背景，健康与疾病信念和就诊期待的全面了解，均是对全科医生问诊技能的基本要求。

（二）全面而有重点的体格检查

体格检查的选择与完成能力体现全科医生的综合基本功底，也是全科诊疗得以顺利实施的基础。全科医生对患者的体格检查应根据病史和初步判断，全面而又有重点、选择性地进行。细致的体格检查对捕捉早期和模糊的体征十分重要。与专科医疗相比，全科医疗的体格检查范围更广，一般项目通常包括一般检查、头颈、胸、腹、生殖器、肛门、直肠、脊柱与四肢及神经系统检查。另外，还包括外科、眼科、耳鼻喉科及妇儿科等特殊检查。"以人为中心"的服务理念、有技巧的医患沟通应贯穿于全科医疗体格检查的全程。

（三）常用实验室检验与检查的选择与结果解读

全科医生应根据病史与体格检查结果，本着合理充分利用基层条件实现最佳诊疗的目的，为患者选择经济方便且针对性强的实验室检验与检查项目，以辅助完成基层常见病、多发病的诊疗。因此，全科医生技能培训的重点还包括血、尿、便、痰标本的采集及常用检测指标，如血糖、血脂、血常规、尿/便常规检验的结果解读；头、胸、腹、脊柱、四肢的影像学检查包括X线、CT、MRI、超声等的适用范围或结果判读；腔镜系统检查如胃、肠镜，以及心电图、肺功能等相关检查的适用范围和结果解读等。

（四）以诊疗为目的的常用临床操作技能

负责首诊的全科医生需要为患者施行常见病、多发病的一般处置及各种急症的紧急处理。因此，全科医生需掌握或熟悉如下基本操作技能：基础生命支持、高级心肺复苏、心脏电除颤等常用院前急救技术；窒息、创伤、骨折的一般处理；无菌操作、穿脱手术衣、切开、缝合、包扎、止血、小伤口清创缝合、换药、拆线等简单手术操作技能；骨髓与腰椎、胸、腹、动静脉等穿刺技术；洗胃、导尿、吸痰、注射、输液、输血、吸氧等护理技术；小儿生长发育与智力评估、查体、奶粉配制、药物剂量计算、儿童智力发育筛查等儿科保健技能；围产期保健、更年期保健、生育指导、妇科检查、宫颈涂片、阴道分泌物悬滴检查等常用妇女保健操作技能；眼、耳、鼻和咽喉的一般检查及检眼镜、耳镜、鼻镜的使用等眼科、耳鼻喉科、皮肤科常用操作技能；传染病基层管理、常规消毒、穿脱隔离衣及传染性疾病标本的收集等常用传染病相关操作技能。

（五）全科诊疗记录与拓展技能

作为基层医疗服务的主力军，全科医生为服务对象提供的是以生物－心理－社会医学模式为指导、以人为中心、以家庭为单位、以社区为基础、以预防为导向、从健康到疾病到康复、动员各方力量通力合作的全方位的服务。因此，诊疗记录必然要包括门（急）诊、住院、家庭病床、电子病历，健康档案，SOAP格式接诊与随访记录，转/会诊记录等。服务技能上也要扩展至健康风险评估、老年人健康综合评估技术、精神心理疾病筛检、家庭访视、孕产妇及新生儿家庭访视等。

三、医学模拟教学是临床操作技能培训的重要手段

临床操作技能的训练是医学教育的重点，而临床实践训练则是将操作技能知识转化为临床能力的关键。但是，随着疾病种类和病情的复杂化，人们法律和维权意识的增强，医疗伦理法制的完善，以真实"患者"或"人体"为载体的传统医学教学日益举步维艰。应运而生的医学模拟教学，作为一种新兴的教学方法，在联合国教科文组织所列的教学方法的知识传授、分析力培养、态度转变、提高人际技巧、学员接受力及知识的留存力六大要求上，与其他教学方法相比均位居榜首。

医学模拟教学已逐渐成为应用越来越广泛的教育学科与医学培训手段，它通过利用多种局部功能模型、计算机互动模型及虚拟仿真等模拟系统创设高仿真模拟患者和临床情景，来代替真实患者进行临床医学教学实践与考核，以更加符合医学伦理学、科学和人性化的方式，培养医学生敏捷正确的临床思维，全面提高学生的临床综合诊断能力及各项临床操作技能，从而有效减少医疗事故和医患纠纷的发生。随着材料学、制造业、现代仿生学及计算机技术的发展，医学模拟教学的技术手段日益完善丰富，并且在临床医学教学实践中展示出显而易见的优势，如：呈现真实情景，提供安全的学习环境，允许反复实践，提供重要及罕见的病例，反馈及时可靠，注重培养批判性思维和解决问题能力等；教学时间灵活，训练难度可调，过程可以控制，并可随时停止或重新开始，训练过程可记录和保存，有利于培养批判性思维、临床推理、知识综合运用能力，为学员提供了在真实环境下实践的信心及便利。因此，医学模拟教学已在各科如麻醉、心脏病学、妇产科学、急诊医学、危重医学、儿科学、护理和药学等学科创建并使用，广泛用于单项技能操作训练、团队训练、应急准备、复杂病案练习、客观结构化临床考试（objective structured clinical examination，OSCE）或客观结构化虚拟考试（objective structured virtual examination，OSVE）等。但是，作为一种教学手段，医学模拟教学也有其局限性，如：不可能模拟全部临床过程，无法实现医学人文、交流与沟通技能、职业素养、医学伦理、患者教育等方面的培养。因此，医学模拟教学不可能完全替代床旁教学，两者各有所长，互相补充，应该根据教学目的与要求，将医学模拟教学与床旁教学加以合理应用、无缝整合，才能培养出更加优质、合格、实用的全科医学人才。

第二节　全科医生临床操作中的人文关怀

一、医疗目的与人文关怀

从诞生之日起，医学目的就是控制疾病，保障健康。而随着经济、社会、法律和政治等因素的变化，医学目的、医疗活动和保健政策也日趋完善。美国纽约哈斯廷斯研究中心在1996年提出新的医学目的，即预防疾病和损伤，促进与维持健康；解除由疾病引起的疼痛和疾苦；治疗和照料疾病，照料无法治愈者；避免早亡，追求安详。在实现这一医学目的的整体医疗服务活动中，越来越关注生命神圣、生命质量、生命价值和人类健康与幸福，关注人类身心健康与自然、社会和人之间的和谐互动和可持续发展间的互动。因此，医疗工作既是科学，又是艺术。医学实践应为医术与人文精神的统一。

"人文"内涵极其丰富，"人文"与人的价值、人的尊严、人的独立人格、人的个性、人的生存和生活及其意义、人的理想和人的命运等密切相关。人文关怀，一般认为发源于西方的人文主义传统，其核心在于肯定人性和人的价值，要求人的个性解放和自由平等，尊重人的理性思考，关怀人的精神生活等。也可以说，它是对人的生存状况的关怀、对人的尊严与符合人性的生活条件的肯定，对人类的解放与对自由的追求。一句话，人文关怀就是关注人的生存与发展；就是关心人、爱护人、尊重人；是社会文明进步的标志，是人类自觉意识提高的反映。

培养全科医生的人文素质，树立他们对生命的敬畏之心，培育他们的职业荣誉感和责任感，强化全科医生医患沟通能力，也是建立医患互信的前提和促成良好医患关系的关键。在临床操作实践中提高全科医生医患沟通技能及加强人文素养培育对良好医患沟通及医患关系必将起到重要的作用。而良好的医患沟通对患者的临床疗效也具有积极的影响。

广义上，在医疗工作范畴中，医学的服务对象是全人。生物圈、文化构成人类生存的基本环境，人类是生活在这个基本环境中的基本单位。每一个人均是精神、意志和机体的组合体，生活在特定的家庭环境中。每一个人均有特异性的个人行为与生物构造，处于独特的生物、心理、社会、经济环境当中。另外，每个人均有特定的生活方式、个人时间安排、工作安排及社区环境。因此，个人健康取决于所有这些因素及其相互作用；而医疗服务也必须兼顾上述所有因素来提供。医疗服务中的人文关怀是指尊重人的主体地位和个性差异，关注人丰富多样的个体需求，除了为患者提供必需的诊疗服务之外，还要为患者提供精神、文化、情感的服务，以满足患者的健康需求。

在全科医疗主导的基本医疗服务和基本卫生保健工作中，尤其要求注重医疗行为与人文关怀的有机结合，建立长期稳定、良性互动的医患关系，进而确保患者的安全与医疗照顾的质量。

基于上述指导思想，一定要避免下述两种情况：即对患者自主权的错误理解和第三方不恰当的干预。①医生若完全遵从患者的独立自主性，会导致患者控制其自身的医疗保健工作全过程，医生的高明医术就大打折扣甚至毫无用武之地。②当第三方、专业标准与自身信誉这些因素相互冲突时，医生必须保持对各方忠诚程度的平衡。良好医患关系的建立与维持将是非常重要的。

全科医疗中的人文关怀应该贯穿于患者就医的整个过程及院外照顾的全过程，从门（急）诊患者的接诊、检查到取药离院，从住院患者的入院接待、检查和处置到服务保障，从健康人群保健、高危人群的健康管理和体检筛查到慢性病患者的照顾与监控随访及善终服务。这些医疗服务中必然涉及医生对患者实施临床检查与诊疗操作，该过程可以说是医患直接而亲密的接触过程，也是患者最能切身体验到照顾关爱与医疗质量的过程，因此，更加要求在医务人员的临床检查与诊疗操作中，体现人文精神与人性化服务。一名合格的全科医生，不但要有精湛的医术，更要具备良好的人文素养。在对患者的诊疗活动中，既要合理安排并熟练运用全科诊疗中所必需的临床检查与操作技能，更要懂得尊重患者的尊严和自主权，将两者有机结合起来，在诊疗全程中，始终让患者体验到温暖如春、体贴入微的照顾与关爱。在对患者的临床检查与诊疗过程中，始终体现对患者的人文关怀，是人性化的全科诊疗服务的重要内容之一，也是合格全科医生的基本能力要求及职业发展的必要条件。

二、全科医疗临床检查操作中人文关怀的总体要求

首先要符合伦理要求，在具备整体观念的同时还要强调重视个体化表现与要求。医生不但是医疗服务的提供者，更是一个内涵丰富的人，也像其所服务的患者一样，拥有自己的价值观、社会观、教育、态度与感受，并且带着自己的这些特点与患者建立了一对一且长期保持的医患关系。非常值得重视的是，医患关系内的主体双方在上述几方面可能存在很大差异甚至相互矛盾，从而影响医生为患者提供医疗服务的过程与结果。因此，医生务求在为患者提供临床检查操作服务时做到实现医学目的的同时又符合患者的文化观念与习惯。

作为一名全科医生，应该在自己固有的态度、优势和弱点、价值观和信念的基础上，在与自己所服务对象的关系中致力于实现理解与学习，因此，要加强行为反思、洞察力和自我认知。每一位医生都要诚实客观地认识到自身的能力、优势、弱点和喜好，当必须为患者施行某项自己不擅长的临床检查或操作时，不能怕影响患者的信任度或自己的自尊心而强行为之，而是应该求助于周围的同事甚至转诊至专科医疗。

作为一名全科医生，应该给予他人公平和尊重，避免歧视。在与患者、家属、同事及相关的其他人打交道时，尽量采取非主观的态度，尊重他人的权利和尊严的同时，重视个体化与多样性。要认识到并采取措施消除自己、他人或医疗服务团队、体系内可能存在的歧视和不公平。在适当的时候，应该开诚布公地与他人如同事、患者讨论彼此的观点、价值观，并正视存在的冲突与差异。同时，保证为每一位服务对象提供平等的医疗保健机会，并激发其个人主观能动性配合诊疗。识别并正确处理医疗服务中的各种冲突，比如临床检查操作中的伦理冲突，作为临床医生的角色与患者的主张意愿或医疗机构的利益发展之间的冲突等。帮助营造各方均能畅所欲言、积极参与的医疗环境，并且认真对待彼此的不同观点，对于任何一方的侮辱、专断、欺凌性行为绝不容忍或姑息，杜绝用患者所患疾病或患者的显著特征称呼患者。在制订临床检查操作计划及决策时，医生应在充分了解患者想法、关切和期望的基础上，结合病情需要，与患者协商确定。临床检查操作前应采用适当的方式加强与患者的交流沟通，增强患者对临床检查操作的理解，实现患者在充分知情的基础上作出既满足自身需求又有利于诊疗配合的决策，这是建立良好医患关系的基础，同时也可以避免医患纠纷及投诉。另外，在临床检查操作过程中，应及时敏感地发现患者的不适反应、反馈或投诉，在真诚致歉的同时应及时调整医疗行为加以补救。最后，应以公平客观、诚实公正、认真细致的方式记录临床检查操作的过程与结果信息，并且以患者可理解的方式向患者细致充分地传递相关信息，求证患者对相关概念的理解是否正确。

三、全科医疗常规临床检查与操作中的注意事项

（一）检查者的准备

医生仪表整洁、端庄，穿着、发式得体，指甲要剪短。规范洗手、用消毒液进行手消毒后方可进行检查。根据规定佩戴医学专用手套，根据最佳实践指南安全有效地使用

设备和检查器械，遵守无菌操作规程，避免导致医源性感染。确保在各种情景下（医院诊疗室、家访、急诊等）均能熟练准确地完成所要执行的临床检查与操作。

（二）检查环境的准备

检查室、诊室温度要适宜，被检查者裸露的部位不应感到寒冷。室内光线要合适，视诊应在间接光线下进行，亦可借助灯光。某些检查，如黄疸、发绀的观察，最好在自然光下进行。

（三）检查器具的准备

医生应根据检查需要准备器具及配套设施。常用的检查用品包括压舌板、手电筒、听诊器、血压表（计）、消毒湿纸巾或洗手液等。确保电源、插头有电可用。另外，眼科、耳鼻喉科、妇产科检查还需要准备相应的专科检查设备。尽量避免在检查期间缺少某一用品而延长患者的检查时间。

（四）检查前征得患者同意并交代检查相关事项

针对操作性的处理和检查，要采用患者能理解的语言向患者讲明检查目的、意义、过程步骤、可能的不适和风险、检查前后的注意事项，为患者提供基于证据的信息，确保患者完全理解，使其在身体和心理两方面做好准备，才能更好地取得患者的配合。遵守医疗法律要求，签署知情同意书，确保患者有自主行为能力或必要时血缘亲属或伴侣的参与。面对不同意进行必要检查和操作的患者，医生要作出冷静适当的反馈。

（五）检查程序与技巧的要求

对于卧床患者，检查者须站在患者的右侧；对于坐位患者，则可根据检查操作需要确定医生的站位。首先，要按顺序进行临床检查，即由全身到局部，由上而下，由浅而深，由轻而重，由健侧至患侧的检查顺序，避免忽视全身而只注重局部。检查要全面系统，双侧对比，以免遗漏重要的阳性体征。其次，要结合诊疗需要采取有针对性的系统方法进行临床检查或操作，识别正常和异常的发现，要注意脏器的正常位置、大小及常见变异，以免将腹直肌、浮肋、游走肾或器官异位误认为异常包块，合理安排进一步计划。此外，检查操作时动作要轻柔，避免过度用力的暴力操作，防止患者因疼痛产生肌肉紧张，影响诊疗服务效果。下腹部检查操作前，必要时患者需排空大小便，以免影响操作过程或获得假阳性结果。

（六）检查开始前进行有效沟通缓解患者压力与紧张感

在检查前应热情问候患者。针对患者的职业、年龄、性别和地区习惯，采用合适的语气、语言进行问候，对老年患者可与之握手，使患者感到舒服、亲切。如患者乘坐轮椅、平车或拄拐杖、搀扶进入诊室，医生应起身迎接，安顿好合适的位置后，再回到医生位置。与患者打招呼后，要先请患者坐稳，再开始与之交流。与患者交流时，医生要注意位置、姿势、语言及肢体等身体语言。医生要与患者进行面对面的交谈或侧身交谈，注意力要集中在患者身上，并表现出耐心、诚心，保持眼神的交流，认真倾听，并恰当地使用身体语言。也要认真听取患者诉说，收集患者的姿势、面部表情和肢体所反映出来的内涵。在倾听的同时，还要认真记录。

（七）实施检查的技巧

需要卧床检查时，医生需要帮助患者到检查床上就位。冬季为患者听诊时，在听诊器接触皮肤之前，要用手温暖听诊器胸件，然后再进行听诊，既要保证患者的舒适性，又要避免检查不彻底、不到位。在进行各项检查操作的整个过程中，需采用合适的方式使患者放松，随时关注监测患者的各方面情况，最小化不适，并确保患者愿意继续接受检查或医疗操作。

（八）实施检查操作要充分尊重并保护患者隐私

基于个体性格习惯、文化信仰等多方面因素影响，某些患者对检查操作隐私性的看法可能与众不同，医生应当做好事前交流、充分尊重并采取措施加以保护。若需要暴露患者身体进行检查时，身体暴露要适当，同时用衣物或被褥遮蔽不需要检查操作的部位。

（九）儿科检查的注意事项

哭闹本身就是体征之一。要通过观察了解患儿病情，如有可能应与患儿进行交流，要以表扬为主，争取患儿的合作。专业检查注意事项参见第十三章。

（十）妇科检查的注意事项

在检查前应询问患者有无性生活史，无性生活史者禁止行阴道窥器和经阴道、腹部双合诊检查，但可行经直肠和腹部双合诊。经期内应尽量避免经阴道检查，如怀疑非经期出血，则须行阴道检查以确定出血部位和大致出血量，但必须在严格消毒外阴后进行，要用一次性无菌器械或消毒合格的重复性使用器械。每检查一位患者，应更换一次性臀部垫巾，以防交叉感染。专业检查注意事项参见第十二章。

（十一）敏感部位检查的注意事项

医生在进行男性、女性隐私部位如肛门直肠检查、内外生殖器检查时，应有适当的陪护人在场，如要求其他医务人员或经患者同意的其他人员在场。

（十二）异常发现的处理

在检查过程中，应及时发现患者的不适，并予以安慰，必要时终止检查。发现异常体征，可反复检查或请其他医生帮助检查，如仍不能确定，则可建议患者转诊至相应综合性医院借助仪器设备检查使其确定，如心脏杂音，可借助超声心动图检查，了解瓣膜情况等。

（十三）检查操作完毕时妥善合理地安排患者的后续护理与随访

检查操作完毕后，要协助患者由卧位坐起，或由坐位变为卧位，帮助患者时不要用力过猛。根据患者需求，对检查操作结果做必要的解释说明，加强后续护理与随访注意事项的交代，以使患者及相关人员更好地配合进一步诊疗安排。检查操作中发现相关的不良事件或安全问题，要给予有利于医疗安全与质量的恰当处理。

（于晓松）

第二章　问诊

问诊（inquiry）是病史采集（history taking）的主要手段，指医生对患者或相关人员进行系统询问获得病史资料，经过分析综合作出临床判断的过程和方法。问诊是遵循医学和社会科学发展规律，研究医患沟通的理论和应用技巧的科学，是医生在知识和经验积累的基础上，通过收集病史及其他相关资料，不断推理、验证假设进而形成临床判断的逻辑思维过程。问诊是医生接诊患者的第一步，应贯穿于患者诊疗全程，在病情交代、与患者分享治疗决策、慢性病管理、健康教育等诊疗环节对问诊内容不断地进行补充。问诊采用以语言交流为主的多种手段和技巧，是每个临床医生必须掌握的基本功。问诊能力不但是一项重要的基本临床技能，更是全科医生医学知识、人文知识、思维能力和道德水平的重要评价标准。问诊的质量不仅影响所收集资料的完整性和准确性，也影响诊断和治疗的科学性和有效性。

全科医生在问诊交流过程中应始终以完成四项基本任务为目标：确认和处理现患问题、管理连续性问题、预防性照顾、改善患者就医和遵医行为。与传统问诊相比，全科医生问诊更强调协调患者－家庭－社会关系，更关注患者包括生理、心理在内的整体健康，关注与健康相关的家庭和社会背景因素，强调健康教育和疾病管理能力培训，尽其所能地提供帮助以满足患者需求。

第一节　问诊的一般要求

一、适宜的场所

诊室的外观、大小及布局都会影响到问诊过程。为了充分保护患者的隐私，全科诊室最好是相对独立的一个空间，实行一对一服务。诊室内设有医生诊桌、电脑、患者座椅、诊床、洗手池、必要的诊疗器械（血压计、听诊器、阅片灯、检耳镜、检眼镜、手电筒、音叉等）等，诊床用不透明的隔断或帘子隔开，设施舒适。问诊环境要求清静、整洁、隔音、光线柔和、温湿度适宜、通风和卫生状况良好等。

问诊示范
（视频）

全科医生应注意自己的位置、姿势及与患者的距离（图2-1-1~图2-1-5）。医生与患者宜保持90°垂直位，距离保持在适宜沟通的空间范围，0.5m左右为宜。

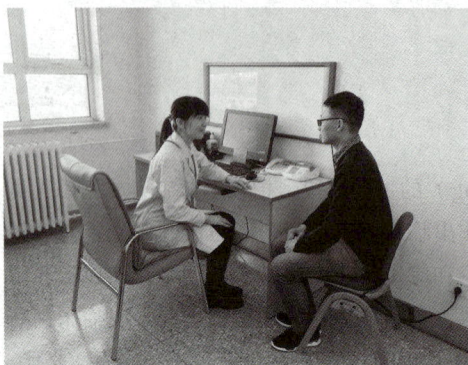

图 2-1-1　合适的医患位置

图 2-1-2　医生与患者坐在诊桌同侧，
通常出现于合作双方交流时

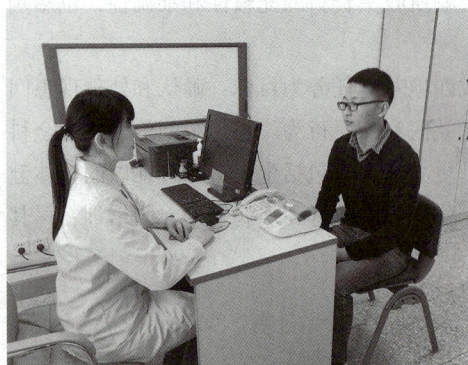

图 2-1-3　医生与患者坐在诊桌对侧，
通常出现于谈判双方交流时

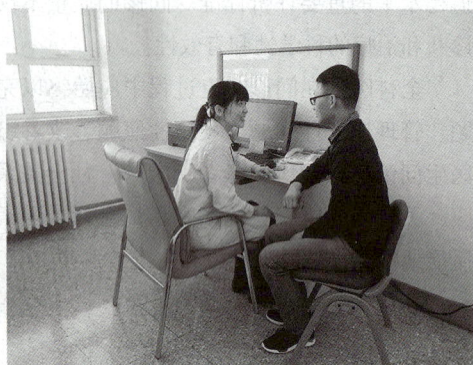

图 2-1-4　医患距离过近

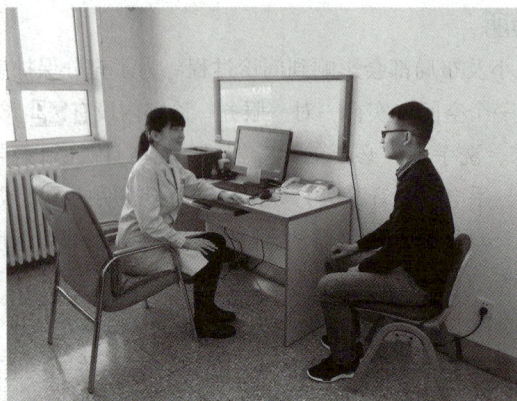

图 2-1-5　医患距离过远

二、参与问诊人员

一般情况下，全科诊疗过程中最好只有医生和患者参与，这样有利于保护患者隐私，鼓励患者提供真实的病史。老年人、儿童、听力语言障碍者、极度衰弱甚至神志不清的患者、精神异常的患者应有人陪同或代诉病史。如果有其他相关人员参与问诊，如医学生、观摩学习人员、考核人员或参与诊疗的其他专业人员等，需向患者介绍并征得患者同意。

三、建立融洽的关系

良好的医患关系始于问诊，与专科"主－被动型"医患关系不同，全科医生应致力于与患者建立"指导合作型"和"共同参与型"的医患关系。

全科医生问诊时不但应注意自己的仪表、语言和举止，还要考虑自己的年龄、性别、学历、技术水平、知识面、观念、态度和交往能力等因素，这些均会对与患者建立融洽的关系产生相应的影响。

全科医生首先要以敬畏和谦恭之心接诊患者。当今患者通过互联网和传媒等渠道获取医学知识的机会大大增多，当面交流已经不是患者获取医疗信息的唯一途径，多数情况下医生已失去了因信息不对称而造成的绝对权威，医生必须坚持终身学习，不断扩展知识面，才能更多地赢得患者的信任。除此之外，不断增高的医疗费用、负面的报道等也增加了与患者建立并保持融洽关系的难度。接诊中贬低同行、同事或不负责任地评价其他医疗机构，既不能抬高自己，也无益于构建医患互信与和谐关系。

在面对不同教育程度、不同背景、不同职业的患者时，全科医生一定要一视同仁。社会阶层的差异不应是信息沟通的障碍，全科医生要更加重视社会地位和受教育水平低的患者的倾诉。要注重来自不同民族和地区的患者在文化、宗教信仰方面的差异，不同文化背景的患者对各种医学词汇的理解有较大的差异。需采用通俗的语言，避免使用晦涩的医学术语。

在问诊时间安排上要避免两种不同的倾向。在面对过分唠叨的患者时，医生不能以无动于衷和不耐烦的态度来回应。医生经常把患者喋喋不休的叙述简单归结为情绪焦虑或更年期，此时不仅容易忽略重要的疾病信号，也容易遭到患者抱怨与投诉。另一种是医生说得过多，患者仅是被动应答或是应答过于简短，自始至终没有一个完整的句子，也不利于获得患者真实的病史。全科医生应注意合理安排倾听和询问的时间比例，否则难以形成融洽的医患关系。

年轻的医生，特别是年轻女医生易受到患者的轻视，通常表现为患者下意识地对病情有所保留，或是质疑医生的诊疗建议等。部分患者认为年轻医生经验少、资历浅，只能承担配药、初级保健和简单治疗等任务。此时全科医生需建立自信心，凭借渊博的知识、扎实的基本功、耐心细致的交流技巧，树立医生威信，赢得患者的信任和尊重。

在问诊中如涉及家族遗传信息、基因检测、优生优育筛查、辅助生殖技术等生命伦理话题，以及任何患者不愿披露的隐私或检查结果时，一定要在承诺保密的前提下，向患者说明询问的原因，十分慎重和巧妙地提问，以免影响医患互信与进一步交流。

四、不同类型的问诊

面对不同需求的患者应采用不同的问诊程序和内容，一般有以下几种情况。

（一）初次就诊的患者

首先应遵循首诊病历档案的项目要求，逐条问诊并详细记录。在对本次就诊的主要问题（包括主诉、现病史、重要的既往史、个人史和家族史）展开详细问诊的基础上，问诊内容还应包括就医动因、罹患疾病背景、身心健康问题及其影响因素等，最后进一步澄清问题和处理现患疾病。

（二）急症患者

问诊顺序直接以询问疾病或健康问题为主，视病情将问诊和急救处理、转诊同步进行。等病情稳定后再按照上述问诊程序详细询问。

（三）复诊的慢性病患者

按照疾病管理指南，已建立健康档案的慢性病患者需定期复诊。在查阅患者的健康档案和相关资料了解患者病情后，围绕现患疾病询问、教育和督促患者，落实慢性病管理措施。重点询问患者自上次就诊以来的病情变化情况、对治疗的依从性，识别早期并发症的表现，询问疾病的影响因素并回答患者的疑问等。就诊疗过程中新发现的问题给予指导并与患者共同决定进一步的诊疗措施。对于上级医院转回的患者，应认真复习相关病历资料并询问诊疗经过，安排好后续治疗及随访。

（四）留观、日间病房和住院患者

原则上，应按照标准病历的要求和程序进行问诊，需围绕患者本次住院的主诉和现病史，在问诊中进行相关症状的鉴别诊断，同时展开各系统回顾性问诊，注意询问患者相关的家庭、社会和心理等情况，以便全面了解和掌握患者的病史。

（五）需要安排转诊和复诊的患者

全科医生要从对患者实行全过程照护的角度思考和处理临床问题，应依据全科与专科在患者诊疗中的业务定位与分工，将问诊与向专科分诊、转诊的任务相衔接，充分了解患者对于转诊、复诊的想法和意愿。对于转诊到医院专科的患者，应及时进行随访，以便配合医院完成后续的诊疗。

五、全科问诊的思维逻辑顺序

思维逻辑是指采用科学的逻辑方法，准确而有条理地表达自己思维过程的能力。全科问诊与其他专科不同，横跨生物医学、心理学、社会学等不同学科，纵贯预防、治疗、康复等不同阶段，是医生根据患者的具体情况，不断进行思辨、预判、假设、验证和逻辑推理的过程。

因此，全科问诊要突破医学传统三级学科划分的认知限制，不仅要采集所有相关的病史资料，还要采集大量的心理、家庭、社会背景等相关内容，集中体现了医学模式从传统生物医学模式向生物－心理－社会模式的转变。

从疾病的不同发展阶段看，全科问诊介入疾病链条的每个环节，不仅关注疾病的症状，还关注从疾病的风险评估、筛查、一级预防到急性情况识别、二级预防与康复的全过程，并对患者的疾病因果观、健康信念模式等进行全面了解，从而为患者制订个体化的二级预防、诊疗和康复策略。

最后，全科问诊围绕问诊的主体内容（主诉、现病史、既往史、系统回顾、个人史、家族史等）展开，是全科医生对患者病情按照一定的逻辑和顺序，系统地、有目的性和针对性地提问，把握和正确理解患者诉说的内容，不断筛选最优判断的过程。这一过程充满了存疑、证实与证伪预判，是经过不断思考、遴选最优判断的科学推理过程，有赖于全科医生的学识广度与深度、经验积累、沟通能力等。高水平的全科医生在询问病史时，对交谈的目的、进程、预期结果应做到心中有数。

第二节　问诊的内容

一、全科患者全面问诊内容

全科医生接诊的对象是以各种疾病症状为主诉的患者，涉及疾病的不同阶段，一病多因与多病共存都很常见。因此，全科问诊内容仍应以经典的住院患者全面问诊为范本展开，以症状学为主干，同时关注患者心理、家庭和社会因素对疾病发生、发展和转归的影响。完成全面系统、具有全科专业特色的病史采集是全科医生接诊患者的基础工作内容。对于部分反复就诊的复杂、疑难患者，可适当增加问诊内容。对于病情稳定复诊的慢性病患者，问诊可相对简洁明了、重点突出。

（一）一般项目

一般项目（general data）包括姓名、性别、年龄、籍贯、出生地、民族、婚姻状况、通信地址、邮政编码、家庭电话号码、工作单位、职业、就诊日期与科室、记录日期、病史陈述者及可靠程度等。

此外，还要询问患者医疗保险类别、联系人的联系方式等内容，并将其记录在相关病案首页上。为避免问诊初始过于生硬，可将某些内容如职业、婚姻状况等在个人史中穿插询问。

（二）主诉

主诉（chief complaint）为患者感受到的最主要的痛苦、最明显的症状/体征及其持续时间，是促使患者就诊最主要的原因。

主诉要求精练，当包括不同时间出现的几个症状时，应按其症状发生的先后顺序排列。一般主诉所包含的症状只能是一个或两三个，不能过多。

（三）现病史

现病史（history of present illness）是病史的主体部分，包括疾病发生、发展、演变和诊治经过的全过程。

现病史需突出重点和特点。当患者多种症状并存，尤其是慢性过程又无侧重时，应注意在患者描述的大量症状中抓住关键，考虑并询问可能的相关因素。在初诊时可围绕某一个或者几个此次就诊最突出和急迫需要解决的问题，将其他症状或问题安排在下次就诊时解决。

（四）既往史

既往史（past history）包括患者既往的健康状况和曾经患过的疾病，包括各种传染病、输血史、地方病史、外伤、手术史，以及药物、食物和其他接触物过敏史等，注意询问特殊人群的预防接种史，如老年患者流感疫苗接种、乙型肝炎患者家属乙肝疫苗接种、传染病流行季节的疫苗接种等。问诊中还要关注以往疾病的就医依从性情况，以便全面掌握患者情况，并提出有针对性的疾病防治管理建议。为避免遗漏，可按照和本次就诊有关的各系统疾病要点有顺序地补充询问，按时间先后顺序排列。

（五）系统回顾

系统回顾（systematic review）用于最后一遍搜集病史资料，避免问诊过程中患者所忽略或遗漏的症状或未曾诊断的疾病，可帮助医生在短时间内简明扼要地了解患者除现在所患疾病以外的其他各系统疾病，是否有目前尚存在或已痊愈的疾病，以及这些疾病与本次疾病之间是否存在着因果关系。全科医生应围绕各系统常见病的症状展开系统回顾，特别要注意常见的症状表达、疾病之间的关联、疾病的局部与全身症状的关系、本次就诊的疾病对其他系统健康的影响等。全科医生视角的系统回顾应紧密结合自身的工作特点展开，就全科专业内应诊治的疾病、属全科范畴管理的慢性疾病，以及应由全科分诊和转诊至专科的疾病进行区分和询问。对属于全科诊疗范畴的疾病症状群要了然于胸，对这些疾病的临床表现和并发症要能从症状的问诊中作出判断。而对于难以解释的症状、某些危险疾病信号，要保持高度的警惕，及时分诊和转诊患者到相应的专科进一步诊治。

（六）个人史与生活史

个人史（personal history）与生活史（life history）包括患者的社会经历、职业与工作条件、习惯与嗜好、性生活史等。如患者的生活经历、受教育程度、业余爱好、生活习惯、卫生习惯、饮食习惯、起居习惯、运动习惯，是否有工作及居住环境的疾病暴露因素、家庭生活周期事件与社区流行情况，吸烟、饮酒的时间及其摄入量，睡眠习惯及质量，有无其他异嗜物和麻醉毒品接触史、重大精神创伤史。若患者是老年人，还应询问手机和网络使用能力、性格特点、家庭成员情况、是否独居、生活环境、社区环境、社区社会经济文化因素、社区组织和人口、邻里关系、人际关系等与老年人心理、健康和疾病密切相关的情况。对于年轻患者，需注意询问工作压力与工作环境、劳动保护情况、人际关系、有无网络依赖、镇静剂/麻醉毒品接触史等。若患者是儿童，则要了解出生前母亲妊娠及生产过程、喂养史和生长发育史。农村患者还需询问家庭厨房、厕所、饮水等情况。

（七）婚姻史

婚姻史（marital history）包括未婚或已婚、结婚年龄、配偶性格与健康状况、性生活情况、双方情感支持与交流。

（八）月经史与生育史

月经史（menstrual history）包括月经初潮的年龄、月经周期和经期天数、经血的量和颜色、经期症状、有无痛经与白带、末次月经时间、闭经日期和绝经年龄，按照规范格式记录。

生育史（childbearing history）包括采取优生优育的措施情况，人工或自然流产的次数，妊娠与生育次数，产后保健与恢复等情况，有无巨大胎儿生产史，有无死产、手术产、围产期感染等，是否母乳喂养，避孕措施等。对于男性患者，应询问是否患过影响生育的疾病。在询问时需谨慎，应采用合适的方式，必要时说明询问的原因及其与疾病的关系，以免引起患者的抵触情绪。

（九）家族史与家庭评估

家族史（family history）包括双亲与兄弟、姐妹及子女的健康与疾病情况，特别是应询问是否有与患者同样的疾病，有无与遗传有关的疾病，对已死亡的直系亲属要问明死因与年龄。某些遗传性疾病还应了解父母双方亲属情况。针对原因不明的与患者家庭相关的健康问题，全科医生经常需要对患者家庭的功能状态、家庭资源和家庭成员进行家庭评估，从而得出适合个体、家庭问题的解决途径，实现以家庭为单位的照顾模式，主要包括以下内容：

家庭基本资料及家庭成员基本情况：家庭名称、家庭地址和电话，每位家庭成员的姓名、性别、年龄、家庭角色、职业、文化程度、信仰等。

家庭环境：家庭的地理位置、周边环境、居家条件、邻里关系、社区服务状况等。

家庭成员和家庭健康信念行为评估：家庭成员组成、职业与社会地位、文化程度、婚姻状况、生活习惯、宗教信仰、业余爱好、主要健康问题或潜在的健康问题，家庭生活方式、家庭成员健康知识与维护健康的责任意识，促进疾病预防和居家康复保健能力等。

家庭经济状况评估：家庭主要经济来源、年总收入、年总支出、消费内容、消费观念等。

家庭结构与生活史评估：家庭类型、家庭角色、家庭权力中心、家庭感情氛围、沟通方式、健康价值观等，主要的家庭生活事件、家庭生活周期、家庭问题、家庭凝聚力、家庭生活周期与发展阶段健康问题、家庭资源、自我保健及利用卫生资源途径等。

二、全科医学问诊的特点及内容

全科医生与专科医生在服务模式、工作分工、医患关系等方面具有不同的特点，在问诊中也有很大不同。

首先，在问诊内容和目的上，专科医生问诊时更关注疾病及相关治疗，而全科医生除注重疾病本身之外，还注重询问心理、家庭、社会等因素并提供人文关怀，实现预防保健、常见病多发病诊疗和转诊、康复和慢性病管理、健康管理一体化的诊疗服务。

第二，在医患关系上，患者通常由于单一疾病去医院短期诊治，与专科医生之间多为不固定的、医方主动与患方被动的关系。而全科医生用全人观念对患者实行连续全程身心照护，接诊后要在患者参与下，共同配合完成对患者的综合管理，医患关系相对固定，以指导合作和共同参与式的关系为主。

第三，在问诊交流上，专科医生以解决疾病专科治疗问题为导向，接诊快速高效，但容易忽略患者的心理感受及心理、家庭、社会等因素在患者疾病发生、发展和演变中的作用，从而影响诊疗效果和患者满意度及预后。而全科医生不仅要问病，还要问人、问关系、问背景、问影响因素等，在关心患者躯体疾病的同时也要关注患者的心理感受，深入了解患者相关情况并采取综合干预措施，并尽可能满足患者需求。

因此，全科医生的问诊主要围绕两条线展开，一条线延续传统问诊内容，围绕疾病发生、发展及预后的线索。另一条线围绕患者患病后的身心感受，深入了解疾病对患者生活的影响及患者对疾病和健康的想法和观念，了解和尽可能满足患者的需求。只有两条线同时问询才是一个完整的全科问诊过程，有助于全科医生更完整地了解病情和为患者制订个性化的诊疗方案。

（一）问诊导入

问诊导入指正式问诊前的开场白和准备。问诊前需预习患者信息和既往诊疗情况，便于掌握交谈的目的、进程和预期结果等。问诊开始时，医生应主动创造一种宽松和谐的环境以解除患者的不安心情。运用沟通的技巧和手段了解患者、打破僵局，如认真地观察、表示欢迎的态度、专注地倾听、平缓的语音和语调、超出患者预期的延伸服务、设身处地地安慰，均有助于在短时间内消除患者的紧张情绪，取得患者的信任。询问患者一般情况，了解和消除患者可能存在的影响交流的因素。以开放性问题作为诊疗的开始，如询问"我能为您做些什么？"。

（二）现患疾病的问诊展开

首先是询问患者此次就医的主要原因，识别疾病的严重程度。大多数患者就诊是由于频率高且顽固的症状，或症状干扰了患者的工作与生活，这部分患者的躯体症状明显，要给予重视。有的患者由于疑病症或是心理焦虑就诊，有的患者属于机会性就诊，或因有可及性的医疗资源而就诊，此时需要更多地交流以发现患者的潜在问题。

全科问诊应按照由表及里的顺序展开，采用开放式的问诊方式，不诱导、不选项、不推理，不受学科专业影响，甚至不受患者感受的限制。典型的问题如"您希望我帮您解决什么问题？""您为什么这个时候来看病？"等。当患者说出主要的问题之后，可围绕问题假设，与其他问诊方式相结合，如"睡眠好不好？""头痛不痛？"等。逐一询问和记录症状的诱因、时间、性质、程度、变化的过程及规律、就医经过等，有利于在短时间内对患者的问题有一个比较全面的了解。根据现患疾病的症状，问诊时间轴向前和向后延伸。向前要问到和疾病相关的诸多背景因素，注意询问危险因素。向后要为患者制订个性化的治疗方案，以及为提高患者遵医行为提供指导。在询问当前健康问题时，还需关注急危重症的识别、急救处理与及时转诊。注意识别复杂疾病和疑难疾病的表现，以及患者可能存在的提示疾病进展与恶化的危险信号，早期识别和干预，及时转诊。注意在问诊中查找局部症状与全身疾病的关联线索，避免全身疾病的误诊或漏诊。

（三）深入了解与疾病相关的背景资料

1. **疾病背景**　疾病是人体内外环境失衡的结果，问诊需关注导致人体内环境紊乱的生物因素。在当代，全科医生在临床诊疗过程中遇到的疾病很多都与患者的不良生活方式相关，需要在问诊中高度关注外环境中非生物性致病因素。大量证据表明，某些特定的疾病与非生物性的社会因素存在直接的因果关系，同时社会心理因素与疾病的症状表现、程度、持续时间高度相关。精神压力、不良习惯、烟酒与药物滥用等都会直接或间接引发疾病。全科医生了解这些疾病的相关背景，有助于帮助患者努力改变不良的社会行为与生活方式，摆脱疾病困扰。

2. **个人背景**　不仅要了解与个人健康状况相关的不良生活方式和生活环境因素，还要了解患者的教育背景、职业、社会地位与经济状况等信息。教育、地位和收入等因素在一定程度上决定了疾病类型与患者的就医体验。弱势群体更容易暴露在高温、拥挤、污染、不洁饮食等环境下，高生活压力和低医疗保险水平等负面因素相互叠加，导致疾病的进展、恶化甚至死亡。全科医生对弱势群体要尊重同情，强调纠正患者不当的生活行为习惯和不良就医行为，尽量选择方便、价廉的适宜治疗药物和技术等干预措施。

3. **心理背景**　心理因素在疾病的发生、发展和预后中起重要作用，压力多数是对各种急、慢性负性刺激的身心反映，诸如家庭生活中的婚变、单位工作上的不快、失业拮据、灾难等重大变故或慢性紧张均可诱发焦虑、恐惧、血压升高和全身内分泌紊乱，继而导致精神和躯体疾病。患者处在心理压力之下，对外界的评价与语言非常敏感和依赖，恶性刺激可使患者陷入精神崩溃的绝境，而良性心理疏导可以帮助患者走出困境。全科医生兼具心理医生的角色与职责，应注意询问患者的性格、潜意识矛盾与生活挫折的防御能力等，及时掌握患者心理背景与身心健康的关联状态，给予适当的心理支持措施。

4. **家庭背景**　家庭结构、功能与家庭生活的变故对很多疾病的发病、治疗和康复都有很大的影响，也会影响患者的健康与疾病观念、就医和遵医行为。全科医生在诊疗过程中要注意询问患者与家庭成员之间的相互作用关系和家庭资源情况，以及患者在诊疗中获得家庭情感支持、经济支持的力度等，进而为实施家庭干预提供依据，同时也为患者减少家庭的不良影响、赢得家庭支持，帮助患者坚定配合治疗和自我管理的意志力，实现居家治疗与康复。

5. **社会背景**　包括文化修养、宗教信仰、社会地位、社交网络与社会价值观念等。不同的社会背景因素将对患者的疾病和心理产生不同的影响，不仅影响问诊和交流的效果，还影响患者的病情进展、预后及依从性。探询患者的社会背景有助于理解其对健康和疾病发生及预后的影响，有助于利用社会支持手段辅助疾病管理，制订适合患者、更能让患者接受的疾病管理策略。

6. **社区背景**　社区背景可对疾病产生正负两方面的影响，既可"致病"，也可"治病"。社区居住环境和人文环境是重要的疾病流行与控制条件，生活在同一个社区的居民共享空气和水源，人群密切接触，有相似的健康行为因素，会导致很多与社区相关的疾病。同一个社区的居民往往对健康和疾病有相似的认知，并在日常交往中相互影响，在疾病的诊治和康复过程中可起到一定的同伴支持作用。全科医生了解社区背景的目的，除了要关心社区因素对患者个体健康的影响，还要着眼于社区人群的慢性病流行问题。要利用社区这种新型社会自助形式，组织社区病友会，搭建专病网、家属网、微信群等虚拟社群，动员社区资源推行健康促进和疾病预防措施，让社区成为患者的康复场所。

（四）询问和引导患者就医行为

1. **患者的疾病因果观**　指患者对自身疾病原因与结果的看法。在问诊交流中，患者经常根据自己的疾病因果观来叙述病史，注重叙述支持自身疾病因果观的临床线索，主观地用其解释自身健康问题，并期待得到医生的认可。医生不能陷入患者的因果推定叙述，要正确理解患者陈述病情的方式及症状的真实意义，引导患者走出自定的疾病因果模式，注意询问有意义的阴性症状。

2. **患者的健康信念模式**　指患者对健康和疾病所持有的理念。很多患者常常轻视疾病的严重程度及易感性，对疾病的后果缺乏认知。通常对这类患者采取的预防、治疗与康复的干预措施是不容易落实到位的。全科医生了解患者健康信念的目的，就是要采取针对性的教育形式，触动患者的不良健康理念，令患者知晓不健康行为导致的个人功能致残、家庭负担和社会危害，同时让患者形象地感知健康促进的获益，从而引导患者心理依从，纠正不健康的疾病行为。如询问"您觉得自己的健康问题严重吗？"。

3. **患者对疾病的主观感受和体验**　疾病经常导致患者的生活质量下降，特别是当患者有长期卧床、偏瘫失语、接受透析治疗、肠道造瘘等情况时。包括高血压、慢性支气管炎、骨关节病等在内的很多慢性病也会对患者的生活质量造成一定影响。患者期盼融入社会、回归正常生活、恢复工作能力并减轻家人负担。在接诊中可借助相关量表询问和评价疾病对生活质量的影响程度，获知患者对疾病的主观感受和体验，以便对诊疗进行临床及经济学的综合评价，从而选取最佳方案。对于严重影响患者生活质量的疾病，除采取缓解症状的治疗措施外，还应给予必要的心理辅导、心理支持、健康教育、护理指导等多种综合措施。

4. **了解患者就医的需求及期望**　患者对医院和医生的就医需求可概括为"4C"：方便（convenience）、关爱（care）、疗效（curative effect）和费用（cost），具体到每位患者时，还存在着一定的个性化需求。全科医生只有深入了解患者不同的就医需求，才能为患者制订个性化的诊疗策略，更好地满足患者的就医需求，提供超越患者预期的真正的全科服务。

5. 患者对医生的期望 患者对医生的期望包括共性的期望和个性的期望。前者指绝大多数患者所共有的期望，如医生品德、医疗技术、服务技巧和就诊结果等，后者指患者与其他患者不同的个体化的期望，如延长休息时间或证明有病／无病的期望、索取某些卫生资源的期望、对某些医生特殊的要求等，有些可能是过分的期望。医生应努力满足患者正常合理的期望，这有助于树立医生的正面形象和权威。对于患者不合理的期望，医生应区分不同情况并加以引导，有些应采取恰当方式给予拒绝。

（五）患者的患病体验与治疗方式选择

患病体验指患者经历某种疾病时的主观感受，包括精神和躯体两方面的感受。精神方面如力不从心、孤独依赖、恐惧焦虑、恋生与厌世、恐病和疑病、病耻感等；躯体方面如会导致情绪改变的持续性慢性疼痛等。这些体验会影响疾病的发生、发展和演变，改变患者的就医和遵医行为。全科医生要询问和敏感捕捉患者的患病体验，并给予指导帮助。一般来说，当出现患者由急性病程转入慢性病程，并有无法治愈的长期相伴症状；对专科医疗服务不满意或专科服务不可及；现代医学能力有限，专科医生已告知缺乏办法；患者听说或意识到有可能的替代疗法；患者本人自我保健的意识很强，行为有效，自觉效果很好，认为没必要找大夫等情况时，这些体验会更加深刻地影响患者的就医体验，进而影响到患者的就医和遵医行为及自我保健的态度。因此，医生要学会换位思考，及时发现患者的不同患病体验，并采取有效的应对或疏导办法。

（六）问诊结束

问诊结束时医生应感谢患者的合作，说明下一步对患者的要求、接下来做什么、下次就诊时间或随访计划等。

第三节　全科问诊方式与技巧

一、全科问诊方式

在全科医生接诊患者的长期实践当中，总结了若干种便于记忆、突出全科特点的问诊和记录方式。这些方式依照基本问诊程序，高度概括和提炼全科问诊内容，帮助全科医生从纷杂的疾病线索中梳理重点要素，抓住重点、提高效率，特别是了解患者心理和社会等因素对疾病的影响。

（一）以病人为中心的接诊五步骤（LEARN）模式

指全科医生在卫生服务、医疗诊疗过程中需要遵守的基本策略，也是需要依据的基本程序。

L（listen）—— 倾听。医生站在患者的角度倾听并收集患者所有的健康问题及对健康问题的认知和理解。

E（explain）——解释。医生详细收集所有可供疾病诊治的资料后，向患者及其家属解释对上述健康问题的诊断和看法。

A（acknowledge）——容许。医生在说明病情后容许患者参与讨论，沟通彼此对病情的看法，使医患双方对健康问题的看法趋向一致。

R（recommend）——建议。医生按所达成的共识提出对患者最佳或最合适的健康教育、检查及治疗建议。

N（negotiate）——协商。如患者对检查和治疗建议存在疑惑，需与患者进一步协商，最后确定医患双方均可接受的方案。

（二）全科医生的 BATHE 和 SOAP 问诊方式

为遵循全科医学以人为中心的照顾模式，充分体现生物－心理－社会医学模式，Stuart 和 Lieberman 在 1986 年提出的 BATHE 和 SOAP（to BATHE）问诊方式及记录格式，可迅速有效地了解到患者心理、社会问题的核心。

1. BATHE 问诊方式　是一种开放性问诊方式，强调从患者的背景、情感、烦恼、自我管理能力四方面收集信息，从而简明有序地对患者进行心理评估，有助于将生物医学与心理学结合在一起，提高医患沟通效率。

B（background）——背景。患者可能的心理或社会因素。如"最近过得怎么样？"

A（affect）——情感。患者的情绪状态。如"近来心情如何？"

T（trouble）——烦恼。问题对患者的影响程度。如"这种担心意味着什么？"

H（handling）——处理。患者的自我管理能力。如"自己怎么处理的？"

E（empathy）——移情。对患者的不幸表示理解和同情，使患者感受到医生的支持。如"你也确实是不容易呀！"

2. SOAP（to BATHE）问诊记录方式　主要用于缓解患者的心理压力和社会压力，最终也能达到 BATHE 问诊的目的。BATHE 问诊和 SOAP 问诊常结合使用，使问诊更能体现以人为中心的照顾模式的优点。

S（support）——支持。医生把患者的问题尽量正常化、普通化，建立患者自信心，避免引起患者的过度恐惧和对解决问题失去信心。

O（objective）——客观性。医生科学、客观地看待患者的问题，保持适度的职业界限和自控，鼓励患者认清问题的现实性，充分了解患者对问题的担忧，引导患者客观对待现实问题，并给予患者克服和解决问题的希望。

A（acceptance）——接受。鼓励患者接受现患疾病和其他现实，对这些现患疾病或其他问题不予判断，但要帮助患者树立对自身、对家人的乐观态度。

P（present focus）——关注现况。鼓励患者关注当前，做好现在要做的每一件事。

（三）全科问诊中的 RICE

RICE 问诊是全科医疗中常用的一种以病人为中心的问诊方法，要求全科医生利用有限的接诊时间了解患者就诊的原因、想法、忧虑和对结果的期望，之后对患者的情况作出总结和回应。RICE 问诊强调患者是自己的专家，而医生是疾病的专家，问诊则是两个专家之间的对话，是融合"疾病"发生、发展和患者患病后独特感受的问诊。医生看的不只是病，而是患病的人，每位患者对同一个症状或疾病可以有完全不同的想法和观念，因而也会有完全不同的个性化处理方式。

R（reason）—— 原因。明确患者就诊的原因。如"你为什么要来看病？"

I（idea）—— 想法。患者对疾病的看法和理解。如"你自己认为出了什么问题？"

C（concern）—— 担忧。患者的担心和忧虑。如"你最担心的后果是什么？"

E（expectation）—— 期望。患者对就诊结果的期望。如"你希望医生如何帮助你？"

二、全科问诊技巧

（一）观察的技巧

全科医生应注意观察患者的个体化特征。面对不同的患者和需求，必须采用不同的问诊方式和程序。首先判断是否急症，如果是急症，必须先解除病痛和生命危险，然后再深入了解患者及其健康问题。应注意观察患者的面容表情、语言表述和词汇运用、步态和起坐姿势、衣着打扮、有无陪同人员等，有助于判断患者的病情、身份及性格特征等，对判断就诊患者的特点、健康问题的性质、患者的需要和期望等有重要的参考价值。

医生可通过观察患者的身体语言，更好地理解患者的心理状态和感受（图 2-3-1、图 2-3-2），决定医生的诊疗行为。

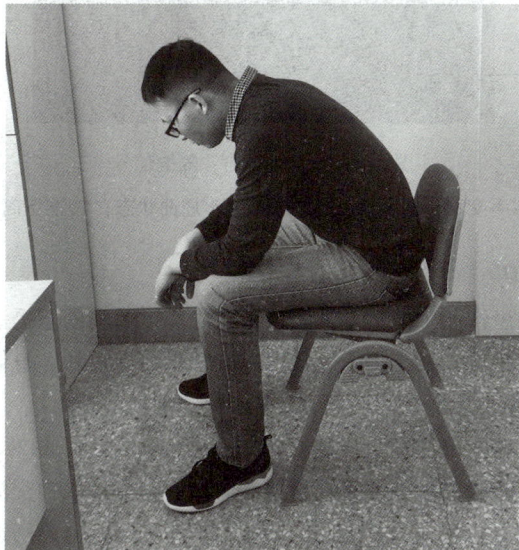

图 2-3-1　抑郁患者的姿态

低头、萎靡不振、无精打采，与桌子和人保持一定的距离。

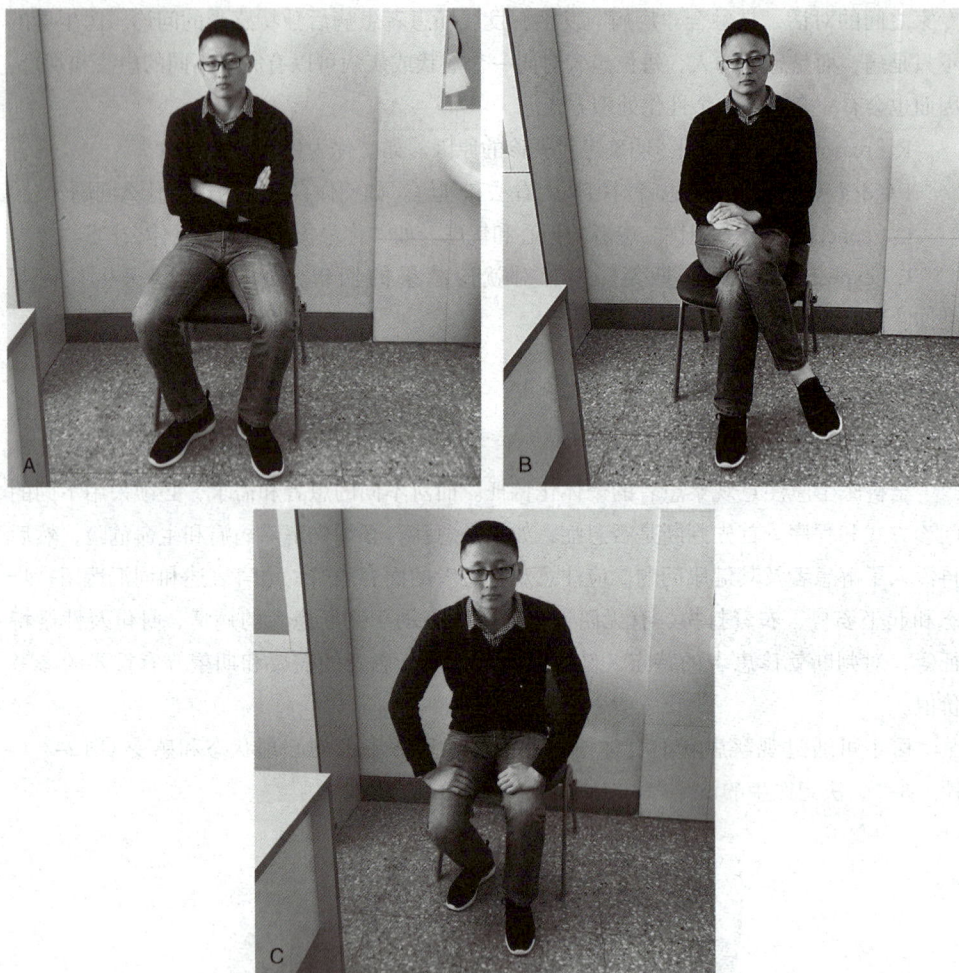

图 2-3-2　身体语言：隔阂信号

A. 双手交叉；B. 双腿交叉，关节处于屈曲状态；C. 准备离开。

（二）非语言技巧

非语言沟通是医患沟通中的重要因素，包括静态提示和动态提示，其中静态提示包括容貌修饰、衣着打扮等，动态提示包括面部表情、目光接触、身体姿势、距离、辅助语言等。恰当的非语言技巧可使患者感到亲切温暖、值得信赖。

与患者交流时，医生要注意自己的姿势和态度（图 2-3-3、图 2-3-4），身体应稍稍前倾，注意力要集中在患者身上，并表现出耐心和诚心，保持眼神交流，认真倾听，恰当地使用身体语言。应停止其他一切无关的活动，不能一边接电话一边问诊，更不能一会儿站起来一会儿离开，在交流时最好没有别人打扰。倾听患者诉说时，注意患者的姿势、面部表情和身体活动所反映出来的内涵。记录时要尽量简单、快速，不要只顾记录而忽视与患者必要的视线交流。

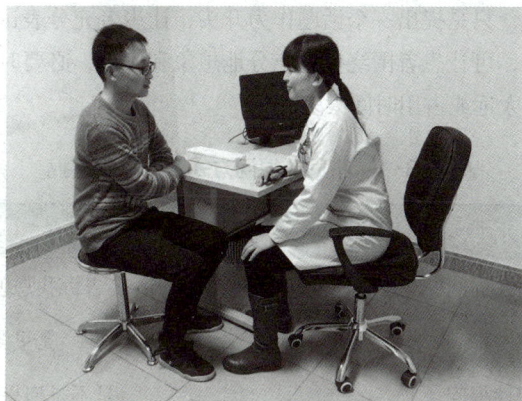

图 2-3-3　问诊时医生的正确姿势

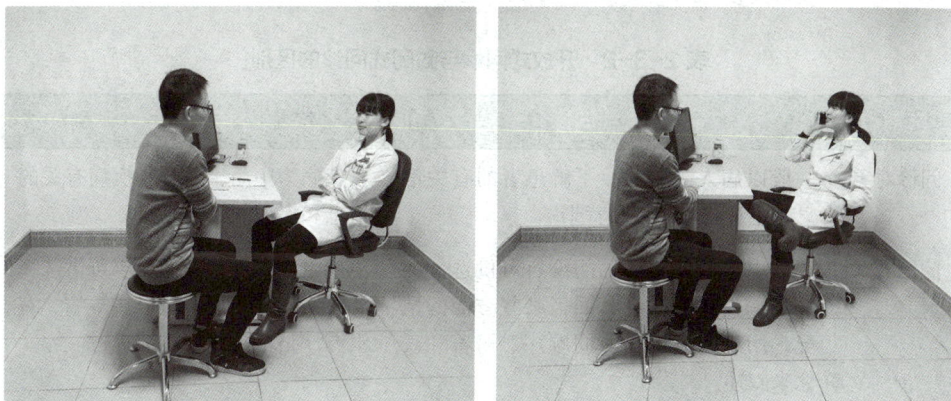

图 2-3-4　问诊时医生的错误姿势

辅助语言包括语音、语速、语调、语气等。医生说话的音质应比较低沉、浑厚，保持中等语速，音调不能太高，这样能让患者觉得平和、可信、被尊重。如果声音高而尖，语速太快，会让患者觉得医生不耐烦、浮躁、粗心、不尊重人。

（三）提问的技巧

在恰当的时候，采用开放性和引导性的方式提问，避免具有暗示性的提问方式（表2-3-1、表2-3-2）。医生在接诊患者时，如把注意力集中在患者所患的疾病上，一般会采用封闭性问诊，即提问有明确的询问对象和目的，患者的回答也只能是选择性的和封闭性的，缺少充分回忆和倾诉的机会。而开放性问诊要求医生把注意力集中于患者本身而不仅是疾病，既要了解患者所患的疾病，也要了解患者的心理、社会及就医背景等各方面情况，是一种对患者的开放式引导。医生要耐心地倾听患者的诉说，不轻易打断患者的诉说和思路，从患者的诉说中发现线索，找出问题所在。开放性问诊往往没有明确的询问目标和对象，只是提出一个话题作为开头，让患者充分表达自己的意见和看法。在时间允许的情况下，可让患者围绕疾患充分地想象和倾诉，必要时可给予适当的引导，避免患者的诉说离题太远或占用时间太多。

表 2-3-1　不同的提问方式示例——疼痛

提问方式	示例
开放性提问	告诉我您怎么痛
引导性提问	哪里痛
封闭性提问	是不是痛得很厉害
诱导性提问	痛得很厉害吧
反问性提问	您知道疼痛的原因吗

表 2-3-2　开放式问诊与封闭式问诊的区别

区别点	开放式问诊	封闭式问诊
问诊对象	一般以病人为中心，了解患者的有关信息、主观体验和完整背景	以疾病为中心，了解与疾病有关的信息和疾病的客观证据
问诊方式	开放引导式问诊：提问没有可供选择的答案，只是引导患者回忆某些方面的情况，用患者自己的时间顺序、语言和观念来叙述	主观引导式问诊：提问有可供选择的答案。如：好不好、痛不痛、有没有、是不是等
问诊内容	患者症状、既往健康状况、个人生活习惯、心理状况、疾病因果观、健康信念模式、患病体验、疾患行为、人际关系、家庭生活、社区背景、社会生活等信息	症状和体征、既往健康状况、个人史、家族史，直接针对需要了解的问题，得到确切的答案
结果特点	得到的答案有明显的个体化	得到的答案有一定的规律性
主要优点	时间和目的受到限制较少；能让患者自由发挥，有利于医生全面了解患者的真实感受	直接针对需要了解的问题，得到确切答案，节省时间，对处理急症患者尤为合适
主要缺点	患者可能抓不住重点，不知道哪些有关、哪些重要，问诊时可能浪费很多时间	时间和目的受限，提问涉及的范围较窄，容易固定患者的思维，难以获得全面详细的资料，不容易了解患者的真实感受，不适用于了解患者及其背景和主观体验

不正确的提问方式可能得到错误的信息或遗漏有关的资料，应避免采取下列提问方式。

1. **诱导性提问或暗示性提问**　在措辞上已暗示了期望的答案，使患者易于默认或附和医生的诱导，如："您的胸痛向左手放射是吗？""用这种药物后疼痛好多了吧？""您难道就没觉得睡眠有问题吗？"

2. **责难性提问**　可使人产生防御心理，如："您为什么吃这么脏的东西呢？"

3. **连续性提问**　连续提出一系列的问题，可能造成患者对要回答的问题混淆不清，如："哪里痛？怎么痛？饭前痛还是饭后痛？"。每次应只问一个方面的问题，越容易回答越好。

4. **杂乱无章的重复提问**　会降低患者对医生的信心和期望，如在收集现病史时已得知患者的一个姐姐也有类似的头痛，如再问患者有无兄弟姐妹，则说明医生并没有认真倾听。在问诊时，需按一定的顺序提问，注意系统性和目的性。

（四）倾听的技巧

倾听是一种鼓励交流的方式，当患者放开自己进行交流时，医生应该满怀兴趣和关注地去倾听。医生要用表示关注的表情和姿势等非语言的形式告诉患者，他有一个感兴趣的听众。倾听时身体要稍前倾，目光不时地注视患者，不做无关的动作和事情，及时给予反馈和鼓励，如点头、抬眉，医生可以插入一些简短的话语，如"是的"或"我明白了"，也可以在患者简短停顿时说："啊！真的，这太重要了，接着说，别着急。"，有时还可适当重复患者所说的话，以示重视和进一步澄清问题。遇到患者不太明白、不能理解的问题，应及时进行解释，尽可能与患者达成一致。当患者不知如何表达时，应提供例证、比喻，让患者选择。当患者情绪激动时，应表示理解，并转移患者的注意力，比如与患者交流自己的经历和感受。当患者情绪过于激动，说不下去时，应帮助患者进行调整。对抑郁或思维缓慢的患者，要有耐心，在患者沉默时，用轻柔的声音进行引导。要学会对患者表现出的体现信任与合作的行为（如患者在交流时将重要的事情告知医生）表示感谢。

（五）说服的技巧

说服指运用一定的方法，通过信息符号的传递来影响患者的观念和行动，是全科医生综合素质的一种体现。医生可以用平时生活中的道理或亲身经历、事实、激励的方法等来说服患者。在说服患者时，可向患者讲述更多的知识，纠正患者错误的认识，指导患者改变不良观念和生活方式，调整患者的心态，从而帮助患者树立信心、发挥潜能、主动应对。

（六）其他问诊中需注意的问题

1. 鼓励患者提问，并认真回答患者的问题。

2. 适时归纳总结。在询问病史的每个部分结束时进行归纳总结，可为医生提供机会核实患者所叙述的病情，同时也可理顺医生的思路，避免遗漏。

3. 恰当运用一些评价、赞扬和鼓励的语言，可促使患者与医生合作，如："可以理解""您已经戒烟了？真有毅力"。

4. 问诊不同部分之间使用过渡性语言，向患者说明将要讨论的新内容及原因，使患者不会困惑医生为什么要改变话题及为什么要问这些问题。

5. 注意引证核实患者提供的信息，如当患者使用某些诊断术语，医生应通过询问当时具体情况来核实患者提供的信息是否可靠。如患者提供对青霉素过敏的病史时，医生可以进一步询问："您怎么知道自己是青霉素过敏？""是青霉素皮试阳性还是用过有什么反应？"

6. 掌握问诊的进度及时间，为了保证充分的沟通，除急危重症患者外，全科医生的问诊时间不应过于简短，一般不得低于 10 分钟。

7. 注意问诊交流中涉及的伦理问题并进行适度的引导。问诊过程经常会涉及患者的隐私，在和患者及其家属沟通某些特殊疾病和特殊情况的诊疗方案时，如恶性肿瘤的治疗、患者或家属放弃治疗等情景，包括有时开展某些临床试验需要招募志愿者，或者项目推广等情况，都有可能涉及生命伦理范畴的问题。这就需要全科医生认真思考，本着评估和比较患者获益与风险的原则，坚守道德和底线，引导患者作出正确选择。

三、特殊情境的问诊技巧

（一）精神心理障碍

患者由于疾病、家庭、社会等因素，经常会出现各种精神心理和情感障碍，在交流中可表现为缄默、隔阂、多话、易激惹等。部分器质性疾病患者可并发心理障碍如焦虑、抑郁或精神紧张等，部分因躯体症状就诊的患者也可能是非器质性疾病导致的。在面对这些患者的时候，应避免采用简单粗暴的方式，注意评估患者的精神心理状态，在处理躯体疾病的同时还要关注患者的精神、心理和情感变化，使患者信任医生并配合治疗。

1. 注意观察患者的表情、目光和身体语言，鼓励患者讲出真实感受，为可能的诊断提供线索。

2. 以尊重的态度，耐心地向患者表明医生理解其痛苦。

3. 及时回应患者的反应，必要时可多重复几次。

4. 避免用过多、过快的问题直接提问。

5. 通过语言和非语言技巧让患者产生对医生的信任感，允许患者用哭泣、沉默等方式宣泄情感，鼓励患者倾诉精神、心理、情感等方面的问题，客观地叙述病史。

6. 了解患者的心理状态、个人和家庭背景、社会背景等可能的相关因素，给予同情和关爱。

（二）语言或交流障碍

患者可由于各种躯体问题出现语言和交流障碍，如听力受损、痴呆。文化程度低下通常不妨碍患者提供适当的病史，但患者的理解力及医学知识贫乏可能影响患者回答问题及遵从医嘱。

1. 医生可适当靠近患者并贴近外耳，使患者可以听到，同时还可采用其他方式（如书写、卡片等）以弥补口语沟通的不足。

2. 问诊语言应通俗易懂，减慢提问速度。

3. 患者由于对医生的尊重和环境生疏等原因，通常表现为过度顺从，有时对问题回答"是"，只是一种礼貌的表示，实际上可能并不理解，也不一定是同意或肯定的回答。

4. 必要时可请患者的亲属、朋友等进行解释或代述。语言不通者最好能找到翻译，并请其如实翻译，避免倾向性。

5. 密切关注患者的表情，身体语言如手势等交流方式也有助于沟通。

6. 进行反复的重复与核实。

（三）愤怒与敌意

愤怒是当一个人被激惹，或平静状态被打破时所作出的一种情感反应。全科医疗服务具有较强的感情色彩，更容易让患者及其朋友和亲属发泄沮丧和愤怒的情绪。

1. 医生对愤怒患者的最初反应应该是保持冷静，保持不动，并与患者保持目光接触。

2. 与患者保持一定的距离，防止患者产生不舒服或受威胁的感觉。请患者坐下，注意不要有任何挑衅的姿势。

3. 对患者和他的问题表示出兴趣和关心。

4. 用清晰、明确、非刺激性的语言和说话方式，用恰当的语调、语速和音量，尽可能发现患者愤怒的原因并平复患者的情绪。

5. 集中注意力倾听患者的表述，让患者表达出感受。对患者的痛苦情绪作出回应，如"我能理解您的感受"。

6. 医生可以适度采用共情的方法与患者交流，包括使用语言（如"这样的事情如果发生在我身上，我也会有这样的感觉"）和身体语言等。

7. 不要采取防守姿势或使用尖刻的话语，不要受对方语调、语速或身体语言影响。

8. 切合实际地说明发生的情况，以及医生将会努力去解决的问题。

（四）告知坏消息

当医生面对预后不良的患者如恶性肿瘤、危急重症、慢性疾病等，需要将坏消息告知患者时，应充分表达同情心及正向的态度，以中性的立场为患者谋求最佳的处置。

1. 营造一个有利于沟通的舒适氛围，免除干扰。

2. 提供先兆，如"很遗憾，结果不像我们想象得那么乐观"。

3. 使用通俗易懂的语言对专业诊断进行充分的解释，留有余地，必要时可分次告知，让患者及家属有逐步接受现实的机会。

4. 告知过程中让患者及家属有充分宣泄情绪的机会。

5. 表示同情和建立伙伴关系可大幅度地减轻患者及家属的痛苦。

6. 了解患者的家庭、精神 / 文化支持体系，帮助患者缓解痛苦和焦虑。

7. 不欺骗患者，告知病情后应尽可能地给患者以希望。

8. 与患者及家属共同制订未来的生活和治疗计划，并进一步保持密切的医患接触。

9. 安排后期随访，包括紧急情况下如何联系到医生。

（五）老年患者

老年患者是一个特殊群体，患者的智力、记忆力、学习能力随着年龄的增长逐渐降低，体力、视力、听力减退，各器官功能也逐渐退化，部分老年人性格孤僻、倔强、幼稚，疑病、恐病、病耻感等心理问题发生率高，部分老年人由于医疗报销、不愿增加子女负担等原因，也会出现否认、自卑、抗拒等表现。

1. 先用简单清楚、通俗易懂的一般性问题提问。

2. 减慢问诊进度，使患者有足够的时间思索、回忆，必要时做适当的重复。

3. 注意患者的反应，判断是否听懂，有无思维障碍、精神异常，必要时向家属和朋友收集病史。

4. 耐心进行系统回顾，仔细询问既往史、用药史，个人史中重点询问个人嗜好、生活习惯改变，注意患者的精神状态、外貌言行、与家庭及子女关系等。

5. 注意了解患者的心理状态、个人和家庭背景、社会背景、医疗费用支付方式等可能的相关因素。

第四节　全科医生问诊能力评估

包括问诊在内的全科医生服务质量的评价是当前全科医学面临的一个巨大挑战，尤其是全科医生按照全科医学基本原则执行诊疗和问诊能力的评价。目前我国对全科医生临床能力的评价方法主要为客观结构化临床考核（objective structured clinical examination，OSCE）、多源反馈（multisource feedback，MSF）、小型临床评价练习（mini clinical evaluation exercise，mini-CEX）等，尚缺乏针对全科医生问诊能力、交流能力的评价工具。国外相关评价工具主要包括莱斯特评估量表（Leicester assessment package，LAP）、Maas 全面评分表（the Maas-global scoring list）、戴维斯观察代码（the Davis observation code）等。其中莱斯特评估量表可以充分体现全科医学的服务理念，客观、明确、系统地评估全科医生的问诊能力，在对全科医生问诊能力进行评估和改进中应用比较广泛。

莱斯特评估量表包括病史采集、体格检查、患者管理、医患关系、预防保健、解决问题及病历记录 7 个方面、39 个考核点，引导全科医生以推理思考的方法作出初步诊断并解决相关问题，对临床诊疗过程进行全面量化评估。其中涉及问诊 / 病史采集部分占 20%，包括：向患者做自我介绍；让患者感觉放松；让患者详述就诊的主要原因；专心聆听；把患者用的不恰当的词汇理解清楚；用简单清晰的问题提问；恰当地使用沉默；留意患者的语言和非语言线索；识别患者就诊原因；从患者和 / 或其病历中找到相关和特异性信息帮助鉴别诊断；适当考虑患者的生理、心理和环境因素；有条理地收集资料 12 个考核点。每一个考核点又细化为若干要点，比如"用简单清晰的问题提问"这 1 个考核点就涵盖 4 个要点，包括不要使用专业术语、避免引导性问题、用患者能理解的方式提问和确保患者能听到。通过这样的细化要点，医生在问诊时明确知道自己应该注意的内容，对问诊过程中表现出来的强项和弱项清楚明晰，而应用莱斯特评估量表进行问诊效果的评估也更加明确和统一。

莱斯特评估量表的评分标准分为 A、B、C+、C、D、E 六个等级。A（85% 及以上）：所有评估条目均熟练掌握，即标准技能；B（75%~84%）：熟练掌握绝大部分考核点的技能和能力；C+（65%~74%）：在绝大部分合适的病例中，对大部分考核点的掌握达到较高的或满意的标准；C（55%~64%）：对大部分考核点的掌握达到满意的标准，在部分考核点中有小的遗漏和 / 或缺陷；D（45%~54%）：在几个考核点中掌握不足，但是没有核心内容的遗漏和缺陷；E（44% 及以下）：出现几个主要考核点的遗失和 / 或缺陷，不被接受。

莱斯特评估量表已被证实是一种评估全科医生问诊能力的有效工具，也可用于全科医生问诊能力和沟通能力方面的培训，可根据评估结果找出被评估者的弱点和原因，从而提出调整和改进意见。

第五节　问诊技能训练与展望

一、门诊教学

门诊教学是全科医学教学中的重要部分，贴近全科医生的实际工作，为全科医学教育的实践教学提供理想的场所与环境，有助于学员沟通能力、独立思考和临床诊疗能力的训练。目前，全科医学的门诊教学多采用单纯跟诊的形式，学员缺乏积极性，并缺乏独立判断病情及主动与患者沟通的机会，培训效果欠佳。部分教学采用在临床技能中心模拟诊室以标准化病人或医生模拟的形式进行问诊培训，具有一定的真实性和安全性，但也与临床的真实患者和真实场景有很大区别。

国内部分全科住培基地采用 GP-IP（general practitioner inquiry preceptor）带教模式进行门诊教学，以培训对象的问诊能力评价为导向，基于全科医生需求，采用导师门诊带教模式，取得较好的效果。带教诊室一般含内外两个诊间，学员在外间接诊首诊的患者，独立完成询问病史、体格检查、书写门诊病历、初步诊断和首要的处理，如开立辅助检查、药物治疗或转诊等。在此过程中导师在里间通过单向玻璃窗或同步摄录屏幕观看，但不进行干预。学员完成上述过程后向导师汇报，导师对病史和体格检查作出必要补充，以确定进一步的诊治方案，完成患者就诊过程。当患者离开诊室后，学员对患者病情进行详细的病情分析，导师对患者沟通、病史询问、体格检查、临床思维等进行相应的指导和点评。

GP-IP 带教模式有助于培养学员独立思考与处理临床问题的能力、协调和沟通能力，切实提高学员门诊接诊能力，同时也对导师的带教能力提出了更高的要求。导师需要在保证临床安全性的基础上，充分培养和锻炼学员的独立接诊能力和全科思维能力，提高学员的岗位胜任力。

二、未分化疾病诊治包和问诊软件包

未分化疾病（medically unspecified disease，MUD）或称为医学上无法解释的症状（medically unexplained symptoms，MUS），是指患者常以躯体不适症状到医院就诊，在对主诉症状进行详细体格检查及必要的辅助检查后，未发现任何器质性疾病，或其所患疾病不足以解释患者症状的严重程度。这类情况属于全科服务的领域，也是全科医生必须学会和掌握的内容。为此，学者设计了全科 MUS 诊治包，针对全科门诊常见症状如腰痛、乏力、水肿等，以病例为基础，强化全科医生的病史采集和体格检查，进行鉴别诊断，从而减少漏诊、误诊，对学员的全科诊疗思维进行全方位的训练。

目前也有公司开发了问诊软件包，针对常见临床症状在诊断和鉴别诊断上的问诊要点，采用人机对话的形式进行问诊。软件包可在中文 Windows 环境下运行，主要包括前台模块、问诊处理模块、诊断模块、数据库管理模块。前台模块给用户提供交互界面，借此调用问诊处理模块采集用户基本信息及问诊症状信息，存储至用户问诊症状信息数据库，最后通过诊断模块对采集的问诊症状信息，依据数据库管理模块的问诊诊断标准数据库中设定的标准，进行初步判断，判断结果可通过前台模块在交互界面上显示或进行存储、打印。

问诊软件包目前多用于教学与考核，教师在服务器端进行监控，学员在客户端进行问诊，通过语音或者文本输入相应的问诊信息，系统根据关键字锁定相应的病例输出患者信息，教师可根据不同教学内容在服务器端进行添加和修改，实时更新到学生端。在教学中应用问诊软件包可打破时间、空间的限制，为学员提供生动逼真的问诊模拟环境，培养学员的实际操作技能和处理临床实际问题的能力。目前问诊软件包已经应用于实际临床工作中，初步证明可提高临床问诊的规范性，提高临床医生问诊的准确性和效率。

三、基于互联网的智能问诊系统

随着计算机人工智能技术和互联网逐渐进入医疗领域，目前，很多具有人机对话功能的智能问诊系统和问诊训练系统被开发出来，其通过集合医疗大数据分析、云计算等互联网核心技术，对相关医疗数据、专业文献、临床指南和诊断流程进行人工智能化设计，基于深度学习技术与知识图谱算法模拟医生问诊流程，根据患者的症状提出可能出现的问题，反复验证后给出建议。

智能问诊系统在医生个体掌握的生物医学经验的基础上，将大数据和人工智能对近乎全样本病例的存储和分析作为参考，可在医生诊疗过程中进行提示，防止医生漏掉一些重要的疾病信息，并帮助医生对患者信息进行高效采集，提升医生的问诊效率和准确性，可有效弥补医生个体经验有限的问题，减少漏诊和误诊。

疾病诊疗包、问诊软件包和智能问诊系统等目前在临床上的应用仍处于研发和验证阶段，能起到一定的辅助、参考作用，随着对全科医生培养的重视程度不断提高，以及计算机技术和互联网医疗的逐渐推进，在医疗和教学中也必然具有一定的应用前景。但是在实际的医疗工作和现实疾病的诊疗过程中，由于语言表达的复杂性和多样性、症状的不确定性、疾病的复杂性和个体差异性等原因，使之在实施和推广过程中仍存在着诸多问题，更不能替代医生进行疾病的诊断。同时，全科医疗强调以人为中心，需将患者的健康状况与家庭、社会、心理等背景紧密联系，并强调运用家庭、人际关系、咨询及心理指导等多方面的知识技能处理患者的医疗问题，这些都必须依赖于全科医生自身的知识技能和经验，不能被任何辅助手段所替代。

（孟宪宇）

第三章　体格检查

系统的体格检查也称"物理检查"（physical examination），是临床医生必备的基本功，也是全科医生必须掌握的基本技能。为保证检查内容全面、患者配合及时间安排合理，检查时应注意以下基本要求。

1. 检查的内容要全面系统。

2. 注意保护患者隐私。男医生检查女患者时，要有其他女性工作人员在现场辅助。

3. 全身体格检查应全面、有序、重点、规范和正确。体格检查应该按照顺序进行，通常先进行生命体征检查和一般检查，然后按照头、颈、胸、腹、脊柱、四肢和神经系统的顺序进行检查，必要时行生殖器、肛门和直肠检查。根据病情的轻重及可能影响检查结果的因素，医生可调整检查顺序，利于及时抢救和处理患者。应保证体格检查的效率和速度，减少患者的不舒适或不必要的体位变动。

ER3-1

体格检查
检查顺序
（视频）

4. 在检查过程中，与患者进行适当的交流可以建立融洽的医患关系，并补充病史资料。可以边检查，边评价。

5. 检查结束时应向患者说明检查结果，并告知患者应注意的事项或下一步的检查计划。最后，应对患者的配合表示感谢。

第一节　基本检查方法

一、视诊

视诊是医生用眼睛观察患者全身或局部表现，并进行判断的一种方法，可用于全身一般状态和许多体征的检查，如年龄、发育、营养、意识状态、面容、表情、体位、姿势、步态等。特殊部位的视诊需借助某些仪器如检耳镜、鼻镜、检眼镜及内镜等进行检查。

ER3-2

视、触、
叩、听的
基本检查法
（视频）

二、触诊

触诊是医生通过手接触被检查部位时的感觉来进行判断的一种方法，通过触诊可以进一步检查视诊发现的异常征象，也可以明确视诊所不能明确的体征，如体温、湿度、震颤、波动、压痛、摩擦感及包块的位置、大小、轮廓、表面性质、硬度、移动度等。

（一）触诊方法

1. 浅部触诊法　适用于体表浅在病变（关节、软组织、浅部血管、神经、阴囊、精索等）的检查和评估。

腹部浅触诊可触及的深度约1cm。触诊时，将一手放在被检查部位，用掌指关节和腕关节的协同作用以旋转或滑动的方式轻压触摸。浅部触诊有助于检查腹部有无压痛、抵抗感、搏动、包块和某些肿大脏器等。浅部触诊常在深部触诊前进行，有利于患者做好接受深部触诊检查的心理准备（图3-1-1）。

2. 深部触诊法　检查时可单手或双手重叠由浅入深，逐渐加压以达到深部触诊之目的（图3-1-2）。腹部深部触诊可触及的深度常常在2cm以上，有时可达4~5cm，主要用于检查和评估腹腔病变和脏器情况。

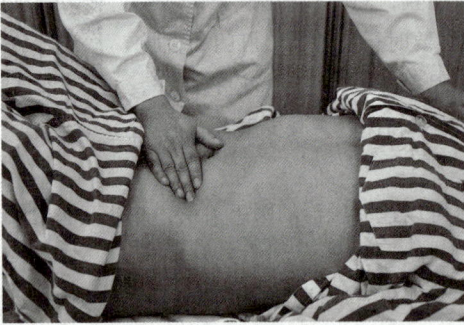

图3-1-1　浅部触诊法

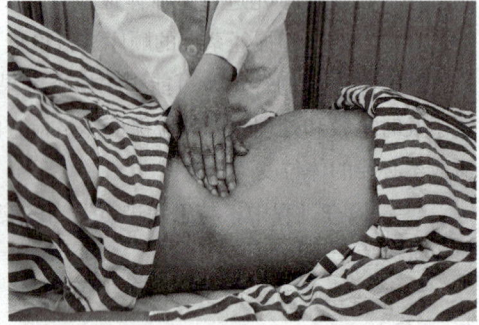

图3-1-2　深部触诊法

（二）触诊注意事项

1. 检查前医生要向患者讲清触诊的目的，取得患者的密切配合。

2. 医生的手应温暖，手法应轻柔，在检查过程中随时观察患者表情。

3. 腹部检查前，应嘱患者排尿，以免将充盈的膀胱误认为腹腔包块，有时也需排便后检查。

4. 腹部触诊时患者通常取仰卧位，双手置于体侧，双腿稍弯曲，腹肌尽可能放松。检查肝、脾、肾时也可以嘱患者取侧卧位。

5. 在腹部触诊时，医生应边检查边思考，注意病变的部位、特点、毗邻关系，以明确病变的性质和来源。

三、叩诊

叩诊是用手指叩击身体表面某一部位，使之振动而产生音响，根据振动和声响的特点来判断被检查部位的脏器状态有无异常的一种方法。叩诊多用于确定肺尖宽度、肺下缘位置、胸膜病变、胸膜腔中液体多少或气体有无、肺部病变大小与性质、纵隔宽度、心界大小与形状、肝脾的边界、腹水有无与多少，以及子宫、卵巢、膀胱有无胀大等情况。

（一）叩诊方法

根据叩诊的目的和叩诊手法的不同分为直接叩诊法和间接叩诊法两种。

1. **直接叩诊法**　医生右手中间三手指并拢，用其掌面直接拍击被检查部位，借助拍击的反响和指下的振动感来判断病变情况（图 3-1-3）。直接叩诊法适用于胸部和腹部范围较广泛的病变，如胸膜粘连或增厚、大量胸腔积液或气胸、腹水等。

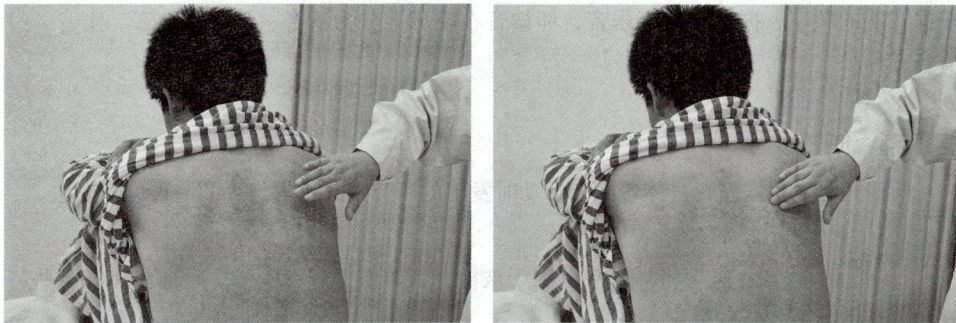

图 3-1-3　直接叩诊法

2. **间接叩诊法**　医生将左手中指第二指节紧贴于叩诊部位，其他手指稍微抬起，勿与体表接触；右手手指自然弯曲，用中指指端叩击左手中指末端指间关节或第二指骨的远端。叩击方向应与叩击部位的体表垂直（图 3-1-4）。

检查患者肝区或肾区有无叩击痛时，医生可将左手手掌平置于被检查部位，右手握成拳状，并用其尺侧叩击左手手背，询问或观察患者有无疼痛感。

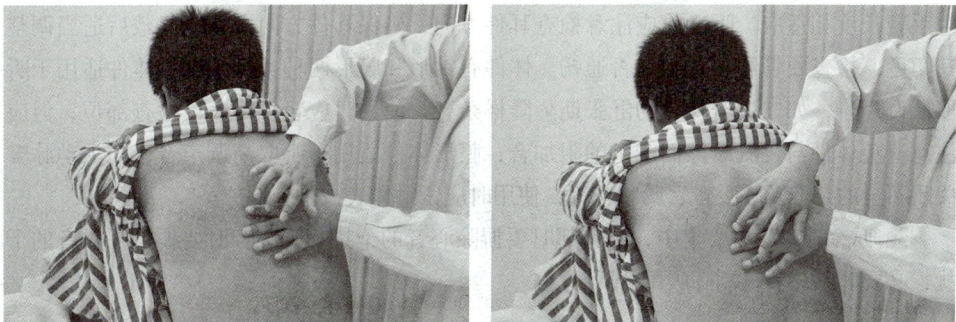

图 3-1-4　间接叩诊法

（二）叩诊注意事项

1. 环境应安静，以免影响叩诊音的判断。

2. 根据叩诊部位的不同，患者应采取适当体位，如叩诊胸部时，可取坐位或卧位；叩诊腹部时常取仰卧位；明确有无少量腹水时，可嘱患者取肘膝位。

3. 叩诊时应注意对称部位的比较和鉴别。

4. 叩诊时不仅要注意叩诊音响的变化，还要注意不同病灶的振动感差异，两者应相互配合。

5. 叩诊操作应规范，用力要均匀适当。

（三）叩诊音

叩诊音的不同取决于被叩击部位组织或器官的致密性、弹性、含气量及与体表间距。根据音响的频率、振幅和是否乐音，叩诊音在临床上分为清音、浊音、鼓音、实音、过清音五种。

四、听诊

听诊是医生根据患者身体各部分活动时发出的声音判断正常与否的一种诊断方法。

（一）听诊方法

1. 直接听诊法　医生将耳直接贴附于被检测者体壁上进行听诊。目前只有在某些特殊和紧急情况下才会采用。

2. 间接听诊法　是用听诊器听诊的一种检查方法，可用于身体各部位声音的听诊。

（二）听诊注意事项

1. 听诊环境要安静，避免干扰；要温暖、避风，以免患者由于肌束颤动而出现附加音。

2. 听诊器应直接接触皮肤以获得确切的听诊结果。接触皮肤前应用手测试其温度，过凉时可用手摩擦捂热体件。

3. 应根据病情和听诊的需要，嘱患者采取适当的体位。

4. 要正确选择和使用听诊器，听诊器通常由耳件、体件和软管组成，其长度应与医生手臂长度相适应。听诊前应注意检查耳件方向，确保耳件方向向前，佩戴后适当调整其角度，检查硬管和软管腔是否通畅。体件有钟形和膜形两种类型，钟形体件适用于听取低调声音，如二尖瓣狭窄的舒张期隆隆样杂音，使用时应轻触体表被检查部位，但应注意避免体件与皮肤摩擦而产生的附加音；膜形体件适用于听取高调声音，如主动脉瓣关闭不全的杂音及呼吸音、肠鸣音等，使用时应紧触体表被检查部位。

5. 听诊时注意力要集中，听肺部时要摒除心音的干扰，听心音时要摒除呼吸音的干扰，必要时嘱患者控制呼吸配合听诊。

五、嗅诊

嗅诊是通过嗅觉来判断发自患者的异常气味与疾病之间关系的一种方法。来自患者皮肤、黏膜、呼吸道、胃肠道、呕吐物、排泄物、分泌物、脓液与血液等的气味，根据疾病的不同，其特点和性质也不一样。

第二节 一般检查

一、一般状态检查

一般状态检查包括生命体征（体温、呼吸、脉搏和血压）、意识状态、发育与体型、营养状态、体位、步态、面容与表情等。这些信息可以大致判断患者的病情轻重及急、慢性特征。

（一）生命体征

生命体征是评价生命活动存在与否及其质量的重要指标，生命体征包括体温、呼吸、脉搏和血压。

1. **体温** 体温的测量部位有三个：腋窝温、口腔温和直肠温。最常使用的是腋窝温，并以摄氏度（℃）记录。

（1）腋窝温测量方法：将体温计细头端（水银端）置于患者腋窝深处夹紧，5 分钟后读数，正常值为 36.0~37.0℃。

该方法的优点是方便、卫生，多数人都可以接受。注意在检查前擦干腋窝。该方法不能用于意识不清者。

（2）口腔温测量方法：将消毒后的体温计置于患者舌下，令患者紧闭口唇，测量 5 分钟后读数。口腔温的正常值为 36.3~37.2℃。

该方法的优点是方便，缺点是消毒不全面可造成疾病的传播，此外不能用于婴幼儿及神志不清者。

（3）直肠温测量方法：患者取侧卧位，将体温计头端涂以润滑剂后，徐徐插入肛门内，达体温计长度的一半为止，5 分钟后读数，正常值为 36.5~37.7℃。此法一般较口腔温读数高 0.3~0.5℃。

该法测值稳定，多用于婴幼儿及神志不清者。

传染病流行期间，使用红外线测温计测量额头的皮肤温度，此法仅用于体温筛查。婴幼儿可以使用红外线耳式体温计测量耳膜温度。

生理情况下，体温在 24 小时内波动幅度不超过 1℃；当体温高于或低于正常及日体温波动超过 1℃时，视为体温异常。

2. **呼吸** 详见本章第四节。

3. **脉搏** 通过触摸患者的桡动脉、颈动脉或股动脉的搏动，观察并记录患者脉搏的节律及频率。成人正常脉搏应当节律规整，频率为 60~100 次 /min。

4. **血压** 反映身体内血液容量、血管紧张度和心脏收缩情况的综合指标，包括收缩压和舒张压。

血压的测量方法如下：

（1）可采用水银柱式、仪表式或电动袖带式血压计测量。水银血压计最为经典。

（2）患者半小时内禁烟、禁饮咖啡、排空膀胱，安静状态下在有靠背的椅子上休息

至少 5 分钟。

（3）将气袖缠于上臂，使其下缘在肘窝以上 2~3cm，气袖中央位于肱动脉表面。

（4）检查者在触及肱动脉搏动后，将听诊器体件置于搏动处准备听诊。然后向袖带内充气，边充气边听诊，待肱动脉搏动声消失，汞柱再升高 30mmHg（1mmHg=0.133kPa）左右，缓慢放气，双眼随汞柱下降，读数时平视汞柱液平面，根据听诊结果读出血压值。

（5）首先听到响亮拍击声时汞柱指示的数值为收缩压，音调突然变得沉闷时的血压值为舒张压。一般测量 2 次，若相差大于 5mmHg，则测量第 3 次，分别取收缩压和舒张压的平均值记为患者此次的血压值。成人正常血压为 90~120/60~80mmHg。

卧立位血压：首先测定卧位基础血压和心率，然后测定立即站立时的血压和心率，此后每隔一分钟测量一次，5 分钟测量最后一次，总共测量 7 次。意义：卧位血压与站立后任何一次血压对比下降≥30mmHg 者，即为直立性低血压。

（二）意识状态

意识状态反映大脑功能活动的综合表现，即对环境的知觉状态。正常人意识清醒，定向力正常，反应敏锐精确，思维和情感活动正常，语言流畅、准确，表达能力良好，凡能影响大脑功能活动的疾病均可引起程度不等的意识改变，称为意识障碍。患者可出现兴奋不安、思维紊乱、语言表达能力减退或失常、情感活动异常、无意识动作增加等，可表现为嗜睡、意识模糊、谵妄、昏睡及昏迷。

正常人在思维、定向力和运动控制方面都可以做到随心所欲。当脑部病变时，将出现各种意识状态的改变。检查和记录意识状态的方法很多，使用较广泛、能够量化的检查方法是格拉斯哥昏迷评分（Glasgow coma score，GCS）量表，即通过语言、眼部运动和肢体运动的自主性来确定患者的意识情况（表 3-2-1）。

表 3-2-1　格拉斯哥昏迷评分量表

分值 / 分	运动	言语	睁眼
6	按吩咐做动作		
5	对疼痛刺激可定位	正常交谈	
4	对刺激有躲避反应	言语错乱	自发睁眼
3	异常屈曲（去皮质状态）	只能说出（不适当）单词	语言吩咐睁眼
2	异常伸展（去大脑状态）	只能发音	疼痛刺激睁眼
1	无反应	无发音	无睁眼

注：最高 15 分，表示意识清醒；8 分以下为昏迷；最低 3 分。分数越低表明意识障碍越严重。

（三）发育与体型

1. 发育　对患者年龄、智力和体格成长状态（包括身高、体重及第二性征）进行综合评价。

发育正常：年龄、智力与体格的成长状态均衡一致。成人发育正常的指标包括：①头部的长度为身高的 1/8~1/7；②胸围为身高的 1/2；③双上肢展开后，左右指端的距离与身高基本一致；④坐高等于下肢的长度。正常人各年龄组的身高与体重之间存在一定的对应关系。

2. **体型**　是身体各部位发育的外观表现，分为三种类型。

（1）瘦长型（无力型）：身体高而瘦、颈细长、肩窄下垂、胸廓扁平、腹上角小于 90°。

（2）匀称型（正力型）：表现为身体各个部分结构匀称适中，腹上角 90° 左右，见于多数正常成人。

（3）矮胖型（超力型）：体格粗壮、颈粗短、肩宽平、胸围大、腹上角大于 90°。

（四）营养状态

营养状态的正常与否通常采用肥胖或消瘦进行描述。临床上常用营养良好、营养中等和营养不良三个等级进行描述。

1. **营养良好**　黏膜红润，皮肤有光泽、弹性良好，皮下脂肪丰满而有弹性，肌肉结实，指甲、毛发润泽，肋间隙及锁骨上窝深浅适中，肩胛部和股部肌肉丰满。

2. **营养中等**　身体状况介于营养良好和营养不良之间。

3. **营养不良**　皮肤黏膜干燥、弹性降低，皮下脂肪菲薄，肌肉松弛无力，指甲粗糙无光泽，毛发稀疏，肋间隙、锁骨上窝凹陷，肩胛骨和髂骨嶙峋突出。

（五）体位

体位是指患者身体所处的状态。体位的改变对某些疾病的诊断具有一定的意义。常见的体位有以下三种。

1. **自主体位**　身体活动自如，不受限制。

2. **被动体位**　患者无法自己主动调整或变换身体的位置，需依靠帮助变换体位。见于体力严重下降、极度衰竭或意识丧失者。

3. **强迫体位**　患者为减轻痛苦，被迫采取某种特殊的体位，包括强迫仰卧位、强迫俯卧位、强迫侧卧位、强迫坐位、强迫蹲位、强迫停立位、辗转体位和角弓反张等（图 3-2-1）。

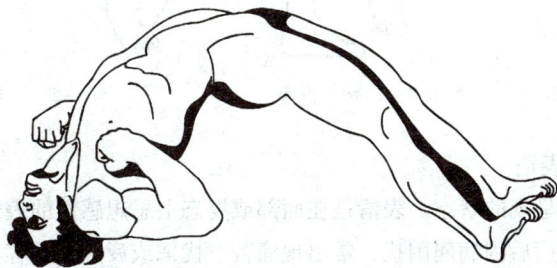

图 3-2-1　角弓反张

（六）步态

步态指走动时所表现的姿态。随着年龄的增长，肌肉萎缩，健康人的步态也会发生改变。某些疾病可导致患者步态发生特征性改变，而这种改变也是我们诊断疾病的依据之一。

1. 蹒跚步态　走路时身体左右摇摆似鸭步。

2. 醉酒步态　行走时躯干重心不稳，步态紊乱不准确如醉酒状。

3. 共济失调步态　起步时一脚高抬，骤然垂落，且双目向下注视；两脚间距很宽，以防身体倾斜；闭目时则不能保持平衡。

4. 慌张步态　起步后小步急速趋行，身体前倾，有难以止步之势（图3-2-2）。

5. 跨阈步态　由于踝部肌腱、肌肉迟缓，患足下垂，行走时必须抬高下肢才能起步（图3-2-3）。

6. 剪刀步态　由于双下肢肌张力增高，尤以伸肌和内收肌张力增高明显，移步时下肢内收过度，两腿交叉呈剪刀状（图3-2-4）。

7. 间歇性跛行　步行中，因下肢突发性酸痛乏力，患者被迫停止行进，需稍休息后方能继续行进。

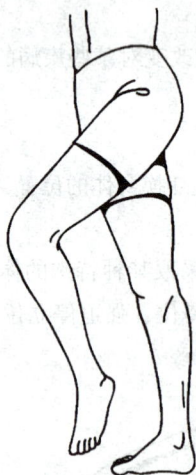

图 3-2-2　慌张步态　　　图 3-2-3　跨阈步态　　　图 3-2-4　剪刀步态

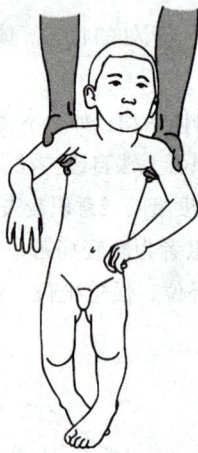

（七）面容与表情

面容是指面部呈现的状态。表情是在面部或姿态上思想感情的表现。健康人表情自然，神态安逸。患病后因病痛困扰，常出现痛苦、忧虑或疲惫的面容与表情。某些疾病发展到一定程度时，可出现特征性的面容与表情，对疾病的诊断具有重要价值。

二、皮肤和黏膜

皮肤的改变是医生最容易直观发现的异常。很多疾病在皮肤表现出异常，如贫血、黄疸、各种皮疹性疾病等。此外，组织的水肿、坏疽也会有相应的表现。皮肤黏膜检查需要全面、细致，特别是衣物覆盖的部分，必要时要在保证患者保暖和保护患者隐私的情况下进行暴露检查。皮肤黏膜的具体检查内容如下。

（一）颜色

皮肤和黏膜的颜色色素及血液的颜色直接相关，局部表现出来的颜色与毛细血管的分布、血液的充盈度及氧合血红蛋白含量有关。

（二）皮肤湿度

在气温高、湿度大的环境中出汗增多是生理的调节功能。但在急性疾病的病理情况下出现大汗，特别是湿冷的汗常常意味着患者休克或虚脱。

（三）皮疹

皮疹多为全身性疾病的表现之一，是临床上诊断某些疾病的重要依据。皮疹的种类很多，常见于传染病、皮肤病、药物及其他物质所致的过敏反应等。其出现的规律和形态有一定的特异性，发现皮疹时应仔细观察和记录其出现与消失的时间、发展顺序、分布部位、形态大小、颜色及压之是否褪色、平坦或隆起、有无瘙痒及脱屑等。

（四）脱屑

皮肤脱屑常见于正常皮肤表层角化和更新。病理状态下可见大量皮肤脱屑，如麻疹的米糠样脱屑或猩红热的片状脱屑等。

（五）皮下出血

依据直径大小及伴随情况，皮下出血被分为瘀点（<2mm）、紫癜（3～5mm）、瘀斑（>5mm）、血肿（大片，显著隆起于皮肤）。

较小的皮下出血要与"皮疹"相鉴别。皮疹受压时一般可褪色或消失，瘀点受压后不褪色。皮下出血常见于造血系统疾病、重症感染、某些血管损害性疾病及毒物或药物中毒等。

（六）蜘蛛痣与肝掌

皮肤小动脉末端分支性扩张所形成的血管痣，形似蜘蛛，称为蜘蛛痣（图3-2-5），多出现于上腔静脉分布的区域内，如面、颈、手背、上臂、前胸和肩部等处，其大小不等。检查时用棉签等物体压迫蜘蛛痣的中心，其辐射状小血管网立即消失，去除压力后又复出现。一般认为蜘蛛痣的出现与肝脏对雌激素的灭活作用减弱有关，常见于急、慢性肝炎或肝硬化。

慢性肝病患者手掌大、小鱼际处常发红，加压后褪色，称为肝掌（图3-2-6）。

（七）水肿

皮下组织的细胞内及组织间隙内液体积聚过多称为水肿。检查组织水肿时，要用手指按压，并观察按压部位的组织下陷程度及松手之后组织的回弹情况。水肿最容易出现在组织疏松的部位，如眼睑；或身体的低位，如站立时的下肢（胫前）或平卧位的腰骶部。对于眼部的水肿，可以通过视诊发现，而对于身体部位的水肿则需要通过按压来检查。正常组织按压后下陷幅度较小，松手后可以立即回弹。水肿部位按压时，会将局部的水分驱散，松手后要随着水分的回流组织才会回弹，因此恢复时间较长。凹陷性水肿局部受压后可出现凹陷；而含蛋白较高的黏液性水肿及象皮肿（丝虫病），尽管组织肿胀明显，但由于组织中渗出物质的密度较高，受压后并无明显组织凹陷。临床上根据水肿的轻重，把水肿分为轻、中、重三度（表3-2-2）。

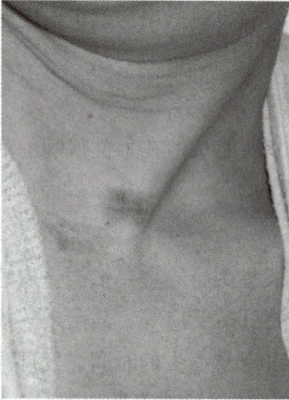

图 3-2-5　蜘蛛痣

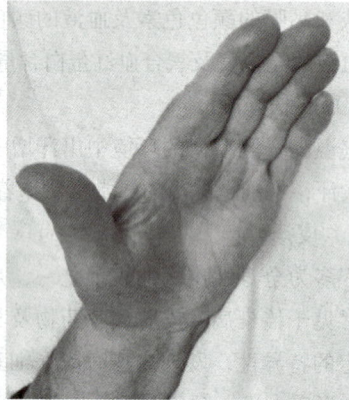

图 3-2-6　肝掌

表 3-2-2　水肿程度分级

程度	表现
轻度	仅见于眼睑、眶下软组织、胫骨前、踝部皮下组织，按压后可见组织轻度下陷，恢复较快
中度	全身组织均见明显水肿，按压后可出现明显的或较深的组织下陷，恢复缓慢
重度	全身组织严重水肿，身体低位皮肤紧张发亮，甚至有液体渗出。此外，胸腔、腹腔等浆膜腔内可见积液，外阴部亦可见严重水肿

（八）皮下结节

有些疾病会出现皮下结节，如痛风、某些寄生虫疾病等。检查皮下结节时可以通过视诊结合触诊进行。检查皮下结节时要注意其部位、大小、硬度、活动性及有无压痛。风湿病的风湿结节常位于长骨骺端关节附近，圆形、硬质，无压痛；结节沿末梢动脉分布，多为结节性多动脉炎；感染性心内膜炎患者在指尖、足趾、大小鱼际肌腱部位出现粉红色有压痛的奥斯勒结节（Osler node）等。

（九）毛发

毛发的多少及分布变化常常反映内分泌疾病的情况，如皮质醇增多症及长期使用肾上腺皮质激素及性激素的女性患者，除一般体毛增多外，尚可生长胡须。病理性毛发脱落常见于头部皮肤疾病、神经营养障碍、某些发热性疾病、某些内分泌疾病、理化及药物因素性脱发等。

三、淋巴结

淋巴结分布在全身，浅表淋巴结可以用手在体表触摸到，而深部淋巴结无法用手触及。正常淋巴结较小，为0.2~0.5cm，不易触及。当出现炎症或增生型病变的时候，淋巴结出现增大，质地变硬。炎症性淋巴结肿大常常伴有压痛，而肿瘤性肿大的淋巴结质地变硬，与周围组织粘连，不易推动，且常常没有压痛。经常检查的体表淋巴结分布见图3-2-7~图3-2-9。

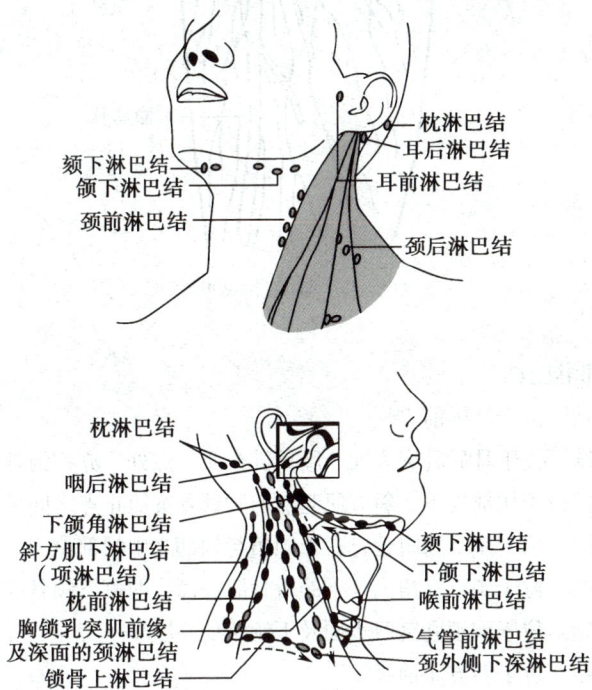

枕淋巴结
耳后淋巴结
耳前淋巴结
颈后淋巴结
颏下淋巴结
颌下淋巴结
颈前淋巴结

枕淋巴结
咽后淋巴结
下颌角淋巴结
斜方肌下淋巴结
（项淋巴结）
枕前淋巴结
胸锁乳突肌前缘
及深面的颈淋巴结
锁骨上淋巴结
颏下淋巴结
下颌下淋巴结
喉前淋巴结
气管前淋巴结
颈外侧下深淋巴结

图3-2-7 颈部淋巴结

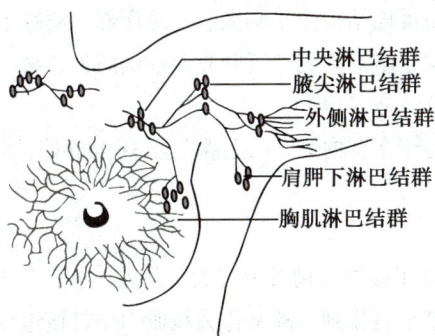

中央淋巴结群
腋尖淋巴结群
外侧淋巴结群
肩胛下淋巴结群
胸肌淋巴结群

图3-2-8 腋窝淋巴结

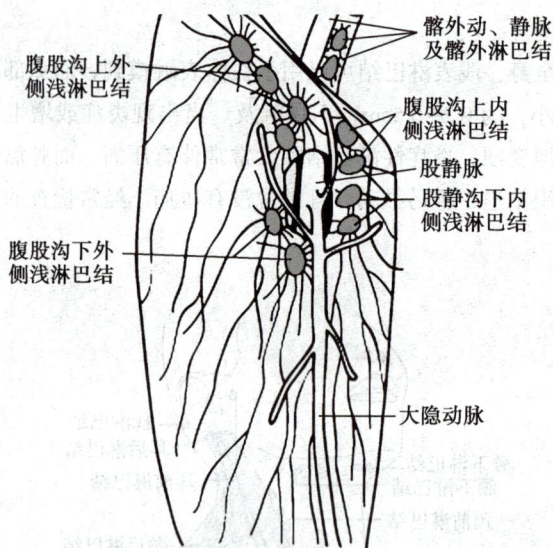

图 3-2-9　腹股沟淋巴结

（一）头颈部淋巴结

1. **耳前淋巴结**　位于耳屏前方。
2. **耳后淋巴结**　位于耳后乳突表面、胸锁乳突肌止点处，亦称为乳突淋巴结。
3. **枕淋巴结**　位于枕部皮下，斜方肌起点与胸锁乳突肌止点之间颈前淋巴结。
4. **颌下淋巴结**　位于颌下腺附近，在下颌角与颏部之中间部位。
5. **颏下淋巴结**　位于颏下三角内，下颌舌骨肌表面，两侧下颌骨前端中点后方。
6. **颈前淋巴结**　位于胸锁乳突肌表面及下颌角处。
7. **颈后淋巴结**　位于斜方肌前缘。
8. **锁骨上淋巴结**　位于锁骨与胸锁乳突肌所形成的夹角处。

（二）上肢淋巴结

1. **腋窝淋巴结**　是上肢最大的淋巴结组群。腋窝淋巴结可分为 5 群：外侧淋巴结群位于腋窝外侧壁、胸肌淋巴结群位于胸大肌下缘深部、肩胛下淋巴结群位于腋窝后皱襞深部、中央淋巴结群位于腋窝内侧壁近肋骨及前锯肌处、腋尖淋巴结群位于腋窝顶部（图 3-2-8）。

2. **滑车上淋巴结**　位于上臂内侧，内上髁上方 3~4cm 处，肱二头肌与肱三头肌之间的肌间沟内。

（三）下肢淋巴结

1. **腹股沟淋巴结**　位于腹股沟韧带下方股三角内，它又分为上、下两群。上群位于腹股沟韧带下方，与韧带平行排列，故又称为腹股沟韧带横组或水平组；下群位于大隐静脉上端，沿静脉走向排列，故又称为腹股沟淋巴结纵组或垂直组（图 3-2-9）。

2. 腘窝淋巴结 位于小隐静脉和腘静脉的汇合处。

（四）淋巴结检查的方法

淋巴结检查采用视诊和触诊，检查顺序自上而下，由前及后。首先观察相应淋巴结区域有无皮肤隆起、破溃、颜色改变等迹象，然后进行触诊。触诊是检查淋巴结的主要方法。

检查者将示指、中指、环指并拢，指腹平放于检查部位轻轻滑动触诊，在锁骨下、腹股沟等较深区域，可以适当用力，以便检查到深部淋巴结。在进行颈部淋巴结检查时，检查者站在被检查者前面或背后，手指紧贴检查部位，由浅及深进行滑动触诊。检查锁骨上淋巴结时，让被检查者取坐位或卧位，头部稍向前屈；检查腋窝淋巴结时，被检查者前臂稍外展，检查者以右手检查左侧，以左手检查右侧，触诊时由浅及深至腋窝各部；检查滑车上淋巴结时，检查者用手扶托患者前臂，由浅及深进行触摸（图 3-2-10）。

当发现肿大的淋巴结时，应记录其部位、大小、数目、硬度、压痛、活动度，以及局部皮肤有无红肿、瘢痕、瘘管等。

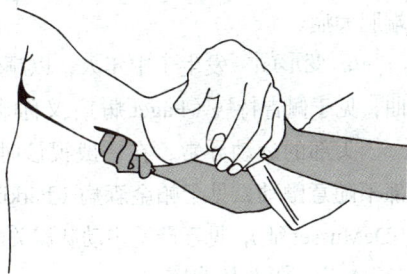

图 3-2-10 滑车上淋巴结触诊示意图

第三节 头颈部检查

一、头部检查

（一）头发和头皮

头发的检查需注意颜色、疏密度、脱发的类型及特点。

头皮检查需分开头发观察头皮颜色、头皮屑，此外，还需要注意是否有头癣、疖痈、外伤、血肿及瘢痕等。

头部和颈部
检查法
（视频）

（二）头颅

头颅的视诊应注意大小、外形变化和有无异常活动。触诊是用双手仔细触摸头颅的每一个部位，了解其外形，有无压痛及异常隆起。头颅的大小以头围来衡量，测量时以软尺自眉间绕到颅后通过枕外隆凸。头围在发育阶段的变化为：新生儿 34cm，出生后的前半年增加 8cm，后半年增加 3cm，第二年增加 2cm，第三四年内约增加 1.5cm，4~10岁共增加约 1.5cm，到 18 岁可达 53cm 或以上，以后几乎不再变化。矢状缝和其他颅缝大多在生后 6 个月内骨化，骨化过早会影响颅脑的发育。

头颅的大小异常或畸形可成为一些疾病的典型体征，临床常见畸形如下：

1. 小颅　小儿囟门多在 12~18 个月内闭合，如过早闭合即可形成小头畸形，这种畸形同时伴有智力发育障碍。

2. 尖颅　亦称塔颅，头顶部尖突高起，造成与颜面的比例异常，这是矢状缝与冠状缝过早闭合所致。见于先天性疾患尖头并指 / 趾畸形，即阿佩尔综合征（Apert 综合征）。

3. 方颅　前额左右突出，头顶平坦呈方形，见于小儿佝偻病或先天性梅毒。

4. 巨颅　额、顶、颞及枕部突出膨大呈圆形，颈部静脉充盈，对比之下颜面很小。由于颅内压增高压迫眼球，形成双目下视，巩膜外露的特殊表情，称为落日现象，见于脑积水。

5. 长颅　自颅顶至下颌部的长度明显增大，见于马方综合征（Marfan 综合征）及肢端肥大症。

6. 变形颅　发生于中年人，以颅骨增大变形为特征，同时伴有长骨的骨质增厚与弯曲，见于佩吉特病（Paget 病），又称畸形性骨炎。

头部的运动异常，在一般视诊时即可发现。如头部活动异常，见于颈椎疾患；头部不随意颤动，见于帕金森病（Parkinson 病）；与颈动脉搏动一致的点头运动，点头征（DeMusset 征），见于严重主动脉瓣关闭不全。

（三）颜面及器官

颜面为头部前面不被头发遮盖的部分。颜面外观的特征性很强，一般可概括为三个类型：即椭圆形、方形、三角形。面部肌群很多，有丰富的血管和神经分布，是构成表情的基础。除面部器官本身的疾病外，许多全身性疾病在面部及器官上有特征的改变，检查面部及其器官对这些疾病的诊断具有重要意义。

1. 眼　眼的检查包括外眼、眼前节、内眼和视功能。外眼检查包括眼睑、泪器、结膜、眼球位置和眼压；眼前节检查包括角膜、前房、虹膜、瞳孔和晶状体；内眼，即眼球后部，包括玻璃体和眼底，检查需用检眼镜在暗室内进行；视功能的检查包括视力、视野、色觉和立体视觉。

2. 耳　耳是听觉和平衡器官，分外耳、中耳和内耳三个部分。

（1）外耳

1）耳郭：注意耳郭的外形、大小、位置和对称性，观察是否有发育畸形、外伤瘢痕、红肿、瘘口、低垂耳等；观察是否有结节，痛风患者可在耳郭上触及痛性小结节，为尿酸钠沉积的结果。耳郭红肿并有局部发热和疼痛，见于感染。牵拉和触诊耳郭引起疼痛，常提示有炎症。

2）外耳道：注意皮肤是否正常，有无溢液。如有黄色液体流出并有痒痛者，提示外耳道炎；外耳道内有局部红肿疼痛，并有耳郭牵拉痛则提示疖肿。对耳鸣患者则要考虑是否存在外耳道瘢痕狭窄、耵聍或异物堵塞。

（2）中耳：用检耳镜观察耳膜是否穿孔，注意穿孔位置，如有溢脓并有恶臭，可能为表皮样瘤。

（3）乳突：外壳由骨密质组成，内腔为大小不等的骨松质小房，乳突内腔与中耳道相连。检查时应注意有无红肿和压痛。

（4）听力：体格检查时可先用粗略的方法了解被检查者的听力。检测方法为在静室内嘱被检查者闭目坐在椅子上，并用手指堵塞一侧耳道，医生以手表或以拇指与示指相互摩擦，自1m以外逐渐移近被检查耳部，直到被检查者听到声音为止，测量距离，同样方法检查另一耳。比较两耳的测试结果并与正常人的听力进行对照。正常人一般在1m处可闻机械表声或捻指声。精测方法是使用规定频率的音叉或电测听设备进行的一系列较精确的测试。

3. 鼻

（1）鼻的外形：视诊时注意鼻部皮肤颜色和鼻外形的改变。如鼻梁皮肤出现黑褐色斑点或斑片，为日晒后或其他原因所致的色素沉着，如黑热病、慢性肝脏疾患等。如鼻梁部皮肤出现红色斑块，病损处高起皮面并向两侧面颊部扩展，见于系统性红斑狼疮。如发红的皮肤损害主要在鼻尖或鼻翼，并有毛细血管扩张和组织肥厚，见于酒渣鼻。

（2）鼻翼扇动：吸气时鼻孔张大，呼气时鼻孔回缩，见于伴有呼吸困难的高热性疾病、支气管哮喘等。

（3）鼻中隔：正常成人的鼻中隔很少完全正中，多数稍有偏曲，如有明显的偏曲，并产生呼吸障碍，称为鼻中隔偏曲。检查时用小型手电筒照射一侧鼻孔，如见对侧有亮光透入，即为鼻中隔穿孔。

（4）鼻腔黏膜：不用器械，只能视诊鼻前庭、鼻底和部分下鼻甲，使用鼻镜则可检查中鼻甲、中鼻道、嗅裂和鼻中隔上部。

（5）鼻窦

1）上颌窦：医生双手固定于患者的两侧耳后，将拇指分别置于左右颧部向后按压，询问有无压痛，并比较两侧压痛有无区别。也可用右手中指指腹叩击颧部，并询问有无叩击痛。

2）额窦：一手扶住患者枕部，用另一拇指或示指置于眼眶上缘内侧用力向后、向上按压。或以两手固定头部，双手拇指置于眼眶上缘内侧向后、向上按压，询问有无压痛，两侧有无差异。也可用中指叩击该区，询问有无叩击痛。

3）筛窦：双手固定患者两侧耳后，双侧拇指分别置于鼻根部与眼内眦之间向后方按压，询问有无压痛。

4）蝶窦：因解剖位置较深，不能在体表进行检查。

4. 口　口的检查包括口唇、口腔内器官和组织及口腔气味等。

（1）口唇：口唇的毛细血管十分丰富，因此健康人口唇红润光泽。当毛细血管充盈不足或血红蛋白含量降低时，口唇即呈苍白，见于贫血、虚脱、主动脉瓣关闭不全等。口唇颜色深红为血液循环加速、毛细血管过度充盈所致，见于急性发热性疾病。口唇发绀为血液中去氧血红蛋白增加所致，见于心力衰竭和呼吸衰竭等。

（2）口腔黏膜：口腔黏膜的检查应在充分的自然光线下进行，也可用手电筒照明，正常口腔黏膜光洁呈粉红色。如出现蓝黑色色素沉着斑片多为肾上腺皮质功能减退症。

如见大小不等的黏膜下出血点或瘀斑，则可能为各种出血性疾病或维生素 C 缺乏所引起。若在第二磨牙的颊黏膜处出现帽针头大小白色斑点，称为科氏斑（Koplik 斑），为麻疹的早期特征。口腔黏膜白斑提示白念珠菌感染，多见于衰弱的患儿或老年患者，也可出现于免疫功能低下及菌群失调者。

（3）牙：应注意有无龋齿、残根、缺齿和义齿等。

（4）牙龈：正常牙龈呈粉红色，质坚韧且与牙颈部紧密结合，检查时经压迫无出血及溢脓。

（5）舌：检查舌的感觉、运动与形态变化。

（6）咽部及扁桃体

咽部的检查方法：被检查者取坐位，头略后仰，口张大并发"啊"音，此时医生用压舌板在舌的前 2/3 与后 1/3 交界处迅速下压，此时软腭上抬，在照明的配合下即可见软腭、腭垂、软腭弓、扁桃体、咽后壁等。

扁桃体检查方法：扁桃体除了观察其形态以外，需注意隐窝有无分泌物及瘢痕。扁桃体增大一般分为三度：不超过腭咽弓者为Ⅰ度；超过腭咽弓者而未达到咽后壁中线者为Ⅱ度；达到或超过咽后壁中线者为Ⅲ度。

（7）腮腺：位于耳屏、下颌角、颧弓所构成的三角区内，正常腮腺薄而软，触诊时摸不到腮腺轮廓，腮腺肿大时可见到以耳垂为中心的隆起，并可触及边缘不明显的包块。腮腺导管位于颧骨下 1.5cm 处，横过咀嚼肌表面，开口相当于上颌第二磨牙的颊黏膜上，检查时应注意导管口有无分泌物。

二、颈部检查

颈部检查的重点是颈部的外形、运动及甲状腺和气管。正常人颈部直立，两侧对称，伸屈、转动自如。当出现腮腺病变、颈部淋巴结肿大等病变时，可出现颈部外形的改变；颈椎病变、严重消耗性疾病的晚期、重症肌无力等可以导致颈部活动障碍。

（一）颈部血管

正常人立位或坐位时颈部血管不显露，平卧时可稍见颈外静脉充盈。颈外静脉充盈的水平在锁骨上缘至下颌角距离的下 1/2 以内。如果在坐位或半坐位出现颈外静脉明显充盈、怒张或出现搏动时，提示颈静脉压力升高，是右心功能不全、心包积液等的重要体征之一。而平卧位时若见不到颈静脉充盈，则提示可能有低血容量状态。

颈动脉位于胸锁乳突肌内侧，在喉结水平可以触摸到，是在心肺复苏时用来检查动脉搏动的主要动脉。正常人颈部动脉的搏动只在剧烈活动后、心搏出量增加时可见，且很微弱，听诊时没有杂音。主动脉瓣关闭不全、高血压、甲状腺功能亢进及严重贫血患者则可能在安静状态下观察到颈动脉搏动，并可能出现杂音。

（二）甲状腺

甲状腺位于甲状软骨下方和两侧，正常为 15~25g，表面光滑，柔软不易触及。甲状腺的检查方法如下：

1. **视诊**　患者坐位，头部摆正，直视前方。检查者在患者正前方观察甲状腺的位置（男性喉结区域），正常不易见到甲状腺。但在青春期，女性甲状腺可略增大。检查时可以嘱患者做吞咽动作，可以见到甲状腺随吞咽动作而上下移动。

2. **触诊**　在甲状腺检查中，触诊比视诊更能明确其大小及质地。

3. **听诊**　当触到甲状腺肿大时，可用钟形听诊器直接放在肿大的甲状腺上进行听诊，如听到低调静脉杂音，有助于诊断甲状腺功能亢进症。

（三）气管

正常人气管位于颈前正中部。检查时让患者取舒适坐位或仰卧位，颈部处于自然直立状态，医生将示指与环指分别放在两侧胸锁关节上，然后将中指置于气管之上，观察中指是否在示指与环指中间，或以中指置于气管与两侧胸锁乳突肌之间的间隙，据两侧间隙是否等宽来判断气管有无偏移。

第四节　胸部检查

胸部是临床重要的物理检查区域，因为心脏、肺、纵隔等重要结构都位于胸腔。

ER3-5

前、侧胸部
检查法
（视频）

一、胸壁、胸廓与乳房

（一）胸壁

胸壁的检查主要注意是否有畸形、皮下淤血、静脉曲张及肋间隙的增宽或缩窄等。

（二）胸廓

正常胸廓两侧大致对称，呈椭圆形。双肩基本在同一水平上，锁骨稍突出，锁骨上、下稍下陷。成年人胸廓的前后径较左右径为短，两者的比例约为 1 : 1.5。小儿和老年人胸廓的前后径略小于左右径或几乎相等，故呈圆柱形。

（三）乳房

检查乳房时，患者应采取坐位或仰卧位。一般先做视诊，然后再做触诊。检查内容包括乳房的对称性，表面是否有红肿、色素沉着、溃烂及瘢痕，毛囊和毛囊开口是否明显可见，乳房皮肤是否有回缩；乳头的位置、大小，两侧是否对称，有无回缩、倒置或内翻，是否有分泌物等。

二、肺和胸膜

（一）视诊

1. **呼吸运动**　正常人在静息状态下呼吸运动稳定而有节律，12~20 次 /min。检查呼吸运动时，不刻意计数，以免患者因紧张、恐惧等导致呼吸运动变化。可在与患者沟通时，通过观察被检查者的胸廓起伏，检查呼吸运动的频率和节律。呼吸节律不规则、呼吸深度变化及呼吸频率改变都是患者病情危重的信号。

2. 呼吸频率 正常成人静息状态下，呼吸为 12~20 次 /min，呼吸与脉搏之比为 1：4。新生儿呼吸约 44 次 /min，随着年龄的增长而逐渐减慢。成人呼吸频率超过 20 次 /min 为"呼吸过速"，常见于运动、紧张等生理情况，以及发热、疼痛、贫血、甲状腺功能亢进及心力衰竭等病理情况。呼吸频率低于 12 次 /min 为呼吸过缓，常见于麻醉药或镇静药过量和颅内压增高等情况。

呼吸深度的变化对临床也有指导意义，呼吸浅快见于呼吸肌麻痹、严重肠胀气等腹压升高及肺部疾病的晚期。呼吸深快见于剧烈运动和各种机体氧气供应不能满足身体需要的情况，也可见于严重代谢性酸中毒。

（二）触诊

1. 胸廓扩张度 反映呼吸时两侧胸廓的运动幅度。前胸廓扩张度的测定方法：检查者两手置于胸廓下面的前侧部，左右拇指分别沿两侧肋缘指向剑突，拇指尖在前正中线两侧对称部位，而手掌和伸展的手指置于前侧胸壁；后胸廓扩张度的测定方法：将两手掌面对称平置于患者背部，约于第 10 肋骨水平，拇指与后正中线平行，并将两侧皮肤向后正中线轻推。嘱患者做深呼吸运动，观察比较两手的动度是否一致。若一侧胸廓扩张受限，常见于大量胸腔积液、气胸、胸膜增厚和肺不张等。

2. 语音震颤 被检查者发出语音时，声波起源于喉部，可沿气管、支气管及肺泡传到胸壁引起共鸣的振动，可由检查者手触及，故又称为"触觉语颤"。根据其震颤的增强或减弱，可帮助判断胸内病变的性质。

检查者将左右手掌的尺侧缘或掌面轻放于两侧胸壁的对称部位，然后嘱被检查者用同等的强度重复发"yi"长音，自上而下，从内到外比较两侧对称部位语音震颤的异同，注意有无增强或减弱。

语音震颤减弱或消失主要见于肺泡内含气量过多的疾病，而语音震颤增强主要见于肺实变、与支气管相通且接近胸膜的肺内巨大空腔。

3. 胸膜摩擦感 当各种原因引起胸膜炎症时，两层胸膜因纤维蛋白沉着而变得粗糙，呼吸运动时胸膜相互摩擦，检查者用手触胸壁时可以感觉到摩擦感，故称为胸膜摩擦感。通常于吸气、呼气两相均可触及，但有时只能在吸气相末触到，屏气时消失。该征象于胸廓的下前侧部或腋中线第 5、6 肋间最易触及，因为该处为呼吸时胸廓动度最大的区域。

在检查时值得注意的是，由于呼吸道内的分泌物或气道狭窄，呼吸也可产生振动，但这种振动可随着患者咳嗽而消失。

（三）叩诊

用于胸廓或肺部的叩诊方法有间接叩诊法和直接叩诊法两种。

1. 肺部对比叩诊 双肺对称性对比叩诊，注意左右比较。正常胸部区域可以叩出的叩诊音包括清音、浊音、实音和鼓音。

2. **肺界叩诊**　包括肺上界、肺前界、肺下界叩诊。

3. **肺下界移动范围**　相当于呼吸时膈肌的移动范围。首先在受检者平静呼吸时，于肩胛线上叩出肺下界的位置，然后嘱受检者深吸气后并屏住呼吸，立即沿该线继续向下叩诊，当叩诊音由清音变为浊音时，即为肩胛线上肺下界的最低点。当受检者恢复平静呼吸后，同样先于肩胛线上叩出平静呼吸时的肺下界，再嘱受检者深呼气并屏住呼吸，然后沿该线由下向上叩诊，直至浊音变为清音时，即为肩胛线上肺下界的最高点。最高至最低两点间的距离即为肺下界的移动范围。双侧锁骨中线和腋中线的肺下界可由同样的方法叩得。正常人肺下界的移动范围为6~8cm。移动范围的多寡与肋膈隐窝的大小有关，故不同部位肺下界移动范围亦稍有差异，一般在腋中线及腋后线上的移动度最大。

（四）听诊

肺部听诊时，被检查者取坐位或卧位。听诊的顺序一般由肺尖开始，自上而下分别检查前胸部、侧胸部和背部，与叩诊相同，听诊前胸部应沿锁骨中线和腋前线；听诊侧胸部应沿腋中线和腋后线；听诊背部应沿肩胛线，自上至下逐一肋间进行，而且要在上下、左右对称的部位进行对比。嘱被检查者微张口均匀呼吸，必要时可做较深的呼吸或咳嗽数声后立即听诊，更有利于察觉呼吸音及附加音的改变。

1. **正常呼吸音**　正常胸部可听到四种正常呼吸音。四种呼吸音的特点见表3-4-1。

表3-4-1　四种正常呼吸音特征比较

特征	气管呼吸音	支气管呼吸音	支气管肺泡呼吸音	肺泡呼吸音
强度	极响亮	响亮	中等	柔和
音调	极高	高	中等	低
吸呼气时间比	1:1	1:3	1:1	3:1
性质	粗糙	管样	沙沙声，管样	轻柔的沙沙声
正常听诊区域	胸外气管	胸骨柄	主支气管	大部分肺野

2. **异常呼吸音**　异常肺泡呼吸音包括肺泡呼吸音减弱或消失、肺泡呼吸音增强、呼吸音延长、断续性呼吸音、粗糙性呼吸音。异常支气管呼吸音是指正常肺泡呼吸音区域出现支气管呼吸音，通常与肺组织实变和肺内大空腔有关。异常支气管肺泡呼吸音是指正常肺泡呼吸音区域出现支气管肺泡呼吸音，通常与肺部实变区域较小且与正常含气肺组织混合存在，或肺实变部位较深并被正常肺组织所覆盖有关。

3. **啰音**　啰音分为湿啰音和干啰音。湿啰音（moist rale）系由于吸气时气体通过呼吸道内的分泌物如渗出液、痰液、血液、黏液和脓液等，形成的水泡破裂所产生的声音，故又称水泡音（bubble sound）；或是由于小支气管壁因分泌物黏着而陷闭，当吸气时突然张开重新充气所产生的爆裂音。干啰音（rhonchi）系由于各种原因导致气管、支气管或细支气管狭窄或部分阻塞，空气吸入或呼出时形成湍流所产生的声音。啰音听诊需要注意啰音的响度、音调、频率、出现的时期等，不同特点的啰音提示不同的疾病。

三、心脏检查

（一）视诊

心脏查体时，被检查者尽可能取卧位，充分暴露胸部，使医生能够更好地了解心前区有无隆起和异常搏动等。

1. 心前区隆起　心前区隆起多为先天性心脏病造成心脏肥大所致，表现为胸骨下段及胸骨左缘第 3~5 肋间的局部隆起，如法洛四联症。位于胸骨右缘第 2 肋间及其附近局部隆起，常提示主动脉弓动脉瘤或升主动脉扩张所致，常伴有收缩期搏动。

2. 心尖搏动　视诊心尖搏动是由于心室收缩时心脏摆动，心尖向前冲击胸壁相应部位而形成软组织振动。

正常成人心尖搏动位于第 5 肋间，左锁骨中线内侧 0.5~1.0cm 处，搏动范围直径 2.0~2.5cm。心尖搏动的位置可由于体位、体型等因素而发生轻微改变。另外，心脏疾病造成的心脏肥大、腹部压力升高使膈肌上抬等也可以引起心尖搏动的位置发生一定程度的变化。

（二）触诊

心脏触诊的方法是检查者先将右手全手掌置于心前区，然后逐渐缩小到用手掌尺侧（小鱼际）或用示指和中指的指腹并拢同时触诊，必要时也可单指指腹触诊。触诊的内容包括以下三方面：

1. 心尖搏动及心前区搏动　心脏触诊时，要结合心脏视诊和听诊，借以帮助确定心尖搏动的位置、心尖或心前区抬举性搏动，以及心律失常或异常心音所处的心动周期。被检查者出现心前区徐缓、有力的搏动，称为心前区抬举性搏动，是左心室肥厚的重要体征。而胸骨左下缘收缩期抬举性搏动提示右心室肥厚。

2. 震颤　震颤的发生机制是由于血流经过狭窄的口径或因异常的方向流动产生涡流造成瓣膜、血管壁或心腔壁振动所致。检查时，应当确定震颤的部位及来源，其次是确定其处于心动周期中的时相（收缩期、舒张期或连续性），这对于确定临床疾病及疾病的性质至关重要。

3. 心包摩擦感　与胸膜病变产生胸膜摩擦一样，当心包出现纤维素性渗出或粘连时，随着心动周期也可产生摩擦现象，表现为摩擦感。检查时，用手掌小鱼际放在心前区，可在胸骨左缘第 3、4 肋间触及。心包摩擦感多数情况下在收缩期和舒张期均可感受到粗糙摩擦感。在收缩期，特别是被检查者坐位前倾和呼气末时明显，屏气不会消失。

（三）叩诊

通过叩诊可以确定心界大小及其形状。心脏外围就是肺脏，因为肺脏在叩诊时呈清音，而心脏叩诊时则呈浊音，因此两者交界就是心界。根据被肺覆盖的区域和非肺覆盖的区域，心脏浊音界包括相对及绝对浊音界两部分。心脏左右缘被肺遮盖的部分，叩诊呈相对浊音，而不被肺遮盖的部分叩诊则呈绝对浊音。通常心脏相对浊音界反映心脏的实际大小。

1. **叩诊方法**　在进行心脏叩诊时，宜按照自下而上，由外向内，先左后右的原则。从心尖搏动处外 2~3cm 处开始，由外向内进行叩诊，然后逐一肋间依次向上叩诊至第 2 肋间。

2. **正常心浊音界**　心脏的浊音界就是心脏的外形，它反映了心脏的大小和形态。正常心脏左界自第 2 肋间起向外逐渐形成外凸弧形，直至第 5 肋间。右界各肋间几乎与胸骨右缘一致，仅第 4 肋间稍超过胸骨右缘。以前正中线至心浊音界线的垂直距离表示正常成人心相对浊音界（表 3-4-2），并标出前正中线与左锁骨中线的间距。

表 3-4-2　正常成人心脏相对浊音界

右界 /cm	肋间	左界 /cm
2~3	Ⅱ	2~3
2~3	Ⅲ	3.5~4.5
3~4	Ⅳ	5~6
	Ⅴ	7~9

注：左锁骨中线距前正中线 8~10cm。

（四）听诊

心脏的收缩和舒张驱使血液流动，心脏瓣膜关闭产生声音，血液在心脏中流动也会因为血流变化而产生声音。心脏听诊可以帮助临床医生判断受检者是否存在心脏病变。

听诊时，被检查者多取卧位或坐位，充分暴露检查部位，不能隔着衣服进行心脏听诊。

1. **心脏瓣膜听诊区及听诊顺序**（表 3-4-3）　为了全面检查，防止遗漏，心脏听诊应当按规定依次进行，其听诊顺序为：二尖瓣听诊区→肺动脉瓣听诊区→主动脉瓣听诊区→主动脉瓣第二听诊区→三尖瓣听诊区（图 3-4-1）。

表 3-4-3　心脏听诊区及其体表位置

听诊区	体表位置
二尖瓣听诊区	心尖搏动最强点，又称心尖区
肺动脉瓣听诊区	胸骨左缘第 2 肋间
主动脉瓣听诊区	胸骨右缘第 2 肋间
主动脉瓣第二听诊区	胸骨左缘第 3 肋间
三尖瓣听诊区	胸骨下端左缘，即胸骨左缘第 4、5 肋间

2. 心脏听诊内容 包括心率、心律、心音、额外心音、心脏杂音和心包摩擦音。

（1）心率：是每分钟心搏次数。正常成人在安静情况下心率范围为 60~100 次 /min。成人心率超过 100 次 /min，婴幼儿心率超过 150 次 /min 称为心动过速。心率低于 60 次 /min 称为心动过缓。

（2）心律：指心脏跳动的节律，正常人心律基本规则。心脏听诊时能发现的心律失常最常见的是期前收缩和心房颤动。期前收缩是在规律心律的基础上，突然提前出现一次心跳，随后出现一个较长的间歇。心房颤动的三大体征为：①心律绝对不齐；②第一心音强弱不等；③脉率小于心率，即脉搏短绌。

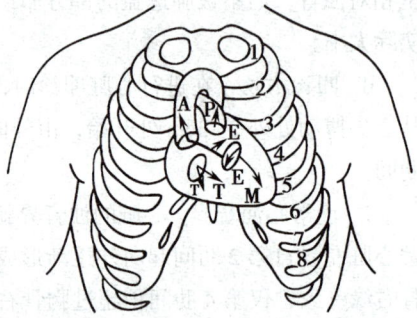

图 3-4-1　心脏瓣膜解剖部位及瓣膜听诊区

M. 二尖瓣区；A. 主动脉瓣区；E. 主动脉瓣第二听诊区；P. 肺动脉瓣区；T. 三尖瓣区。

（3）心音：按其在心动周期中出现的先后次序，可依次命名为第一心音（S_1）、第二心音（S_2）、第三心音（S_3）和第四心音（S_4）。通常情况下，只能听到第一、第二心音。第三心音可在部分青少年中闻及。第四心音一般听不到，如听到第四心音，属病理性。

（4）心脏杂音：是指在心音之外，在心脏收缩或舒张过程中的异常声音，杂音性质的判断对于心脏病的诊断具有重要的参考价值。

（5）心包摩擦音：心包脏层与壁层因生物性或理化因素导致纤维蛋白沉积而变得粗糙，以致在心脏搏动时产生摩擦而出现的声音。音质粗糙、高音调、搔抓样、比较表浅，类似纸张摩擦的声音。在心前区或胸骨左缘第 3、4 肋间最响亮，坐位前倾及呼气末较明显。当心包腔内有一定量积液后，摩擦音可消失。

第五节　腹部检查

腹部检查通常按照视诊、听诊、叩诊和触诊的顺序进行。

腹部检查法
（视频）

一、视诊

腹部检查时，视诊非常重要，部分体征通过直视可以直接发现，如胃肠型和蠕动波。进行腹部视诊前，应当让患者排空膀胱，取低枕仰卧位，两手自然置于身体两侧，充分暴露全腹，上自剑突，下至耻骨联合。

视诊时，医生站在患者右侧，按自上而下的顺序观察。有隆起或者蠕动波时常采取侧面观察，将视线降低至腹平面。

腹部视诊的主要内容包括一般情况、腹部外形、呼吸运动、腹壁皮肤、腹壁静脉、胃肠型和蠕动波，以及疝等。

（一）一般情况

1. **皮疹**　不同类型的皮疹有不同的提示意义，常出现于发疹性高热疾病或某些传染病（如麻疹、猩红热、斑疹伤寒）及药物过敏等。沿脊神经走行分布的疱疹提示带状疱疹。

2. **色素**　正常腹部皮肤颜色稍淡。异常情况包括如下三种：

（1）肾上腺皮质功能减退：腹部皮肤皱褶处常有褐色色素沉着。

（2）格雷·特纳征（Grey-Turner 征）：左侧腰背部皮肤呈蓝色，为血液自腹膜后间隙渗出到侧腹壁的皮下，血细胞破坏后血红蛋白漏出并降解所致。常见于急性出血坏死性胰腺炎。

（3）卡伦征（Cullen 征）：为脐周或下腹壁皮肤发蓝，为腹腔内或腹膜后大出血征象，与 Grey-Turner 征原理相同，见于出血性胰腺炎或异位妊娠破裂。

3. **腹纹**　妊娠纹（白纹）出现于下腹部和髂部，为腹壁真皮结缔组织中弹力纤维因张力增高断裂所致，妊娠期为粉红色，产后转变为白色长期存在。紫纹是皮质醇增多症的常见体征。由于糖皮质激素分泌增多引起蛋白质分解增强，真皮层中结缔组织被迅速沉积的皮下脂肪膨胀而发生胀裂，以致紫纹处的真皮萎缩变薄，上面仅覆盖一层薄薄表皮。而皮下毛细血管网丰富并且脆性增加，红细胞偏多，故条纹呈紫色。

4. **瘢痕**　可提示患者既往所做手术及外伤情况。

5. **脐部**　脐部凹陷，分泌物呈水样，有尿味，为脐尿管未闭的征象；分泌物呈浆液性或脓性，有臭味，多由炎症所致；脐部溃烂，可由化脓性或结核性炎症所致；脐部溃疡，如质地坚硬，固定而突出，多由癌肿所致。

6. **腹部体毛**　体毛增多或女性体毛呈男性型分布见于皮质醇增多症、肾上腺源性男性化综合征；体毛稀少见于腺垂体功能异常、黏液性水肿、性腺功能减退。

7. **上腹部搏动**　多由腹主动脉搏动传导而来，通常触及不到或不明显，但偏瘦的正常人可触及。病理情况可见于腹主动脉瘤及肝血管瘤。

（二）腹部外形

观察腹部外形是否对称，有无全腹或局部的膨隆或凹陷。有腹水或腹部肿块时，还应测量腹围。

当平卧位时，前腹壁大致处于肋缘至耻骨联合同一平面或略为低凹，称为腹部平坦；肥胖人群或者小儿餐后腹部外形较饱满，前腹壁稍高于肋缘与耻骨联合的平面，称为腹部饱满；消瘦者或老年人腹壁皮下脂肪较少，前腹壁稍低于肋缘与耻骨联合的平面，称为腹部低平，这些都属于正常腹部外形。

（三）呼吸运动

呼吸分为腹式和胸式呼吸，腹式呼吸多见于成年男性及小儿，胸式呼吸多见于成年女性。腹式呼吸是指呼吸时腹部上下起伏，吸气时上抬，呼气时下陷，而胸式呼吸时腹部起伏不明显。

异常呼吸包括腹式呼吸减弱，见于急性腹痛、腹膜炎、腹水、腹腔内巨大肿物、妊娠等；腹式呼吸消失，见于膈肌麻痹、胃肠穿孔所致急性腹膜炎等；腹式呼吸增强，见于癔症、胸腔疾病等。

（四）腹壁静脉

正常人腹壁浅静脉一般不显露，皮下脂肪较薄或皮肤较白的人才隐约可见。老年人皮肤常常较薄而松弛，可见腹壁静脉，但多不迂曲，为较直条纹，属于正常现象。

当患有门静脉高压性疾病或下腔静脉阻塞性疾病时，可以出现明显的腹壁静脉显露甚至曲张（图 3-5-1）。

采用指压法可鉴别腹壁曲张静脉的血流方向。选择一段没有分支的腹壁静脉，检查者首先将示指和中指并拢并压在待测试的静脉上，然后一只手压紧，另一手指沿着静脉缓慢向外移动以便挤出该段静脉内血液，然后松开移动的手指，另一手指仍然紧压不动，观察此时静脉是否充盈，如果迅速充盈，则表明血流方向是从松开的一端流向紧压手指的一端。同样的方法松开另一手指，观察静脉充盈速度，即可判断血流方向（图 3-5-2）。

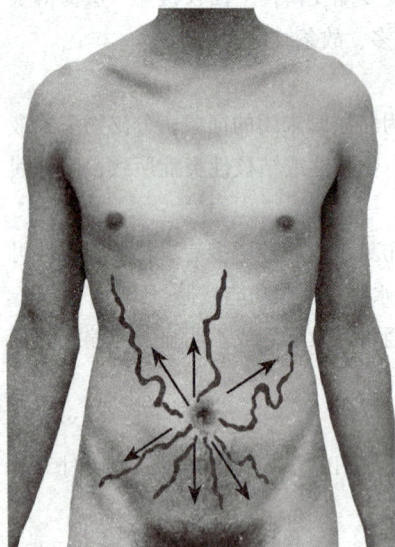

图 3-5-1　门静脉高压时腹壁浅静脉的
　　　　　血流方向

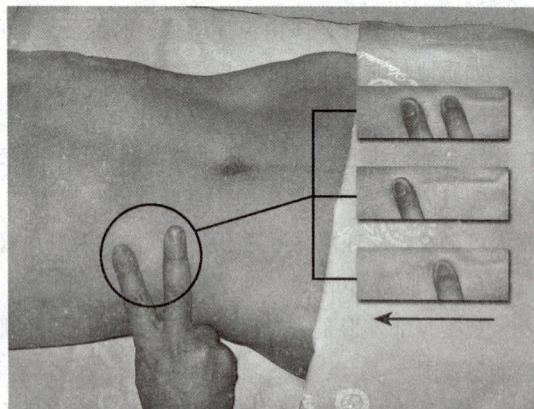

图 3-5-2　检查静脉血流方向手法示意图

（五）胃肠型和蠕动波

胃和肠的轮廓及蠕动波形在正常人腹部一般不可见，但老年人、经产妇、极度消瘦者因腹壁非常菲薄而可看到。

胃肠道发生梗阻时，梗阻近端的胃或肠段饱满而隆起，可显出各自的轮廓，称为胃型或肠型，伴有该部位的蠕动加强，可见蠕动波。

观察胃肠型和蠕动波时，从患者的侧面更易见到，也可用手掌轻拍患者腹壁诱发蠕动波出现。

二、听诊

腹部听诊的内容包括肠鸣音、血管杂音、摩擦音和搔弹音等，妊娠 5 个月以上的孕妇可听到胎儿心音。

（一）肠鸣音

肠蠕动时，肠管内气体和液体随之流动并向前推进，产生一种断断续续的咕噜声（或气过水声）称为肠鸣音。通常在右下腹部听诊肠鸣音，在正常情况下，肠鸣音 4~5 次 /min。肠鸣音的频率声响和音调变异较大，餐后频繁而明显，休息时稀疏而微弱，只能靠检查者的经验来判断是否正常。肠蠕动增强时，肠鸣音在 1 分钟可达 10 次以上，但音调不特别高亢，称肠鸣音活跃，见于急性胃肠炎、服泻药后或胃肠道大出血时。如次数多且肠鸣音响亮、高亢，甚至呈叮当声或金属音，称肠鸣音亢进，见于机械性肠梗阻。数分钟才听到一次，称为肠鸣音减弱，见于老年性便秘、腹膜炎、电解质紊乱（低血钾）及胃肠动力低下等。如持续听诊 3~5 分钟未听到肠鸣音，用手指轻叩或搔弹腹部仍未听到肠鸣音，称为肠鸣音消失，见于急性腹膜炎或麻痹性肠梗阻。

（二）血管杂音

血管杂音有动脉性和静脉性杂音。动脉性杂音常在腹中部或腹部两侧，静脉性杂音常出现于脐周或上腹部，尤其是腹壁静脉曲张严重处。

（三）摩擦音

类似胸膜摩擦音。腹膜纤维渗出性炎症时，可在腹壁听到摩擦音。在脾梗死、脾周围炎、肝周围炎或胆囊炎累及局部腹膜等情况下，可在深呼吸时，于各相应部位听到摩擦音，严重时可触及摩擦感。

三、叩诊

叩诊法包括直接叩诊法和间接叩诊法，两者均可用于腹部，间接叩诊法较常用，具有较高的准确性。

（一）腹部叩诊音

正常情况下，腹部叩诊大部分区域为含有气体的胃肠道，故叩诊时为鼓音，肝、脾实质性脏器区域，增大的膀胱和子宫占据的部位，以及两侧腹部近腰肌处叩诊为浊音。当麻痹性肠梗阻胃肠高度胀气和胃肠穿孔致气腹时，则鼓音范围明显增大或出现于非鼓音分布区域（如肝浊音界内）。当肝、脾或其他脏器极度肿大，腹腔肿瘤或大量腹水时，病变区鼓音区可缩小，并出现浊音或实音。叩诊可从左下腹开始逆时针方向至右下腹部，再至脐部，借此可获得腹部叩诊音的总体印象。

（二）肝脏及胆囊叩诊

可以用叩诊法确定肝上界，一般沿右锁骨中线、右腋中线和右肩胛线，由肺区向下叩向腹部。叩指用力要适当，勿过轻或过重。当由清音转为浊音时，即为肝上界。此处相当于被肺遮盖的肝顶部，故又称肝相对浊音界。再向下叩1~2肋间，则浊音变为实音，此处的肝脏不再被肺所遮盖而直接贴近胸壁，称肝绝对浊音界（亦为肺下界）。确定肝下界时，最好由腹部鼓音区沿右锁骨中线或前正中线向上叩，由鼓音转为浊音处即是。肝下界与胃、结肠等重叠，叩诊准确性较差。一般叩得的肝下界比触得的肝下缘高1~2cm，但若肝缘明显增厚，则两项结果较为接近。在确定肝的上下界时要注意体型，正常匀称体型者在右锁骨中线上的肝上界在第5肋间，下界位于右季肋下缘。两者之间的距离为肝上下径，为9~11cm；在右腋中线上，其上界为第7肋间，下界相当于第10肋骨水平；在右肩胛线上，其上界为第10肋间。矮胖体型者肝上下界均可高一个肋间，瘦长体型者则可低一个肋间。

（三）移动性浊音

腹腔内有较多的液体存留时，因重力作用，液体多积于腹腔的低处，故在此处叩诊呈浊音。检查时先让患者仰卧，腹中部由于含气的肠管在液面浮起，叩诊呈鼓音，两侧腹部因腹水积聚叩诊呈浊音。检查者自腹中部脐水平面开始向患者左侧叩诊，发现浊音时，板指固定不动，嘱患者右侧卧，再次叩诊，如呈鼓音，表明浊音移动（图3-5-3）。同样方法向右侧叩诊，叩得浊音后嘱患者左侧卧，以核实浊音是否移动。这种因体位不同而出现浊音区变动的现象，称为移动性浊音阳性，提示腹腔内游离腹水在1 000ml以上。

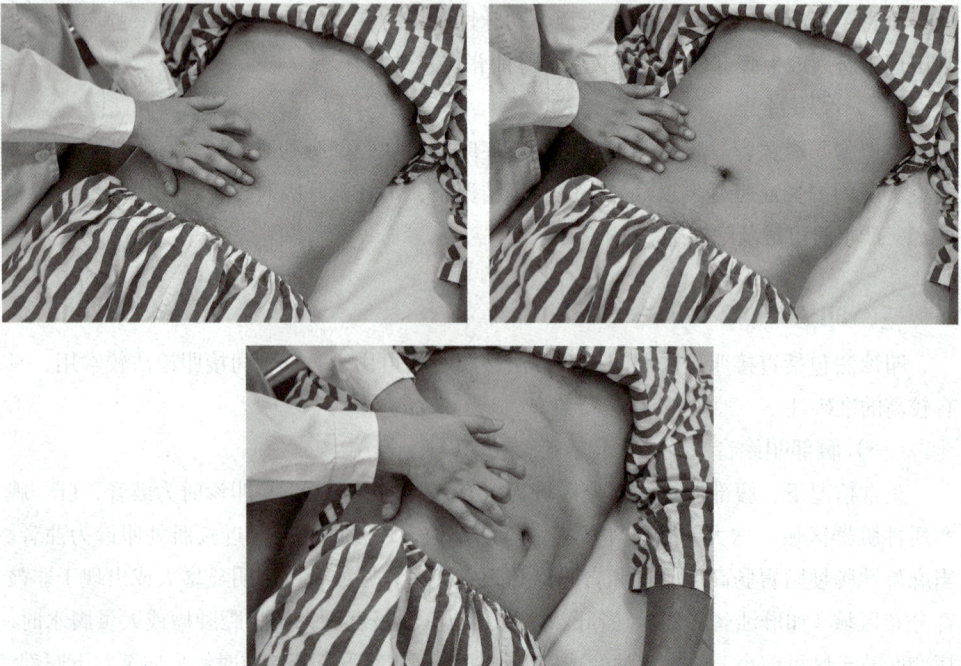

图 3-5-3　移动性浊音叩诊法

如果腹水量少，用以上方法不能查出时，若病情允许可让患者取肘膝位，使脐部处于最低部位。由侧腹部向脐部叩诊，如由鼓音转为浊音，则提示有腹水的可能（即水坑征）。腹腔内存在 120ml 以上的游离腹水可出现该改变。

（四）肋脊角叩击痛

检查时，患者采取坐位或侧卧位，医生用左手掌平放在其肋脊角处（肾区），右手握拳用轻到中等的力量叩击左手背，主要用于检查肾脏病变。正常时肋脊角处无叩击痛，当有肾炎、肾盂肾炎、肾结石、肾结核及肾周围炎时，肋脊角可有不同程度的叩击痛。

（五）膀胱叩诊

叩诊可用来判断膀胱膨胀的程度。膀胱叩诊在耻骨联合上方进行，通常从上往下，由鼓音转成浊音。膀胱空虚时，因耻骨上方有肠管存在，叩诊呈鼓音，叩不出膀胱的轮廓。当膀胱内有尿液充盈时，耻骨上方叩诊呈圆形浊音区。

四、触诊

腹部的压痛、脏器的增大、肿物都需要依靠腹部触诊来发现。

（一）腹部触诊检查的方法

1. 被检查者应排尿后取低枕仰卧位，两手自然置于身体两侧，两腿自然屈起并稍分开，使腹肌尽量松弛，并张口缓慢腹式呼吸。吸气时横膈向下而腹部上抬隆起，呼气时腹部自然下陷，可使膈下脏器随呼吸上下移动。检查肝、脾时，还可分别取左、右侧卧位；检查肾脏时可用坐位或立位；检查腹部肿瘤时还可用肘膝位。

2. 检查者应站立于被检查者右侧，面对被检查者，前臂应与腹部表面在同一水平，检查时手要温暖，先以全手掌放于腹壁上部，使患者适应片刻，并感受腹肌紧张度。然后以轻柔的动作按顺序触诊，一般自左下腹开始逆时针方向触诊至右下腹，再至脐部，依次检查腹部各区。原则是先触诊健康部位，逐渐移向病变区域，以免造成患者感受的错觉。边触诊边观察被检查者的反应与表情，对精神紧张或痛苦者给予安慰和解释。亦可边触诊边与患者交谈，转移其注意力有助于减少腹肌紧张，以保证顺利完成检查。

3. 腹部触诊检查方法中所列各种触诊手法，包括浅部触诊法、深部触诊法、滑行触诊法、双手触诊法、浮沉触诊法。

（二）腹部触诊检查内容

1. **腹壁紧张度**　腹壁紧张度增加见于腹腔内容物增加或腹膜炎症的自我保护性张力增加。在腹膜炎时，不仅腹壁常有明显紧张，甚至强直硬如木板，而且同时有明显压痛和反跳痛。腹壁紧张度减低则见于慢性消耗性疾病或大量放腹水后，亦可见于经产妇或年老体弱、脱水患者。

2. **压痛及反跳痛**　正常腹部触摸时不引起疼痛，重按时仅有一种压迫感。腹腔内的病变，特别脏器的炎症、淤血、肿瘤、破裂、扭转及腹膜的刺激（炎症、出血等）都可引起压痛，压痛的部位常提示存在相关脏器的病变。反跳痛是指医生用手触诊腹部出现压痛后，用并拢的 2~3 个手指（示指、中指和环指）压于原处稍停片刻，使压痛感觉趋于稳定，然后迅速将手抬起，若此时患者感觉腹痛骤然加重，常伴有痛苦表情或呻吟，称为反跳痛。反跳痛是腹膜壁层已受炎症累及的征象，当突然抬手时腹膜被激惹所致，是腹内脏器病变累及邻近腹膜的标志。疼痛也可发生在远离受试的部位，提示局部或弥漫性腹膜炎。

腹部常见疾病的压痛部位见图 3-5-4。

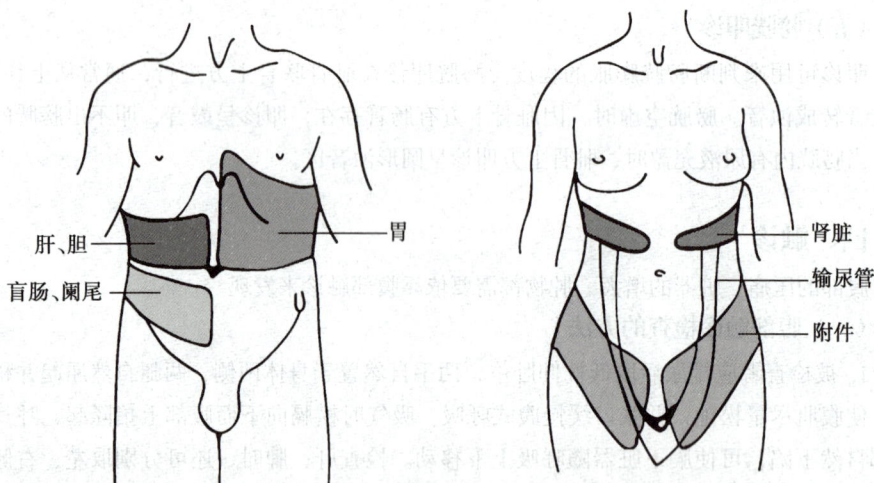

图 3-5-4　腹部常见疾病压痛部位

（三）脏器触诊

1. **肝脏触诊**　肝脏触诊时，要注意其大小、质地、压痛、边缘状态、搏动、肝区摩擦感、肝震颤等。正常成人的肝脏在肋缘下通常不可触及，但腹壁松软的瘦长体型者在深吸气时可于肋弓下触及肝下缘，在 1cm 以内；在剑突下可触及肝下缘，多在 3cm 以内；在腹上角较锐的瘦高者剑突根部下可达 5cm，但是不会超过剑突根部至脐距离的中、上 1/3 交界处。正常肝脏质地柔软，如触噘起之口唇，边缘整齐、表面光滑，无压痛，不伴有搏动，正常呼吸时手掌感觉不到摩擦感。当大小超过上述标准，出现质地变硬、边缘变钝或出现压痛，则应当结合病史考虑异常发现。

2. **脾脏触诊**　正常情况下脾被左侧肋骨掩盖，不能触及。当内脏下垂或左侧胸腔积液、积气时，膈肌会下降，可使脾向下移位而被触及。除此之外，触到脾脏则多提示已增大至正常体积 2 倍以上。

脾脏的检查方法（图 3-5-5）同肝脏检查。如位置表浅，用右手单手稍用力触诊即可查到。如果肿大的脾脏位置较深，应用双手触诊法进行检查。患者仰卧，两腿稍屈曲，医生左手绕过患者腹前方，手掌置其左胸下部第 9~11 肋处，试将其脾脏从后向前托起，并限制胸廓运动，右手掌平放于脐部，与左肋弓大致成垂直方向，自脐平面开始配合患者的呼吸，如同触诊肝脏一样，迎触脾尖，直至触到脾缘或左肋缘为止。在脾脏轻度肿大而仰卧位不易触到时，可嘱患者取右侧卧位，双下肢屈曲，此时用双手触诊容易触到。

脾大的测量法见图 3-5-6。脾脏轻度肿大只做第 I 线测量；明显肿大时加测第 II 线和第 III 线。

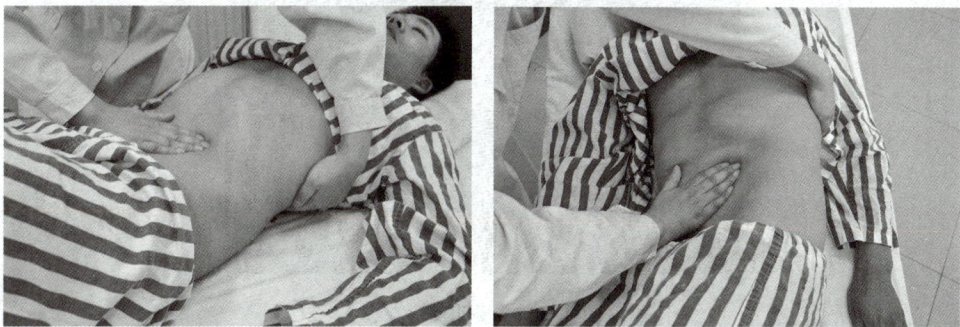

图 3-5-5　脾脏触诊法

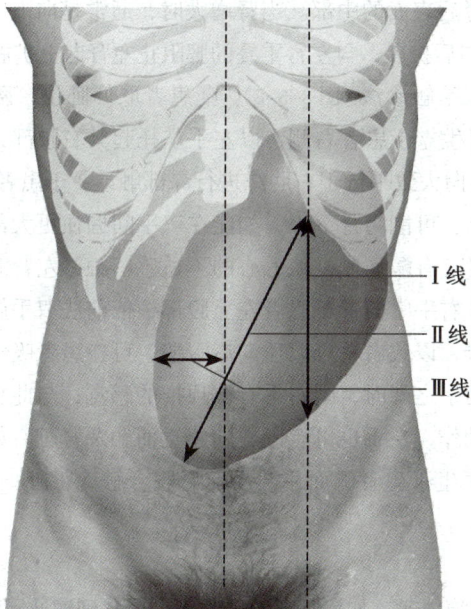

I 线
II 线
III 线

图 3-5-6　脾大测量法

3. 胆囊触诊　可用单手滑行触诊法或钩指触诊法进行。正常时胆囊位于肝脏的下表面，右锁骨中线的外侧，不能触及。胆囊增大时，可超过肝下缘及肋下缘，并在右肋下缘和腹直肌外缘交界处可触及。检查时医生以左手掌平放于患者右胸下部，以拇指指腹勾压于右肋下胆囊点处，然后嘱患者缓慢深吸气，在吸气过程中发炎的胆囊在下移时碰到用力按压的拇指，即可引起疼痛，此为胆囊触痛。如因剧烈疼痛而致吸气暂停，称墨菲征（Murphy 征）阳性（图 3-5-7）。

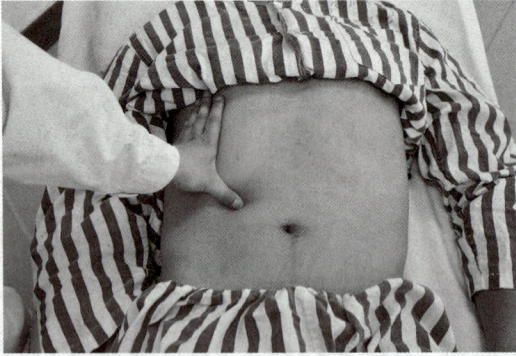

图 3-5-7　墨菲征检查法

4. 肾脏触诊　肾呈卵圆形，位于腹膜后脊柱两侧，紧贴腹后壁，平对第 12 胸椎至第 3 腰椎，第 12 肋跨过肾后表面的中部。当肾增大时，通常是向下向前延伸。这是因为腰大肌和第 12 肋限制其向后扩展，与左肾重叠的脾阻止左肾向上扩展。

检查肾脏一般用双手触诊法（图 3-5-8）。嘱患者取仰卧位，两腿屈曲并做较深腹式呼吸。触诊右肾时，医生立于患者右侧，以左手掌托起其右腰部，右手掌平放在右上腹部肋缘稍向下，手指方向大致平行于右肋缘进行深部触诊，于患者吸气时双手夹触肾脏。如触到光滑钝圆的脏器，可能为肾下极，如能在双手间握住更大部分，则略能感知其蚕豆状外形，握住时患者常有酸痛或类似恶心的不适感。触诊左肾时，左手越过患者腹前方从后面托起左腰部，右手掌横置于患者左上腹部，依前法双手触诊左肾。如患者腹壁较厚或配合动作不协调，以致右手难以压向后腹壁，可在患者吸气时，用左手向前冲击后腰部，如肾下移至两手之间时，则右手有被顶推的感觉；与此相反，也可用右手指向左手方向腰部做冲击动作，左手也可有同样的感觉而触及肾脏。如卧位未触及肾脏，还可让患者站立床旁，医生于患者侧面用两手前后联合触诊肾脏。当肾下垂或游走肾时，立位较易触到。

（四）液波震颤

腹腔内有大量游离液体时，如用手指叩击腹部，可感到液波震颤，又称波动感。检查时患者平卧，医生以一手掌面贴于患者一侧腹壁，另一手四指并拢屈曲，用指端叩击对侧腹壁（或以指端冲击式触诊），如有大量液体存在，则贴于腹壁的手掌有被液体波动冲击的感觉。为防止腹壁本身的振动传至对侧，可让另一人（或患者本人）将手掌尺侧缘压于脐部前正中线上，即可阻止之（图 3-5-9）。此法检查阳性提示患者腹水在 3 000ml 以上。

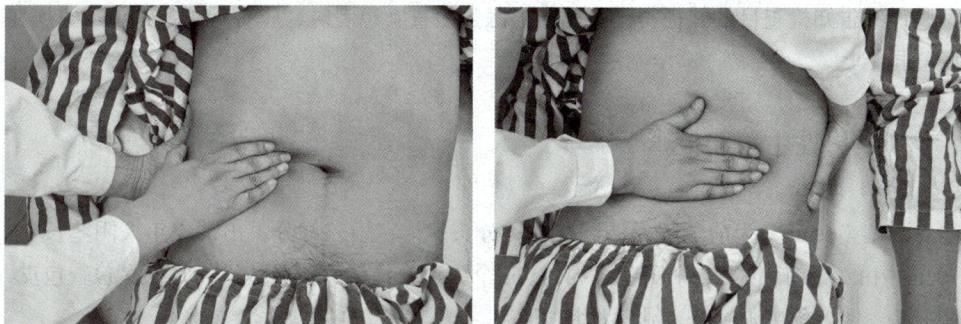

图 3-5-8　肾脏触诊法

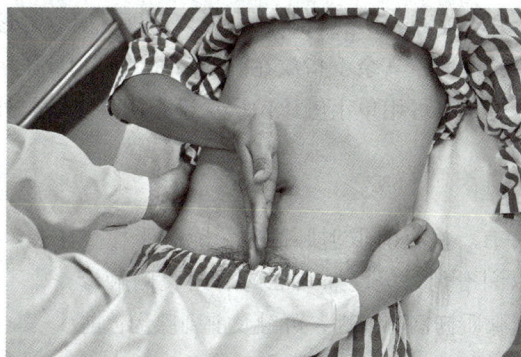

图 3-5-9　液波震颤检查法

（五）振水音

在胃内有大量液体及气体存留时，运动或冲击触诊法搅动胃内液体和气体，可出现振水音。检查时患者仰卧，医生以一耳凑近上腹部，同时以冲击触诊法振动胃部，即可听到气、液撞击的声音，亦可将听诊器膜形体件置于上腹部进行听诊。正常人在餐后或饮用大量液体时可有上腹部振水音，但若在清晨空腹或餐后 6~8 小时以上仍有此音，则提示幽门梗阻或胃扩张。

第六节　生殖器、肛门、直肠检查

生殖器检查时以视诊与触诊为主。触诊是肛门、直肠检查最简便、有效的方法。

生殖器、肛门、直肠检查注意隐私保护，要与患者及家属进行有效沟通，向患者及家属详细告知检查目的并征得同意。当男医生检查女患者时，应有女医务人员或家属在场陪同。

一、男性生殖器检查

（一）阴茎

阴茎（penis）为前端膨大的圆柱体，分头、体、根三部分。正常成年人阴茎长 7~10cm，由 3 个海绵体（2 个阴茎海绵体，1 个尿道海绵体）构成。检查时依次检查包皮、阴茎头、阴茎颈、尿道口、阴茎大小和形态。

（二）阴囊

阴囊（scrotum）为腹壁的延续部分，囊壁由多层组织构成。阴囊内中间有一隔膜将其分为左右两个囊腔，每个囊腔内均含有精索、睾丸及附睾。检查时患者取站立位或仰卧位，两腿稍分开。先观察阴囊皮肤及外形，后进行阴囊触诊。方法是医生将双手的拇指置于患者阴囊前面，其余手指放在阴囊后面，起托护作用，拇指做来回滑动触诊，可双手同时进行，也可用单手触诊，依次检查阴囊皮肤与外形、精索、睾丸和附睾。

（三）前列腺

前列腺为男性特有。检查时取肘膝卧位，跪卧于检查床上。检查者示指戴指套（或手套），指端涂以润滑剂，缓慢插入肛门后向腹侧触诊（图 3-6-1）。正常前列腺质韧富有弹性，可触及前列腺沟；前列腺单纯肥大时，表面光滑有韧感，无压痛及粘连，正中沟消失，老年人多见；急性前列腺炎时，可触及肿大伴明显压痛的前列腺；前列腺癌时，前列腺肿大、质硬、表面有硬结，无压痛。如需留取前列腺液，则在触诊的同时按摩前列腺进行留取。

二、女性生殖器检查

女性生殖器包括内外生殖器两部分，一般情况下不做常规体格检查。如全身性疾病疑有局部病变时可做外生殖器检查，如疑有妇产科疾病时应由专科医生进行检查。检查时患者应先排空膀胱，暴露会阴，仰卧于检查台上，两腿屈膝、外展，医生戴无菌手套进行检查。

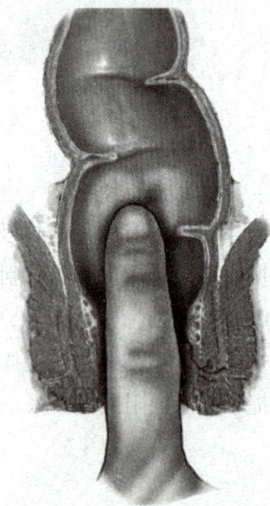

图 3-6-1 前列腺触诊

三、肛门与直肠检查

肛门与直肠检查以视诊、触诊为主。检查时所发现病变应按时针方向记录病变部位，并注明患者受检时所取体位。常见体位见图 3-6-2。

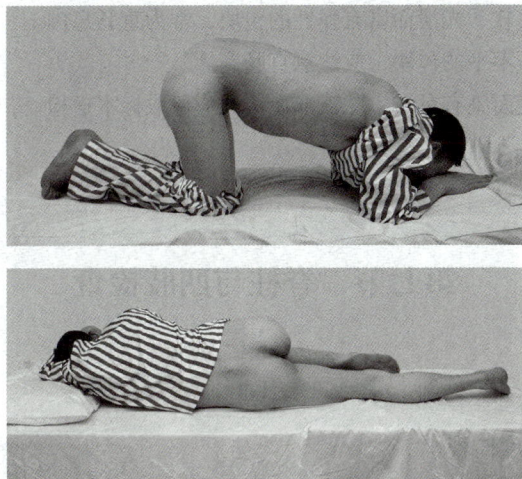

图 3-6-2 常见肛门与直肠检查体位

（一）视诊

正常肛周皮肤颜色较深，皱褶自肛门向外周呈放射状分布，提肛收缩肛门时皱褶更明显，做排便动作时皱褶则变浅。

（二）触诊

肛门和直肠触诊，又称肛诊或直肠指诊，是肛门、直肠疾病检查最简便、有效的方法之一。检查时患者取肘膝位或左侧卧位，医生右手示指戴指套或手套，涂以润滑剂，置于患者肛门外口轻轻按摩，嘱患者张口呼吸，待肛门括约肌适应并放松后，示指再慢慢插入肛门、直肠内（图 3-6-3）。先检查肛门及括约肌的紧张度，其次检查肛管及直肠内壁，注意黏膜是否光滑，有无压痛、肿块及波动感。

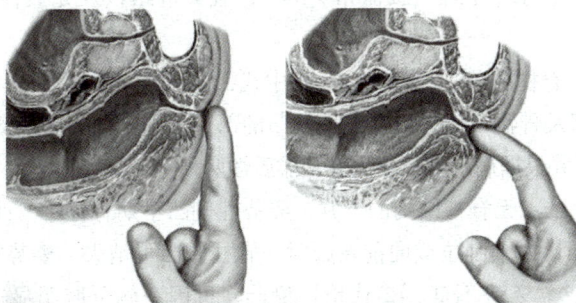

图 3-6-3 直肠指检

直肠指诊时应注意以下五种异常改变：

1. 直肠触痛明显，多因肛裂及感染引起。

2. 触痛伴有波动感，多见于肛门、直肠周围脓肿。

3. 直肠内触及柔软、光滑而富有弹性的包块，常为直肠息肉。

4. 触及质硬凹凸不平的包块，应注意直肠癌。

5. 指诊后指套表面染有黏液、脓液或血液，应留取标本送检。

第七节 脊柱与四肢检查

一、脊柱视诊

（一）生理弯曲度检查

正常人直立时，脊柱从侧面观察有四个生理性弯曲，分别为颈段稍向前凸，胸段稍向后凸，腰椎明显前凸，骶椎明显后凸。从后面观察，脊柱呈一条垂直的直线。让患者取直立位，从侧面观察脊柱是否有前凸或后凸畸形。轻压各脊椎棘突，从后面观察是否有脊柱侧凸畸形。

（二）病理性变形

1. **颈部变形**　颈部检查可以通过自然姿势有无异常，如站立位时有无侧偏、过屈、过伸、僵硬感。颈椎侧偏见于先天性肌性斜颈，患者头偏向健侧，患侧胸锁乳突肌隆起。

2. **脊柱后凸**　脊柱过度后弯称为脊柱后凸，也称驼背，多发生于胸段脊柱。脊柱后凸时前胸凹陷，头颈部前倾。脊柱后凸的原因众多，表现也不完全相同。

3. **脊柱前凸**　脊柱过度向前凸出性弯曲称为脊柱前凸，多发生于腰椎部位。患者腹部明显向前突出，臀部明显向后突出，多由晚期分娩、大量腹水、腹腔巨大肿瘤、第5腰椎向前滑脱、水平骶椎（腰骶角 >34°）、髋关节结核及先天性髋关节后脱位等所致。

4. **脊柱侧凸**　脊柱的某一部分偏离后正中线，向左或向右偏移称为脊柱侧凸。侧凸严重时可出现肩部及骨盆畸形。根据发生侧凸的部位不同，分为胸段侧凸、腰段侧凸及胸腰段联合侧凸，并根据病因分为姿势性和器质性两种。

（1）姿势性侧凸：无脊柱结构的异常，姿势性侧凸早期脊柱的弯曲度多不确定，改变体位可纠正侧凸，如平卧位或向前弯腰时，脊柱侧凸可消失。姿势性侧凸的原因有：①儿童发育期坐、立姿势不良。②代偿性侧凸，可因一侧下肢明显短于另一侧所致。③坐骨神经性侧凸，多因腰椎间盘突出，患者改变体位，放松对神经根压迫的一种保护性姿势。突出的椎间盘位于神经根外侧，腰椎突向患侧；突出的椎间盘位于神经根内侧，腰椎突向健侧。④脊髓灰质炎后遗症等。

（2）器质性侧凸：改变体位不能使侧凸得到纠正。病因包括先天性脊柱发育不全、肌肉麻痹、营养不良、慢性胸膜肥厚、胸膜粘连及肩部或胸部畸形等。

二、脊柱活动度

正常人脊柱有一定活动度，但各部位活动范围不同，颈椎段及腰椎段的活动范围最大，胸椎段的活动范围小，脊椎和尾椎已融合成骨块状，几乎无活动性。

检查脊柱活动度时，让患者做前屈、后伸、侧弯、旋转等动作，以观察脊柱的活动情况及有无变形。已有脊柱外伤、骨折或关节外伤者应避免脊柱活动，以防脊髓损伤。

三、脊柱触诊和叩诊

（一）压痛

脊柱压痛的检查方法是嘱患者取坐位，身体稍向前倾，检查者以右手拇指从枕外隆凸开始自上而下逐个按压脊椎棘突及椎旁肌肉，正常时每个棘突及椎旁肌肉均无压痛。如有压痛，提示压痛部位可能有病变，并以第7颈椎棘突为标志，计数病变椎体的位置。除颈椎外，颈旁组织的压痛也提示相应病变，如：落枕时斜方肌中点有压痛；颈肋综合征及前斜角肌综合征的压痛点在锁骨上窝及颈后三角内；颈部肌纤维组织炎的压痛点在颈肩部，范围比较广泛。胸腰椎病变如结核、腰椎间盘突出及外伤或骨折，均在相应的脊椎棘突有压痛；若椎旁肌肉有压痛，常为腰背肌纤维炎或劳损。

（二）叩击痛

常见的脊柱叩击法有两种。

1. **直接叩击法**　即用中指或叩诊锤垂直叩击各椎体的棘突，多用于检查胸椎、腰椎及颈椎。但是在颈椎骨关节损伤时，因颈椎位置深，一般不用此法。

2. **间接叩击法**　患者取坐位，医生将左手掌置于患者头顶，右手半握拳以小鱼际部位叩击左手背，了解患者脊柱各部位有无疼痛。如疼痛阳性，见于脊柱结核、脊椎骨折或椎间盘突出症等。叩击痛的部位多为病变部位。如有颈椎病或颈椎间盘突出症，间接叩诊时可出现上肢的放射性疼痛。

四、脊柱检查的几种特殊试验

颈椎特殊试验

1. **Jackson 压头试验**　患者取坐位，检查者双手重叠放于其头顶部，向下加压，如患者出现颈痛或上肢放射性痛即为阳性。多见于颈椎病及颈椎间盘突出症。

2. **前屈旋颈试验（Fenz 征）**　嘱患者头颈部前屈，并左右旋转，如颈椎处感觉疼痛，则属于阳性，多提示颈椎小关节的退行性变。

3. **颈静脉加压试验（压颈试验，Naffziger 试验）**　患者仰卧，检查者以双手指按压患者两侧颈静脉。如颈部及上肢疼痛加重，为颈神经根性颈椎病，此乃因脑脊液回流不畅导致滑膜腔压力增高所致。此试验也常用于下肢坐骨神经痛患者的检查，颈部加压时，若下肢症状加重，则提示其下肢的疼痛症状源于腰椎管内病变，即神经根性坐骨神经痛。

4. **旋颈试验**　患者取坐位，头略后仰，并自动向左、右旋颈。如患者出现头昏、头痛、视物模糊症状，提示椎动脉型颈椎病，这是因为旋转头部时椎动脉受到扭曲，加重了椎基底动脉供血不足，当头部停止转动，症状随之消失。

五、上肢

(一) 长度

双上肢长度可用目测，嘱被检者双上肢向前伸直，手掌并拢，比较其长度，也可用皮尺测量肩峰至桡骨茎突和中指指尖的距离，为全上肢长度，上臂长度则为肩峰至尺骨鹰嘴的距离，前臂长度是测量从鹰嘴突至尺骨茎突的距离，双上肢长度在正常情况下等长。双上肢长度不一，见于先天性短指畸形、骨折重叠移位和关节脱位等，如肩关节脱位时患侧上臂长于健侧，肱骨颈骨折时患侧短于健侧。

上肢检查法（视频）

(二) 关节检查

充分暴露各个关节，在充分照明的情况下，视诊检查关节的外形，有无局部肿胀或隆起、畸形等。通过受检者主动运动和被动运动，检查关节活动情况。通过触诊检查关节周围皮肤温度、有无肿块、血管搏动、有无压痛、淋巴结情况等。

六、下肢

下肢包括臀、大腿、小腿、踝和足。检查下肢时应充分暴露以上部位，双侧对比。先做一般外形检查，如双下肢长度是否一致，用尺测量或双侧对比。一侧肢体缩短见于先天性短肢畸形、骨折和关节脱位。观察双下肢外形是否对称、有无静脉曲张和肿胀，一侧肢体肿胀见于深层静脉血栓形成肿胀。伴有皮肤灼热、发红、肿胀，见于蜂窝织炎和血管炎。观察双下肢皮肤有无出血点、皮肤溃疡和色素沉着，下肢慢性溃疡时常有皮肤色素沉着。然后做下肢各关节的检查。

下肢检查法（视频）

(一) 髋关节

1. 视诊

（1）步态：髋关节异常的常见步态包括跛行、鸭步、呆步等。

（2）畸形：患者取仰卧位双下肢伸直，使患者髂前上棘连线与躯干正中线保持垂直，腰部放松，腰椎放平贴于床面，观察关节有无下列畸形，如果有多为髋关节脱位、股骨干或股骨头骨折错位。

1）内收畸形：正常时双下肢可伸直并拢，如一侧下肢超越躯干中线向对侧偏移，而且不能外展为内收畸形。

2）外展畸形：下肢离开中线，向外侧偏移，不能内收，称为外展畸形。

3）旋转畸形：仰卧位时正常髌骨及𧿹趾指向上方，若向对外侧偏斜为髋关节内外旋畸形。

（3）肿胀和皮肤皱褶：腹股沟异常饱满，示髋关节肿胀。观察臀肌是否丰满，如髋关节病变时，臀肌萎缩。臀部皱褶不对称，示一侧髋关节脱位。

（4）肿块、窦道和瘢痕：注意髋关节周围皮肤有无肿块、窦道和瘢痕，髋关节结核时常有以上改变。

2. 触诊

（1）压痛：髋关节位置深，只能触诊其体表位置。腹股沟韧带中点后下 1cm，再向外 1cm，触及此处，有无压痛及波动感，髋关节有积液时有波动感，如此处硬韧饱满，可能为髋关节前脱位，若该处空虚可能为后脱位。

（2）活动度：通过受检者主动运动和被动运动，检查髋关节活动度。

3. 其他
患者下肢伸直，医生以叩诊锤叩击足跟，如髋部疼痛则提示髋关节炎或骨折。令患者做屈髋和伸髋动作，可闻及大粗隆部上方有明显的"咯噔"声，系紧张肥厚的阔筋膜张肌与股骨大粗隆的摩擦声。

（二）膝关节

1. 视诊
视诊有无膝外翻、膝内翻、膝反张、肌萎缩等。

2. 触诊

（1）压痛：膝关节发炎时，双膝眼处压痛。髌骨软骨炎时，髌骨两侧有压痛。膝关节间隙压痛，提示半月板损伤。侧副韧带损伤，压痛点多为韧带上下两端的附着处。胫骨结节骨骺炎时，压痛点位于髌韧带在胫骨的止点处。

（2）肿块：对膝关节周围的肿块，应注意大小、硬度、活动度、有无压痛及波动感。胫骨前方肿块，并可触及囊性感，见于髌前滑囊炎。膝关节间隙处可触及肿块，且伸膝时明显，屈膝后消失，见于半月板囊肿。胫前上端或股骨下端有局限性隆起，无压痛，多为骨软骨瘤。腘窝处出现肿块，有囊状感，多为腘窝囊肿，伴有与动脉同步的搏动见于动脉瘤。

（3）摩擦感：医生一手置于患膝前方，另一手握住患者小腿，做膝关节的伸屈动作，如膝部有摩擦感，提示膝关节面不光滑，见于炎症后遗症及创伤性关节炎。推动髌骨做上下左右活动，如有摩擦感，提示髌骨表面不光滑，见于炎症及创伤后遗症的病变。

（4）活动度：膝关节屈曲可达 120°~150°，伸展 5°~10°，内旋 10°，外旋 20°。

3. 几种特殊试验
包括浮髌试验、侧方压力试验。

骨关节炎可表现为浮髌试验阳性、关节肌肉萎缩、主动或被动活动时关节可闻及骨擦音，有不同程度的活动受限和肌痉挛，严重时可出现关节畸形。

（三）踝关节与足

1. 视诊

（1）肿胀

1）匀称性肿胀：正常关节两侧可见内、外踝轮廓，跟腱两侧各有一凹陷区，踝关节背伸时可见伸肌腱在皮下走行。踝关节肿胀时前述结构不可见，常见于踝关节扭伤、结核、化脓性关节炎及类风湿关节炎。

2）局限性肿胀：足背或内、外踝下方局限性肿胀，见于腱鞘炎和腱鞘囊肿。跟骨结节处肿胀见于跟腱周围炎，第二、三跖趾关节背侧和距骨局限性肿胀，可能为距骨头无菌性坏死或骨折引起。足趾皮肤温度变冷、肿胀，皮肤呈乌黑色，见于缺血性坏死。

（2）局限性隆起：足背部骨性隆起，见于外伤、骨质增生或先天性异常。内、外踝明显突出见于胫腓关节分离，内、外踝骨折。踝关节前方隆起见于距骨头骨质增生。

（3）畸形：足部常见畸形包括扁平足、弓形足、马蹄足、跟足畸形、足内翻、足外翻等。

2. 触诊

（1）压痛点：内、外踝骨折、跟骨骨折、韧带损伤时，局部均可出现压痛。第二、三跖骨头处压痛见于跖骨头无菌性坏死，第二、三跖骨骨折。跟腱压痛见于跟腱腱鞘炎。足跟内侧压痛，见于跟骨骨赘或跖筋膜炎。

（2）其他：踝足部触诊，应注意跟腱张力、足底内侧跖筋膜有无挛缩、足背动脉搏动有无减弱，方法是医生将中指和环指末端指腹并拢，放置于足背第一、二趾长伸肌肌腱间，触及有无波动感。

（3）活动度：可令患者主动或在医生检查时做被动活动，踝关节与足的活动范围如下所示。

1）踝关节背伸 20°~30°，跖屈 40°~50°，距跟关节内、外翻 30°。

2）跗骨间关节内收 25°，外展 25°，跖趾关节跖屈 30°~40°，背伸 45°。

第八节　神经系统检查

掌握神经系统的基本检查方法，获取对疾病的定位和定性诊断信息，是医学生临床教学中不可缺少的部分，在进行神经系统检查时首先要确定患者对外界刺激的反应状态及意识状态，许多神经系统检查要在患者意识清晰状态下完成。完成神经系统检查常要准备叩诊锤、棉签、大头针、音叉、双规仪、试管、电筒、检眼镜及嗅觉、味觉、失语测试用具等。

一、脑神经检查

脑神经共 12 对，脑神经的检查对颅脑病变的定位极为重要，检查时，应按顺序进行，以免漏查，同时要进行双侧对比。

（一）嗅神经

嗅神经是第 I 对脑神经。检查前先确定患者的鼻腔是否通畅，有无鼻黏膜病变。然后嘱患者闭目，依次检查双侧嗅觉。先压住一侧鼻孔用患者熟悉的无刺激性气味的物品

（如杏仁、松节油，香烟、香皂等）置于另一侧鼻孔下，让患者辨别嗅到的各种气味，然后换另一侧鼻孔进行测试，注意双侧比较。根据检测结果可判断患者一侧或双侧嗅觉状态。当患者出现嗅觉功能障碍，如排除鼻黏膜病变，常见于同侧嗅神经损害病变压迫嗅球、嗅束引起嗅觉丧失。

（二）视神经

视神经是第Ⅱ对脑神经。视神经检查包括视力、视野检查和眼底检查。

（三）动眼神经、滑车神经、展神经

动眼神经、滑车神经、展神经分别为第Ⅲ、Ⅳ、Ⅵ对脑神经，分别支配眼球运动，合称眼球运动神经，可同时检查。检查时需注意眼裂外观、眼球运动、瞳孔及对光反射、调节反射等。检查中如发现眼球向内、向上和向下运动受限，以及上睑下垂、调节反射消失，均提示动眼神经麻痹。如眼球向下及向外运动减弱，提示滑车神经有损害。眼球向外转动障碍则为展神经受损。瞳孔反射异常是由动眼神经和视神经受损所致。另外，眼球运动神经的麻痹可出现相应眼外肌的功能障碍导致麻痹性斜视，单侧眼球运动神经的麻痹可导致复视。

（四）三叉神经

三叉神经是第Ⅴ对脑神经，是混合性神经，其感觉神经纤维分布于面部皮肤、眼、鼻、口腔黏膜，其运动神经纤维支配咀嚼肌。

1. 面部感觉　嘱患者闭眼，以针刺检查痛觉，以棉絮检查触觉，以盛有冷和热水的试管检查温度觉，对比两侧及内外，观察患者的感觉反应，同时确定感觉障碍区域。注意区分周围性和核性感觉障碍，前者为患侧分布区各种感觉缺失，后者呈葱皮样感觉障碍。

2. 角膜反射　嘱患者睁眼向内侧斜视，以棉絮捻成的细束从患者视野外接近并轻触外侧角膜，避免触及睫毛。正常反应为被刺激侧迅速闭眼和对侧也出现眼睑闭合反应，前者称为直接角膜反射，而后者称为间接角膜反射。直接与间接角膜反射消失见于三叉神经病变；直接角膜反射消失，而间接角膜反射存在，见于患侧面神经瘫痪。

3. 运动功能　检查者双手按患者咀嚼肌，嘱患者做咀嚼动作，对比双侧肌力强弱；再嘱患者做张口运动和露齿，以上下门齿中缝为标准，观察张口时下颌有无偏斜。当一侧三叉神经运动纤维受损时，患侧咀嚼肌肌力减弱和出现萎缩，张口时由于翼外肌瘫痪，下颌偏向患侧。

（五）面神经

面神经是第Ⅶ对脑神经，主要支配面部表情肌，并具有舌前 2/3 的味觉功能。

1. 运动功能　检查面部表情肌时，首先观察患者双侧额纹、眼裂、鼻唇沟和口角是否对称，然后嘱患者做皱额、闭眼、露齿、微笑、鼓腮和吹哨动作。面神经受损可分为周围性和中枢性损害两种，一侧面神经周围性损害时患侧额纹减少，眼裂增大，鼻唇沟变浅，不能皱额、闭眼、微笑和露齿时口角歪向健侧，鼓腮和吹口哨时病变侧漏气。中枢性损害时由于上半部面肌受双侧皮质运动区的支配，皱额、闭眼无明显影响，只出现

病灶对侧下半部面部表情肌的瘫痪。

2. 味觉检查　嘱患者伸舌，将少量不同味觉的物质（如食糖、食盐、醋）用棉签涂于一侧舌面，以测试味觉。患者不能讲话、缩舌和吞咽，让患者用手指指出事先写在纸上的甜、咸、酸和苦四个字之一。先试可疑侧，再试另一侧，每种味觉试验完成后用水漱口，再测试下一种。面神经损害者，舌前 2/3 味觉丧失。

（六）前庭蜗神经

前庭蜗神经（又称位听神经）是第Ⅷ对脑神经，包括前庭神经和蜗神经两种感觉神经。

1. 听力检查　为测定蜗神经的功能。

2. 前庭功能检查　询问患者有无眩晕、平衡失调。检查有无自发性眼球震颤，通过外耳道灌注冷、热水试验或旋转试验，观察有无前庭功能障碍所致的眼球震颤反应减弱或消失。

（七）舌咽神经、迷走神经

舌咽神经和迷走神经分别是第Ⅸ、Ⅹ对脑神经，两者在解剖和功能上关系密切，常同时受损。

1. 运动　检查时注意患者有无发声嘶哑、鼻音、完全失音、呛咳，以及吞咽困难，观察患者张口发"啊"音时，腭垂是否居中，两侧软腭上抬是否一致。当一侧神经受损时，该侧软腭上抬减弱，腭垂偏向健侧。对侧神经麻痹时，腭垂虽居中，但双侧软腭上抬受限，甚至完全不能上抬。

2. 咽反射　用压舌板轻触左侧和右侧咽后壁，正常者出现咽部肌肉收缩和舌后缩，并有恶心反应。有神经损害者，则患侧反应迟钝或消失。

3. 感觉　可用棉签轻触两侧软腭和咽后壁，观察感觉。另外舌后 1/3 的味觉减退为舌咽神经损害，检查方法同面神经。

（八）副神经

副神经系第Ⅺ对脑神经，支配胸锁乳突肌及斜方肌。检查时注意肌肉有无萎缩，患者做耸肩及转头动作时，检查者可给予一定的阻力，比较两侧肌力。副神经受损时，向对侧转头及同侧耸肩无力和不能，同侧胸锁乳突肌及斜方肌萎缩。

（九）舌下神经

舌下神经是第Ⅻ对脑神经，检查时嘱患者伸舌，注意观察有无伸舌偏斜、舌肌萎缩及肌束震颤。单侧舌下神经麻痹时伸舌舌尖偏向患侧，双侧麻痹时则不能伸舌。

二、运动功能检查

运动包括随意运动和不随意运动，随意运动由锥体束司理，不随意运动由锥体外系和小脑司理。

（一）肌力

肌力指肌肉收缩时的最大收缩力。检查时令患者做肢体伸屈动作，检查者从相反方向给予阻力，测试患者对阻力的克服力量，并注意两侧对比。肌力的记录采用0~5级的六级分级法。

（二）肌张力

肌张力是指静息状态下的肌肉紧的阻力，实质上是一种牵张反射，即骨骼肌受到外力牵拉时产生的收缩反应，这种收缩反应是通过反射中枢控制的。检查时，嘱患者肌肉放松，检查者根据触摸张度和被动运动时遇到肌肉的硬度，以及伸屈其肢体时感知肌肉对被动伸屈的阻力做判断。

1. 肌张力增高　触摸肌肉坚实感，伸屈肢体时阻力增加。肌张力增高可表现为：①痉挛状态，被动伸屈肢体时一开始阻力大，终末突然阻力减弱，也称折刀现象，为椎体束损伤；②铅管样强直，即伸肌和屈肌的肌张力均增高，做被动运动时各个方向的阻力增加是均匀一致的，为锥体外系损害现象。

2. 肌张力减低　肌肉松软，伸屈肢体时被动运动阻力降低，关节运动范围扩大，见于下运动神经元病变，如周围神经炎、脊髓前角灰质炎等，小脑病变和肌源性病变等。

（三）不自主运动

不自主运动是指患者意识清楚的情况下，随意肌不自主收缩所产生的无目的的异常运动，多为锥体外系损害的表现。主要表现为震颤、舞蹈样动作、手足徐动。

（四）共济失调

机体任意动作的完成均依赖于某组肌群协调一致的运动，称共济运动。这种协调主要靠小脑的功能以协调肌肉活动、维持平衡和帮助控制姿势，也需要运动系统的正常肌力，前庭神经系统的平衡功能，眼睛、头、身体动作的协调，以及感觉神经对位置的感觉共同参与作用，这些部位的损伤均可出现共济失调。

1. 指鼻试验　嘱患者先以示指接触前方0.5m处检查者的示指，再以示指触摸自己的鼻尖，由慢到快，先睁眼后闭眼重复进行。当小脑半球病变时，同侧指鼻不准；如睁眼时指鼻准确，闭眼时出现障碍，则为感觉性共济失调。

2. 跟–膝–胫试验　嘱患者仰卧，上抬一侧下肢，将足跟置于另一侧下肢膝盖下端，再沿胫骨前缘向下移动，先睁眼后闭眼重复进行。小脑损害时动作不稳，感觉性共济失调者在闭眼时足跟难以寻到膝盖。

3. 其他

（1）快速轮替动作：嘱患者伸直手掌，并以前臂做快速旋前旋后动作，或用一只手的手掌和手背连续交替拍打对侧手掌，共济失调者，动作缓慢不协调。

（2）闭目难立征：嘱患者足跟并拢站立，闭目，双手向前平伸。若出现身体摇晃或者倾斜则为阳性，提示小脑病变；睁眼时能站稳，而闭眼时站立不稳则为感觉性共济失调。

三、感觉功能检查

感觉功能包括痛觉、触觉、温度觉、运动觉、振动觉和位置觉。前三者属于浅感觉，后三者属于深感觉。

只有意识清楚、能够合作的被检查者才能进行此项检查。检查时让被检查者闭目，避免主观或暗示作用。

（一）浅感觉检查

三种浅感觉检查方法基本相同，即用相应物品触及身体的某一部位，观察被检查者的感觉。检查痛觉时，用锐器轻刺患者皮肤；检查触觉时，则用棉签等软的物质轻触皮肤；检查温度觉时，用盛有热水（40~50℃）或冷水（5~10℃）的玻璃试管交替接触患者皮肤。分别检查患者同一身体部位的两侧感觉，以及不同部位的感觉是否相同。

（二）深感觉检查

1. 运动觉　检查者轻轻夹住患者的手指或足趾两侧，向上或向下移动，让患者根据感觉说出"向上"或"向下"。运动觉障碍见于后索病损。

2. 位置觉　检查者将患者的肢体摆成某一姿势，请患者描述该姿势或用对侧肢体模仿。位置觉障碍见于后索病损。

3. 振动觉　将正振动着的音叉柄置于骨突起处（如肱骨、股骨内、外侧髁，腕部桡骨、尺骨茎突、胫骨、膝盖等），询问患者有无振动感觉，并判断两侧有无差别。振动觉障碍见于后索病损。

（三）复合感觉检查

复合感觉检查包括皮肤定位觉、两点辨别觉、实体觉、体表图形觉。

四、神经反射检查

神经反射由反射弧完成，反射弧包括感受器、传入神经元、中枢、传出神经元和效应器。反射弧中任一环节有病变都可影响反射减弱或消失，反射又受高级神经中枢控制，如锥体束以上病变可使反射活动失去抑制而出现反射亢进。反射包括生理反射和病理反射，根据刺激的部位又可将生理反射分为浅反射和深反射两部分。

（一）浅反射

浅反射是刺激皮肤黏膜和角膜引起的反射。

1. 角膜反射　见本节三叉神经检查。

2. 腹壁反射　检查时患者仰卧，双下肢稍屈曲，使腹壁松弛，然后用钝头棉签分别沿肋缘下（$T_{7~8}$）、脐平（$T_{9~10}$）和腹股沟（$T_{11~12}$）上的方向由外向内轻划两侧腹壁皮肤，正常反应是上、中或下部局部腹肌收缩，分别称为上、中、下腹壁反射（图3-8-1）。反射消失分别见于上述不同平面的胸髓病变。双侧

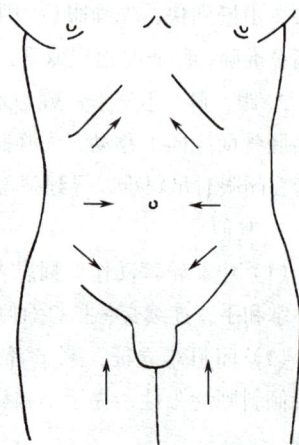

图3-8-1　腹壁反射和提睾反射
检查示意图

箭头示检查时轻划皮肤的方向。

上、中、下反射均消失见于昏迷和急性腹膜炎患者。一侧上、中、下腹壁反射消失，见于同侧锥体束病损。肥胖者、老年人及经产妇由于腹壁过于松弛，也会出现腹壁反射减弱或消失，应予以注意。

3. 提睾反射　棉棒由下而上轻划股内侧上方皮肤，可引起同侧提睾肌收缩，睾丸上提（图3-8-1）。双侧反射消失为腰髓1~2节段病损，一侧反射减弱或消失见于锥体束损害，局部病变如腹股沟疝、阴囊水肿等也可影响提睾反射。

4. 跖反射　患者仰卧，下肢伸直，检查者手持患者踝部用钝头棉签划足底外侧，由足跟向前至小跖趾关节处转向内侧，正常反应为足趾屈曲。反射消失为骶髓1~2节病损。

5. 肛门反射　用棉棒轻划肛门周围皮肤，可引起肛门外括约肌收缩。反射障碍为骶髓4~5节和肛尾神经病变。

（二）深反射

刺激骨膜、肌腱及深部感受器完成的反射称深反射，又称腱反射。检查时患者要合作，肢体肌肉应放松，检查者叩击力量要均等，两侧要对比。

（三）病理反射

1. 巴宾斯基征（Babinski征）　患者体位与检查跖反射时一样，用竹签沿患者足底外侧缘由后向前至小趾近足跟部，并转向内侧，阳性反应为拇趾背伸，其余四趾呈扇形展开（图3-8-2）。

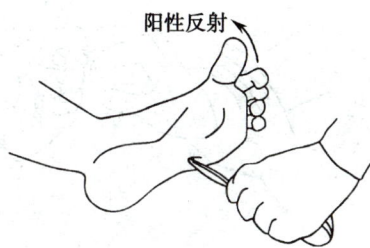

2. 奥本海姆征（Oppenheim征）　检查者弯曲示指及中指，沿患者胫骨前缘用力由上向下滑压，阳性表现同巴宾斯基征（图3-8-3）。

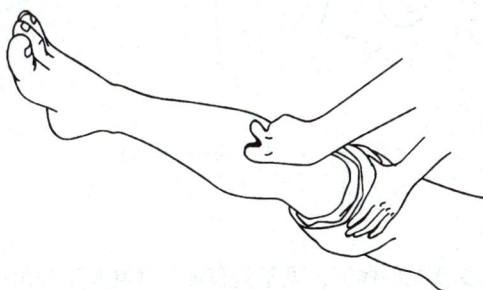

图 3-8-2　巴宾斯基征检查方法

阳性反射

图 3-8-3　奥本海姆征检查方法

3. 戈登征（Gordon征）　检查时用手以一定力量压腓肠肌，阳性表现同巴宾斯基征（图3-8-4）。

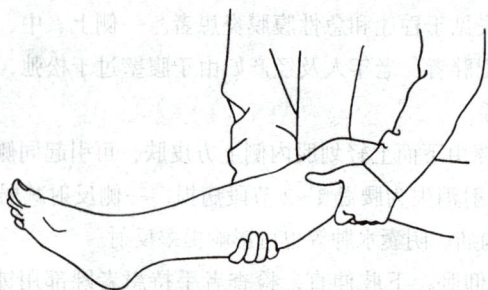

图 3-8-4　戈登征检查方法

以上三种体征临床意义相同，其中巴宾斯基征是最典型的病理反射。

4. 霍夫曼征（Hoffmann 征）　通常认为是病理反射，但也可认为是深反射亢进的表现，反射中枢为颈髓 7~ 胸髓 1 节段。检查者左手执患者腕部，然后以右手中指与示指夹住患者中指并稍向上提，使腕部处于轻度过伸位，以拇指迅速弹刮患者中指指甲，引起其余四指掌屈反应则为阳性（图 3-8-5）。

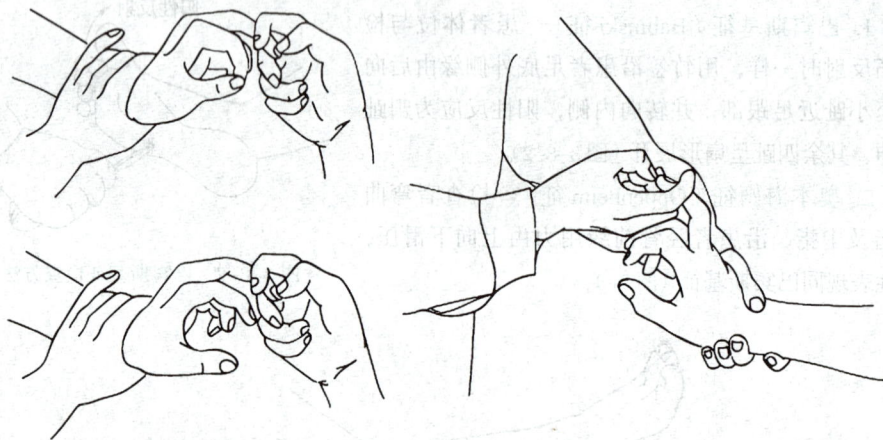

图 3-8-5　霍夫曼征检查方法

（四）脑膜刺激征

脑膜刺激征为脑膜受激惹的体征，见于脑膜炎、蛛网膜下腔出血和颅内压增高等。

1. 颈强直　患者仰卧，检查者一手置于胸前，另一手托住患者枕部，托扶并左右转动被检者头部，通过观察或感觉被动运动的阻力和询问有无疼痛，以除外颈椎或颈部肌肉局部病变，然后做屈颈动作。如在被动屈颈检查时感觉到抵抗力增加，即为颈部阻力增高或颈强直，为脑膜刺激征阳性（图 3-8-6）。

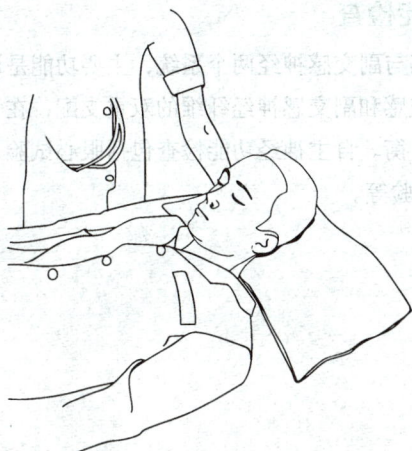

图 3-8-6　脑膜刺激征检查方法

2. 克尼格征（Kernig 征）　患者仰卧，一侧下肢髋、膝关节屈曲成直角，检查者将患者小腿抬高伸膝，正常人膝关节可伸达 135° 以上，如伸膝受阻且伴疼痛与屈肌痉挛则为阳性（图 3-8-7）。

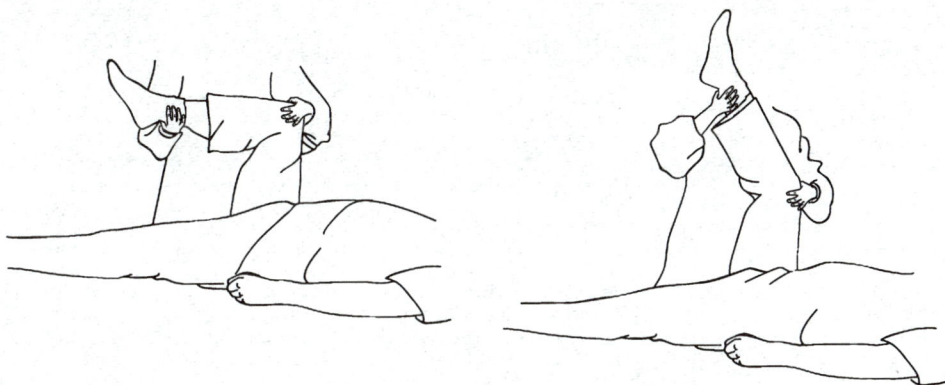

图 3-8-7　克尼格征检查方法

3. 布鲁津斯基征（Brudzinski 征）　患者仰卧，下肢伸直，检查者一手托起患者枕部，另一手按于其胸前，当头部前屈时，双髋与膝关节同时屈曲则为阳性（图 3-8-8）。

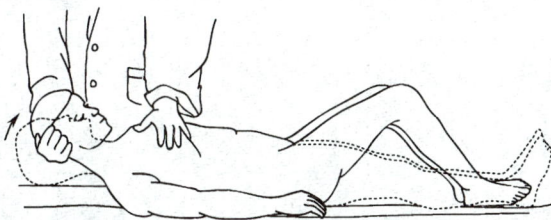

图 3-8-8　布鲁津斯基征检查方法

五、自主神经功能检查

自主神经可分为交感与副交感神经两个系统，主要功能是调节内脏、血管与腺体等活动。大部分内脏接受交感和副交感神经纤维的双重支配，在大脑皮质的调节下，协调整个机体内、外环境的平衡。自主神经功能检查包括眼心试验、卧立位试验、皮肤划痕试验、竖毛试验、发汗试验等。

（张秀峰）

第四章　临床常用实验室检查

第一节　概　　论

临床医生以实验室检查信息为基础，密切结合临床有关信息，可对疾病进行诊断或预测，能够指导治疗、监测疗效、判断预后等。随着医学模式从以疾病为中心向以健康为中心转化，实验诊断的应用范围也在逐渐拓宽和不断充实。

一、实验诊断学的概念

实验诊断学（laboratory diagnostics）是以临床检验学提供的结果或数据为依据，由医生结合临床病史/家族史、症状/体征、影像检查/病理检查等资料，经过逻辑思维与科学分析，进行临床诊断、鉴别诊断、病情观察、疗效监测和预后判断的一种临床诊断方法，也可为科学研究、预防疾病、健康普查、卫生保健、个体化医疗和遗传咨询等提供重要的实验依据。

二、选择实验室检查项目的原则

选择实验室检查项目时，临床医生必须在详细询问病史、全面进行体格检查、提出初步诊断的基础上，有方向、有目的地选择检验项目，为临床诊断等获取有效的支持和依据。具体选择项目时需遵循以下原则：①满足临床诊断、治疗和预防的需求；②符合循证实验诊断和实验项目优化组合的要求；③减轻患者的负担和痛苦。一般可以按照筛查实验、直接诊断实验、鉴别诊断实验、辅助诊断实验和疗效监测实验等顺序进行选择。

1. 筛查实验　不能对某一特定疾病作出肯定性诊断，但对疾病的诊断有一定的筛查意义，如血常规、尿常规、粪便隐血试验等临床基础检验项目。

2. 直接诊断实验　可作为某种疾病的直接确定诊断的指标，如电解质和酸碱平衡指标可直接反映其失衡状态等。

3. 鉴别诊断实验　可作为鉴别诊断指标，如临床中白细胞计数增高，若伴中性粒细胞增高多见于细菌感染，若伴淋巴细胞增高多见于病毒感染。

4. 辅助诊断实验　可作为某些疾病或脏器功能状态的辅助诊断指标，但不能作为确定诊断的指标，如肝功能异常可作为肝脏疾病的辅助诊断指标，反映肝损伤的程度，但不是具体肝病的确诊指标。

5. 疗效监测实验　治疗监测时选用的某些实验指标，如国际标准化比值（international normalized ratio，INR）用于监测华法林治疗，糖化血红蛋白用于监测糖尿病患者治疗过程中血糖水平。

由于标本的采集、保存、运输，试剂和仪器的稳定性，技术人员操作的水平，以及机体的个体差异等问题，检验结果往往会出现差异。而且检查结果仅是静态的数据和现象，用于判断动态的复杂机体有一定的局限性。因此，评价检验结果时需结合病史、体格检查及其他检查手段，进行系统的全面分析，必要时做动态化验检查。

第二节　检验标本的正确采集和处理

一、血液标本采集

（一）血液标本分类

1. **全血标本**　用于对血细胞成分的检查。

2. **血清标本**　用于大部分临床生化检查和免疫学检查。

3. **血浆标本**　用于凝血因子测定、游离血红蛋白及部分临床生化检查。

（二）采集方法

1. **毛细血管采血法**　主要用于床旁检测和急诊项目，成人常选择指端，婴幼儿可用拇指或足跟。采血穿刺深度适当，不宜用力挤压，以避免出现不客观结果。

（1）试剂与器材：一次性采血针、消毒干棉球、75% 乙醇棉球、经校正的 20μl 吸管。

（2）操作

1）采血部位：成人以左手中指或环指指尖尺侧，1 岁以下婴儿可选拇指或足跟内外侧缘采血。

2）轻轻按摩采血部位，使其自然充血，用 75% 乙醇棉球消毒局部皮肤，待干。

3）操作者用左手拇指和示指固定采血部位，右手持无菌采血针，自指尖内侧迅速穿刺。

4）用消毒干棉球擦去第一滴血，按需要依次采血。

5）采血完毕，用消毒干棉球按压伤口止血。

（3）注意事项

1）除特殊情况下，不要在耳垂采血。应避免在冻疮、发绀、水肿、炎症等部位采血。

2）皮肤消毒后一定要待乙醇挥发、干燥后采血，否则血液会四处扩散而不成滴。

3）穿刺深度一般以 2.0~2.5mm 为宜，稍加挤压血液能流出。

2. **静脉采血法**　需血量较多时采用，通常选择肘部静脉。目前多采用一次性真空采血管，部分采血管含不同抗凝剂或其他添加剂，均用不同颜色头盖标记以便识别（表 4-2-1）。

静脉采血
（视频）

表 4-2-1 一次性真空采血管的颜色、用途和采血量

颜色	添加剂	用途	采血量 /ml
紫色	EDTA-K2	血常规、HLA-B27、淋巴细胞亚群检测、*CYP2C19* 基因型检测、心肌损伤标志物	2.0
蓝色	枸橼酸钠	凝血常规、血凝试验	2.7
黑色	枸橼酸钠	红细胞沉降率	1.8
绿色	肝素锂	血流变学、血浆生化	2.0
黄色	分离胶促凝	生化、免疫检验等	3.0
红色	不加抗凝剂	生化、免疫、血库及脑脊液、胸腹腔积液等标本	3.0~5.0
灰色	氟化钠草酸	血糖、酒精检测	3.0

注：在临床检验样本采集过程中，遇有静脉穿刺多个样本采血时，为尽量减少静脉采血对检验结果的影响，采血按一定顺序进行。具体顺序：血培养，用不含添加剂的管（红或黄）—血凝管（蓝）—血沉管（黑）—生化管（绿）—血常规管（紫）—血糖管（灰色）。需要抗凝的标本（凝血象、血常规、血沉、绿头生化管），要立即轻柔颠倒混匀，避免标本溶血，贴好标签，尽快送检。

（1）试剂与器材：目前真空采血器有软接式双向采血针系统（头皮静脉双向采血式）和硬接式双向采血针系统（套筒双向采血式）两种，一端为穿刺针，另一端为刺塞针。另附不同用途的一次性真空采血管。

（2）操作

1）被采血者取仰卧位或坐位，前臂外展伸直平放置于床边或桌面枕垫上。选择容易固定、明显可见的肘前区静脉或手背的浅表静脉，幼儿可从颈外静脉采血。

2）以穿刺点为圆心，以圆形方式自内向外进行消毒，消毒范围直径 5cm，消毒 2 次。消毒剂发挥作用需与皮肤保持接触至少 30 秒，待自然干燥后穿刺，可防止标本溶血及灼烧感。如静脉穿刺比较困难，在消毒后需要重新触摸血管位置，宜在采血部位再次消毒后穿刺。

3）止血带绑扎在采血部位上方 5~7.5cm 处，可让受检者攥拳使静脉充盈。宜在开始采集第一管血时松开止血带，使用时间不宜超过 1 分钟。

4）采血方法有两种。①软接式双向采血针系统采血：拔除采血穿刺针的护套，以左手固定受检者前臂，右手拇指和示指持穿刺针，沿静脉走向使针头与皮肤呈 30°角，快速刺入皮肤，然后呈 5°角向前刺破静脉壁进入静脉腔，见回血后将刺塞针端（用橡胶管套上的）直接刺穿真空采血管盖中央的胶塞中，血液自动流入试管内，如需多管血样，将刺塞端拔出，刺入另一真空采血管即可。穿刺成功后宜让受检者放松拳头。②硬连接式双向采血针系统采血：静脉穿刺步骤如上，采血时将真空采血试管拧入硬连接式双向采血针的刺塞针端中，静脉血就会自动流入采血试管中。

5）拔针与穿刺点止血：先松开止血带，从采血针/持针器上拔出最后一支采血管，然后从静脉拔出采血针。在穿刺部位覆盖无菌棉签、棉球或纱布等，按压穿刺点5分钟（止血功能异常的患者宜适当延长时间），直至出血停止。不宜屈肘按压，额外的压力可导致出血、淤血、疼痛等情况发生，使风险增加。

6）含有添加剂的采血管在血液采集后宜立即轻柔颠倒混匀，混匀次数宜按照产品说明书的要求。不可剧烈震荡混匀，以避免溶血。

（3）受检者晕厥的应急处理：如患者在采血过程中出现晕厥，应立即停止采血，拔出采血针止血，将患者置于平卧位，松开衣领。如患者疑似为空腹采血低血糖，可予以糖水口服。观察患者意识恢复情况及脉搏、呼吸、血压等生命体征，如生命体征不稳定宜立即呼叫急救人员。有条件的单位可在采血点配置自动体外除颤器，并培训工作人员使用。

3. 动脉采血法　常用于血气分析，多选用股动脉，也可用肱动脉或桡动脉。采集的血标本必须与空气隔绝，立即送检。

动脉穿刺
（视频）

（三）采血时间

1. 空腹采血　空腹要求至少禁食8小时，以12~14小时为宜，但不超过16小时。患者在采血前不宜改变饮食习惯，24小时内不宜饮酒。空腹期间可少量饮水。需空腹采血的检测项目包括（不限于）糖代谢（空腹血糖、胰岛素等）、血脂等。

2. 特定时间采血　根据不同的检测要求，标本有不同的指定采集时间，如餐后2小时血糖测定、葡萄糖耐量试验、内分泌腺的兴奋或抑制试验等。

3. 随时或急诊采血　无时间限制或无法规定时间而必须采集的标本，被检者一般无法进行准备。主要用于体内代谢比较稳定以及受体内因素干扰少的物质的检查，或急诊、抢救患者必须做的检查，应标明急诊和采血时间。

二、尿液标本的收集与保存

尿液标本种类的选择和收集取决于临床医生的送检目的、患者状况和试验的要求。

（一）尿液标本的收集

1. 不同尿液标本的收集方法

（1）晨尿：清晨起床后，在未进早餐和做运动之前排出的尿液，可获得较多信息，如蛋白、细胞和管型等。

（2）随机尿：随机留取任何时间的尿液标本，不受条件限制，适用于门诊、急诊的即时检测。

（3）24小时尿：在标本采集当日（如早晨7点），患者排尿并弃去尿液，从此时间开始计时并留取所有尿液，将24小时的尿液全部收集于一个大的干净容器内。在留取尿液标本次日（如早晨7点），患者排尿且留尿于同一容器内。准确测量24小时尿量并记录。全部尿液充分混匀，再从中取出适量（一般50~100ml）送检，余尿则弃去。主要用于检测24小时内溶质的排泄总量，如尿蛋白、尿糖、电解质等。

（4）餐后尿：通常在午餐后 2 小时收集尿标本，对病理性糖尿、蛋白尿检测较敏感。

（5）清洁中段尿：女性采样时用肥皂水或碘伏清洗外阴，再收集中段尿标本 10~20ml 于灭菌容器中。男性清洗阴茎头后留取中段尿标本。排尿困难者可导尿，一般在插入导尿管后，将尿弃去 15ml 后再留取培养标本。

2. 尿液标本收集时注意事项

（1）尿标本应避免经血、白带、精液、粪便等混入，保证标本纯净。女性应避开月经期。

（2）标本留取后应及时送检，以免细菌繁殖、细胞溶解等，应在 2 小时内完成检查（最好在 30~60 分钟内）。

（二）尿液标本的保存

尿液常规检查的标本应在收集后 2 小时内检查完毕，否则会导致尿 pH 升高、病理性尿糖减低或消失。如遇特殊情况，冷藏（2~8℃）保存尿液标本是最简便的方法，一般不能超过 6 小时，需避光加盖。部分标本可有尿酸盐和磷酸盐沉淀影响显微镜检查，因此，不推荐在 2 小时内可完成检测的尿标本进行冷藏。

三、粪便标本的收集

（一）常规检查标本

一般应留取新鲜的自然排出的粪便 3~5g，必要时可肛拭子采取，放入干燥、清洁的有盖容器内。粪便标本有脓血时，应挑取脓血及黏附部分涂片检查，外观无异常的粪便要多点取样。不应留取尿壶或便盆中的粪便标本，若标本中混入尿液，可导致某些项目检测结果出现错误。

（二）寄生虫检查标本

1. 对某些寄生虫及虫卵的初筛检测应采取三送三检，因为很多肠道原虫和某些蠕虫虫卵有周期性排出现象。

2. 检测阿米巴滋养体等寄生原虫，应在收集标本后 30 分钟内送检，并注意保温。

（三）隐血试验

做粪便隐血试验时，应嘱患者于检查前 3 日内禁止食肉类、含动物血的食物、某些蔬菜，禁服铁剂和维生素 C 等对试验有干扰作用的药物，否则容易出现假阳性结果。选取外表及内层的粪便收集于合格容器内及时送检，长时间放置可使反应的敏感性降低。

四、痰液标本的收集

痰液标本采集法因检测目的不同而不同，但必须用不吸水的加盖容器存留，尽可能在用抗生素之前采集标本。

1. **自然咳痰法** 痰液的一般检查应收集新鲜痰，患者起床后刷牙、漱口（用 3% H_2O_2 及清水漱口 3 次），用力咳出气管深处真正呼吸道分泌物，勿混入唾液及鼻咽分泌物。

2. **雾化蒸汽吸入法** 对无痰或少痰的患者，可给予化痰药物，应用超声雾化吸入法，使痰液稀释，易于咳出。

3. **负压吸引法** 昏迷患者可于清理口腔后，用负压吸引法吸取痰液。

4. **棉拭刮取法** 幼儿痰液收集困难时，可用消毒棉拭刺激喉部引起咳嗽反射，用棉拭刮取标本。

第三节　临床一般检验与疾病

临床一般检验是临床最常用的检查，主要针对血液、尿液、粪便、胸腹腔积液、脑脊液等多种体液和分泌物标本进行细胞计数和细胞或其他有形物质的形态学检查，是临床疾病诊断和治疗的基础指标，其中血液、尿液、粪便的一般检验也是普通人群健康体检的必查项目。

一、血液一般检验与疾病

血液一般检验包括全血细胞及白细胞分类计数（血常规）、血细胞形态检查、网织红细胞测定和红细胞沉降率等。

（一）全血细胞及白细胞分类计数

1. 红细胞计数和血红蛋白测定

（1）参考值：健康人群血红蛋白和红细胞计数参考值见表4-3-1。

表4-3-1　健康人群红细胞计数和血红蛋白参考值

人群	参考值	
	血红蛋白/（g·L^{-1}）	红细胞计数/（10^{12}·L^{-1}）
成年男性	120~160	4.0~5.5
成年女性	110~150	3.5~5.0
新生儿	170~200	6.0~7.0

（2）临床意义

1）红细胞及血红蛋白增多：分为相对性增多和绝对性增多。前者指血浆容量减少，使红细胞容量相对增多，如严重呕吐、腹泻、糖尿病酮症酸中毒等。后者称为红细胞增多症，按照发病原因可分为原发性和继发性两种。其中原发性红细胞增多症称为真性红细胞增多症，是一种原因未明的以红细胞增多为主的骨髓增生性疾病。继发性红细胞增多症是血中红细胞生成素增多所导致，见于高原地区居民、严重心肺疾患等，也见于某些肿瘤或肾脏疾病。

2）红细胞及血红蛋白减少：分为生理性和病理性，前者见于婴幼儿及 15 岁以下的儿童、部分老年人、妊娠期妇女，后者见于各种贫血。

2. 白细胞计数和白细胞分类计数

（1）参考值：成人白细胞计数（4~10）×10^9/L，新生儿（15~20）×10^9/L，6 月龄 ~ 2 岁（11~12）×10^9/L。白细胞分类计数参考值详见表 4-3-2。

表 4-3-2　5 种白细胞正常百分数和绝对值

细胞类型	百分数 /%	绝对值 /（10^9·L^{-1}）
中性粒细胞（N）		
杆状核（st）	0~5	0.04~0.50
分叶核（sg）	50~70	2~7
嗜酸性粒细胞（E）	0.5~5.0	0.05~0.50
嗜碱性粒细胞（B）	0~1	0~0.1
淋巴细胞（L）	20~40	0.8~4.0
单核细胞（M）	3~8	0.12~0.80

（2）临床意义：白细胞计数是监测机体发生感染和造血系统疾病的重要指标。白细胞计数生理性增多主要见于月经前、妊娠后期及分娩哺乳期妇女，剧烈运动或劳动、兴奋激动、饮酒、高温或严寒等均可使其暂时性增高，新生儿及婴儿明显高于成人。病理性变化主要受中性粒细胞数量的影响，其次受淋巴细胞数量的影响。

中性粒细胞增多见于急性感染、严重外伤、大面积烧伤、白血病及恶性肿瘤等。中性粒细胞减少见于感染、血液系统疾病、理化因素损伤、自身免疫性疾病等。

嗜酸性粒细胞增多见于过敏性疾病、寄生虫病、皮肤病等；减少常见于伤寒、副伤寒初期，大手术、烧伤等应激状态，或长期应用肾上腺皮质激素后。

嗜碱性粒细胞增多见于过敏性疾病、血液病、恶性肿瘤等，减少无临床意义。

淋巴细胞增多见于感染性疾病、肿瘤性疾病、急性传染病的恢复期和移植排斥反应，减少主要见于应用肾上腺皮质激素等药物，以及放射损伤、免疫缺陷性疾病等。

婴幼儿及儿童单核细胞可表现为生理性增多，病理性增多见于某些感染和血液病，减少无临床意义。

3. 血小板计数

（1）参考值：（100~300）×10^9/L。

（2）临床意义：血小板计数是判断止血和凝血功能最常用的初筛指标。

血小板减少见于：血小板生成障碍，如再生障碍性贫血、放射性损伤、白血病等；

血小板破坏或消耗增多，如特发性血小板减少性紫癜、脾功能亢进、弥散性血管内凝血等；血小板分布异常，如脾大、血液稀释等。

血小板超过 $400 \times 10^9/L$ 为血小板增多。原发性增多见于骨髓增生性疾病，反应性增多见于急性感染、急性溶血、某些肿瘤患者等，多为轻度增多（$<500 \times 10^9/L$）。

（二）红细胞沉降率测定

红细胞沉降率（erythrocyte sedimentation rate，ESR）简称血沉，指红细胞在一定条件下沉降的速率。

1. 参考值　男性 0~15mm/h，女性 0~20mm/h。

2. 临床意义　血沉增快分为生理性和病理性，前者常见于 12 岁以下儿童、60 岁以上高龄者、妇女月经期、妊娠 3 个月以上，后者见于各种炎症性疾病、组织损伤及坏死、恶性肿瘤等。血沉减慢一般临床意义较小。

（三）ABO 血型鉴定

ABO 血型抗体能在生理盐水中与相应红细胞抗原结合而发生凝集反应。在进行 ABO 血型鉴定时，采用标准的抗 A 及抗 B 血清以鉴定被检者红细胞上的抗原，同时用标准的 A 型及 B 型红细胞鉴定被检者血清中的抗体（表 4-3-3）。只有被检者红细胞上的抗原鉴定和血清中的抗体鉴定所得结果完全相符时才能肯定其血型类别。

表 4-3-3　用标准血清及标准红细胞鉴定 ABO 血型结果

标准血清 + 被检者红细胞			标准红细胞 + 被检者血清			被鉴定者血型
抗 A 血清	抗 B 血清	抗 AB 血清（O 型血清）	A 型红细胞	B 型红细胞	O 型红细胞	
+	−	+	−	+	−	A 型
−	+	+	+	−	−	B 型
+	+	+	−	−	−	AB 型
−	−	−	+	+	−	O 型

二、尿液一般检验与疾病

尿液一般检验可初步反映泌尿系统病变，也可间接反映全身代谢及循环等系统的功能状态。

（一）外观和理学参数

1. 24 小时尿量　一般成人 24 小时尿量为 1 000~2 000ml，儿童按体重计算，为成人的 3~4 倍。

成人 24 小时尿量超过 2 500ml 称为多尿，暂时性多尿见于摄入量过多、应用利尿剂和某些药物等，还可见于内分泌疾病如糖尿病、尿崩症，肾脏疾病如慢性肾衰竭早期、急性肾衰竭多尿期等。成人尿量低于400ml/24h或17ml/h为少尿，低于100ml/24h为无尿，分为肾前性、肾性和肾后性。肾前性少尿见于各种原因引起的有效循环血量减少，如心力衰竭、休克、脱水等；肾性少尿见于各种肾脏实质性改变；肾后性少尿见于结石、尿路狭窄、肿瘤压迫等导致的尿路梗阻或排尿功能障碍。

2. **尿外观** 包括尿的颜色和透明度。

正常尿液清澈透明，尿液颜色受食物、药物、尿色素等影响，一般呈淡黄色至深黄色。病理性尿液可见血尿、血红蛋白尿、胆红素尿、脓尿和乳糜尿。

每升尿液中含血量超过1ml可出现淡红色、洗肉水样乃至血样尿，称为肉眼血尿。尿液离心沉淀后镜检，红细胞平均大于3个/HPF称为镜下血尿。血尿多见于泌尿系统炎症、结石、肿瘤、结核、外伤等，也可见于血液系统疾病，如血友病等。

3. **尿比重** 成人尿比重参考值1.015~1.025，晨尿最高。尿比重增高见于肾前性少尿、糖尿病、急性肾小球肾炎、肾病综合征等；尿比重降低见于大量饮水、慢性肾小球肾炎、慢性肾衰竭、尿崩症等影响尿浓缩功能的情况。

（二）化学检验

1. **酸碱度** 又称pH，波动在4.5~8.0。酸碱度升高见于碱中毒、尿潴留、膀胱炎、应用利尿剂等；降低见于酸中毒、高热、痛风、糖尿病及服用维生素C等酸性药物等。

2. **蛋白质**

（1）参考值：①定性为阴性；②定量为0~80mg/d。

（2）临床意义：分为生理性和病理性。生理性蛋白尿见于剧烈运动、发热、寒冷、精神紧张等情况，是机体在应激状态下出现的一过性蛋白尿，又称功能性蛋白尿。病理性蛋白尿由各种肾脏及肾外疾病导致，多为持续性。

3. **葡萄糖**

（1）参考值：①定性为阴性；②定量为0.56~5.0mmol/d。

（2）临床意义：分为血糖增高性糖尿、血糖正常性糖尿、暂时性糖尿、假性糖尿等。其中血糖升高性糖尿见于糖尿病、某些内分泌疾病（如库欣综合征）、胰腺疾病等。

4. **酮体**

（1）参考值：定性为阴性。

（2）临床意义：糖尿病性酮尿常伴有酮症酸中毒，是糖尿病酮症酸中毒性昏迷的前期指标；非糖尿病性酮尿可见于高热、严重呕吐、腹泻、长期饥饿等。

5. **尿胆红素与尿胆原**

（1）参考值：①尿胆红素定性为阴性，定量≤2mg/L。②尿胆原定性为阴性或弱阳性，定量≤10mg/L。

（2）临床意义：尿胆红素阳性或增高见于急性黄疸性肝炎、胆汁淤积性黄疸、胆汁淤积、先天性高胆红素血症等。尿胆原阳性或增高见于肝细胞性黄疸和溶血性黄疸。尿胆红素阳性或增高，同时尿胆原降低见于胆汁淤积性黄疸。

（三）有形成分分析

1. 红细胞　玻片法平均 0~3 个 /HPF，定量检验 0~5 个 /μl。肾小球源性血尿时，红细胞呈多形性改变，见于急性肾小球肾炎、急进性肾炎、慢性肾炎等。非肾小球源性血尿时红细胞形态类似外周血中的红细胞，呈双凹盘形，见于肾结石、泌尿系统肿瘤、肾盂肾炎、多囊肾、急性膀胱炎和肾结核等。

2. 白细胞　玻片法平均 0~5 个 /HPF，定量检查 0~10 个 /μl。若有大量白细胞多为泌尿系统感染如肾盂肾炎、肾结核、膀胱炎或尿道炎。成年女性生殖系统有炎症时，常有阴道分泌物混入尿内，除有成团脓细胞外，可伴有多量扁平上皮细胞。

3. 管型　是蛋白质、细胞或碎片在肾小管、集合管中凝固而成的圆柱形蛋白聚体。其中，透明管型偶见于正常人、老年人；运动、重体力劳动、用利尿剂、发热时可出现一过性增多；肾病综合征、肾小球肾炎、肾毒性药物和心力衰竭时可见增多。颗粒管型、细胞管型见于各种肾小管、肾小球损伤。蜡样管型多提示有严重的肾小管变性坏死、肾小球肾炎晚期、肾衰竭等，预后不良。

4. 结晶　尿液经离心沉淀后，在显微镜下观察到形态各异的盐类结晶，如尿酸结晶见于痛风及食入富含嘌呤食物者，草酸钙结晶见于尿路结石及常进食植物性食物者。

三、粪便一般检验与疾病

（一）外观和理学参数

正常人每日排便 1 次，为 100~300g，为黄褐色圆柱形软便，因含有蛋白质分解产物而有臭味。

鲜血便常见于直肠息肉、直肠癌、肛裂和痔疮等；柏油样便常见于上消化道出血；脓便和脓血便见于肠道下段病变如溃疡性结肠炎、痢疾等；水样便见于各种感染性和非感染性腹泻。

（二）化学分析

1. 粪便隐血试验（fecal occult blood test，FOBT）　隐血指消化道少量出血，红细胞被消化破坏，粪便外观无异常改变，肉眼及显微镜均不能证实的出血，正常人为阴性，阳性见于各种原因引起的消化道出血。

2. 胆汁成分检验　包括胆红素、粪胆原和粪胆素。正常成人粪便中不含胆红素，慢性肠炎、大剂量抗生素使用后可见胆红素阳性。粪胆原定性或定量对黄疸类型的鉴别有一定价值，溶血性黄疸时粪胆原明显增加，胆汁郁积性黄疸时粪胆原明显减少。结石、肿瘤等导致胆总管阻塞时，粪便中因无胆色素而呈白陶土色。

3. 消化吸收功能试验　用于检验消化道功能状态，包括脂肪消化吸收试验、蛋白质消化吸收试验和糖类消化吸收试验。

（三）有形成分分析

1. 细胞　正常粪便中不见或偶见白细胞，小肠炎症时白细胞数量一般 <15 个 /HPF，细菌性痢疾可见大量白细胞、脓细胞或小吞噬细胞。过敏性肠炎、肠道寄生虫病可见较

多嗜酸性粒细胞。红细胞主要见于下消化道出血、痢疾、溃疡性结肠炎、结肠和直肠癌等。巨噬细胞主要见于细菌性痢疾和溃疡性结肠炎等。

2. 微生物和寄生虫卵　粪便中细菌占干重的 1/3，多属正常菌群。肠道致病菌检测主要通过粪便直接涂片镜检和细菌培养。寄生虫卵见于寄生虫感染。

四、痰液一般检验与疾病

（一）理学检查

1. 量　正常人无痰或仅咳少量泡沫痰或黏液痰。当呼吸道有病变时痰量增多，多见于慢性支气管炎、支气管扩张、肺脓肿、肺结核等。

2. 颜色　正常为无色或白色。血性痰见于肺癌、肺结核、支气管扩张等；粉红色泡沫痰见于急性肺水肿；铁锈色痰见于大叶性肺炎、肺梗死等；黄色痰见于呼吸道化脓性感染；黄绿色痰见于铜绿假单胞菌或干酪性肺炎。

3. 性状　正常痰液呈泡沫状或黏液状。黏液性痰黏稠，外观呈灰白色，见于支气管炎、支气管哮喘和早期肺炎等。浆液性痰稀薄而有泡沫，是肺水肿或肺淤血的特征。脓性痰见于呼吸系统化脓性感染，如支气管扩张、肺脓肿等。痰中混有血丝或血块，常提示肺组织有破坏或肺内血管高度充血，见于肺结核、支气管扩张、肺癌等。

4. 气味　正常痰液无特殊气味。血腥味见于各种原因引起的呼吸道出血。肺脓肿、支气管扩张合并厌氧菌感染时痰液有恶臭。

（二）有形成分分析

有形成分分析分为直接涂片和染色涂片，可观察痰液中有形成分的种类、数量及形态变化。痰涂片革兰氏染色可识别感染细菌的种类，抗酸染色可识别分枝杆菌。细菌培养和药物敏感试验可指导临床用药。脱落细胞检查对肺癌的诊断和分类有重要价值。

五、浆膜腔积液一般检验与疾病

人体的胸腔、腹腔、心包腔统称为浆膜腔，在生理状态下腔内有少量液体，主要起润滑作用，一般不易采集到。病理状态下，腔内有大量液体潴留，称为浆膜腔积液。根据积液的性质分为漏出液和渗出液。

1. 一般性状检查　包括颜色、透明度、比重和凝固性。

2. 化学检测　包括黏蛋白定性试验（Rivalta 试验），蛋白定量试验，葡萄糖检测，乳酸测定，乳酸脱氢酶（LDH）、腺苷脱氨酶（ADA）、淀粉酶（AMS）测定等。

3. 显微镜检测　包括细胞计数、细胞分类计数、脱落细胞检测和寄生虫检测。

4. 细菌学检测　若肯定或疑为渗出液，应行无菌操作离心沉淀，取沉淀物涂片做革兰氏染色或抗酸染色镜检，查找病原菌。必要时进行细菌培养，培养出细菌后做药物敏感试验作为临床用药参考。

5. 漏出液与渗出液的鉴别　鉴别要点详见表 4-3-4。

表4-3-4　渗出液与漏出液鉴别要点

鉴别要点	漏出液	渗出液
原因	低蛋白血症、循环障碍	炎症、肿瘤、化学或物理性刺激
外观	淡黄色，浆液性	不定，可为血性、脓性、乳糜性等
透明度	透明或微混	多混浊
比重	低于1.015	高于1.018
凝固	不自凝	能自凝
黏蛋白定性	阴性	阳性
蛋白定量 / ($g \cdot L^{-1}$)	<25	>30
葡萄糖定量	与血糖相近	常低于血糖水平
细胞计数	常 <100	常 >500
细胞分类	以淋巴细胞、间皮细胞为主	根据不同病因分别以中性粒细胞或淋巴细胞为主
细菌学检测	阴性	可找到病原菌
积液 / 血清总蛋白比值	<0.5	>0.5
积液 / 血清 LDH 比值	<0.6	>0.6
LDH/ ($U \cdot L^{-1}$)	<200	>200

注：LDH，乳酸脱氢酶。

第四节　临床常用生物化学检验

一、肝、胆疾病实验诊断

（一）血清总蛋白、白蛋白、球蛋白和白蛋白 / 球蛋白比值检测

1. 参考值　正常成人血清总蛋白为 60~80g/L，白蛋白为 40~55g/L，球蛋白为 20~30g/L，白蛋白 / 球蛋白（A/G）为（1.5~2.5）：1。

2. 临床意义　血清蛋白质检测是反映肝脏合成功能的重要指标。血清总蛋白和白蛋白检测主要反映慢性肝损害和肝实质细胞的储备功能，只有当肝脏损害达到一定程度或一定病程后才会出现血清总蛋白和白蛋白的变化，急性或局灶性肝损害多为正常。血清总蛋白降低一般与白蛋白降低相平行，见于肝细胞损伤、营养不良、蛋白丢失过多（如肾病综合征、严重烧伤等）、消耗增加（见于慢性消耗性疾病）和血清水分增加（如水钠潴留或补液过多）。血清总蛋白升高常同时伴有球蛋白升高，见于慢性肝脏病变、自身

免疫性疾病、慢性炎症与慢性感染等。A/G 倒置见于严重肝功能减退及 M 蛋白血症，如慢性中度以上持续性肝炎、肝硬化、原发性肝癌、多发性骨髓瘤、原发性巨球蛋白血症等。

(二) 胆红素代谢检测

1. **参考值**　正常成人血清总胆红素为 3.4~17.1μmol/L，结合胆红素为 0~6.8μmol/L，非结合胆红素为 1.7~10.2μmol/L。

2. **临床意义**　用于判断有无黄疸、黄疸程度及演变过程，并可初步判断黄疸类型。若总胆红素增高伴非结合胆红素明显增高，提示溶血性黄疸；总胆红素增高伴结合胆红素明显升高，提示梗阻性黄疸；三者均增高提示肝细胞性黄疸。结合胆红素 / 总胆红素 <20% 提示为溶血性黄疸，20%~50% 常为肝细胞性黄疸，比值 >50% 为梗阻性黄疸。

(三) 酶学检测

1. **氨基转移酶**　氨基转移酶（aminotransferase）简称转氨酶（transaminase）是一组催化氨基酸与 α 酮酸之间氨基转移反应的酶类，用于肝功能检测的主要是谷丙转氨酶（glutamic-pyruvic transaminase，GPT，又称丙氨酸转氨酶，ALT）和谷草转氨酶（glutamic-oxaloacetic transaminase，GOT，又称天冬氨酸转氨酶，AST）。

（1）参考值：见表 4-4-1。

表 4-4-1　血清转氨酶参考值

指标	终点法（赖氏法）/ 卡门单位	速率法（37℃）/（U·L^{-1}）
ALT	5~25	5~40
AST	8~28	8~40
DeRitis 比值（AST/ALT）		1.15

注：ALT，丙氨酸转氨酶；AST，天冬氨酸转氨酶。

（2）临床意义：急性病毒性肝炎时，ALT 与 AST 均显著升高，可达正常上限的 20~50 倍，甚至 100 倍，但 ALT 升高更明显。慢性病毒性肝炎、酒精性肝病、药物性肝损害、肝内外胆汁淤积时轻度升高或正常。肝硬化时，转氨酶活性取决于肝细胞进行性坏死程度，DeRitis 比值≥2。急性心肌梗死后 6~8 小时 AST 升高，18~24 小时达高峰，与心肌坏死范围和程度有关，4~5 日后恢复。

2. **碱性磷酸酶**（alkaline phosphatase，ALP）

（1）参考值：采用磷酸对硝基苯酚速率法（37℃），男性为 45~125U/L，20~49 岁女性为 30~100U/L，50~79 岁女性为 50~135U/L。

（2）临床意义：生理情况下，ALP 活性升高主要与骨生长、妊娠、生长、成熟和脂肪餐后分泌有关；病理情况下常用于肝胆疾病和骨骼疾病的临床诊断和鉴别诊断，尤其是黄疸的鉴别诊断。

3. γ- 谷氨酰转肽酶（γ-glutamyl transpeptidase，γ-GT 或 GGT）

（1）参考值：采用 γ- 谷氨酰 -3- 羧基 – 对硝基苯胺法（37℃），男性为 11~50U/L，女性为 7~32U/L。

（2）临床意义：胆道阻塞性疾病，如原发性胆汁性肝硬化、硬化性胆管炎等所致的慢性胆汁淤积，以及肝癌时肝内阻塞加上癌细胞合成，均可使 GGT 明显升高。急性病毒性肝炎时 GGT 中等程度升高，慢性肝炎、肝硬化的非活动期酶活性正常，持续升高提示病变活动或病情恶化。GGT 显著升高是酒精性肝病的重要特征，酗酒者戒酒后 GGT 可随之下降。

（四）常见肝胆疾病检查项目的合理选择与应用

肝脏功能复杂，再生和代偿能力很强，肝功能检查正常也不能排除肝脏疾病。血清酶学指标测定在反映肝细胞损伤及坏死时灵敏度很高，但均缺乏特异性。当肝功能试验异常时，也要注意有无肝外影响因素。目前尚无一种理想的肝功能检查方法能完整和特异地反映肝脏功能全貌。因此在临床工作中，医生需合理选择肝脏功能检查项目，并从检查结果中正确判断肝脏功能状况，必要时可选择肝脏影像学、血清肝炎病毒标志物及肿瘤标志物等检测技术，并结合患者的症状和体征，对肝脏功能进行正确而全面的评价。

二、肾脏疾病实验诊断

（一）血清肌酐检测

1. 参考值　全血肌酐（creatinine，Cr）为 88.4~176.8μmol/L；血清或血浆 Cr：男性 53~106μmol/L，女性 44~97μmol/L。

2. 临床意义　血 Cr 升高见于各种原因引起的肾小球滤过功能减退，如食物中毒、急慢性肾衰竭等。老年人、肌肉消瘦者 Cr 可能偏低。肾前性少尿者血 Cr 浓度多不超过 200μmol/L。

（二）血尿素氮检测

1. 参考值　成人 3.2~7.1mmol/L；婴儿、儿童 1.8~6.5mmol/L。

2. 临床意义　血尿素氮（blood urea nitrogen，BUN）升高见于器质性肾功能损害、肾前性少尿、蛋白质分解（如甲状腺功能亢进、烧伤、挤压综合征等）或摄入过多（如高蛋白饮食后）。

BUN/Cr（单位 mg/dl）比值可用于鉴别肾源性氮质血症和肾前性氮质血症，>10∶1 支持肾前性氮质血症。

（三）尿微量白蛋白测定

1. 参考值　一般采用免疫比浊法定时留尿计算每分钟白蛋白排泄率（albumin excretion rate，AER），24 小时尿标本计算白蛋白的总排出量。定时留尿 AER<20μg/min，<30mg/24h。

2. 临床意义　剧烈运动后尿中可出现白蛋白，故标本采集应在清晨、安静状态下为宜。尿液出现微量白蛋白主要见于糖尿病肾病早期、高血压肾病、狼疮性肾炎等肾小球微血管病变早期，泌尿系统感染、心力衰竭、隐匿性肾炎等也可出现微量蛋白尿（microalbuminuria，MA）。

（四）血尿酸检测

1. 参考值　采用酶法测定成人血清（浆）尿酸（uric acid，UA）浓度，男性为150~416μmol/L，女性为89~357μmol/L。

2. 临床意义　若能严格禁食含嘌呤丰富食物3日，排除外源性尿酸干扰再采血，血尿酸水平改变更有意义。升高见于痛风、白血病、多发性骨髓瘤、肾小球肾炎等，此外还可见于长期应用利尿剂及抗结核药、长期禁食者和慢性铅中毒；降低见于恶性贫血等。

（五）肾脏功能检测项目的选择与应用

肾脏有很大的储备功能，早期肾脏病变往往没有或极少有症状和体征，故早期诊断很大程度上要依赖于实验室检测，但多数肾功能检测项目缺乏特异性。在选择和应用肾功能检测项目时要注意：①根据临床需要选择必需的项目，为临床诊断、病情检测和疗效观察等提供依据。②结合临床资料和其他检测进行综合分析，作出客观结论。

目前肾病常用的实验室检测包括以下两种：

1. 尿常规检查　用于早期筛查、长期随访，具有方便、价廉的优点，可初步判断有无肾脏疾病。

2. 肾功能检测　评估肾脏重要的功能，是判断肾脏疾病严重程度和预测疾病发展情况、确定疗效、调整某些药物剂量的重要依据，但不具有早期诊断价值。包括：①肾小球功能，如血清肌酐、内生肌酐清除率、血尿素氮、肾小球滤过率、血 $β_2$ 微球蛋白等；②肾小管功能，如尿 $β_2$ 微球蛋白、尿渗透压等；③血尿酸检测；④肾小管性酸中毒检测。

三、糖代谢紊乱和脂类代谢紊乱实验诊断

（一）糖代谢紊乱实验诊断

1. 葡萄糖检测　机体在一日中的血糖波动很大，因此一般采用空腹血糖（fasting blood glucose，FBG）作为观测值，指在隔夜空腹（至少8~10小时未进任何食物，饮水除外）后早餐前采血测定的血糖值。任意时间采血测定的血糖称为随机血糖（random blood glucose，RBG）。

（1）参考值：FBG 3.9~6.1mmol/L。

（2）临床意义：血糖检测是目前诊断糖尿病的主要依据，也是判断糖尿病病情和控制程度的主要指标。

生理性FBG升高见于餐后1~2小时、高糖饮食、剧烈运动、情绪激动等。病理性升高见于各型糖尿病、内分泌疾病如甲状腺功能亢进症等、应激性因素、药物影响、肝脏和胰腺疾病等。

生理性FBG降低见于饥饿、长期剧烈运动、妊娠期等。病理性降低见于胰岛素过多、

对抗胰岛素的激素分泌不足、急性乙醇中毒、慢性消耗性疾病等。

2. 口服葡萄糖耐量试验（oral glucose tolerance test，OGTT）

（1）参考值：FBG 3.9~6.1mmol/L。口服葡萄糖后30分钟到1小时，血糖达高峰（一般为7.8~9.0mmol/L），峰值<11.1mmol/L；2小时血糖<7.8mmol/L；3小时血糖恢复至空腹水平。各检测时间点尿糖均为阴性。

（2）临床意义：用于了解机体对葡萄糖代谢的调节能力，是糖尿病和糖代谢紊乱的重要诊断性试验（表4-4-2）。

表4-4-2　糖尿病及其他高血糖的诊断标准　　　　单位：mmol/L

诊断	状态	静脉血浆	静脉全血	毛细血管全血
糖尿病	空腹	≥7.0	≥6.1	≥6.1
	餐后2h	≥11.1	≥10.0	≥11.1
糖耐量减低（IGT）	空腹	<7.0	<6.1	<6.1
	餐后2h	7.8~11.1	6.7~10.0	7.8~11.1
空腹血糖受损（IFG）	空腹	6.1~7.0	5.6~6.1	5.6~6.1
	餐后2h	<7.8	<6.7	<7.8
正常血糖	空腹	<6.1	<5.6	<5.6
	餐后2h	<7.8	<6.7	<6.7

3. 糖化血红蛋白（glycosylated hemoglobin，GHb）检测　GHb是在红细胞生存期间，血红蛋白A（HbA）与己糖缓慢、连续地发生非酶促反应的产物。由于HbA所结合的成分不同，又分为HbA1a、HbA1b和HbA1c，其中HbA1c含量最高（占60%~80%），生物学变异性小，不易受血糖波动影响，无须空腹或特定时间采血，是目前临床最常检测的部分。

（1）参考值：HbA1c为4.0%~6.0%。

（2）临床意义：HbA1c水平取决于血糖水平、高血糖持续时间，其生成量与血糖浓度成正比，反映既往2~3个月的平均血糖水平，在临床上已作为评估长期血糖控制状况的金标准，是临床决定是否需要调整治疗的重要依据，也是评价糖尿病血糖管理方案的有效指标。在有严格质量控制的实验室，采用标准化检测方法测定的HbA1c可作为糖尿病的补充诊断标准（≥6.5%）。

（二）血清脂质和脂蛋白检测

血脂是血清中的胆固醇、甘油三酯和类脂等的总称。血脂不溶于水，必须与特殊的蛋白质即载脂蛋白（apolipoprotein，Apo）结合形成脂蛋白（lipoprotein），才能溶于血液，被运输至组织进行代谢。临床上血脂检测的基本项目为总胆固醇、甘油三酯、低密度脂蛋白胆固醇和高密度脂蛋白胆固醇，其他血脂项目如ApoA1、ApoB、脂蛋白a［Lp（a）］

的临床应用价值也日益受到关注。

1. 总胆固醇（total cholesterol，TC）测定

（1）参考值：<5.2mmol/L。

（2）临床意义：血清TC水平受年龄、家族史、性别、遗传、饮食、精神等多种因素影响，且男性高于女性、脑力劳动者高于体力劳动者，因此很难制定统一的参考值。TC是动脉粥样硬化性疾病的重要危险因素，常作为动脉粥样硬化的预防、发病预测、疗效观察的参考指标。

2. 甘油三酯（triglyceride，TG）测定

（1）参考值：0.56~1.70mmol/L。

（2）临床意义：受遗传和环境因素的双重影响，与种族、年龄、性别及生活习惯（如饮食、运动等）有关，在个体内和个体间波动较大。升高见于高脂血症、肥胖症、糖尿病、痛风、甲状腺功能减退、肾病综合征、冠心病等。当TG重度升高时，可伴发急性胰腺炎。降低见于严重肝脏疾病、吸收不良、甲状腺功能亢进、肾上腺皮质功能减退等。

3. 高密度脂蛋白胆固醇（high density lipoprotein-cholesterol，HDL-C）测定

（1）参考值：1.03~2.07mmol/L。

（2）临床意义：可通过胆固醇逆转运减少胆固醇在血管壁的沉积，起到抗动脉粥样硬化作用，血清HDL-C水平与动脉粥样硬化性疾病呈负相关。降低常见于动脉粥样硬化、急性感染、糖尿病、肾病综合征，以及应用雄激素等药物。

4. 低密度脂蛋白胆固醇（low density lipoprotein-cholesterol，LDL-C）测定

（1）参考值：≤3.4mmol/L。

（2）临床意义：是动脉粥样硬化发生、发展的主要危险因素，与冠心病发病呈正相关。还可见于遗传性高脂蛋白血症、甲状腺功能减退、肾病综合征、肥胖症等。降低常见于甲状腺功能亢进、吸收不良、肝硬化及低脂饮食和运动等。

5. 其他血脂检测指标　Lp（a）是脂蛋白的一种，是动脉粥样硬化和血栓形成的重要独立危险因素。Lp（a）检测对早期识别动脉粥样硬化的危险性，特别是在LDL-C浓度升高的情况下具有重要价值。

载脂蛋白A1（ApoA1）具有清除组织脂质和抗动脉粥样硬化的作用。升高可直接反映HDL水平，可预测和评价冠心病的危险性，与冠心病发病率呈负相关。

载脂蛋白B（ApoB）可直接反映LDL水平。增高与动脉粥样硬化、冠心病的发生率呈正相关，也是冠心病的危险因素，可用于评价冠心病的危险性和降脂治疗效果等。

四、其他常见疾病实验诊断

（一）血清电解质检测

1. 血钾测定

（1）参考值：3.5~5.5mmol/L。

（2）临床意义：高钾血症见于血钾摄入过多，如高钾饮食、静脉输注大量钾盐、输

入大量库存血等；血钾排出减少，如急性肾衰竭、长期应用保钾利尿剂等；细胞内钾外移增多，如组织损伤、血细胞破坏、缺氧、酸中毒、应用某些药物等；此外，血管外溶血、白细胞增多症等可导致假性高钾血症。

低钾血症见于血钾分布异常，如应用大量胰岛素、碱中毒、心功能不全等；丢失过多，如频发呕吐、长期腹泻、肾衰竭多尿期、长期应用排钾利尿剂等；摄入不足，如长期低钾饮食、禁食、厌食、饥饿、营养不良等。

2. 血钠测定

（1）参考值：135~145mmol/L。

（2）临床意义：高钠血症见于水分摄入不足，如进食困难、昏迷等；丢失过多，如大量出汗、烧伤、长期腹泻等；内分泌疾病，如肾上腺皮质功能亢进、原发性或继发性醛固酮增多症等；钠盐摄入过多，如进食过量钠盐或输注大量高渗盐水等。

低钠血症见于丢失过多，如肾衰竭多尿期和大量应用利尿剂等肾性丢失、大量出汗等皮肤黏膜丢失、浆膜腔穿刺等医源性丢失、严重呕吐等胃肠道丢失；水钠潴留导致的细胞外液稀释；慢性消耗性疾病、营养不良等导致的消耗性低钠或摄入不足。

3. 血钙测定

（1）参考值：总钙为2.25~2.58mmol/L；离子钙为1.10~1.34mmol/L。

（2）临床意义：血钙升高见于溶骨作用增强，如原发性甲状旁腺功能亢进、多发性骨髓瘤、急性骨萎缩等；肾功能损害；摄入过多，如静脉输入过多；吸收增加，如维生素D中毒等。

血钙降低则见于成骨作用增强、吸收减少、摄入不足、吸收不良等情况。

4. 血氯测定

（1）参考值：95~105mmol/L。

（2）临床意义：血氯增高见于排出减少、血液浓缩、吸收增加、代偿性增高、低蛋白血症和摄入过多。

血氯降低见于摄入不足和丢失过多。

（二）心肌酶和心肌蛋白检测

1. 肌酸激酶和肌酸激酶同工酶　肌酸激酶（creatine kinase，CK）也称为肌酸磷酸激酶（CPK），主要存在于胞质和线粒体中，以骨骼肌、心肌含量最多，其次是脑组织和平滑肌。肌酸激酶同工酶CK-MB是肌酸激酶的一种亚型，主要存在于心肌中。两者升高主要见于急性心肌梗死、心肌炎等心肌损伤时，也可见于肌肉疾病及手术，其中CK-MB对判断心肌坏死的临床特异性更高。CK升高还见于多发性肌炎、横纹肌溶解综合征、进行性肌营养不良等各种肌肉疾病，以及应用某些药物导致的肌肉损伤，如他汀类调血脂药。骨骼肌疾病时CK-MB也增高，但CK-MB/CK常小于6%，可与心肌损伤相鉴别。

2. 心肌肌钙蛋白（cardiac troponin，cTn）　cTn是心肌收缩的调节蛋白，包括心肌肌钙蛋白T（cTnT）、心肌肌钙蛋白I（cTnI），当心肌损伤时释放入血，是诊断心肌坏死最特异和敏感的心肌损伤标志物。其中cTnI具有较低的初始灵敏度和较高的特异度，

cTnT 升高时间早、诊断时间长。

3. **肌红蛋白**（myoglobin，Mb） 存在于骨骼肌和心肌中，当心肌或骨骼肌损伤时释放入血，具有诊断价值，可作为早期诊断急性心肌梗死的指标，但特异性较差。

第五节　其他常用实验室检查

一、肿瘤标志物检测

肿瘤标志物（tumor marker，TM）是由肿瘤细胞本身合成、释放，或是机体对肿瘤细胞反应而产生或升高的一类物质，存在于血液、细胞、组织或体液中，反映肿瘤的存在和生长，可通过化学、免疫学以及基因组学等方法测定，对肿瘤的诊断、疗效和复发的监测、预后判断等具有一定的价值。

（一）甲胎蛋白测定

1. **参考值** <25μg/L。

2. **临床意义** 甲胎蛋白（alpha fetoprotein，AFP）是在胎儿早期由肝脏和卵黄囊合成的一种血清糖蛋白，出生后 AFP 合成受到抑制。当肝细胞或性腺胚胎组织发生恶性病变时，有关基因重新被激活，使 AFP 重新开始合成，血中含量明显升高。因此，血中 AFP 浓度检测对诊断肝细胞癌和滋养细胞恶性肿瘤有着重要的临床价值。原发性肝细胞癌时血清 AFP 升高，性腺胚胎肿瘤（睾丸癌、卵巢癌、畸胎瘤等）、胃癌或胰腺癌时也可升高，病毒性肝炎、肝硬化时可有不同程度的升高。

（二）癌胚抗原测定

1. **参考值** <5μg/L。

2. **临床意义** 早期胎儿的胃肠道及某些组织均有合成癌胚抗原（carcinoembryonic antigen，CEA）的能力，但妊娠 6 个月后含量逐渐降低，出生后含量极低。CEA 是一种广谱性肿瘤标志物，可在多种肿瘤中表达，脏器特异性低，在临床上主要用于辅助恶性肿瘤的诊断、判断预后，监测疗效和肿瘤复发等。CEA 升高主要见于结肠癌、直肠癌、乳腺癌、胃癌、肺癌、胰腺癌等。

（三）前列腺特异性抗原测定

1. **参考值** 总前列腺特异性抗原（prostate specific antigen，PSA）<4.0μg/L，游离 PSA<0.8μg/L，游离 PSA/ 总 PSA>0.25。

2. **临床意义** PSA 是一种由前列腺分泌的单链糖蛋白，存在于前列腺管道的上皮细胞中，在前列腺癌时可见 PSA 血清水平明显升高。总 PSA 及游离 PSA 升高、游离 PSA/总 PSA 降低，提示前列腺癌。其他肿瘤如肾癌、膀胱癌等也可有不同程度的升高。前列腺炎、前列腺肥大等良性疾病也可轻度升高（一般在 4.0～10.0μg/L），需结合直肠指检、超声等进行鉴别。

（四）糖类抗原 19-9 测定

1. 参考值　<37 000U/L。

2. 临床意义　糖类抗原 19-9（carbohydrate antigen 19-9，CA19-9）是一种糖蛋白，正常人唾液腺、前列腺、胰腺、乳腺、胃、胆管、胆囊、支气管的上皮细胞存在微量 CA19-9。CA19-9 既无肿瘤特异性又无器官特异性，主要用于胰腺癌、肝胆和胃肠道肿瘤的诊断、治疗监测和预后判断。

（五）糖类抗原 12-5 测定

1. 参考值　<35 000U/L。

2. 临床意义　糖类抗原 12-5（carbohydrate antigen 12-5，CA12-5）是一种重要的卵巢癌相关抗原，首选用于协助诊断卵巢癌、估计疗效和监测病程，也可作为 CA19-9 之后胰腺癌诊断的次选标志物。其他如乳腺癌、胃癌、肺癌等也可呈阳性。

（六）其他相关肿瘤标志物的临床意义

组织多肽抗原（tissue peptide antigen，TPA）是存在于胎盘和大部分肿瘤组织细胞膜和细胞质中的一种单链多肽，在恶性肿瘤患者中的检出率高达 70% 以上，但与肿瘤发生部位和组织类型无相关性。临床常用于迅速增殖的恶性肿瘤的辅助诊断，尤其是已知肿瘤的疗效监测。

鳞状细胞癌抗原（squamous cell carcinoma antigen，SCC）升高可见于肺鳞状细胞癌、食管癌、宫颈癌等，临床用于上述肿瘤的治疗效果、复发、转移或预后的评价。

二、甲状腺疾病相关检测

（一）甲状腺素和游离甲状腺素测定

甲状腺素（thyroxine，T_4）是含有四碘的甲状腺原氨酸，外周血中 99% 以上的 T_4 以与血清蛋白结合的形式存在，仅约 0.04% 是具有生物活动的游离甲状腺素（free thyroxine，FT_4），故临床在分析解释血清 T_4 浓度数值时需考虑结合蛋白的影响。结合型 T_4 与 FT_4 之和为总 T_4（TT_4）。

1. 参考值　TT_4 为 65~155nmol/L；FT_4 为 10.3~25.7pmol/L。

2. 临床意义　TT_4 是判断甲状腺功能状态最基本的体外筛查指标，浓度常受血清甲状腺结合球蛋白含量的影响。增高主要见于甲状腺功能亢进、先天性甲状腺结合球蛋白增多症、原发性胆汁性肝硬化、甲状腺激素抵抗综合征、妊娠以及口服避孕药或雌激素等，也可见于严重感染、心功能不全、肝脏疾病、肾脏疾病等。降低主要见于甲状腺功能减退、缺碘性甲状腺肿、慢性淋巴细胞性甲状腺炎等，也可见于甲状腺功能亢进的治疗过程中、糖尿病酮症酸中毒、恶性肿瘤、心力衰竭等。TT_4 检测可用于甲状腺功能亢进、原发性和继发性甲状腺功能减退的诊断和疗效监测。

FT_4 不受甲状腺结合球蛋白影响，直接测定 FT_4 对了解甲状腺功能状态较 TT_4 更有意义。升高对诊断甲状腺功能亢进的灵敏度明显优于 TT_4，降低主要见于甲状腺功能减退。

（二）三碘甲状腺原氨酸和游离三碘甲状腺原氨酸测定

T_4 在肝脏和肾脏中经过脱碘后转变为三碘甲状腺原氨酸（triiodothyronine，FT_3），与甲状腺结合球蛋白结合的结合型 T_3 和游离三碘甲状腺原氨酸（free triiodothyronine，FT_3）之和为总 T_3（TT_3）。

1. 参考值　TT_3 为 1.6~3.0nmol/L；FT_3 为 6.0~11.4pmol/L。

2. 临床意义　TT_3 增高是诊断甲状腺功能亢进较灵敏的指标，是诊断 T_3 型甲状腺功能亢进的特异性指标，也可用于监测甲状腺功能亢进复发。甲状腺功能减退时 TT_3 可减低，但由于甲状腺仍有产生 T_3 的能力，所以 TT_3 减低不明显，有时甚至轻度增高，因此 TT_3 不是诊断甲状腺功能减退的灵敏指标。此外，TT_3 减低也可见于肢端肥大症、肝硬化、肾病综合征和使用雌激素等。

FT_3 增高对诊断甲状腺功能亢进非常灵敏。早期或具有复发前兆的格雷夫斯病（Graves 病）的患者血清 FT_4 处于临界值，而 FT_3 已明显增高。FT_3 减低见于低 T_3 综合征、慢性淋巴细胞性甲状腺炎晚期、应用糖皮质激素等。

（三）促甲状腺激素测定

促甲状腺激素（thyroid-stimulating hormone，TSH）是腺垂体分泌的重要激素，其生理作用是刺激甲状腺细胞的发育、合成与分泌甲状腺激素。

1. 参考值　0.02~0.1U/L。

2. 临床意义　TSH 是诊断原发性和继发性甲状腺功能减退的最重要的指标，是判断甲状腺功能紊乱的首要依据，也适合于早期确立或排除下丘脑－垂体－甲状腺轴功能紊乱的诊断。FT_3、FT_4 和 TSH 是评价甲状腺功能的首选指标，是诊断原发性甲状腺功能亢进或甲状腺功能减退以及疗效评价的重要指标。TSH 增高常见于原发性甲状腺功能减退、单纯性甲状腺肿、腺垂体功能亢进和甲状腺炎等，也可见于应用含碘药物等，可作为甲状腺功能减退患者应用甲状腺素替代治疗的疗效观察指标。

TSH 减低常见于甲状腺功能亢进、继发性甲状腺功能减退、垂体功能减退、皮质醇增多症、肢端肥大症等。

（四）抗甲状腺球蛋白抗体和抗甲状腺微粒体抗体测定

甲状腺球蛋白（thyroglobulin，TG）是由甲状腺滤泡细胞合成的一种糖蛋白。90%~95% 的桥本甲状腺炎、52%~58% 的甲状腺功能亢进和 35% 的甲状腺癌患者可出现抗 TG 阳性。重症肌无力、肝脏病、风湿性血管病、糖尿病也可出现阳性。此外，有些正常人，尤其是女性，抗 TG 阳性率随年龄而增加。

抗甲状腺微粒体抗体（anti-thyroid microsome antibody，抗 TM）是针对甲状腺微粒体的一种抗体，与抗 TG 同时检测可提高检出的阳性率。

三、血栓与止血检测

血栓与止血的检测主要用于临床有出血倾向、出血性疾病以及血栓前状态、血栓病的临床诊断、鉴别诊断、疗效观察和预后判断，也用于抗血栓和溶血栓药物治疗监测等。

（一）出血时间测定

出血时间（bleeding time，BT）指将皮肤刺破后，让血液自然流出到血液自然停止所需的时间，参考值为（6.9±2.1）分钟，超过 9 分钟为异常。延长可见于血小板减少、血小板功能异常、血浆凝血因子缺乏、血管异常等，也可见于服用抗血小板药、抗凝药物等。BT 缩短无明显临床意义。

（二）血小板计数测定

详见本章第三节。

（三）D-二聚体测定

1. **参考值** 采用酶联免疫吸附试验（ELISA），为 0~0.256mg/L。

2. **临床意义** D-二聚体是体内活动性血栓形成和继发性纤溶亢进的分子标志物。正常可排除静脉血栓栓塞性疾病，包括深静脉血栓形成和肺栓塞，具有高灵敏度、低特异度和高阴性预测值的特点。同时可作为弥散性血管内凝血（DIC）诊断和治疗监测的重要指标。

（四）口服抗凝药治疗的监测

推荐应用国际标准化比值（international normalized ratio，INR）作为口服华法林时首选的监测指标。INR=（患者 PT/ 平均正常 PT）^{ISI}，（PT 指凝血酶原时间，ISI 指国际敏感度指数），一般控制在 2.0~3.0 为宜。

服用新型口服抗凝药（novel oral anticoagulant，NOAC）的患者不推荐进行常规治疗性药物监测，但在某些情况下仍有必要检测抗凝活性。定性评估 NOAC 的凝血检验包括凝血酶原时间（PT）、活化部分凝血活酶时间（APTT）、凝血酶时间（TT）。量化评估指标如抗 Xa 因子和 ecarin 凝固时间（ECT）在急诊或紧急临床情况、肝肾功能不全或怀疑药物过量等情况下或许有用，但目前还未大规模开展。

四、同型半胱氨酸检测

同型半胱氨酸（homocysteine，Hcy）是一种含硫氨基酸，为甲硫氨酸和半胱氨酸代谢过程中产生的重要中间产物。血 Hcy ≥10μmol/L 是高血压重要的危险分层因素。血 Hcy 可促进动脉粥样硬化及血栓形成，是心脑血管疾病的独立危险因素，使心脑血管疾病发病率及死亡率增加。同型半胱氨酸增高还可见于慢性肾衰竭、叶酸缺乏病等疾病。

五、淀粉酶检测

1. **参考值** 血清淀粉酶（amylase，AMS）为 35~135U/L；24 小时尿液 AMS <1 000U/L。

2. **临床意义** 可用于急性胰腺炎的诊断和急腹症的鉴别诊断。由于 AMS 半衰期短，胰腺或腮腺发生病变时，血清 AMS 升高早，持续时间短，而尿 AMS 升高晚、持续时间长。临床主要以血清 AMS 变化为主要诊断依据，尿 AMS 仅供参考。

急性胰腺炎是 AMS 增高最常见的原因，慢性胰腺炎急性发作、胰腺囊肿、胰腺管阻塞、胰腺癌早期、肾衰竭时也可增高。

AMS 减低主要见于慢性胰腺炎、胰腺癌、肾衰竭晚期等。

六、宫颈癌筛查

宫颈癌是妇科常见恶性肿瘤，宫颈（阴道）脱落细胞学对宫颈癌具有诊断价值，超过 92% 的宫颈癌可通过两年一次的宫颈脱落细胞学筛查得到有效预防。绝大多数宫颈（阴道）脱落细胞来自宫颈及阴道上皮细胞，阴道分泌物涂片常用苏木精 – 伊红染色（hematoxylin and eosin staining，HE 染色）和巴氏染色（Papanicolaou stain）检查。临床主要用于诊断恶性肿瘤、判断恶性肿瘤预后、了解卵巢功能。

人乳头瘤病毒（human papilloma virus，HPV）感染是宫颈癌和癌前病变的主要致病因素，及早发现和治疗癌前病变，是防止宫颈癌发生的关键。

第六节　床　旁　检　测

一、概念

床旁检测（point-of care testing，POCT）又称即时检测、现场快速检测，是在现场即刻进行分析并快速得到检测结果的一种检测体系，近年来发展快速，已经成为现代检验学的发展趋势，给传统医疗模式带来了新机遇。随着精准医疗概念的引入，进一步重新定义成智慧床旁检测（intelligent point-of care testing，iPOCT），以精准化、自动化和云端化为主要特征。POCT 的快速发展得益于当今高新技术的发展和综合应用，也顺应了目前高效快节奏的工作方式，满足了人们在时间上的需求，可使患者及时得到诊断和治疗。

一般 POCT 由医生、护士或患者进行，是患者现场评估的一部分。目前已经开发完成的 POCT 检测项目包括血糖、糖化血红蛋白、尿微量白蛋白、脑钠肽（BNP）、心肌损伤标志物、血脂、电解质、抗凝监测、早孕检测、微生物检测等，在基层医疗卫生机构具有广泛的应用前景，可用于诊断和监测治疗效果。家庭 POCT 如血糖、抗凝监测等则满足了用户个人医疗管理的需要。

目前 POCT 已应用于医学的多个学科领域，尤其是急诊救护、重症监护、健康管理和家庭等场所。在急诊和重症监护领域如鉴别急性心肌梗死、鉴别发热原因是否为细菌或病毒感染、鉴别晕厥原因是否有低血糖或者电解质紊乱参与等。部分专科门诊也开展了 POCT 检测，如妇产科门诊的早孕检测、排卵周期监测，内分泌门诊的血糖、糖化血红蛋白、尿微量白蛋白检测等，心内科门诊的 BNP、INR 检测等。社区门诊可开展血糖、血脂、电解质、凝血指标、早孕检测等项目以便提高门诊的工作效率，为患者制订个体化的诊疗方案，提高患者满意度和获得感。

POCT 技术具有快速反应、操作简便、患者亲历等优点，因而能增加诊断的准确性，快速恰当地进行诊疗、护理、病情观察，提高医疗质量和患者满意度。同时可减少患者对同一疾病的就诊次数，增加患者对自身病情的了解和关注，提高患者对慢性病的自我管理能力。目前基层医疗中尚未对 POCT 进行常规推广，但研究结果显示，在基层医疗中应用 POCT 更为方便有效，可改善基层医疗卫生机构慢性病的管理效率，推动并完善全科医学原则中的连续性、可及性医疗照顾，未来必将对基层临床行为和患者的就医遵医行为产生深远影响。

任何 POCT 都存在着风险，包括检验结果不准确、传播感染性疾病、血液污染等，需严格执行相关管理规范来保证 POCT 的安全性和准确性。

二、毛细血管血糖监测

利用血糖仪进行的毛细血管血糖监测，包括患者自我血糖监测（SMBG）和在医院内进行的床旁快速血糖监测，是采指端血后，用便携式血糖仪检测观察和记录患者血糖水平的方法，也是目前应用最广泛的血糖监测方法。能反映实时血糖水平，评估餐前、餐后高血糖，生活事件（饮食、运动、情绪及应激等）及药物对血糖的影响，发现低血糖，有助于为患者制订个体化生活方式干预和优化药物干预方案，提高治疗的有效性和安全性，是糖尿病患者日常管理重要和基础的手段。只能用于对糖尿病患者血糖的监测，不能用于诊断。

（一）毛细血管血糖监测的频率和时间点

血糖监测的频率和时间要根据患者病情的实际需要来决定。频率选择一日中的不同时间点，包括餐前、餐后 2 小时，睡前及夜间（一般为凌晨 2~3 时），适用范围见表 4-6-1。

表 4-6-1 各时间点血糖监测的适用范围

时间	适用范围
餐前血糖	空腹血糖较高，或有低血糖风险时（老年人、血糖控制较好者）
餐后 2h 血糖	空腹血糖已获良好控制，但 HbA1c 仍不能达标者；需要了解饮食和运动对血糖影响者
睡前血糖	注射胰岛素患者，特别是晚餐前注射胰岛素患者
夜间血糖	经治疗血糖已接近达标，但空腹血糖仍高者；或怀疑夜间低血糖者
其他	出现低血糖症状时应及时监测血糖，剧烈运动前后宜监测血糖

注：HbA1c，糖化血红蛋白。

（二）毛细血管血糖监测方法

1. 测试前的准备

（1）检查试纸条和质控品储存是否恰当。

（2）检查试纸条的有效期及条码是否符合。

（3）清洁血糖仪。

（4）检查质控品有效期。

2. 血糖检测

（1）用 75% 乙醇擦拭采血部位，待干后进行皮肤穿刺。

（2）采用指尖的末梢毛细血管全血。

（3）皮肤穿刺后，弃去第一滴血液，将第二滴血液置于试纸上指定区域。

（4）严格按照仪器制造商提供的操作说明书要求和操作规程进行检测。

（5）结果测试记录，包括被测试者姓名、测定日期、时间、结果、单位、检测者签名等。

（6）出现血糖异常结果时应重复检测一次，必要时复检静脉血糖。

（三）常见的影响因素及对策

1. 与采血相关的因素

（1）采血量不足或过多：临床采血时由于挤血量不足，测试区域吸垫未被血完全覆盖，使测得值偏低；如果挤血量过多，污染测试吸垫周围测不到血糖值。一般认为 $5\mu l$ 血样较为合适。操作者必须掌握正确的采血方式，注意手指不要接触测试吸垫。采血量不足或过多时测得的值会有偏差，必须更换试纸重新测试。

（2）采血时间：稳定的糖尿病患者血糖监测时间点通常是空腹和早、中、晚三餐后的 2 小时，而血糖不稳定的患者或糖尿病酮症酸中毒的患者，可能需要根据医嘱动态观测。

（3）采血部位：采血部位的选择可直接影响其血糖检测值，特别是在为输液患者测血糖时，应选择没有输液的肢体指端，以确保数值的准确性。

2. 与血糖试纸条相关的因素

（1）检测仪显示密码与试纸条密码不符：操作中由于失误而未核对密码即给患者测试，使测得值偏差。因此，操作时必须认真核对血糖仪显示的密码与血糖试纸条密码是否相符合，确认无误后方可测试。

（2）血糖试纸在空气中暴露时间过长：临床上有的医护人员在操作时，为了方便，先将试纸条取出插入仪器，然后再到病房给患者测试，这样也会影响检测值的准确性。正确的操作方法是将密封好的试纸条连同仪器一起带到患者床旁，做好各项检测准备工作后方可开机插入试纸条。

3. 与温度、湿度相关的因素
一般情况下，血糖仪允许的工作温度范围是 $10\sim40℃$，湿度是 $20\%\sim80\%$，过高或过低的温度和湿度均可影响测得值。因此在使用中，一定要将血糖仪放置在监测的室内至少 20 分钟，如果在此温度和湿度范围外测出的血糖值只能用来判断趋势，而不能作为治疗依据。

三、家庭自检技术

家庭自检指人们在家中就可以按说明书独立完成一些疾病检测操作的家庭医学模式，是 POCT 理念在家庭应用领域的延伸，大致可分为疾病自我诊断（如胃肠道疾病、糖尿病等）、健康自我监测（如血压、血脂、血糖等）、营养自我评价（如微量元素、矿物质检测等）几类。人们利用家庭自检技术随时可以监测病情和筛查病因，是众多国家和地区正在推行和探讨的社区医疗模式之一。我国慢性病、常见病的防治工作日益严峻，家庭自检可为部分患者解决就医不便的问题，在分流就诊前期就做好在家的疾病自我监控检测。随着家庭自检的普及，居民自我健康监测意识的增强，全民健康认知素质和生活质量也会有所提高。而通过宣传引导，慢性病患者在家得到长效监测，急性病患者在家能第一时间筛查病因，争取宝贵的救治时间。同时也有助于充分利用医疗资源，降低医疗公共设施占用比率，减少国家医疗开支。目前常见的家庭自检检验设备包括血糖、早孕、便潜血、抗凝监测等。其中家庭用血糖仪的广泛使用就是POCT技术应用于慢性病管理的一个成功案例。

互联网技术的发展也给家庭自检技术带来了新的发展前景。患者随时可使用POCT检测设备（甚至是可穿戴式设备）做检查，并将检测结果和相关数据同步上传至诊疗服务云平台。医生服务团队通过云平台调阅并判读检测数据，帮助患者诊断，并提供用药指导和自我健康管理建议。在区域性医疗体系范围内，如能充分利用互联网技术，将患者家庭自检的家庭端与社区卫生服务中心、综合医院信息系统互联互通，建立贯通患者家庭、社区卫生服务中心、医院的综合POCT检测网络和信息共享网络，在医疗机构就可对患者家庭自检进行质量控制和结果解读、诊疗建议，必要时到医疗机构就诊或实施转诊；可充分利用区域性医疗资源并进行优化，提高慢性病管理的效率和质量，形成贯穿全程的慢性病管理网络。

家庭自检产品的消费和使用对象是普通百姓，因此对检测仪器和试剂要求操作快速、简单、易判读、结果可靠。目前很多家庭自检产品还没有达到专业检测设备的准确性，可能受到使用方法、环境等多种因素的影响，但是只要公众清楚认识到家庭自检产品的局限和特点，正确看待检测结果，理智面对疾病带来的心理压力，家庭自检产品就有重要的存在意义。

在积极推进医疗信息化发展的大环境下，应用POCT医疗服务的全新理念与远程医疗、可视化医疗等形成有机融合，为各级医疗服务患者群体提供人性化的医疗服务方式，可最大程度地满足患者的健康需求，促进医疗技术和医疗服务的双重升级。随着云计算、大数据、物联网等互联网技术的逐步成熟和广泛应用，以精准化、自动化、云端化为主要特征的iPOCT技术将带来医疗服务体系的根本性变革，促进新型医疗服务模式的建立，进而为国家节约医疗服务资源、降低医疗服务成本。

（马　力）

推荐阅读资料

［1］万学红，卢雪峰．诊断学．9版．北京：人民卫生出版社，2018：230-477.

［2］于晓松，王晨．全科医生临床操作技能训练．2版．北京：人民卫生出版社，2017：67-85.

第五章　基层常用心电学检查

第一节　心电图检查操作与解读

一、基本概念

心电图（electrocardiogram，ECG）是利用心电图机，从体表记录心脏每一心动周期所产生电活动变化的曲线图形，它反映了心脏电激动的发生、传导和恢复过程的一系列变化。心电图反映心肌电生理特性的兴奋性、自律性和传导性，而心脏的机械活动由电活动所引发，因此，心电图与心脏的机械活动并不直接相关。

二、心电图各波段的组成和命名

正常心电活动始于窦房结，兴奋心房（先右后左）的同时经结间束传导至房室结后，再循房室束、左右束支传至浦肯野纤维，最终兴奋心室。这种先后有序的电激动传播，引起一系列心肌细胞的电位改变，在心电图上被描记为一组有规律、反复出现的"波"。每一次心电活动所对应的心电图包括波、段和间期（图 5-1-1），并被描记在一种特定的网格纸上，使心电图的各波段可用统一指标进行量化。在心电图上，纵向的波形高低反映了电压高低，而横向的距离反映了相应波段的时间。

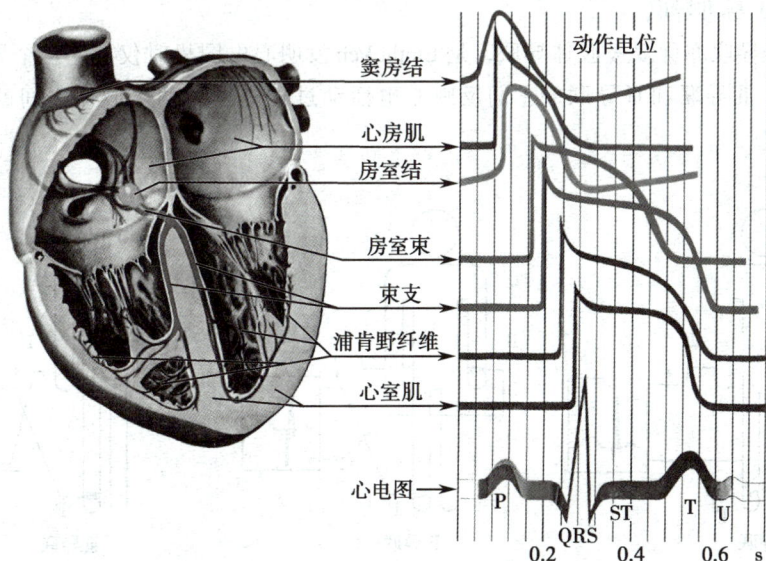

图 5-1-1　心电图各波段示意图

1. P 波　是每个心动周期心电图中第一个出现的低矮圆钝波形，P 波反映左、右心房除极过程的电位和时间变化。

2. QRS 波群 P 波后面出现的一组最复杂，也是振幅最高的波群。它反映左、右心室除极过程的电位和时间变化。QRS 波的命名：首先出现的正向波为 R 波；R 波之前的负向波为 Q 波；R 波之后第一个负向波为 S 波；S 波之后再次出现的正向波为 R' 波；如 QRS 波只有负向波，则称为 QS 波。

ER5-1
心电图
P-QRS-T
波意义
（动画）

3. T 波 在 QRS 波群后出现的较平缓的波，它反映心室晚期快速复极过程电位和时间的变化。

4. U 波 紧跟 T 波后出现的一个小波，是每次心动周期心电图的最后一个波，产生机制尚未完全清楚，通常在胸导联较明显。

5. ST 段 从 QRS 波群终点到 T 波起点的线段，反映心室早期缓慢复极过程电位和时间的变化。

6. PR 间期 从 P 波起始到 QRS 波群起始的时间，反映心房开始除极至心室开始除极的时间。

7. QT 间期 从 QRS 波群起点到 T 波终点的时间，反映心室除极和复极的总时间。

三、心电图导联体系

心脏电活动在身体各部位产生的电位差，用电极探测并传至心电图机记录，就可描记出心电图。这种通过在人体一定部位放置电极并与心电图机连接的电路连接方法称为心电图导联。导联有极性规定：与心电图机正极相连者为正，与心电图机负极相连者为负。心电图的导联可以有很多种组合，但最常用的导联为以下几种。

（一）标准导联

标准导联亦称双极肢体导联，是 EinthoVen 发明心电图机时仅有的三个导联，即Ⅰ导联、Ⅱ导联和Ⅲ导联，它们反映心电活动过程中体表两个肢体之间的电位差（图 5-1-2）。

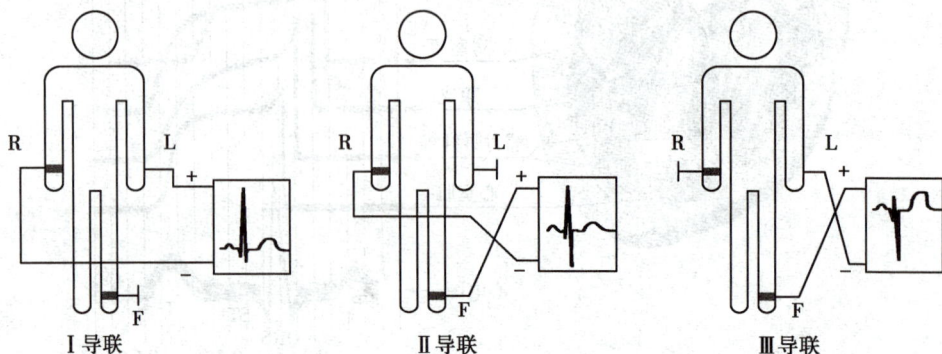

Ⅰ导联　　　　Ⅱ导联　　　　Ⅲ导联

图 5-1-2 标准导联的连接方式

L. 左上肢；R. 右上肢；F. 左下肢。

1. **Ⅰ导联** 　将左上肢电极与心电图机的正极端相连，右上肢电极与负极端相连，反映左上肢（L）与右上肢（R）的电位差。当 L 的电位高于 R 时，便描记出一个向上的波形；当 R 的电位高于 L 时，则描记出一个向下的波形。

2. **Ⅱ导联** 　将左下肢电极与心电图机的正极端相连，右上肢电极与负极端相连，反映左下肢（F）与右上肢（R）的电位差。当 F 的电位高于 R 时，描记出一个向上的波；反之为一个向下的波。

3. **Ⅲ导联** 　将左下肢电极与心电图机的正极端相连，左上肢电极与负极端相连，反映左下肢（F）与左上肢（L）的电位差。当 F 的电位高于 L 时，描记出一个向上的波；反之为一个向下的波。

（二）加压单极肢体导联

标准导联虽然能反映体表某两点之间的电位差，但不能探测某一点自身的电位变化。如果要定量检测人体某点的电位高低，就需要将该点的探查电极与一个标准"零电位"连接构成单极导联，即可测得该点的电位变化。Wilson 提出的"中心电端"学说，即是把左上肢、右上肢和左下肢的三个电极分别用连有 $5\,000\,\Omega$ 电阻的导线汇接一处，即为中心电端（T）。而中心电端的电位在心脏激动过程中每个瞬间始终稳定地接近于零。实际应用中，就是将心电图机的无关电极与中心电端连接，再将探查电极连接在人体的左、右上肢或左下肢，即分别成为左上肢（VL）、右上肢（VR）和左下肢（VF）三个单极肢体导联。

由于 VL、VR、VF 三个单极肢体导联的心电图波形振幅小，不便观测，Gold–Berger 对此进行了改进，即在描记某一肢体单极导联心电图时，将该肢体与中心电端相连接的高电阻断开，可使心电图波形的振幅增加 50%。这种导联连接方式称为"加压单极肢体导联"，也就是现今使用的 aVL、aVR 和 aVF（图 5-1-3）。

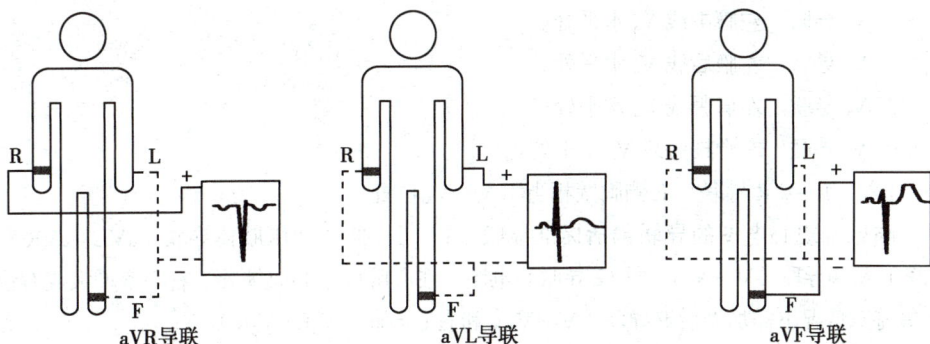

图 5-1-3　加压单极肢体导联的连接方式

L. 左上肢；R. 右上肢；F. 左下肢；aVL. 左上肢加压单极肢体导联；

aVR. 右上肢加压单极肢体导联；aVF. 左下肢加压单极肢体导联。

（三）胸导联

胸导联也称单极胸导联，其连接方式是将心电图机的负极与中心电端连接，正极与放置在胸壁一定位置的探查电极相连，以 V 表示（图5-1-4）。由于探查电极距心脏很近，因此胸导联的心电图波形振幅较大。临床使用的胸导联探查电极安放位置如下：

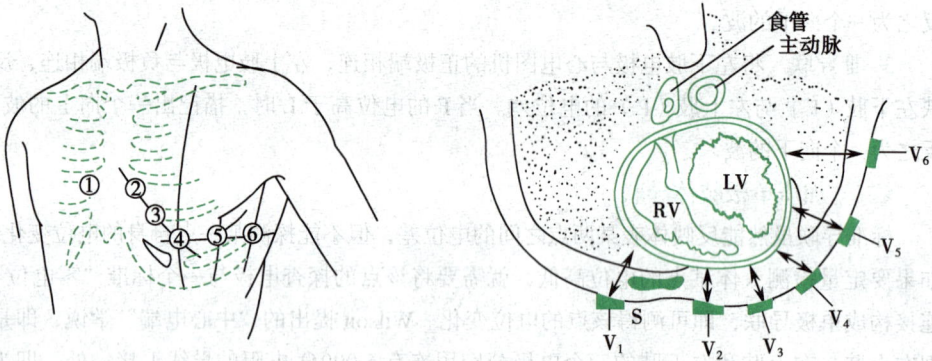

图 5-1-4　胸导联的连接方式及探查电极的位置

①～⑥示 V_1～V_6 导联在体表所在位置及连接方式；RV. 右心室；LV. 左心室；S. 胸骨；

V_1～V_6 示胸导联电极位置；箭头表示电极位置与心脏解剖位置的关系。

1. V_1 导联　胸骨右缘第 4 肋间。

2. V_2 导联　胸骨左缘第 4 肋间。

3. V_3 导联　V_2 与 V_4 连线的中点。

4. V_4 导联　左锁骨中线与第 5 肋间相交处。

5. V_5 导联　左腋前线 V_4 水平处。

6. V_6 导联　左腋中线 V_4 水平处。

7. V_7 导联　左腋后线 V_4 水平处。

8. V_8 导联　左肩胛线 V_4 水平处。

9. V_9 导联　左脊柱旁线 V_4 水平处。

10. V_3R～V_5R 导联　右侧胸壁相当于 V_3～V_5 位置。

临床常规心电图的导联包括标准导联（Ⅰ、Ⅱ、Ⅲ）、加压肢体导联（aVL、aVR 和 aVF）及胸导联（V_1～V_6），即 12 导联心电图。在心脏后壁心肌梗死、右心室增大或右位心等特殊情况下需加做后壁导联（V_7～V_9）和右心导联（V_3R～V_5R）。

心电图机上通常以固定颜色标识各部位的电极或导联线。肢体导联：用红、黄、绿色导联线分别连接右上肢、左上肢和左下肢；黑色导联线（接地电极）连接右下肢。胸导联（白色导联线）则分别用红、黄、绿、棕、黑、紫标识 V_1～V_6 电极。

四、心电图检查的适应证及操作方法

（一）心电图检查的适应证

1. 各种心电活动的激动形成异常、传导障碍或两者并存导致的心律失常。

2. 冠状动脉供血障碍导致心肌缺血或缺血性心脏疾病的诊断，尤其对心肌梗死，不仅能确定是否存在，还可确定梗死的病变期、部位范围及演变过程。

3. 对房室肥大、心肌炎、心肌病和心包炎的诊断有较大帮助，对于风湿性心脏病、肺栓塞、肺源性心脏病及其他系统疾病（如甲状腺功能亢进/减退症、卒中及肌营养不良等）也有其特定的诊断价值。

4. 某些药物（如洋地黄、奎尼丁）和电解质紊乱可引起一定的心电图变化，心电图检查有助诊断。

5. 作为心动周期的时相标记，用于心音图、超声心动图、阻抗血流图等心功能测定及其他心脏电生理研究的同步描记，以利于确定时间。

6. 可连续进行心电图描记的动态心电图和心电监护，广泛应用于手术、麻醉、用药观察、航天和体育等项目及危重患者的抢救。

（二）心电图检查的操作方法

1. 向患者和家属解释心电图检查的作用及操作过程，消除患者顾虑、取得合作。

2. 接通心电图机电源，开机预热。新款心电图机都带有蓄电池，可以在无电源连线的情况下使用，但用后要及时充电。

3. 为避免干扰，应嘱患者取出随身手机、手表等金属物品。核对患者信息，患者仰卧于检查床上，暴露检查部位——手腕、脚腕及前胸。在此过程中，要注意保护患者的隐私，特别是男医护人员为女患者检查时，要有另外一名女性（不一定是医护人员）在场。

4. 正确连接导联线，在受检者的左、右侧腕部及内踝上部暴露处，用乙醇擦洗脱脂。然后将电极板按照右上肢→红线、左上肢→黄线、左下肢→绿线、右下肢→黑线的要求固定好；胸导联各电极则按照 V_1→红、V_2→黄、V_3→绿、V_4→棕、V_5→黑、V_6→紫的顺序安置。

胸导联各电极安放位置的确定方法如下：

（1）找到受检者的胸骨上窝。

（2）从胸骨上窝沿胸骨下滑，找到骨性突起——胸骨角。

（3）沿胸骨角向受检者右侧平行滑动至肋间隙，此为第二肋间。

（4）自第2肋间下移至第4肋间，胸骨右缘即是 V_1 导联的位置。

（5）依此定位，再确定 V_2~V_6 导联位置。

5. 校正心电图机的走纸速度、画笔的位置，并打开标准电压，校正后使 10mm=1mV。

6. 顺序选择导联开关，按次序记录 I、II、III、aVR、aVL、aVF、V_1、V_2、V_3、V_4、V_5 和 V_6 这 12 个导联的心电图。必要时，可增加 V_7、V_8、V_9、V_3R、V_4R、V_5R 导联，记录 18 导联心电图。

ER5-2

心电图操作及读图（视频）

7. 检查结束后，再次核对有无遗漏、伪差等，并在心电图上标明各导联名称、受检查者姓名及检查时间。

8. 关闭心电图机电源，撤除各个导线。

新款心电图机都有自动分析、记录和打印功能。连接各导联后，嘱受检者安静、平静呼吸。心电图机将自动分析受检者的心电情况，并自动储存；当分析图形符合机器设定的标准时，机器将自动打印心电图，否则将提示错误。

五、心电图检查注意事项

为获得质量合格的心电图，需要有性能合格的心电图机、符合条件的检查环境，以及受检者的配合和正确的操作方法。

(一）检查前注意事项

1. 保持适宜的温度（不低于 18℃），以免因寒冷而引起肌电干扰。

2. 心电图机的电源线应远离检查床，床边不摆放其他电器，附近无穿行的电源线。

3. 使用交流电源的心电图机必须接可靠地线（接地电阻应小于 0.5Ω）。

4. 检查床的宽度不窄于 80cm。

5. 检查心电图机导联线、电源线等各条线缆的连接是否正常。

6. 了解受检者一般情况及临床对检测心电图的要求。

(二）检查过程中注意事项

1. 核对受检者信息，协助患者取适当体位，向受检者做必要解释，消除其紧张恐惧感。

2. 使用 75% 乙醇或生理盐水涂搽放置电极处的皮肤，以减少皮肤电阻，保证心电图记录质量。

3. 除有特殊情况需用药物镇静外，受检者应在清醒、平静、放松状态下接受检查。各种肌肉活动产生的生物电均会影响心电图的结果。

4. 按照统一标准，准确放置标准导联电极；肢体导联安放不能错位，否则将出现"异常"心电图。女性乳房下垂者应托起乳房，将 V_3、V_4、V_5 导联电极置于乳房下缘的胸壁上。

5. 心电图记录每个导联至少描记 3 个完整的心动周期，心律失常时应适当延长（15秒）记录时间。

6. 记录心电图时标定标准电压 1mV=10mm，走纸速度为 25mm/s，如有调整需标记清楚。

7. 最后记录受检者的基本信息。

8. 操作过程中，注意保护患者隐私、观察病情。

六、心电图检查结果分析与判读

(一）心电图的测量方法

心电图的测量方法见图 5-1-5。心电图描记在方格纸上，方格纸由大、小方格组成，小方格的边长为 1mm，5 个小方格构成 1 个大方格。当走纸速度为标准的 25mm/s 时，横向 1 个小格为 0.04 秒，1 个大格为 0.2 秒。当标准电压 1mV＝10mm 时，纵向 1 个小格为 0.1mV，1 个大格为 0.5mV。

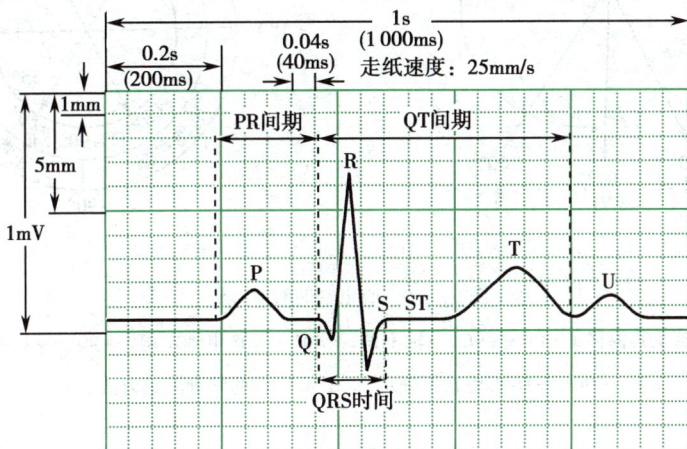

图 5-1-5　心电图各波段的测量方法

1. **心率的测量**　若心律规整，只需测量一个 R-R（或 P-P）的时间（秒），然后被 60 除，即可算出心率。计算公式：心率（次 /min）=60/P-P 或 R-R 间距（秒）。若心律不规整，可数 6 秒（心电图纸上 30 大格）内的 P 波数或 R 波数乘以 10，即为平均心率。

2. **心律的测量**　测量同导联 P-P 或 R-R 间距的差值，若 <0.12 秒，表示心脏激动节律规整，反之不规整。

3. **平均心电轴的测量**　平均心电轴通常指心室除极过程这一总时间内的平均电势方向和强度，投影在前额面上的心电轴。正常心电轴范围为 –30°~+90°；电轴范围在 –30°~–90° 之间为心电轴左偏；范围在 +90°~+180° 之间为心电轴右偏；范围在 –90°~–180° 之间为"不确定电轴"（图 5-1-6）。

临床上常采用目测法进行测量。通常目测 Ⅰ 和 aVF 导联（有时还需结合 Ⅱ 导联）QRS 波群的主波方向，估测心电轴是否发生偏移。若 Ⅰ、aVF 导联 QRS 波群均以正向波为主，则电轴不偏；若 Ⅰ、aVF 导联 QRS 波群均以负向波为主，则为不确定电轴；若 Ⅰ 导联以负向为主、aVF 导联以正向波为主，则电轴右偏；若 Ⅰ 导联以正向为主、aVF 导联以负向波为主，则需结合 Ⅱ 导联判断：如 Ⅱ 导联 QRS 波群以正向为主，则电轴不偏，如 Ⅱ 导联 QRS 波群以负向为主，则电轴左偏。

（二）心电图的分析方法

1. 首先浏览心电图，检查各导联的标识、连接是否有误，基线是否平稳，有无肌颤动或交流电干扰等伪差，是否为常规标准电压及走纸速度。

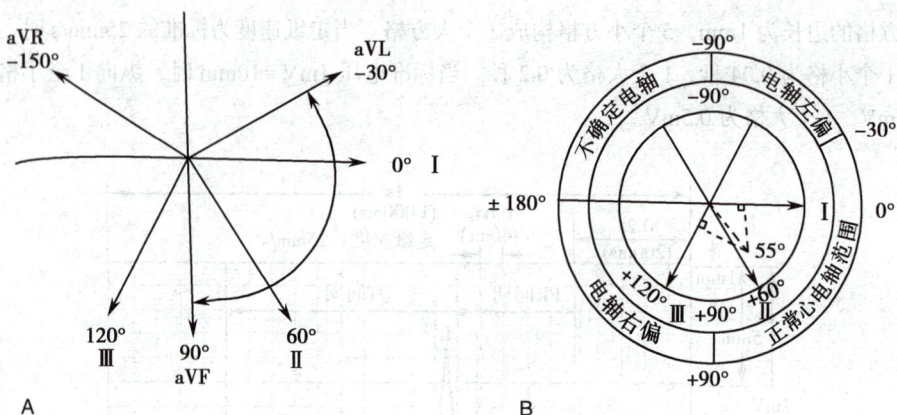

图 5-1-6　心电轴的测量方法

A. 正常心电轴及其偏移（-30°~+90° 电轴不偏；-30°~-90° 电轴左偏；+90°~+180° 电轴右偏；

-90°~-180° 电轴不确定）；B. 心电轴的精确测量方法。

2. 按顺序观察和测量各导联 P 波、PR 间期、QRS 波群、ST 段、T 波及 QT 间期是否在正常范围。

3. 根据各导联有无 P 波及 P 波方向、形态，P 波与 QRS 波群的关系，确定基本心律是窦性还是异位心律。

4. 测量 P-P、R-R 间距，观察心律是否规整并计算心房率、心室率。

5. 观察肢体导联，判断心电轴有无偏移。

6. 观察胸导联，判断有无心脏顺、逆钟向转位。

7. 综合分析心电图观测数值，结合临床资料，判断是否为正常、可疑或异常心电图。

（三）心电图基本波形判读（图 5-1-7）

1. P 波

（1）形态：P 波在大部分肢体导联上一般呈钝圆形，可有轻度切迹成双峰（间距 <0.04 秒）。

（2）方向：窦性 P 波的标志是在 Ⅰ、Ⅱ、aVF、V_4~V_6 各导联直立向上，而在 aVR 导联倒置；其余导联 P 波可以双向、低平或倒置。

（3）时间：成人 <0.11 秒，儿童 <0.09 秒。

（4）振幅：肢体导联 <0.25mV，胸导联 <0.2mV。

（5）常见异常及其临床意义：P 波高尖见于右房肥大，P 波增宽（或双峰）见于左房肥大。

2. PR 间期　测量时应选择 P 波最宽，QRS 波群起点清楚，最好有 Q 波的导联，一般选择 Ⅱ 导联。

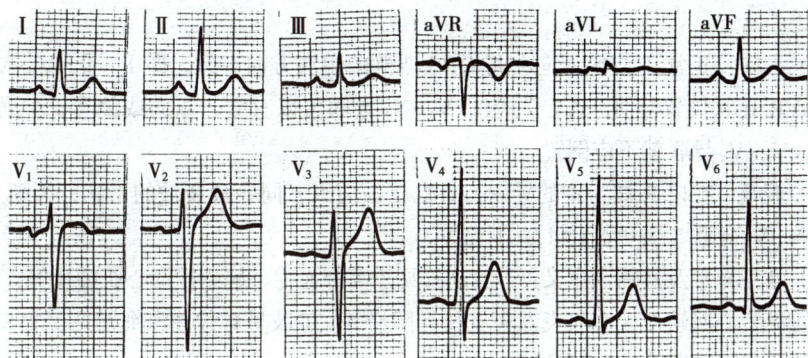

图 5-1-7 正常心电图

（1）时间：正常成人为 0.12～0.20 秒，儿童不超过 0.19 秒。PR 间期时间与年龄及心率快慢有关。老年人及心动过缓的情况下，PR 间期可略延长，但一般不超过 0.22 秒。

（2）常见异常及其临床意义：PR 间期 >0.20 秒（老年人 >0.22 秒）提示一度房室阻滞。

3. QRS 波群　应在 QRS 时限最宽的导联上测定，一般在 V$_2$ 和 V$_3$ 导联测量。

（1）时间：正常成人为 0.06～0.10 秒，一般不超过 0.11 秒，儿童为 0.04～0.08 秒。

（2）波形和振幅：QRS 波群在 V$_1$、V$_2$ 导联呈 rS 型，V$_1$ 导联 R ≤1.0mV；在 V$_3$、V$_4$ 导联 R 波和 S 波振幅大体相等；V$_5$、V$_6$ 导联呈 qR、qRs、Rs 型，V$_5$ 导联 R ≤2.5mV；V$_1$~V$_5$ 导联的 R 波逐渐增高，V$_2$~V$_6$ 导联的 S 波逐渐减小。aVR 导联 QRS 波群主波向下，可呈 QS、rS、rSr、Qr 型，R<0.5mV；aVL 导联 R<1.2mV；aVF 导联 R<2.0mV；Ⅰ、Ⅱ 导联主波向上，Ⅰ 导联 R<1.5mV。

（3）Q 波：除 aVR 导联外，Q 波振幅小于同导联 R 波的 1/4，时间小于 0.04 秒；V$_1$ 及 V$_2$ 导联不应出现 q 波，但可呈 QS 型。如其他导联出现超过正常范围的过深、过宽的 Q 波，称为异常 Q 波。

（4）常见异常及其临床意义：QRS 波群时间延长提示心室肥大或室内传导阻滞；QRS 波群振幅增高可见于胸壁薄者或心室肥大患者；QRS 波群低电压见于肺气肿、胸腔及心包积液、甲状腺功能减退以及心力衰竭等。异常 Q 波多为病理性，见于心肌梗死、心肌病、心肌炎及束支传导阻滞等。

4. ST 段　ST 段多位于等电位线上，可有轻度的上下偏移。在肢体导联和 V$_4$~V$_6$ 导联，正常人 ST 段抬高 <0.1mV；在 V$_2$、V$_3$ 导联 ST 段抬高较明显，可达 0.2mV 或更高；ST 段压低在任意导联均 <0.05mV。

ST 段抬高见于急性心肌梗死、急性心包炎、心室壁瘤及心脏手术后等；ST 段压低常见于冠状动脉供血不足、非 ST 段抬高心肌梗死、低钾血症或某些药物影响等。

5. T 波

（1）形态：圆钝而平宽，左右两支不对称，直立时升支缓而降支陡，倒置时降支缓而升支陡。

（2）方向：正常 T 波的方向多与 QRS 波群的主波方向一致，即 Ⅰ、Ⅱ、V_4~V_6 导联直立，aVR 导联倒置。Ⅲ、aVL、aVF、V_1~V_3 导联可以直立、双向或倒置，但若 V_1 导联直立，V_2~V_6 导联就不应倒置。

（3）振幅：在以 R 波为主的导联，直立 T 波应大于同导联 R 波的 1/10，否则为 T 波低平；V_2~V_4 导联 T 波可高达 1.2~1.5mV。

（4）常见异常及其临床意义：T 波高耸见于高钾血症、超急性期心肌梗死等；T 波低平或倒置见于心肌缺血、心肌炎及束支传导阻滞等；T 波呈对称性深倒置见于非 ST 段抬高心肌梗死或冠状动脉供血不足等。

6. QT 间期　QT 间期的长短与心率的快慢有密切关系。心率越快，QT 间期越短，反之则越长。心率在 60~100 次 /min 时，QT 间期正常范围为 0.32~0.44 秒。

QT 间期延长见于低钾血症、低钙血症、服用胺碘酮药物、心肌缺血、脑卒中及长 QT 间期综合征等；QT 间期缩短见于高钾血症、高钙血症、洋地黄类药物影响及短 QT 综合征等

7. U 波

（1）形态：U 波是在 T 波后 0.02~0.04 秒出现的圆钝小波。

（2）方向：U 波方向一般与 T 波一致，在胸导联较肢体导联易见，以 V_2、V_3 导联最清楚。

（3）常见异常及其临床意义：U 波增高见于低钾血症、洋地黄和胺碘酮影响以及颅脑疾病等；U 波倒置见于高钾血症、心肌缺血及心绞痛发作等。

第二节　动态心电图

动态心电图（ambulatory electrocardiogram，AECG）是指连续记录 24 小时或更长时间的心电图，它是由美国学者 N.J.Holter 首创，故又称 Holter 监测。

动态心电图通过连续记录受检者 24 小时中休息、活动、进餐、工作、学习和睡眠等不同情况下心电活动全过程，并形成心电图资料，能够发现常规心电图（ECG）不易发现的心律失常和心肌缺血，因此具有常规心电图不可替代的作用和价值，是临床分析病情、确立诊断、判断疗效重要的客观依据。

一、动态心电图系统及基本技术

动态心电图系统由记录系统、回放分析系统和打印机组成。

（一）记录系统

动态心电图记录系统由记录器、体表电极和导联线组成，其功能是采集并储存受检

者的心电信号。记录器是随身佩戴记录和贮存心电信号的设备，目前常用类型为固态记录器。

导联体系是采集心电信号的重要环节之一。目前常用的双极胸导联是模拟常规心电图的导联而来的，具体类型如下所示：

1. CM_5　正极置于 V_5 导联位置，负极置于右锁骨下窝中 1/3 处。

2. CM_1　正极置于 V_1 导联位置，负极置于左锁骨下窝中 1/3 处。

3. CM_3　正极置于 V_3 导联位置，负极置于右锁骨下窝中 1/3 处。

4. M_{aVF}　正极置于左腋前线肋缘，负极置于左锁骨下窝内 1/3 处。

导联系统已由最初的一个导联，发展到现在的 12 个导联（图 5-2-1），在分析心肌缺血、心律失常方面更具优越性。

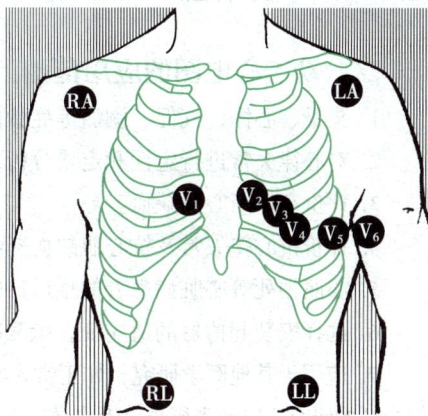

图 5-2-1　12 导联电极安装

$V_1 \sim V_6$ 表示胸导联电极位置；RA（右上肢）、LA（左上肢）、RL（右下肢）、LL（左下肢）表示肢体导联电极位置。

（二）回放分析系统

回放分析系统由计算机和分析软件组成，对已记录的心电信号进行分析。记录器采集的心电数据传送到计算机后，用动态心电图分析软件回放显示记录器中的心电信号及有关分析、数据、图表（直方图、趋势图等），按相关参数和指令进行动态心电图分析和编辑，并判断分析心电图波形改变与受检者症状及活动的关系，才能得到最终的动态心电图报告。

在计算机进行分析的过程中，首先要进行 QRS 波的检出，确定每个心搏的类型后，再逐一分析其特性。动态心电图分析系统的内容包括 24 小时或 48 小时的心律失常分析、ST 段偏移的检测和分析、起搏心电图的分析、心率变异性分析、窦性心律震荡和睡眠呼吸暂停综合征等分析程序。

目前，动态心电图均采用计算机分析处理，并可打印各种表格、趋势图、直方图、浏览图、异常心电图片段等。但目前动态心电图的分析系统尚不能达到满意的准确度，分析结果可能包含不少误判和漏判情况。因此，操作人员必须对计算机分析结果进行回顾，并对计算机分析出现的错误和遗漏的诊断进行修正和补充，以获得正确的分析报告。

（三）操作注意事项

1. 安装时将电极固定好，避免脱落。

2. 受检者按日常状态活动，应避免接触磁场等干扰心电信号的物品或场所，避免剧烈活动；做好生活日志的记录；意识不清者和儿童应有亲属陪同，避免仪器损坏。

3. 分析时需注意开始记录的时间并准确输入。

4. 分析报告时，注意结合受检者的活动情况和症状发生状况及时间。凡是有动态心电图诊断的结论，都应附有相应的动态心电图条形图供临床诊断参考。

二、动态心电图的应用范围

1. 头晕、心悸、气促、胸痛等症状性质的判断。

2. 对心律失常进行定性和定量分析，对心律失常患者进行危险性的评价。

3. 评价和诊断心肌缺血。

4. 评价抗心律失常及抗心肌缺血药物的治疗效果。

5. 心肌梗死等心脏病患者的预后评估。

6. 选择安装起搏器的适应证，检测起搏器功能。

7. 应用于其他医学研究，如正常人心律及心率的生理变化研究、阻塞性睡眠呼吸暂停综合征的研究，以及飞行员、潜水员、运动员等特殊职业人员心血管功能的检测与研究等。

第三节　心电图运动试验

心电图运动试验（electrocardiogram exercise test）系指通过运动增加心脏负荷，使心肌耗氧量增加，当运动负荷达到一定量时，冠状动脉狭窄患者的心肌供血不能相应增加，从而诱发静息状态下未表现出来的心血管系统异常，并通过心电图检测显示出来。该试验传统上主要用于隐匿性冠心病的辅助诊断，现已扩展到对冠状动脉病变程度及预后的判断、药物及介入性治疗效果的评估，以及非冠心病患者心功能的评价等。

一、心电图运动试验方法

目前常用踏车运动试验和平板运动试验两种方法。

1. 踏车运动试验　受检者在装有功率计的踏车上做踏车运动，以速度和阻力来调节负荷大小，负荷量分级依次递增，直至心率达到受检者的预期心率。运动前、运动中及运动后多次进行心电图记录，逐次分析作出判断。

2. 平板运动试验　目前应用最广泛的运动负荷试验方法。受检者在活动的平板上走动，根据所选择的运动方案，仪器自动分级，依次递增平板速度及坡度以调节负荷量，直到心率达到受检者的预期心率，分析运动前、中、后的心电图变化以判断结果。

二、运动试验的适应证和禁忌证

（一）适应证

1. 对不典型胸痛或可疑冠心病患者进行鉴别诊断。

2. 评估冠心病患者的心脏负荷能力。

3. 评价冠心病的药物或介入手术治疗效果。

4. 进行冠心病易患人群流行病学调查筛选试验。

（二）禁忌证

1. 急性心肌梗死或心肌梗死合并室壁瘤。

2. 不稳定型心绞痛。

3. 心力衰竭。

4. 中、重度瓣膜病或先天性心脏病及其他器质性心脏病。

5. 急性或严重慢性疾病。

6. 严重高血压患者，血压 >180/110mmHg。

7. 急性心包炎或心肌炎。

8. 肺栓塞。

9. 严重主动脉瓣狭窄。

10. 严重残疾不能运动者。

三、运动试验前受检者的准备

1. 运动试验前必须有详细的病史和体检资料，以便了解受检者的身体状况。

2. 试验前除 12 导联常规心电图外，必须记录坐位或站立 12 导联心电图，以了解体位对心电图图形及 ST-T 的影响。

3. 对未知冠心病患者，为达到准确的诊断，需停用抗心绞痛药及洋地黄类制剂至少 3~4 个半衰期。

4. 对已知冠心病患者，为了解治疗效果及判断预后，不需停用抗心绞痛药，以避免因停药而引起症状加重。

四、试验结果判断

目前较为公认的运动试验阳性标准如下：

1. 运动中出现典型心绞痛。

2. 运动中或运动后即刻出现 ST 段水平型或下斜型压低 ≥0.1mV，持续时间 >1 分钟。

（于　凯）

第六章　基层常用放射检查

　　临床常用的放射检查项目包括 X 线摄影术（X-ray）、计算机体层成像（computed tomography，CT）和磁共振成像（magnetic resonance imaging，MRI）等。X 线摄影术广泛应用于基层医疗机构，具有操作简便，费用低廉，辐射剂量低等优势，但存在组织分辨率差，诊断价值有限等不足。CT 检查适用于全身各个部位，在肺部病变、急腹症、外伤、脑血管意外等方面的应用有着较高的临床价值，但存在设备较贵，X 线辐射剂量较大，有时需要对比增强扫描等不足，因而在基层医疗机构的应用有一定的限制。MRI 在大脑、脊髓、软组织、血管等的病变，以及代谢和功能方面的诊断中具有绝对的优势，但存在设备昂贵，检查时间较长，费用高，对患者的配合度要求高等不足，因而在基层医疗机构的应用受到明显制约。总之，不同的放射检查技术具有各自不同的优势和不足。在临床工作中全科医生应全面了解不同检查技术的特点、适用范围及禁忌证，结合临床拟诊情况，合理选用，以达到最高效的临床价值。

　　为了正确解读图像并准确诊断，全科医生需要掌握阅片及报告解读的基本技能：①熟悉正常的解剖结构及正常变异；②判断放射检查的图像质量是否达到诊断要求；③阅片时按照一定顺序，全面、系统地观察；④发现异常时分析病灶的详细情况，包括病变部位、数目、形状、边缘、大小、密度和信号强度、血供、病灶与毗邻结构的关系等；⑤综合各种影像学异常表现，结合患者病史及临床资料，作出明确诊断或需进一步检查的合理化建议。

第一节　头颅放射检查

一、头颅 X 线检查

　　头颅 X 线检查是运用 X 线直接对头颅进行成像，常用的摄影体位包括正位和侧位。该检查可以观察颅骨骨折、骨质破坏等病变，不易显示颅底骨折和脑实质病变，应用价值有限。

（一）检查目的

　　头颅 X 线检查主要用于观察颅骨结构、骨板厚度、骨缝及蝶鞍等的形态和密度改变。

（二）适应证

1. 颅骨先天性疾病。

2. 颅骨炎症、肿瘤及肿瘤样病变。

3. 颅骨外伤等。

（三）禁忌证

对临床怀疑有颅底骨折的患者，不宜做颅底－颏顶位检查。

二、头颅 CT 检查

头颅 CT 检查是利用 X 射线对头颅进行轴位断层扫描，是中枢神经系统疾病重要的影像诊断方法。优点是扫描速度快，空间分辨率高，可行薄层扫描和三维后处理重建。缺点是有辐射，软组织分辨率较差，颅后窝结构易受颅骨伪影干扰而显示不清。头颅 CT 可以观察颅骨、脑实质、脑室、脑池和脑沟系统。常规头颅 CT 检查技术包括 CT 平扫、CT 增强、CT 血管成像（CTA）、CT 灌注成像等。

（一）检查目的

CT 平扫能够清楚地显示颅骨、颅内疾病，能观察病灶的位置、形态、大小、密度及其与邻近结构的关系等。CT 增强主要用于显示病灶血供、病灶与血管之间的关系等。CTA 可诊断大血管狭窄或闭塞、动脉瘤和血管畸形。

（二）适应证

1. 颅脑外伤　如头皮血肿、颅骨骨折、脑挫裂伤、硬膜外出血、硬膜下出血、蛛网膜下腔出血等。

2. 颅脑肿瘤　如脑膜瘤、胶质瘤、转移瘤等。

3. 颅内感染　如脑膜炎、脑脓肿、脑寄生虫病等。

4. 先天发育异常　如脑膜脑膨出、无脑畸形等。

5. 脑血管疾病　如动静脉畸形、动脉瘤、脑卒中等。

6. 颅骨疾病　如颅骨肿瘤、骨髓炎、颅骨先天畸形等。

7. 颅内高压、脑积水、脑萎缩等。

（三）禁忌证

孕妇、儿童和病情危重难以配合者，造影剂过敏，严重甲状腺毒症或严重心、肝、肾功能障碍者不宜行增强 CT 检查。

（四）正常头颅 CT 平扫

正常头颅平扫表现：脑室、脑池、脑沟、脑裂含脑脊液呈低密度；脑实质呈软组织密度，皮质密度略高于髓质（图 6-1-1）。

（五）常见疾病 CT 报告解读要点

1. 脑挫裂伤　损伤区局部脑组织肿胀，脑沟变窄，呈低密度，合并出血时内部出现混杂的高密度影，有占位效应。常伴有蛛网膜下腔出血、颅内血肿、硬膜外或硬膜下血肿、颅骨骨折等（图 6-1-2）。

2. 硬膜外、硬膜下血肿　硬膜外血肿表现为颅骨内板下凸透镜状高密度影，绝大多数单发，血肿范围不跨越颅缝；硬膜下血肿表现为颅板下新月形密度增高影，范围较广泛，可跨越颅缝，但不跨越硬脑膜折返，常合并脑挫裂伤，占位效应明显（图6-1-3）。

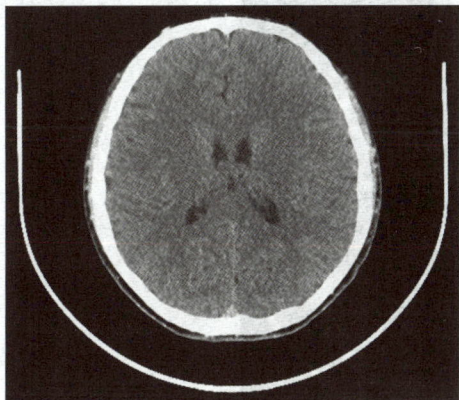

图 6-1-1　正常头颅 CT 基底节层面

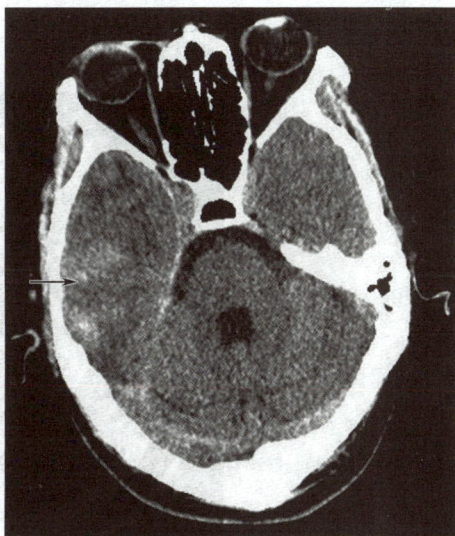

图 6-1-2　脑挫裂伤

右侧颞叶脑挫伤，可见散在的斑片样高密度出血灶和损伤区低密度改变。

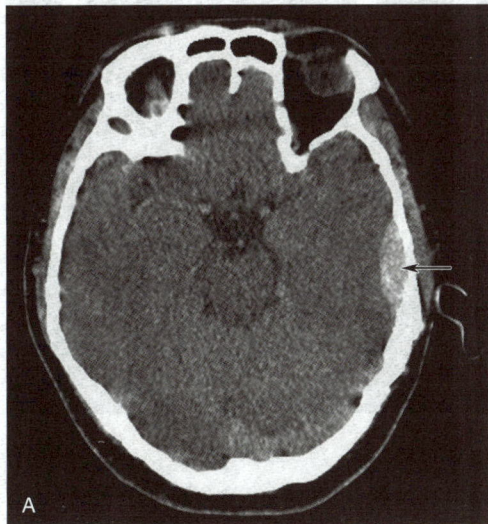

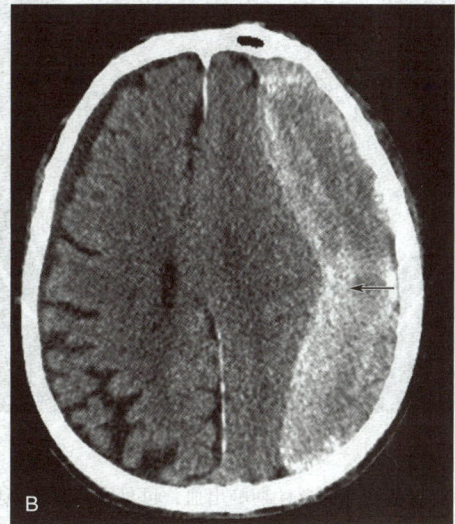

图 6-1-3　硬膜外、硬膜下血肿

A.左侧颞部硬膜外血肿，可见左侧颞部颅板下双凸形高密度影；B.左侧额顶部硬膜下血肿，

可见左侧颞顶部颅板下新月形高低混杂密度影，血肿范围广泛，跨越颅缝。

3. 脑出血 首选 CT 检查。急性期（<3 日）：脑内规则或不规则高密度影，边界清楚，密度均匀，CT 值 50~90Hu，伴病灶周围水肿严重；亚急性期（3~14 日）：病灶从周边开始密度降低，中央仍呈高密度，病灶周围水肿明显；慢性期（>2 周）：病灶变成软化灶，呈低密度，周围水肿范围缩小（图 6-1-4）。

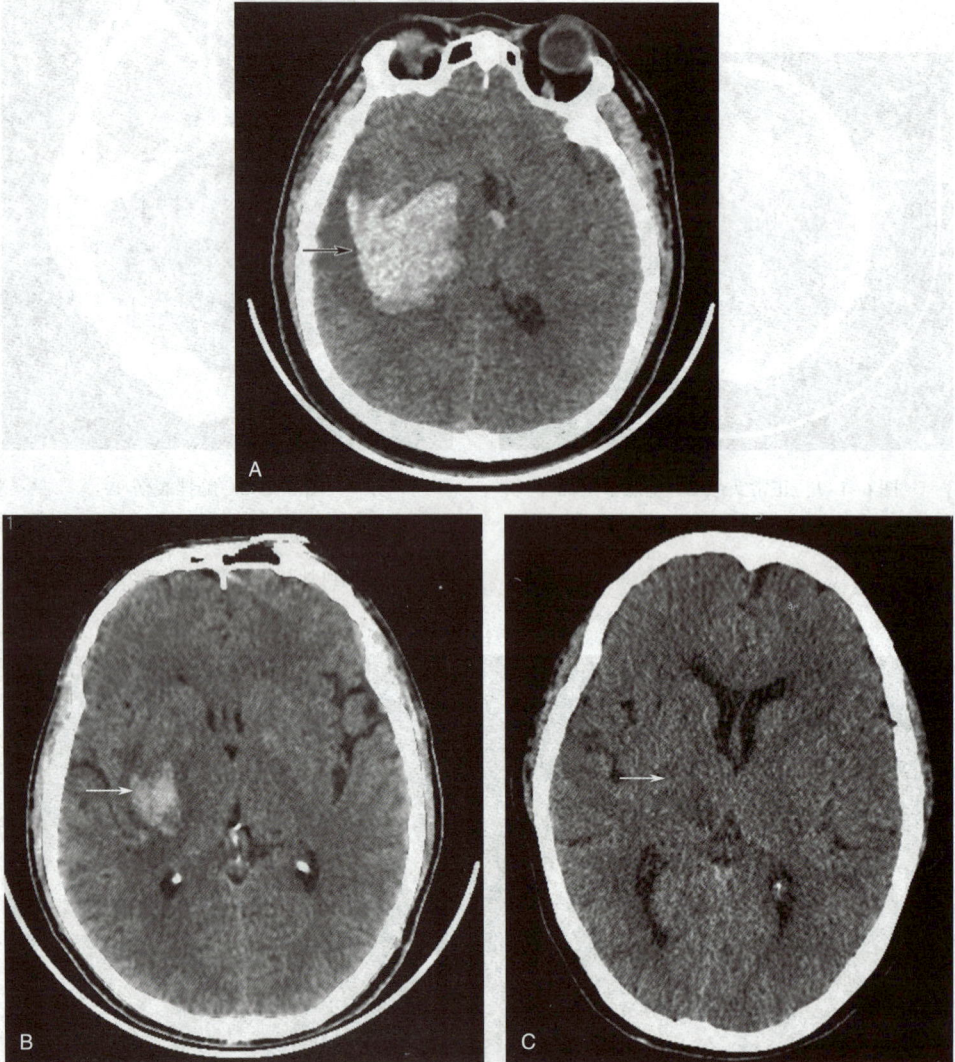

图 6-1-4 脑出血

A. 右基底节区急性期脑出血，可见大片状不规则形高密度影，边界清楚，密度均匀，CT 值 65Hu，周围可见低密度水肿带；B. 右基底节区亚急性期脑出血，可见斑片状高密度影，较急性期范围减小，中心密度较高，周边密度稍低，周围可见水肿带；C. 右基底节区慢性期脑出血，可见片状低密度影，血肿吸收，呈软化灶，周围水肿带消失。

4. 脑梗死 在发病 24 小时内 CT 检查多数表现正常；24 小时后病灶表现为边界清楚的低密度影；2~3 周病灶表现为等密度影，常造成 CT 的假阴性；4 周后病灶逐渐形成脑软化灶，呈等或稍高于脑脊液密度影（图 6-1-5）。

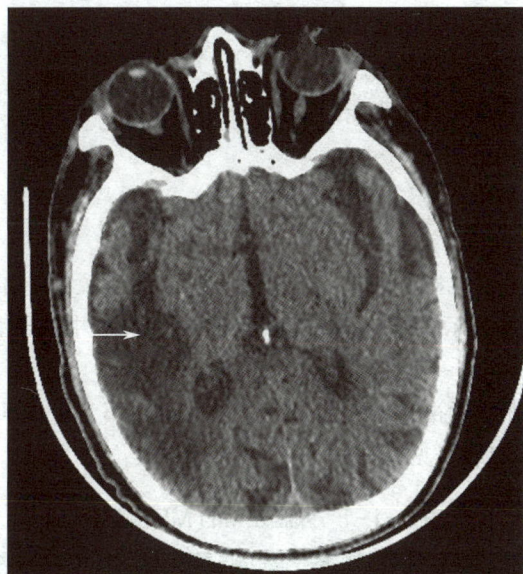

图 6-1-5 脑梗死

右侧颞枕叶可见大片状边界较清楚及欠清楚

低密度影，部分形成软化灶。

三、头颅 MRI 检查

头颅 MRI 是中枢神经系统疾病最重要的影像诊断方法。常用的头颅 MRI 包括常规 T_1 加权成像（T_1WI）、T_2 加权成像（T_2WI）、FLAIR 成像，磁共振血管成像（MRA）、功能性 MRI 成像如磁共振弥散加权成像（DWI）。头颅 MRI 较 CT 能提供更多、更精细的信息，尤其对脑部及颅后窝病变的显示具有 CT 不可比拟的优势。

（一）检查目的

MRI 具有较高的软组织分辨率，能清楚地显示颅内病灶位置、形态、大小、信号及病灶与邻近结构的关系等信息，尤其对于隐匿的小病灶较敏感。DWI 成像能早期诊断脑梗死。MRA 可诊断大血管狭窄或闭塞、动脉瘤和血管畸形。

（二）适应证

1. **脑血管疾病** 如脑梗死、脑出血、颅内动脉瘤等。

2. **颅内肿瘤性病变** 如胶质母细胞瘤、脑膜瘤、听神经鞘瘤、转移瘤等。

3. **脱髓鞘疾病** 如多发性硬化、视神经脊髓炎等。

4. **颅内感染**　如脑脓肿、脑膜炎、脑囊虫病等。

5. **颅脑外伤**　如颅内血肿、脑挫裂伤等。

6. **先天发育异常**　如胼胝体发育不全、无脑畸形、先天性脑积水、蛛网膜囊肿等。

（三）禁忌证

1. 装有心脏起搏器、人工金属瓣膜的患者。

2. 体内带有各种固定金属物的患者。

3. 戴有各种金属抢救用具且不能去除者。

4. 妊娠 3 个月以内的妇女。

（四）正常头颅 MRI 平扫

1. 头颅 MRI 常见体位

（1）横轴位：可更好地显示脑结构，显示延髓、小脑等颅后窝结构。

（2）矢状位：清晰显示垂体、垂体柄、乳头体、视束、中脑导水管、松果体、胼胝体等中线结构。

（3）冠状位：清晰显示视交叉、垂体、垂体柄、海绵窦、海马等结构。

2. 颅脑正常的 MRI 信号见表 6-1-1。

表 6-1-1　颅脑正常的 MRI 信号

MRI 序列	骨皮质	骨髓质	脑膜	脑脊液	脑白质	脑灰质	血管
T_1WI	低	高	低	低	高	等	流空
T_2WI	低	中高	低	高	等	中	流空

注：T_1WI，T_1 加权成像；T_2WI，T_2 加权成像。

3. 正常头颅 MRI 平扫见图 6-1-6。

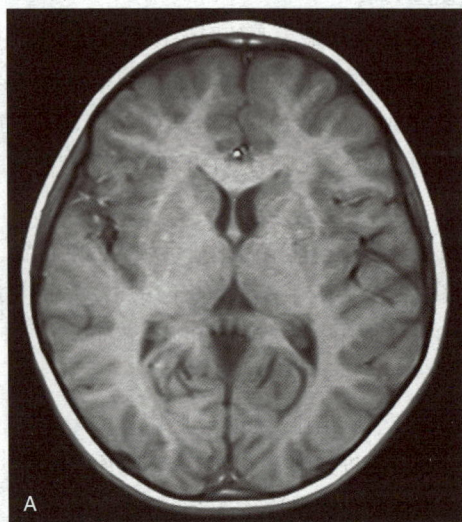

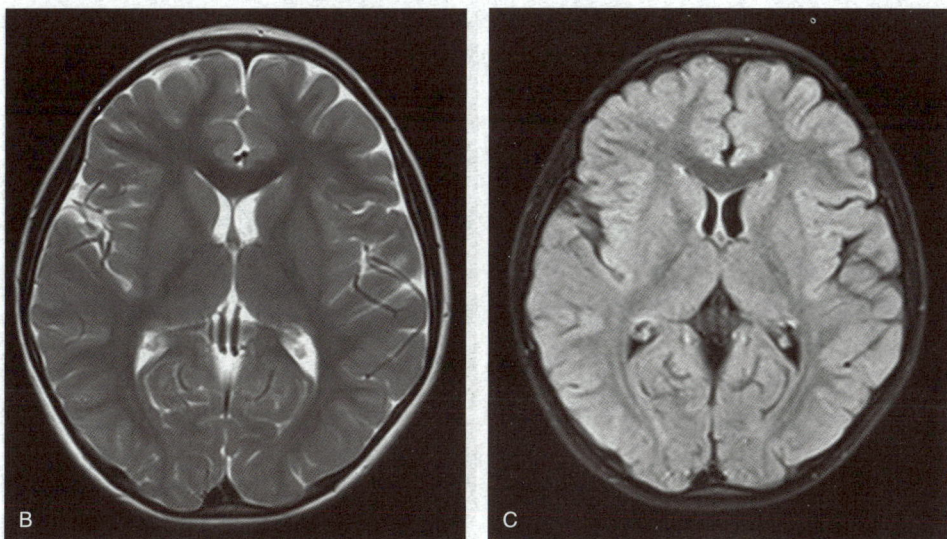

图 6-1-6　正常头颅 MRI 平扫基底节层面

A. T_1WI；B. T_2WI；C. FLAIR。

（五）常见疾病 MRI 报告解读要点

脑梗死首选 MRI 检查。超急性期：病灶在 DWI 出现高信号，T_1WI、T_2WI 及 FLAIR 上无明显异常信号。急性及亚急性期脑梗死：病灶在 DWI 出现异常高信号，T_1WI 低信号，T_2WI 及 FLAIR 高信号。慢性期：病灶表现为 T_1WI 低信号，T_2WI 及 FLAIR 高信号，DWI 低信号（图 6-1-7）。

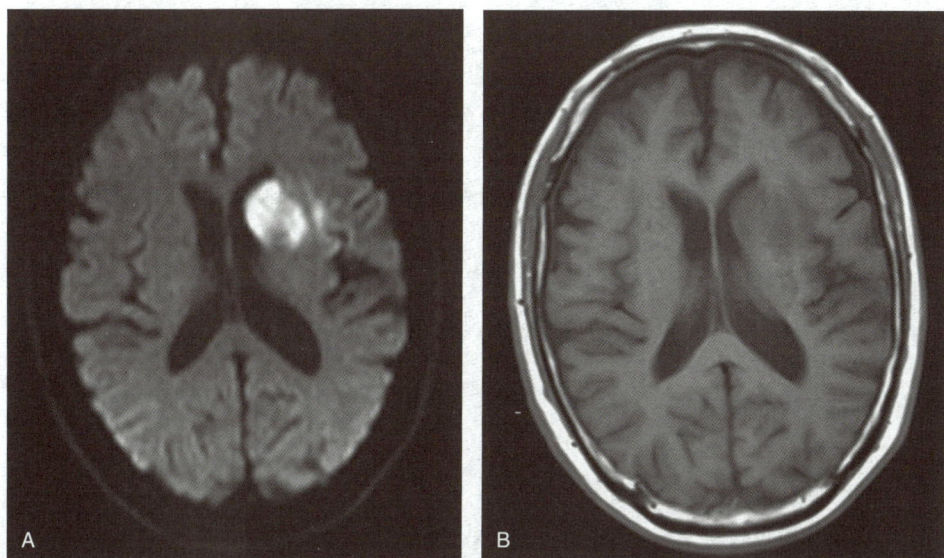

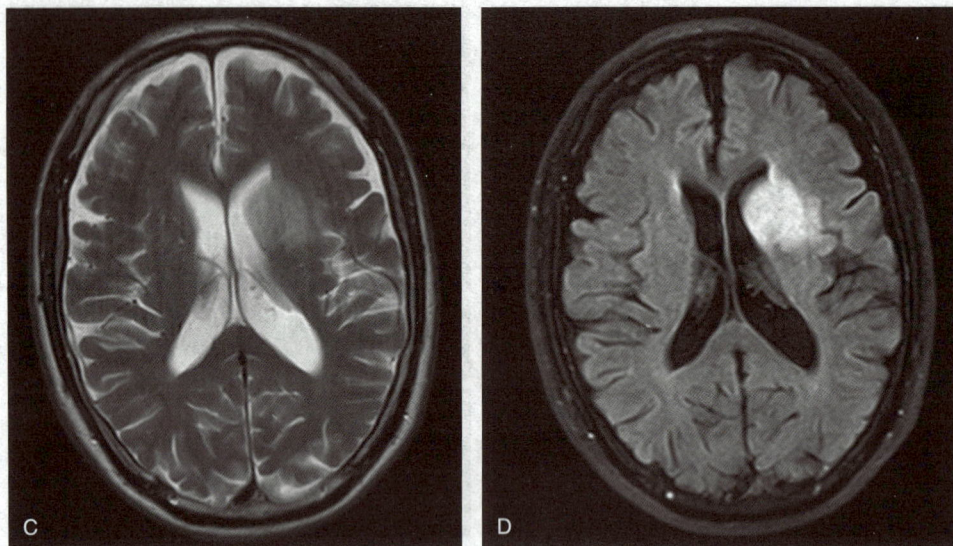

图 6-1-7 急性脑梗死

A~D 示左侧放射冠区急性脑梗死；A. DWI 呈高信号；

B. T$_1$WI 呈低信号；C. T$_2$WI 呈高信号；D. FLAIR 呈高信号。

第二节 胸部放射检查

一、胸部 X 线检查

包括胸部透视和摄片，常用后者。胸部 X 线片是 X 线穿透双肺、纵隔、心脏及大血管、胸廓等器官和组织，在胶片上重叠成像，需要拍摄正位、侧位。胸部 X 线检查可诊断金属异物、部分支气管扩张及中晚期肺癌等，但对于早期病变或心影后、后肋膈角等隐蔽处病变可能漏诊。

（一）检查目的
主要用于胸部健康普查、疾病初筛及病例随访等。

（二）适应证
1. 肺部及支气管病变。

2. 胸膜病变。

3. 骨性胸廓包括肋骨、锁骨等的病变。

4. 纵隔和横膈病变。

5. 心脏及大血管病变等。

（三）禁忌证

孕妇、婴幼儿尽量避免，意识不清、不能站立的患者不能进行立位胸部X线检查。

（四）正常胸部X线片

正常胸部X线片：双肺纹理清晰，纵隔气管居中，双肺门不大，心影不大，双侧肋膈角锐利、清晰（图6-2-1）。

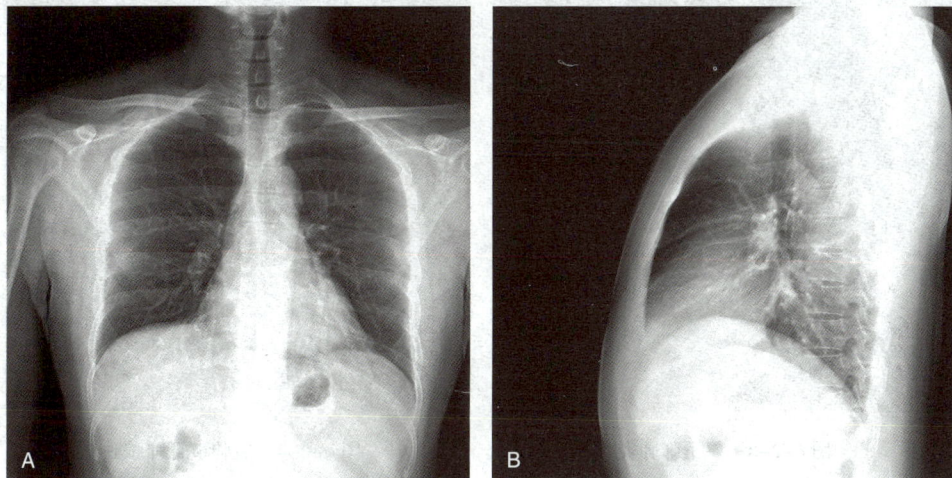

图 6-2-1　正常胸部X线片

A.正位片；B.侧位片。

（五）常见疾病X线报告解读要点

1. 肺部感染

（1）大叶性肺炎：充血期可无任何异常征象，可仅表现为局限性肺纹理增强、模糊。实变期（红色肝变样期和灰色肝变样期）：大片状均匀的致密影，形态与肺叶轮廓相符合，其内可见"支气管充气征"。消散期：肺实变密度减低，呈不均匀模糊斑片影（图6-2-2）。

（2）支气管肺炎：好发于两肺中下野的内、中带。最初表现为肺纹理增强、模糊。继而表现为沿支气管走行、不均匀分布、大小不一的斑片状高密度影，病灶边缘模糊，可相互融合形成不规则形状的大片实变影（图6-2-3）。

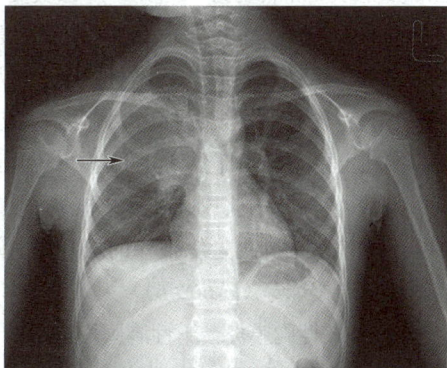

图 6-2-2　左肺大叶性肺炎

左肺可见大片状高密度影，其内可见支气管充气征。

（3）急性肺脓肿：早期表现为肺内大片实变，边缘模糊。病变液化坏死后可形成含有气液平面的空洞，空洞壁较厚，内壁光滑，略不规则，空洞外侧有炎性浸润影（图 6-2-4）。

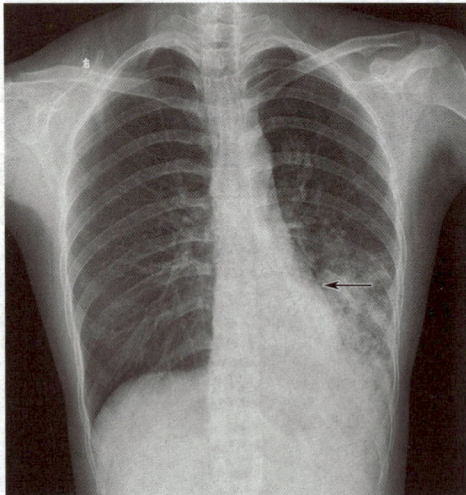

图 6-2-3 左下肺肺炎

左下肺野片状密度增高影。

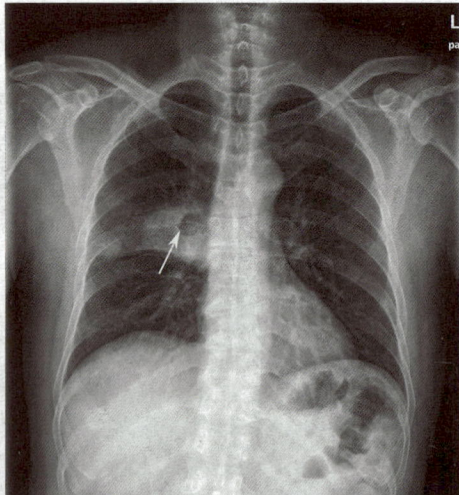

图 6-2-4 右肺中野肺脓肿

右肺中野内带近肺门旁见大片状实变影，边缘模糊；中心形成含有气液平面的空洞，空洞壁较厚，内壁光滑；空洞外侧有炎性浸润影。

（4）肺结核：肺结核分为五型，影像表现分别如下。

1）原发性肺结核：典型表现为"哑铃征"，显示原发灶、淋巴管炎和肿大的肺门淋巴结炎。原发灶表现为一侧肺野状实变，边缘模糊；淋巴管炎表现为自原发病灶向肺门走行的索条影；淋巴结炎表现为纵隔影增宽，肺门增大。

2）血行播散性肺结核：急性表现为大小、密度、肺野内分布均匀的粟粒样结节影（三均匀）；亚急性表现为肺内大小不一、密度不一、分布不一的结节影（三不均匀），主要分布在上中肺野，部分病灶可合并纤维化、钙化（图 6-2-5）。

3）继发性肺结核：成人肺结核最常见的类型。好发于上叶尖后段、下叶背段，表现多样，可表现为肺内边缘模糊的斑片影、增殖性结节、纤维索条及钙化、空洞、支气管播散灶、结核球等（图 6-2-6）。

4）结核性胸膜炎：干性胸膜炎胸部 X 线片可无任何表现或仅表现为肋膈角变钝。渗出性胸膜炎可表现为游离性胸腔积液、肺底积液、叶间积液、包裹性积液及胸膜增厚等。

（5）气管、支气管结核：胸部 X 线片上显示不清。

2. 胸膜病变

（1）胸腔积液：少量积液可见肋膈角变钝，呈外高内低的弧形面，上缘在第 4 肋前端以下；中量积液可见肋膈角消失，膈面被覆盖，积液上缘在第4肋前端以上，第2肋前端以下；大量积液可见患侧肺野全部或大部分均匀一致的高密度影，肋间隙增宽，纵隔向健侧移位，积液上缘达第2肋前端以上（图6-2-7）。

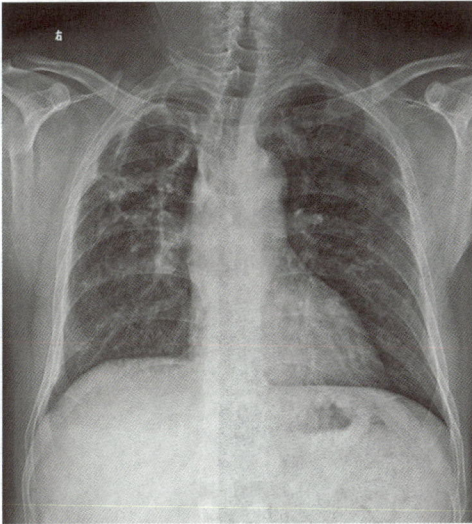

图6-2-5　血行播散性肺结核

双肺弥漫分布粟粒样结节影、条索影。

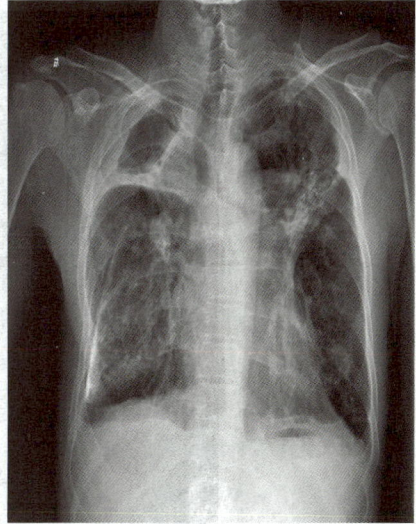

图6-2-6　继发性肺结核

双肺见条片状结节状高密度影，并牵拉胸膜。

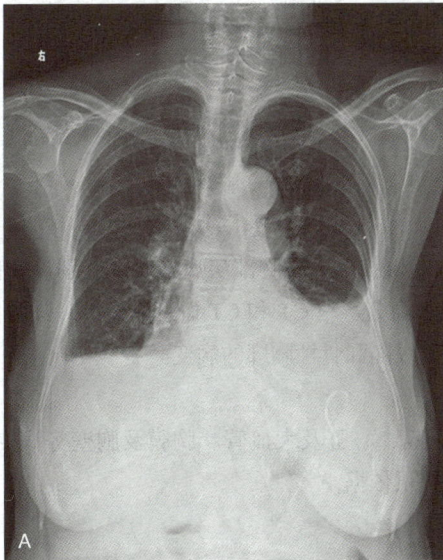
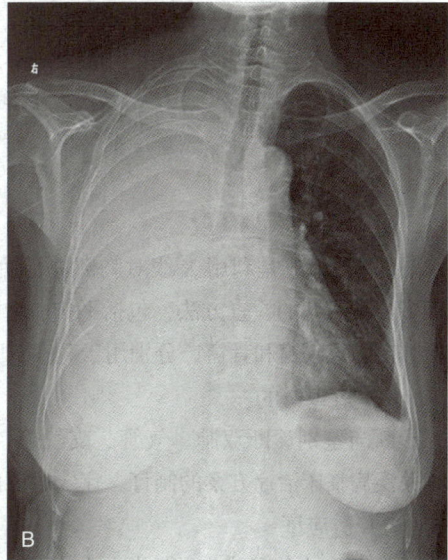

图6-2-7　胸腔积液

A.右侧胸腔少量积液，可见右侧肋膈角变钝；左侧胸腔中量积液，上缘在第4肋前端平面以上，第2肋前端平面以下；B.右侧胸腔大量积液，患侧肺野呈均匀致密影，肋间隙增宽，纵隔向左侧移位。

（2）气胸：少量气胸时，病变呈线状或带状无肺纹理透亮区，同时可见被压缩肺的弧线状外缘；大量气胸时，无肺纹理透亮区可占据肺野的中外带，内带为压缩的肺，同侧的肋间隙增宽，横膈下降，纵隔向健侧移位（图 6-2-8）。

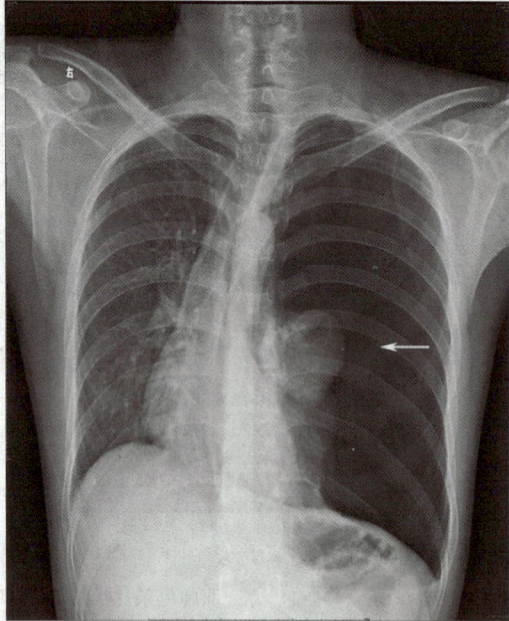

图 6-2-8　左侧大量气胸

左侧胸腔内中外带见大片状无肺纹理区，肺压缩约 95%，

纵隔、心影向右侧移位。

二、胸部 CT 检查

胸部 CT 检查是利用 X 线对胸部进行轴位断层扫描，是胸部疾病诊断及鉴别诊断使用最多、最有效的检查方法，包括平扫、增强、高分辨率 CT 和 CT 血管成像等，其图像包括肺窗、纵隔窗和骨窗，分别用于观察双肺、纵隔和骨性胸廓的病变。

（一）检查目的

诊断与鉴别诊断双肺、气管、支气管、纵隔、心脏及大血管、胸膜及胸壁等病变，为相关疾病临床治疗方案的制订、疗效的评价提供依据。

（二）适应证

1. 气管和支气管病变的诊断与鉴别诊断。

2. 肺部各种感染性疾病的诊断与鉴别诊断。

3. 胸部良、恶性肿瘤和肿瘤样病变的诊断与鉴别诊断。

4. 胸膜病变的诊断与鉴别诊断。

5. 纵隔、心脏及大血管病变的诊断与鉴别诊断。

6. 外伤及胸部手术后随访。

7. 肺部职业性疾病的诊断与鉴别诊断。

（三）禁忌证

孕妇、儿童和病情危重难以配合者。造影剂过敏、严重甲状腺毒症或心、肝、肾功能障碍者不宜行增强 CT 检查。

（四）正常胸部 CT

正常胸部 CT 表现：胸廓对称，纵隔气管居中，各叶段支气管开口通畅，双肺纹理清晰，双肺内未见异常密度影；心脏及大血管形态及密度未见异常；纵隔未见肿大淋巴结（图 6-2-9）。

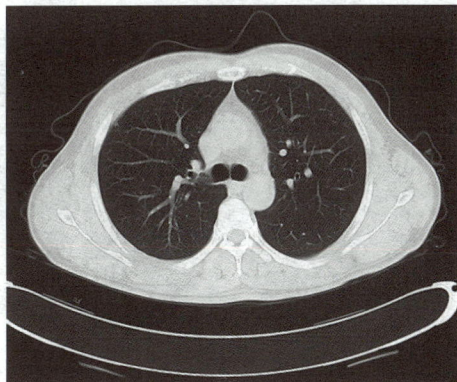

图 6-2-9　正常肺 CT

左右主支气管分叉层面。

（五）常见疾病 CT 报告解读要点

1. 支气管扩张　高分辨率 CT 检查是目前诊断支气管扩张的最特异的方法。当支气管扩张发生于 3~6 级支气管，且扩张的支气管与 CT 扫描层面平行时出现柱状透亮影，为"轨道征"；扩张的支气管与 CT 扫描层面垂直时则表现为环形、类圆形透亮影，与伴行的肺动脉横断面相连形成"印戒征"；扩张的支气管内形成黏液栓，表现为"指套征"。当支气管扩张发生于 5~6 级支气管时，呈多发环形囊状影像，称"葡萄串征"（图 6-2-10）。

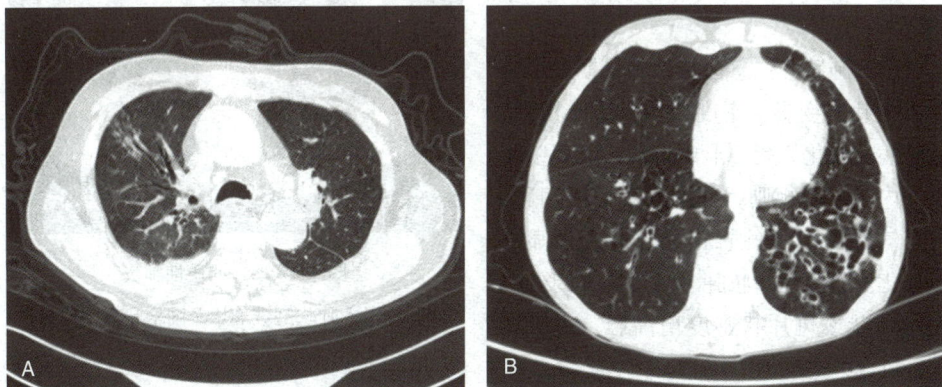

图 6-2-10　支气管扩张

A. 右肺上叶柱状扩张支气管影，支气管壁增厚；B. 双肺多个囊状
支气管扩张，其内可见气液平面。

2. 肺部感染

（1）大叶性肺炎：充血期 CT 比 X 线更早发现病变，可见局部肺纹理增粗、增多或边界模糊的磨玻璃影；实变期表现为按肺叶或肺段分布的密度增高影，其内可见支气管充气征；消散期病变呈散在的、大小不一的斑片影（图 6-2-11）。

（2）支气管肺炎：沿支气管走行的模糊斑片、腺泡样结节，可相互融合形成大片实变（图 6-2-12）。

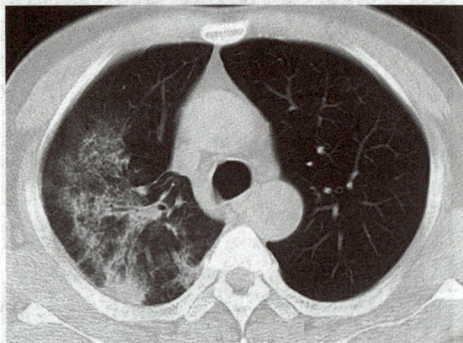

图 6-2-11 右肺上叶大叶性肺炎

右肺上叶大片状高密度影，其内可见"支气管充气征"。

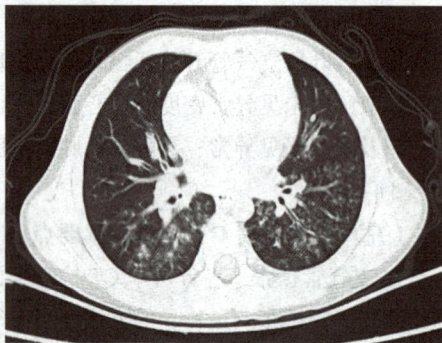

图 6-2-12 支气管肺炎

双肺多发沿支气管走行分布的模糊斑片影及腺泡样结节。

（3）间质性肺炎：可见两肺弥漫分布的小叶间隔增厚及磨玻璃影，以下肺明显，有时可出现小片状及结节状实变（图 6-2-13）。

（4）肺脓肿：急性肺脓肿早期表现为肺内大片实变影，密度均匀，边缘模糊。随着病灶液化坏死，形成空洞，空洞壁较厚，内壁略不规则，外侧有炎性浸润影，可有气液平面。增强扫描脓肿壁呈明显环形强化。血源性肺脓肿多为两肺外周带多发结节状或斑片状密度增高影，边缘模糊，可合并空洞（图 6-2-14）。

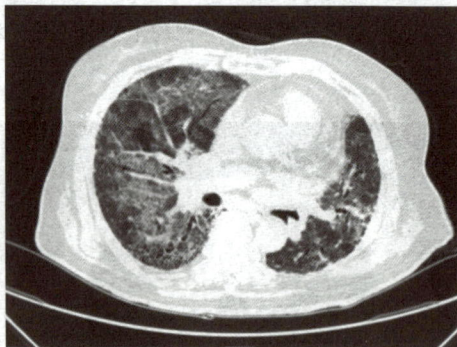

图 6-2-13 间质性肺炎

双肺弥漫大片状磨玻璃影及网格状高密度影。

3. 肺结核

（1）原发性肺结核：原发灶表现为肺叶或肺段片状实变，边缘模糊不清，增强扫描病灶轻中度强化；淋巴管炎表现为条索影；淋巴结炎表现为肺门及纵隔多发肿大淋巴结影，增强扫描可见环形强化。

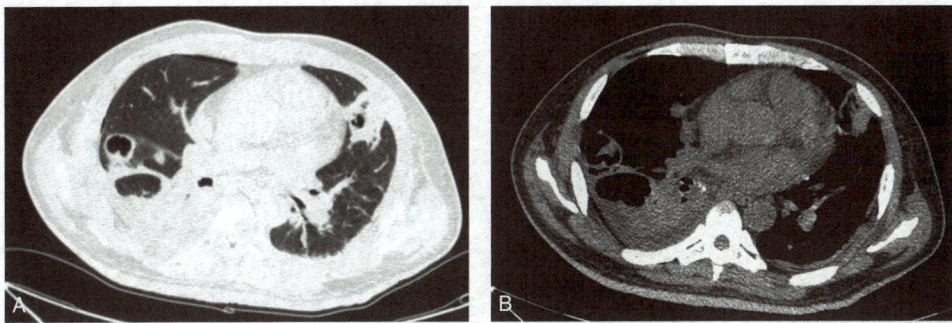

图 6-2-14　右肺中叶、左肺舌叶肺脓肿

A.肺窗；B.纵隔窗；A、B 示右肺中叶、左肺舌叶可见厚壁空洞，内壁光滑，

外壁模糊，其内可见气液平面，周围见模糊斑片影，双侧伴有胸腔积液。

（2）血行播散性肺结核：急性表现为病灶大小、密度、分布均匀的 1~3mm 粟粒样结节影。亚急性或慢性表现为大小、密度、分布不均匀的粟粒样结节影，可合并纤维化、钙化。

（3）继发性肺结核：表现与病变性质有关，主要为渗出浸润灶、结核球、干酪性肺炎、结核空洞和慢性纤维空洞等。结核球表现为圆形或椭圆形高密度结节，边缘光滑，其内可见空洞或钙化，周围见结核卫星灶（图 6-2-15）。干酪性肺炎表现为按肺段、肺叶分布的高密度影，肺叶、肺段体积缩小，内见多发虫蚀样空洞（图 6-2-16）。

（4）结核性胸膜炎：主要表现为胸膜增厚、胸腔积液。

（5）气管、支气管结核：CT 上气管、支气管壁不均匀增厚，管腔内凹凸不平，管腔狭窄。一般多伴有肺内结核。

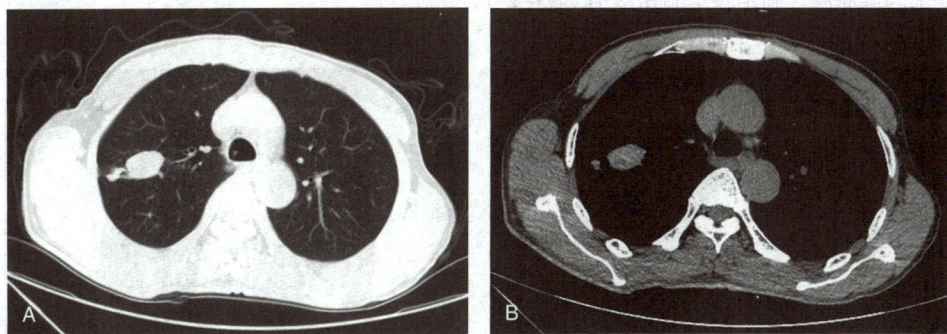

图 6-2-15　结核球

A.肺窗示右肺上叶后段近斜裂胸膜处见结节状高密度影；

B.纵隔窗可见钙化，边缘较光滑，周围见结核卫星灶。

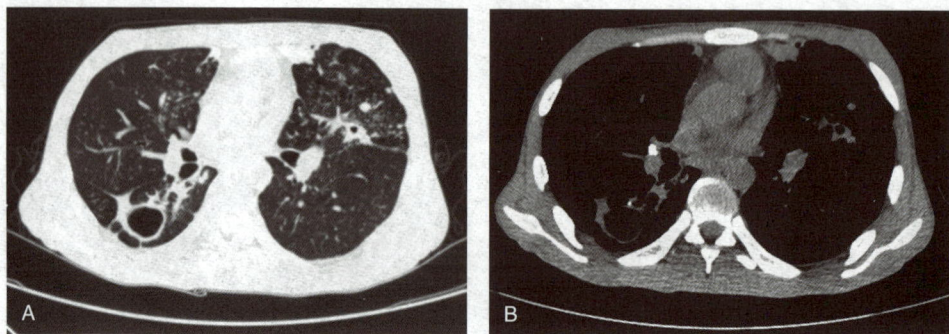

图 6-2-16　双肺继发性肺结核

A.肺窗；B.纵隔窗；A、B 示右肺下叶肺结核空洞。

4. 肺癌

（1）中央型肺癌：是指发生在肺段或肺段以上支气管的肺癌。早期 CT 显示支气管壁增厚及腔内结节，增强扫描中度强化。中晚期可有如下征象：

①直接征象：支气管管壁增厚，管腔狭窄、截断或阻塞，肺门肿块；②间接征象：肿瘤阻塞远端肺叶，出现阻塞性肺炎、阻塞性肺不张及阻塞性肺气肿等；③转移征象：可见肺门及纵隔淋巴结肿大。增强 CT 片可显示增厚的管壁及肿块明显强化（图 6-2-17）。

（2）周围型肺癌：是指发生在肺段以下支气管的肺癌。早期 2cm 以下结节可分为实性、磨玻璃结节，可见空泡征、细支气管像、分叶征、边缘毛刺、胸膜凹陷征及血管集聚征等。肿块较大时可见癌性空洞，空洞壁较厚，且厚薄不均，内侧壁可见结节状影，外侧壁呈分叶状，内多无气液平面。增强扫描呈均匀或不均匀强化（图 6-2-18）。癌性空洞需与肺脓肿、肺结核空洞相鉴别（表 6-2-1）。

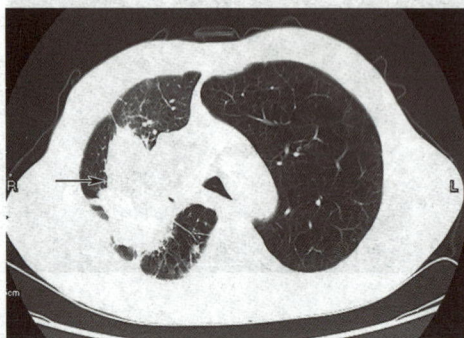

图 6-2-17　中央型肺癌

右肺上叶支气管截断，局部可见团块状软组织密度影，边缘不光滑。

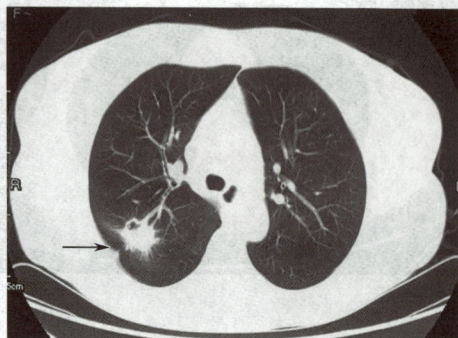

图 6-2-18　周围型肺癌

右肺上叶见结节影，边缘不光滑，有分叶、毛刺，邻近胸膜凹陷，近肺门侧可见血管集聚征。

表 6-2-1 肺脓肿、肺结核空洞及癌性空洞区别

鉴别要点	肺脓肿	肺结核空洞	癌性空洞
好发年龄	中青年	各年龄段	中老年
临床表现	发热、咳嗽、咳脓臭痰	低热、咳嗽、结核中毒症状	咳嗽、痰中带血、胸痛
空洞壁	厚壁	厚壁或薄壁	厚薄不均
空洞内缘	光滑略不规则	光滑或毛糙	凹凸不平、壁结节
空洞外缘	急性模糊，慢性光滑	清晰或模糊	毛刺、分叶
空洞周围	炎性浸润影	结核卫星灶、片状渗出、纤维索条	胸膜凹陷征、血管集聚征
强化程度	≥60Hu	轻度或无强化	20~60Hu

三、胸部 MRI 检查

MRI 对于鉴别肺内外病变、纵隔内外病变、横膈上下病变等有较大优势。但由于呼吸运动和心脏大血管的搏动所致的伪影干扰较大，MRI 胸部应用有一定受限。适用于纵隔肿瘤的诊断与鉴别诊断；心脏及心包肿瘤的诊断与鉴别诊断；先天性心脏病、心肌病、冠心病、瓣膜性心脏病的诊断与鉴别诊断；胸部及肺部大血管疾病的诊断与鉴别诊断。

第三节　消化道 X 线检查

消化道 X 线检查方法主要包括常规检查（如透视、X 线片）及造影检查（钡餐、钡灌肠、空气灌肠等）。

（一）适应证

1. **各种急腹症**　如肠梗阻、空腔脏器穿孔等。
2. **食管病变**　如食管癌、食管异物、食管静脉曲张、食管先天畸形、食管功能紊乱和贲门失弛缓症等。
3. **胃、十二指肠病变**　如胃癌、胃溃疡、胃炎及十二指肠病变等。
4. **小肠、结肠、直肠病变**　如直肠癌、直肠脱垂、痔疮等。

（二）禁忌证

消化道穿孔、急性消化道出血、感染等禁止做钡餐检查。

（三）并发症

1. 口服硫酸钡的并发症　钡剂可造成胃肠道狭窄的近端梗阻，重者甚至可能引起穿孔；胃肠穿孔时，口服钡剂可发生腹腔感染和钡剂沉积，有时钡剂检查胃十二指肠可致溃疡穿孔。

2. 钡灌肠并发症　穿孔、水中毒、钡剂入静脉，钡剂通过狭窄区进入近端结肠造成梗阻等。

（四）常见疾病报告解读要点

1. 胃肠道穿孔　立位腹部 X 线片上可见膈下游离气体影，表现为一侧或双侧膈下线状或新月状透亮影，边界清晰（图 6-3-1）。

2. 肠梗阻

（1）单纯性小肠梗阻：立位腹部 X 线片可见多个大小不等、高低不同的呈阶梯状排列的气液平面（图 6-3-2）。

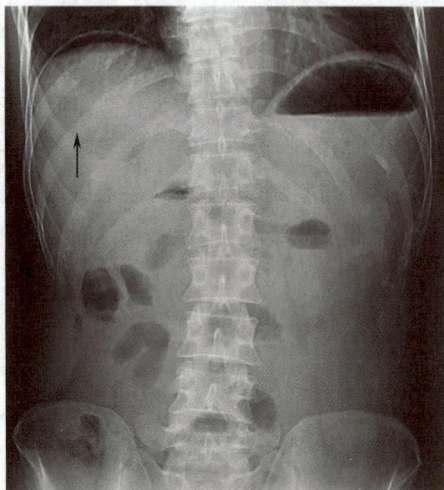

图 6-3-1　胃肠道穿孔
右侧膈下可见新月形游离气体影。

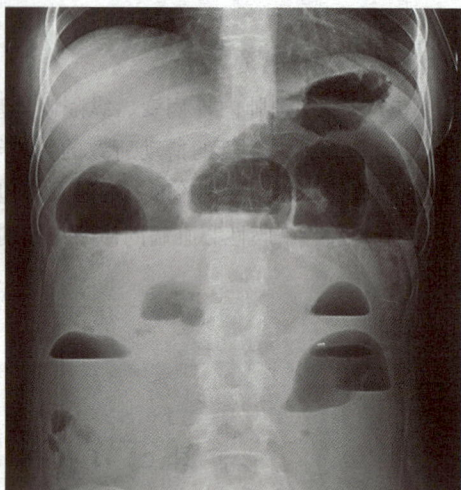

图 6-3-2　单纯性小肠梗阻

（2）绞窄性肠梗阻：除单纯性肠梗阻的 X 线表现外，可出现"假肿瘤"征、"咖啡豆征"等。"假肿瘤"征：扩张积液的肠管在周围积气肠曲的衬托下，呈一团球形分叶状的软组织密度肿块影。"咖啡豆征"：肠管扩张积气、聚拢呈咖啡豆样改变（图 6-3-3）。

（3）麻痹性肠梗阻：表现为全小肠、结肠的积气扩张，并可见多个气液平面（图 6-3-4）。

3. 食管癌　食管钡餐造影示早期食管黏膜皱襞紊乱、粗糙或有中断现象，可见小的充盈缺损，局限性管壁僵硬；中晚期明显不规则管腔狭窄和充盈缺损，管壁僵硬（图 6-3-5）。

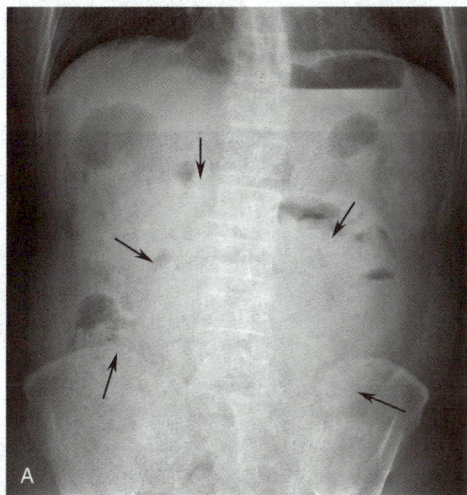

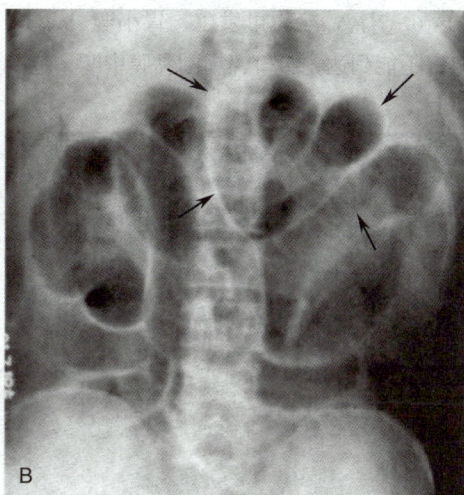

图 6-3-3　绞窄性肠梗阻

A. "假肿瘤" 征；B. "咖啡豆" 征。

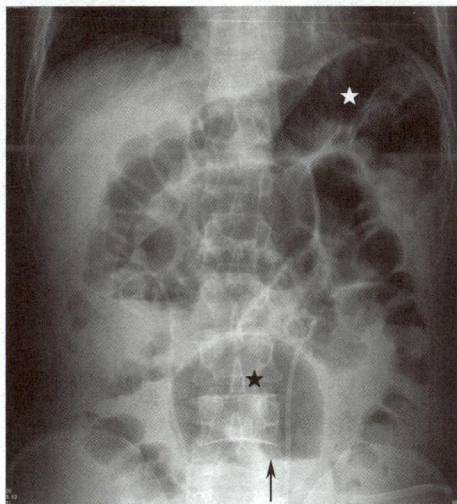

图 6-3-4　麻痹性肠梗阻

结肠（白星）和小肠（黑星）肠管均扩张、
积气，可见气液平面（箭头）。

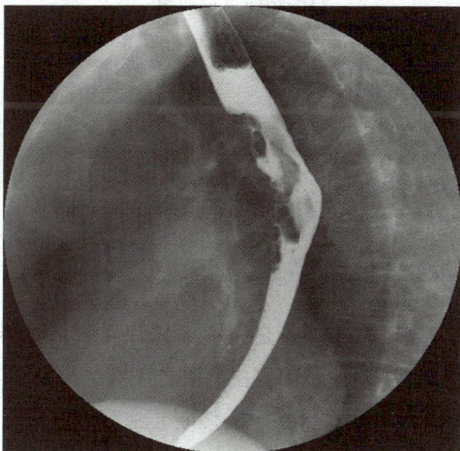

图 6-3-5　食管癌

可见食管中段不规则充盈缺损。

　　4. **食管静脉曲张**　食管钡餐造影示早期食管下段局限性黏膜皱襞增粗或稍迂曲，管腔边缘略呈锯齿状，管壁柔软，钡剂通过顺利；中晚期食管中下段甚至上段黏膜皱襞增粗或迂曲，呈蚯蚓状或串珠状充盈缺损，管腔边缘明显不规则，钡剂排空延迟（图 6-3-6）。

　　5. **胃溃疡**　全胃可发生，胃小弯及胃窦部多见。主要表现为胃腔外龛影，黏膜线向龛影聚集，范围局限，管壁柔软或痉挛。

6. 胃癌 全胃可发生，胃小弯、胃窦、贲门区多见。表现为胃腔内龛影，黏膜线聚集，不能到达龛影口，周围黏膜中断，范围局限或广泛，管壁僵直（图6-3-7）。

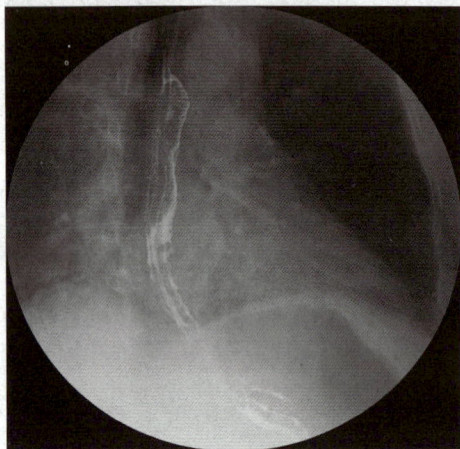

图 6-3-6　食管中下段静脉曲张
食管中下段黏膜皱襞增粗或迂曲，
呈蚯蚓状充盈缺损。

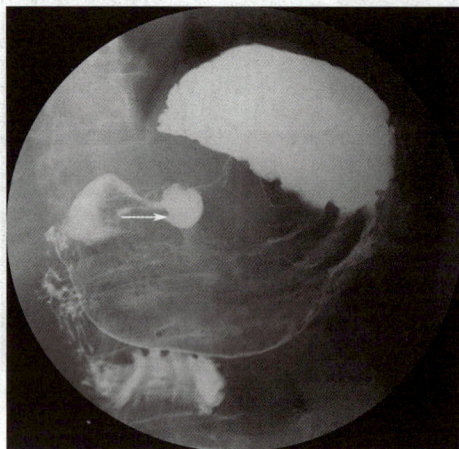

图 6-3-7　胃癌
胃小弯处胃癌，见壁内龛影。

第四节　腹部放射检查

一、腹部 CT 检查

腹部 CT 检查是利用 X 线束对腹部脏器进行横断面扫描，一般分为平扫及增强扫描。腹部 CT 对于腹部占位、脏器破裂、出血、异常气体、液体、水肿、异物、钙化等能够清晰显示，对腹部疾病的诊断非常有价值。

（一）检查目的

1. 了解腹腔脏器有无炎症、结核、脓肿等感染性疾病。

2. 了解腹腔脏器有无占位性病变及判断占位病变的性质。

3. 了解腹腔脏器有无畸形、结石、梗阻、穿孔、积液等。

（二）适应证

1. 腹部、盆部肿瘤。

2. 腹部、盆部感染性病变。

3. 腹部、盆部外伤。

4. 急腹症。

5. 结石性病变。

6. 腹膜后病变。

7. 腹部血管性病变。

8. 先天性畸形等。

（三）禁忌证

孕妇、儿童和病情危重难以配合者。造影剂过敏、严重甲状腺毒症或心、肝、肾功能障碍者不宜行增强 CT 检查。

（四）正常腹部 CT 平扫

正常腹部 CT 表现：肝脏轮廓光滑，肝实质呈均匀的软组织密度，高于脾、胰、肾等脏器；胆囊为低密度，密度均匀，CT 值略高于水，胆囊壁厚度不超过 2~3mm，均匀一致；胰腺实质密度均匀，略低于脾；脾脏密度低于同层面肝实质密度，厚度小于 5cm，长径不超过 5 个肋单元；肾脏边缘锐利光滑，除肾窦脂肪呈较低密度和肾盂为水样密度外，肾实质密度均匀一致（图 6-4-1）。

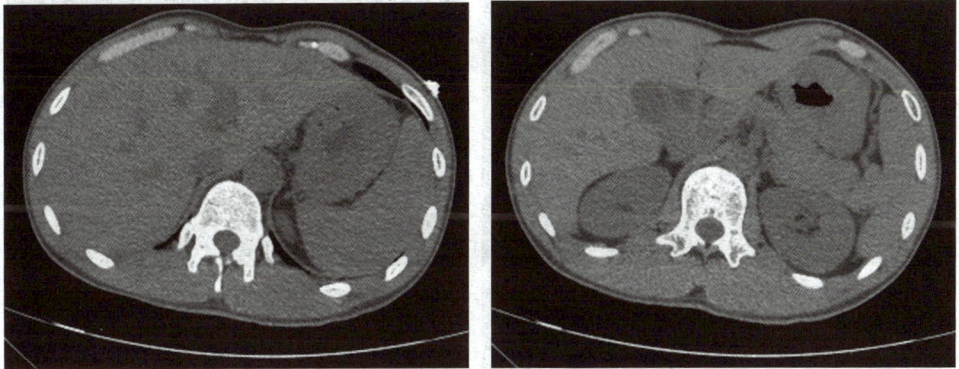

图 6-4-1　正常腹部 CT

肝脏表面光滑，实质内未见异常密度影；胆囊、胰腺、脾脏、肾脏均未见异常。

（五）常见疾病 CT 报告解读要点

1. **肝硬化**　肝脏体积缩小，各叶比例失调，一般为右叶萎缩，尾叶及左外叶增大；肝表面凹凸不平，肝裂增宽；可伴有脾大、腹水、门静脉主干增宽及侧支血管扩张扭曲等继发性改变（图 6-4-2）。

2. **肝囊肿**　单个或多个类圆形均匀低密度影，边缘光滑，囊壁菲薄，CT 值接近于水。增强扫描囊肿无强化（图 6-4-3）。

3. **肝血管瘤**　平扫为单发或多发类圆形稍低密度影，边界清楚，无包膜征象。增强后多数病灶呈"快进慢出"的强化方式，即动脉期及门静脉期病灶边缘呈点状、结节状或云絮状显著强化，密度接近或等于主动脉，延迟期病灶持续强化且向中央扩展，可完全充填呈均匀高密度或等密度影（图 6-4-4）。

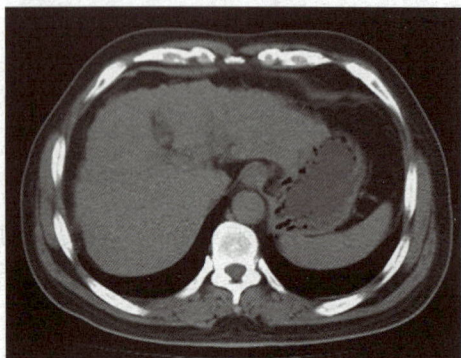

图 6-4-2　肝硬化

肝脏体积变小，肝门、肝裂增宽，表面结节样改变。

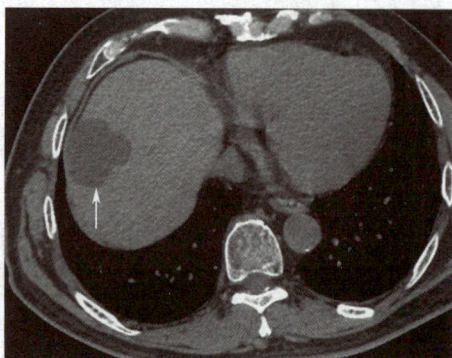

图 6-4-3　肝囊肿

肝右叶可见低密度影，边缘光滑，水样密度。

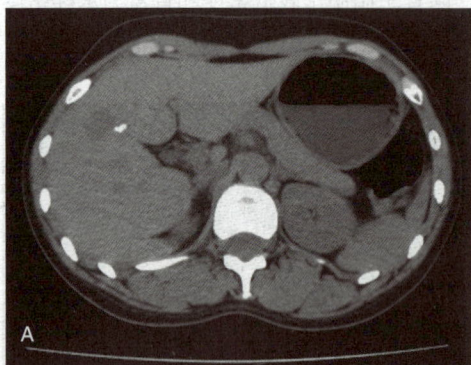

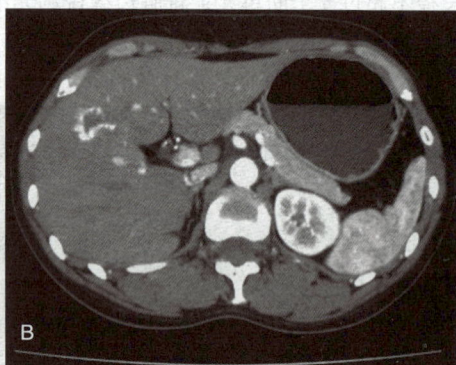

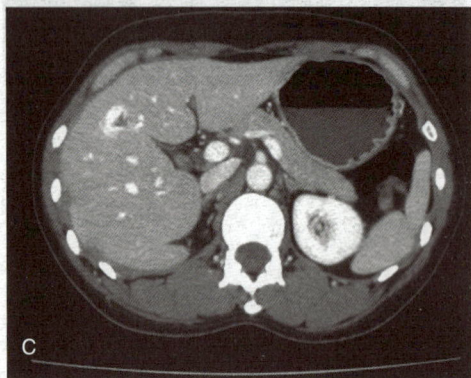

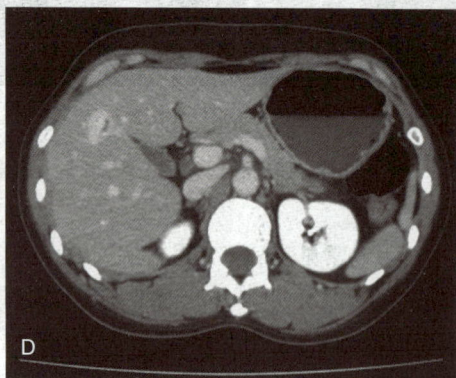

图 6-4-4　肝血管瘤

A 示肝右叶血管瘤；B 示增强动脉期病灶周边点状、结节状强化；

C、D 示门静脉期及延迟期强化范围增大，呈充填趋势。

4. **肝癌**　平扫容易漏诊，应同时行平扫及增强扫描。大多呈类圆形等密度或稍低密度影，部分边界不清，常有包膜，其内可见更低密度坏死区。增强后病灶动脉期明显迅速强化，密度超过周围肝实质，静脉期病灶强化程度减低，密度低于周围肝实质，呈"快进快出"的强化方式（图6-4-5）。

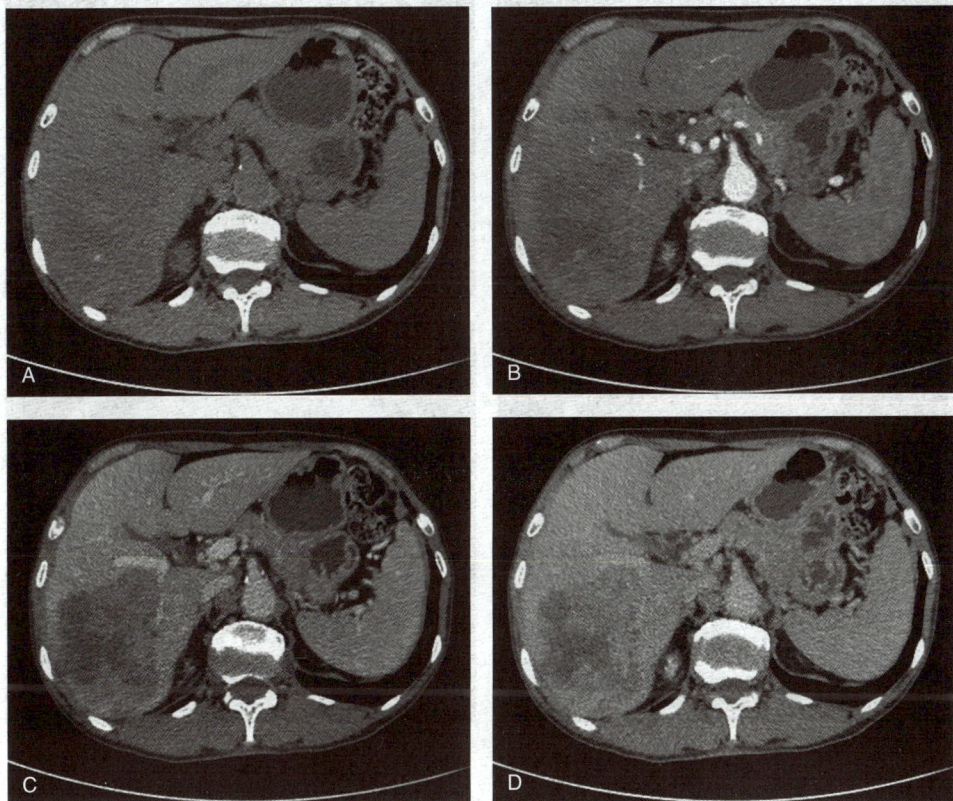

图6-4-5 肝细胞癌

A 示平扫轴位肝Ⅶ段见稍低密度影；B 示增强动脉期病灶部分区域稍高强化；

C、D 示增强门静脉期、平衡期强化程度减低。

5. **肝转移瘤** 平扫为肝内大小不一多发类圆形稍低密度影，边界欠清，也可单发。增强后病灶边缘花环状强化，"靶环征"是其典型表现，即病灶中心液化坏死的低密度区无强化。

6. **肝脓肿** 平扫早期表现为肝实质内边界不清的大片稍低密度影。成熟的脓腔表现为低密度区域，CT值0~30Hu，液化越彻底，脓腔密度越低。增强扫描可见脓肿壁二环或三环征（图6-4-6）。

7. **结石** 常见的有胆囊结石、肾结石、输尿管结石及膀胱结石。结石一般在CT表现为高密度影，因结石成分差异，有些结石也可呈等密度、低密度及混杂密度（图6-4-7）。

8. **急性胆囊炎** 胆囊增大：横径大于40mm，纵径大于80mm；胆囊壁增厚：厚度大于3mm；常合并胆囊结石，周围可见炎症、积液、邻近肝组织充血水肿（图6-4-8）。

141

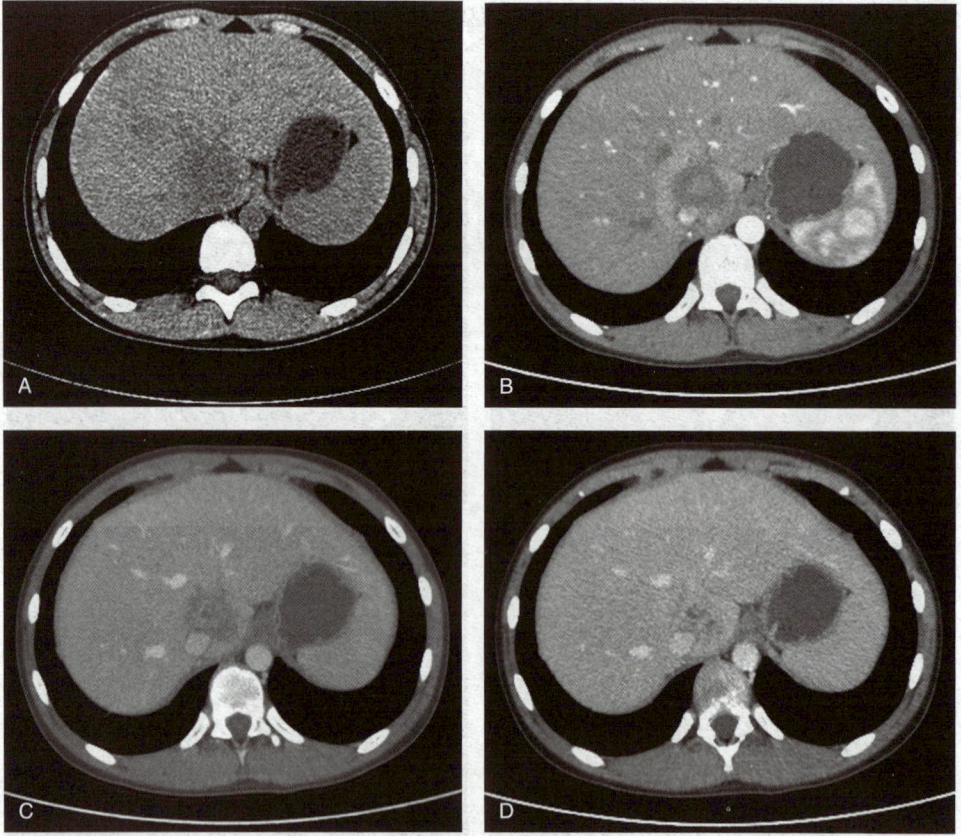

图 6-4-6　肝脓肿

A. CT 平扫肝尾叶见肝脓肿；B. 增强动脉期可见三环征，周围见异常灌注；

C. 增强静脉期见脓肿壁呈二环征；D. 延迟期可见分隔样强化。

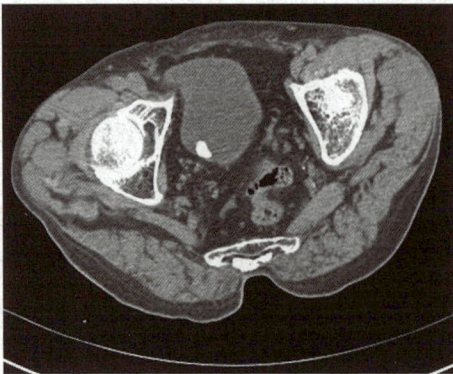

图 6-4-7　膀胱结石

右侧膀胱输尿管入口处可见结节状钙化密度影。

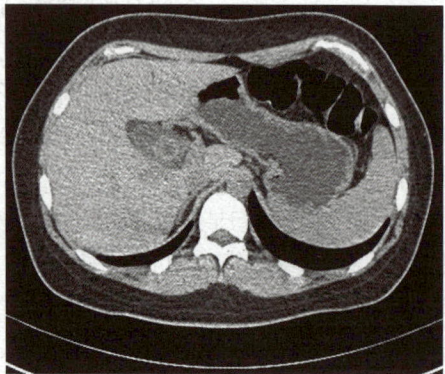

图 6-4-8　急性胆囊炎合并胆囊结石

胆囊壁增厚，胆囊腔内见类圆形高密度影。

9. **急性胰腺炎** 急性水肿性胰腺炎 CT 表现为胰腺弥漫性或局限性肿胀，边缘轮廓不规则。胰周常有炎性渗出，周围脂肪间隙混浊，邻近肾前筋膜增厚。增强扫描强化均匀，无坏死低密度区（图6-4-9）。急性坏死性胰腺炎 CT 表现为胰腺体积弥漫肿大，胰周渗出较急性水肿性胰腺炎更明显。增强扫描可见无强化的坏死低密度区。

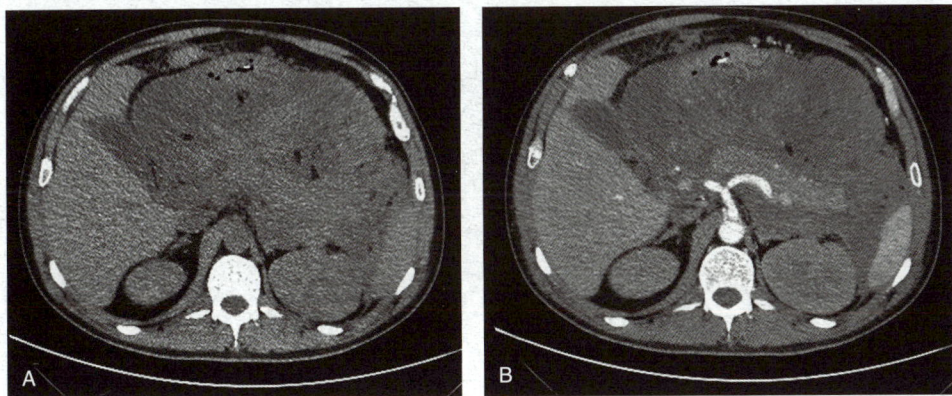

图 6-4-9　急性水肿性胰腺炎

A. CT 平扫示胰腺增大肿胀，周围见大量渗出，左侧肾前筋膜增厚；

B. 增强扫描示胰腺强化均匀，无坏死低密度区。

二、腹部 MRI 检查

腹部 MRI 能够为腹部实质性脏器病变提供更多有价值的诊断信息，尤其在恶性肿瘤早期诊断、分期及预后评估等方面具有优势。

（一）检查目的
进一步明确病变的范围及其特征，能为疾病诊断及治疗提供更多详细资料。

（二）适应证
1. 肝、胆、胰、脾、肾、膀胱、前列腺等占位性病变。
2. 肝、脾寄生虫病　如血吸虫病、包虫病等。
3. 弥漫性病变　如肝硬化、脂肪肝、色素沉着症等。
4. 先天性发育异常　如先天性胆管囊状扩张症、多囊肝、多囊肾等。
5. 感染性病变　如急慢性胰腺炎，胆囊炎，肝、脾、肾脓肿、结核等。
6. 手术、放疗、化疗及其他治疗效果的随访和观察。

（三）禁忌证
1. 装有心脏起搏器、人工金属瓣膜的患者。
2. 体内带有各种固定金属物的患者。
3. 戴有各种金属抢救用具且不能去除者。

4. 妊娠 3 个月以内的妇女。

（四）常见疾病 MRI 报告解读要点

1. 肝硬化　肝脏大小及外形变化与 CT 相似。对于肝硬化结节的显示，MRI 优于 CT，在 T_1WI 上呈高信号，T_2WI 上呈低信号。

2. 肝癌　平扫边缘不规则的圆形、类圆形异常结节或肿块影；在 T_1WI 上呈稍低信号，有时与正常肝组织难以分辨；在 T_2WI 上呈稍高信号，瘤内可出现出血、坏死和脂肪变而致信号不均。增强后呈"快进快出"强化。

3. 肝血管瘤　T_1WI 上呈均匀低信号，T_2WI 上呈高信号，随着回波时间延长，血管瘤的信号强度逐渐增高，称为"灯泡征"。增强后呈"快进慢出"强化特点。

第五节　四肢、脊柱放射检查

一、四肢、脊柱 X 线检查

X 线在四肢、脊柱方面应用广泛，能直观地显示骨的结构及其病变，特别是对于钙化和骨质破坏的显示比较清晰，有些疾病甚至能定性诊断。缺点是难以显示复杂解剖区域，也不能诊断隐匿性骨折。

（一）检查目的

了解骨关节有无骨性结构及位置的改变，明确有无骨折或脱位、骨质破坏等。

（二）适应证

1. 骨关节创伤性病变　如骨折、脱位等。

2. 骨特异性、非特异性感染。

3. 骨关节退行性变。

4. 骨瘤、骨软骨瘤、骨肉瘤等肿瘤性病变。

5. 代谢性及免疫性骨病。

6. 骨关节发育异常等。

（三）禁忌证

一般没有严格的禁忌证，孕妇慎做，婴幼儿忌滥用。

（四）正常骨骼影像学表现

正常骨骼 X 线表现：骨皮质连续，骨质形态、密度未见异常（图 6-5-1）。

（五）常见疾病 X 线报告解读要点

1. 骨折　基本征象为骨折线和骨折断端间移位。骨折线为局部骨质中断后形成的低密度透亮线。根据骨折线形态可分为横形、纵形、斜形、螺旋形、"T"形或粉碎性骨折。

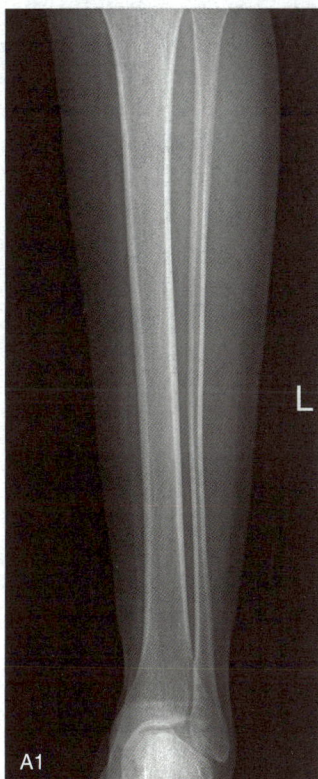
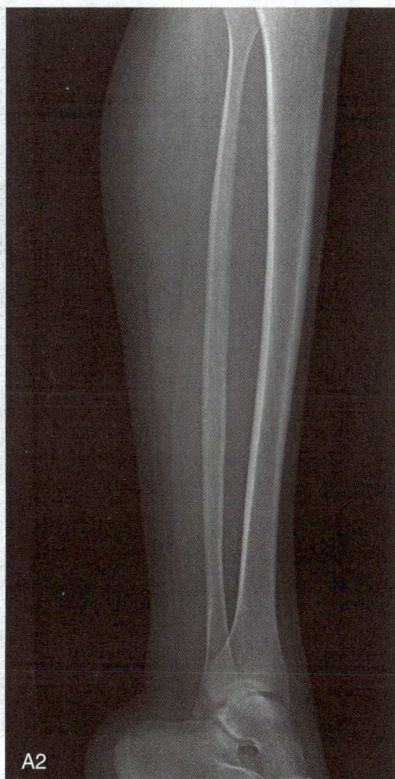

A1

A2

L

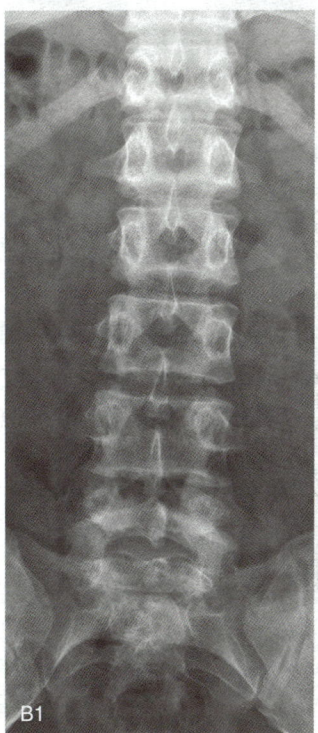
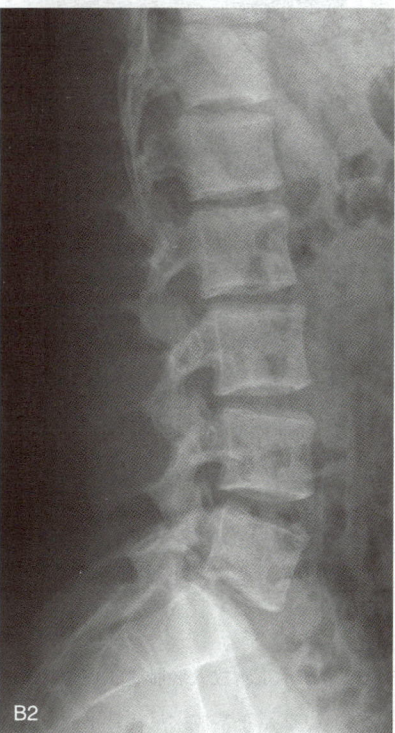

B1

B2

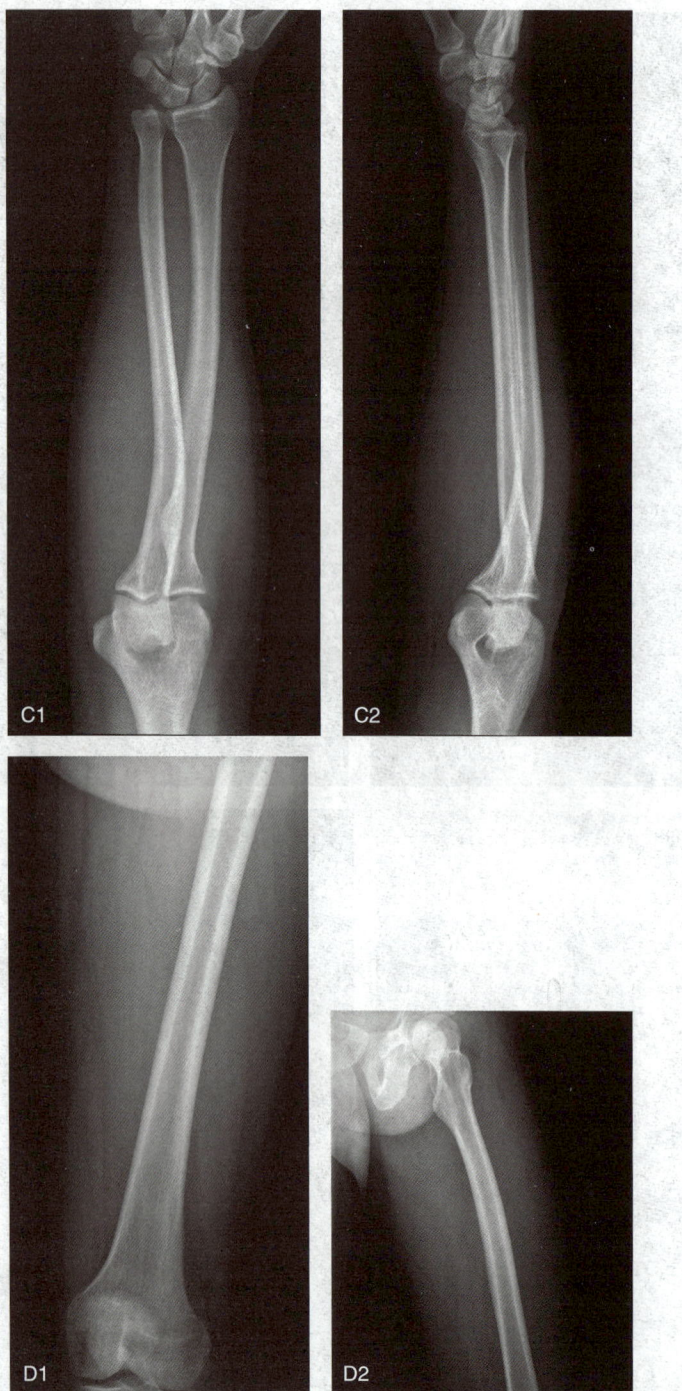

图 6-5-1　正常骨骼

A1、A2 示正常成人胫腓骨正侧位片；B1、B2 示正常成人腰椎正侧位片；

C1、C2 示正常成人尺桡骨正侧位；D1、D2 示正常成人股骨正侧位。

特殊类型的骨折包括：①嵌插骨折和椎体压缩骨折，通常看不见骨折线，骨折区域表现为局部骨质断裂并条带状高密度影。②骨骺骨折，骨骺部分分离或完全移位。③青枝骨折：见于儿童，因儿童骨骼柔韧性较大，外力不易使骨皮质完全断裂，表现为不全性骨折。

常见的骨折如下：

（1）锁骨骨折：骨折多发生于锁骨中段，骨折端可分离、错位、重叠、成角，由于胸锁乳突肌牵拉，常使锁骨近断端向上移位（图6-5-2）。

（2）肱骨外科颈骨折：指肱骨大结节下部与胸大肌止点上方骨折，在肱骨解剖颈下2~3cm的部位（图6-5-3）。

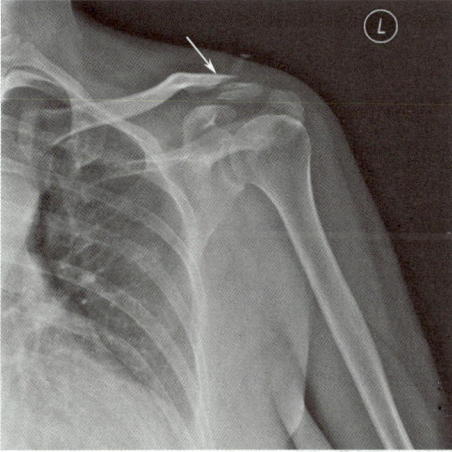

图 6-5-2　锁骨骨折

左侧锁骨远端骨质不连续，断端分离。

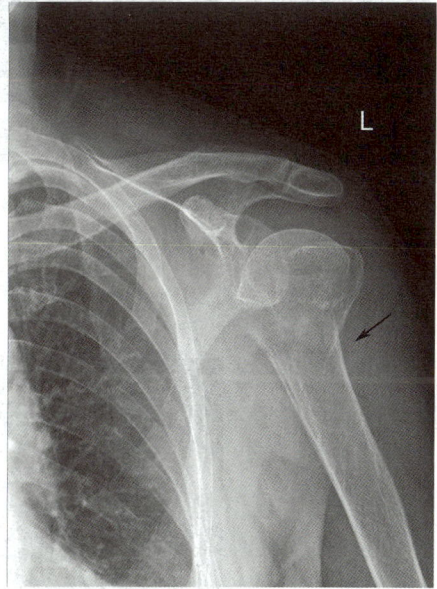

图 6-5-3　左侧肱骨外科颈骨折

左侧肱骨外科颈局部骨皮质不连续。

（3）肱骨髁上骨折：发生于鹰嘴窝以上 2~3cm 的骨折，分为伸展型和屈曲型两种。前者儿童多见，占此型的 90% 以上，骨折线经过鹰嘴窝或其上方，由前下至后上，骨折端向前成角，骨折远端向后上方移位。后者比较少见，骨折线亦位于髁上，多呈斜形，由后下至前上，骨折端向后成角，骨折远端向前方移位（图6-5-4）。

（4）桡骨远端骨折：发生于桡骨远端 3cm 以内，骨折线多为横行，也可表现为粉碎性骨折。可分为三种类型：①科利斯骨折（Colles 骨折）是指骨折远侧断端向背侧移位，向掌侧成角，呈"银叉"样畸形（图6-5-5）；②史密斯骨折（Smith 骨折）是指骨折远侧断端向掌侧移位，向背侧成角；③巴顿骨折（Barton 骨折）是指桡骨远端累及关节面的纵斜向走行骨折。

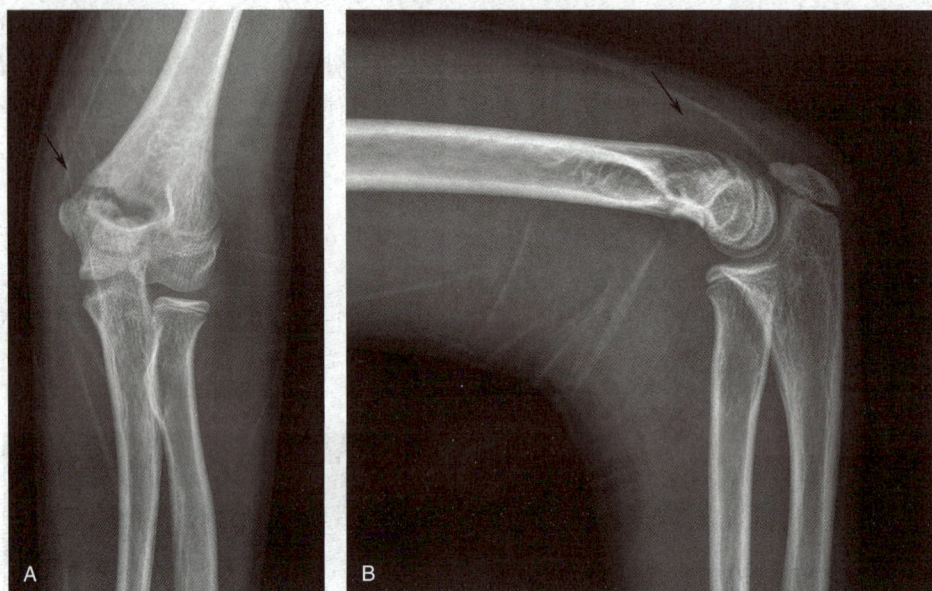

图 6-5-4　肱骨髁上骨折

A.正位片；B.侧位片；A、B 示肘关节肱骨髁上骨折，断端无移位。

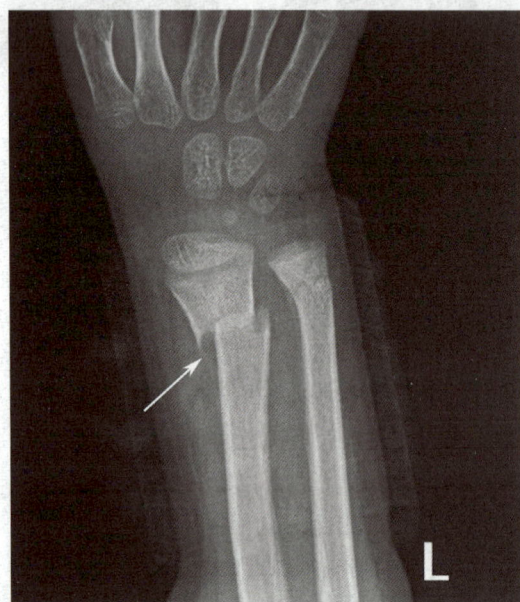

图 6-5-5　Colles 骨折

桡骨远端骨折，骨折线为横行。

（5）股骨颈骨折：骨折按解剖部位可分为关节囊内骨折和关节囊外骨折，关节囊内骨折容易发生股骨头坏死。按发生骨折的外力作用方向还可分为外展型及内收型。外展型的骨折线呈斜形，断端互相嵌入，骨折线一般表现为密度增高的线状影，或骨小梁不连续、断裂，此型较为稳定。内收型骨折常有错位，股骨干上移，颈干角变小，髋关节申顿线（Shenton 线）不连续（图 6-5-6）。

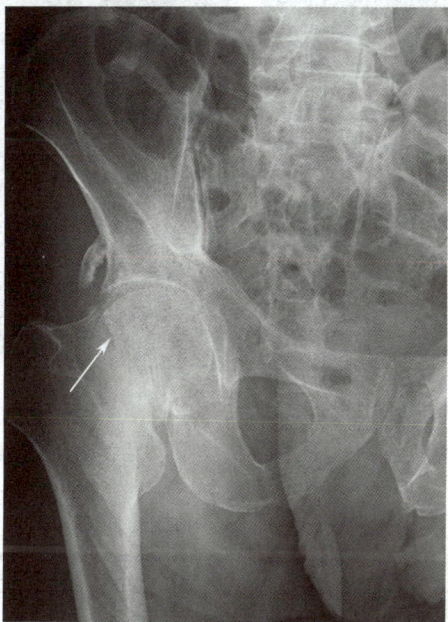

图 6-5-6　股骨颈骨折

右侧股骨颈缩短，断端互相嵌入。

（6）椎体压缩性骨折：最常见于胸腰椎。骨折椎体前部压缩变扁，后部高度相对正常，表现为楔形变。骨折椎体上、下终板可塌陷，前方骨皮质和骨小梁常中断并嵌插（图 6-5-7）。

2. 关节脱位　组成关节的两个骨端失去正常的对应关系。常见肩关节脱位、肘关节脱位及髋关节脱位等（图 6-5-8）。

3. 关节退行性变　表现为关节间隙狭窄，骨性关节面骨质增生硬化，关节面下骨质出现小囊变区，关节边缘骨赘形成，韧带骨化等（图 6-5-9）。

4. 化脓性骨髓炎

（1）急性化脓性骨髓炎：病变多见于儿童及青少年，进展迅速；早期主要表现为软组织肿胀，随后出现骨质破坏、死骨及骨膜反应，病变周围软组织肿胀或伴脓肿形成。

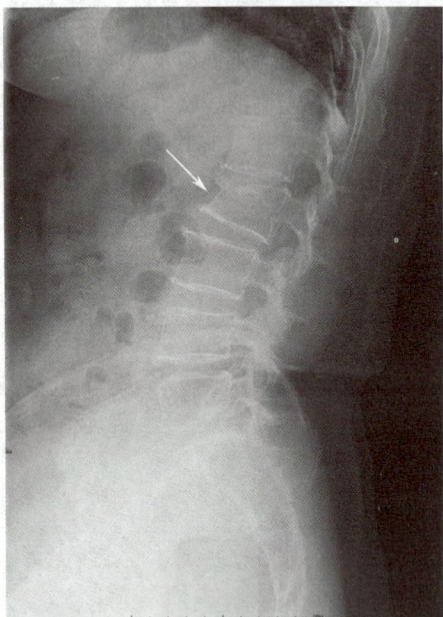

图 6-5-7　第 2 腰椎椎体压缩性骨折

第 2 腰椎椎体楔形变。

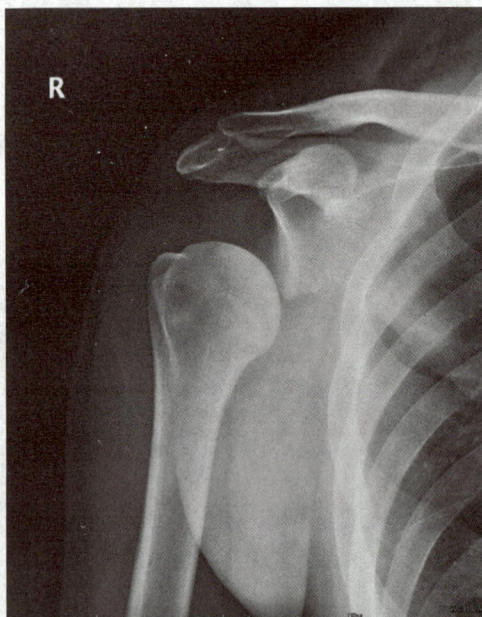

图 6-5-8　肩关节脱位

右侧肱骨头位置下移，与关节盂
失去正常对应关系。

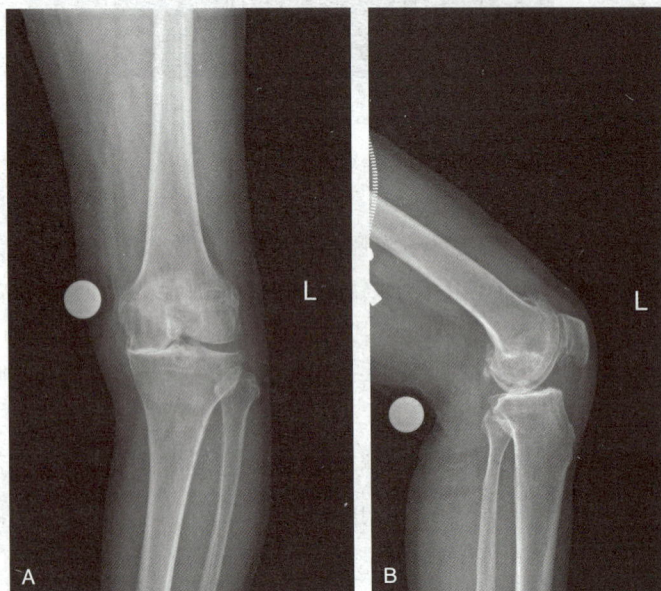

图 6-5-9　左膝关节退行性变

A. 正位片；B. 侧位片；

A、B 示左膝关节间隙狭窄，骨性关节面骨质增生硬化，关节边缘骨赘形成。

（2）慢性化脓性骨髓炎：病变表现为范围广泛、浓密的骨质增生硬化，其内可见类圆形慢性脓腔和边缘清楚的死骨。

5. **股骨头坏死**　早期，股骨头内出现斑片状或条带状硬化区，边界模糊，股骨头外形正常，关节间隙正常。中期，股骨头内出现致密硬化带、斑片状透光区和囊状透光区混合存在，股骨头塌陷，但关节间隙基本正常。早期和中期还可见"新月征"（股骨头皮质下新月状透光影）和"裂隙征"（股骨头内裂隙样透光线）。晚期，股骨头塌陷加重，甚至碎裂，关节间隙变窄。可继发退行性骨关节病、病理性骨折或半脱位。

6. **骨肿瘤**　良性肿瘤形态规则，边缘清楚，多呈膨胀性生长，骨皮质变薄，无骨质破坏。恶性骨肿瘤形态不规则，边缘欠光滑，呈浸润性生长，可见骨质破坏区，周围软组织可受侵形成肿块。

（1）骨巨细胞瘤：典型表现为长骨骨端的偏心性、膨胀性、溶骨性骨质破坏（图6-5-10）。

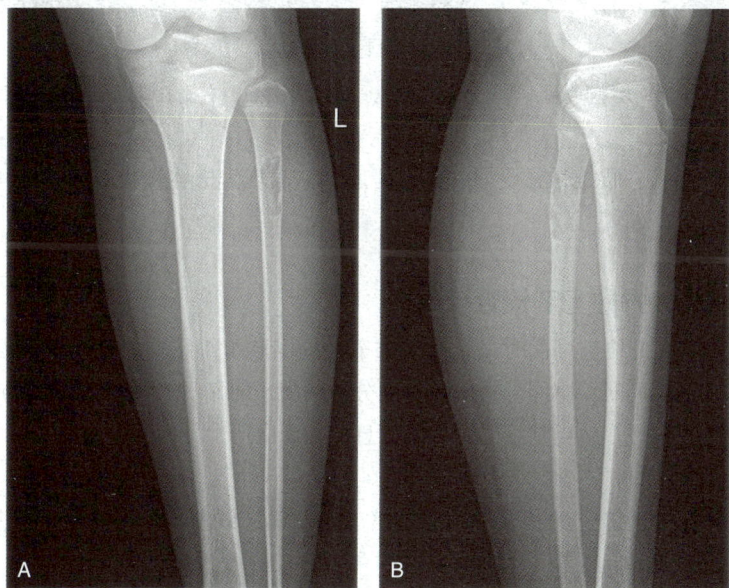

图 6-5-10　腓骨上端骨巨细胞瘤

A. 正位片；B. 侧位片；

A、B 示左侧腓骨上端骨巨细胞瘤，左侧腓骨上端偏心性、膨胀性、溶骨性骨质破坏。

（2）骨肉瘤：典型表现为长骨干骺端的骨质破坏，同时累及松质骨和皮质骨（图6-5-11）。

7. **骨关节结核**

（1）长骨结核：好发于骨骺、干骺端，病灶常穿越骺板。表现为圆形、类圆形或不规则局限性骨质破坏，边缘清楚，其内可见细小死骨。

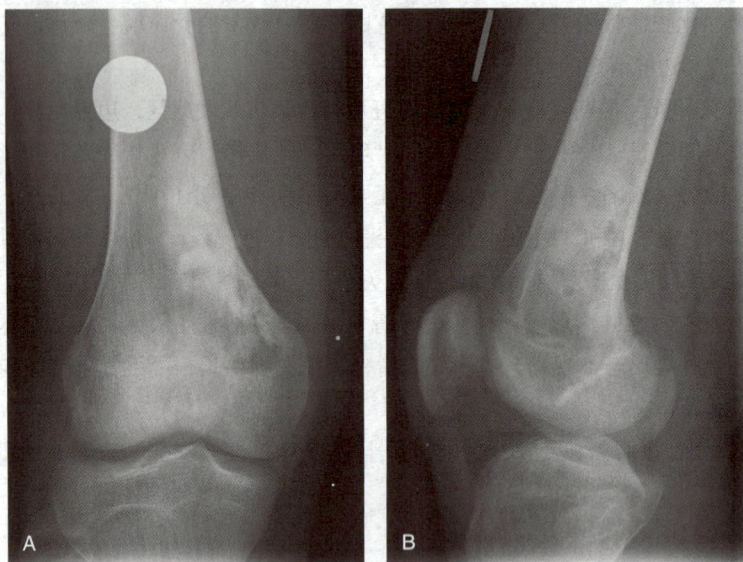

图 6-5-11　骨肉瘤

A.正位片；B.侧位片；A、B 示右侧股骨远端骨肉瘤，右侧股骨远端骨质破坏。

（2）脊柱结核：腰椎最常受累，其次是胸椎。表现为椎体骨质破坏、椎间隙变窄或消失、脊柱畸形。

二、四肢、脊柱 CT 检查

四肢、脊柱 CT 检查可同时显示骨、关节及周围软组织结构，且具有三维重建及多平面成像的功能。同时，空间分辨率及密度分辨率高，能显示 X 线不能显示的细小病变，能为疾病诊断提供更多、更精细的影像学信息，临床应用十分广泛。

（一）检查目的

在 X 线检查的基础上进一步了解骨折情况及发现 X 线不能显示的骨折；进一步明确肿瘤的部位、范围和起源等。

（二）适应证

外伤、肿瘤、退行性病变、结核、椎间盘病变、椎管狭窄等。

（三）禁忌证

一般没有严格的禁忌证，孕妇慎做，婴幼儿忌滥用。

（四）常见疾病 CT 报告解读要点

1. 椎间盘膨出　椎间盘较均匀地超出相邻椎体边缘，可引起硬膜囊受压变形及神经根受压移位或消失。

2. 椎间盘突出症　椎体后缘可见局限性突出的软组织影，呈半圆形或不规则，密度低于骨，高于硬膜囊，局部可见钙化（图 6-5-12）。

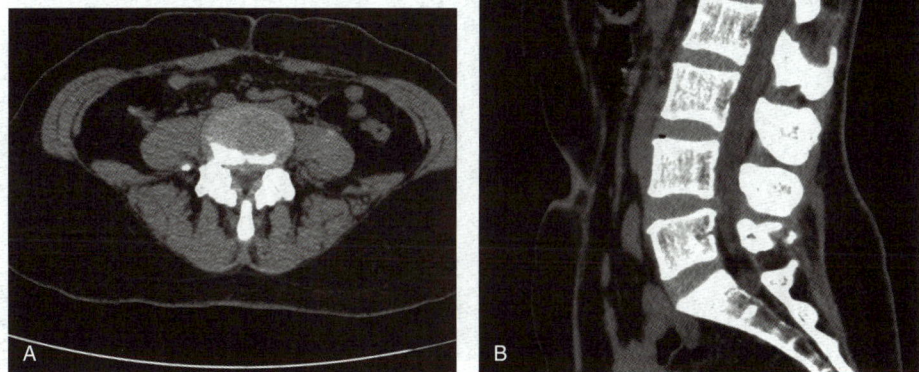

图 6-5-12　腰椎间盘突出

A. CT 平扫轴位像示第 4~5 腰椎间盘向椎体后方突出；

B. CT 平扫矢状位像示第 4~5 腰椎间盘突出于椎体，突向椎管内。

（崔美子）

第七章　临床常用肺功能、超声、内镜检查

第一节　肺功能检查

肺功能检查是对受试者呼吸功能进行的定性和定量评估，主要内容为肺通气和肺换气功能测定。常用的检查项目包括肺容积检查、肺计量检查、支气管激发试验、支气管舒张试验、肺弥散功能检查、气道阻力检查及运动心肺功能测试等。肺功能检查是临床上对胸肺疾病诊断、严重程度、治疗效果和预后评估的重要检查手段。

肺功能检查的主要应用范围包括以下四个方面：

1. 了解肺功能的基本状态、明确肺功能障碍的程度及类型。

2. 观察肺功能损害的可复性，疾病的预后，进行劳动力鉴定或胸科手术前的评估。

3. 判定药物治疗效果。

4. 进行呼吸生理研究。

肺功能结果的判读以实测值偏离预计正常值的程度为基础。预计正常值是依据年龄、性别、身高、体重、种族等多个变量对肺功能的影响程度，用回归方程计算得出的。

一、肺容积检查

肺容积检查是肺功能检查最重要的指标之一。肺容积是指在安静状态下，测定一次呼吸所出现的气量变化，不受时间限制。

肺容积和
肺容量
（动画）

（一）概念

1. 基础肺容积　包括 4 个互不重叠的部分。

（1）潮气量（tidal volume，VT）：平静呼吸时每次吸入或呼出的气量。正常成人参考值约为 10ml/kg 体重，与性别、年龄、身高等因素有关，还受胸廓和膈肌运动的影响。

（2）补吸气量（inspiratory reserve volume，IRV）：平静吸气末，再尽最大力量吸气时所能继续吸入的气量。

（3）补呼气量（expiratory reserve volume，ERV）：平静呼气末，再尽最大力量呼气时所能继续呼出的气量。

（4）残气量（residual volume，RV）：用力呼气后残留在肺内的气量。RV 不能直接测得，需用气体（氦气或氮气）分析方法间接测定。临床上常以 RV 占肺总量（TLC）的百分比，即残总气量百分比（RV/TLC）作为判断指标，正常情况下≤35%，超过 40% 提示肺气肿。

2. 四种组合的容量　以上 4 种基础肺容积又可组成 4 种容量。

（1）深吸气量（inspiratory capacity，IC）：指平静吸气末尽力吸气所能吸入的最大气量，IC=VT+IRV。正常 IC 应占肺活量（VC）的 2/3~4/5，是肺活量的主要组成部分。

影响 IC 的主要因素是吸气肌力,当呼吸肌功能不全时 IC 减少。其次,胸廓活动度降低、肺弹性回缩力增高和气道阻塞等亦可使 IC 减少。

(2)肺活量(vital capacity,VC):是指最大吸气后做深呼气所能呼出的最大气量,表示肺最大扩张和最大收缩的幅度,VC=IC+ERV 或 VC=IRV+VT+ERV。作为单一指标诊断价值较高,是判断限制性通气功能障碍程度的主要指标。VC 实测值 / 预计值 <80% 为异常,60%~79% 为轻度降低,40%~59% 为中度降低,<40% 为重度降低。

(3)功能残气量(functional residual capacity,FRC):是指平静呼气末肺内所含气量,FRC=ERV+RV。FRC 主要取决于胸壁向外的弹性回缩力和肺向内弹性回缩力之间的平衡。

(4)肺总量(total lung capacity,TLC):指最大吸气后肺内所含全部气量,TLC= VC+RV。需用气体分析法间接测定。

(二)肺容积改变的临床意义

肺容积受多种因素的影响,主要包括年龄、身高、体重、性别、体位等。测量时,通过测试者的年龄、性别、身高和体重等数据,经过计算得到预计值,正常参考值为预计值的 80%~120%。

1. 肺叶切除术可引起静态肺容量的减少,TLC、FRC、RV 均下降。VC 和有功能肺组织的切除量成反比,其中右全肺切除术下降 55%,左全肺切除术下降 45%。

2. 肺炎、肺部巨大占位性病变、胸腔积液均可造成有效肺容积的减少,使 VC、RV、FRC、TLC 下降。

3. 胸廓和肺弹性回缩力对肺容积的影响 胸廓和肺弹性回缩力增加(肺顺应性下降)可使 VC、TLC 下降,RV 可下降或正常,如肥胖者或肺间质纤维化患者。而肺弹性回缩力下降(顺应性增加)则可使 TLC、RV 增加,如肺气肿。

4. 阻塞性气道疾病 如慢性阻塞性肺疾病、支气管哮喘等。当呼出气流严重阻塞时,肺内气体在呼气末不能充分呼出,形成肺内气体滞留,可出现 RV、FRC 增加,VC 正常或下降,TLC 正常或增加。

二、通气功能检查

肺通气功能又称动态肺容积,指单位时间内随呼吸运动进出肺的气量和流速。能影响呼吸频率、呼吸幅度和气流流速的生理、病理因素,均可影响通气功能。

评价肺通气功能的指标(动画)

(一)肺通气量

1. 静息每分钟通气量(minute ventilation at rest,VE) 指在静息状态下,每分钟呼出或吸入的气量。VE= 潮气量(L)× 呼吸频率(次 /min)。

正常男性为(6.7±0.2)L/min,女性为(4.2±0.2)L/min。VE>10L/min 提示通气过度,可导致呼吸性碱中毒;VE<3L/min 提示通气不足,可引起呼吸性酸中毒。

2. 最大随意通气量(maximal voluntary ventilation,MVV) 简称最大通气量,指在

1 分钟内，以尽可能快的呼吸频率和尽可能深的呼吸幅度自主努力呼吸所呼出的气量。临床主要用于胸腹手术前评估通气功能储备能力，预测肺合并症的发生风险。

一般先测定并计算出呼吸 12 秒或 15 秒的通气量，再计算出 MVV，而不直接呼吸 1 分钟。根据 MVV 实测值占预计值百分比进行判定，MVV 实测值 / 预计值 <80% 提示通气功能异常。

（二）肺泡通气量

肺泡通气量（alveolar ventilation，VA）是指安静状态下，每分钟进入呼吸性细支气管及肺泡，参与气体交换的有效通气量。正常成人 VA 约为 0.5L。

（三）用力肺活量

1. 用力肺活量（forced vital capacity，FVC）　是指最大吸气后，以最快速度、最大力量用力呼气所能呼出的最大气量。

2. 第1秒用力呼气容积（forced expiratory volume in one second，FEV_1）　简称一秒量，是指用力呼气开始第 1 秒所呼出的气量，是判断通气功能损害程度、气道阻塞及其可逆性，以及指导手术治疗的最常用指标。

3. 一秒率（FEV_1/FVC%）　是指第 1 秒用力呼气容积占用力肺活量的百分比，是区分阻塞性和限制性通气功能障碍的最常用的指标。阻塞性通气功能障碍时，FVC 可基本正常或轻度下降，但呼气速度明显减慢，因而 FEV_1/FVC% 下降。限制性通气功能障碍时，肺弹性及胸廓顺应性明显下降，但呼出气流相对不受限制，FEV_1 较 FVC 下降程度小，所以 FEV_1/FVC% 保持不变或升高。评价有无气道阻塞的界值是 70%，即 FEV_1/FVC%<70% 可判定为阻塞性通气功能障碍。

（四）最大呼气流量 - 容积曲线

判断气流受限的最常用图形。常用参数有以下 4 种：

1. 呼气流量峰值（PEF）　也称呼气峰流量或峰流量，又称最大呼气流量（MEF），是指从肺总量位置用最大力量、最快速度呼气所产生的最快瞬间流速；主要反映呼吸肌的力量和气道有无阻塞，是综合反映通气功能的常用指标；常用于支气管哮喘的动态随访和判断患者的咳痰能力。

2. $FEF_{25\%}$　为用力呼出 25% 肺活量时的瞬间呼气流量，是反映呼气早期的流量指标。大气道阻塞时 $FEF_{25\%}$ 明显降低。

3. $FEF_{50\%}$　为用力呼出 50% 肺活量时的瞬间呼气流量，是反映呼气中期的流量指标。下降提示小气道病变或气道阻塞。

4. $FEF_{75\%}$　为用力呼出 75% 肺活量时的瞬间呼气流量，是反映呼气后期的流量指标，也是判定小气道功能的重要依据。

（五）小气道功能检查

小气道是指吸气状态下气道内径 ≤2mm 的细支气管，包括全部细支气管和终末细支气管，是慢性阻塞性肺疾病（COPD）早期极易受累的部位。小气道功能检查对早期发现和诊断小气道病变有重要意义。评价指标主要为最大呼气中期流量（maximal midexpiratory flow，MMEF）用力呼出肺活量25%~75%的平均流量。其下降提示小气道狭窄，如COPD。

（六）临床应用

1. 判断通气功能障碍的类型

（1）阻塞性通气功能障碍：主要特征是FEV_1和$FEV_1/FVC\%$明显降低，MVV、MMEF、$FEF_{50\%}$也明显下降，但FVC可在正常范围或轻度下降。常见的引起阻塞性通气功能障碍的肺部疾病有COPD、支气管哮喘、闭塞性细支气管炎和上呼吸道梗阻疾病。

（2）限制性通气功能障碍：主要特征是TLC和VC下降（<80%预计值）、$FEV_1/FVC\%$正常或增加。常见疾病有间质性肺病、肺内炎性病变、胸膜肥厚、胸腔积液、胸廓畸形等。

（3）混合性通气功能障碍：表现为TLC、VC、$FEV_1/FVC\%$下降，且FEV_1下降更明显。常见于COPD、哮喘。

2. 判断气道反应性
气道反应性是指各种刺激因素作用于气道所致的气道平滑肌痉挛收缩的反应。

（1）呼气峰流量（peak expiratory flow，PEF）的变异率：正常人在1日内不同时间点的PEF值可有差异，称为日变异率或昼夜波动率。正常人PEF的变异率<20%，如PEF的变异率≥20%则提示气道舒缩功能变异程度较大，对支气管哮喘的诊断有意义。

（2）支气管激发试验：气道高反应性是支气管哮喘的特征，支气管激发试验是测定气道高反应性的一种方法。通过吸入醋甲胆碱或组胺诱发支气管平滑肌收缩，以肺功能指标判断支气管收缩的程度，从而判定气道高反应性。主要用于基础肺功能正常或呈轻度阻塞（FEV_1≥70%预计值）的疑似哮喘患者。

1）测定方法：受检者测定前24小时停用支气管舒张药。首先测定受检者基础FEV_1值，然后依次雾化吸入剂量从小到大的醋甲胆碱或组胺，并测定FEV_1，直至FEV_1较基础值下降20%时或达到最高浓度时终止试验。

2）结果判定：醋甲胆碱的激发浓度小于8g/L为支气管激发试验阳性；累积吸入剂量<12.8μmol，为气道反应性增高。组胺的累积激发剂量<7.8μmol，为气道反应性增高，提示支气管激发试验阳性。

支气管激发试验主要用于诊断支气管哮喘。但变应性鼻炎、支气管扩张等都可能出现支气管激发试验阳性。

（3）支气管舒张试验：是通过给予支气管舒张药（沙丁胺醇），观察气道的舒张反应，用于评价气道阻塞的可逆性。对疑似哮喘患者，若基础肺功能FEV_1<70%预计值，不宜做支气管激发试验时，可行支气管舒张试验检查。

1）测定方法：受检者测定前24小时停用支气管舒张药。检查时先行常规肺功能测定，当结果提示FEV_1或FEV_1/FVC降低时，吸入200μg沙丁胺醇15~20分钟后，重复测定FEV_1或FEV_1/FVC，按照公式计算改变率。

2）结果判定：FEV_1改变率>12%，且FEV_1绝对值增加>200ml为舒张试验阳性。

$$FEV_1 改变率 = \frac{舒张剂使用后 FEV_1 值 - FEV_1 基础值}{FEV_1 基础值} \times 100\%$$

3. 评价手术的耐受力和安全性 MVV 是反映通气功能储备能力的指标，可用于术前评价胸、腹部手术的安全性和术后生活质量。MVV > 65% 预计值可实行全肺切除术，MVV > 50% 预计值可行肺叶切除术，MVV < 50% 预计值一般不宜行肺切除术。

三、换气功能检查

肺有效的气体交换不仅需要足够的通气量与血流量，而且吸入的气体在肺内分布状况、血流状态、通气与血流灌注的比例关系，以及呼吸膜对气体通过的影响，均会影响肺的气体交换效率。

（一）气体分布

当气道阻塞，因阻力不一致，吸入气体易进入阻力低的肺泡内；呼气时，因肺泡阻力不一致和呼吸加快，会加重气体分布不均。

1. 测定方法

（1）一口气氮稀释法：最为常用，判定指标以呼气至 750~1 250ml 的瞬时氮浓度差为准，正常 <1.5%。

（2）重复呼吸 7 分钟氮清洗法：总的呼出肺泡的气体中氮浓度 <2.5%，提示肺内气体分布相对均匀。

2. 临床意义 导致吸入气体分布不均的主要原因有以下两方面。

（1）不均匀的气流阻力，如支气管痉挛、狭窄，肺气肿。

（2）不均匀的顺应性：如间质性肺炎、肺间质纤维化、肺气肿、肺淤血、肺水肿、胸腔积液。

（二）通气/血流比值

有效的肺泡气体交换不仅要求有足够的肺泡通气量和吸入气体在全肺均匀分布，而且需要充分肺血流量相匹配，即通气/血流比值（ventilation/perfusion ratio，V/Q）。正常肺泡通气量约为 4L/min，肺血流量约为 5L/min，即 V/Q 为 0.8，换气效率最佳。当局部血流障碍时，进入肺泡的气体未能和充足血流交换（V/Q>0.8），无效腔气增加；反之局部气道阻塞时，部分血流因未能与气体交换（V/Q<0.8），成为无效灌注，而导致静－动脉分流样效应。

临床意义：V/Q 失调是呼吸系统疾病产生缺氧的主要原因，常见于肺实质、肺血管与气道疾病，如肺炎、肺不张、肿瘤、急性呼吸窘迫综合征、肺栓塞、肺水肿、支气管哮喘、阻塞性肺气肿等。

（三）弥散功能

肺的弥散功能是指气体通过肺泡毛细血管膜，从肺泡向毛细血管弥散，并与红细胞中的血红蛋白结合的能力。肺弥散量（diffusing capacity of lung，D_L）是弥散功能的衡量指标。

1. **测定方法**   临床上常以 CO 气体作为指示气体，来测定肺的弥散功能。肺—氧化碳弥散量（D_LCO）是指 CO 气体在单位时间（1 分钟）及单位压力差（1mmHg 或 1kPa）条件下，从肺泡转移至肺泡毛细血管内并与血红蛋白结合的量（ml 或 mmol）。

$$D_LCO = \frac{单位时间毛细血管\,CO\,摄入量（ml/min）}{平均肺泡\,CO\,分压（mmHg）-平均毛细血管\,CO\,分压（mmHg）}$$

2. **结果评价** D_LCO 占预计值百分比在 80%~120% 为正常，60%~80% 为轻度弥散功能障碍，40%~60% 为中度弥散功能障碍，<40% 为重度弥散功能障碍。

3. **临床意义**   引起弥散功能障碍的常见疾病有弥漫性间质性肺炎或肺纤维化、慢性阻塞性肺疾病等。

第二节　常用超声检查

一、超声心动图检查

超声心动图（echocardiography）是利用超声波特有的物理学特性检查记录心脏和大血管的形态结构及功能的一种无创性检查方法，既可实时观察心脏大血管的形态结构与搏动，了解心脏功能及瓣膜活动，又能实时显示心血管内的血流状态，为心脏疾病提供全面的评价。临床常用的检查方法为经胸超声心动图，包括 M 型、二维和多普勒超声心动图。其中，M 型超声心动图是超声心动图最基本的检测技术。

患者取平卧位或左侧卧位，平静呼吸。探头置于胸前不同部位，从不同角度检查以评价心脏结构及功能。

超声心动检查主要的临床应用包括以下三个方面：

1. **心脏和大血管结构**   M 型超声心动图和二维超声心动图可实时观察心脏和大血管结构，对心包积液、心肌病、先天性心脏病、各种瓣膜性心脏病、急性心肌梗死的并发症（如心室间隔穿孔、乳头肌断裂、心室壁瘤、假性室壁瘤）、心腔内附壁血栓形成等有重要诊断价值。对心脏肿物、冠心病、心包疾患、高血压心脏病、肺心病、人工瓣膜随访、大血管疾患也有辅助诊断意义。

2. **血流速度及类型**   多普勒超声可探测血流速度和血流类型，因而有助于诊断有分流和反流的心血管疾病。不仅能较准确地提供左室收缩和舒张功能的定量数据，还可计算瓣口面积。

3. **经食管超声**   是经胸超声心动图的一种补充，目前已在国内少数医院开展。经食管超声的主要应用范围包括确定栓子的来源，特别是对经胸超声不能获得满意图像的栓子，以及左心耳部血栓，感染性心内膜炎、主动脉夹层、术中监测等。

二、血管超声

（一）颈动脉超声

1. **检查目的**　颈动脉超声检查可以对颈部血管病变的部位、范围及严重程度作出客观评估。

（1）评估颈部血管正常解剖结构和血流动力学，血管走行是否正常，管腔有无扩张、狭窄、扭曲和受压。

（2）评估各种原因引起的颈动脉狭窄或闭塞性病变导致血管结构及血流动力学的变化。如有无内-中膜增厚或斑块形成、斑块稳定性及动脉狭窄程度。

（3）评估颈动脉狭窄介入治疗后支架的位置、扩张程度、残余狭窄及治疗后相关解剖结构、血流动力学改变等。

2. **适应证**

（1）正常人群或脑血管病高危人群（高血压、糖尿病、高脂血症等）的筛查。

（2）对脑卒中、短暂性脑缺血发作、黑矇等神经系统症状的患者进行评价。

（3）对无症状性颈部血管杂音、伴有心脏杂音或拟行心血管手术患者进行评价。

（4）对施行颈动脉内膜切除术或其他介入治疗的患者进行评价及随访。

3. **禁忌证**　通常无禁忌证。

4. **颈动脉超声诊断中常见描述的解读**　颈动脉内中膜增厚的标准是内中膜厚度（IMT）≥1.0mm；局限性≥1.5mm 定义为斑块；软斑为易损斑块，容易脱落；硬斑为稳定斑块，不易脱落。

（二）上肢动脉超声检查

1. **检查目的**　评价上肢动脉病变的部位、范围和严重程度。

（1）动脉内中膜增厚及斑块特征。

（2）动脉狭窄。

（3）动脉闭塞。

（4）动脉瘤、假性动脉瘤、动静脉瘘。

2. **适应证**

（1）上肢乏力、发凉。

（2）与上肢运动有关的上肢无力、疼痛或指端溃疡、坏疽。

（3）与上肢运动有关的头晕等脑缺血症状。

（4）上肢动脉搏动减弱、消失或双上肢血压差在 20mmHg 以上。

（5）疑有动脉瘤、假性动脉瘤、动静脉瘘。

（6）上肢动脉手术或介入治疗后的随访。

3. **禁忌证**　无绝对禁忌证。但相应部位有插管、石膏固定等，检查可能受限。

（三）上肢静脉超声检查

1. **检查目的**　判断上肢静脉有无血栓性病变及其部位、范围。

（1）有无深静脉和浅静脉血栓形成。

（2）静脉血栓治疗后随访。

2. 适应证

（1）上肢肿胀、疼痛、沉重感。

（2）上肢和 / 或胸壁浅静脉扩张。

（3）不明原因的肺动脉栓塞。

3. 禁忌证　无绝对禁忌证。

（四）下肢动脉超声检查

1. 检查目的　评价下肢动脉病变的部位、范围和严重程度。

（1）动脉内中膜增厚及斑块特征。

（2）动脉狭窄。

（3）动脉闭塞。

（4）动脉瘤、假性动脉瘤、动静脉瘘。

2. 适应证

（1）下肢乏力、发凉、间歇性跛行、疼痛、溃疡或坏疽。

（2）下肢动脉搏动减弱或消失。

（3）疑有动脉瘤、假性动脉瘤、动静脉瘘。

（4）下肢动脉手术或介入治疗后的随访。

3. 禁忌证　无绝对禁忌证。

（五）下肢静脉血栓超声检查

1. 检查目的　判断下肢静脉有无血栓性病变及其部位、范围。

（1）有无深静脉和浅静脉血栓形成。

（2）静脉血栓治疗后随访。

2. 适应证

（1）下肢肿胀、疼痛、沉重感。

（2）下肢色素沉着和 / 或溃疡。

（3）下肢浅静脉扩张。

（4）不明原因的肺动脉栓塞。

3. 禁忌证　无绝对禁忌证。

（六）下肢静脉反流超声检查

1. 检查目的

（1）评估下肢静脉（浅静脉、深静脉）的瓣膜功能。

（2）检查确定反流静脉的解剖部位，协助手术或介入治疗时的静脉定位。

（3）下肢静脉手术或介入治疗后随访。

2. 适应证

（1）下肢浅静脉曲张。

（2）下肢肿胀、疼痛、沉重感。

（3）下肢色素沉着、溃疡。

3. **禁忌证** 无绝对禁忌证。

三、腹部超声检查

（一）肝脏超声检查

1. 适应证

（1）了解肝的大小、形态、位置。

（2）不明原因的上腹不适、疼痛或包块。

（3）肝脏局灶性或弥漫性病变。

（4）腹部外伤。

（5）临床诊断怀疑有肝脏血管病变。

（6）黄疸的诊断与鉴别诊断。

（7）肝移植围手术期评估。

2. 受检者准备 检查前禁食 8~12 小时。

3. 超声检查可诊断的肝脏疾病

（1）弥漫性肝病：肝硬化、肝血吸虫病、脂肪肝。

（2）肝脏局灶性病变：肝囊肿、多囊肝、肝脓肿、肝包虫病、肝血管瘤、肝细胞腺瘤、肝局灶性结节性增生、原发性肝癌、转移性肝癌。

（3）肝脏创伤。

（二）胆道系统超声检查

1. 适应证

（1）临床症状、体征、实验室或其他影像学检查提示胆道系统疾病。

（2）胆道外科手术围手术期评估和随访。

（3）肝移植围手术期胆道评估。

（4）胆道系统介入性超声检查。

2. 受检者准备

（1）检查前需禁食 8 小时以上，以使胆囊内胆汁充盈，并减少胃肠道内容物和气体的干扰。

（2）检查前 24 小时禁脂肪饮食，停用影响排空胆汁的药物，如阿托品、羟甲烟胺等。

（3）如已做胃肠钡剂 X 线检查、胃镜检查或胆管 X 线造影，超声检查应在 2~3 日后进行。

3. 超声检查可诊断的胆道系统疾病

（1）胆囊疾病：胆囊结石、胆囊息肉样病变、胆囊腺肌瘤、胆囊腺瘤、胆囊癌。

（2）胆管疾病：胆管结石、胆道蛔虫病、胆道积气、胆管肿瘤、胆管先天性疾病（先天性胆管囊状扩张症、胆道闭锁）。

（三）胰腺超声检查

1. 适应证

（1）临床症状、体征、实验室检查或其他影像学检查提示或待排除胰腺疾病。

（2）胰腺的介入性诊断与治疗。

（3）了解胰腺大小、形态、位置。

2. 受检者准备

（1）受检前需禁食 8~12 小时以上，检查前日晚餐以清淡饮食为主，以减少肠道内容物和气体的干扰。

（2）如已做胃肠钡剂 X 线检查、胃镜检查或胆管 X 线造影，超声检查应在次日或以后进行。

3. 超声检查可诊断的胰腺疾病

（1）胰腺炎：急性胰腺炎、慢性胰腺炎、自身免疫性胰腺炎。

（2）胰腺囊肿：胰腺真性囊肿、胰腺假性囊肿。

（3）胰腺肿瘤：胰腺癌、壶腹周围癌、胰腺囊腺瘤、胰腺囊腺癌、胰腺神经内分泌肿瘤、无功能性胰岛细胞瘤、胰腺实性假乳头状瘤。

（四）脾脏超声检查

1. 适应证

（1）不明原因的左上腹不适、饱胀、疼痛或包块。

（2）评估各种原因所致的脾脏弥漫性肿大及程度。

（3）临床或其他影像学检查怀疑脾脏囊肿、肿瘤、脓肿、结核等局灶性病变。

（4）闭合性腹部外伤，了解有无脾脏外伤及其程度。

（5）临床疑似脾脏血管病变、脾脏先天性异常。

（6）脾脏疾病疗效评估。

2. 受检者准备　一般空腹检查。

3. 超声检查可诊断的脾脏疾病　脾脏弥漫性肿大，脾囊肿、脾脓肿、脾梗死、脾肿瘤、脾外伤。

（五）肾脏超声检查

1. 适应证

（1）有血尿、腰背部疼痛或腹部肿物等与肾脏相关的症状或体征。

（2）实验室或其他影像学检查提示肾脏病变。

（3）肾内占位性病变的诊断和鉴别诊断。

（4）泌尿道梗阻性病变的评价。

（5）临床怀疑肾血管性病变。

（6）可疑或已知肾弥漫性病变的评价和随诊。

（7）肾内及肾周感染性病变的评价。

（8）可疑先天性肾异常的评价。

（9）腹部外伤的评估。

（10）肾移植手术前后的评价。

2. 受检者准备　无须特殊准备。当评价肾盂病变或拟同时检查输尿管和膀胱时，需在检查前 1~2 小时饮水 400~600ml，充盈膀胱，以便更好地观察肾盂及上尿路病变。

3. 超声检查　可诊断的肾脏疾病有肾囊肿、多囊肾、肾实性肿瘤、肾血管平滑肌脂肪瘤、肾细胞癌、肾盂癌、肾结石、肾积水、肾缺如或异位肾、重复肾、肾创伤、肾结核；弥漫性肾病变的肾小球肾炎、肾盂肾炎、肾病综合征、狼疮肾炎、肾周围炎及肾周围脓肿、肾动脉狭窄、移植肾。

（六）输尿管、膀胱和尿道的超声检查

1. 适应证　先天性异常，肾盂输尿管连接部、尿路狭窄或梗阻，输尿管畸形，异位膀胱，膀胱憩室，输尿管、膀胱瘘，神经源性膀胱，输尿管、膀胱、尿道炎性病变，肿瘤，外伤，异物。

2. 禁忌证　尿道狭窄、膀胱挛缩和急性感染者。

3. 受检者准备

（1）需充盈膀胱，经直肠和经阴道检查亦需适度充盈膀胱。经直肠检查者，在检查前应排净大便。

（2）检查前应了解受检者有无尿道狭窄、膀胱挛缩和急性感染等检查禁忌证。

4. 超声检查可诊断的输尿管、膀胱和尿道疾病

（1）输尿管病变：输尿管结石、狭窄、脱垂、憩室，重复输尿管，输尿管肿瘤。

（2）膀胱病变：膀胱肿瘤、息肉、结石、憩室、损伤，膀胱炎，膀胱结核，膀胱异物，膀胱子宫内膜异位症。

（七）前列腺超声检查

1. 适应证

（1）经腹检查：①尿急、尿频、尿痛等尿路刺激症状；②排尿不尽、夜尿增多、尿线变细、尿等待等排尿困难症状；③直肠指诊提示前列腺异常；④前列腺病变治疗后的随访。

（2）经直肠检查：①~④同经腹检查；⑤前列腺特异性抗原升高或短期内升高明显者；⑥经腹超声检查或其他影像学检查发现异常者；⑦临床怀疑前列腺脓肿；⑧血精；⑨引导穿刺活检或治疗。

2. 受检者准备

（1）经腹检查：膀胱需适当充盈。

（2）经直肠检查：检查前需排便，必要时灌肠，膀胱可适当充盈。

3. 超声检查可诊断的前列腺疾病　良性前列腺结节状增生、前列腺囊肿、前列腺结石、前列腺癌。

（八）肾上腺超声检查

1. 适应证

（1）皮质醇增多症（库欣综合征）。

（2）原发性醛固酮增多症。

（3）肾上腺肿瘤。

（4）临床症状、体征及相关实验室检查怀疑肾上腺异常者。

2. 受检者准备　宜空腹检查。对于左肾上腺，为避免胃内气体干扰，常需饮水500~700ml。

3. 超声检查可诊断的肾上腺疾病

（1）肾上腺肿瘤：肾上腺皮质腺瘤、肾上腺嗜铬细胞瘤、肾上腺囊肿、肾上腺髓样脂肪瘤、神经母细胞瘤、肾上腺皮质癌。

（2）肾上腺血肿。

（3）肾上腺皮质增生。

（九）胃肠超声检查

1. 适应证

（1）胃肠道占位性病变。

（2）胃肠急腹症。

（3）胃肠壁及黏膜增厚性疾病。

（4）胃肠腔内异物。

（5）胃肠先天性异常。

（6）贲门失弛缓症。

2. 受检者准备

（1）检查前日晚餐清淡饮食。禁食 8~12 小时，必要时服用轻泻药。

（2）应在 X 线胃肠造影或纤维内镜检查之前进行超声检查，急腹症除外。

3. 超声检查可诊断的胃肠疾病　贲门失弛缓症、胃溃疡、胃癌、胃间质瘤、胃异物、胃结石、十二指肠球部溃疡、消化道穿孔、肠道肿瘤、肠梗阻、肠套叠、急性阑尾炎、克罗恩病。

四、甲状腺超声检查

（一）检查目的

1. 甲状腺的位置、形态和大小。

2. 甲状腺实质及结节的回声质地、内部血供状态。

3. 甲状腺弥漫性或结节性病变的超声诊断和鉴别诊断。

4. 甲状腺疾病的定期随访和疗效评估。

5. 甲状腺癌的术后随访。

（二）适应证

1. 甲状腺相关症状或体征

（1）颈前甲状腺区域肿大、疼痛。

（2）声音嘶哑、吞咽困难、呼吸困难、颈部压迫感或面部淤血、水肿等。

（3）甲状腺功能亢进或减退的临床表现。

（4）体检发现甲状腺形态、大小、质地异常，触及甲状腺结节。

（5）颈部淋巴结肿大。

2. 辅助检查发现甲状腺异常

（1）影像学检查提示甲状腺异常，如核素检查提示有甲状腺内异常聚集区等。

（2）实验室检查发现 T_3、T_4 异常升高或减低，甲状腺相关抗体异常等。

3. 甲状腺外科手术术前、术中及术后评估

4. 甲状腺病变的随访

（1）监测药物或放射治疗对甲状腺弥漫性病变的疗效。

（2）甲状腺癌术后的定期随访。

5. 超声引导下介入诊断和治疗

6. 常规体检

（1）一般人群：女性更应重视。

（2）特殊地域人群：高碘地区和缺碘地区人群。

（三）禁忌证

1. 无明显禁忌证。

2. 由于甲状腺可异位生长，对于异位于胸骨柄后或前上纵隔的甲状腺，超声可能显示效果不佳。

3. 超声对探测甲状腺癌，气管食管沟、前上纵隔等部位淋巴结转移有局限性。

（四）超声可辅助诊断的甲状腺疾病

1. 甲状腺弥漫性病变

甲状腺功能亢进、慢性淋巴细胞性甲状腺炎（桥本病）、结节性甲状腺肿、亚急性甲状腺炎。

2. 甲状腺结节性疾病

单发和多发；良性和恶性；甲状腺髓样癌、甲状腺滤泡癌、甲状腺乳头状癌。

（五）甲状腺超声检查结论中常见描述的意义

1. 血流丰富

多见于甲状腺功能亢进，血流减少多见于慢性淋巴细胞性甲状腺炎或亚急性甲状腺炎。

2. 有关结节

纵横比≥1，提示恶性可能性大；边界模糊多见于恶性结节，而良性结节多表现为边界清晰；结节内出现囊性成分提示恶性可能性较小；恶性结节多表现为低回声或极低回声，高回声结节恶性的可能性很小；结节钙化，则恶性的危险增加。

五、乳腺超声检查

（一）检查目的

1. 判断乳腺有无病变。

2. 判断病变的物理性质　囊性、实性、混合性。

3. 根据病变的灰阶声像图特征和彩色多普勒血流表现，给出疾病诊断或良恶性等提

示性意见。

4. 评估乳腺引流区淋巴结的情况。

5. 乳腺病变的随访。

（二）适应证及禁忌证

1. 出现乳腺相关症状和体征

（1）诊断和定位乳腺包块。

（2）评估特殊症状：如触诊异常、疼痛、乳头溢液，通常需要结合乳腺X线检查。

2. 乳腺病变的随访

（1）随访以前超声检查发现的乳腺病变，观察包块稳定性和周期性变化。

（2）乳腺癌辅助化疗中，随访肿瘤大小、血供，引流淋巴结等变化。

3. 乳腺外科手术术前、术后评估

4. 乳腺置入假体后的评估　假体囊是否完整，有无变形，有无破裂等。

5. 超声引导下介入诊断和治疗

6. 常规体检

（1）一般人群：女性更应重视。

（2）特殊人群：如妊娠妇女，绝经后激素替代治疗的中老年妇女。

（3）乳腺癌高危人群：乳腺癌家族史，乳腺癌个人史，以前活检显示高危险性，遗传易感。

（三）禁忌证

无绝对禁忌证。

（四）乳腺超声BI-RADS评价分级

在多数情况下，超声检查能满意完成对乳腺的评价（表7-2-1）。如果超声是初始性检查，可能需要其他影像检查，如钼靶X线检查、乳腺MRI检查。

表7-2-1　乳腺超声BI-RADS评价分级

BI-RADS评价分级	评分意义
0级	需行其他影像学进一步检查
Ⅰ级	阴性，未发现病灶（常规随访）
Ⅱ级	良性病变，无恶性特征，如囊肿（常规临床处理和随访）
Ⅲ级	可能良性病变，恶性可能性非常小，如纤维腺瘤（短期复查）
Ⅳ级	可疑恶性病变，低到中度可能癌症，应考虑穿刺活检
Ⅴ级	高度提示恶性病变，几乎肯定为癌性病变，应采取适当措施
Ⅵ级	已知癌性病变，穿刺活检证实恶性，接受治疗前检查和评价

注：BI-RADS，乳腺影像报告和数据系统。

六、妇科超声检查

（一）妇科超声常用的检查技术

1. 经腹超声检查

（1）患者在检查前应饮水 500~800ml，使膀胱适度充盈，以显示子宫底部。

（2）体位：平卧位。

2. 经阴道超声检查

（1）检查前无须充盈膀胱。

（2）体位：膀胱截石位。

（3）优势：清晰显示子宫内膜及双侧卵巢形态、大小和卵泡。

（二）先天性子宫发育异常

1. 适应证

（1）青春期无月经或月经过少。

（2）原发性闭经伴周期性下腹痛。

（3）原发性不孕者。

（4）习惯性流产或早产者。

2. 检查方法及注意事项

（1）经腹。

（2）月经前期检查，易于观察子宫内膜有无变化。

（3）充盈膀胱应适度，过度充盈或充盈不足均易影响检查结果。

（4）未婚、月经期不应进行经阴道超声检查。

（三）子宫良性疾病

1. 适应证

（1）月经过多，月经淋漓不尽，或有贫血者。

（2）妇科检查子宫大于正常，妊娠子宫大于相应孕周者。

（3）不孕或有习惯性流产史者。

（4）有进行性加剧痛经史者，且月经期子宫较月经前期增大者。

2. 检查方法及注意事项

（1）常规选择经腹超声检查。

（2）疑有黏膜下、子宫肌壁内小肌瘤者、子宫腺肌病或子宫内膜病变，宜选用经阴道超声检查。

（3）未婚妇女不宜进行经阴道超声检查，已婚应避开月经期。

3. 超声检查可诊断的子宫良性疾病

（1）子宫肌瘤。

（2）子宫腺肌病。

（3）子宫内膜增生症。

（4）子宫内膜息肉。

（四）子宫内膜癌

1. 适应证

（1）阴道异常排液，更年期月经紊乱者。

（2）不规则阴道出血，尤其是绝经后。

（3）盆腔部触及肿块，并有腰骶部、下腹部、大腿部放射性疼痛者。

2. 检查方法及注意事项

（1）适度充盈膀胱后，常规选择经腹超声。

（2）疑为子宫内膜病变，应选用经阴道超声检查。

（3）彩色多普勒观察病变周围及内部血流情况。

（4）子宫内膜癌的确诊依靠诊断性刮宫。

（5）早期子宫内膜癌多无特殊表现或仅见内膜轻度增厚，与经期前正常子宫内膜、子宫内膜增生过长或内膜息肉、黏膜下子宫肌瘤等病变难以鉴别。

（五）卵巢疾病

1. 适应证

（1）盆腔肿块。

（2）绝经后。

（3）月经失调。

（4）子宫切除术后或一侧附件切除术后。

（5）妇科普查。

（6）阴道排液、出血。

2. 注意事项

（1）子宫外的盆腔肿块，尤其是囊性肿块，并非全部来源于卵巢，如中肾管或副中肾管囊肿等。

（2）囊性肿块多为良性，卵巢囊肿须进行随访，以除外非赘生性囊肿；卵巢囊实性肿物良恶性兼有，随肿瘤内部实质部分增多，恶性可能性增加；实质性肿物较囊性少见，但多为恶性。

（3）卵巢转移性肿瘤往往为双侧，外缘可清晰、不规则，内部可有大小不等圆形无回声区，常伴有大量腹水。

（六）宫内节育器

1. 适应证

（1）监测宫内节育器位置是否正常。

（2）了解有无并发症。

（3）引导宫内节育器的放置或取出。

2. 检查方法及注意事项

（1）适度充盈膀胱后，经腹检查。

（2）具体了解子宫的位置至关重要。

（3）带有节育器而有早期妊娠表现者，需注意鉴别是否带器妊娠。

第三节 胃 镜 检 查

胃镜检查亦称上消化道内镜检查，包括食管、胃、十二指肠的内镜检查。检查方式分为普通和无痛。

一、适应证

1. 有吞咽困难、反酸、胸骨后疼痛、胃灼热、上腹痛或不适、饱胀、恶心、食欲下降等上消化道症状，疑有食管、胃及十二指肠疾病，又不能确诊者。

2. 上消化道出血原因不明，行胃镜检查不仅可以明确病因，同时还可进行治疗。

3. 不明原因的消瘦、贫血，尤其是疑有上消化道肿瘤者。

4. X 线检查发现胃部病变不能明确性质者，特别是黏膜病变和疑有肿瘤者。

5. 需要随访观察的病变，如消化性溃疡、萎缩性胃炎、反流性食管炎、巴雷特食管（Barrett 食管）、癌前病变等。

6. 疑有食管癌和胃癌患者，胃镜可提高诊断准确率，发现早期病变，并可进行治疗。

7. 药物或手术治疗前后，病变的对比观察。

8. 需要通过内镜进行治疗者。

二、禁忌证

由于器械的改良，技术的进步，禁忌证大大减少。相对禁忌证如下：

1. 存在心律失常、心力衰竭、急性心肌梗死、严重呼吸功能不全及哮喘发作期等严重心肺疾病。

2. 休克、昏迷等危重状态。

3. 精神失常、检查不能配合者。

4. 食管、胃、十二指肠穿孔急性期。

5. 严重咽喉部疾患、腐蚀性食管炎和胃炎、巨大食管憩室、主动脉瘤及严重颈胸段脊柱畸形等。

6. 患有急性传染性肝炎或胃肠道传染病者一般暂缓检查；慢性乙、丙型肝炎或抗原携带者、艾滋病患者应采取特殊消毒措施。

三、检查方法

（一）检查前准备

1. 检查前日易消化的清淡饮食。检查前禁食水 6 小时。如有胃潴留者，需延长禁食时间；有幽门梗阻者，应洗胃后检查。

2. 服用阿司匹林或氯吡格雷者停药 3 日再做检查。

3. 有高血压、冠心病、脑梗死的患者，检查当日按时服用抗高血压药及治疗冠心病的药物。

4. 麻醉与镇静　内镜检查前 5~10 分钟给予 2% 利多卡因喷雾或利多卡因胶浆含服使咽部局部麻醉。对于过分紧张者，可酌情肌内注射镇静剂，如地西泮（安定）5~10mg或咪达唑仑 1~2mg；也可行无痛内镜检查，即用芬太尼 0.6~1.0μg/kg 静脉推注，合并丙泊酚 1.0~2.0mg/kg 静脉缓慢推注，进行全身静脉麻醉，以解除患者的恐惧和不适。无痛内镜检查，需要有专业人员给药和观察，并应在良好的心肺监护条件下进行，严防血压下降、呼吸抑制和其他并发症。术后做好复苏的观察与处理。

（二）检查方法要点

1. 患者左侧卧位，颈部松弛，口边置弯盘，紧咬牙垫。

2. 医生持胃镜经咬口插入食管，边进镜边观察。

3. 胃镜前端缓缓插入贲门后，缓慢推进至幽门前区，进入十二指肠球部、十二指肠降部及乳头部。由此退镜观察，逐段扫描，配合注气及抽吸，可逐一检查十二指肠、胃及食管各段病变。注意胃肠腔的大小形态、胃肠壁及皱襞情况、黏膜、黏膜下血管、分泌物性状及胃蠕动情况。

常规胃镜检查（视频）

4. 对有价值部位可摄像、活检及抽取胃液检查助诊。

5. 术毕尽量抽气，防止腹胀。取活检者勿立即进食热饮及粗糙食物。

（三）检查后注意事项

1. 检查后有明显腹痛、黑便等不适的患者，及时就诊。

2. 接受无痛胃镜检查者，检查后当日不能从事驾车、涉水、高空作业等高危险操作。

3. 检查结束后 2 小时内不能进食。

四、并发症及处理

1. **一般并发症**　喉头痉挛、下颌关节脱臼、咽喉部损伤、食管贲门黏膜撕裂等。

2. **严重并发症**　少见但危害严重。

（1）出血：多因操作粗暴、活检创伤或内镜下治疗后止血不当所致。可表现为呕血、黑便及血容量不足，需要及时扩容和止血，必要时内镜下止血。

（2）穿孔：多因操作粗暴、盲目插镜所致。食管穿孔表现为胸背部剧痛或纵隔颈部皮下气肿，胃穿孔表现为上腹剧痛及腹腔积气。及时行内镜检查明确诊断，并可行内镜下闭合穿孔，从而避免行外科手术治疗。

（3）低氧血症：多由通气障碍或患者紧张憋气所致，麻醉下内镜检查患者较为常见。应立即停止检查，吸氧，一般可迅速好转。

（4）感染：部分患者可发生吸入性肺炎。另外，为防止乙、丙型肝炎传播，应在检查前化验，阳性者用专用内镜，术后彻底消毒。

（5）心搏骤停、心肌梗死或心绞痛：多因插镜刺激迷走神经或低氧血症所致。一旦发生，应立即停止检查，积极抢救。

五、胃镜检查常见病变

胃镜检查对浅表性黏膜病变、早期肿瘤和上消化道出血病因的诊断等特别有意义。

1. 炎症　胃镜检查发现以慢性胃炎居多。包括慢性浅表性胃炎、萎缩性胃炎和特殊类型的胃炎（感染性胃炎、化学性胃炎、嗜酸细胞性胃炎、淋巴细胞性胃炎、非感染性肉芽肿性胃炎、放射性胃炎）。

2. 溃疡　以十二指肠球部及胃窦部慢性溃疡居多。根据溃疡形态，内镜下可分为活动期（A期）、愈合期（H期）和瘢痕期（S期）。恶性溃疡实际上为癌的一种类型（溃疡型癌），需做活检，根据病理检查确诊。

3. 肿瘤　胃癌、食管癌。早期胃癌仅累及黏膜或黏膜下层，无淋巴结转移，可做局部治疗而治愈。因此，及时正确地诊断肿瘤，意义重大。进展期胃癌根据形态分为隆起型、溃疡型、溃疡浸润型和弥漫浸润型。

第四节　结肠镜检查

下消化道内镜检查包括小肠镜、胶囊内镜、结肠镜检查。小肠镜检查因操作较难、价格昂贵，且设备要求高，临床应用尚不普遍。胶囊内镜已应用于临床，口服内置摄像与信号传输装置的智能胶囊后，其微型电子摄像装置沿消化道摄像并储存信号，经电子计算机处理重建图像后进行观察分析；胶囊内镜使用简单、无创，患者无痛苦，尤其对于小肠病变的诊断有很好的价值。结肠镜检查已广泛用于临床，本节仅介绍结肠镜检查。

结肠镜检查自肛门至回盲部甚至末段回肠，从而了解部分小肠及全结肠病变，以协助下消化道疾病的诊断。检查方式分普通和无痛。

一、适应证

1. 有原因不明的腹泻、便秘、便血、下腹痛、贫血、腹部肿块、消瘦等。

2. 钡灌肠或乙状结肠镜检查有异常者。

3. 肠道炎性疾病的诊断与随访观察。

4. 结肠癌前病变的监视，癌肿的术前诊断及术后随访。

5. 需做止血及结肠息肉摘除等内镜下治疗者。

6. 药物或手术治疗前后病变的对比观察。

二、禁忌证

无绝对禁忌证，相对禁忌证如下：

1. 肛门、直肠严重狭窄。

2. 急性重度结肠炎，如重症痢疾、溃疡性结肠炎及憩室炎等。

3. 急性弥漫性腹膜炎及腹腔脏器穿孔。

4. 妊娠妇女。

5. 严重心肺衰竭、精神失常及昏迷者。

三、检查方法

（一）检查前准备

肠道准备是检查成功的关键之一。

1. 检查前 1~2 日少渣半流食，检查当日晨起、中午禁食。接受无痛肠镜检查的患者，除检查当日晨起、中午禁食外，检查前 4 小时必须禁水，以保持空腹状态。

2. 停服阿司匹林或氯吡格雷 3 日。

3. 有高血压、冠心病、脑梗死的患者，检查当日按时服用抗高血压药及治疗冠心病的药物。

4. 肠道清洁　方法一：硫酸镁、甘露醇清肠。检查当日早晨 6 时服用硫酸镁 40ml，随后约 30 分钟内服用温开水 800~1 000ml；8 时服用甘露醇 250ml，随后约 30 分钟内服用温开水 800~1 000ml。方法二：聚乙二醇（福静清）4 袋清肠，每袋溶于温开水 1 000ml 中饮用。检查前日下午 5 时服用一袋，当晚继续进食；检查当日早晨 6 时、7 时、8 时分别服用一袋，每袋约 30 分钟喝完。欲行内镜下高频电切息肉等内镜治疗时，应避免用甘露醇清肠，以防甘露醇电解后产生的易燃气体在肠腔爆炸。

5. 麻醉与镇静　解痉剂可抑制肠蠕动，有利于操作。可于检查前 5~10 分钟予阿托品 0.5mg 或东莨菪碱 10mg 肌内注射。对于过分紧张者，可酌情肌内注射镇静剂，如地西泮 5~10mg 或咪达唑仑 1~2mg。也可行无痛内镜检查，麻醉用药及处理同胃镜检查。

（二）检查方法要点

1. 患者左侧卧位，双腿屈曲。

2. 嘱患者放松肛门括约肌再插镜，直至回盲瓣，观察末段回肠 15~30cm 范围的肠腔与黏膜。

3. 退镜时，环视肠壁，适量注气、抽气，逐段仔细观察，注意肠腔大小、肠壁及袋囊情况。

4. 对有价值部位可摄像、取活检及行细胞学等检查助诊。

5. 检查结束时，尽量抽气以减轻腹胀，休息观察 15~30 分钟。

6. 行息肉摘除、止血等治疗者，给予半流质饮食和适当休息 4~5 日，以确保安全。

（三）注意事项

1. 肠道准备过程中若有明显腹痛、腹胀等不适，应立即停止肠道准备，及时就诊。

2. 长期便秘者，检查前 3~7 日服用有效的通便药。

3. 特殊情况（年老体弱、怀疑有不全肠梗阻），必须在医生指导下进行肠道准备。

四、并发症及处理

1. **穿孔** 可由于结肠结构异常如憩室、粘连、肠袢扭结等，亦可因操作不当引起。多表现为腹胀、腹痛，可有气腹及腹膜炎体征，肠镜可见破口位置，X 线有助于确诊。

2. **出血** 多由插镜损伤、活检过度、电凝止血不足等引起。应根据出血量予以止血处理，必要时内镜下止血。

3. **肠系膜损伤** 多由操作粗暴导致，表现为腹痛及少量腹腔内出血。少量出血者保守治疗，出血量较大者应考虑剖腹探查。

4. **心搏骤停、心肌梗死、心绞痛等** 多因插镜刺激迷走神经、心律失常或低氧血症所致。一旦发生应立即停止检查，积极抢救。

5. **气体爆炸** 用甘露醇进行肠道准备时，因其可被肠内细菌分解，产生甲烷类易燃气体，如行结肠息肉的高频电凝治疗，有引起爆炸的危险，后果严重，应严加防范。息肉电切治疗应严格避免使用甘露醇类做肠道准备。

五、结肠镜检查常见病变

结肠疾病的基本病变，如炎症、溃疡及肿瘤，与上消化道疾病有相似之处。

1. **炎症** 由多种不同原因引起，非特异性炎症主要指溃疡性结肠炎和克罗恩病。

2. **溃疡** 多表现为糜烂或浅表溃疡。

3. **肿瘤** 结肠良、恶性肿瘤患者均较常见，为结肠镜检查的主要指征。良性者以结肠腺瘤多见，属于癌前病变，其大小、形态、有无蒂对判断类型及预后均非常重要。恶性肿瘤主要是结肠癌，以息肉型最多，绝大多数为腺瘤恶变所致，其次为溃疡型和浸润型。结肠癌好发于直、乙状结肠。

（刘　杰）

推荐阅读资料

[1] 中国医师协会超声医师分会.腹部超声检查指南.北京：人民军医出版社，2014.

[2] 中国医师协会超声医师分会.血管和浅表器官超声检查指南.北京：人民军医出版社，2011.

［3］中华医学会呼吸病学分会肺功能专业组.肺功能检查指南：肺弥散功能检查.中华结核和呼吸杂志，2015，38（3）：164-169.

［4］中华医学会呼吸病学分会肺功能专业组.肺功能检查指南：肺容量检查.中华结核和呼吸杂志，2015，38（4）：255-260.

［5］中华医学会呼吸病学分会肺功能专业组.肺功能检查指南：体积描记法肺容量和气道阻力检查.中华结核和呼吸杂志，2015，38（5）：342-347.

第八章 院前急救技术

院前急救技术是全科医生必须掌握的最重要的临床技能。全科医生能力的评价标准中就包括其是否有能力应对发生在社区卫生服务中心（站）或居民区的意外事件。心肺脑复苏、气道异物的清除，以及各种急症、急病或理化因素所致损伤的处理都属于急救技术的范畴。

第一节 心肺脑复苏

一、概述

心肺脑复苏是针对心搏骤停患者的紧急抢救技术。几十年来，该技术相关指南及专家共识经过了多次修订。2020 年，美国心脏病学会（American Heart Association，AHA）组织全球急诊医学、危重症医学和心血管医学的专家再次对"心肺复苏指南"（以下简称"指南"）进行了更新。在原有院内院前"双五环"生命链的基础上增加复苏后康复环节，形成"双六环"生命链。但与前指南相同的是依旧非常注重心脏按压的地位，仍建议按照"循环 – 气道 – 呼吸"（即 C–A–B）顺序开展复苏。为了使更多的人能够学会并掌握这项技术，"指南"也简化了很多操作流程，使其更加具有可操作性，并可以节省更多的时间。此后，基于循证医学证据变化，不定期更新"指南"内容的制定模式替代了固定周期的模式，使其具有更强的实时性。

二、心肺复苏术操作要领及注意事项

（一）判断意识

当发现有人突然倒地时，全科医生必须立即判断患者的意识状态。

1. 动作要领　抢救者用双手拍打被抢救者双肩，同时进行呼叫。如果知道其名字可以呼唤名字，不知名者可以呼唤"先生"或"女士"，并询问其情况。被抢救者出现下述任何一项视为"有反应"：能够发出声音（即使不能够正确回答问题）、能够睁眼或有肢体运动。如果在呼叫过程中上述三项均未出现，则视为被抢救者"无反应"。

心肺复苏术
（婴儿 +
成人）
（视频）

2. 注意事项　首先，在任何情况下都要注意尊重被抢救者，不能拍打其面部，拍打双肩时的力度也要适当。在呼叫时，对着被抢救者的耳部，声音要足够大。

（二）判断呼吸和脉搏

1. 动作要领 判断呼吸时，抢救者在被抢救者身体的一侧，观察被抢救者的胸廓是否有起伏，同时观察其口鼻处是否有规律的呼吸动作。如果没有胸廓起伏或口鼻处的呼吸动作，则视为"无呼吸"。判断脉搏时，抢救者用一只手的示指和中指并拢，找到被抢救者的喉结（甲状软骨）位置，沿颈部向抢救者同侧滑动至相距1cm左右的肌间沟处，即为颈动脉所在位置，触摸颈动脉搏动，判断是否有脉搏。

2. 注意事项 判断呼吸和脉搏应当同时进行，时间控制在5~10秒。此外，判断脉搏时还需注意不宜触摸抢救者对侧的颈动脉以避免视觉上的误解，引起不必要的医疗纠纷。尤其需要强调的是2020年指南指出，为避免因无法准确判断患者脉搏情况而延迟或不启动心肺复苏，非专业施救者可以根据患者意识水平及呼吸情况启动心肺复苏，不再强调以有无脉搏作为判定心搏骤停的标准。

（三）呼救

如判定被抢救者无反应、呼吸及脉搏，立即呼救，可以呼叫紧急救援系统（EMSS）或相关抢救部门，要特别提醒携带自动体外除颤器（automated external defibrillator，AED）或其他体外除颤器。

（四）心脏按压

1. 动作要领

（1）按压部位：纵向位于胸骨中下1/3交界处，横向相当于两乳头连线中点。

（2）按压方法：抢救者将一只手的掌根部置于按压部位；另一只手平行叠加在前述手的手背上，双手十指交叉，并抬离胸壁。身体略前倾，上肢伸直，使肩、肘、腕连线与地面垂直，以上身的重力进行按压，如图8-1-1所示。

（3）按压频率：为100~120次/min。判断减少按压中断的标准是以心脏按压在整体心肺复苏中占的比例确定的，所占比例至少为60%，越高越好。

（4）按压与放松时间比为1:1，每次按压后要保证使胸壁完全回弹，尽可能减少按压的中断（不超过10秒）。

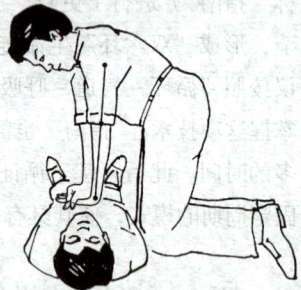

图8-1-1 心脏按压

（5）按压深度：成人心肺复苏的按压深度标准为5~6cm。儿童［包括婴儿（小于1岁）至青春期开始的儿童］为胸部前后径的1/3，大约相当于婴儿4cm，儿童5cm。对于青春期开始至18岁以下者应当参照成人。

2. 注意事项

（1）按压时手指要抬起，不要接触胸壁，避免引起肋骨骨折。

（2）按压全程上肢不能弯曲。

（3）每次按压后要完全放松，使胸壁回弹，但手掌不能离开胸壁。

（4）按压力度要均匀，不能冲击性按压。

（五）开放气道

1. 动作要领　根据被抢救者是否有颈椎损伤的可能性，开放气道有 2 种不同的方法。

（1）抬头举颏法：抢救者一只手的手掌根放在被抢救者前额处，稍用力下压，另一只手的示指与中指并拢放在被抢救者下颌骨处，两只手合力向上抬起下颌使头部后仰（图 8-1-2）。

（2）双手托颌法：抢救者在被抢救者头侧，双肘位于被抢救者背部同一水平上，双手四指抓住被抢救者两侧下颌角，向上托举，使被抢救者下颌向前上。此时，保持头部的位置不变，两手拇指可将下唇下推，使口腔打开（图 8-1-3）。适用于怀疑有颈椎损伤的被抢救者。

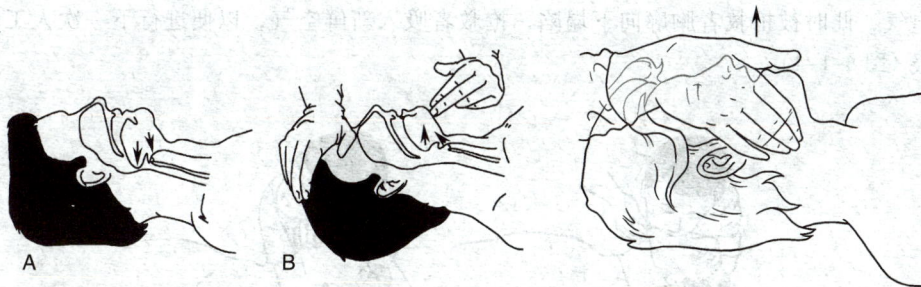

图 8-1-2　抬头举颏法　　　　　　　　　图 8-1-3　双手托颌法

A 示用力下压方向；B 示两只手合力抬起下颌使头部后仰。

2. 注意事项

（1）开放气道时，如发现被抢救者口腔内有异物，将被抢救者头部偏向一侧，清除异物。

（2）操作抬头举颏法时，要注意手指不要压迫患者颈部颏下软组织，以免压迫气管。此方法不适合可疑颈椎损伤的被抢救者。

（3）虽然双手托颌法更能保证颈椎的安全，但统计显示即使是头颈部钝性损伤的被抢救者大部分也不一定有颈椎损伤。而此法将大大限制抢救者的其他操作，因此在 2020 年修订的指南中未再被强调。

（六）人工通气

对于有目击者或有可电击心律的院外心搏骤停患者，基于优先权的多层急救系统可以借助 3 个 200 次持续按压的按压周期加被动给氧和辅助气道装置的策略来延迟正压通气（positive pressure ventilation，PPV）。医护人员可以每 6 秒进行 1 次人工呼吸（每次呼吸超过 1 秒，每次须使胸廓隆起，每分钟 10 次），同时进行持续心脏按压。

理由：在 3 个周期的被动给氧和置入辅助气道装置（如球囊面罩、气管插管）辅助通气、200 次持续心脏按压配合间歇电击之后，有目击者或有可电击心律的院外心搏骤停患者的神经功能良好的存活率有所增加，强调心脏按压时的胸廓变化可以部分实现气体交换。被抢救者的自身安全和社会伦理学限制了口对口人工通气的使用。

人工通气包括口对口、口对鼻、口对面罩及使用球囊面罩等通气方法。无论何种人工通气方法，通气时间均应 1 秒以上，而可以见到胸廓运动是人工通气有效的唯一标准。各种人工通气都应当在保持呼吸道畅通和患者口部张开的位置进行。

1. 动作要领

（1）口对口人工呼吸：抢救者用按于前额的手的拇指和示指捏闭被抢救者鼻孔，自然吸气后，张开口紧贴患者口部，以封闭被抢救者的口周围（婴幼儿可连同鼻一块儿包住，使之不漏气）；均匀地向被抢救者口内吹气，吹气时间不小于 1 秒，同时注意观察被抢救者的胸廓在吹气时有上抬；一次吹气完毕，应立即与被抢救者口部脱离，轻轻抬起头部；同时，放松捏被抢救者鼻部的手，以便于被抢救者从鼻孔出气，此时被抢救者胸廓向下塌陷；抢救者吸入新鲜空气，以便进行下一次人工呼吸（图 8-1-4）。

图 8-1-4 口对口人工呼吸

（2）口对鼻人工呼吸：当被抢救者有口腔外伤或其他原因致口腔不能打开时，可采用口对鼻人工呼吸，其方法与口对口相近。首先开放被抢救者气道，但此时用托住被抢救者下颌的手用力上抬，使其口闭住。抢救者自然吸气后，用口包住患者鼻部，用力向被抢救者鼻孔内吹气，直到胸廓抬起，吹气后将患者口部张开，让气体呼出。如吹气有效，则可见到患者的胸廓随吹气而起伏，并能感觉到气流呼出。

（3）球囊面罩通气：球囊面罩是临床最便利也是最常用的人工通气设备。它的优点是在任何条件下都能够实现有效的人工通气，而且可以保证抢救者的安全。球囊面罩通气与气管插管一样为呼吸支持的"金标准"，抢救者必须熟练掌握这种人工通气方式。在有条件的情况下，还可以连接氧源，向被抢救者提供浓度 50%~100% 的氧气。

球囊面罩通气时，抢救者采用"EC"手法。用一只手的拇指、示指扣成半环按压住面罩与球囊连接处，使面罩与被抢救者面部严密贴合，包盖口鼻（窄头在鼻侧，宽头在口侧），其余三指分开抬起下颌，尽可能开放气道；另外一只手挤压球囊，使气体进入被抢救者气道，潮气量控制在 400~600ml/ 次。

2. 注意事项

（1）任何方法的人工通气都必须在保证气道开放的前提下进行，否则将无法把气体送入患者气道。

（2）人工呼吸时见到胸廓起伏即认为有效，不必过度用力。吹气量过大，吹气时间过短，可造成咽部压力增大，使气体吹入食管和胃。反复吹入后，胃的进气量过大，可引起胃胀气，一方面使横膈抬高，肺扩张障碍，肺容量减少，进而影响肺通气量；另一方面，胃胀气引起的胃扩张可导致呕吐、反流和误吸。

如果被抢救者已发生胃胀气，抢救者可用手按压上腹部，以利于胃内气体的排出；如有反流或呕吐，要将被抢救者头部侧向一旁，防止呕吐物误吸。

（3）使用球囊面罩时，要把面罩扣紧被抢救者面部，避免漏气。

（七）电除颤

1. 除颤条件　只有被抢救者的心电图显示为"可电击心律"才可以考虑除颤。

2. 除颤器及能量选择　单相波除颤时，选择360J的能量；双相波则按照仪器设定的推荐能量或最大能量。

3. 电极板的位置　胸骨电极板的位置在胸骨右缘锁骨下区，心尖电极板的位置是其中心在左腋中线第5肋间。

4. 除颤次数　一次检测除颤一次，然后立即开始心脏按压。

（八）心肺复苏的操作流程总结

心肺复苏的操作顺序可以简单记为："呼叫—呼救—C—A—B"，宜根据实际情况遵循"个体化"原则。

呼叫：当发现有人突然倒地时，应当立即通过呼叫和拍打判断被抢救者是否有反应，如无反应则进行以下操作。

判断呼吸和脉搏：主要通过观察胸廓是否有起伏判断是否有呼吸，同时通过触摸颈动脉判断是否有脉搏，但时间不超过10秒。如无呼吸、无脉搏或无法确定有脉搏则进行以下操作。

呼救：立即呼救，可以呼叫紧急救援系统（emergency medical service system，EMSS）或相关抢救部门，要特别提醒携带自动体外除颤器（automated external defibrillator，AED）或其他体外除颤器。

开始心脏按压30次，然后开放气道、人工通气2次，然后以30∶2的比例进行心脏按压和人工通气。条件允许时可进行持续心脏按压并以10次/min的频率进行人工通气，直至除颤器到达或专业人员到达。在此期间每5个循环（2分钟左右）评估被抢救者是否恢复自主循环。

除颤器到达，抢救者继续心肺复苏，其他人准备除颤器。当除颤器准备完毕后，通过其所示心电波形判断是否为可电击心律，如是，即刻进行电除颤。除颤后继续心脏按压和人工通气，5个循环后再次评估。实施基础生命支持（basic life support，BLS）流程总结见图8-1-5，高质量心肺复苏（CPR）的判断要点见表8-1-1。

BLS医务人员成人心脏骤停流程图

↓

确认现场安全

↓

1. 患者无反应。呼叫旁人帮助
2.（如果适用）通过移动通信设备，启动应急反应系统
3. 取得AED及急救设备，或请旁人帮忙获得

1. 人工通气：每6s 1次，或者人工通气10次/min
2. 继续人工通气；每2min检查1次脉搏，如无则开始心脏按压
3. 如果可能有阿片类药物过量的情况，若能获得纳洛酮，则按治疗方案给予纳洛酮

检查患者的情况，直到急救人员到达 ← 有呼吸有脉搏 — 检查是否无呼吸或仅是喘息，并同时检查脉搏，在5~10s完成 — 无正常呼吸，有脉搏

无呼吸或仅有喘息，无脉搏

↓

心肺复苏：开始30次按压和2次人工通气的复苏周期，条件允许时持续心脏按压并以10次/min的频率进行人工通气，如有可能应该尽早使用AED

在所有情况下，到这时应该都已启动应急反应系统或救援，并且已经取得或者有人正在前往取得AED和急救设备

↓

AED到达

↓

检查心律，是否可电击心律

是，可电击
进行1次电击
立即继续心肺复苏，持续约2min（直至AED提示需要分析心律）
持续直至加强生命支持团队接管或者患者开始活动

不是，不可电击
立即继续心肺复苏
持续约2min（直至AED提示需要分析心律）
持续直至加强生命支持团队接管或者患者开始活动

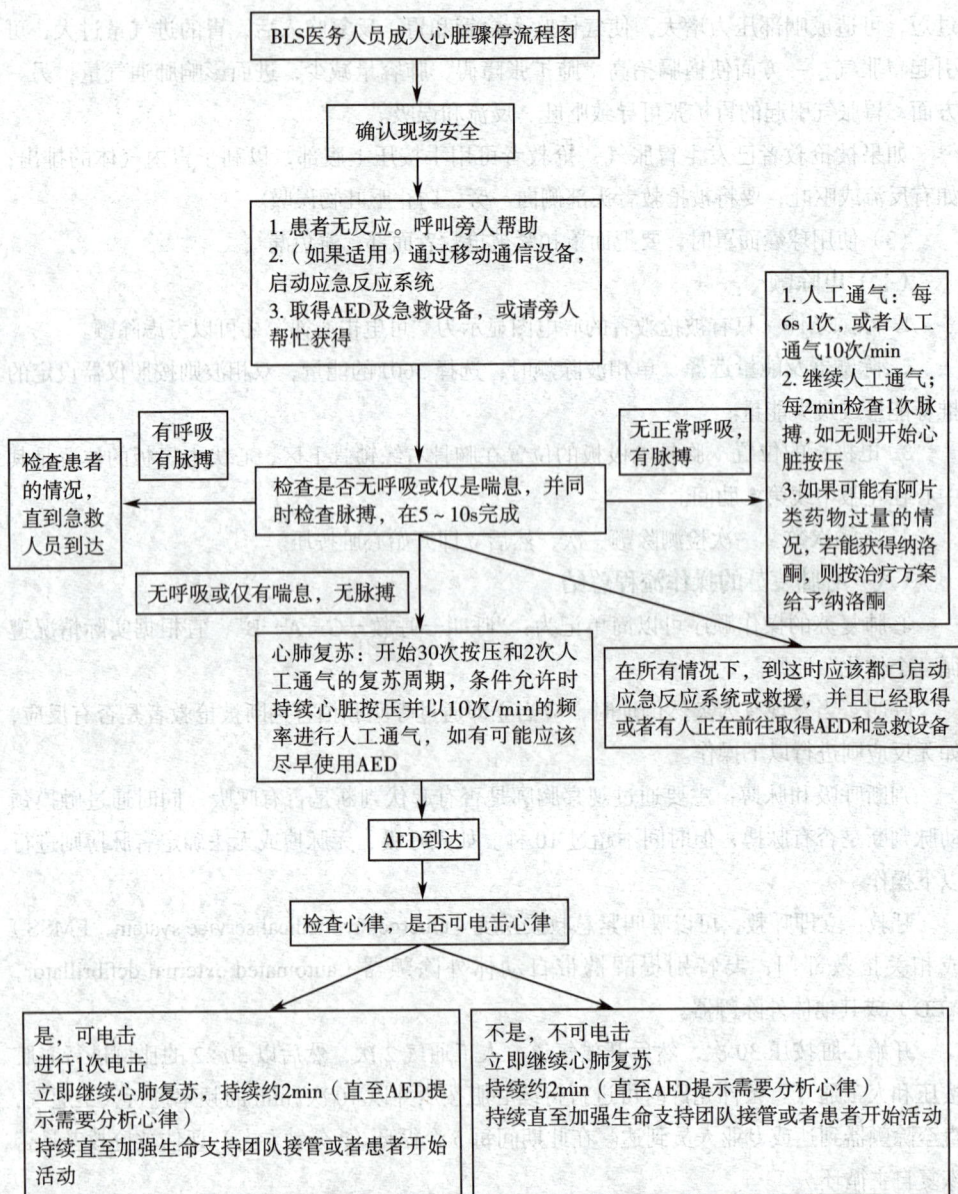

图 8-1-5 成人基础生命支持简化流程

AED 为自动体外除颤器；BLS 为基础生命支持。

表 8-1-1　BLS 人员进行高质量 CPR 的要点总结

内容	成人和青少年	儿童 （1 岁至青春期）	婴儿（不足 1 岁），除新生儿以外
现场安全	确保现场对施救者和患者均是安全的		
识别心搏骤停	检查患者有无反应（即意识水平及呼吸状况） 不能在 10s 内明确感觉到脉搏 （10s 内可同时检查呼吸和脉搏）		
启动应急反应系统	如果您是独自一人且没有手机，则离开患者启动应急反应系统并取得 AED，然后开始心肺复苏；或者请其他人去，自己则立即开始心肺复苏，在 AED 可用后尽快使用		无人目击的突然倒地，应给予 2min 的心肺复苏，离开患者去启动应急反应系统，并获取 AED，然后回到该婴儿身边继续心肺复苏，在 AED 可用后尽快使用
没有高级气道的按压 - 通气比	1 名施救者时为 30：2 2 名及以上施救者时参照有高级气道的按压 - 通气比		15：2
有高级气道的按压 - 通气比	以 100~120 次 /min 的速率持续按压 每 6s 给予 1 次呼吸（呼吸 10 次 /min）		
按压深度	至少 5cm（2 英寸）①	至少为胸部前后径的 1/3，大约 5cm（2 英寸）	至少为胸部前后径的 1/3，大约 4cm（1.5 英寸）
手的位置	将双手放在胸骨的中下 1/3 交界处	（对于很小的儿童可用）将双手或一只手放在胸骨的下半部	1 名施救者，将 2 根手指放在婴儿胸部中央，乳线正下方 2 名以上施救者，将双手拇指环绕放在婴儿胸部中央，乳线正下方
胸廓回弹	每次按压后使胸廓充分回弹；不可在每次按压后倚靠在患者胸上		
尽量减少中断	中断时间限 10s 以内		

注：AED，自动体外除颤器；CPR，心肺复苏；BLS，基础生命支持。

① 对于成人的按压深度不应超过 6cm（2.4 英寸）。

三、心肺复苏中的脑保护

在心肺复苏的患者中，约 50% 死于中枢神经系统损伤，生存者中 20%~50% 有不同程度的脑损伤。基于此，复苏中的脑保护越来越受到重视。

（一）及时抢救

及时有效的心肺复苏是脑复苏的最基本措施。只有脑供血、供氧恢复，脑组织细胞才有可能存活。因此，当发现有猝死患者时必须尽快进行标准心肺复苏，保证脑组织代谢所需最低血液供应。

（二）循环支持

在自主循环恢复（return of spontaneous circulation，ROSC）后要控制血压，使其在正常范围内，不宜过高，特别是平均动脉压不高于 75mmHg。通过这样的方法保持脏器功能的稳定。

（三）供氧

有条件时应当给患者吸入氧气，可以采用高流量吸氧或者吸入纯氧。

（四）低温

降低体温可以降低机体代谢率，是保护脑组织和其他内脏功能的重要措施之一。临床上常用的降温要求如下：

1. 降温开始的时间越早越好，尽量赶在脑水肿形成之前。

2. 可以采取全身体表降温与头部重点降温相结合。首先可用空调控制室温，身下置冰毯；然后可在前额、颈部及腋窝和腹股沟处放置冰袋来降温。

3. 目标温度选定在 32~36℃ 为宜，体温过低可引起心律失常和血压降低。

4. 降温的持续时间至少维持 24 小时。

第二节　心脏电除颤

一、概述

心室颤动时，无心动周期，可在任何时候放电以消除颤动波，使心室颤动终止，即非同步电复律，又称为电除颤（electric defibrillation）。

二、适应证

心室颤动或无脉性室性心动过速等可引起严重血流动力学障碍，此时应首选并尽快进行电除颤，最好在 30~45 秒内转复为窦性心律，超过 4 分钟后除颤成功率明显降低。

三、禁忌证

1. 洋地黄中毒所致的快速心律失常　洋地黄中毒时心脏对电击的敏感性增加，容易导致恶性心律失常的发生。

2. 伴有高度或完全性传导阻滞的心房颤动、心房扑动、房性心动过速。

3. 未用影响房室传导药物下心室率已经很缓慢者。

4. 伴有病态窦房结综合征者。

5. 近三个月有动脉栓塞或经超声心动图检查发现心房内存在血栓而未接受抗凝治疗者。

四、操作步骤

用于紧急危重患者时，操作过程力求简化，患者多已意识丧失，无须麻醉等术前准备。

1. 患者取平卧位。

2. 准备除颤器，在电极板上涂导电糊或铺垫用盐水浸湿的纱布垫。

3. 术者双手持电极板，将两电极板分别置于胸骨右缘第 2 肋间和左腋前线第 5 肋间（心底 - 心尖位）(图 8-2-1)。打开除颤器，观察监测屏幕，确认为心室颤动或无脉性室性心动过速。

4. 选择除颤能量　双向波除颤器用 200J，单向波除颤器用 360J，充电。

5. 紧压电极板，确认无人接触患者且周围无导电体存在，于人工呼气末按放电按钮除颤。

6. 立即移开电极板，继续胸外按压。给予 5 个按压 - 通气循环或 2 分钟的心肺复苏后再次观察监测屏幕判断心律，如未恢复窦性心律，则准备下一次除颤；如果患者仍然为可电击心律，则可以再除颤 1~2 次，能量与前面相同。

图 8-2-1　除颤电极安放位置

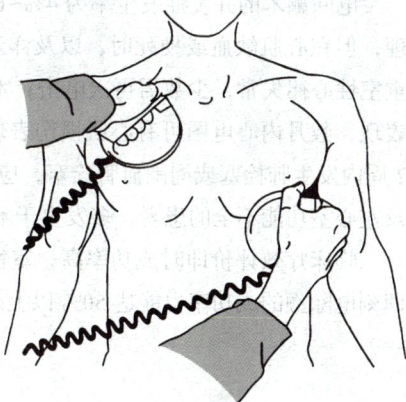

7. 经上述 2~3 次除颤仍无效或心电图示细颤波，则应给予肾上腺素、胺碘酮或利多卡因（lidocaine）50~100mg（速度 ≤ 50mg/min）或溴苄铵（bretylium）250mg 静脉注射，并且心脏按压 5 个周期后再进行电除颤。继续用胺碘酮，按每次 5mg/kg 或以 450~600mg 加于 5% 葡萄糖溶液 500ml 中静脉滴注。利多卡因 2~4mg/min 维持静脉滴注，可提高心室颤动的阈值，防止除颤成功后复颤。

五、自动体外除颤器

自动体外除颤器（automated external defibrillator，AED）可通过分析心电信号的多重性质，确定心律是否为心室颤动或室性心动过速，并在心室颤动或室性心动过速时作出除颤的提示，自动按预设程序启动除颤。目前广泛应用于心搏骤停患者的院前现场急救，可由专业人员或任何经过简单训练的非专业人员使用。自动体外除颤器的应用使许多心搏骤停患者接受除颤的时间大大提前，使基础生命支持"生存链"的前三个环节（早期评估、早期心肺复苏、早期电除颤）得以实现，被认为是现今提高心肺复苏成功率的最重要因素。

1. 患者取平卧位贴电极片　一个在胸骨右缘第 2 肋间（右锁骨正下方），另一个贴在

左腋前线，使其顶端位于腋下 4~5cm 处。

2. 打开 AED 电源，将电极片导线与电极片连接。与患者脱离接触。AED 自动分析心律（需 5~15 秒），如有可电击心律时，则会自动充电，并有语音提示应予以电击。

3. 确认无人接触患者且周围无导电体存在后，按下电击钮。

4. 第 1 次电击后立即继续进行 5 个周期的心肺复苏，完成后再次按下分析钮，如提示仍为可电击心律，则再次重复充电 - 电击的步骤，如没有恢复应继续进行心肺复苏。

六、注意事项

电除颤术的并发症发生率为 4%~6%。术后可发生多种短暂性心律失常，一般无须处理，但在心肌缺血或梗死时，以及洋地黄中毒、低钾、低镁等电解质紊乱患者可发生严重室性心律失常，少数需再次电击；术后可有一过性肌酸激酶（CK）升高和心电图高钾表现，数月内心电图可有心肌损伤表现，无须特殊处理；少数患者于术后 24~48 小时或 2 周内发生肺栓塞或周围血管栓塞，应予注意；急性肺水肿可见于二尖瓣或主动脉瓣病变及左心室功能不全的患者，多发生于术后 1~3 小时，应按急性左心衰竭及时处理。

临床疗效评价即时成功率高，室性心动过速者成功率达 97% 以上，心室颤动发生后即刻电除颤的成功率也能达 50% 以上。

第三节　急性上呼吸道梗阻的紧急处理

一、概述

在临床，上呼吸道梗阻虽较为少见，但一旦发生危险性极大。完全性上呼吸道梗阻可能在数分钟内危及患者生命。

（一）引起上呼吸道梗阻的常见原因

1. **喉痉挛**　喉部肌肉反射性痉挛收缩，使声带内收，声门部分或完全关闭而导致患者出现不同程度的呼吸困难，甚至完全性上呼吸道梗阻。

2. **气道瘢痕狭窄**　多为气管插管或气管切开术等治疗所致。

3. **气道壁病变**　如水肿、咽喉部软组织炎、咽后壁脓肿、扁桃体肿大、声带麻痹、喉或气管肿瘤、气管软化及复发性多软骨炎等。

4. **气道腔内病变**　以气道内异物多见，带蒂气管内息肉或肿瘤，以及炎性肉芽肿。

5. **气道外部压迫**　气道周围占位性病变如甲状腺癌、脓肿、血肿或气体的压迫。

6. **上呼吸道内分泌物潴留**　呼吸道出血或大量痰液未能咳出，胃内容物大量吸入等。

7. **气道异物梗阻**　固体食物或玩具误入气道，这也是急性上气道阻塞的最常见原因。

8. 外伤 喉部挫伤、切割伤、烧灼伤、毒气或高热蒸汽吸入等。

(二)急性上呼吸道梗阻的判断

1. **急性上呼吸道梗阻的典型表现** 由于异物吸入上呼吸道，患者感到极度不适，常常不由自主地以一只手呈"V"字状紧贴于颈前喉部，苦不堪言，如图8-3-1所示，表现为吸气性呼吸困难。

2. **上呼吸道不完全阻塞** 患者可以咳嗽、喘气或咳嗽微弱无力，呼吸困难；患者张口吸气时，可产生吸气性喉喘鸣；皮肤、甲床、口腔黏膜和面色青紫、发绀。

3. **上呼吸道完全阻塞** 较大的异物堵住喉部、气管处，患者面色灰暗青紫，不能说话、咳嗽、呼吸，失去知觉，窒息并且很快呼吸停止。

(三)急性上呼吸道梗阻的紧急处理

1. **气道异物的急救方法** 怀疑患者有上呼吸道梗阻时，首先应当确定阻塞程度。如呼吸道部分梗阻而气体交换良好时，救护员不要做任何处理，应尽量鼓励伤病员咳嗽，确定是否发生气道异物堵塞，询问"是否被噎住了"，了解患者能否咳嗽和说话。如果患者不能说话、咳嗽或呼吸道部分堵塞而气体交换欠佳时，可实施人工操作帮助清除气道异物。

（1）单人海姆立克手法（Heimlich maneuver）：是目前国际通用的现场处理气道异物的手法（图8-3-2）。操作方法为如下：

1）救护员站在伤病员背后，被抢救者弯腰并且头部前倾。

2）救护员双手环抱患者腰部。

3）救护员一只手握空心拳，将拇指侧顶住患者腹部正中线肚脐上方两横指处、剑突下方。

ER8-4

2岁以上儿童海姆立克急救法（视频）

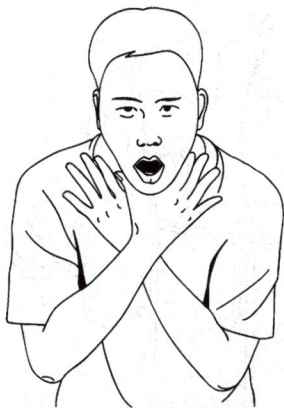

图 8-3-1 气道梗阻的典型表现

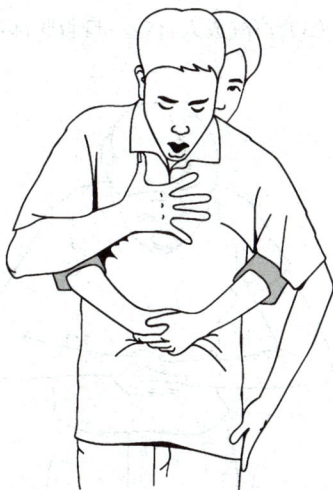

图 8-3-2 单人海姆立克手法

4）救护员另一只手手掌紧握在握拳的手上。

5）救护员用力在患者腹部向上连续冲击 5~6 次。

6）每次推压动作要明显分开。

（2）其他急救手法

1）卧位腹部冲击法：当患者意识丧失或无法站立时，可采用此法，如图 8-3-3 所示。

2）互救胸部冲击法：主要针对孕妇或其他腹部明显膨隆者，如图 8-3-4 所示。

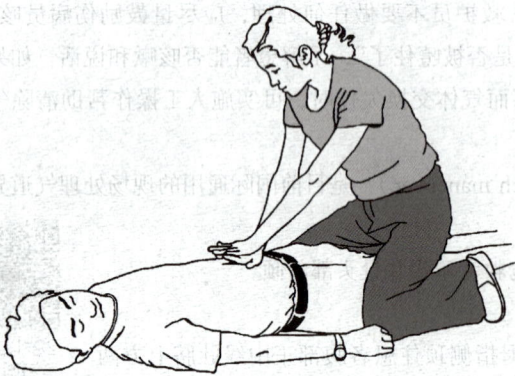

图 8-3-3　卧位腹部冲击法　　　　　　　　图 8-3-4　互救胸部冲击法

（3）清醒成人自救：自救腹部冲击法，如图 8-3-5 和图 8-3-6 所示。

图 8-3-5　自救腹部冲击法 1　　　　　　　图 8-3-6　自救腹部冲击法 2

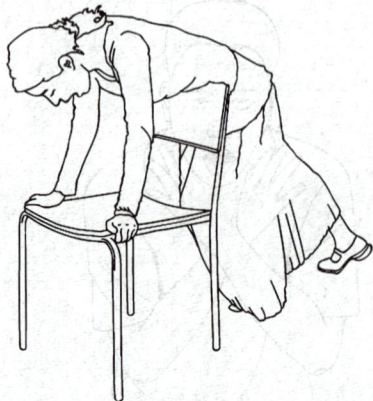

（4）婴儿气道异物的抢救方法：当婴儿气道有异物时，通常采用背部叩击法（图8-3-7）。

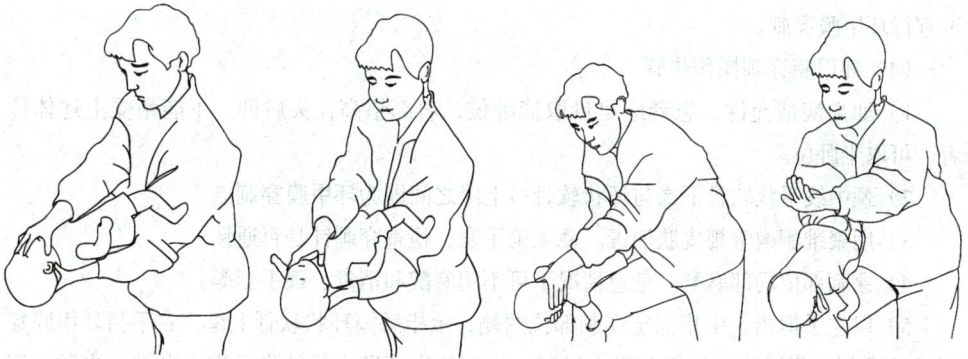

图8-3-7 婴儿气道异物梗阻的背部叩击法

解除有意识反应婴儿气道异物梗阻方法（视频）

1）救护人将婴儿的身体骑跨在一侧的前臂上，同时手掌将头颈后部固定，头部低于躯干。

2）用另一手固定婴儿下颌角，并使婴儿头部轻度后仰，打开气道。

3）两手的前臂将婴儿固定，翻转呈俯卧位。

4）用手掌根叩击婴儿背部肩胛区4次。

5）两手前臂将婴儿固定，翻转呈仰卧位。

6）快速冲击性按压婴儿两乳头连线下一横指处4次。

7）检查口腔，如异物咳出，迅速采取手取异物法处理。

8）若阻塞物未能咳出，重复背部叩击和胸部冲击动作多次。

（5）气道异物抢救的注意事项

1）尽早识别气道异物梗阻的表现，作出判断。

2）实施腹部冲击，定位要准，不要把手放在胸骨的剑突下或肋缘下。

3）腹部冲击要注意胃反流导致误吸。

2. 环甲膜穿刺 用于无法解除的上呼吸道梗阻，是院内有效解除急性上呼吸道梗阻引起的严重呼吸困难的急救方法之一。可为后续抢救赢得时间，是现场急救的重要组成部分。具有简便、快捷、有效、容易掌握四大优点，但由于是一种"损伤性"操作，现场人员常常难以决断。

（1）环甲膜的解剖：环甲膜是位于甲状软骨和环状软骨之间，由弹力纤维构成的近似三角形的结缔组织膜。其周围无颈部肌群及重要神经、血管，而且远离肺及纵隔，所以手术非常安全，利于穿刺（图8-3-8）。

（2）定位：使被抢救者头部后仰，在体表触摸。自下颌部沿颈正中线向下触摸，会摸到两个硬性突起，第一个突起即喉结，第二个突起即环状软骨。环状软骨上缘软组织

凹陷处是环甲膜。

（3）环甲膜穿刺的适应证和禁忌证：用手法无法解除的上呼吸道梗阻，特别是喉以上部位的梗阻可以考虑使用环甲膜穿刺。已明确呼吸道阻塞发生在环甲膜水平以下者，不宜行环甲膜穿刺。

（4）环甲膜穿刺操作步骤

1）如果病情允许，患者应尽量取仰卧位，肩部垫高，头后仰。不能耐受上述体位者，可取半卧位。

2）颈中线甲状软骨下缘与环状软骨弓上缘之间即为环甲膜穿刺点。

3）用聚维酮碘常规皮肤消毒。戴无菌手套，检查穿刺针是否通畅。

4）穿刺部位局部麻醉。危急情况下可不用麻醉和消毒、戴手套等。

5）以左手拇指、中指固定穿刺部位两侧，示指触摸环状软骨上缘，右手持环甲膜穿刺针垂直刺入环甲膜，注意勿用力过猛，出现落空感即表示针尖已进入喉腔。再顺气管方向稍向下推行少许，退出穿刺针芯，检验有呼吸气流，确认针刺入喉腔后将针末端用胶布固定。

（5）环甲膜穿刺操作要点（图8-3-9）

1）穿刺针要贴着甲状软骨上缘刺入，其间略有阻力，刺破后有落空感。

2）如果没有穿刺针，可用粗注射针头或其他任何锐器如水果刀迅速从环甲膜刺入，并使创口撑开，创口内放置通气管。检查呼吸顺畅后，将露出皮肤以外的部分用胶布加以固定，以防通气管坠入气管。

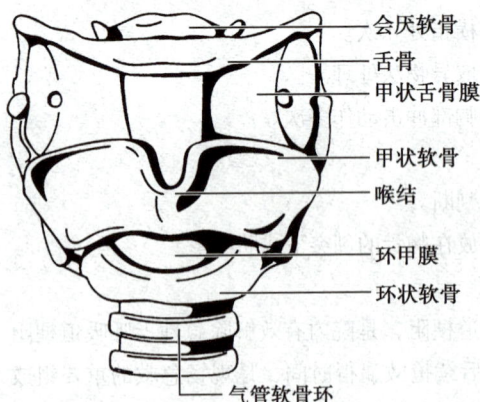

图8-3-8 环甲膜解剖

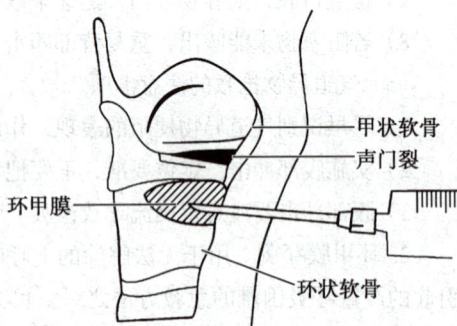

图8-3-9 环甲膜穿刺

（6）环甲膜穿刺注意事项

1）该手术是一种急救措施，须争分夺秒，在尽可能短的时间内实施完成。

2）作为一种应急措施，穿刺针留置时间一般不超过24小时，应及时转院。

3）如遇血凝块或分泌物阻塞套管，可用注射器注入空气，或用少许生理盐水冲洗，以保证其通畅。

第四节　简易呼吸器的使用

简易呼吸器是一种人工通气的简易工具，由面罩、呼气阀、鸭嘴单向阀、呼气安全阀、气囊、进气阀、储氧阀、储氧袋、氧气连接管等组成，适用于需要人工呼吸或者心肺复苏等急救现场，尤其是受医疗条件所限无气管插管设备、无专业气管插管人员或来不及气管插管的场合。与气管插管相比，操作简便，医务人员通过简单培训即可实施。在正确使用的情况下，可增加或辅助患者的自主通气，有效提高患者的氧气供应，改善全身组织缺氧情况，为临床抢救争取时间。

一、适应证
（一）人工呼吸
各种原因导致的呼吸功能障碍，需要人工呼吸甚至心肺复苏，但无气管插管设备时或虽有气管插管设备但无专业人员在场时。

（二）暂时替代
1. 有机械通气指征的患者，已行气管插管，但呼吸机尚未配备到位时。
2. 使用呼吸机过程中遇到临时断电、突发呼吸机故障等意外情况时。

（三）转运患者
在无便携式呼吸机的条件下运送机械通气患者。

二、禁忌证
1. 大咯血。
2. 重度误吸导致窒息者。
3. 气胸或纵隔气肿，未减压及引流。
4. 颌面部外伤 / 畸形，不能与简易呼吸器面罩紧密贴合。
5. 颈椎骨折或可疑颈椎骨折。

三、操作前准备
1. 简易呼吸器经氧气连接管连接氧源，给储氧袋充满氧气，氧流量 8~10L/min。无氧气来源时可忽略此步，并从简易呼吸器上取下储氧袋、储氧阀。
2. 选取适合患者面部的面罩，连接简易呼吸器。

四、操作方法
1. 患者去枕仰卧位，松解领口，暴露胸部，清除口腔内异物及分泌物，必要时放置口咽通气管。
2. 操作者位于患者头部后方，双手托住患者下颌或左手抬起患者下颌、右手下压患者前额，使其头部尽量后仰。

3. 左手托下颌维持患者头部后仰位，右手取简易呼吸器，面罩从颏唇沟处罩住口鼻，注意不要压住眼睛。左手拇指、示指分别在面罩的上下方压住面罩，其余三指仍托住患者下颌，呈 EC 状（图 8-4-1）。

4. 右手匀速按压气囊，为患者提供通气。注意观察面罩是否漏气、患者胸廓起伏情况，及时调整面罩及送气量。成人通气频率为 12~16 次 /min，儿童为 14~20 次 /min。按压气囊大于 1 秒，按压与放松气囊的时间比例为 1：(1.5~2.0)。

5. 操作结束后，整理物品，洗手，做好相关医疗记录。拆解简易呼吸器，在清洗、消毒、干燥后，按鸭嘴单向阀、呼气安全阀、气囊、进气阀、储氧阀、储氧袋的顺序装配好，做好各阀门测试。再次消毒后包装好，贴上消毒日期标签，与全新面罩、氧气连接管一起放置备用。

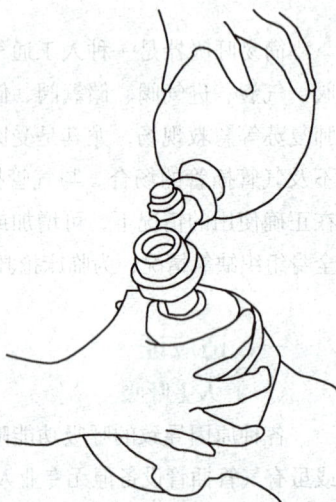

图 8-4-1　简易呼吸器 EC 手法

五、注意事项

1. 简易呼吸器辅助通气时，注意患者自主呼吸情况。如患者有自主呼吸，按压气囊时与其呼吸同步，即患者吸气时按压气囊，呼气时放松气囊。

2. 一般成人潮气量 8~12ml/kg（儿童潮气量 6~10ml/kg），常规气囊容量约 1 500ml，抢救成人时按压 1/3~2/3 容量即可。

3. 无须外接氧气或无氧气来源时，取下储氧袋、储氧阀，以免影响气囊进气速度、耽误抢救。

4. 简易呼吸器为急诊抢救时临时替代工具，如有条件，应尽快气管插管，建立人工气道，并行机械通气。

5. 定期检测简易呼吸器各部件功能，确保处于即取即用状态。

附：简易呼吸器各部件功能的检测方法

一、进气阀

1. 取下储氧阀和储氧袋，先挤压气囊，再堵住鸭嘴单向阀连接口，松手后气囊快速回弹，提示进气阀进气功能良好。

2. 关闭呼气安全阀，堵住鸭嘴单向阀连接口，再挤压气囊，气囊不能被压扁，提示进气阀防气体倒流功能良好。如气囊缓慢被压扁，提示进气阀漏气。

二、鸭嘴单向阀和呼气阀

1. 储氧袋接在鸭嘴单向阀连接口，挤压气囊数次，储氧袋逐渐膨胀，提示鸭嘴单向阀进气有效。

2. 然后挤压储氧袋，看到呼气阀垫片上翘，储氧袋气体逐渐减少，提示呼气阀排气功能正常。

三、呼气安全阀

打开呼气安全阀，堵住鸭嘴单向阀连接口，再挤压气囊，可以看见压力装置跳动，提示呼气安全阀排气功能正常。

四、储氧阀

储氧袋充满氧气后连接储氧阀，挤压储氧袋，可看到储氧阀垫片上翘，储氧袋气体减少，提示储氧阀排气功能正常。

（赵燕萍）

推荐阅读资料

［1］于学忠，陆一鸣.急诊医学.2版.北京：人民卫生出版社，2021：588.

［2］MERCHANT R M, TOPJIAN A A, PANCHAL A R, et al.Part 1：executive summary：2020 American Heart Association guidelines for cardiopulmonary resuscitation and emergency cardiovascular care.Circulation, 2020, 142（suppl 2）：S337-S357.

第九章 其他常用急救技术

第一节 催吐、洗胃

当食入毒物或过量药物时，为了减少毒物和药物的吸收，需要尽快将胃内残留的毒物或药物清除到体外，这种清除手段包括催吐和洗胃。

一、催吐

1. 概述 呕吐是人体排除胃内毒物的本能自卫反应。催吐是在现场或医院抢救食入性毒物或药物过量最及时且方便易行的办法。但这种办法只能用于完全清醒患者，而且需要尽快进行。如果患者不能配合或者已经出现意识障碍，则需要采取洗胃来清除毒物或药物。

2. 适应证

（1）意识清醒、具有呕吐反射，且能配合的急性中毒者。

（2）口服毒物时间不久，2 小时以内效果最好。

（3）现场自救且无胃管时首选催吐。

3. 禁忌证

（1）患者不合作，拒绝饮水。

（2）意识障碍。

（3）抽搐、惊厥未控制之前。

（4）服强酸、强碱等腐蚀性毒物。

（5）合并有上消化道出血、主动脉瘤、严重心脏病、食管静脉曲张等。

（6）孕妇及老年人。

4. 操作方法

（1）首先做好医患沟通，具体说明要求和方法，以取得配合，有利于操作顺利进行。

（2）患者取坐位，取匙柄、压舌板、筷子（均用纱布包裹）或手指刺激患者咽后壁，引起反射性呕吐，吐出胃内容物。

（3）也可以使用 2%~4% 盐水或淡肥皂水饮用后催吐，必要时可使用 0.5%~1% 硫酸铜 25~50ml 灌服。

（4）所有催吐患者应当同时大量饮水，通过反复呕吐达到"清洗胃"的目的。

5. 注意事项

（1）催吐后，要立即送往附近医院，酌情行胃管洗胃。

（2）因剧烈呕吐可能诱发急性上消化道出血，催吐要当心出血后误吸。

（3）要注意饮入量与吐出量大致相等。

二、洗胃

1. **概述**　胃管洗胃是将胃管从鼻腔或口腔插入，经食管到达胃内，注入洗胃液，并将胃内容物排出，以达到消除毒物或过量药物的目的。国内临床应用广泛，在国际上有一定争议（因其受益不明确，尤其是与现在已经普及且创伤性更小的技术相比时，有严重并发症的风险）。在4~6小时以内口服大量毒物者，此法排毒效果好且并发症较少，应首选。由于部分毒物即使超过6小时，仍可滞留胃内，多数仍有洗胃的必要。

2. **适应证**

（1）怀疑或明确食入性中毒或药物过量。

（2）催吐无效或有意识障碍、不能合作。

（3）需留取胃液标本送分析者应首选胃管洗胃。

（4）口服毒物或过量药物、无禁忌证者均应采用胃管洗胃。

3. **禁忌证**

（1）强酸、强碱及其他对消化道有明显腐蚀作用的毒物中毒；碳氢化合物摄入（误吸风险高）。

（2）抽搐、惊厥未控制之前。

（3）伴有上消化道出血、食管静脉曲张、主动脉瘤、严重心脏疾病等。

（4）存在食管狭窄疾病史。

（5）存在误吸风险而无气道保护时。

4. **操作方法**

（1）留置胃管

1）器械准备：胃管、镊子、液状石蜡、纱布、弯盘、棉签、压舌板、开口器、1%麻黄碱滴鼻液、听诊器等，量杯内盛有洗胃液。

2）患者取坐位或半坐位，中毒较重者取左侧卧位。胸前垫以防水布，有活动义齿应取下，盛水桶放于患者头部床下，弯盘放于患者的口角处。

3）将消毒的胃管前端涂液状石蜡后，左手用纱布捏着胃管，右手用纱布裹住胃管5~6cm处，自鼻腔或口腔缓缓插入。当胃管插入10~15cm（咽喉部）时，嘱患者做吞咽动作，轻轻将胃管推进。如患者呈昏迷状态，则应轻轻抬起其头部，使咽喉部弧度增大，轻快地把胃管插入。当插到45cm左右时，胃管进入胃内（插入长度以45~55cm为宜，约前额发际到剑突的距离）。

4）有意识障碍的患者，可用开口器撑开上下牙列，放入牙垫，徐徐地送入胃管，切不可过度用力。

5）为证实胃管已进入胃内，一边用注射器快速将空气注入胃管，一边用听诊器在胃部听到气泡响声，或用注射器回抽，可从胃管内抽出胃内容物，即可确定胃管已在胃腔内。

6）确认胃管在胃内后，用纱布拭去口角分泌物，撤除弯盘，摘掉手套，用胶布将胃管固定于面颊部。

（2）洗胃

1）置入洗胃管后，使用"Y"型连接管连接胃管及冲洗管、引流管。

2）首先夹闭引流管，打开冲洗管，连接充满液体的冲洗袋，每次冲洗的剂量成人为150~300ml，儿童为10~15ml/kg或50~100ml。待冲洗完毕后夹闭冲洗管，打开引流管。

3）洗胃过程中，冲洗及引流在重力作用下应保持通畅，如速度减慢或受阻，应考虑进管过深或管路打折，可适当调整管路直至通畅。

4）冲洗和引流过程反复进行。洗胃总量目前尚无证据推荐剂量，但原则上应不少于1L，常用剂量为1~2L，并且保证引流液清亮透明后结束。

5）在洗胃结束后，应尽快去除洗胃管，必要时更换普通胃管。

6）目前有"自动洗胃机"（图9-1-1），可以按照设置的程序进行冲洗和引流。将配好的洗胃液置于清洁溶液桶内。将洗胃机上的药液管一端放入溶液桶内液面以下，出水管的一端放入污水桶内，胃管的一端和患者洗胃管相连接。调节好液量大小，接通电源后按"开始"键，机器开始对胃进行自动冲洗。待冲洗干净后，按"停机"键。

5. 操作要点

（1）洗胃体位：患者在整个洗胃治疗过程中应保持左侧卧位，并坚持头低位（10°~15°），此体位既可以尽量减少食物向十二指肠蠕动，又可减少误吸发生的风险。

（2）在胃管留置过程中如遇患者剧烈呛咳、呼吸困难、面色发绀，应立即拔出胃管，休息片刻后再插，避免误入气管。

（3）在洗胃过程中应随时观察患者生命体征的变化，如患者感觉腹痛、引流出血性灌洗液，应立即停止洗胃。

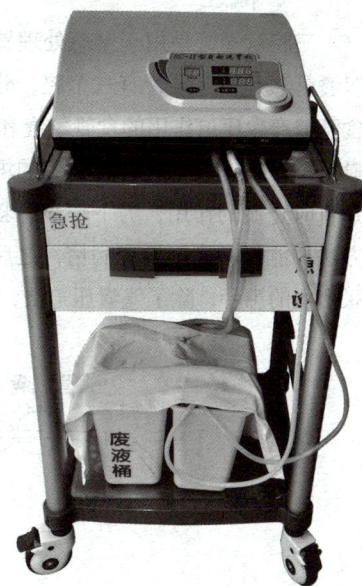

图9-1-1　自动洗胃机

（4）用自动洗胃机洗胃时，使用前必须接好地线，以防触电，并检查机器各管道衔接是否正确，运转是否正常。打开控制台上的按钮向胃内注入洗胃液的同时观察正压表（一般压力不超过40kPa），并观察洗胃液的出入量。使用前洗胃机须空载运转一次，如有水流不畅，进、出液量相差较大，可按均衡键进行调整，用毕及时清洗。

6. 注意事项

（1）凡呼吸停止、心脏停搏者，应先做心肺复苏，再行洗胃。如有缺氧或呼吸道分泌物过多，应先吸取痰液、保持呼吸道通畅，再行胃管洗胃。

（2）洗胃是在危急情况下的急救措施，急救人员必须迅速、准确、轻柔、敏捷地操作来完成洗胃的全过程，尽最大努力来抢救患者生命。

（3）要注意每次灌入量与引流量的基本平衡。每次灌入量不宜超过 500ml。灌入量过多可引起急性胃扩张，使胃内压上升，增加毒物吸收。

（4）用自动洗胃机洗胃时，也需要密切监护患者，避免由于机器故障、引流不畅等造成患者急性胃扩张或破裂。

第二节　三腔双囊管置入术

一、概述

三腔双囊管是用于紧急处理胃、食管静脉曲张破裂出血的最有效措施。所谓"三腔双囊管"是指该导管有三个腔，分别通往胃气囊、食管气囊和胃腔，而两个囊分别是对食管壁产生压迫作用的食管气囊和对胃底产生压迫作用的胃气囊（图 9-2-1）。应用三腔双囊管，通过胃气囊和食管气囊的填塞压迫，直接压迫胃底和食管下段出血的静脉，可起到暂时止血的作用，为下一步急救、药物治疗及内镜下治疗创造条件、赢得时间。这一方法只能暂时稳定患者病情，之后应采用更具根治性的疗法。对于无法控制急性静脉曲张出血的患者，除了气囊压迫法，也可选择食管支架植入。

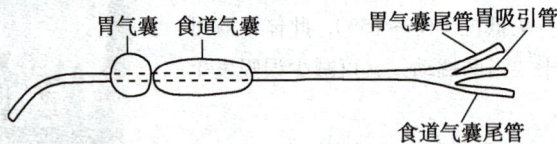

图 9-2-1　三腔双囊管

二、适应证

适用于明确或可疑肝硬化、肝癌等引起食管、胃底静脉破裂出血，经内科药物止血无效，而介入或外科手术暂无法实施者。

三、禁忌证

1. 严重冠心病、高血压、心功能不全者慎用。

2. 惊厥未控制不能配合者慎用。

四、操作方法

1. 物品准备　三腔双囊管、50ml 注射器、止血钳 3 把、治疗盘、无菌纱布、液状石蜡、0.5kg 沙袋（或盐水瓶）、血压计、绷带、宽胶布。

2. 洗手，戴口罩、手套、帽子。

3. 认真检查三腔双囊管气囊有无松脱、漏气，充气后膨胀是否均匀，通向食管气囊、胃气囊和胃腔的管道是否通畅。测试气囊的注气量及达到的压力，一般胃气囊需注气 200~300ml，食管气囊需注气 100~150ml，找到管壁上 45、60、65cm 三处的标记及三腔通道的外口，三根接头分别贴上标识记号。

4. 检查患者有无鼻息肉、鼻甲肥厚和鼻中隔偏曲，选择鼻腔较大侧插管，清洁该鼻腔并用液状石蜡润滑。

5. 抽尽双囊内气体，将三腔双囊管前端及气囊表面涂以液状石蜡。将三腔管从患者通畅侧鼻腔送入，达咽部时（14~16cm），嘱患者吞咽，使三腔双囊管顺利送入至 55~65cm 标记处，如能由胃管腔抽出胃内容物，表示管端已至幽门。

6. 用注射器先向胃气囊注入空气 200~300ml（囊内压 5.33~6.67kPa，即 40~50mmHg），使气囊充气，用血管钳将此管腔钳住，然后将三腔双囊管向外牵拉，感觉有中等程度弹性阻力时，表示胃气囊已压于胃底部。再以 0.5kg 沙袋通过滑车固定于床架，持续牵引三腔双囊管，以达到充分压迫的目的。

7. 经观察仍未能压迫止血者，再向食管气囊内注入空气 100~150ml（囊内压 4~5.33kPa，即 30~40mmHg），然后钳住此管腔，以直接压迫食管下段的曲张静脉。

8. 定时由胃管内抽吸胃内容物，以观察是否继续出血，并可自胃管进行鼻饲和有关药物治疗。

9. 每 2~3 小时检查气囊内压力一次，如压力不足应及时注气增压。每 8~12 小时食管气囊放气并放松牵引一次，每次 15~30 分钟，同时将三腔双囊管再稍深入，使胃气囊与胃底黏膜分离，放气前先口服液体石蜡 15~20ml，以防胃底黏膜与气囊粘连。30 分钟后再将气囊充气加压。

10. 出血停止 24 小时后，取下牵引沙袋并将食管气囊和胃气囊放气，继续留置于胃内，观察 24 小时。

11. 如 24 小时未再出血，可以拔管，首先嘱患者口服液体石蜡 15~20ml，随后再将三腔双囊管慢慢退出。

五、操作要点

1. 置管前清除鼻腔内的结痂及分泌物，同时检查有无鼻息肉，鼻甲肥厚和鼻中隔偏曲，置管选择鼻腔较大侧插管。

2. 置三腔双囊管时操作手法要温柔，避免咽腔及食管撕裂伤。

3. 三腔双囊管下至咽腔时，要让患者做吞咽动作，以免误入气管造成窒息。

4. 拔三腔双囊管时先服用液状石蜡，操作手法必须轻柔，以防撕下黏附于气囊壁上的黏膜。

六、注意事项

1. 三腔双囊管置入常常是在患者大出血状态下的紧急操作，需要在准备物品的同时，积极安慰患者，并与家属沟通，得到患者和家属的理解和认同。用通俗的语言讲清楚应用三腔双囊管止血的作用及如何配合，也讲清楚操作过程中的风险及可能的意外。

2. 每2~3小时检查气囊内压力一次。气囊充气不够，牵拉不紧，是压迫止血失败的常见原因，如胃气囊充气量不足且牵拉过猛，可使胃气囊进入食管下段，挤压心脏，甚至将胃气囊拉至喉部，引起窒息。

3. 每8~12小时食管气囊放气并放松牵引一次，使胃气囊与胃底黏膜分离，避免胃底黏膜与气囊粘连。

4. 拔管后一周是破裂血管修复、愈合的关键时期，同时亦是多种因素诱发再出血的高危时期，应予以密切观察。

第三节　创伤的处理

止血、包扎、固定和搬运是现场救助伤病人员的四项基本技术。实施现场救护时，施救人员要沉着、迅速地开展现场急救工作，重要的是要首先保证自己的安全，同时要及时通知并组织人员参与急救。现场的抢救原则是先抢后救，先重后轻，先急后缓，先近后远；先止血后包扎，再固定后搬运。在现场进行外伤初步处理时常使用的材料包括纱布、绷带、三角巾、夹板、脊柱板及头部固定器，以及各种担架（图9-3-1）。

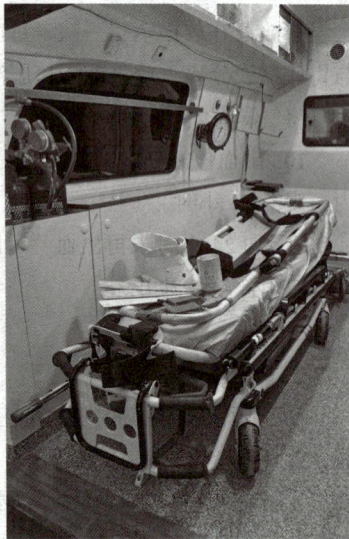

一、开放性伤口止血和包扎

1. 概述　各种外伤导致血液从体表开放性伤口流出，称为外出血。与发生在体腔内的内出血不同，外出血很容易识别，只要及时进行止血和包扎处理，就可以大大降低休克的风险。

2. 适应证　适用于各种出血情况下的急救止血与包扎，尤其是大出血的急救处理，以压迫止血、保护伤口、固定敷料、减少污染。动脉硬化症、糖尿病、慢性肾功能不全者，慎用止血带或抗休克裤。

图9-3-1　基层现场急救使用材料

3. **操作方法**　准备消毒用品、无菌纱布、棉垫、绷带、三角巾、止血带等，亦可用清洁毛巾、手绢、布单、衣物等替代。

（1）止血方法

1）加压包扎止血法：为最常用的急救止血方法。在出血部位用消毒或洁净纱布、干净的毛巾折叠成比伤口稍大的垫子盖住伤口，从肢体远端向近心端包扎，再用绷带或折成条状布带或三角巾紧紧包扎，包扎范围要超过伤口2~3横指，其松紧度以能达到止血目的为宜（图9-3-2）。这种止血方法多用于静脉出血和毛细血管出血，在动脉出血时通常达不到止血目的。

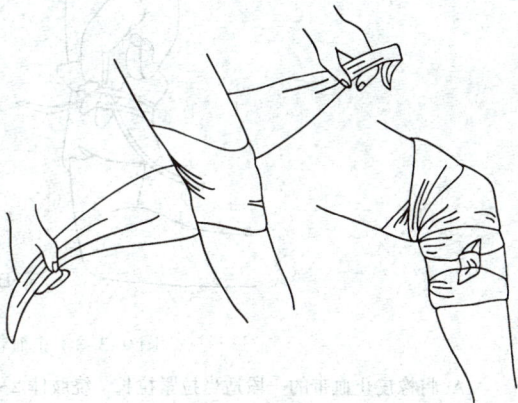

2）填塞止血法：用消毒的纱布、棉垫等敷料堵塞在伤口内，再用绷带、三角巾或四头带加压包扎，松紧度以达到止血目的为宜。常用于广泛而深层的

图 9-3-2　加压包扎止血法

软组织创伤，如腹股沟、腋窝、颈部、臀部等较深伤口活动性出血。填塞时外部加压敷料应超出伤口至少5cm。

3）指压止血法：用手指压迫出血的血管上端，即近心端，使血管闭合阻断血流，达到止血目的。适用于头、面、颈部及四肢的动脉出血急救。指压止血法是一种快捷、简单有效的临时性止血方法，但这种方法只能作为应急之用，当伤者出现大量出血的情况，需要在指压止血的同时迅速呼救，并尽快过渡到其他的止血方法。

4）屈曲加垫止血法：当前臂或小腿出血时，可在肘窝或腘窝内放置棉纱垫、毛巾或衣服等物品。屈曲关节，用三角巾或布带做"8"字形固定。注意有骨折或关节脱位者不能使用。

5）止血带止血法：是基层或现场快速且有效的止血方法，适用于四肢大动脉出血或经其他急救止血无效者。止血方法是用橡皮管或布条缠绕伤口上方肌肉较多的部位，阻断动脉血液供应以达到止血目的。上肢出血时，止血带定位在上臂中、上 1/3 交界处；下肢出血时，止血带定位在大腿中部 1/2 处。安放止血带后，必须在明显的部位标明止血带的部位及时间。通常止血带止血的时间不宜超过 2 小时。如果转运时间较长，要每隔1 小时放松一次，每次 6~8 分钟，为避免放松止血带时大量出血，放松期间可改用指压法临时止血。止血带通常是有弹性的橡皮带，也可以用三角巾或其他布带替代。①橡皮止血带止血法：常用长 1m 左右的橡皮管，先在止血带部位垫一层布或单衣，再以左手拇指、示指、中指持止血带头端，另一手拉紧止血带绕肢体缠 2~3 圈，并将橡皮管末端压在紧缠的橡皮管下固定（图9-3-3）。②绞紧止血法：急救时可用布带、绳索、三角巾或者毛巾替代橡皮管，先垫衬垫，再将带子在垫上绕肢体一圈打结，在结下穿一短棒，旋转此短棒使带子绞紧，至不流血为止，最后将短棒固定在肢体上。

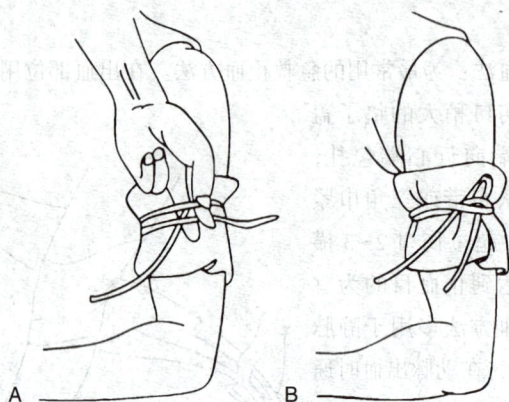

图 9-3-3　止血带止血法

A.将橡皮止血带的一段适当拉紧拉长，绕肢体 2~3 周；B.橡皮带末端紧压在橡皮带下面。

（2）包扎方法

1）头部帽式包扎法：将三角巾的底边向内折叠约两指宽，平放在前额部眉弓上方，顶角向后拉盖住头顶，将两底边沿两耳上方往后牵拉至枕部下方，左右交叉压住顶角绕至前额打结固定，再将顶角反折，拉紧后在脑后塞至两底边交叉处（图 9-3-4）。

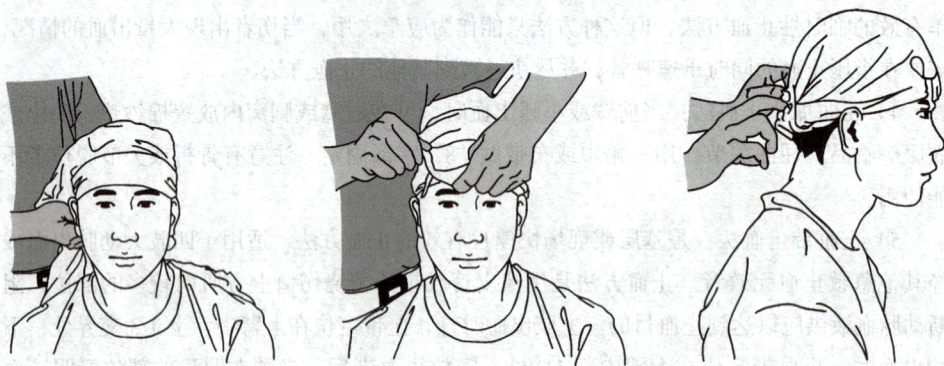

图 9-3-4　三角巾头部帽式包扎法

2）头、耳部风帽式包扎法：将三角巾顶角打一个结，置于前额中央，头部套入风帽内，向下拉紧两底角，再将底边向外反扎 2~3 指宽的边，左右交叉包绕兜住下颌，绕至枕后打结固定。

3）三角巾眼部包扎法：包扎单眼时，将三角巾折叠成四指宽的带状，斜置于伤侧眼部，从伤侧耳下绕至枕后，经健侧耳上拉至前额与另一端交叉反折绕头一周，于健侧耳上端打结固定。包扎双眼时，将带状三角巾的中央置于枕部，两底角分别经耳下拉向眼部，在鼻梁处左右交叉各包一只眼，呈"8"字形经两耳上方在枕部交叉后绕至下颌处打结固定（图 9-3-5）。

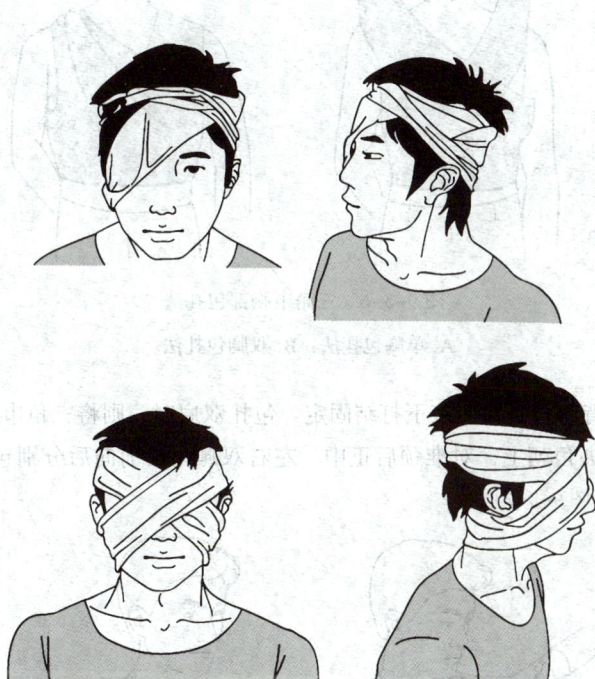

图 9-3-5　三角巾单眼、双眼包扎法

4）三角巾胸部包扎法：将三角巾的顶角置于伤侧肩上，两底边在胸前横拉至背部打结固定，再与顶角打结固定（图 9-3-6）。

5）三角巾肩部包扎法：单肩包扎时，将三角巾折成约 80° 夹角的燕尾巾，夹角朝上，向后的一角压住向前的角，放于伤侧肩部，燕尾底边绕上臂在腋前方打结固定，将燕尾

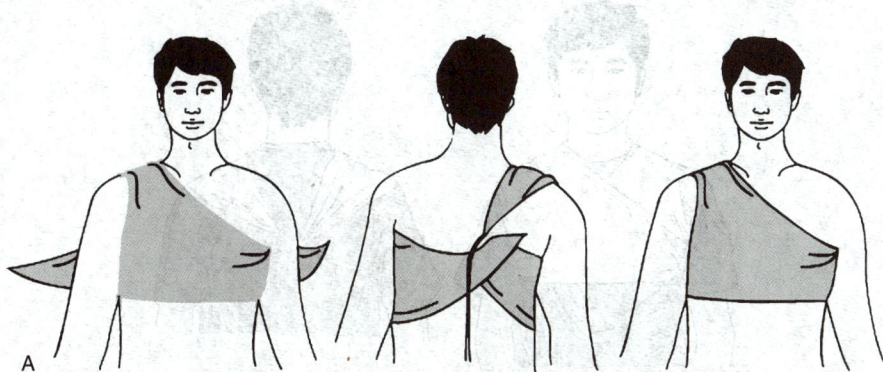

A

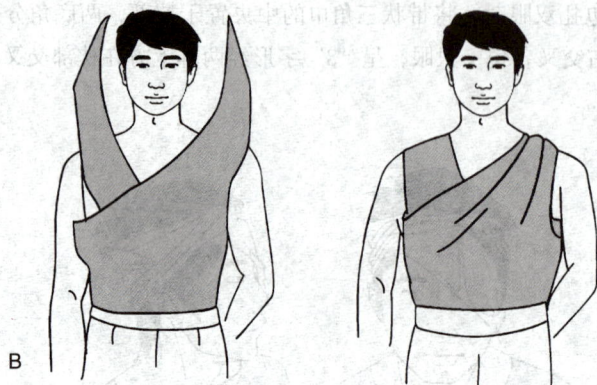

B

图 9-3-6　三角巾胸部包扎法

A. 单胸包扎法；B. 双胸包扎法。

两角分别经胸、背部拉到对侧腋下打结固定。包扎双肩时，则将三角巾折叠成两尾角等大的双燕尾巾，夹角朝上，对准颈后正中，左右双燕尾由前向后分别包绕肩部到腋下，在腋后打结固定(图 9-3-7)。

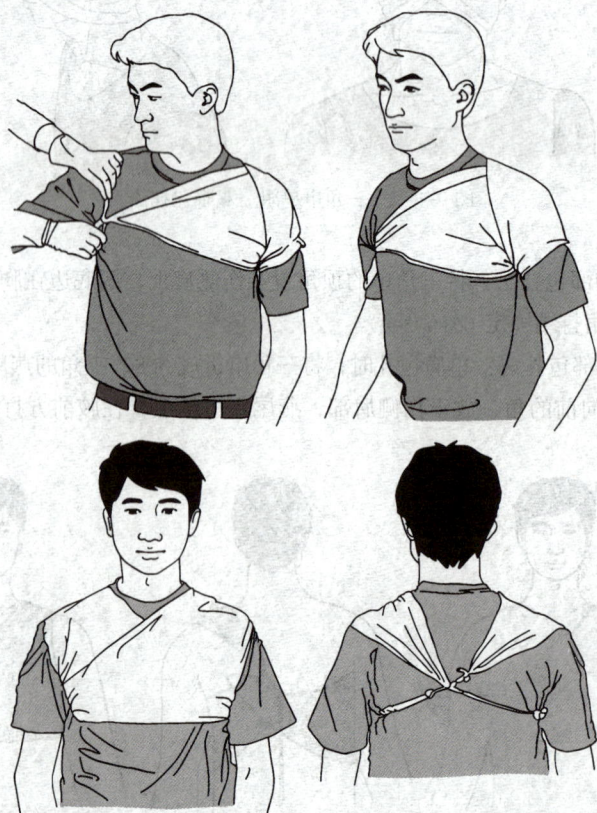

图 9-3-7　三角巾燕尾肩部包扎法

6）三角巾下腹部包扎法：将三角巾顶角朝下，底边横放腹部，两底角在腰后打结固定，顶角内两腿间拉至腰后与底角打结固定。

7）三角巾手、足部包扎法：包扎膝、肘部时，将三角巾叠成比伤口稍宽的带状，斜放伤处，两端压住上下两边绕肢体一周，在肢体内侧打结固定。包扎手、足时，将三角巾底边横放在腕（踝）部，手掌（足底）向下放在三角巾中央，将顶角反折盖住手（足）背，两底角交叉压住顶角绕肢体一圈，反折顶角后打结固定（图9-3-8）。

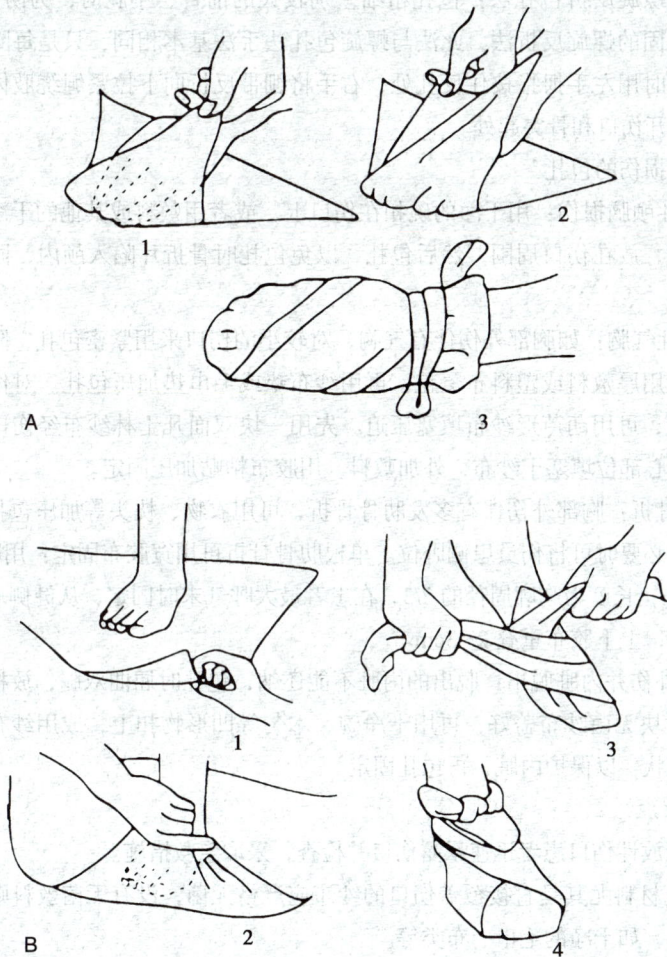

图 9-3-8　三角巾手、足部包扎法

A.手部三角巾包扎法；B.足部三角巾包扎法。

8）三角巾臀部包扎法：需两条三角巾，将一条三角巾盖住伤臀，顶角朝上，底边折成两指宽在大腿根部绕一周打结；另一条三角巾折成带状压住三角巾顶角，围绕腰部一周打结，最后将三角巾顶角折回，用别针固定。

9）绷带手腕、胸、腹部环形包扎法：包扎手腕、胸、腹部等粗细大致相等的部位时，可将绷带环形重叠缠绕，每一环均将上一环的绷带完全覆盖，为防止绷带滑脱，可将第一圈绷带斜置，环绕第二或第三圈时将斜出圈外的绷带角反扎到圈内角重叠环绕固定。

10）绷带四肢螺旋包扎法：包扎四肢时，将绷带以一定间隔　向上或向下螺旋状环绕肢体，每旋绕一圈将上一圈绷带覆盖 1/3 或 2/3。此法常用于固定四肢夹板和敷料。

11）绷带螺旋反折包扎法：包扎粗细差别较大的前臂、小腿时，为防止绷带滑脱，多用包扎较牢固的螺旋反折法，此法与螺旋包扎法手法基本相同，只是每圈必须反扎绷带一次，反扎时用左手拇指按住反扎处，右手将绷带反折向下拉紧缠绕肢体，但绷带反扎处要注意避开伤口和骨突起处。

（3）特殊损伤的包扎

1）开放性颅脑损伤：用干净的碗扣在伤口上，或者用敷料或其他的干净布类做成大于伤口的圆环，放在伤口周围，然后包扎，以免包扎时骨折片陷入颅内，同时保护膨出的脑组织。

2）开放性气胸：如胸部外伤伴有气胸，对较小的伤口采用紧密包扎，阻断气体从伤口进出。可先用厚敷料或塑料布覆盖，再用纱布垫或毛巾垫加压包扎。对伤口较大或胸壁缺损较多者，可用葫芦形纱布填塞压迫。先用一块双面凡士林纱布经伤口填塞于胸腔内，再在其中心部位填塞干纱布，外加敷料，用胶布粘贴加压固定。

3）肋骨骨折：胸部外伤伴有多发肋骨骨折，可用衣物、枕头等加压包扎伤侧，以遏制胸壁浮动，必要时可将伤员患侧卧位。单根肋骨骨折可用宽胶布固定：用胶布 3~4 条，每条宽 7~8cm，长度为胸廓周径的 2/3，在患者最大呼气末时固定，从健侧肩胛下向前至健侧锁骨中线，上下胶布重叠 2~3cm。

4）腹部外伤并内脏脱出：脱出的内脏不能还纳，包扎时屈曲双腿，放松腹肌，将脱出的内脏用大块无菌纱布盖好，再用干净碗、木勺等凹形物扣上，或用纱布、布卷、毛巾等做成圆圈状，以保护内脏，再包扎固定。

4. 操作要点

（1）对开放性伤口患者迅速暴露伤口并检查，采取急救措施。

（2）包扎材料尤其是直接覆盖伤口的纱布应严格无菌，没有无菌敷料则尽量应用相对清洁的材料，如干净的毛巾、布类等。

（3）在缠绕止血带时，松紧度以摸不到远端动脉搏动、伤口刚好止血为宜，过松无止血作用，过紧会影响血液循环，易损伤神经，造成肢体坏死。

（4）包扎材料打结或其他方法固定的位置要避开伤口和坐卧受压的位置，打结或固定的部位应在肢体的外侧面或前面。

（5）为骨折制动的包扎应露出伤肢末端，以便观察肢体血液循环的情况。

5. 注意事项

（1）与患者或家属交代病情，做好解释工作，争取清醒患者的配合。

（2）在转运途中，需要观察止血部位的纱布或绷带等是否被血液浸透，是否有大量的血液流出，如果有，需要调整止血方法或位置。

（3）要保证出血远端的血液循环，特别是肢体出血，在止血的同时，要防止手指或脚趾等末梢部位的严重缺血。

（4）复合外伤的患者除有可见到的外出血之外，还常常合并有内脏破裂出血。对内出血或可疑内出血的伤员，应让伤员绝对安静不动，垫高下肢，有条件的可先输液，并迅速将伤员送到距离最近的医院进行救治。

二、四肢骨折现场急救——外固定技术

1. **概述**　四肢骨折现场急救要求抢救者对可能的致伤机制及伤员的症状、可能的骨折类型及严重程度进行判断。受伤机制包括钝性损伤或锐器伤，致伤的方向、力量及着力点等，症状则包括局部疼痛、肿胀、畸形、骨擦音（骨擦感）、功能障碍等。固定的目的是防止骨折移位而损伤血管或神经，同时可以减轻伤员的疼痛。急救时的固定为临时固定，防止骨折断端活动刺伤血管、神经等周围组织造成继发性损伤，并减少疼痛，便于抢救和搬运。外固定通常有夹板固定和石膏固定两种简单的方法。夹板是用于固定骨折的工具，标准的夹板是一块窄长，垫有软布的木板或竹板。根据需要，可以选择适用于四肢长度的夹板。在现场没有夹板时，也可用健侧肢体、树枝、竹片、厚纸板、报纸卷等作为代替物。夹板固定的优点是方便、简单，可以适应创伤后水肿，缺点是强度不如石膏，固定不确切。

2. **适应证**

（1）急救现场初步判断为骨折的伤员，包括脊柱、骨盆、四肢及肋骨骨折。

（2）关节脱位及软组织严重挫裂伤。

（3）如伴有出血及开放性伤口存在，先行伤口包扎、止血，然后固定。

（4）如伤者有心脏停搏、休克、昏迷、窒息等情况，先行心肺复苏、抗休克、开放气道等处理，同时行急救固定。

（5）如现场不能确诊，根据受伤机制高度怀疑骨折可能的患者，也要按照骨折的原则进行处理，特别是怀疑颈椎损伤的伤员，要注意局部固定和保护。

3. **禁忌证**

（1）确诊或可疑伤口厌氧菌感染。

（2）进行性水肿。

（3）患严重心肝肺肾等疾病。

4. **操作方法**　物品准备：夹板，在现场没有夹板时，也可用健侧肢体、树枝、竹片、厚纸板、报纸卷等作为代替物；敷料和绷带、三角巾、棉花、布块、衣服等衬垫物品。

（1）**止血**：首先要注意出血伤口和全身状况，如有伤口出血，应先立即止血，然后对伤口进行包扎以后才能进行固定。

（2）**加垫**：为使固定妥帖稳当，同时防止突出部位的皮肤被磨破，在骨骼突起部位

要用棉花、布块等软物垫好，使夹板等固定材料不直接与皮肤接触。

（3）保护骨折断面：为防止骨断端刺伤神经、血管，在固定时不应随意搬动患者，特别是伤肢；外露的断骨不能送回伤口内，以免增加污染风险。但在现场急救时，有时不得不搬动伤员或伤肢，特别是为使伤员免于再次受伤，要将伤员搬到安全地方。在这种情况下，需要一人握住伤处上方，另一人握住伤处下端肢体，并沿着纵轴线做相反方向的牵引，在伤肢不扭曲的情况下让骨断端分离，然后边牵引边同方向移动。另外的人可进行固定，固定时应先固定断处上端，后固定断处下端，然后再固定断端的上下两个关节。

（4）外固定

1）前臂骨折的固定方法：将夹板置于前臂四侧，然后固定腕、肘关节，用三角巾将前臂屈曲悬吊于胸前，用另一条三角巾将伤肢固定于胸廓。若无夹板固定，则先用三角巾将伤肢悬吊于胸前，然后用三角巾将伤肢固定于胸廓（图9-3-9）。

2）上臂骨折的固定方法：有夹板时，可将伤肢屈曲，贴在胸前，在伤臂外侧放一块夹板，垫好后用两条布带将骨折上下两端固定并吊于胸前，然后用三角巾（或布带）将上臂固定在胸部。无夹板时，可将上臂自然下垂用三角巾固定在胸侧，用另一条三角巾将前臂挂在胸前；亦可先将前臂吊挂在胸前，用另一条三角巾将上臂固定在胸部（图9-3-10）。

图9-3-9　前臂骨折的固定方法　　　　　图9-3-10　上臂骨折的固定方法

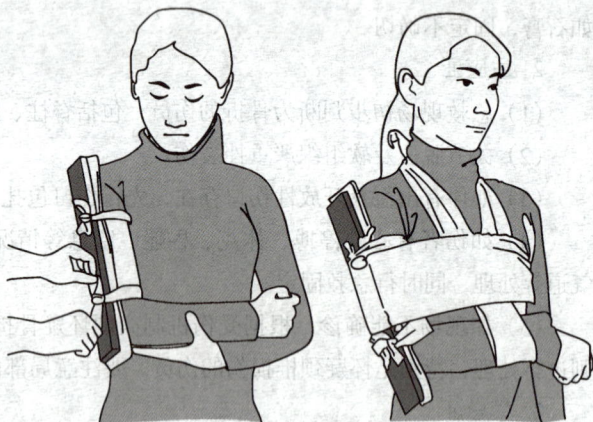

3）小腿骨折的固定方法：有夹板时，将夹板置于小腿外侧，其长度应从大腿中段到脚跟，在膝、踝关节垫好后用绷带分段固定，再将两下肢并拢上下固定，并在脚部用"8"字形绷带固定，使脚掌与小腿成直角。无夹板时，可将两下肢并列对齐，在膝、踝部垫好后用绷带分段将两腿固定，再用"8"字形绷带固定脚部，使脚掌与小腿成直角（图9-3-11）。

4）股骨骨折的固定方法有两种。①健肢固定法：用绷带或三角巾将双下肢绑在一起，在膝关节、踝关节及两腿之间的空隙处加棉垫。②躯干固定法：用长夹板从脚跟至腋下，短夹板从脚跟至大腿根部，分别置于患腿的外、内侧，用绷带或三角巾捆绑固定。

5. 操作要点

（1）用绷带固定夹板时，应先从骨折的下部缠起，以减少患肢充血水肿。

（2）夹板应放在骨折部位的一侧或两侧，应固定上下各一个关节。

（3）大腿、小腿及脊柱骨折者，不宜随意搬动，应临时就地固定。

（4）固定的松紧要适度，过松容易滑脱，失去固定作用，过紧会影响血液循环。

图 9-3-11　小腿骨折的固定方法

6. 注意事项

（1）有创口者应先止血、消毒、包扎，再固定。

（2）如现场不能确诊，根据受伤机制高度怀疑骨折可能的患者，也要按照骨折的原则进行处理。

（3）在使用夹板之前需要在肢体上附有衬垫，一般在骨折的部分用 1~2 层棉垫，在固定的近端、远端分别垫 3~4 层棉垫。衬垫一定要超出夹板的头端。

（4）固定时应外露指 / 趾尖，以便观察血流情况，如发现指 / 趾尖苍白或青紫时，可能是固定包扎过紧，应放松重新包扎固定。固定完成后应记录固定的时间，并迅速送至医院进一步诊治。

三、脊柱损伤的固定搬运术

1. 概述　脊柱损伤多见于房屋倒塌、高处跌下、车祸等严重事故，可发生闭合性脊椎压缩性骨折、椎骨骨折和椎骨脱位、脊髓损伤等，伤情常常严重复杂，甚至发生不同部位的截瘫。如果损伤部位位于腰椎，就有可能下肢截瘫；如果位于颈椎，就有可能颈部以下截瘫，高位颈髓的损伤甚至可导致伤者立即死亡。只要怀疑有脊柱损伤就应按脊柱损伤的情况处理，将脊柱不稳定的患者仰卧固定在一块长硬板上并将其固定在中心直线位置，即头部、颈部、躯干、骨盆应以中心直线位置逐一固定，保持脊柱伸直位，严禁弯曲或扭转。

2. 适应证　钝性创伤者出现下列情况应行脊柱固定：①脊柱疼痛或触痛；②出现神经性缺损主诉或体征；③脊柱结构变形。

3. 操作方法　物品准备：脊柱固定担架、脊柱板、固定带、颈托、头部固定器，必要时可就地取材，如木板、门板等。

（1）脊柱损伤的固定与搬运

1）现场评估：观察周围环境安全后，急救员正面走向伤者表明身份；告知伤者不要做任何动作，初步判断伤情，简要说明急救目的，先稳定情绪再固定，避免加重脊柱损伤。

2）取仰卧位，头部、颈部、躯干、骨盆应以中心直线位，脊柱不能屈曲或扭转。

3）固定伤员：三人至患者同侧跪下插手，同时抬高、换单腿、起立、搬运、换单腿、下跪、换双腿同时施以平托法将患者放于硬质担架上（图9-3-12），禁用搂抱或一人抬头、一人抬足的搬运方法；在伤处垫一个薄枕，使此处脊柱稍向上突，然后用4条带子把伤员固定在木板或硬质担架上（一般用带子固定胸与肱骨水平、前臂与腰水平、大腿水平、小腿水平，将伤员绑在硬质担架上），使伤员不能左右转动。如果伴有颈椎损伤，病员的搬运应注意先用颈托固定颈部，如无颈托，用"头锁或肩锁"手法固定头颈部，其余人协调一致用力将伤病员平直地抬到担架上或木板上，然后头部的左右两侧用软枕或衣服等物固定。

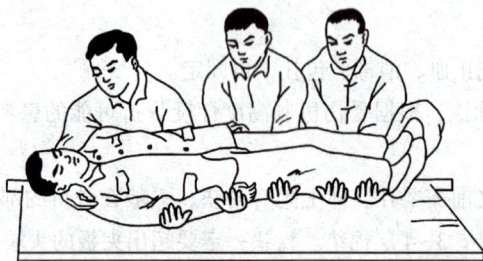

图 9-3-12　平托法

4）监测与转运：检查固定带，观察患者生命体征，选择合适转运工具，保证患者安全，送至最近医院进一步抢救。

（2）颈椎损伤的固定与搬运（伤员仰卧位）

1）现场评估、判断现场环境安全，询问伤员："我是医生，请问您现在哪里不舒服……"，伤员诉颈部疼痛、下肢感觉障碍，怀疑颈椎损伤。

2）检查头颈部：助手头胸锁固定头颈部，术者检查头枕部（颈椎形状、压痛）、上头锁。尽快给伤员安置头部固定器或颈托，无颈托时可用沙袋或衣服填塞头、颈部两侧，防止头左右摇晃，再用布条固定。

3）全身检查判断伤情，按照头—颈—胸—腹—背部—外生殖器—下肢—上肢的顺序。

4）整体侧翻：术者指挥，两位助手左右手交叉抱伤员的肩、髂和膝部，将伤者轴位整体侧翻于侧卧位，保持脊柱在同一轴线。助手检查背部及脊柱。

5）放置脊柱板：助手拉脊柱板，注意摆放在背部合适的位置。将伤者轴位放置回仰卧位。

6）脊柱板平移伤员：助手用胸锁手法固定头颈部，术者用双肩锁，助手左右手交叉，将伤者在仰卧位平移，推至脊椎板合适位置。

7）头部固定：一助头胸锁，二助准备头部固定器，术者上头部固定器。

8）脊柱板约束带固定：助手按胸部、髋关节、膝关节、踝关节的顺序以约束带固定。

9）再次检查伤员后搬运：术者指挥平稳抬起伤者，足先行，头侧在后，同时观察头颈部情况。

（3）颈椎损伤的固定与搬运（伤员坐位）

1）初步判断伤情，术者行胸背锁稳定患者；一助至患者后方，进行头、外耳道、颈后部查体，一助行后头锁；术者固定患者双肩，保持患者上身稳定，一助将患者头部复位至正常体位。

2）头颈部检查，术者判断患者有无呼吸道损伤，检查头枕部（颈椎形状、压痛）、上头锁。

3）放置颈托：测量伤者颈部长度，拇指与掌面垂直，其余四指并拢并与患者额面垂直，测量下颌角至斜方肌前缘的距离，调整颈托，塑型。放置颈托时，颈托中间弧度卡于患者右肩处并略向前下倾斜，先放置颈后，再放置颈前，保证位置居中，扣上搭扣，松紧度适中。

4）颈托放置后，进行全身体格检查，顺序由上到下，由躯干到四肢，同伤员仰卧位的顺序。

5）使用解救套（短脊柱板）：术者行胸背锁固定患者；助手将解救套放置在患者背部，平滑面的一面紧贴伤者身体；把解救套的中央放在伤者的脊椎位置后，一助换头锁；术者和二助把胸前的活动护胸甲围绕伤者的身躯，并向上轻微拉动贴在腋下；将肩带和胸腹部固定带扣好，确保活动护胸甲顶端置于患者腋下；腿部固定带自内而外、自下而上绕经伤者的膝间，紧贴腹股沟位置，由大腿内侧穿出，拉向外扣好并收紧；将颈部衬垫放好并将右手于短脊板后方行胸背锁，在颈部与解救套之间放置衬垫紧贴，确保无空隙，一助将头部护甲整理并置于正确位置后，行后头锁；将下颌固定带放于下颌的位置并向上拉贴紧头部活动护甲，额部固定带放置于额前，然后将之向下拉贴紧头部活动护甲，注意保持气道通畅；从下至上拉紧各固定带，并用三角巾宽带将膝踝部固定；检查所有固定带松紧度并整理。

6）搬运：双人在两边各自抓住腰两侧握把处，另一手放在伤者腿下，两人双手互扣抓牢，将患者分两次45°移动转体至90°。

7）上脊柱板：长脊板放置在上车担架，与伤者背侧成一直线；稳定上车担架，一助用双肩锁固定头部，术者与二助抬高下肢先将伤者躯干平放于长脊柱板上，逐渐移动到位；适度放松肩、胸、腹、腹股沟固定带，解除膝踝三角巾，并平放在长脊柱板上。

8）固定伤者：将伤者躯体和四肢固定在长脊板上，按从头到脚顺序固定，头部固定器固定头部，胸部固定带交叉固定，腿部固定带斜形固定，并固定伤者与上车担架。自下而上检查各固定带，并判断患者呼吸情况。

9）再次检查伤员后搬运：术者指挥平稳抬起伤者，足侧先行，术者在头侧，同时观察头颈部情况。

4. 操作要点

（1）脊柱损伤搬运始终保持脊柱伸直位，严禁弯曲或扭转。

（2）脊柱损伤的固定与搬运需要团队合作，要求动作规范，整体配合。

（3）转运过程中需注意观察生命体征和病情变化。

（4）对呼吸困难和昏迷者，要及时清理口腔分泌物，保持呼吸道通畅。

5. 注意事项

（1）急救现场稳定伤员情绪，告知伤者不要做任何动作，初步判断伤情，简要说明急救目的，再固定和搬运，各项操作希望伤员配合。

（2）各项抢救措施的重要性排序为：环境安全 > 生命体征平稳 > 开放性创伤及严重骨折 > 搬运。

（3）脊柱损伤引起的脱位或骨折均有引起脊髓压迫的危险，现场或社区卫生服务中心医护人员的重要任务之一是保证临时的颈椎、胸腰椎的稳定。

（4）此后需要将患者迅速转移至综合医院进一步地诊断和治疗，不宜在现场进行复位操作，避免引起继发性神经损伤。

第四节　气管切开术

一、概述

气管切开术系切开颈段气管，放入金属气管套管，以解除喉源性呼吸困难、呼吸功能失常或下呼吸道分泌物潴留所致呼吸困难的一种常见手术。气管切开有四种方法：气管切开术；经皮气管切开术；环甲膜切开术；微创气管切开。紧急抢救多采用气管切开术和环甲膜穿刺。临床医生均应掌握这一抢救技能。

二、适应证

（1）急性上呼吸道梗阻。

（2）喉源性呼吸困难（如白喉、喉头水肿等）。

（3）头面部严重外伤。

（4）下呼吸道分泌物潴留。

（5）需气管内注射治疗药物者。

三、禁忌证

有明显出血倾向和凝血功能异常者；下呼吸道占位而导致的呼吸道梗阻。

四、操作方法

1. 物品准备　手术照明灯，吸引器，直接喉镜，选择适合患者气管粗细的气管套管，包括外套管、内套管和套管芯，0.5% 聚维酮碘溶液，无菌棉签，2% 利多卡因溶液，无菌手套，10% 无菌注射器，0.9% 氯化钠溶液。

2. 取仰卧位，头向后伸，肩部垫高，下颌、喉结及颈静脉切迹三点成一直线，严格保持在正中位上，便于气管的暴露。呼吸困难严重者，为避免呼吸困难，可将头稍前屈，做切口后再使之后仰。不能仰卧的患者也可采用坐位或半坐位。

3. 使用 0.5% 聚维酮碘消毒液，消毒颈部皮肤两遍，消毒范围不少于 15cm。局部浸润麻醉，用含少量肾上腺素的 1% 或 2% 的利多卡因做颈前中线皮下、气管旁浸润，起自甲状软骨下缘，下达颈静脉切迹，相当于皮肤切口的部位。

4. 切口有纵、横两种，纵切口操作方便，目前多采用。在颈前正中，自环状软骨上缘至颈静脉切迹上一横指处，纵行切开皮肤、皮下组织及浅筋膜，可见两条怒张的颈静脉，可向两侧牵开，必要时可结扎切断。

5. 分离颈前组织　将颈深筋膜在两侧胸骨舌骨肌之间切开，用剪刀向上、下分离至与皮肤切口等长为止。胸骨舌骨肌及胸骨甲状肌自中线用血管钳钝性分离，然后从两侧用相等力量牵开。保持气管位于切口正中，并经常用左手示指探触气管环，以防气管被牵拉移位。

6. 牵开甲状腺峡部　牵开肌肉后，即可看到气管前筋膜。甲状腺峡部一般遮蔽于第 2、3 气管环的前面，如妨碍气管的暴露，可在甲状腺前筋膜下缘与气管前筋膜之间稍加分离，然后向上或向下将峡部牵开（通常以向上牵开较为方便），气管前壁即可清楚暴露（图 9-4-1）。

7. 切开气管　在非紧急的情况下，切开气管前向气管内注入数滴利多卡因，以免气管切开后发生剧烈咳嗽。可纵行切第 2~4 或 3~5 气管环，也可倒 "U" 形切开或气管前壁切除椭圆形一小块。

8. 安放气管套管　气管切开后，需迅速用扩张器或弯血管钳将气管切口撑开，再插入合适的气管套管。插入套管前要取出内管，套入管芯，插入后迅速取出管芯，吸尽分泌物后将内管套上。检查有无出血。

9. 创口处理　气管套管上的带子系于颈部，打成死结以牢固固定。切口一般不予缝合，以免引起皮下气肿。最后用一块开口纱布垫于伤口与套管之间。

五、操作要点

1. 术中暴露气管时过于向下分离，误伤了胸膜或胸膜顶，可出现气胸，要注意避免。

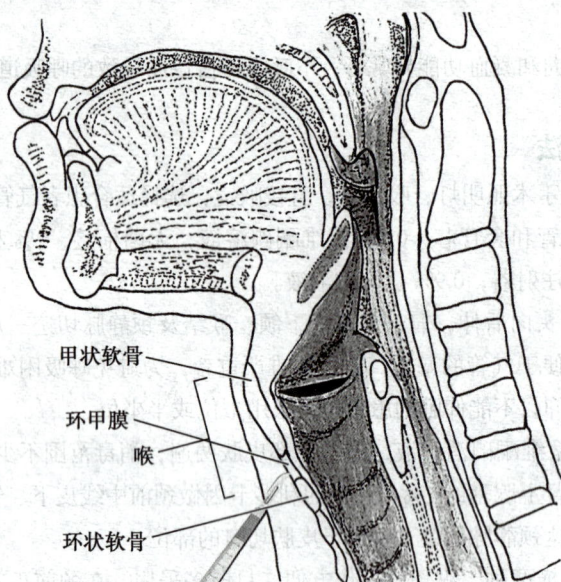

甲状软骨

环甲膜

喉

环状软骨

图 9-4-1 气管切开术

2. 规范操作，减少出血 术中出血常因损及颈前静脉或甲状腺；术后少量出血往往是因术中止血不够有效，或结扎线头脱落，一般经局部填塞或重行结扎可止住。

3. 环状软骨损伤 常因切口过高，动作粗暴所致，要细心操作，避免误伤环状软骨。

4. 避免误伤食管 由于食管前壁在呼吸时可自气管后壁向前突入气管，因此切开气管时若刀尖插入过深，尤其是在因手术导致咳嗽时，易将气管后壁连同食管前壁切破，形成气管食管瘘。

六、注意事项

1. 气管切开术为解除气道梗阻的抢救手段，术前需征得家属同意，说明手术必要性及可能发生的意外，取得配合。

2. 术后应保持套管通畅，经常吸痰，每日定时清洗内管。

3. 防止外管脱出 套管太短，固定带子过松，气管切口过低，颈部肿胀或开口纱布过厚等，均可导致外管脱出。要经常注意套管是否在气管内，若套管脱出，又未及时发现，可引起窒息。

4. 防止伤口感染 由于痰液污染，术后伤口易于感染，故至少每日换药一次。如已发生感染，可酌情给予抗生素。

5. 喉阻塞或下呼吸道分泌物潴留解除，全身情况好转，置管一周以上可考虑拔管。拔管前先堵管 24~48 小时，如患者在活动、睡眠时均无呼吸困难，可予拔管。

（陈丽英）

第十章 常用手术相关操作技能

第一节 无菌操作与手术区消毒

一、无菌操作

（一）概述

1. **无菌技术** 指在进行手术、穿刺、插管、注射和换药等医疗和护理技术的过程中，防止一切微生物侵入机体和保持无菌物品及无菌区域不被污染的操作技术。

2. **无菌物品** 指经过物理或化学方法灭菌后，未被病原微生物污染的物品。

3. **无菌区域** 指经过灭菌处理而未被病原微生物污染的区域。

4. **非无菌物品或区域** 指未经灭菌，或经灭菌后被病原微生物污染的物品或区域。

（二）无菌操作原则

1. **环境** 无菌操作室要清洁。进行无菌操作前半小时，须停止清扫地面等工作。避免不必要的人员走动，以减少室内空气中的尘埃。经常进行无菌操作的空间，应当每日用紫外线灯照射消毒一次。操作台面宜清洁、宽敞、干燥，物品布局合理。

2. **人员** 进行无菌操作时，衣帽穿戴要整洁。帽子要把全部头发遮盖，口罩须遮住口鼻，取下手上装饰物，剪短指甲并去除甲缘下的积垢，洗手。

3. **物品** 明确无菌物品及非无菌物品。无菌物品应与非无菌物品分开放置。无菌物品不可暴露在空气中，必须保存于无菌包或无菌容器内。无菌包应注明物品的名称、消毒灭菌日期、有效期，并按失效日期先后顺序排放，以便取用。无菌包在未污染的情况下，可保存 7~14 日。无菌包一经打开即不能视为绝对无菌，应尽快使用。无菌物品一经取出即使未用也不可放回无菌包或无菌容器内，必须再经灭菌处理后方可使用。无菌物品一经使用或过期、潮湿，应重新进行灭菌处理。无菌物品要做到"一物一人"，即一套无菌物品，只供一个患者使用，以防交叉感染。

4. **取无菌物** 操作者的身体与无菌区之间的距离应不小于 20cm，手臂高度应保持在腰部、治疗台面以上。进行无菌操作时，凡未经消毒的手、手臂均不可直接接触无菌物品或跨越无菌区域取物。避免面对无菌物品和区域谈笑、咳嗽、打喷嚏。取放无菌物品时，须用无菌持物钳（镊），不可用手接触无菌物品或跨越无菌区域。进行无菌操作时，如器械、用物疑有污染或已被污染，不得使用，应予更换。

（三）无菌操作步骤

1. **戴工作帽** 戴工作帽可防止头发上的灰尘散发及微生物落下造成污染。为传染病患者进行操作时，工作帽也可保护自己。工作帽大小要适宜，应把头发全部塞入帽内，

不得外露。非一次性使用的工作帽要定期更换，手术室或严密隔离的临床单位，每次进入或工作时应更换。

2. **戴口罩**　戴口罩的目的是防止飞沫传播。戴口罩时，要正确辨识口罩内外面、上下面，勿上下、内外颠倒。一次性医用外科口罩的蓝色面应朝外。口罩应完全盖住口、鼻，口罩上面的鼻部金属夹要夹紧，耳系带松紧要适宜。口罩佩戴中，不可用污染的手碰触口罩。

3. **手的清洁与消毒**　在直接接触患者前后，接触不同患者之间；接触患者黏膜、破损皮肤或伤口前后，接触患者的血液、体液、分泌物、排泄物、伤口敷料之后；进行无菌操作前后，处理清洁、无菌物品之前，处理污染物品之后；穿脱隔离衣前后；戴手套前、脱手套后均应洗手和消毒。可用免洗手消毒凝胶，按"七步洗手法"彻底洗手和消毒，具体操作如下：

第一步：掌心相对，手指并拢，相互揉搓。

第二步：手指交叉，掌心对手背，沿指缝相互揉搓，双手交换进行。

第三步：手指交叉，掌心相对，沿指缝相互揉搓。

第四步：弯曲各手指关节，在另一手掌心旋转揉搓，双手交换进行。

第五步：一只手握另一手大拇指，旋转揉搓，双手交换进行。

第六步：五指指尖并拢，在另一手的掌心处揉搓，双手交换进行。

第七步：螺旋式擦洗手腕，双手交换进行。

4. **戴无菌手套**　选择大小合适的手套，检查手套外包装有无潮湿、破损，是否在有效期内。打开手套袋，双手分别捏住两只手套的翻折部分（手套内面），将两手套的五指对准。先戴一只手的手套，然后将已戴好无菌手套的手指插入另一只手套的翻折内面（手套外面），采用同样的方法将另一手套戴好。戴手套时不可用力强拉手套，以免把手套拉破。最后将两手套翻折面反折，套在工作衣袖的外面。注意手套外面为无菌区，应保持其无菌，未戴手套的手不可触及手套的外面，戴了手套的手不可触及手套的内面及未戴手套的手。戴手套后如发现手套有破损，应当立即更换手套。

5. **持物钳的使用**　无菌持物钳应浸泡在盛有消毒液的开口容器中。在使用持物钳夹取物品时，要始终保证"尖低柄高"位，保持钳端闭合下垂直取出，并保证不接触有菌物品。将持物钳放回消毒容器时，应保持钳端闭合下放回，钳体的尖端不能接触容器内侧消毒液体以上的部分。持物钳使用后立即放入消毒液中。

二、手术区消毒

（一）消毒

1. **概述**　消毒属于无菌技术之一，是利用化学品或其他方法消灭大部分病原微生物，使常见的致病细菌数目减少到安全的水平以下的方法。

ER10-3

手术区消毒
（视频）

2. **消毒的操作步骤**

（1）操作者完成更衣、洗手等操作，准备盛有消毒液的弯盘、卵圆钳和纱布或棉球。

（2）开始消毒时，挤掉纱布或棉球中多余的消毒液，以切口为中心向四周划圈或划方框，消毒范围包括手术切口周围15cm的区域。每个区域要消毒3遍，每次消毒需要更换棉球或纱布。最后一遍注意调整棉球或纱布的干湿度，不宜过湿。

（3）若消毒范围包含肚脐，应先将消毒液挤于肚脐中，最后用一个纱布或棉球擦净肚脐内的消毒液。

（4）将用过的消毒物品放置于有菌区域。在整个操作过程中，要保持手的洁净。

3. 消毒的注意事项

（1）已经涂过外围部位的纱布（或棉球）不要再返回中心区域。

（2）由清洁部位逐渐到污染部位，擦过污染部位的棉球不可返回清洁部位，不留空白点。

（3）每次消毒范围小于上一次。若使用乙醇脱碘，则第一次脱碘范围应大于碘的范围，以后每次范围小于上一次。

（4）消毒纱布或棉球不能太干或太湿，不能使消毒液流淌（尤其是从污染区域流入干净区域），不能使刺激性的消毒液流淌至会阴及黏膜部位。

（5）持物钳头端不可高于手端，防止消毒液倒流污染。

（二）各种常见手术消毒范围

各种手术的消毒范围见表10-1-1。

表10-1-1 各种手术消毒范围

手术部位	消毒范围
头部手术	头及前额
口、唇部手术	面唇、颈及上胸部
耳部手术	患侧头、面颊及颈部
颈前部手术	上至下唇、下至乳头，两侧至斜方肌前缘
锁骨部手术	上至颈部上缘，下至上臂上1/3处和乳头上缘，两侧过腋中线
胸部手术	前后过中线，上至下颌及上臂1/3处，下过脐平行线
乳腺根治手术	前至对侧锁骨中线，后至腋后线，上过锁骨及上臂，下过脐平行线。如大腿取皮，则大腿过膝，周围消毒
腹部手术	上至两侧腋前线最高点连线，下至会阴及大腿上1/3，两侧至腋中线
腹股沟及阴囊部手术	上至肚脐线，下至大腿上1/3，两侧至腋中线
颈椎手术	上至颅顶，下至两腋窝连线
胸椎手术	上至肩，下至髂嵴连线，两侧至腋中线
腰椎手术	上至两腋窝连线，下过臀部，两侧至腋中线
肾脏手术	前后过中线，上至乳头，下至会阴及大腿上1/3
会阴部手术	耻骨联合、肛门周围及臀，大腿上1/3内侧
髋关节手术	前后过正中线，上至脐平面，下至踝关节
四肢手术	周围消毒，上下各超过一个关节

第二节　手术基本操作

一、皮肤切开

（一）概述

切开是外科手术的第一步，是指使用某种器械（通常为各种手术刀）在组织或器官上造成切口的外科操作过程。目前常用的手术刀有普通手术刀、各种电刀、激光刀、超声刀、微波刀、等离子手术刀及高压水刀等多种。

（二）普通手术刀的执刀手法

根据手术部位和切开的病变性质的不同，选用不同形状和大小的刀片。由于习惯不同或切口部位不同，术者常以多种握持变换的方法，来达到理想的切开效果。正确的持刀方式有四种。

1. 持弓式　持刀如持琴弓，是最常用的一种持刀方式。使用灵活而范围广，适用于各种胸腹部皮肤切口。

2. 执笔式　持刀如持钢笔，用力轻柔，操作灵巧而精细，适于短小切口，如解剖血管、神经和切开腹膜等。

3. 抓持式　适用于范围较广、用力较大的切口，如截肢、切开较长的皮肤切口等。

4. 反挑式　是指刀刃向上挑开的持刀方式，可避免损伤深部组织。如用此法做脓肿切开、切断钳夹组织。

（三）皮肤切口选择和切开原则

切口的选择是手术显露的重要步骤，在切口选择上应考虑以下几点：

1. 切口应选择于病变部位附近，通过最短切口以最佳显露病变。

2. 切口应对组织损伤小，不损伤重要的解剖结构如血管、神经等，并且不影响该部位的生理功能。

3. 力求切口能快速而牢固地愈合，并尽量做到美观，不遗留难看的瘢痕，如颜面部手术切口应与皮纹一致，并尽可能选取较隐蔽的切口。

4. 切口必须有足够的长度，以能容纳手术操作和放进必要的器械为宜，切口宁可稍大而勿太小，并且需要时应易于延长。应根据患者的体型、病变深浅、手术的难易程度及麻醉条件等因素来计划切口的大小。

（四）切开方法及要点

1. 消毒并铺巾。

2. 切开　术者用一手拇指及示指在切口两旁固定皮肤，另一手持手术刀，将刀腹刃部与组织垂直，防止斜切；刀尖先垂直刺入皮肤，然后再转至与皮面呈 45° 斜角，用刀均匀切开皮肤及皮下组织，直至预定切口的长度；再将刀转呈 90° 与皮面垂直方向，将刀提出切口。

3. 切开时要掌握用刀力度，从切口开始到终止，力求一次切开全层皮肤，使切口呈线状。切口边缘要平滑，避免多次切割导致切口边缘参差不齐，影响愈合。切开时也不可用力过猛，以免误伤深部重要组织。

4. 皮下组织宜与皮肤同时切开，并须保持同一长度。

5. 切开皮肤和皮下组织后，随即用手术巾覆盖切口周围（现临床上多用无菌薄膜粘贴切口部位后再行切开），以隔离和保护伤口免受污染。

二、缝合

（一）概述

缝合是将已经切开或因外伤断裂的组织、器官进行对合，恢复其功能的操作。缝合是保证良好愈合的基本条件，也是重要的外科手术基本操作技术之一。不同部位的组织器官，需采用不同的方式和方法进行缝合。

（二）缝合材料的选择

1. 缝合针　依据不同的特点和规格，缝合针分为不同类型。

（1）依针尖分类：按针尖的形状，缝合针可分为三角针与圆针两种。三角针（也叫缝皮针），其针尖为三角形，一般为弯针，因针尖锋利，对周围软组织损伤较大，容易留瘢痕，颜面或包皮的皮肤缝合时应慎用。圆针因针尖、针体为圆形，对周围组织损伤小，可作为软组织或胃肠道等内脏器官的缝合之用。

（2）依针径分类：有粗细之分，以针的最粗部分的直径代表针径。

（3）依缝合针的形状分类：直针，即180°，没有弧度，适于缝合皮肤浅组织。3/8弧度针，即占3/8圆弧弯度，适合缝皮肤、皮下组织及肌肉等稍深器官或组织。1/2弧度针，即占1/2圆弧弯度，适用缝合深部组织。

2. 缝合线

（1）可吸收性缝线：主要为羊肠线和合成纤维线。多用于愈合较快的组织或皮下组织结扎血管和缝合感染伤口等，也用于内脏黏膜缝合。

（2）不可吸收性缝线：即不能被机体的酶类消化或不能在机体组织内水解的缝线。适用于体表皮肤的缝合、体内脏器的缝合等。

（三）常用缝合方法

缝合的方法很多，目前尚无统一的分类方法。按组织的对合关系可分为单纯缝合、外翻缝合、内翻缝合三类；按缝合时缝线的连续与否可分为间断缝合和连续缝合两种；按缝线与缝合时组织间的位置关系分为水平缝合和垂直缝合两种。当缝合伤口形态特殊时，还可分为荷包缝合、包埋缝合、"U"字缝合、"8"字缝合、"T"字缝合、"Y"形缝合等。另外，还有用于特别目的所做的缝合，如减张缝合、皮内缝合等。下面介绍几种常用的缝合方法。

1. 连续缝合　连续缝合是用一根缝合线所做的一系列缝合。在第一针缝合后打结，继而用该缝线缝合整个创口，结束前的一针，将缝线尾拉出留在对侧，形成双线与缝线尾打结。使用连续缝合时，操作要迅速，其强度来源于沿整条缝线均匀分布的强度，应避免因张力过大而引起的组织皱缩，同时也应避免因缝线断裂所导致的整个伤口组织开裂。连续缝合使用一根缝线，也容易导致感染沿缝线传播。因此，连续缝合多适用于腹膜或腹壁筋膜层的暂时性闭合。

2. **单纯间断缝合** 单纯间断缝合是利用多根缝线闭合伤口的缝合方式。每根缝线被单独打结、剪断。该种缝合方式多用在皮肤、皮下组织、肌肉、腱膜的缝合。单纯间断缝合能使缝合更为牢固，即使有一根缝线断裂，在其他缝线的作用下仍能保持伤口对合良好。同时，间断缝合也适用于有感染的伤口，感染不会沿多根缝合线传播。

3. **荷包缝合** 荷包缝合是围绕管腔所做的连续缝合。在组织表面以环形连续缝合一周，结扎时将中心内翻包埋，表面光滑，有利于愈合。荷包缝合主要用于阑尾残端或主动脉、心脏等插入导管装置时。

4. **贯穿缝合法** 也称缝扎法或缝合止血法。此法多用于钳夹的组织较多，单纯结扎有困难或线结容易脱落时。

5. **垂直褥式外翻式缝合** 垂直褥式缝合是在离创缘的1~1.5cm处进针，在创口对侧同样的距离出针，然后反折，在离创缘1~2mm处再次进针，最后在进针的一侧打结。该缝合方式多用于松弛的皮肤的外翻对合，比如肠、手背等部位的皮肤。也适用于较深的、不必要分层缝合的伤口。

6. **皮内缝合** 可分为皮内间断缝合及皮内连续缝合两种。皮内缝合应用眼科小三角针、小持针器及0号丝线。皮内连续缝合从切口的一端进针，然后交替经过两侧切口边缘的皮内穿过，一直缝到切口的另一端穿出，最后抽紧，两端可用蝴蝶结或纱布小球垫。常用于外露皮肤切口的缝合，如颈部甲状腺手术切口。其缝合的好坏与皮下组织缝合的密度、层次对合有关。如果切口张力大，皮下缝合对拢欠佳，不应采用此法。此法缝合的优点是对合好，愈合瘢痕小。

7. **减张缝合法** 对于缝合处组织张力大，或是患者全身情况较差时，为防止切口裂开可采用此法，主要用于腹壁切口的减张。缝合线选用较粗的丝线，在距离创缘2~2.5cm处进针，经过腹直肌后鞘与腹膜之间均由腹内向腹外出针，以保层次的准确性，亦可避免损伤脏器。缝合间距离3~4cm。结扎前将缝线穿过一段橡皮管或纱布做的枕垫，以防皮肤被割裂。结扎时切勿过紧，以免影响血运。

（四）缝合的步骤

1. **进针** 缝合时左手执有齿镊，右手执持针器，用腕臂力由外旋进，顺着弯针的弧度迅速刺入皮肤，经皮下从对侧切口皮缘穿出。

2. **拔针** 可用有齿镊夹住针的前端，顺着针的弧度向外拔，同时持针器从针后部顺势前推。

3. **夹针** 当针要完全拔出时，阻力已很小，可松开持针器，单用镊子夹针继续外拔，持针器迅速转位再夹针体（后1/3弧处），将针完全拔出。

4. **打结** 手法正确，松紧适度。

5. **剪线** 手法正确，线头长短适中。

6. 对皮　用镊子使皮肤对合整齐。

（五）缝合注意要点及技巧

1. **组织分层对合**　应按组织的解剖层次分层进行缝合，不要卷入或缝入其他组织。

2. **避免张力缝合**　如果伤口张力过大，勉强拉拢缝合后，可导致伤口边缘缺血，不利于愈合；同时缝线周围牵拉大，可导致拉豁皮肤，使伤口愈合后瘢痕增生。

3. **进针、出针**　缝合皮肤时要求进、出针与皮面垂直，进针、出针时应注意顺着针的弧度用力。

4. **边距、针距合适**　缝针的密度一般不做硬性的统一规定，根据不同的部位，原则上以使创缘平整对合为原则，不可太密、太紧。通常针距为1cm，边距为0.5cm。

5. **保持伤口创缘轻度外翻对合**　伤口缝合时保持伤口创缘轻度外翻对合与保持伤口组织分层对合同样重要，因为伤口组织在形成瘢痕组织过程中会出现回缩，轻微的外翻在组织恢复过程中反而会让皮肤变得平整。

三、打结

（一）概述

打结是手术中最基本，也是最重要的操作技术之一。打结不正确可能导致结滑脱，严重时可造成出血或缝合组织裂开。

临床上使用的"结"有单结、方结、外科结和三重结，而临床不正确的打结有"假结"和"滑结"（图 10-2-1）。单结在手术操作中作为组织标识或临时止血时使用。方结、外科结是临床使用最多，也是最牢固的结。方结由两个方向相反的单结组成。外科结与方结相似，区别是外科结的第一个结为两个环。外科结的优点在于当扎紧第二个结时，第一个结的两个环更稳定、更牢固。三重结由三个方结组成，相邻两个结的方向均相反，适用于大血管的结扎或特殊打结线（肠线或尼龙线）时使用。

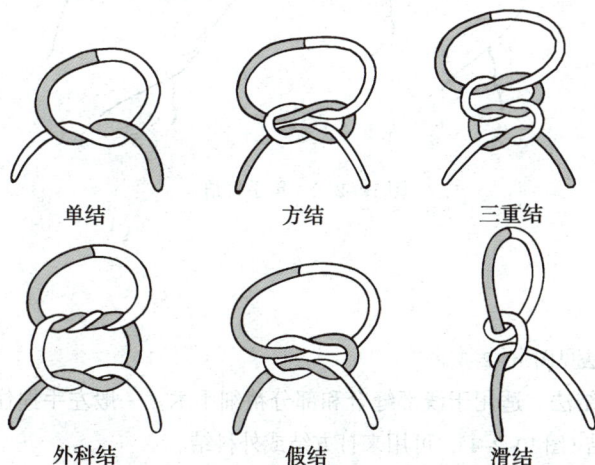

单结　　　方结　　　三重结

外科结　　　假结　　　滑结

图 10-2-1　打结种类

（二）打结方法

临床常用的打结方法可分为单手打结、双手打结和持器械打结法三种。

1. 单手打结法见图 10-2-2。

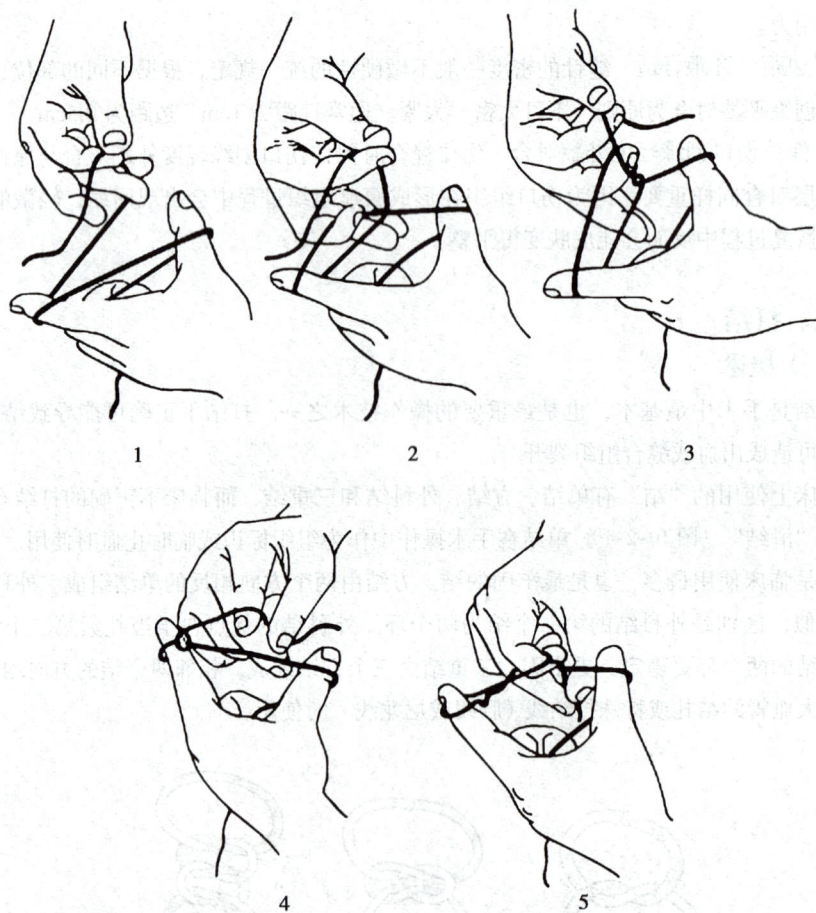

图 10-2-2　单手打结

2. 双手打结法见图 10-2-3。

3. 持器械打结法　适用于浅部缝合和部分精细手术。一般左手捏住缝合针的一端，右手用持针器打结（图 10-2-4），可用来打方结或外科结。

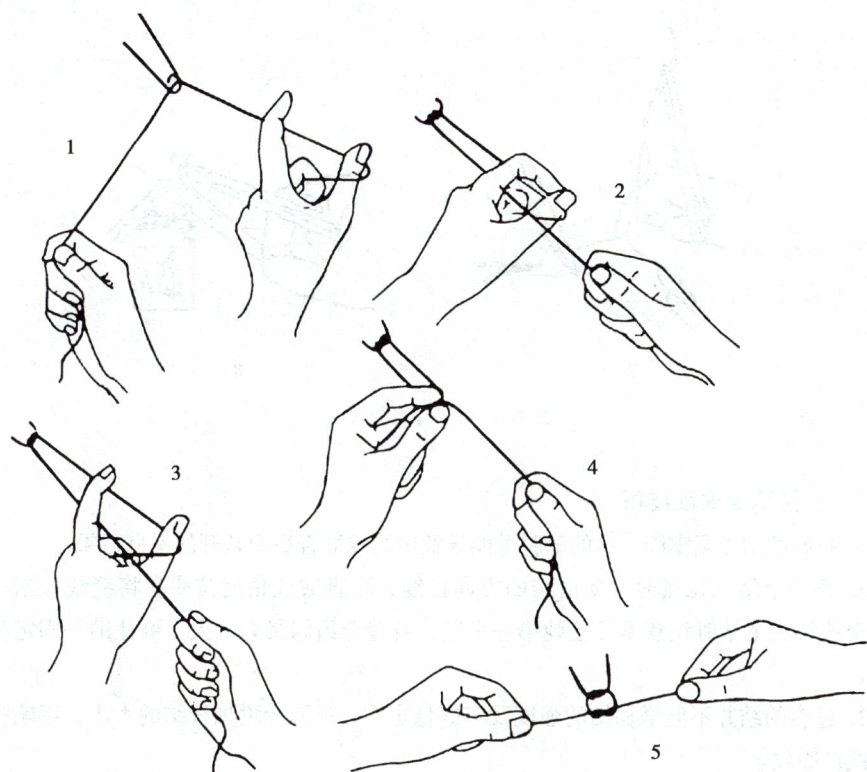

图 10-2-3　双手打结

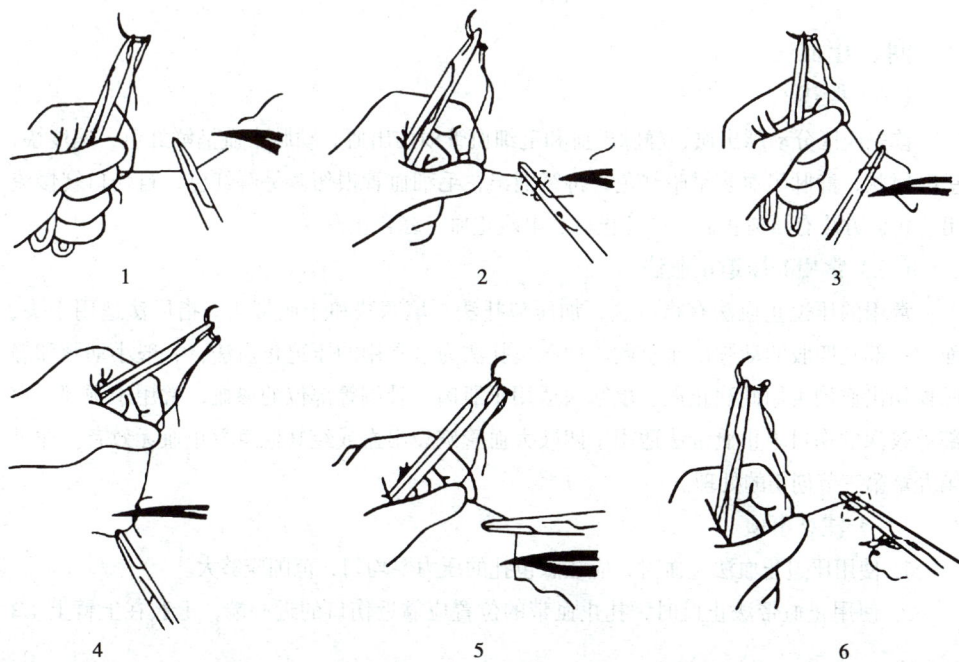

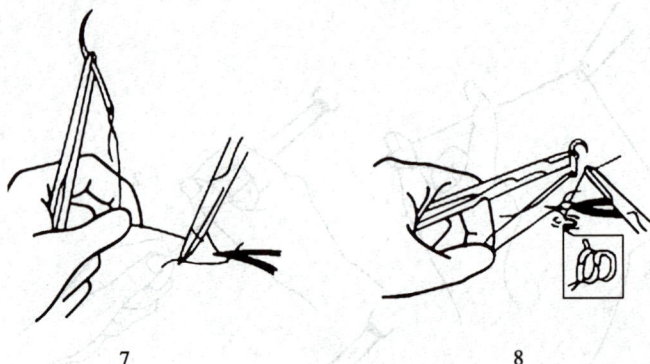

7   8

图 10-2-4　持器械打结

（三）打结要求及技巧

1. 打好的结必须牢固，结的滑脱可能导致出血或缝合组织裂开的不良后果。

2. 每一个结在拉紧时，要沿结的方向拉线，垂直或成角度拉线易将缝线拉断；打第二个或第三个结时注意不要松弛第一个结，若缝合组织张力过大，可让助手固定第一个结。

3. 过多的结并不能增加结的强度及牢固稳定性，反而会增加线结的大小，影响吸收性缝线的吸收。

4. 打结线尾剪线时，结扎在体内的丝线线头留 1~2mm，尼龙线肠线留线头 3~4mm。体外的丝线线头留 5~6mm。

四、止血

（一）概述

首先应区分动脉出血、静脉出血和毛细血管损伤出血。动脉出血呈鲜红色，速度快，呈喷射状；静脉出血多呈暗红色，持续涌出；毛细血管损伤多呈鲜红色，自伤口缓慢流出。止血方法有压迫止血、结扎止血、电凝止血、缝合止血等。

（二）常用的压迫止血法

常用的压迫止血法有指压法、加压包扎法、填塞法和止血带法。指压法适用于头、面、颈部及四肢的动脉出血急救。加压包扎法为最常用的压迫止血法，一般小动脉和静脉损伤出血均可用此法止血。填塞法适用于肌肉、骨端等部位的渗血，常用于颈部、臀部等较深的伤口。止血带法适用于四肢大血管破裂出血或经其他急救止血无效者。详见第九章第三节创伤的处理。

（三）注意事项

1. 使用压迫止血法止血时，应注意包扎的压力要均匀，范围应够大。

2. 使用止血带法止血时，扎止血带的位置应靠近伤口的近心端，上肢在上臂上 1/3

处；下肢在大腿中上 1/3 处，手指在指根部。止血带不能绕扎过紧，绕扎松紧程度应以能止住出血为宜。在标志牌上记录开始使用止血带的时间。每间隔 60 分钟应放松止血带 1 次，每次放松止血带的时间为 3 分钟。止血带使用时间一般不应超过 4 小时。

五、清创

(一)概述

清创术是对新鲜开放性污染伤口进行清洗去污、清除血块和异物，切除失去生机的组织，使之尽量减少污染，甚至变成清洁伤口，力图一期愈合的操作技术。清创术是一种外科基本手术操作。伤口初期处理得好坏，对伤口愈合、受伤部位组织的形态和功能的恢复起决定性作用，应予以重视。

开放性伤口分为清洁、污染（有细菌污染但尚未构成感染）和感染伤口三类。严格地讲，外伤时清洁伤口是很少的，意外创伤的伤口难免会受到不同程度的污染。如污染严重，细菌量多且毒力强，在受伤 8 小时后即可变为感染伤口。由于头面部伤口局部血运良好，对抗病原体的能力较强，伤后 12 小时仍可行清创术。

(二)适应证

受伤 8 小时以内的开放性非感染伤口应行清创术。8 小时以上但无明显感染的伤口，若伤员一般情况好，亦可行清创术。

(三)禁忌证

如伤口已有明显感染，则不宜行清创术，仅将伤口周围皮肤清洗干净、消毒，将伤口敞开引流。

(四)清创前准备

1. 清创前须对伤员进行包括生命体征在内的全面检查。如伤员有休克，应先抢救生命，待休克好转后再争取时间进行清创；如颅脑、胸、腹部等重要脏器有严重损伤，应先处理危及生命的创伤；如四肢有开放性损伤，应注意是否合并骨折，可拍 X 线片协助诊断。

2. 在清创前，应给予伤员镇痛药。

3. 如伤口较大，污染严重，应给予抗生素抗感染。在术前 1 小时，术中和术毕分别用一定量的抗生素。

4. 可采用破伤风免疫球蛋白，儿童、成人一次用量均为 250U。也可用破伤风抗毒素 1 500U 肌内注射，创伤严重者应用 3 000U 肌内注射。

5. 准备无菌软毛刷、消毒肥皂水、无菌生理盐水、无菌纱布敷料、消毒用的碘酒或乙醇、0.1% 苯扎溴铵溶液、3% 过氧化氢溶液、0.5% 聚维酮碘溶液、2% 利多卡因溶液，以及手术刀、手术剪、血管钳、持针器、手术镊、缝合针、缝合线、不同类型牵开器（皮肤拉钩、肌肉拉钩、甲状腺拉钩等）、咬骨钳、棉球、无菌纱布、胶布、绷带等。

（五）麻醉

1. 上肢清创可用臂丛神经或腕部神经阻滞麻醉。
2. 下肢可用硬膜外麻醉，较小、较浅的伤口可选用局部麻醉。
3. 较大、复杂严重伤口可选用全身麻醉。

（六）清创步骤

1. 清洗去污　包括清洗皮肤和清洗伤口两个步骤。

（1）清洗皮肤：用无菌纱布覆盖伤口，再用汽油或乙醚擦去伤口周围皮肤的油污。术者按常规方法洗手、戴手套，更换覆盖伤口的纱布，用软毛刷蘸消毒肥皂水刷洗伤口周围皮肤，并用生理盐水冲洗三次。注意勿使冲洗液流入伤口内。然后换另一支毛刷再刷洗一遍，用消毒纱布擦干皮肤。两遍刷洗共约 10 分钟。

（2）清洗伤口：移去覆盖伤口的纱布，用生理盐水冲洗伤口后，用 3% 过氧化氢溶液冲洗伤口，直至出现泡沫，再次使用生理盐水冲洗伤口。擦干伤口，初步检查伤口内有无活动性出血、异物，有无合并神经、血管、肌腱损伤等。用消毒镊子或小棉球轻轻除去伤口内的污物、血凝块和异物。

2. 清理伤口

（1）脱手套，洗手，并消毒术者自己的手臂。

（2）消毒铺巾：用聚维酮碘消毒伤口周围皮肤 2~3 遍，铺无菌巾。

（3）穿手术衣，戴无菌手套。

（4）局部麻醉：用 2% 利多卡因距伤口边缘 1~2cm 做局部浸润麻醉。

（5）对于浅层伤口，可将伤口周围不光整的皮肤边缘切除 0.2~0.5cm，切面止血，消除血凝块和异物，切除失活组织和明显挫伤的创缘组织，并随时用无菌盐水冲洗。

（6）对于深层伤口，应彻底切除失活的筋膜和肌肉，切除伤口皮缘或用镊子夹镊不收缩部分（表示已坏死），但不应将有活力的肌肉切除，以免切除过多影响功能。

（7）如损伤局部伴粉碎性骨折，应尽量保留骨折片；已完全剥落的小骨片则应清除。

（8）浅部贯通伤的出入口较接近的，可将伤道间的组织桥切开，使两个伤口变为一个。如伤道过深，不应从入口处清理深部，而应从侧面切开清理伤道。

（9）伤口如有活动性出血，在清创前可先用止血钳钳夹或临时结扎止血。待清理伤口时重新结扎，除去污染线头。渗血处可用温盐水纱布压迫止血，或用凝血酶等局部止血剂止血。

（10）清创后再次用生理盐水清洗伤口。根据污染程度、伤口大小和深度等具体情况，决定伤口应该开放还是缝合，是一期还是延期缝合。未超过 12 小时的清洁伤口可一期缝合。大而深的伤口，在一期缝合时应放置引流条。污染重或特殊情况不能彻底清创的伤口，应延期缝合；清创后先在伤口内放置凡士林纱布条引流，待 4~7 日后，如伤口组织红润，无感染或水肿时，再做缝合。头、面部皮肤血运丰富，愈合力强，损伤时间虽长，只要无明显感染，仍应争取一期缝合。

（11）缝合伤口时，不应留有无效腔，张力不能太大。对重要的血管损伤应修补或吻合；对断裂的肌腱和神经干应修整缝合；显露的神经和肌腱应以皮肤覆盖；开放性关节腔损伤应彻底清洗后缝合；胸腹腔的开放性损伤应彻底清创后，放置引流管或引流条。

3. 清创术的注意事项

（1）伤口清创前必须反复用大量生理盐水冲洗，使伤口清洁后再做清创术。

（2）清创时既要彻底切除已失活组织，又要尽量保留存活的组织，这样才能避免伤口感染，促进愈合，保存功能。

（3）组织缝合必须避免张力太大，以免造成缺血或坏死。

4. 清创后处理

（1）根据伤口污染和感染情况合理应用抗生素，避免抗生素的滥用。

（2）所有伤者均需要注射破伤风免疫球蛋白或破伤风抗毒素。

（3）处理后的肢体损伤患者，应当嘱其抬高伤肢，促使血液回流。

（4）注意伤肢血运、伤口包扎松紧是否合适、伤口有无出血等。

（5）一般应根据引流物情况放置伤口引流条，在术后 24~48 小时内多数可以拔除。

（6）伤口出血或发生感染时，应立即拆除缝线，检查原因，进行处理。

第三节　穿脱手术衣

一、概述

任何一种洗手方法，都不能完全消灭皮肤深处的细菌，这些细菌在手术过程中会逐渐移行到皮肤表面并生长、繁殖，故洗手之后必须穿上无菌手术衣，戴上无菌手套，以达到手术过程中的无菌要求。

二、穿无菌手术衣的操作步骤

1. 准备工作

（1）戴帽子、口罩，并完成手术洗手环节。

（2）无菌手术衣包由手术室护士打开。

2. 穿无菌手术衣

（1）从已打开的无菌衣包内取出无菌手术衣，在手术室内较空旷、无阻挡的地方穿无菌手术衣。

（2）认准衣领，用双手提起衣领的两角，抖开无菌手术衣，使无菌手术衣的内面朝向自己。注意在抖开无菌手术衣的过程中勿使手术衣碰触任何物品或地面。

（3）看准无菌手术衣袖筒的入口，将无菌手术衣轻轻向上前方抛起，双手同时、迅速地伸入两边的袖筒内，两臂向前平举伸直，双手伸出袖口。手术室护士在身后协助，拉住并系好衣领处的系带。

（4）双手在身前交叉提起腰带，向后递与手术室护士。护士在背后接过腰带并帮助手术者系好腰带。

（5）戴无菌手套。

3. 穿旋转／包背式无菌手术衣

（1）从打开的无菌衣包内取出无菌手术衣。取出时，手不可碰到包布边缘，在手术间较空旷、无阻挡的地方穿无菌手术衣。先认准并手持衣领的两角，充分抖开无菌手术衣，使无菌手术衣的内面朝向自己。注意在抖开无菌手术衣的过程中勿使手术衣碰触任何物品或地面。

（2）看准无菌手术衣袖筒的入口，将无菌手术衣轻轻向上前方抛起，双手同时、迅速地伸入两边的袖筒内，并伸出袖口。由手术室护士在身后拉住并系好衣领处的系带，自己戴无菌手套后解开胸前左右衣带的结。

（3）由已穿好无菌手术衣及戴好无菌手套的手术护士牵住无菌手术衣右前面的一根衣带，手术者向左旋转180°，将护士手中的衣带与无菌手术衣左前面的一根衣带相互打结牢固。

（4）戴无菌手套。

三、穿无菌手术衣注意事项

1. 穿无菌手术衣过程中一旦接触到未消毒的物件，应立即更换。

2. 若发现无菌手术衣有破洞，应立即更换。

3. 穿好无菌手术衣后，如手术不能立即进行，应将双手插入胸前特制的衣袋中，站立等待。

4. 穿上无菌手术衣、戴好无菌手套后，肩部以下、腰部以上、腋前线前及双上肢为无菌区，术者双手不可在此无菌区外随意摆动。

四、更换无菌手术衣操作步骤

1. 一台手术结束，要进行下一台手术时，需更换无菌手术衣。

2. 更换无菌手术衣时，术者应洗净手套上的血迹，由巡回护士解开背带及衣领系带，协助脱去无菌手术衣。自己双手抱肘，由手术室护士将无菌手术衣自背部向前反折，由肩部向肘部翻转，使手套的腕部随之自然翻转于手上。

3. 用右手脱下左手手套至掌部，再以左手脱去右手手套，最后用右手指在左手掌部推下左手手套。脱手套时，手套的外面不能接触皮肤。

4. 如果手术完毕，手套未破，又需连续实行另一手术时，可不用重新刷手，仅需用消毒液再浸泡或涂擦前臂,重复穿无菌手术衣和戴无菌手套的程序。若前一次为污染手术,则连续手术前必须重新刷手。

第四节 换药与拆线

一、换药

(一) 概述

换药是对伤口进行敷料的更换和处理,其目的是观察伤口,查看有无感染迹象,以及伤口的生长情况,同时保护伤口,保持伤口的清洁,促使伤口尽早愈合。

换药术
(视频)

(二) 适应证

1. 外科伤口缝合后的覆盖敷料的更换。

2. 各种安放引流物的体表伤口敷料的更换。

3. 伤口已化脓感染,需要定时清除坏死组织、脓液和异物。

4. 伤口局部敷料松脱、移位。

5. 创面周围或肢体水肿及引流不畅,需要保护性扩创。

6. 各种瘘管、窦道漏出物过多,大、小便污染或鼻、眼、口分泌物污染或浸湿附近伤口敷料。

(三) 禁忌证

换药没有绝对禁忌证,但患者若出现生命体征不平稳或发生休克,换药操作需要中断抢救措施时,可暂不行换药。

(四) 换药常用药物或试剂

1. 生理盐水 主要用于创面的擦拭、冲洗等。生理盐水为等渗性液体,能维持细胞的正常形态,对肉芽组织无不良刺激。等渗盐水棉球及纱布可用于清洁创面、创面湿敷、填充脓腔;等渗盐水可用于冲洗脓腔;1%~3% 盐水具有较强局部脱水作用,可用于肉芽水肿明显的创面。

2. 碘酒 碘酒有强大的杀菌能力,能杀死细菌的芽孢,但对皮肤的刺激性大,不能用在黏膜上,不适用于开放性伤口的消毒。使用碘酒后需用乙醇脱碘。

3. 乙醇 又叫酒精,是最常用的皮肤消毒剂,也用于碘酒使用后的脱碘。75% 乙醇可用于灭菌消毒。表皮完整的伤口可以用乙醇换药,如果表皮破损就不能用乙醇(或者说黏膜消毒应忌用乙醇),经典的消毒方法是 2% 碘酒消毒两遍后使用乙醇脱碘消毒三遍。

4. 聚维酮碘 又称碘伏,是碘与表面活性剂、灭菌增效剂经独特工艺络合而成的一种高效、广谱、无毒、稳定性好的新型消毒剂。对黏膜刺激性小，无须用乙醇脱碘，无腐蚀作用，且毒性低。普遍应用于肌内注射、静脉注射、外用、手术皮肤的消毒等。消毒效果优于碘酒，较少过敏反应。

5. 3% 过氧化氢溶液 又称双氧水，与组织接触后分解释放出氧，具有杀菌作用，主要用于冲洗外伤伤口、腐败或恶臭的伤口，尤其适用于厌氧菌感染的伤口。

6. 油剂纱布 油纱布具有引流、保护创面等作用。创面分泌物少者，可 2~3 日更换一次。凡士林纱布较为常用，可用于新鲜创面，有保护上皮的作用。

（五）换药的具体步骤

1. 换药前准备

（1）医生准备：充分了解伤口创面的部位、大小及深浅，伤口腔内填塞纱布的数量，有无引流管需要拔除或更换，伤口是否需要扩创或冲洗，是否需要拆线或缝合等。对患者精神状态、全身状况及换药过程中可能发生的情况，均应详细了解并充分准备。洗手，戴口罩、帽子。要向患者做自我介绍，并告知患者换药的目的，以取得患者的配合。如伤口较复杂或疼痛较重，可适当给予镇痛或镇静药以解除患者的恐惧及不安。同时，在换药时要充分尊重患者，并保护患者的隐私。

（2）物品准备：最好能在换药室换药，若因病情患者难以移动，可在床旁换药。需要准备的物品包括无菌治疗碗 2 个、弯盘 1 个、镊子或止血钳 2 把、剪刀 1 把、乙醇、干棉球、纱布、棉垫、引流条、生理盐水、胶布等。

（3）患者准备：让患者取最舒服且伤口暴露最好的体位。

2. 去除敷料

（1）先用手取下伤口外层绷带及敷料，将污染敷料内面向上，放在弯盘里。撕胶布时应自伤口由外向里，可用手指轻轻推揉贴在皮肤上的胶布边沿，紧贴皮面（即与皮肤表面平行）向相反的方向慢慢取下，切不可垂直地向上拉掉，以免产生疼痛或将表皮撕脱。

（2）用镊子轻轻揭去内层敷料。与伤口粘住的最内层敷料，应先用生理盐水棉球浸湿后再揭去，以免损伤肉芽组织或引起创面出血。

（3）在换药过程中，用两把镊子操作。一把镊子接触伤口，另一把接触敷料，两把始终不要碰触。夹拿器械时，镊子保持头朝下。

3. 伤口周围皮肤消毒 去除敷料后，用聚维酮碘或 75% 乙醇在创口周围由内向外消毒，注意不要使消毒液流入伤口内。若创周皮肤留有较多胶布痕迹或污垢，可用松节油或汽油棉棒擦去，以减少对皮肤的刺激。

4. 创面处理

（1）用盐水棉球自内向外轻拭去除创面分泌物，擦洗创面周边皮肤的棉球不得再接触创口内面。在拭去创面分泌物时切忌反复用力擦拭，以免损伤创面肉芽或上皮组织；擦拭创面所用棉球不应太湿，否则不但不易清除分泌物，反而使脓液外流污染皮肤和被褥，可用换药镊将棉球中过多的药液挤掉。

（2）正常的肉芽组织颜色鲜红、质地致密、局部洁净、表面平坦。如发现肉芽组织色泽黯淡，表面呈粗大颗粒状，水肿发亮高于创缘，可将其剪除，再将生理盐水棉球拭干，压迫止血。若肉芽组织轻度水肿，可用3%~5%高渗盐水纱布湿敷。

（3）对于有较深脓腔或窦道的伤口，可用过氧化氢溶液、生理盐水进行冲洗，伤口内适当放置引流物，将脓液引出。脓腔深大者，棉球擦洗时应防止脱落在伤口内。

（4）创面擦拭干净后，应彻底去除伤口内的线头、死骨、腐肉和异物。

（5）最后用75%乙醇由内向外消毒伤口周边皮肤（注意不可使乙醇进入伤口内）。根据伤口情况放入引流管、纱布引流条等。

5. 包扎固定　创面处理完毕后，用无菌纱布覆盖伤口，并用胶布粘贴固定。创面大、渗液多的伤口，可加用棉垫，必要时用引流物。覆盖纱布时，要覆盖8层纱布以上（一般一块纱布4层），并使纱布光面朝下。纱布覆盖面边缘至少超过伤口3cm。贴胶布方向应与肢体或躯干长轴垂直，一般粘贴三条，两条压边，中间贴一条，若胶布不易固定时可用绷带包扎。

（六）换药频率

换药并非频率愈高愈好。每次换药，都会不同程度地损伤肉芽组织上的毛细血管，影响肉芽组织的生长，即便是轻微擦拭也会如此。企图通过频繁换药"彻底"冲洗伤口而达到伤口"无菌"是不可能的，相反会对伤口的愈合产生不良刺激，因此，应当注意换药的间隔时间。

1. 一期缝合的无菌伤口　患者无特殊不良反应，敷料不必更换，保持敷料的清洁和干燥直到拆线。常于术后3日左右检查伤口，此时可以同时更换敷料。

2. 可能存在问题的无菌伤口　患者主诉局部疼痛、刺痒或发热时，应及时检查伤口，并更换敷料，此时可能会有3种反应：

（1）缝线反应：是伤口的组织生理反应，表现为暂时性水肿及术后2~3日针眼及缝线下发红，此非感染。换药后可继续观察。

（2）针眼脓疱：针眼部红肿有硬结或脓疱。出现此情况时，可拆除缝线，扩大引流，配合抗生素治疗或红外线照射。

（3）伤口化脓感染：患者有全身反应，伤口局部红、肿、热、痛明显。出现这种情况，除局部处理外，还需要配合全身抗生素治疗，同时使用过氧化氢溶液局部冲洗，局部引流，并送脓液细菌培养和药敏试验确定感染的病原体。

3. 感染伤口　换药每日1次，分泌物多时每日2次。

（七）换药技巧及注意事项

1. 严格遵守无菌操作技术。

2. 换药操作要轻柔，并保护健康组织。

3. 换药次序应先无菌伤口，后感染伤口，最后是特异性感染伤口，如气性坏疽、破伤风等。

4. 气性坏疽、破伤风、溶血性链球菌及铜绿假单胞菌等感染伤口，可指定专人负责换药，而且必须严格执行床边隔离制度。这类换药的污染敷料需及时焚毁，使用的器械应单独加倍时间消毒灭菌。

5. 伤口长期不愈合者，应检查原因，排除结核分枝杆菌感染、引流不畅，以及线头、死骨、弹片等异物存留的可能性。

6. 合理掌握换药的间隔时间，间隔时间过长不利伤口愈合，间隔时间过短因反复刺激伤口也会影响伤口愈合，同时增加患者痛苦。

7. 根据伤口情况准备换药敷料，物尽其用，不应浪费。

8. 换药者当日有无菌手术，不应在手术前给感染伤口换药，换药后需要认真洗手。

二、拆线

(一)概述

拆线指在缝合的皮肤切口愈合后或手术切口出现并发症时（如切口化脓性感染、皮下血肿压迫重要器官等），拆除缝线的操作过程。

拆线
（视频）

(二)适应证

1. 各种伤口如有明显红肿、压痛，局部张力增高等感染征兆时，应及早拆除有关部位的缝线。

2. 对于无菌手术切口，成人患者一般可根据部位不同，按表 10-4-1 时间拆线。

表 10-4-1　身体不同部位以及不同缝合方式的推荐拆线时间

部位	推荐拆线时间 /d
头、颈、面部	4~5
胸、腹、背、臀部	7~10
双上肢	9~10
双下肢	9~11
手足背	10~12
足底部	10~15
减张缝合切口	14~16
腹壁伤口裂开再次全层缝合	15~18

(三)应延迟拆线的情况

1. 严重贫血、消瘦、恶病质者。

2. 严重失水或水电解质紊乱尚未纠正者。

3. 老年及婴幼儿。

4. 较剧烈的咳嗽没有控制时，胸、腹部切口应延迟拆线。

（四）拆线前准备

1. 戴帽子、口罩（头发、鼻孔不外露），洗手。

2. 准备拆线物品，包括两只换药碗（盘）、镊子两把、拆线剪刀、乙醇、适量的干棉球及无菌敷料等。

3. 与患者沟通，告知患者拆线的目的和简单过程，解除患者心理紧张，争取患者和家属的配合。患者取仰卧位，充分暴露手术切口部位。

（五）拆线过程

1. 揭开胶布，用手移去切口敷料，将敷料放置入盛污物的换药碗（盘）内。

2. 一把镊子直接用于接触伤口，另一把专门用于传递换药碗中的清洁物品。两把镊子不能混用。夹拿物品时，保持镊子头朝下。

3. 观察切口的情况。用乙醇消毒切口周围皮肤 2~3 遍，距切口 3~5cm。

4. 操作者左手持血管钳或镊子，夹住线头，轻轻向上提起，使原来在皮下的一小段缝线露出。另一手用剪刀插进线结下空隙，紧贴针眼将露出的缝线段剪断。

5. 持镊子将缝线抽出，抽线的方向朝向切口侧。

6. 全部拆完后，检查伤口愈合情况，用乙醇重新消毒切口一遍。无菌敷料覆盖切口并用胶布固定，粘贴胶布的方向应与躯干长轴垂直，长短适宜。

7. 将换下的污染敷料置入医用垃圾袋中。

第五节　体表肿物切除

一、概述

体表肿物指发生在皮肤或皮肤附属组织的增生性病变。简单来说，凡是在体表能看见的或能清楚摸到的皮肤及皮下的肿物就是体表肿物，如皮脂腺囊肿等。另外，位于皮肤和皮下的血管瘤、淋巴管瘤、神经纤维瘤、黄色瘤、皮样囊肿等都属于体表肿物。

二、体表肿物的分型

根据体表肿物的病理学类型，可将肿物分为肿瘤性肿物和非肿瘤性肿物两大类。

1. 非肿瘤性肿物　包括疣、炎性肉芽肿、瘢痕疙瘩、皮脂腺囊肿（表皮囊肿）、皮样囊肿、表皮样囊肿、腱鞘囊肿等。

2. 肿瘤性肿物　为发生在体表的实体肿瘤，其中良性肿瘤包括汗腺瘤、色素瘤、皮肤乳头状瘤等；恶性肿瘤通常包括汗腺癌、黑色素瘤、皮肤癌等。

三、体表肿物的诊断

1. 视诊　直接观察肿物的大小、形态、色泽、有无破溃或分泌物。

2. 触诊　感觉肿物的硬度、质地（囊性或实性）、有无触痛及活动度。

3. 彩超检查　有条件的社区卫生服务中心可以通过彩超检查确定肿物是囊性还是实性，同时也可以明确肿物和周围组织的关系，特别是和血管的关系。

四、体表常见包块的处理原则

1. 疣体　局部麻醉下切除或于皮肤科电灼、冷冻或激光治疗。

2. 瘢痕疙瘩　一般不必处理，确实影响美观者，可去上级医院整形科诊疗。

3. 皮脂腺囊肿（粉瘤或表皮囊肿）　大小一般为1～3cm，与皮肤粘连，基底可活动，囊内为白色凝乳状皮脂腺分泌物。较小时不需治疗，但1cm以上的，为避免并发感染，可手术切除。如合并有感染，可用药物治疗，1周后择期手术；如果形成脓肿，宜切开引流，感染控制后择期手术。

4. 皮样囊肿　为囊性畸胎瘤，常长在身体中线部位，位于皮下，不与皮肤粘连而与基底部组织粘连甚紧。好发于眼眶周围、鼻根、枕部及口底等处。与皮肤无粘连，但可与深部筋膜或骨膜粘连，诊断一般需要活检确诊，治疗以手术切除为主。术前应该充分估计肿瘤的深度，术中保护深部重要的结构，避免遗留囊壁，防止复发，少数可恶变。

5. 表皮样囊肿　是一种真皮内含有角质的囊肿，多为外伤所致，肿物表面常有角质增生，好发于手及足踝等易受外伤和压迫的部位。治疗时以手术治疗为主，完整手术切除，防止复发。极少数发生恶变。

6. 腱鞘囊肿　与皮肤无粘连，但可与深部组织附着，无活动，可门诊手术刺破囊壁，抽出胶冻样囊液或者手术切除。

7. 汗腺瘤　是来源于汗腺及大汗腺的良性肿瘤。多发生在头面部、腋窝、大腿及会阴部，单发，囊性肿块，约0.5cm大小，表皮皮色稍红，中央常凹陷，治疗方法为手术切除。

8. 汗腺癌　多发生于40～60岁的中老年，女性多于男性，单发的皮下结节或肿块，质地较硬，直径大于2cm，与皮肤粘连，偶伴溢液，需转诊到综合医院手术治疗为主。切除时应距肿块2～3cm，并做区域淋巴结清扫。

9. 色素痣　或称色痣或黑色素细胞痣，系良性黑色素细胞肿瘤的俗称。根据各种痣的特点，可分为先天性痣、后天性痣等。皮内痣、交界痣、混合痣则是病理诊断名称。色素痣通常不需治疗，仅在易受摩擦部位做预防性切除，但疑有恶变倾向时，按黑色素瘤处理。

10. 皮肤恶性黑色素瘤　是起源于黑色素细胞的恶性肿瘤，多由痣或色素斑发展而来。多发生于中老年人，男性略多于女性，尤其好发于足底摩擦部，头颈及手掌也可发生。表现为痣或色素斑迅速增大、隆起、边缘不整、硬度增大、破溃不愈、局部微痒或微痛，周围可出现色素晕，易出血等。一经发现，需立即转综合医院进一步诊疗。

五、体表肿物切除的基本步骤

（一）术前准备

1. **患者准备** 根据手术部位让患者采用合适的体位。

2. **物品准备** 准备无菌软毛刷、消毒肥皂水、无菌生理盐水、75% 乙醇、0.5% 聚维酮碘溶液、2% 利多卡因溶液，以及手术刀、手术剪、血管钳、持针器、手术镊、缝合针、缝合线、棉球、无菌纱布敷料、胶布等。

（二）操作步骤

1. 戴口罩、帽子（盖住口、鼻孔、头发）。挽袖过肘，刷手，消毒术者的前臂。

2. 消毒铺巾 以手术点为中心，消毒范围应包括手术切口周围 15cm 的区域。

3. 穿无菌手术衣，戴无菌手套。

4. 局部麻醉 根据肿物所在的位置选择合适的麻醉方法。通常用 2% 利多卡因沿肿物外周，距肿物边缘 1~2cm，做局部浸润麻醉。手指、手臂等处可选用神经阻滞麻醉。

5. 切除瘤体 术者用一手拇指及示指在切口两旁固定皮肤，另一手持手术刀，在皮肤上沿肿物长轴做一棱形切口，尽可能顺皮肤纹路进行。切开时要掌握用刀力度，从切口开始到终止，力求一次切开全层皮肤，使切口呈线状，切口边缘保持平滑。切开时不可用力过猛，以免误伤深部重要组织。逐层分离皮下结缔组织，并逐渐游离肿物，如是囊性肿物尽可能不要将其弄破，注意避开重要的血管、神经。完整游离肿物，将其取出。

6. 缝合 选择三角针，穿好合适的缝线，持针器在缝针的中后 1/3~1/4 处夹住缝针。左手执有齿镊，右手执持针器，用腕臂力由外旋进，迅速垂直刺入皮肤，顺着弯针的弧度经皮下从对侧切口皮缘穿出。逐层缝合皮下组织、皮肤，注意关闭可能出现的无效腔，必要时放置引流条。可用间断缝合或皮内缝合的方式缝合创口。针距、边距正确（通常针距为 1cm，边距为 0.5cm），切缘对合满意。如肿物较大，切除后皮肤缺损较多，则应再行植皮。

7. 打结 手法正确，松紧适度。

8. 剪线 手法正确，线头长短适中。

9. 对皮 用镊子使皮肤对合整齐。

第六节　脓肿切开引流

一、概述

脓肿切开引流术是外科治疗化脓性感染的最主要的方法之一。任何抗菌药的治疗都不能代替脓肿切开引流术的重要作用。

脓肿切开引流的原则是及时切开，宁早勿晚；保持引流通畅，引流彻底。

脓肿切开引流的步骤包括麻醉、脓肿切开、排出脓液、填塞引流物、敷料包扎固定。

脓肿切开引流后应根据情况及时正确换药，促使创口尽快愈合。

ER10-5

脓肿切开引流术（视频）

二、浅表脓肿切开引流术

（一）适应证

1. 位于皮肤或皮下组织内，可扪及波动的浅表脓肿。

2. 虽尚未形成脓肿，但局部张力较大或疼痛剧烈，也应及早切开排出炎症区域的渗出物，降低局部压力，减轻疼痛。

（二）操作步骤

1. 局部消毒铺巾　根据脓肿发生的部位，患者取适当体位。操作者以碘酒、乙醇或安尔碘消毒皮肤，铺无菌孔巾。

2. 麻醉　局部浸润麻醉或区域阻滞麻醉。注药时应注意勿将药物注入脓腔内，防止炎症扩散。

3. 切开引流

（1）于波动最明显、位置最低处做切口；未形成波动者于肿胀最显著处做切口。左手拇指、示指置于脓肿两侧，略加固定。切开皮肤、皮下组织直达脓腔，切口长度与脓肿大小相当，放出脓液，必要时轻轻挤压四周，以尽量排尽脓液，然后根据脓腔大小放入长度合适的凡士林条引流。

（2）如脓肿较大，或因局部解剖关系，不宜做大切口者，可以做对口引流，使引流通畅。

（3）用3%过氧化氢溶液冲洗脓腔后，再用无菌生理盐水冲净过氧化氢溶液。

4. 放置引流条　用止血钳将凡士林纱条送到脓腔底部，填埋脓腔，另一端留在脓腔外。

5. 覆盖敷料包扎固定。

三、深部脓肿切开引流术

（一）适应证

形成脓肿的深部化脓性感染，如大腿、腰部、臀部等深处的脓肿。

（二）操作步骤

1. 消毒铺巾　取适当体位，按规定消毒皮肤，铺无菌孔巾。

2. 麻醉　局部浸润麻醉或区域阻滞麻醉。

3. 切开引流　先用注射器试穿，证实已形成脓肿后，用刀切开皮肤、皮下组织，钝性分离肌肉纤维，手指探查分开纤维隔，排尽脓液，填塞凡士林纱布引流。

4. 包扎固定。

（三）注意事项

1. 酌情清洁换药，换药时要注意观察引流情况，保持脓腔口大底小的原则。
2. 如有多发深部脓肿，应考虑有无原发感染性疾病，并做相应处理。

四、痈切开引流术

（一）适应证

1. 位于颈后、背部等处的痈，经抗生素治疗无效者。
2. 痈早期切开引流，以防炎症继续沿皮下组织间隙扩散。

（二）操作步骤

1. 消毒铺巾　取适当体位，一般颈后痈、背部痈者取俯卧位。依照常规消毒皮肤，铺无菌孔巾。

2. 麻醉　局部浸润麻醉或区域阻滞麻醉。

3. 切开引流

（1）于波动最明显、位置最低处做切口；未形成波动者于肿胀最显著处做"＋""＋＋"或"Ｙ"形切开，长度要达痈的边缘，切至深筋膜浅面，然后自深筋膜浅面横行解剖、分离皮下炎症组织，形成皮瓣，使皮下组织外翻，并尽量剪除坏死组织。

（2）用3%过氧化氢溶液冲洗脓腔，再用无菌生理盐水冲净过氧化氢溶液。

4. 放置引流条　用止血钳将凡士林纱条送到脓腔底部，填埋脓腔，另一端留在脓腔外。

5. 覆盖厚纱布敷料，包扎固定。

（三）注意事项

如果病变范围广泛，可考虑将全部病变组织自深筋膜浅面切除，创面湿敷、清洁换药，待肉芽组织生长良好后植皮，以便尽早封闭创面。

五、甲沟炎切开引流术

（一）适应证

1. 甲沟感染，形成脓肿者。
2. 甲沟感染，虽未形成脓肿，但局部肿胀明显者。

（二）操作步骤

1. 消毒铺巾　取适当体位，一般取坐位，精神紧张者取平卧位，患侧肢体外展。常规消毒皮肤，铺无菌孔巾。

2. 麻醉　指根部神经阻滞麻醉。

3. 切开引流

（1）左手拇指、示指置于脓肿两侧，略加固定。右手持手术刀，于病变侧甲沟切开皮肤，潜行分离附着在甲根上的皮肤和脓肿壁。若甲下积脓，则需剪除一部分指甲；若为双侧甲沟炎，则双侧甲沟皮肤均需切开、分离、掀起形成皮瓣。

（2）用3%过氧化氢溶液冲洗脓腔后，再用无菌生理盐水冲净过氧化氢溶液。

4. 放置引流条　用止血钳将凡士林纱条送到脓腔底部，填埋脓腔，另一端留在脓腔外。

5. 覆盖无菌纱布，胶布固定。

（三）注意事项

1. 术后抬高患肢，以减轻水肿和疼痛。

2. 如有甲沟下广泛积脓，应行拔甲术；足趾甲沟炎多由嵌甲造成，可行嵌甲根治术。

六、化脓性指头炎切开引流术

（一）适应证

1. 手指末节指腹皮下软组织感染，已形成脓肿。

2. 虽未形成脓肿，但局部肿胀明显，剧痛影响睡眠，应及时切开减压，解除疼痛，预防骨髓炎的发生。

（二）操作步骤

1. 消毒铺巾　取适当体位，用碘酒、乙醇消毒皮肤，铺无菌孔巾。

2. 麻醉　指根部神经阻滞麻醉。

3. 切开引流

（1）于患者手指末节侧面偏掌侧纵行切开，切口近端不应超过指间关节横纹处。用刀切开皮肤至脓腔，切断脓腔内所有纵行纤维索，血管钳分离，放出脓液。切开时勿太靠近指骨，以免损伤指骨基底部的屈指深肌腱。

（2）如脓肿较大或因局部解剖关系不宜做大切口者，可以做对口引流，使引流通畅。

（3）3%过氧化氢溶液冲洗脓腔，再用无菌生理盐水冲净过氧化氢溶液。

4. 放置引流条　用止血钳将凡士林纱条送到脓腔底部，填埋脓腔，另一端留在脓腔外。

5. 覆盖无菌纱布，胶布固定。

（三）注意事项

1. 禁止行任何指腹掌侧切口。

2. 术后将患侧肢体抬高，利于静脉回流。

3. 勿做指头尖端的鱼口状切口，以免愈合后影响指端的感觉功能。

4. 引流条勿填塞过紧，以免影响引流。

七、手指化脓性腱鞘炎切开引流术

（一）适应证

手指腱鞘内急性化脓性感染所致的患指明显肿胀、疼痛。

（二）操作步骤

1. 消毒铺巾　取适当体位，常规消毒皮肤，铺无菌孔巾。

2. 麻醉　指根部神经阻滞麻醉或腕部神经阻滞麻醉。

3. 切开引流

（1）第 2、3、4 指化脓性腱鞘炎，可于手指一侧做纵行切开；拇指、小指化脓性腱鞘炎时，可分别于拇指桡侧或小指尺侧做切口。于肿胀最明显处切开皮肤、皮下组织，再仔细分离、切开脓肿的鞘，注意勿损伤血管、神经、肌腱，放出脓液或炎性渗出物。

（2）如脓肿较大，或因局部解剖关系，不宜做大切口者，可以做对口引流，使引流通畅。

（3）3% 过氧化氢溶液冲洗脓腔，再用无菌生理盐水冲净过氧化氢溶液。

4. 放置引流条　于腱鞘外、皮下组织层放置橡皮条引流，注意不要放在腱鞘内，术后 24 小时拔出。必要时可于切口皮下放置两条细硅胶管，术后定时用青霉素或其他抗生素及生理盐水冲洗。

5. 覆盖无菌纱布，必要时外置棉垫包扎，胶布固定。

（三）注意事项

1. 术后应将患侧肢体抬高，可减轻水肿和疼痛。

2. 急性炎症控制后应尽早行手指伸屈活动，以防肌腱粘连。

八、掌间隙感染切开引流术

（一）适应证

掌中间隙或鱼际间隙化脓性感染，一经发现，应及早切开引流。

（二）操作步骤

1. 消毒铺巾　取适当体位，常规消毒皮肤，铺无菌孔巾。

2. 麻醉　一般应采取腕部神经阻滞麻醉或局部浸润麻醉。

3. 切开引流　如为掌中间隙感染，在掌远侧横纹处第 3、4 掌骨间做横切口或纵切口；如为鱼际间隙感染，在大鱼际肿胀最明显处做斜切口，也可在拇指、示指间指蹼背侧缘做切口。切开皮肤、皮下组织之脓腔，注意勿损伤血管、神经、肌腱。

4. 用 3% 过氧化氢溶液冲洗脓腔后，再用无菌生理盐水冲净过氧化氢溶液。

5. 放置引流条　用止血钳将凡士林纱条或等渗盐水纱条送到脓腔底部，填埋脓腔，另一端留在脓腔外。

6. 覆盖无菌纱布，必要时外置棉垫包扎，胶布固定。

7. 术后应将患肢抬高，并将手固定在功能位置，即腕部稍背屈、尺屈，指关节半屈，拇指屈向中线与中指相对。

（三）注意事项

1. 手掌肿胀消退，应及早进行手指伸屈活动，防止肌腱粘连。

2. 由于掌面组织坚韧致密，而手背组织相对疏松，故手背组织往往肿胀更明显，切不可误认为是手背感染而于手背处切开引流。

九、颌下脓肿切开引流术

(一) 适应证

1. 颌下区急性感染形成脓肿。

2. 虽未形成脓肿，但局部肿胀明显，甚至有引起呼吸困难或喉头水肿可能。

(二) 操作步骤

1. 消毒铺巾　患者取仰卧位，头部尽量后仰，充分显露患处。常规消毒皮肤，铺无菌孔巾。

2. 麻醉　局部浸润麻醉。

3. 脓肿切开引流

(1) 于肿胀明显处、距下颌骨下缘2cm，并与其平行做2~4cm长的切口，切开皮肤和颈阔肌，用血管钳向舌下方向分离至脓腔，排除脓液。

(2) 如脓肿较大或因局部解剖关系不宜做大切口者，可以做对口引流，使引流通畅。

(3) 用3%过氧化氢溶液冲洗脓腔后，再用无菌生理盐水冲净过氧化氢溶液。

4. 放置引流条　用止血钳将凡士林纱条送到脓腔底部，填埋脓腔，另一端留在脓腔外。

5. 覆盖无菌纱布，必要时外置棉垫包扎，胶布固定。

(三) 注意事项

因颌下脓肿多继发于牙源性疾病，因此，术后急性炎症控制或创口愈合后，应将原发性病灶清除，以免颌下脓肿复发。

十、乳房脓肿切开引流术

(一) 适应证

1. 急性乳腺炎已经形成脓肿。

2. 乳房闭合性外伤继发感染，局部有明显红、肿、热、痛。

(二) 操作步骤

1. 消毒铺巾　患者取侧卧位。常规消毒皮肤，铺无菌孔巾。

2. 麻醉　一般用局部浸润麻醉，如脓肿大而深者，应采用局部区域阻滞麻醉，切勿药物注射入脓肿内。

3. 切开引流

(1) 在波动明显处或压痛、红肿最显著处以乳头为中心，行放射状切口。若为乳房基底或乳房后脓肿，可沿乳房下缘做弧形切口，不要切开乳晕，避免做与乳管方向垂直的切口。切口应足够大，但不应切开正常乳腺组织。切开皮肤至脓腔，放出脓液。脓肿较大时，用手指伸入脓腔探查，分开纤维隔，使之充分引流。如脓肿较大或因局部解剖关系不宜做大切口者，可以做对口引流，使引流通畅。

（2）用 3% 过氧化氢溶液冲洗脓腔后，再用无菌生理盐水冲净过氧化氢溶液。

（3）用止血钳将凡士林纱条送到脓腔底部，填埋脓腔，另一端留在脓腔外。

（4）最后覆盖无菌纱布，必要时外置棉垫包扎，胶布固定。

（三）注意事项

1. 注意保持引流通畅。

2. 术后用绷带托起乳房，避免下垂，有助于改善局部血液循环。哺乳期应暂停吮吸哺乳，改用吸乳器定时吸尽乳汁。如有漏乳或自愿断乳者，可口服己烯雌酚 3mg 每日 3 次，3~5 日即可。也可以口服中药，停止哺乳。

3. 感染严重伴全身中毒症，应积极控制感染，给予全身支持疗法。

十一、髂窝脓肿切开引流

（一）适应证

髂窝脓肿经试验穿刺或超声检查已确定诊断，即应行切开引流术。

（二）操作步骤

1. 消毒铺巾　取仰卧位，常规消毒皮肤，铺无菌巾。

2. 麻醉　一般可于局部麻醉下手术，必要时在硬脊膜外隙阻滞麻醉下进行。

3. 脓肿切开引流

（1）于腹股沟韧带上方 2cm 处做 4~5cm 长的斜切口，切开皮肤、皮下组织及腹外斜肌腱膜。用血管钳钝性分离腹内斜肌和腹横肌，再小心地将腹膜向内推开，注意勿损伤腹膜或腹腔脏器。

（2）证实脓肿的部位：取注射器于波动感最明显处，诊断性穿刺抽出脓液，证实脓肿部位。

（3）穿刺抽得脓液后，顺针道做一小切口，手指伸入脓腔内了解脓腔大小，分离其间隔组织，尽量排净脓液。

（4）根据脓肿大小，在止血钳引导下，向两端延长切口，达到脓腔边缘，完全切开脓肿。如脓肿较大或因局部解剖关系不宜做大切口者，可以做对口引流，使引流通畅。

（5）用 3% 过氧化氢溶液冲洗脓腔后，再用无菌生理盐水冲净过氧化氢溶液。

4. 放置引流条　用止血钳将凡士林纱条或烟卷送到脓腔底部，填埋脓腔，另一端留在脓腔外。

5. 覆盖无菌纱布，必要时外置棉垫包扎，胶布固定。

（三）注意事项

1. 患侧下肢应处于髋关节伸直位，防止屈曲畸形，必要时做皮肤牵引。

2. 牵引解除后，嘱患者早日下床活动。

第七节　疼痛注射治疗

一、概述

疼痛是与组织损伤和潜在的组织或类似的损伤有关的一种不愉快的感觉和情绪体验。疼痛有时还受情绪等心理因素影响，通常带有比较强的主观性，即每个人的体验和表达都是不同的。

注射疗法是缓解局部疼痛的有效措施之一。注射疗法是将某些对神经系统具有阻滞传导和良性刺激作用的药物，直接注射于疼痛局部，如病灶周围、压痛点，以及腱鞘、关节囊、关节腔、肌筋膜、滑囊、神经干等病变局部，通过消除局部炎性水肿，促进炎症吸收和缓解肌肉痉挛，达到止痛效果。注射疗法对于急、慢性颈肩腰腿痛的治疗效果显著，只要注射部位准确，即可达到迅速止痛的目的，因而在临床上应用较广。注射疗法要达到治疗的预期效果，必须通过三个重要环节，即正确的诊断、有效的药物和精准的注射技术。

二、局部疼痛的产生机制

1. 骨质增生引起　纤维组织的增生、硬化、移位等压迫邻近组织，刺激神经末梢产生疼痛，如腱鞘炎、肩周炎。

2. 创伤和炎症造成　组织肿胀及释放促炎性物质，如缓激肽、P 物质、前列腺素、5- 羟色胺、氢离子等，刺激神经末梢产生疼痛。

3. 创伤后　局部血肿的机化、纤维化，损伤的软组织发生变性、纤维化、瘢痕化直接牵扯周围神经末梢或压迫邻近的神经干产生疼痛。

这三类疼痛主要通过痛觉神经纤维传入中枢。反复的疼痛可以造成患者痛阈下降、痛觉超敏。另外，局部组织循环障碍不仅可以直接致痛，还可以造成组织缺氧，产生代谢产物如缓激肽、P 物质、前列腺素、5- 羟色胺、氢离子等积聚而刺激神经末梢产生疼痛。交感神经在疼痛中也起着非常重要的作用。

三、局部注射药物的作用原理

1. 阻止病理反射，消除疼痛　疼痛刺激源发出的疼痛刺激，经感觉神经传入脊髓之后，上传至脑（中央后回），形成病理反射，于是患者感觉到疼痛。这种疼痛刺激在传至脑的途径中，在脊髓水平上已引起痛刺激源近处运动神经和交感神经的兴奋。运动神经的兴奋使肌紧张增强，交感神经的兴奋使血管收缩，结果疼痛处局部血流减少，氧供不足，使得局部代谢异常，由此产生乳酸等新的致痛物质。这种致痛物质，又成为新的疼痛刺激源，经感觉神经传导，使疼痛加重，而后更增加了运动神经和交感神经的兴奋，如此形成恶性循环。

注射治疗就是利用局部麻醉药的特性，来阻断病理反射，阻止这种恶性循环，从而达到治疗的目的。局部麻醉药不仅可阻断疼痛上传至中枢神经系统的病理反射，使疼痛减轻；同时更重要的是解除局部肌肉痉挛，使病灶局部血管扩张，通过神经对血液循环及淋巴回流等过程的影响，改善病变部位的新陈代谢和营养状况，减轻局部肿胀等炎症性变化。

2. 消除炎性反应，抑制结缔组织增生　骨伤科疾病的疼痛刺激源往往是局部损伤或无菌性炎症。注射治疗是应用糖皮质激素，如复方倍他米松注射液（得宝松）、曲安奈德等，这类药具有较强的抗炎及抗过敏作用，能抑制结缔组织的增生，降低毛细血管壁和细胞膜的通透性，减少炎症渗出，各种炎症因子、致痛物质和有害物质明显减少，对神经末梢的刺激也大大减轻，从而达到止痛的作用。

用局部麻醉药加糖皮质激素注射到痛点、关节腔或硬膜外隙，能直接作用于病变部位，消除粘连，去除致病因子，修复组织，从而达到消炎、消肿止痛、恢复功能的作用。反复多次进行注射，还可获得积累性治疗效果。

四、局部注射治疗的适应证、禁忌证

1. 适应证

（1）慢性软组织损伤性疾病：滑囊炎、狭窄性腱鞘炎、网球肘、肩关节周围炎。

（2）创伤性关节炎、关节扭伤、足跟痛。

（3）软组织扭伤、挫伤或劳损，肌肉附着点痛。

（4）颈肩痛、腰腿痛、腕管综合征等。

2. 禁忌证

（1）穿刺部位或附近皮肤有感染。

（2）有全身感染性疾病，如活动性结核。

（3）有局部注射药物过敏史者。

（4）患者存在严重的凝血功能异常。

五、常用的局部注射药物

临床上多采用利多卡因进行注射治疗。根据病情，可加入糖皮质激素、抗生素、胞磷胆碱、透明质酸类。玻璃酸钠注射液在关节中起到润滑作用，可减少组织摩擦。

1. 利多卡因（lidocaine）　易溶于水，局部麻醉效果较强而持久，有良好的表面穿透力，肌内注射后吸收完全。吸收后迅速分布至心、脑、肾及其他血运丰富的组织，然后分布至脂肪及肌肉组织。肌内注射后 5~15 分钟起效。一次肌内注射 200mg 后 15~20 分钟达治疗浓度，持续 60~90 分钟。

成人常用量如下：

（1）骶管阻滞：用于分娩镇痛，用量以 200mg（1.0%）为限；用于外科止痛时，可酌增至 200~250mg（1.0%~1.5%）。

（2）硬脊膜外阻滞：胸腰段，用量为 250~300mg（1.5%~2.0%）。

（3）局部浸润麻醉或静脉注射区域阻滞麻醉：用量为 50~200mg（0.25%~0.5%）。

（4）外周神经阻滞：臂丛（单侧）250~300mg（1.5%）；牙科，20~100mg（2.0%）；肋间神经（每支），30mg（1.0%）；宫颈旁浸润，左右侧各100mg（0.5%~1.0%）；椎旁脊神经阻滞（每支），20~50mg（1.0%）；阴部神经，左右侧各100mg（0.5%~1.0%）。

（5）交感神经节阻滞：颈星状神经节50mg（1.0%），腰交感神经节50~100mg（1.0%）。

2. 糖皮质激素　常用曲安奈德、复方倍他米松注射液等。

（1）曲安奈德：用于关节腔、囊内、腱鞘内，局部注射剂量依赖于病情的程度和病情部位的大小。一般情况下，对于成人，小面积给药10mg，大面积给药40mg即可有效减轻症状。对于多关节病变的进行性疾病可以分部位给药，总剂量可达到80mg而不产生不良反应。通常曲安奈德一次局部给药就可以有效缓解症状，但是有时需要多次给药。

（2）复方倍他米松注射液：关节内局部注射剂量为0.25~2.0ml（视关节大小或注射部位而定）。大关节（膝、腰、肩）1~2ml；中关节（肘、腕、踝）0.5~1ml；小关节（脚、手、胸）0.25~0.5ml。

六、注射疗法的常用部位选择

1. 压痛点注射　是临床上最常用的方法。一般是在肌肉、筋膜、肌腱、韧带及关节附近压痛最明显处注射，常能收到很好的局部止痛效果。

2. 腱鞘内注射　将药物注入腱鞘内。常用于腕部、手指屈肌腱鞘炎等。

3. 关节腔内注射　将药物注入病变的关节腔内。常用于肩关节周围炎、膝关节增生性关节炎等。

4. 神经根注射　将药物注射到疼痛的神经根部周围。可用于腰椎间盘突出造成的神经根水肿或坐骨神经痛等。

5. 椎管内硬膜外注射　将药物注入椎管内硬膜外隙。根据部位不同，可分为腰椎硬膜外隙和骶管硬膜外隙。常用于腰椎间盘突出而致脊神经受压水肿或椎管狭窄等引起的腰腿痛等。

七、操作流程

（一）评估

1. 患者年龄、病情、既往史、药物过敏史、全身状态、心理状态。

2. 患者对注射治疗目的、重要性、注意事项了解程度。

（二）准备

1. 医生　洗手，戴口罩。

2. 物品　根据局部注射部位、种类、深浅和药液用量等选择适当规格的注射器、纱布、棉球、手套等物品。所有器具必须绝对无菌。准备好急救药品。

3. 患者　术前做好解释工作，以取得患者的配合。术前不宜饮食过饱，排空小便。

嘱咐患者避免咳嗽，禁止身体摆动，取坐位或平卧位。确定疼痛点并做标志。

（三）注射

1. 严格消毒及无菌操作　注射处皮肤严格消毒，注射区四周覆盖无菌巾。

2. 注射时，应先在注射点做皮内局部麻醉，然后再逐渐边注射边进针，直至到达所需注射的部位。开始注射药液前，应先将注射器回抽一下，观察是否误刺入血管或蛛网膜下腔，如有回血或脑脊液，应将针头拔出，改变方向再行注射。深部注射时，若要改变注射方向，应将针头拔至皮下组织后，再改变方向，将针重新刺入。决不可直接将针在深部组织中随便更换方向。注射时，还应随时注意患者神色、呼吸及其主观反应。有条件的情况下建议采用影像学引导（超声、CT 或 X 线）以提高注射的准确性和安全性。

3. 注射完毕后，一般需留观 20 分钟，观察有无不良反应。

4. 做好记录工作　除了姓名、年龄等，还要详细记录诊断、注射部位、药液种类和浓度，以及注射后有无反应。若经急救者，更应详细记录。

（四）注意事项

1. 注射操作应在有监护和抢救条件的区域内进行。

2. 注射部位要求准确，注意周围解剖关系，勿损伤神经、血管和内脏，特别是胸背部要防止刺入肺内造成气胸。

3. 选择好适当的药物及剂量。对于高血压、溃疡病、活动性肺结核的患者禁用糖皮质激素，以防加重病情。

4. 注射药物前应抽吸无回血，以防局部麻醉药注入血管内。

5. 首次注射治疗者，注药速度宜慢，并做好观察。

6. 局部麻醉药毒性反应或注射药物的过敏反应　如果在注药过程中患者出现头晕、颜面潮红、发热、恶心、呕吐、心慌、多语、谵妄、兴奋以至惊厥，应立即停止注射，让患者平卧，轻者可自行恢复。一旦发生面色苍白、出汗、呼吸困难、胸闷、口唇发绀及惊厥等症状，应立即给予患者吸氧，保持呼吸道通畅，开通静脉通路，给予小剂量肾上腺素及抗惊厥药等对症治疗。若呼吸心跳停止，应立即实施人工呼吸和心脏按压等复苏处理。

（王　健）

第十一章　常用穿刺操作技能

第一节　概　　述

全科医疗中，常用的穿刺操作技能包括胸膜腔穿刺术、腹腔穿刺术、腰椎穿刺术、关节腔穿刺术及骨髓穿刺术。

一、穿刺术前常规准备

（一）穿刺术前交代

1. 交代穿刺的必要性和安全性，说明穿刺目的、操作方法，并简单地告知操作程序和大概操作时间，交代可能的不适与并发症，取得患者和家属的同意与配合，并签署知情同意书。

2. 了解患者既往药物过敏史。

3. 向患者强调，如在操作过程中出现任何不适，有咳嗽或其他不能控制的行为需要时，应以某种形式（如举手示意等）随时告知医生。

（二）常规术前准备

1. 定位穿刺点，并在皮肤上做标志。

2. 操作者戴手术帽、口罩，洗净双手；准备手套、消毒器械及穿刺包。

3. 消毒　采用聚维酮碘，以穿刺点为中心向四周进行皮肤消毒，消毒范围直径约15cm，重复消毒2~3次，且后一次消毒范围不得超过前一次消毒范围。注意勿留空隙，棉签不要返回已消毒区域。

4. 操作者戴无菌手套，取出无菌孔巾，覆盖于穿刺区域上，开口中心为穿刺点位置。

5. 检查穿刺包内物品是否齐全，穿刺针是否通畅，胶管是否破损。

6. 2%利多卡因逐层做局部浸润麻醉及试验性穿刺。首先核对麻醉药物名称及药物浓度、有效期。然后在穿刺处斜行进针，皮下注射利多卡因使皮肤隆起成一个皮丘，再垂直进针逐层浸润麻醉。注药前回抽，观察无血液或腔内积液后，方可推注麻醉药。当感觉有落空感或回抽见到液体，应当停止麻醉。记清穿刺点、进针方向及深度后，退出麻醉针。

二、穿刺过程中一般注意事项

1. 准确定位穿刺点　应将医生的临床检查与超声或X线定位结合起来，避免因穿刺体位与定位体位不符，造成穿刺失败。

2. 严格无菌操作，防止继发感染。

3. 穿刺过程中需密切观察患者，如患者出现头晕、心悸、恶心、气短及面色苍白等不适症状时，及时停止操作，并给予相应处理。

三、穿刺术后常规处理

操作结束时，拔出穿刺针。穿刺点用聚维酮碘消毒后，覆盖无菌纱布，稍用力压迫穿刺部位数分钟，用胶布加压固定。嘱患者静卧，测血压并观察病情有无变化。整理医疗废物，洗手，书写穿刺记录。

第二节　胸膜腔穿刺术

胸膜腔穿刺术（thoracentesis）是指为诊治疾病，对胸腔积气（气胸）或积液的患者，经皮肤穿刺至胸腔一次性抽取积气、积液或置入导管进行持续引流的一种临床技术。

胸膜腔穿刺术（视频）

一、适应证

1. 明确胸腔积液的性质和疾病的诊断　对抽取的胸腔积液进行涂片、细菌培养、细胞学及生化学检查。

2. 改善呼吸功能　用于大量胸腔积液、积气者，可减轻压迫症状，使肺复张。

3. 胸腔积脓者的脓液抽取与引流。

4. 局部胸腔内注射药物用于治疗某些疾病，如癌性胸腔积液。

二、禁忌证

1. 有出血倾向和/或凝血功能异常者。

2. 穿刺局部皮肤有细菌感染者。

3. 全身情况差或心、肺功能不全者。

4. 有精神疾病或不合作的患者。

三、操作方法

1. 根据穿刺点的不同，选择不同的舒适体位。常取坐位，患者面向椅背，骑跨在椅子上，两前臂置于椅背，前额伏于手臂上。

2. 定位穿刺点　胸膜腔穿刺抽液术通常以肩胛下角线或腋后线第 7~8 肋间、腋中线第 6~7 肋间、腋前线第 5 肋间作为穿刺点；胸膜腔穿刺抽气术通常以锁骨中线第 2 肋间或腋中线第 4~5 肋间作为穿刺点，必要时结合 X 线及超声定位（图 11-2-1）。超声定位时需注意定位时体位，最好要求超声医生在穿刺体位进行定位。穿刺点选择下肋上缘。

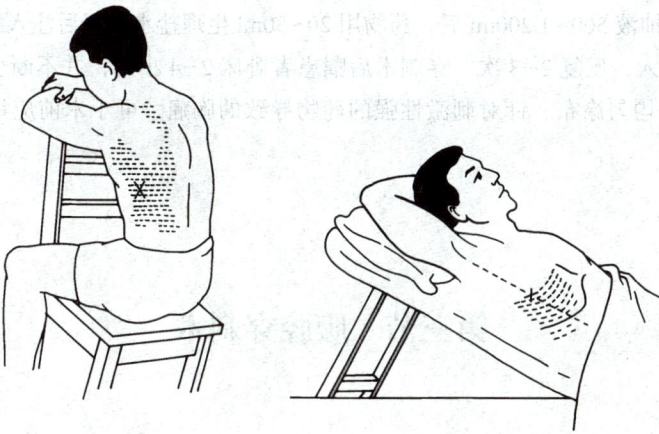

图 11-2-1　胸膜腔穿刺时患者体位及穿刺点

3. 常规术前准备（详见本章第一节概述）。

4. 用止血钳夹闭穿刺针后面的胶管，避免漏气。

5. 左手固定穿刺部位皮肤，右手持穿刺针于穿刺点，经肋骨上缘垂直缓慢刺入，当针锋抵抗感突然消失时，用另一把止血钳将穿刺针头位置固定，于橡胶管尾端连接 50ml 注射器，松开夹闭胶管止血钳，抽吸胸腔内积液。注射器抽满后再次用止血钳夹闭胶管，才能取下注射器。

6. 将抽出液注入弯盘及专门准备的容器中，以便计量或送检。抽液完毕后，可根据需要注入药物。

7. 常规术后处理（详见本章第一节概述）。

四、注意事项

1. 避免在第 9 肋以下穿刺，以免穿透膈肌和损伤腹腔脏器。

2. 穿刺操作中应保持胸腔内负压，防止空气进入胸膜腔。

3. 穿刺过程中，患者如出现头晕、面色苍白、出汗、心悸、胸部压迫感或剧痛、昏厥等胸膜过敏反应的症状，或出现连续性咳嗽、气短、咳泡沫痰等现象时，立即停止抽液，并皮下注射 0.1% 肾上腺素 0.3~0.5ml，或给予对症处理。

4. 大量胸腔积液者，一次抽液不应过多、过快。减压抽液者，首次不超过 700ml，以后每次不超过 1 000ml。脓胸者，每次应尽量抽尽胸腔积液。诊断性抽液时，抽取 50~100ml 即可。肿瘤脱落细胞学检查，留取至少 500ml 积液，并立即送检，以免细胞自溶。疑为化脓性感染时，采用无菌试管留取标本，进一步行涂片革兰氏染色镜检、细菌培养及药敏试验。

5. 恶性胸腔积液者，可注射抗肿瘤药或四环素、多西环素（强力霉素）等胸膜固定硬化剂，诱发化学性胸膜炎，促使脏层与壁层胸膜粘连，闭合胸腔，防止积液再发。具体方法如下：抽液 500~1 200ml 后，药物用 20~30ml 生理盐水稀释后注入胸腔，然后回抽胸液，再推入，反复 2~3 次。穿刺术后嘱患者卧床 2~4 小时，并不断变换体位，使药物在胸腔内均匀涂布。针对刺激性强的药物导致的胸痛，可于术前应用布桂嗪等镇痛药。

第三节　腹腔穿刺术

腹腔穿刺术（abdominocentesis）是指对腹水患者予以腹部穿刺或置管，用以协助诊断和治疗疾病的技术。

一、适应证

1. 明确腹水的性质，找出病因，协助诊断。
2. 腹腔内出血的判断。
3. 大量腹水致呼吸困难或腹腔胀痛的患者，适量、间断抽出腹水，以减轻症状。
4. 向腹膜腔内注入药物。
5. 施行腹水浓缩回输术。

二、禁忌证

1. 广泛腹膜粘连者。
2. 有肝性脑病先兆者。
3. 有结核性腹膜炎粘连包块，包虫病及巨大卵巢囊肿者。
4. 存在严重电解质紊乱者。
5. 精神异常或不能配合者。
6. 中晚期妊娠。
7. 有明显出血倾向者。
8. 尿潴留，未行导尿者。
9. 有严重肠管扩张者，如肠麻痹。

三、操作方法

1. 根据患者的情况采取适当体位，如坐位、半坐卧位、平卧位、侧卧位。

2. 穿刺点选择

（1）耻骨上穿刺点：脐与耻骨联合上缘间连线的中点上方 1cm、偏左或右 1.5cm 处，此处无重要器官，穿刺较安全且容易愈合。

（2）左下腹穿刺点：脐与左髂前上棘连线的中、外 1/3 交界处，此处可避免损伤腹壁下动脉，游离肠管不易损伤，多用于需要放腹水的患者（图 11-3-1）。

（3）侧卧位穿刺点：脐平面与腋前线或腋中线延长线的交点处。此处穿刺多适于腹膜腔内少量积液的诊断性穿刺。

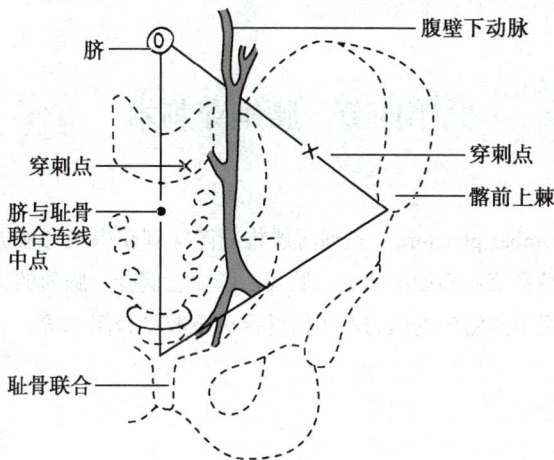

图 11-3-1　腹腔穿刺点

3. 常规术前准备（详见本章第一节概述）。

4. 左手固定穿刺部位皮肤，右手持针于穿刺点垂直或"Z"形逐层刺入腹壁（具体详见本节"四、注意事项"第 2 条），待针锋抵抗感突然消失时，用消毒止血钳固定针头位置，术者抽取腹水，并留样送检。

5. 诊断性穿刺可直接用 20ml 或 50ml 注射器及适当针头进行。大量放腹水时，可用 8 号或 9 号针头，并于针座接一个橡皮管，以输液夹调整速度，将腹水引入容器中计量并送检化验。

四、注意事项

1. 穿刺前嘱患者排空小便，以避免损伤膀胱。

2. 诊断性穿刺及腹膜腔内药物注射时，应于穿刺点垂直进针。大量腹水者需行放液治疗时，穿刺针应"Z"形进针，即先在穿刺点斜行方向刺入皮下，再垂直于腹壁刺入腹膜腔，以防术后腹水自穿刺点流出。左下腹穿刺点若偏内，易损伤腹壁下血管；偏外则易伤及旋髂深血管。进针速度不宜过快，以免刺破漂浮在腹水中的乙状结肠、空肠和回肠。

3. 腹水排放量与速度应控制适度。初次放腹水者，一般不要超过 1 000ml（有腹水浓缩回输设备者不限于此量）。腹水流出不畅时，可将穿刺针稍做调整或让患者稍微变换体位。以后每次放液一般不超过 3 000ml。

4. 大量腹水排放后，需于腹部束以多头腹带，以防腹压骤降、内脏血管扩张引起血压下降或休克。

5. 腹水排放前、后均应测量腹围、脉搏、血压，检查腹部体征。放腹水后如无异常情况，嘱患者卧床休息。

第四节　腰椎穿刺术

腰椎穿刺术（lumbar puncture）是通过腰椎间隙穿刺获得脑脊液进行检查的方法，可为神经系统疾病如脑膜炎、脑炎、脑血管病变、脑瘤的诊断提供重要依据，也可用于测定颅内压力和了解蛛网膜下腔是否阻塞等，有时还用于鞘内药物注射。

腰椎穿刺术（视频）

一、适应证

1. 中枢神经系统炎症性疾病的诊断与鉴别诊断，包括化脓性脑膜炎、结核性脑膜炎、病毒性脑膜炎、真菌性脑膜炎、乙型脑炎等。

2. 脑血管意外的诊断与鉴别诊断，包括脑出血、脑梗死等。

3. 肿瘤性疾病的诊断与治疗，用于诊断脑膜白血病，并通过腰椎穿刺鞘内注射化疗药物治疗脑膜白血病。

4. 测定颅内压力和了解蛛网膜下腔是否阻塞等。

5. 椎管内给药。

二、禁忌证

1. 颅内压明显增高，特别是颅后窝占位性病变。

2. 穿刺部位皮肤有明显感染。

3. 硬膜外脓肿。

4. 凝血功能异常或有出血倾向。

5. 穿刺部位腰椎有畸形或骨质破坏。

6. 生命垂危或处于休克期。

7. 有颅底骨折、脑脊液漏出。

三、操作方法

1. **体位** 患者侧卧于硬板床上，尽可能靠近术者；背部与床面垂直，头向前胸部屈曲，屈膝且双手抱膝紧贴腹部，使躯干呈弓形；必要时由助手在术者对面用一手抱住患者头部，另一手挽住患者双下肢腘窝处并用力抱紧，使脊柱尽量后凸以增宽椎间隙，便于进针（图11-4-1）。

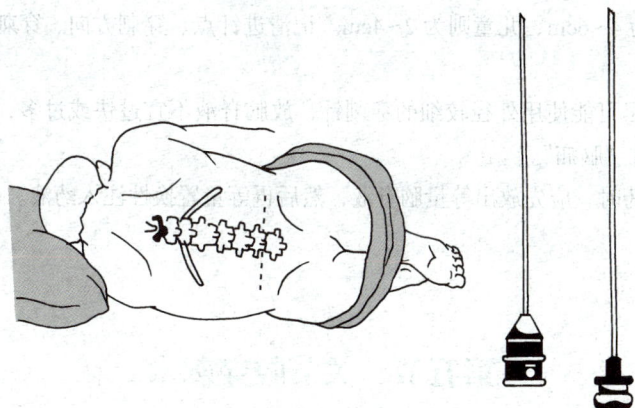

图 11-4-1 腰椎穿刺患者体位及穿刺针

2. **确定穿刺点** 以髂后上棘连线与后正中线的交会处为穿刺点，通常为第3~4腰椎棘突间隙，也可在其上一或下一腰椎间隙进行。

3. **常规术前准备**（详见本章第一节概述）。

4. 术者用左手固定穿刺点皮肤，右手持穿刺针穿刺。右手持针垂直背部方向，针尖稍向头部缓慢刺入4~6cm。当针头穿过韧带与硬脑膜时，可感到阻力突然消失有落空感。此时可将针芯慢慢抽出（以防脑脊液迅速流出，造成脑疝），即可见脑脊液流出。

5. 连接测压管测量脑脊液压力。正常侧卧位脑脊液压力为0.690~1.764kPa（7~18cmH$_2$O）或40~50滴/min。若要了解蛛网膜下腔有无阻塞，可做奎肯施泰特试验（Queckenstedt试验），即在测定初压后，由助手先压迫一侧颈静脉约10秒，然后再压另一侧，最后同时按压双侧颈静脉。正常时压迫颈静脉后，脑脊液压力立即迅速升高一倍左右，解除压迫后10~20秒，压力迅速降至原来水平，称为梗阻试验阴性，示蛛网膜下腔通畅。若压迫颈静脉后，不能使脑脊液压力升高，则为梗阻试验阳性，示蛛网膜下腔完全阻塞；若施压后压力缓慢上升，放松后又缓慢下降，提示有不完全阻塞。凡颅内压增高者，禁做此试验。

6. 撤去测压管，分瓶收集脑脊液送检，总量不超过2ml；如需做培养时，应用无菌操作法留标本。留取标本时，注意第一管标本不送常规细胞学检查。

7. 术后患者去枕俯卧（如有困难则平卧）不少于46小时，以免引起术后低颅压性头痛。

四、注意事项

1. 严格掌握禁忌证，疑有颅内压升高者须先行眼底检查。如有明显视盘水肿或有脑疝先兆者，禁行穿刺。休克、衰竭或濒危状态及局部皮肤有炎症、颅后窝有占位性病变者均禁行穿刺。

2. 麻醉时行试验性穿刺，麻醉针以垂直背部的方向缓慢刺入，边进针边抽吸，没有液体抽出可以注射少量麻醉药物。当有落空感，特别是有液体抽出时，立即停止注射。成人进针深度为 4~6cm、儿童则为 2~4cm。记清进针点、穿刺方向、穿刺深度后拔出麻醉针。

3. 穿刺时尽可能使用外径较细的穿刺针，放脑脊液不宜过快或过多，避免出现"低颅压性头痛"或"脑疝"。

4. 鞘内给药时，应先放出等量脑脊液，然后再等量置换性注入药液。

第五节　关节腔穿刺术

ER11-3

膝关节腔穿
刺术
（视频）

关节腔穿刺术的目的是行关节吸引术抽取关节腔内积液，以检查积液性质或减轻关节腔压迫症状，也可在抽液后向关节腔内注射药物进行关节注射治疗。

一、适应证

骨关节急性炎症疾病，如风湿性关节炎导致的严重滑膜炎、粘连性关节炎、骨关节炎急性发作、创伤性滑膜炎等。

二、操作方法

（一）肩关节

1. 患者坐位，双臂自然下垂。单纯外旋或交替外旋内旋肱骨，确定肱骨头和关节盂间隙。

2. 穿刺点确定与进针技巧（图 11-5-1）

（1）前方入径：最为简单、常用。穿刺时，于肱骨头内侧、喙突下外侧三角肌前缘处垂直向后进针，针头朝向关节窝后方，深度 1cm。

（2）后方入径：患侧手臂内旋内收交叉过胸前并搭至对侧肩部，帮助肩关节充分打开。于肩峰侧缘向下 2cm、向内 1cm 处进针，针头朝向喙突尖端，进针 2~3cm。

3. 用 21~23 号针头进行穿刺。

4. 注射药物　注射各 1ml 的皮质类固醇（如倍他米松）和 1% 利多卡因。

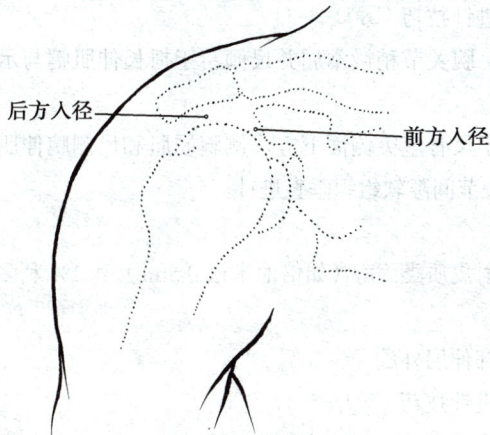

图 11-5-1　肩关节穿刺点

（二）肘关节

1. 患者坐位，患侧手掌朝下、肘部弯曲 90°。

2. 穿刺点确定与进针技巧（图 11-5-2）

（1）后侧入径：在肱骨内、外上髁和尺骨鹰嘴 3 点构成的肘后三角区域中，于尺骨鹰嘴顶端和肱骨外上髁之间的软组织为穿刺部位，向内前方进针。

（2）外侧入径：于桡骨小头近端与肱骨头之间的软组织，向内进针。

3. 用 23 号针头，进针 1~2cm。

4. 注射药物　注射皮质类固醇如倍他米松 1ml 和局部麻醉药 2ml。

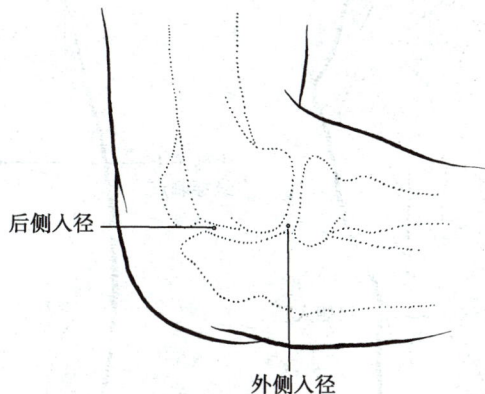

图 11-5-2　肘关节穿刺点

（三）腕关节

1. 手腕背伸。

2. 穿刺点确定与进针技巧（图 11-5-3）

（1）桡背侧入径：腕关节稍微掌屈并尺倾，于拇长伸肌腱与示指固有伸肌腱之间的关节间隙软组织进针。

（2）尺侧入径：于尺骨茎突侧面下方尺侧腕屈肌和尺侧腕伸肌之间或尺侧环指与小指固有伸肌腱间的腕关节间隙软组织垂直进针。

3. 进针 1cm。

4. 注射药物　注射皮质类固醇（如倍他米松 0.5ml）和 1% 利多卡因 0.5ml。

（四）髋关节

1. 患者仰卧，髋部伸展外旋

2. 穿刺点确定与进针技巧（图 11-5-4）

（1）于腹股沟韧带下 2~2.5cm，触及股动脉搏动。

（2）于股动脉外 1cm 垂直进针，刺中股骨头，稍后退针即可。

（3）或者于股动脉外 2~3cm 大转子上缘水平，向后内倾斜 60° 进针，出现落空感或触及骨骼，略回退针头。

3. 应用 20 号针头。

4. 注射药物　注射皮质类固醇（如倍他米松 1ml）和 1% 利多卡因 2ml。

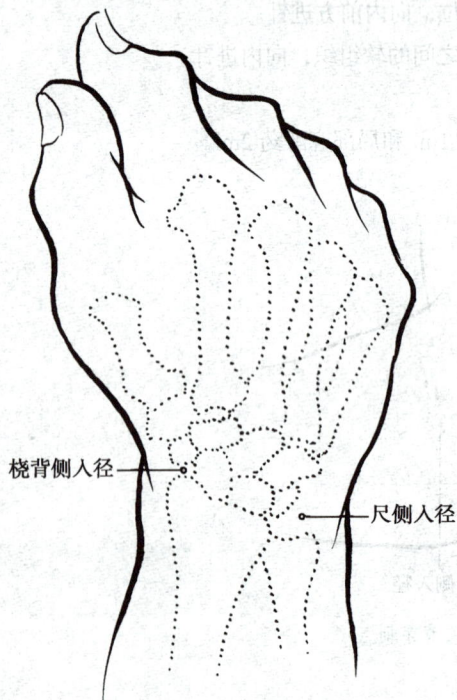

图 11-5-3　腕关节穿刺点

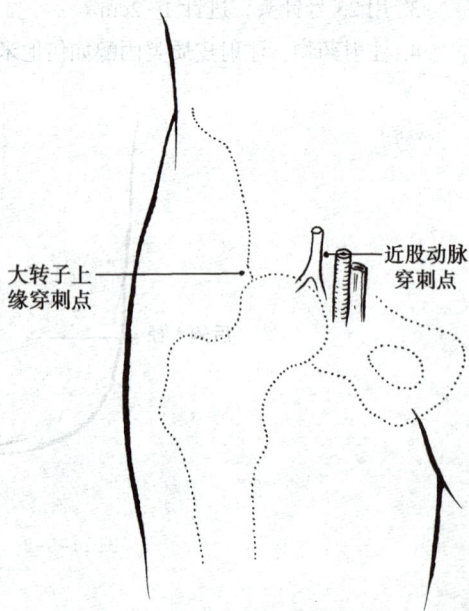

图 11-5-4　髋关节穿刺点

桡背侧入径

尺侧入径

大转子上缘穿刺点

近股动脉穿刺点

（五）膝关节

1. 患者体位与穿刺进针技巧（图 11-5-5）

（1）髌上入径：患者仰卧位，膝关节自然伸展，于髌骨外上缘与股外侧肌交界的凹陷处，以向下及向中心 45° 进针 0.5~1cm。

（2）髌旁入径：屈膝 90° 悬小腿位，于内、外侧膝眼（髌骨下缘、髌韧带内、外侧 1cm 处的小凹陷）处，避开髌内脂肪垫，与胫骨平台平行，向内呈 45° 角进针至有落空感。

2. 用 7~10 号针头。

3. 注射药物　注射皮质类固醇，如复方倍他米松注射液、倍他米松 1ml。

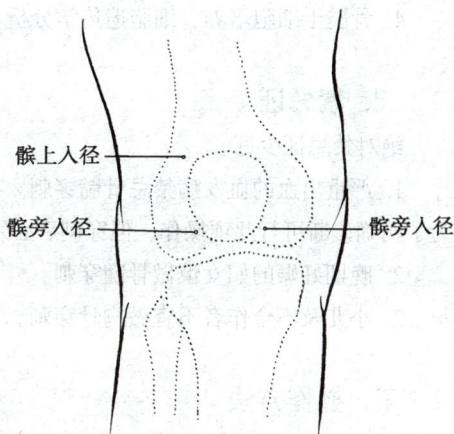

图 11-5-5　膝关节穿刺点

三、注意事项

1. 消毒穿刺器械，严格无菌手术操作，如有皮肤感染或病损，进针时应加以回避，防止关节腔发生继发感染。

2. 动作轻柔，避免关节软骨、神经、血管及局部软组织损伤。

3. 穿刺针进入关节腔内应先回抽，确保针头位置准确。

4. 较多量关节腔积液行抽吸后应予以适当加压固定。

5. 关节腔内药物注射时，应确保推注无阻力，避免将药物注射进入局部软组织内。

6. 患者在手术操作 24 小时内避免剧烈活动。局部出现肿胀、疼痛、瘙痒、皮疹多属正常现象。

第六节　骨髓穿刺术

骨髓穿刺术（bone marrow puncture）是采集骨髓液的一种临床技术，主要用于血细胞形态学检查，也可用于造血干细胞培养、细胞遗传学分析及病原生物学检查等，以协助临床诊断、观察疗效和判断预后。

一、适应证

1. 各种不明原因的贫血、粒细胞减少、血小板减少或全血细胞减少。

2. 发热原因不明患者的骨髓检查或培养。

3. 白血病的诊断及治疗过程中的病情观察。

4. 骨髓干细胞培养、细胞遗传学分析、病原生物学检查及骨髓移植。

二、禁忌证

绝对禁忌证少见。

1. 严重出血的血友病禁忌骨髓穿刺。有出血倾向或凝血时间明显延长者为相对禁忌，为了明确诊断可行此项操作，但穿刺后必须局部压迫止血 5~10 分钟。

2. 晚期妊娠的妇女慎做骨髓穿刺。

3. 小儿及不合作者不宜做胸骨穿刺。

三、操作方法

1. 穿刺体位与穿刺点确定（图 11-6-1）

（1）髂前上棘入径：患者取仰卧位，取髂前上棘后上方 1~2cm 平台处作为穿刺点。此处骨面较平，容易固定，操作方便安全。

（2）髂后上棘入径：患者取侧卧位或俯卧位。取骶椎两侧、臀部上方骨性突出部位为穿刺点。

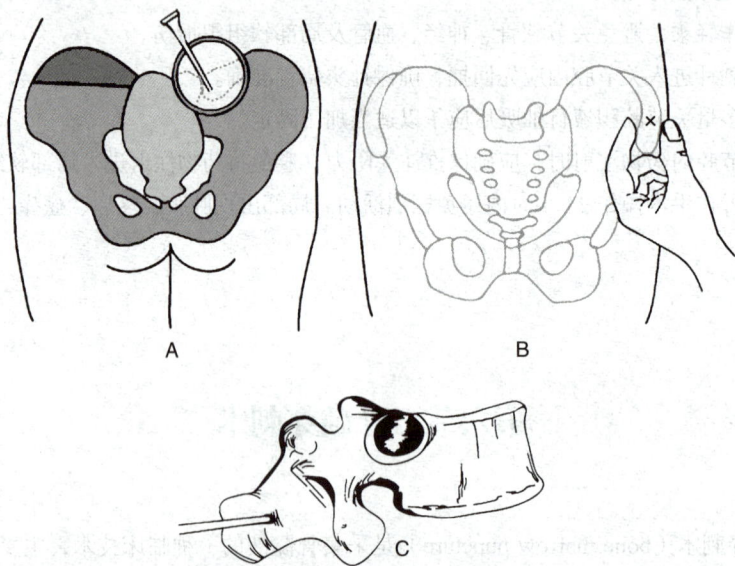

图 11-6-1　骨髓穿刺部位

A.髂后上棘；B.髂前上棘；C.腰椎棘突。

（3）胸骨入径：髂前上棘及髂后上棘穿刺失败时进行此项操作。患者取仰卧位，背后用枕头垫高，以使胸部稍突出。取胸骨柄作为穿刺点，此处骨髓含量丰富，但骨质较薄，其后有心房及大血管，严防穿透发生危险，较少选用。

（4）腰椎棘突入径：极少选用。患者取坐位或侧卧位。取腰椎棘突突出处为穿刺点。

2. 常规术前准备（详见本章第一节概述）。

3. 将骨髓穿刺针固定器固定在适当长度上（髂骨穿刺约 1.5cm，肥胖者可适当延长，胸骨柄穿刺约 1.0cm），以左手拇指、示指固定穿刺部位皮肤，右手持针与骨面垂直刺入（若为胸骨柄穿刺，穿刺针与骨面呈 30°~40° 角斜行刺入），当穿刺针接触到骨质后则左右旋转，缓缓钻刺骨质，当感到阻力消失，且穿刺针已固定在骨内时，表示已进入骨髓腔。

4. 拔出骨髓穿刺针的针芯，连接注射器，用适当力度缓慢抽吸，可见少量红色骨髓液进入注射器内，骨髓液抽吸量以 0.1~0.2ml（充满注射器针头连接头）为宜。取下注射器，将骨髓液推于载玻片上，由助手迅速制作涂片 5~6 张，送检细胞形态学及细胞化学染色检查。同时，做 2~3 张周围血涂片，作为对照。

5. 如需做骨髓培养，再接上注射器，抽吸骨髓液 2~3ml 注入培养液内。

6. 未能抽到骨髓液，可能是针腔被皮肤、皮下组织或骨片填塞，也可能是进针太深或太浅，针尖未在髓腔内。此时应重新插上针芯，稍加旋转或再钻入或退出少许，拔出针芯，如见针芯上带有血迹，即可抽吸获得骨髓液。

7. 抽吸完毕，插入针芯，轻微转动拔出穿刺针，随后将消毒纱布盖在针孔上，稍加按压，用胶布加压固定。

四、注意事项

1. 术前检查出、凝血时间，有出血倾向者慎重进行骨髓穿刺术。

2. 局部麻醉时，要逐层推药，至骨膜时，以穿刺点为中心进行区域性麻醉，并用力注射使麻醉药物进入骨膜。

3. 穿刺针进入骨质后避免摆动过大，以免折断。

4. 胸骨柄穿刺不可用力过猛，以防穿透内侧骨板而发生意外。

5. 穿刺过程中，如果感到骨质坚硬，难以进入骨髓腔时，不可强行进针，以免断针。应考虑为骨硬化症的可能，及时行骨骼 X 线检查明确诊断。

6. 抽吸骨髓液时，应逐渐加大负压，做细胞形态学检查时，抽吸量不宜过多，否则会使骨髓液稀释，但也不宜过少。

7. 骨髓液极易发生凝固，抽取后应立即涂片。

8. 多次干抽时应进行骨髓活检。

9. 注射器与穿刺针必须干燥，以免发生溶血。

（肖　雪）

第十二章 常用妇女保健操作技能

第一节 围产期保健

围产期（perinatal period）又称围生期，是指产前、产时和产后的一段时期。我国目前大多采用的围产期定义是指从妊娠达到及超过 28 周至产后 1 周的时期。本节主要介绍围产期保健的相关内容。

一、妊娠诊断

妊娠期是从末次月经的第一日开始计算，约为 280 日（40 周）。临床上分为 3 个时期：妊娠未达 14 周称为早期妊娠，第 14~27^{+6} 周称为中期妊娠，第 28 周及其后称为晚期妊娠。

（一）早期妊娠的诊断

早期妊娠也称为早孕，是胚胎形成、胎儿器官分化的重要时期。早期妊娠诊断主要是确定妊娠、胎数、孕龄，排除异位妊娠等病理情况。

1. 症状与体征 有性生活史月经规律的生育期妇女出现停经或月经延期，均应考虑妊娠的可能，如果伴随有乏力、嗜睡、厌油腻、恶心、晨起呕吐等早期妊娠反应，应高度怀疑妊娠。有些女性伴有尿频症状。

2. 辅助检查 尿人绒毛膜促性腺激素（hCG）阳性或血 hCG 水平升高是确定妊娠的主要指标。

超声检查是确定宫内妊娠的金标准。超声发现宫内孕囊或胚芽可以确诊为宫内妊娠，见原始心管搏动提示胚胎存活。

因此，血或尿 hCG 阳性、超声检查子宫腔内见胚芽和原始心管搏动才能确诊为正常的宫内早期妊娠。若临床高度怀疑妊娠，血或尿 hCG 阳性而超声检查子宫腔内未发现孕囊或胚芽，不能完全排除妊娠，则有可能是超声检查时间太早或异位妊娠，需要定期复查。

早孕 hCG 试纸的使用方法：留被检妇女尿（晨尿更佳），将带有试剂的早孕诊断试纸条标有"MAX"的一端插入尿液中，尿的液面不得超过"MAX"线。1~5 分钟后即可观察结果，10 分钟后结果无效。

结果判断：①仅在白色显示区上端呈现一条红色线为阴性；②在白色显示区上下呈现两条红色线为阳性，提示妊娠；③试纸反应线因标本中 hCG 浓度多少可呈现出颜色深浅的变化。试纸条上端无红线出现，提示试纸失效或测试方法失败。

（二）中、晚期妊娠的诊断

中、晚期妊娠是胎儿生长和各器官发育成熟的重要时期，这个时期的诊断和检查主要是判断胎儿生长发育情况、宫内状况和发现胎儿畸形。

1. **病史与症状** 有早期妊娠的经过，感到腹部逐渐增大、自觉胎动。

2. **体征与检查**

（1）子宫增大：腹部检查触及增大的子宫，手测子宫底高度或尺测耻上子宫长度可估计胎儿大小及妊娠周数（表12-1-1）。

表 12-1-1　不同孕龄的子宫高度和子宫长度

妊娠周数	手测宫底高度	尺测耻上子宫长度（范围）/cm
12 周末	耻骨联合上 2~3 横指	
16 周末	脐耻之间	
20 周末	脐下 1 横指	18（15.3~21.4）
24 周末	脐上 1 横指	24（22.0~25.1）
28 周末	脐上 3 横指	26（22.4~29.0）
32 周末	脐与剑突之间	29（25.3~32.0）
36 周末	剑突下 2 横指	32（29.8~34.5）
40 周末	脐与剑突之间或略高	33（30.0~35.3）

（2）胎动（fetal movement，FM）：指胎儿的躯体活动。初孕妇常在妊娠20周左右自觉胎动。胎动随妊娠周数增加逐渐增强，至妊娠32~34周达高峰，妊娠38周后逐渐减少。胎动在夜间和下午较为活跃，常在胎儿睡眠周期消失，持续20~40分钟。妊娠28周以后，2个小时内正常胎动次数 ≥ 10 次。

（3）胎体：妊娠达 20 周及以上，经腹壁可触及子宫内的胎体。如为胎头，则形状圆而规则、质硬、有浮球感；胎背宽而平坦；若为胎臀则宽而软、形状不规则。

（4）胎心音：听到胎心音能够确诊为妊娠且为活胎。胎心音为双音，似钟表"滴答"声，正常时 110~160 次 /min。

3. **辅助检查**

（1）超声检查：超声检查不仅能够检查胎儿数目、胎产式、胎先露、胎方位、有无胎心搏动、胎盘位置及其与宫颈内口的关系、羊水量，评估胎儿体重，还能测量胎头双顶径、头围、腹围和股骨长等多条径线，了解胎儿生长发育情况。在妊娠20~24周时，可采用超声进行胎儿系统检查，筛查胎儿结构畸形。

（2）彩色多普勒超声：可检测子宫动脉、脐动脉和胎儿动脉的血流速度和波形。

二、孕期保健

孕期保健（health care of gestational period）是降低孕产妇和围产儿并发症的发生率及死亡率，减少新生儿出生缺陷的重要措施。通过规范化的孕期保健和产前检查，能够及早防治妊娠期合并症及并发症，及时发现胎儿异常，评估孕妇及胎儿的安危，确定分娩时机和分娩方式，保障母婴安全。孕期保健的要求是在特定的时间，系统提供有证可循的产前检查项目。产前检查的时间安排，要根据产前检查的目的来决定。

（一）产前检查的次数及孕周

根据《孕前和孕期保健指南（2018 年）》，并结合我国妇女孕期保健的现状和产前检查项目的需要，目前推荐的第 1~6 次产前检查时间为妊娠 6~13^{+6} 周、14~19^{+6} 周、20~24 周、25~28 周、29~32 周、33~36 周，第 7~11 次产前检查时间为 37~41 周（每周 1 次）。有高危因素的孕妇，可酌情增加检查次数。

产前检查的内容包括详细询问病史、全面的体格检查、产科检查、必要的辅助检查和健康教育指导。

1. 病史

（1）年龄：<18 岁或 ≥35 岁为妊娠高危因素，≥35 岁妊娠者为高龄孕妇。

（2）职业：从事接触有毒物质或放射线等工作的孕妇，其母婴不良结局的风险增加。建议计划妊娠前或者妊娠以后调换工作岗位。

（3）本次妊娠的经过：了解妊娠早期有无早期妊娠反应、病毒感染及用药史；胎动开始时间和胎动变化；饮食、睡眠和运动情况；有无阴道流血、头痛、眼花、心悸、气短、下肢水肿等症状。

（4）推算及核对预产期（expected date of confinement，EDC）：推算方法是按末次月经（last menstruation period，LMP）第一日算起，月份减 3 或加 9，日数加 7。有条件者应根据妊娠早期超声检查来核对预产期。若根据末次月经推算的孕周与妊娠早期超声检查推算的孕周时间间隔超过 5 日，应根据妊娠早期超声结果校正预产期。妊娠早期超声检测胎儿冠 - 臀长（crown-rump length，CRL）是估计孕周最准确的指标。

（5）月经史及既往孕产史：询问初潮年龄、月经周期。如为经产妇注意询问既往有无难产史、死胎死产史、分娩方式、新生儿情况及有无产后出血史，了解末次分娩或流产的时间及转归。

（6）既往史及手术史：了解既往有无高血压、心脏病、结核病、糖尿病、血液病、肝肾疾病等，注意其发病时间及治疗情况。了解既往有无手术史。

（7）家族史：询问家族有无结核病、高血压、糖尿病、双胎妊娠及其他遗传相关性疾病。

（8）丈夫健康状况：询问其健康状况，有无遗传性疾病等。

2. 体格检查　观察发育、营养及精神状态；注意步态及身高，身材矮小者（<145cm）易伴有骨盆狭窄；检查心脏有无病变、脊柱及下肢有无畸形、乳房情况及下肢有无水肿；测量血压、体重和身高，计算体重指数（body mass index，BMI），BMI= 体重（kg）/［身高（m）］^{2}。

3. 产科检查　包括腹部检查、骨盆测量和阴道检查等。

（1）腹部检查：嘱孕妇排空膀胱后仰卧于检查床上，头部稍垫高，露出腹部，双腿略屈曲稍分开，放松腹肌。检查者站于孕妇身体右侧检查，注意隐私保护及保暖。检查内容包括以下3点：

1）视诊：注意腹形及大小，腹部皮肤有无妊娠纹、手术瘢痕及水肿等。

2）触诊：妊娠中晚期应采用四步触诊法（four maneuvers of Leopold）检查子宫大小、胎产式、胎先露、胎方位及胎先露部是否衔接。做前3步手法时，检查者面向孕妇头侧，做第4步手法时，检查者面向孕妇足侧。软尺测量子宫高度（耻骨联合上缘至子宫底的高度）。怀疑子宫高度异常者需重新核对预产期或者做进一步检查如超声等。腹部向下悬垂（悬垂腹）要考虑孕妇有骨盆狭窄的可能。

第1步手法：检查者双手放在孕妇子宫底部，了解子宫形状并测量宫底高度，估计胎儿大小与妊娠周数是否相符。然后两手指腹交替轻推检查，判断在宫底部的胎儿部分；如为胎头则形状圆而规则、质硬、有浮球感；若为胎臀则宽而软、形状不规则。

第2步手法：检查者双手手掌分别放在孕妇腹部的左右侧，一手固定，两手交替深按检查；如触及平坦、饱满的一侧为胎儿背部，并根据双手触及胎背的方向确定胎背是朝前、朝后或朝向侧方的；如触及凹凸不平、可变形的，甚至可触及胎动的一侧为胎儿肢体。

第3步手法：检查者右手拇指与其余四指分开，置于耻骨联合上方，握住胎先露部，核实胎先露是胎头（圆、硬、规则）还是胎臀（软、宽大、不规则）；左右推动先露部，若推不动提示胎先露已经衔接入盆，若推动时可左右浮动则提示胎先露尚未衔接入盆。

第4步手法：检查者转身面向孕妇足端，双手分别放在孕妇耻骨联合上方胎先露部的两侧，向骨盆入口方向深按，再次核实胎先露部的判断是否相符；若胎先露部深按时在骨盆深处固定不动，提示已经衔接入盆；若胎先露在耻骨联合上方尚能浮动，表明尚未衔接入盆。

3）听诊：在靠近胎背上方的孕妇腹壁上听诊胎心最清楚。枕先露时胎心在脐下左（右）侧；臀先露时胎心在脐上左（右）侧；肩先露时胎心在靠近脐部下方听诊。

（2）骨盆外测量：骨盆外测量包括测量髂棘间径（正常值为23~26cm）、髂嵴间径（正常值为25~28cm）、骶耻外径（正常值为18~20cm）、坐骨结节间径或称出口横径（正常值为8.5~9.5cm）。已经有充分证据表明进行骨盆外测量并不能预测产时头盆不称，故产前检查时无须常规测量。但怀疑孕妇骨盆出口狭窄时，可测量坐骨结节间径和耻骨弓角度。

（3）阴道检查：妊娠期可行阴道检查，尤其是孕妇出现阴道流血或者阴道分泌物异常时，动作应轻柔。分娩前阴道检查可判断骨盆大小，宫颈容受和宫颈口开大程度，进行宫颈 Bishop 评分。

（4）辅助检查及健康教育见表12-1-2。

（二）孕期保健

1. 孕期营养　孕期合理营养对胎儿正常生长发育和改善母婴结局非常重要，注意合理摄入热能、蛋白质、碳水化合物、脂肪、维生素、无机盐和微量元素以及膳食纤维。

表 12-1-2 产前检查的方案

检查次数	常规保健内容	必查项目	备查项目	健康教育及指导
第1次检查（6~13⁺⁶周）	1. 建立孕期保健手册 2. 确定孕周、推算预产期 3. 评估孕期高危因素 4. 血压、体重与体重指数 5. 妇科检查 6. 胎心率（妊娠12周左右）	1. 血常规 2. 尿常规 3. 血型（ABO和Rh） 4. 空腹血糖 5. 肝功和肾功 6. 乙型肝炎表面抗原 7. 梅毒血清抗体筛查和HIV筛查 8. 地中海贫血筛查（广东、广西、海南、湖南、湖北、四川、重庆等地） 9. 早期妊娠超声检查（确定宫内妊娠和孕周）	1. HCV筛查 2. 抗D滴度（Rh阴性者） 3. 75g OGTT（高危妇女） 4. 甲状腺功能筛查 5. 血清铁蛋白（血红蛋白<110g/L者） 6. 宫颈细胞学检查（孕前12个月未检查者） 7. 宫颈分泌物检测淋球菌和沙眼衣原体（高危者） 8. 细菌性阴道病的检测 9. 早期妊娠非整倍体母体血清学筛查（10~13⁺⁶周） 10. 妊娠11~13⁺⁶周超声检查，测量胎儿颈后透明层厚度 11. 妊娠10~13⁺⁶周绒毛活检 12. 心电图	1. 流产的认识和预防 2. 营养和生活方式的指导 3. 避免接触有毒有害物质和宠物，慎用药物 4. 孕期疫苗的接种 5. 改变不良生活方式；避免高强度的工作、高噪声环境和家庭暴力 6. 保持心理健康 7. 继续补充叶酸 0.4~0.8mg/d 至 3 个月，有条件者可继续服用含叶酸的复合维生素
第2次检查（14~19⁺⁶周）	1. 分析首次产前检查的结果 2. 血压、体重 3. 宫底高度 4. 胎心率	无	1. NIPT（12~22⁺⁶周） 2. 妊娠中期非整倍体母体血清学筛查（15~20周） 3. 羊膜腔穿刺检查胎儿染色体（16~22周）	1. 妊娠中期胎儿非整倍体筛查的意义 2. 非贫血孕妇，如血清铁蛋白<30μg/L，应补充元素铁60mg/d，诊断明确的缺铁性贫血孕妇，应补充元素铁100~200mg/d 3. 开始常规补充钙剂0.6~1.5g/d
第3次检查（20~24周）	1. 血压、体重 2. 宫底高度 3. 胎心率	1. 胎儿系统超声筛查（20~24周） 2. 血常规 3. 尿常规	阴道超声测量宫颈长度（早产高危）	1. 早产的认识和预防 2. 营养和生活方式的指导 3. 胎儿系统超声筛查的意义

检查次数	常规保健内容	必查项目	备查项目	健康教育及指导
第4次检查（25~28周）	1. 血压、体重 2. 宫底高度 3. 胎心率	1. 75g OGTT 2. 血常规 3. 尿常规	1. 抗D滴度复查（Rh阴性者） 2. 宫颈阴道分泌物胎儿纤维连接蛋白检测（宫颈长度为20~30mm者）	1. 早产的认识和预防 2. 营养和生活方式的指导 3. 妊娠期糖尿病筛查的意义
第5次检查（29~32周）	1. 血压、体重 2. 宫底高度 3. 胎心率 4. 胎位	1. 产科超声检查 2. 血常规 3. 尿常规	无	1. 分娩方式指导 2. 开始注意胎动 3. 母乳喂养指导 4. 新生儿护理指导
第6次检查（33~36周）	1. 血压、体重 2. 宫底高度 3. 胎心率 4. 胎位	尿常规	1. GBS筛查（35~37周） 2. 肝功能、血清胆汁酸检测（32~34周怀疑妊娠肝内胆汁淤积症的孕妇） 3. NST检查（34周以后）	1. 分娩前生活方式的指导 2. 分娩相关知识 3. 新生儿疾病筛查 4. 抑郁症的预防
第7~11次检查（37~41周）	1. 血压、体重 2. 宫底高度 3. 胎心率 4. 胎位	1. 产科超声检查 2. NST检查（每周1次）	宫颈检查（Bishop评分）	1. 分娩相关知识 2. 新生儿免疫接种 3. 产褥期指导 4. 胎儿宫内情况的监护 5. 超过41周，住院择期引产

注：HCV，丙型肝炎；HIV，人类免疫缺陷病毒；NIPT，无创产前筛查；OGTT，口服葡萄糖耐量试验；GBS，B族链球菌；NST，无应激试验。

2. **孕期膳食指南** 根据 2022 年 8 月中国营养学会发布的《中国备孕和孕期妇女膳食指南（2022）》，对备孕和孕期妇女膳食指南在平衡膳食准则八条基础上，增加以下 5 条核心推荐：①调整孕前体重至正常范围，保证孕期体重适宜增长。②常吃含铁丰富的食物，选用碘盐，合理补充叶酸和维生素。含铁丰富的食物：动物血、肝脏及红肉，维生素 C 可促进铁的吸收与利用。③孕吐严重者，可少量多餐，保证摄入含必须量碳水化合物的食物。孕期每天必需摄取至少 130g 碳水化合物，食物举例可为 180g 米（生重）、180g 面粉（生重）、550g 鲜玉米。孕晚期适当增加奶、鱼、禽、蛋、瘦肉的摄入。④经常户外活动，禁烟酒，保持健康生活方式。⑤愉快孕育新生命，积极准备母乳喂养。

3. **孕期体重管理** 孕期体重管理事关母儿的近远期健康。2021 年中国营养学会团体标准发表的《中国妇女妊娠期体重监测与评价》（T/CNSS 009—2021），发布了基于孕前不同 BMI 的孕妇体重增长推荐值（表 12-1-3），并建议应在第一次产检时确定孕前 BMI，提供个体化的孕妇增重、饮食和运动指导。

表 12-1-3 孕妇体重增长推荐

孕前体重分类	BMI/（kg·m^{-2}）	孕期总增重范围 /kg	孕早期增重范围 /kg	孕中晚期体重增长速度（平均增重范围）/（kg·周$^{-1}$）
低体重	<18.5	11.0~16.0	0~2.0	0.46（0.37~0.56）
正常体重	18.5~23.9	8.0~14.0	0~2.0	0.37（0.26~0.48）
超重	24.0~27.9	7.0~11.0	0~2.0	0.30（0.22~0.37）
肥胖	≥28.0	5.0~9.0	0~2.0	0.22（0.15~0.30）

注：BMI，体重指数。

4. **孕期运动指导** 运动能增加肌肉力量和促进机体新陈代谢；促进血液循环和胃肠蠕动，减少便秘；增强腹肌、腰背盆底肌的能力；锻炼心肺功能，释放压力，促进睡眠。可选择一般的家务劳动、散步、慢步跳舞、步行上班、孕妇体操、游泳、骑车、瑜伽和凯格尔运动。不适宜开展跳跃、振动、球类、登高（海拔 2 500m 以上）、长途旅行、长时间站立、潜水、滑雪、骑马等具有一定风险的运动。

5. **高龄孕妇（≥35 岁）的孕期保健**

（1）仔细询问孕前病史，重点询问是否患有糖尿病、高血压、肥胖、肾脏及心脏疾病等；询问既往生育史，本次妊娠是否为辅助生殖治疗受孕，两次妊娠的间隔时间；明确并记录高危因素。

（2）评估并告知高龄孕妇的妊娠风险，包括流产、胎儿染色体异常、胎儿畸形、妊娠期高血压疾病、妊娠期糖尿病、胎儿生长受限、早产和死胎等发生率的增加。

（3）规范补充叶酸或含叶酸的复合维生素，及时规范补充钙剂和铁剂，根据情况可考虑适当增加剂量。

（4）高龄孕妇是产前筛查和产前诊断的重点人群。重点检查项目如下：

1）妊娠 11~13^{+6} 周应行超声测量胎儿颈后透明层厚度（nuchal translucency，NT）和胎儿发育情况。

2）预产期年龄在 35~39 岁而且单纯年龄为高危因素，签署知情同意书可先行无创产前筛查（noninvasive prenatal testing，NIPT）进行胎儿染色体非整倍体异常的筛查；预产期年龄 ≥40 岁的孕妇，建议完善绒毛穿刺取样术或羊膜腔穿刺术，进行胎儿染色体核型分析和/或染色体微阵列分析（chromosomal microarray analysis，CMA）。

3）妊娠 20~24 周，应行胎儿系统超声筛查并测量宫颈长度。

4）重视妊娠期糖尿病筛查、妊娠期高血压疾病和胎儿生长受限的诊断。

5）年龄 ≥40 岁的孕妇，应加强胎儿监护，妊娠 40 周前适时终止妊娠。

三、临产表现及护理

（一）先兆临产

分娩发动前，往往出现一些预示即将临产的症状，如不规律宫缩、胎儿下降感以及阴道少量淡血性分泌物（俗称见红），称为先兆临产（threatened labor）。多见于分娩发动前 24~48 小时内，是分娩即将开始的比较可靠征象。若阴道流血较多，量达到或超过月经量，应考虑是否为病理性产前出血，常见原因有前置胎盘或胎盘早剥。

（二）临产诊断

临产的重要标志为有规律且逐渐增强的子宫收缩，持续 30 秒或以上，间歇 5~6 分钟，同时伴随进行性的宫颈管消失、宫颈口的扩张和胎先露部下降。用镇静药不能抑制临产。确定是否临产，需严密观察宫缩的频率、持续时间及强度。消毒外阴后行阴道检查，了解宫颈长度、位置、质地、扩张情况及先露部高低。目前多采用 Bishop 评分法判断宫颈成熟度（表 12-1-4），估计试产的成功率。满分为 13 分，>9 分均成功，7~9 分的成功率为 80%，4~6 分的成功率为 50%，≤3 分均失败。

表 12-1-4　Bishop 宫颈成熟度评分法

指标	分数 / 分			
	0	1	2	3
宫口开大 /cm	0	1~2	3~4	≥5
宫颈管消退 /%（未消退为 2~3cm）	0~30	40~50	60~70	≥80
先露位置（坐骨棘水平 =0）	−3	−2	−1~0	+1~+2
宫颈硬度	硬	中	软	
宫口位置	朝后	居中	朝前	

（三）总产程及产程分期

分娩全过程即总产程，指从规律宫缩开始至胎儿、胎盘娩出的全过程，临床上分为三个产程。

1. **第一产程**（first stage of labor） 又称宫颈扩张期，指从规律宫缩开始到宫颈口开全（10cm）。第一产程又分为潜伏期和活跃期：①潜伏期为宫口扩张的缓慢阶段，初产妇一般不超过 20 小时，经产妇不超过 14 小时。②活跃期为宫口扩张的加速阶段，可在宫口开至 4~5cm 即进入活跃期，最迟至 6cm 进入活跃期，直至宫口开全（10cm）。此期宫口扩张速度应 >0.5cm/h。

2. **第二产程**（second stage of labor） 又称胎儿娩出期，指从宫口开全至胎儿娩出。未实施硬膜外麻醉者，初产妇最长不应超过 3 小时，经产妇不应超过 2 小时；实施硬膜外麻醉镇痛者，可在此基础上延长 1 小时，即初产妇最长不应超过 4 小时，经产妇不应超过 3 小时。值得注意的是，第二产程不应盲目等待至产程超过上述标准方才进行评估，初产妇第二产程超过 1 小时即应关注产程进展，超过 2 小时必须由有经验的医生进行母胎情况全面评估，决定下一步的处理方案。

3. **第三产程**（third stage of labor） 又称胎盘娩出期，指从胎儿娩出到胎盘娩出。一般为 5~15 分钟，不超过 30 分钟。

（四）母体观察及处理

主要是第一产程的母体观察及处理。

1. **生命体征** 测量产妇生命体征并记录。第一产程宫缩时血压可升高 5~10mmHg，间歇期可恢复。产妇有不适或发现血压升高应增加测量次数，并给予相应处理。产妇有循环、呼吸等其他系统合并症或并发症时，还应监测呼吸、氧饱和度、尿量等。

2. **阴道流血** 观察有无异常阴道流血，警惕前置胎盘、胎盘早剥、前置血管破裂出血等情况。

3. **饮食** 产妇宜少量多次摄入无渣饮食，既保证充沛的体力，又利于在需要急诊剖宫产时的麻醉安全。

4. **活动与休息** 宫缩不强且未破膜，产妇可在室内适当活动。低危产妇适度活动和采取站立姿势有助于缩短第一产程。

5. **排尿** 鼓励产妇每 2~4 小时排尿一次，避免膀胱充盈影响宫缩及胎头下降，必要时导尿。

6. **精神支持** 产妇的精神状态可影响宫缩和产程进展。支持产妇克服阵痛带来的无助和恐惧感，增强产妇对自然分娩的信心，调动产妇的积极性与助产人员密切合作，有助于分娩顺利进行。

四、产后保健

产后保健指产褥期保健。产褥期（puerperium）是指从胎盘娩出至产妇全身各器官除乳腺外恢复至正常未孕状态所需的一段时期，通常为 6 周。产褥期保健目的是防止产后出血、感染等并发症发生，促进产后生理功能的恢复。

1. 饮食起居合理，保持身体清洁 产妇居室应清洁通风，衣着应宽大透气，注意休息。

2. 适当活动及做产后康复锻炼 产后应尽早适当活动，经阴道自然分娩的产妇，产后 6~12 小时内即可起床轻微活动，产后第 2 日可在室内随意走动。产后康复锻炼有利于体力恢复、排尿及排便，避免或减少栓塞性疾病的发生，且有利于盆底肌及腹肌张力恢复。产后康复锻炼的运动量应循序渐进。

3. 计划生育指导 若已恢复性生活，应采取避孕措施，哺乳者以工具避孕，如避孕套或者避孕环为宜，不哺乳者可选用药物避孕。

4. 产后检查 包括产后访视和产后健康检查两部分。产妇出院后，由社区医疗保健人员在产妇出院后 3 日、产后 14 日和产后 28 日分别做 3 次产后访视，了解产妇及新生儿健康状况，内容包括以下 5 个方面：

（1）了解产妇饮食、睡眠等一般状况。

（2）检查乳房，了解哺乳情况。

（3）观察子宫复旧及恶露。

（4）观察会阴切口、剖宫产腹部切口。

（5）了解产妇心理状况，若发现异常应及时给予指导。

产妇应于产后 42 日返回至医院行常规检查，包括全身检查及妇科检查。前者主要测血压、脉搏，查血、尿常规，了解哺乳情况，若有内外科合并症或产科并发症等应做相应检查；后者主要观察盆腔内生殖器是否已恢复至未孕状态，发现异常必要时转诊上级医院。

五、高危妊娠

（一）高危妊娠的识别及风险评估分级

妊娠风险评估分级，原则上应当在开展助产服务的二级以上医疗机构进行。

1. 首次评估 对妊娠风险筛查阳性的孕妇，医疗机构应当对照《孕产妇妊娠风险筛查表》《孕产妇妊娠风险评估表》（表 12-1-5、表 12-1-6）进行首次妊娠风险评估。按照风险严重程度分别以"绿"（低风险）、"黄"（一般风险）、"橙"（较高风险）、"红"（高风险）、"紫"（传染病）5 种颜色进行分级标识。

（1）绿色标识：妊娠风险低。孕妇基本情况良好，未发现妊娠合并症和 / 或并发症。

（2）黄色标识：妊娠风险一般。孕妇基本情况存在一定危险因素，患有孕产期合并症和 / 或并发症，但病情较轻且稳定。

（3）橙色标识：妊娠风险较高。孕妇年龄 ≥ 40 岁、BMI ≥ 28kg/m²、患有较严重的妊娠合并症和 / 或并发症，对母婴安全有一定威胁。

（4）红色标识：妊娠风险高。孕妇患有严重的妊娠合并症和 / 或并发症，继续妊娠可能危及孕妇生命。

表 12-1-5 孕产妇妊娠风险筛查表

项目	筛查阳性内容
1. 基本情况	1.1 周岁 ≥ 35 或 ≤ 18 岁 1.2 身高 ≤ 145cm，或对生育可能有影响的躯体残疾 1.3 体重指数（BMI）>25kg/m² 或 <18.5kg/m² 1.4 Rh 血型阴性
2. 异常妊娠及分娩史	2.1 生育间隔 <18 个月或 >5 年 2.2 剖宫产史 2.3 不孕史 2.4 不良孕产史（各类流产 ≥ 3 次、早产史、围产儿死亡史、出生缺陷、异位妊娠史、滋养细胞疾病史、既往妊娠并发症及合并症史） 2.5 本次妊娠异常情况（如多胎妊娠、辅助生殖妊娠等）
3. 妇产科疾病及手术史	3.1 生殖道畸形 3.2 子宫肌瘤或卵巢囊肿 ≥ 5cm 3.3 阴道及宫颈锥切手术史 3.4 宫 / 腹腔镜手术史 3.5 瘢痕子宫（如子宫肌瘤剥除术后、子宫腺肌瘤切除术后、子宫整形术后、宫角妊娠后、子宫穿孔史等） 3.6 附件恶性肿瘤手术史
4. 家族史	4.1 高血压家族史且孕妇目前血压 ≥ 140/90mmHg 4.2 糖尿病（直系亲属） 4.3 凝血因子缺乏 4.4 严重的遗传性疾病（如遗传性高脂血症、血友病、地中海贫血等）
5. 既往疾病及手术史	5.1 各种重要脏器疾病史 5.2 恶性肿瘤病史 5.3 其他特殊、重大手术史，药物过敏史
6. 辅助检查 *	6.1 血红蛋白 <110g/L 6.2 血小板计数 ≤ 100 × 10⁹/L 6.3 梅毒筛查阳性 6.4 HIV 筛查阳性 6.5 乙肝筛查阳性 6.6 清洁中段尿常规异常（如蛋白、管型、红细胞、白细胞）持续两次以上 6.7 尿糖阳性且空腹血糖异常（妊娠 24 周前 ≥ 7.0mmol/L；妊娠 24 周起 ≥ 5.1mmol/L） 6.8 血清铁蛋白 <20μg/L
7. 需要关注的表现特征及病史	7.1 提示心血管系统及呼吸系统疾病 7.1.1 心悸、胸闷、胸痛或背部牵涉痛、气促、夜间不能平卧 7.1.2 哮喘及哮喘史、咳嗽、咯血等

项目	筛查阳性内容
7. 需要关注的表现特征及病史	7.1.3 长期低热、消瘦、盗汗
	7.1.4 心肺听诊异常
	7.1.5 高血压，血压 ≥ 140/90mmHg
	7.1.6 心脏病史、心衰史、心脏手术史
	7.1.7 胸廓畸形
	7.2 提示消化系统疾病
	7.2.1 严重食欲缺乏、乏力、剧吐
	7.2.2 上腹疼痛，肝脾大
	7.2.3 皮肤巩膜黄染
	7.2.4 便血
	7.3 提示泌尿系统疾病
	7.3.1 眼睑浮肿、少尿、蛋白尿、血尿、管型尿
	7.3.2 慢性肾炎、肾病史
	7.4 提示血液系统疾病
	7.4.1 牙龈出血、鼻出血
	7.4.2 出血不凝、全身多处瘀点瘀斑
	7.4.3 血小板减少、再生障碍性贫血等血液病史
	7.5 提示内分泌及免疫系统疾病
	7.5.1 多饮、多尿、多食
	7.5.2 烦渴、心悸、烦躁、多汗
	7.5.3 明显关节酸痛、脸部蝶形或盘形红斑、不明原因高热
	7.5.4 口干（无唾液）、眼干（眼内有摩擦异物感或无泪）等
	7.6 提示性传播疾病
	7.6.1 外生殖器溃疡、赘生物或水疱
	7.6.2 阴道或尿道流脓
	7.6.3 性病史
	7.7 提示精神神经系统疾病
	7.7.1 言语交流困难、智力障碍、精神抑郁、精神躁狂
	7.7.2 反复出现头痛、恶心、呕吐
	7.7.3 癫痫史
	7.7.4 不明原因晕厥史
	7.8 其他
	7.8.1 吸毒史

注：带 * 的项目为建议项目，由筛查机构根据自身医疗保健服务水平提供；HIV，人类免疫缺陷病毒。

表 12-1-6　孕产妇妊娠风险评估表

评估分级	孕产妇相关情况
绿色 （低风险）	孕妇基本情况良好，未发现妊娠合并症、并发症
黄色 （一般风险）	1. 基本情况 1.1 年龄 ≥ 35 岁或 ≤ 18 岁 1.2 BMI >$25kg/m^2$ 或 <$18.5kg/m^2$ 1.3 生殖道畸形 1.4 骨盆狭窄 1.5 不良孕产史（各类流产 ≥ 3 次、早产、围产儿死亡、出生缺陷、异位妊娠、滋养细胞疾病等） 1.6 瘢痕子宫 1.7 子宫肌瘤或卵巢囊肿 ≥ 5cm 1.8 盆腔手术史 1.9 辅助生殖妊娠 2. 妊娠合并症 2.1 心脏病（经心内科诊治无须药物治疗、心功能正常） 2.1.1 先天性心脏病（不伴有肺动脉高压的房间隔缺损、室间隔缺损、动脉导管未闭；法洛四联症修补术后无残余心脏结构异常等） 2.1.2 心肌炎后遗症 2.1.3 心律失常 2.1.4 无合并症的轻度的肺动脉狭窄和二尖瓣脱垂 2.2 呼吸系统疾病：经呼吸内科诊治无须药物治疗、肺功能正常 2.3 消化系统疾病：肝炎病毒携带（表面抗原阳性、肝功能正常） 2.4 泌尿系统疾病：肾脏疾病（目前病情稳定肾功能正常） 2.5 内分泌系统疾病：无须药物治疗的糖尿病、甲状腺疾病、垂体泌乳素瘤等 2.6 血液系统疾病 2.6.1 妊娠合并血小板减少［PLT（50~100）$\times 10^9$/L］但无出血倾向 2.6.2 妊娠合并贫血（Hb 60~110g/L） 2.7 神经系统疾病：癫痫（单纯部分性发作和复杂部分性发作），重症肌无力（眼肌型）等 2.8 免疫系统疾病：无须药物治疗（如系统性红斑狼疮、IgA 肾病、类风湿关节炎、干燥综合征、未分化结缔组织病等） 2.9 尖锐湿疣、淋病等性传播疾病 2.10 吸毒史 2.11 其他 3. 妊娠并发症 3.1 双胎妊娠 3.2 先兆早产 3.3 胎儿生长受限

评估分级	孕产妇相关情况
黄色 （一般风险）	3.4 巨大胎儿 3.5 妊娠期高血压疾病（除外红、橙色） 3.6 妊娠期肝内胆汁淤积症 3.7 胎膜早破 3.8 羊水过少 3.9 羊水过多 3.10 ≥36周胎位不正 3.11 低置胎盘 3.12 妊娠剧吐
橙色 （较高风险）	1. 基本情况 1.1 年龄≥40岁 1.2 BMI≥28kg/m² 2. 妊娠合并症 2.1 较严重心血管系统疾病 2.1.1 心功能Ⅱ级，轻度左心功能障碍或者EF 40%~50% 2.1.2 需药物治疗的心肌炎后遗症、心律失常等 2.1.3 瓣膜性心脏病（轻度二尖瓣狭窄瓣口>1.5cm²，主动脉瓣狭窄跨瓣压差<50mmHg，无合并症的轻度肺动脉狭窄，二尖瓣脱垂，二叶式主动脉瓣疾病，马方综合征无主动脉扩张） 2.1.4 主动脉疾病（主动脉直径<45mm），主动脉缩窄矫治术后 2.1.5 经治疗后稳定的心肌病 2.1.6 各种原因的轻度肺动脉高压（<50mmHg） 2.1.7 其他 2.2 呼吸系统疾病 2.2.1 哮喘 2.2.2 脊柱侧弯 2.2.3 胸廓畸形等伴轻度肺功能不全 2.3 消化系统疾病 2.3.1 原因不明的肝功能异常 2.3.2 仅需要药物治疗的肝硬化、肠梗阻、消化道出血等 2.4 泌尿系统疾病：慢性肾脏疾病伴肾功能不全代偿期（肌酐超过正常值上限） 2.5 内分泌系统疾病 2.5.1 需药物治疗的糖尿病、甲状腺疾病、垂体泌乳素瘤 2.5.2 肾性尿崩症（尿量超过4 000ml/d）等 2.6 血液系统疾病 2.6.1 血小板减少（PLT 30~50×10⁹/L） 2.6.2 重度贫血（Hb 40~60g/L） 2.6.3 凝血功能障碍无出血倾向

评估分级	孕产妇相关情况
橙色 （较高风险）	2.6.4 易栓症（如抗凝血酶缺乏症、蛋白 C 缺乏症、蛋白 S 缺乏症、抗磷脂综合征、肾病综合征等） 2.7 免疫系统疾病：应用小剂量激素（如强的松 5～10mg/d）6 个月以上，无临床活动表现（如系统性红斑狼疮、重症 IgA 肾病、类风湿关节炎、干燥综合征、未分化结缔组织病等） 2.8 恶性肿瘤治疗后无转移无复发 2.9 智力障碍 2.10 精神病缓解期 2.11 神经系统疾病 2.11.1 癫痫（失神发作） 2.11.2 重症肌无力（病变波及四肢骨骼肌和延脑部肌肉）等 2.12 其他 3. 妊娠并发症 3.1 三胎及以上妊娠 3.2 Rh 血型不合 3.3 瘢痕子宫（距末次子宫手术间隔 <18 个月） 3.4 瘢痕子宫伴中央性前置胎盘或伴有可疑胎盘植入 3.5 各类子宫手术史（如剖宫产、宫角妊娠、子宫肌瘤剥除术等）≥2 次 3.6 双胎、羊水过多伴发心肺功能减退 3.7 重度子痫前期、高血压合并子痫前期 3.8 原因不明的发热 3.9 产后抑郁、产褥期中暑、产褥感染等
红色 （高风险）	1. 妊娠合并症 1.1 严重心血管系统疾病 1.1.1 各种原因引起的肺动脉高压（≥50mmHg），如房间隔缺损、室间隔缺损、动脉导管未闭等 1.1.2 复杂先天性心脏病（法洛四联征、艾森门格综合征等）和未手术的发绀型心脏病（SpO_2<90%）；Fontan 循环术后 1.1.3 心脏瓣膜病：瓣膜置换术后，中重度二尖瓣狭窄（瓣口 <1.5cm^2），主动脉瓣狭窄（跨瓣压差 ≥50mmHg）、马方综合征等 1.1.4 各类心肌病 1.1.5 感染性心内膜炎 1.1.6 急性心肌炎 1.1.7 风湿性心脏病风湿活动期 1.1.8 妊娠期高血压心脏病 1.1.9 其他 1.2 呼吸系统疾病：哮喘反复发作、肺纤维化、胸廓或脊柱严重畸形等影响肺功能者

评估分级	孕产妇相关情况
红色 （高风险）	1.3 消化系统疾病：重型肝炎、肝硬化失代偿、严重消化道出血、急性胰腺炎、肠梗阻等影响孕产妇生命的疾病 1.4 泌尿系统疾病：急、慢性肾脏疾病伴高血压、肾功能不全（肌酐超过正常值上限的 1.5 倍） 1.5 内分泌系统疾病 1.5.1 糖尿病并发肾病 V 级、严重心血管病、增生性视网膜病变或玻璃体积血、周围神经病变等 1.5.2 甲状腺功能亢进并发心脏病、感染、肝功能异常、精神异常等疾病 1.5.3 甲状腺功能减退引起相应系统功能障碍，基础代谢率小于 −50% 1.5.4 垂体泌乳素瘤出现视力减退、视野缺损、偏盲等压迫症状 1.5.5 尿崩症：中枢性尿崩症伴有明显的多饮、烦渴、多尿症状，或合并有其他垂体功能异常 1.5.6 嗜铬细胞瘤等 1.6 血液系统疾病 1.6.1 再生障碍性贫血 1.6.2 血小板减少（PLT < 30×10^9/L）或进行性下降或伴有出血倾向 1.6.3 重度贫血（Hb ≤ 40g/L） 1.6.4 白血病 1.6.5 凝血功能障碍伴有出血倾向（如先天性凝血因子缺乏、低纤维蛋白原血症等） 1.6.6 血栓栓塞性疾病（如下肢深静脉血栓、颅内静脉窦血栓等） 1.7 免疫系统疾病活动期，如系统性红斑狼疮、重症 IgA 肾病、类风湿关节炎、干燥综合征、未分化结缔组织病等 1.8 精神病急性期 1.9 恶性肿瘤 1.9.1 妊娠期间发现的恶性肿瘤 1.9.2 治疗后复发或发生远处转移 1.10 神经系统疾病 1.10.1 脑血管畸形及手术史 1.10.2 癫痫全身发作 1.10.3 重症肌无力（病变发展至延脑肌、肢带肌、躯干肌和呼吸肌） 1.11 吸毒 1.12 其他严重内、外科疾病等 2. 妊娠并发症 2.1 三胎及以上妊娠伴发心肺功能减退 2.2 凶险性前置胎盘，胎盘早剥 2.3 红色预警范畴疾病产后尚未稳定

评估分级	孕产妇相关情况
紫色 （孕妇患有传染性疾病）	所有妊娠合并传染性疾病——如病毒性肝炎、梅毒、HIV 感染及艾滋病、结核病、重症感染性肺炎、特殊病毒感染（H_1N_7、寨卡病毒等）

注：BMI，体重指数；PLT，血小板计数；Hb，血红蛋白；EF，射血分数；HIV，人类免疫缺陷病毒。

（5）紫色标识：孕妇患有传染性疾病。紫色标识孕妇可同时伴有其他颜色的风险标识。

医疗机构应当根据孕产妇妊娠风险评估结果，在"母子健康手册"上标注评估结果和评估日期。对于风险评估分级为"橙""红"色的孕产妇，医疗机构应当填写"孕产妇妊娠风险评估分级报告单"（表 12-1-7），如孕产妇妊娠风险分类为"橙"色，应在 3 日内将报告单报送辖区妇幼保健机构；如为"红"色，应当在 24 小时内报送。

表 12-1-7 孕产妇妊娠风险评估分级报告单

孕产妇妊娠风险评估分级报告单

姓名_____ 出生日期_____ 年龄_____（周岁）孕周_____（周）

证件号码

联系电话

初步诊断

评估时间_____年_____月_____日

评估分级：□橙色 □红色

　　　　　　　报告人

　　　　　　　报告机构

　　　　　　　报告日期

2. **动态评估** 医疗机构应当结合孕产期保健服务，发现孕产妇健康状况有变化时，立即进行妊娠风险动态评估，根据病情变化及时调整妊娠风险分级和相应管理措施，并在"母子健康手册"上顺序标注评估结果和评估日期。

（二）妊娠风险管理

各级医疗机构应当根据孕妇妊娠风险评估分级情况，对其进行分类管理。要注意信息安全和孕产妇隐私保护。

1. 对妊娠风险分级为"绿色"的孕产妇，应当按照《孕产期保健工作规范》以及相关诊疗指南、技术规范，规范提供孕产期保健服务。

2. 对妊娠风险分级为"黄色"的孕产妇，应当建议其在二级以上医疗机构接受孕产期保健和住院分娩。如有异常，应当尽快转诊到三级医疗机构。

3. 对妊娠风险分级为"橙""红"和"紫"色的孕产妇，医疗机构应当将其作为重点人群纳入高危孕产妇专案管理，合理调配资源，保证专人专案、全程管理、动态监管、集中救治，确保做到"发现一例、登记一例、报告一例、管理一例、救治一例"。对妊娠风险分级为"橙"和"红"色的孕产妇，要及时向辖区妇幼保健机构报送相关信息，并尽快与上级危重孕产妇救治中心共同研究制订个性化管理方案、诊疗方案和应急预案。

（1）对妊娠风险分级为"橙"色的孕产妇，应当建议其在县级及以上危重孕产妇救治中心接受孕产期保健服务，有条件的原则上应当在三级医疗机构住院分娩。

（2）对妊娠风险分级为"红"色的孕产妇，应当建议其尽快到三级医疗机构接受评估以明确是否适宜继续妊娠。如适宜继续妊娠，应当建议其在县级及以上危重孕产妇救治中心接受孕产期保健服务，原则上应当在三级医疗机构住院分娩。对于患有可能危及生命的疾病而不宜继续妊娠的孕产妇，应当由副主任医师以上任职资格的医生进行评估和确诊，告知本人继续妊娠风险，提出科学严谨的医学建议。

（3）对妊娠风险分级为"紫"色的孕产妇，应当按照传染病防治相关要求进行管理，并落实预防艾滋病、梅毒和乙肝垂直传播综合干预措施。孕产妇妊娠风险评估与管理工作流程详见图 12-1-1。

六、产褥感染

产褥感染（puerperal infection）指分娩及产褥期生殖道受病原体侵袭，引起局部或全身感染，其发病率约 6%。

1. 临床表现　发热、疼痛、异常恶露为产褥感染三大主要症状。

（1）产褥早期发热的最常见原因是脱水，但在产后 2~3 日低热后突然出现高热，应考虑感染可能。

（2）由于感染部位、程度、扩散范围不同，其临床表现也不同。依据感染发生部位，分为会阴、阴道、宫颈、腹部伤口、子宫切口局部感染，急性子宫内膜炎，急性盆腔结缔组织炎，腹膜炎，血栓静脉炎，脓毒血症等。

2. 诊断　根据病史、体格检查和辅助检查来诊断。

（1）病史：详细询问病史及分娩全过程，对产后发热者，首先考虑为产褥感染，再排除引起产褥病率的其他疾病。

（2）全身及局部检查：仔细检查腹部、盆腔及会阴伤口，确定感染部位和严重程度。

（3）辅助检查：超声检查、CT、磁共振等检测手段能够对感染形成的炎性包块、脓肿，作出定位及定性诊断。检测血清 C 反应蛋白升高，有助于早期诊断感染。

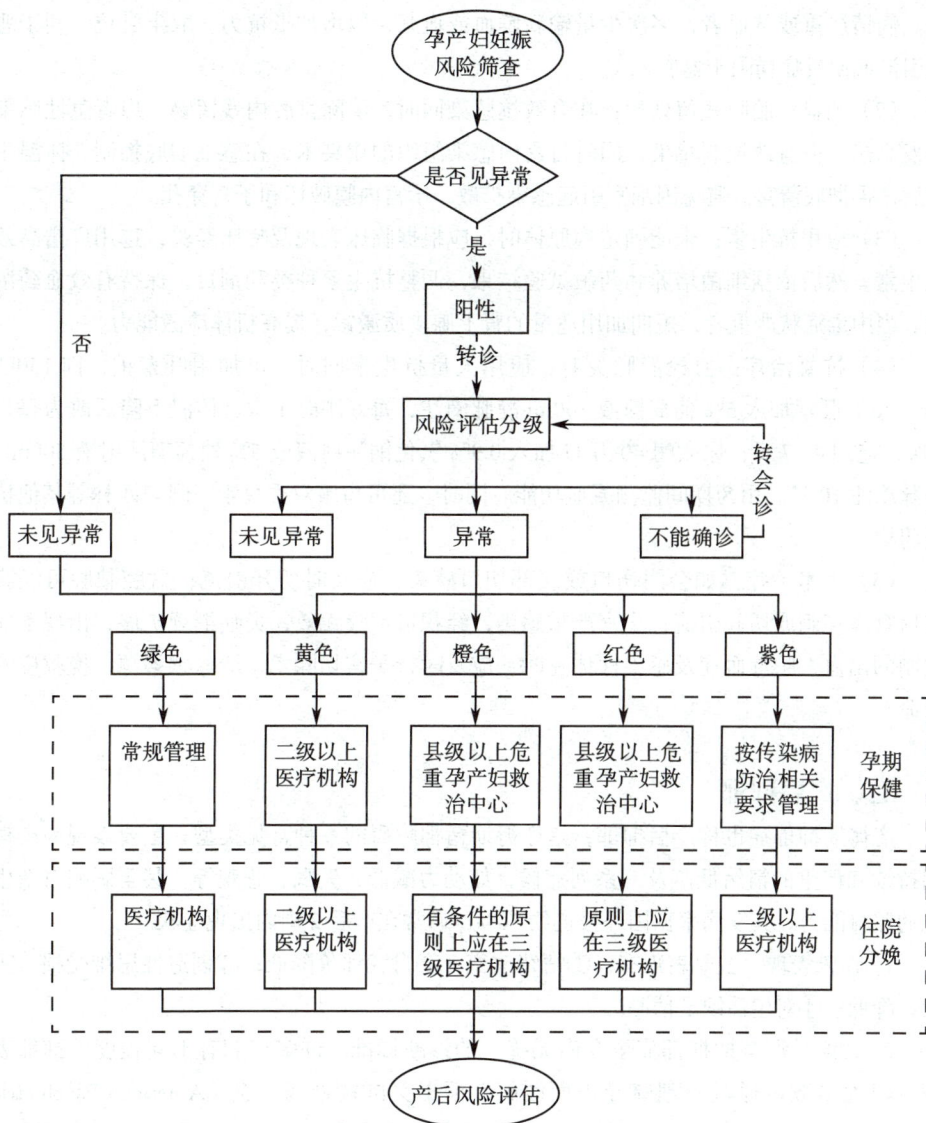

图 12-1-1 孕产妇妊娠风险评估与管理工作流程图

（4）确定病原体：通过宫腔分泌物、脓肿穿刺物、后穹窿穿刺物做细菌培养和药敏试验，必要时需做血培养和厌氧菌培养。病原体抗原和特异抗体检测可以作为快速确定病原体的方法。

3. 处理　一旦诊断产褥感染，原则上应给予广谱、足量、有效抗生素，并根据感染的病原体调整抗生素治疗方案。对脓肿形成或宫内残留感染组织者，应积极进行感染灶的处理。

（1）支持疗法：加强营养并补充足够维生素，增强全身抵抗力，纠正水、电解质失衡。病情严重或贫血者，多次少量输新鲜血或血浆，以增加抵抗力。取半卧位，利于恶露引流或使炎症局限于盆腔。

（2）胎盘、胎膜残留处理：在有效抗感染同时，清除宫腔内残留物。患者急性感染伴发高热，应有效控制感染，同时行宫内感染组织的钳夹术，在感染彻底控制、体温正常后，再彻底清宫。避免因刮宫引起感染扩散、子宫内膜破坏和子宫穿孔。

（3）应用抗生素：未能确定病原体时，应根据临床表现及临床经验，选用广谱高效抗生素。然后依据细菌培养和药敏试验结果，调整抗生素种类和剂量，保持有效血药浓度。当中毒症状严重者，短期加用适量的肾上腺皮质激素，提高机体应激能力。

（4）抗凝治疗：血栓静脉炎时，应用大量抗生素同时，可加用肝素钠，即 150U/（kg·d）肝素加入 5% 葡萄糖液 500ml 静脉滴注，每 6 小时 1 次，体温下降后改为每日 2 次，连用 4~7 日；尿激酶 40 万 U 加入 0.9% 氯化钠注射液或 5% 葡萄糖注射液 500ml，静脉滴注 10 日。用药期间监测凝血功能。同时，还可口服双香豆素、阿司匹林等其他抗凝药物。

（5）手术治疗：如会阴伤口或腹部切口感染，应及时切开引流；盆腔脓肿可经腹或后穹窿穿刺或切开引流；子宫严重感染，经积极治疗无效，炎症继续扩展，出现不能控制的出血、脓毒血症及感染性休克时，应及时行子宫切除术，清除感染源，挽救患者生命。

七、产后抑郁

产褥期抑郁症也称产后抑郁，是产褥期精神障碍的一种常见类型，主要表现为产褥期持续和严重的情绪低落及一系列症候，如动力减低、失眠、悲观等，甚至影响对新生儿的照料能力。其发病率据国外报道约 30%，通常在产后 2 周内出现症状。

1. **临床表现**　主要表现有：①情绪改变；②自我评价降低；③创造性思维受损，主动性降低；④对生活缺乏信心。

2. **诊断**　产褥期抑郁症至今尚无统一的诊断标准。许多产妇有不同程度的抑郁表现，但大多数可通过心理疏导进而缓解。根据美国精神病学会（American Psychiatric Association，APA）1994 年在《精神疾病的诊断与统计手册》（DSM-Ⅳ）中制定的标准，产褥期抑郁症的诊断标准见表 12-1-8。

表 12-1-8　产褥期抑郁症诊断标准

1. 在产后 2 周内出现下列 5 条或 5 条以上的症状，必须具备（1）（2）两条：

（1）情绪抑郁

（2）对全部或多数活动明显缺乏兴趣或愉悦

（3）体重显著下降或增加

（4）失眠或睡眠过度

（5）精神运动兴奋或阻滞

（6）疲劳或乏力

（7）遇事均感毫无意义或有自罪感

（8）思维能力减退或注意力不集中

（9）反复出现死亡的想法

2. 在产后 4 周内发病

3. 处理 包括心理治疗和药物治疗。

（1）心理治疗为重要的治疗手段。包括心理支持、咨询与社会干预等。通过心理咨询，解除致病的心理因素（如婚姻关系紧张、想生男孩却生女孩、既往有精神障碍史等）。为产褥期产妇提供更多的情感支持及社会支持，指导产妇对情绪和生活进行自我调节，尽量调整好家庭关系，指导其养成良好的睡眠习惯。

（2）药物治疗适用于中重度抑郁症及心理治疗无效患者。应在专科医生指导下用药为宜，可根据以往疗效及患者特点个性化选择药物。首选 5- 羟色胺再吸收抑制剂，尽量选用不进入乳汁的抗抑郁药。

1）5- 羟色胺再吸收抑制剂：

①盐酸帕罗西汀：起始量和有效量为 20mg，每日早餐时 1 次；2~3 周后，若疗效不佳且副作用不明显，可以 10mg 递增；最大剂量为 50mg（体弱者 40mg），每日 1 次。肝肾功能不全患者慎用。注意不宜骤然停药。②盐酸舍曲林：口服，早期每日 50mg，每日 1 次，与食物同服。数周后增至每日 100~200mg。常用剂量为每日 50~100mg，最大剂量为每日 150~200mg（此量不得连续应用超过 8 周）。需长期应用者，应用最低有效量。

2）三环类抗抑郁药：阿米替林（amitriptyline）的常用量为早期一次 25mg，每日 2~3 次；然后根据病情和耐受情况逐渐增至每日 150~250mg，分 3 次口服；最高剂量一日不超过 300mg，维持量每日 50~150mg。

4. 预防 产褥期抑郁症是产妇产褥期常见的精神系统疾病，国内外报道的发病率并不一致，但均较高。产褥期抑郁症的发生受社会、心理因素及妊娠因素的影响，利用多种渠道加强对孕产妇的精神关怀，减轻孕产妇对妊娠、分娩的紧张及恐惧心理，完善自我保健，及时关注孕产妇心理健康情况，通过心理、社会、医学等方面对产妇心理情况进行干预，预防产褥期抑郁症的发生，及时发现及治疗，是临床工作的重点，需要医务人员与产妇及其家人的共同参与。

第二节　更年期保健

开展更年期妇女保健工作，做好这个时期女性的健康管理，可以促进其身心健康，延缓老年性疾病的发生，为老年期健康打下基础。

一、概述

更年期（climacteric period）是指女性绝经及其前后的一段时间，包括绝经过渡期和绝经后期的一段时期，是女性从生殖期过渡到老年期的一个特殊生理阶段。

伴随着卵巢衰老的进程，更年期妇女可能会出现由性激素变化引起的月经紊乱、血管舒缩功能障碍、神经精神症状等更年期表现。更年期也是老年女性慢性疾病如骨质疏松、心血管疾病和老年痴呆等的起始阶段。其中围绝经期（perimenopausal period）指妇女绝经前后的一段时期，包括从接近绝经，出现与绝经有关的内分泌学、生物学和临床特征起至最后一次月经的后 1 年，因此围绝经期包括了绝经过渡期和绝经后 1 年。

二、围绝经期综合征

围绝经期综合征指女性绝经前后由于性激素波动或减少所导致的一系列躯体及精神心理症状。

（一）常见症状及健康问题

1. 近期症状

（1）月经紊乱：月经紊乱是绝经过渡期的常见症状，由于稀发排卵或无排卵，表现为月经周期不规则、经期持续时间长及不规则阴道流血。

（2）血管舒缩症状：主要表现为潮热，为血管舒缩功能不稳定所致，是雌激素降低的特征性症状。其特点是反复出现短暂的面部、颈部及胸部皮肤阵阵发红，伴有轰热，继之出汗，一般持续 1~3 分钟。可每日发作数次，严重者 10 余次或更多，夜间或应激状态易促发。潮热严重时可影响妇女的工作、生活和睡眠，是绝经后期妇女需要性激素治疗的主要原因。

（3）自主神经失调症状：心悸、眩晕、头痛、失眠、耳鸣等自主神经失调症状。

（4）精神神经症状：表现为注意力不易集中，情绪波动大，如激动易怒、焦虑不安或情绪低落、抑郁、不能自我控制情绪症状。常常伴有记忆力减退。

2. 远期症状

（1）泌尿生殖器绝经后综合征：主要表现为泌尿生殖道萎缩症状，如阴道干燥、性交困难及反复阴道感染，排尿困难、尿痛、尿急等反复发生的尿路感染症状等。

（2）骨质疏松：绝经后妇女雌激素缺乏使骨质吸收增加，导致骨量快速丢失，而出现骨质疏松。50 岁以上妇女半数以上会发生绝经后骨质疏松，一般发生在绝经后 10 年内，最常发生在椎体。

（3）阿尔茨海默病（Alzheimer's disease）：绝经后期妇女比老年男性患病风险高，可能与绝经后内源性雌激素水平降低有关。

（4）心血管病变：绝经后妇女糖脂代谢异常增加，动脉硬化、冠心病的发病风险较绝经前明显增加，可能与雌激素低下有关。

（二）诊断

根据病史及临床表现不难诊断。但需注意除外相关症状的器质性病变及精神疾病，卵巢功能评价等实验室检查有助于诊断。

1. **血清卵泡刺激素（FSH）及雌激素（E）测定**　雌激素（E）分为雌酮（estrone，E1）、雌二醇（estradiol，E_2）及雌三醇（estriol，E_3）。雌激素中 E_2 活性最强，是卵巢分泌的主要性激素之一。因此临床上常用检查血清 FSH 值及 E_2 值了解卵巢功能。绝经过渡期血清 FSH＞10U/L，提示卵巢储备功能下降。闭经、FSH＞40U/L 且 E_2＜100.0pmol/L，提示卵巢功能衰竭。

2. **抗米勒管激素（AMH）测定**　AMH 低至 1.1μg/L 时提示卵巢储备下降；若低于 0.2μg/L 提示即将绝经，绝经后 AMH 一般测不出。

（三）预防

1. 定期健康检查

（1）定期健康体检，记录体检结果：参加健康管理的女性每年要接受 1 次健康体检。健康管理团队要对体检报告进行分析，及时发现健康问题并进行保健指导，同时指导更年期妇女定期自身监测健康状况并记录。必要时应及时与健康管理团队沟通，健康管理团队根据异常情况指导就医。

（2）乳腺自查：更年期妇女应每月进行一次乳腺自查，发现异常及时就诊。

（3）要告知更年期妇女妇科常见问题征象：阴道出血、白带异常、下腹痛、外阴瘙痒、下腹肿块、更年期相关症状、乳腺胀痛或肿物等，更年期妇女出现以上问题要及时就诊。

2. 一般保健指导

健康生活方式指导，营养指导，适当控制体重，运动指导，避孕及性健康指导，心理卫生指导。必要时转诊专科医生进行药物治疗。

（1）健康生活方式指导：告知更年期妇女要采取健康生活方式。包括生活规律，按时休息；积极参与社会活动，充实生活内容；管理情绪，保持开朗、乐观、积极态度，保持心情舒畅；改变不良生活习惯，避免熬夜、憋尿、久坐等；避免外界伤害，避免摄入有害物质，不吸烟、避免二手烟等。

（2）营养指导：给予更年期妇女营养指导，如饮食要定时定量、均衡，避免无节制，限制饱和脂肪酸摄入（＜总热量的 7%），避免反式脂肪酸摄入，避免摄入油炸、油煎食物，少食动物脂肪、胆固醇（＜300mg/d）；限盐（＜6g/d），控糖（包括含糖饮料）（≤50g/d），少油（25～30g/d），限酒（酒精量≤15g/d），足量饮水（1 500～1 700ml/d）；饮食结构要多样化，粗细搭配，增加多种水果、蔬菜摄入，选择全谷物或高纤维食物等碳水化合物；每周至少吃两次鱼。更年期妇女要摄入足够的钙，18～49 岁成人钙推荐摄入量 800mg/d，50 岁以上和绝经后女性钙的推荐摄入量为 1 000mg/d，可耐受最高摄入量为 2 000mg/d。故更年期妇女还需补充钙 400~600mg/d。钙剂建议首先通过膳食补充，如果不能从膳食中获得足够的钙，如乳糖不耐受或缺乏高钙食物，建议通过钙补充剂达到推荐的每日摄入量。等量的钙，以少量多次的方式摄入则可增加钙吸收率和吸收总量。更年期妇女要补充足够的维生素 D，人体维生素 D 主要通过晒太阳或从膳食中获得。必要时可补充外源性维生素 D。

（3）适当控制体重：要指导更年期妇女维持适宜体重，体重指数（BMI）18.5~23.9kg/m^2 为正常，腰围应 <80cm。体重过高可增加心脑血管疾病风险，低体重可增加骨质疏松症风险。

（4）运动指导：指导更年期妇女坚持户外运动和晒太阳。适当进行锻炼调节神经功能，促进机体代谢。更年期妇女应每周至少坚持 150 分钟中等强度的有氧运动，可分为每周 3~5 次，每次 30~50 分钟，运动方式可选择走路、慢跑、骑车、游泳、跳舞等。

（5）避孕及性健康指导：围绝经期虽然卵巢功能开始衰退及生育力下降，仍可出现排卵发生意外妊娠，所以需要针对妇女进行避孕及性健康指导。建议更年期妇女首选屏障避孕方法和孕激素宫内缓释系统避孕，如需选择复方口服避孕药，应在妇产科医生指导下使用。临床明确诊断绝经者，可以停止避孕。对于绝经后阴道干涩及性欲减退的妇女可转专科医生，在专科医生指导下选择性激素治疗、非激素治疗和性心理治疗等。

（6）心理卫生指导：发现更年期妇女出现心理变化时，要建议其及时向医生、朋友或亲人倾诉烦恼，尤其是经济收入少、健康状况差、不良心境、严重躯体疾病的妇女尽量保持平和心态，必要时转诊接受心理医生精神支持和疏导。

三、更年期骨质疏松症

妇女从围绝经期开始至绝经后 10 年内，骨代谢处于高转换状态，骨吸收大于骨形成，促使骨质丢失而导致骨质疏松和骨质疏松性骨折。骨质疏松症和相关的骨折是增加绝经后妇女死亡率和患病率的重要因素，更年期的女性发生较严重的骨折后的剩余寿命比发生乳腺癌后的剩余寿命要短。绝经后女性骨折发生率为未绝经女性的 3~4 倍，50 岁以后骨折发生率骤然上升，身高降低者显著增多，这些表现与雌激素水平下降过程及程度一致。

（一）围绝经期或绝经后妇女骨质疏松症的诊断

绝经后骨质流失加速与雌激素缺乏有关。围绝经和绝经后妇女骨质疏松症初期无明显症状，随着病情进展，患者会出现疼痛、骨骼变形，严重者发生骨质疏松性骨折，同时可出现焦虑、恐惧等心理影响，绝经后骨质疏松症是绝经后妇女腰腿痛的主要原因，可引起脊椎变形及椎体压缩性骨折，又称 I 型骨质疏松症，主要由绝经后卵巢合成的雌激素减少所致。

骨质疏松症的诊断主要基于双能 X 射线吸收法（dual energy X-ray absorptiometry，DXA）骨密度检测结果和 / 或脆性骨折，需满足以下 3 个条件之一：①髋部或椎体脆性骨折；②DXA 测量的中轴骨骨密度或桡骨远端 1/3 骨密度的 T 值 ≤ -2.5；③骨密度测量符合低骨量（-2.5<T 值 <-1.0）和肱骨近端、骨盆或前臂远端脆性骨折。同时排除继发性骨质疏松症，可诊断为骨质疏松症。

（二）高危因素

1. 不可改变因素

人种（白种人和黄种人），老龄，绝经，母系家族史。

2. 可改变因素

低体重，性腺功能低下，吸烟，过度饮酒，饮过多咖啡，体力活动缺乏，制动，饮食中营养失衡，蛋白质摄入过多或不足，高钠饮食，钙和 / 或维生素 D 缺乏（光照少或摄入少），有影响骨代谢的疾病和应用影响骨代谢药物。

（三）预防

60 岁以上老年人中骨质疏松症发病率明显增高，以女性尤为突出。骨质疏松症会造成骨折发生率增加，严重影响了老年妇女的生活质量，带来沉重的经济负担。骨质疏松性骨折是可防、可治的，尽早预防可能会避免骨质疏松症及骨折的发生。围绝经期和绝经后女性，建议每年进行胸腰椎 X 线检查，如有椎体脆性骨折可及早发现。

绝经后女性可采用亚洲人骨质疏松自我筛查工具（osteoporosis self assessment tool for Asian，OSTA）进行筛查。计算方法为 OSTA 指数 =〔体重（kg）- 年龄（岁）〕× 0.2，其中 OSTA 指数 >-1 为骨质疏松低风险，OSTA 指数为 -4~-1 是骨质疏松中风险，OSTA 指数 <-4 为骨质疏松高风险，骨质疏松高风险者应特别关注。

（四）治疗

围绝经期开始就要采取措施维持骨健康，包括采用健康生活方式、摄入充足的钙和维生素 D，同时可以采用绝经激素治疗。

1. 健康生活方式

围绝经期和绝经后女性应注意均衡营养、规律运动等。

（1）健康饮食：每日每顿饭都有水果和蔬菜、全麦纤维，每周 2 次食用鱼，低脂摄入（推荐橄榄油），控糖（ ≤ 50g/d）、少油（ ≤ 25~30g/d）、限制盐的摄入（ ≤ 6g/d）、戒烟、限酒，每日饮酒量不超过 20g。

（2）适当控制体重：体重减轻 5%~10% 就足以改善与胰岛素抵抗相关的许多异常。BMI 在 18.5~23.9kg/m² 为正常，体重过高增加心血管病风险，低体重增加骨质疏松症风险。

2. 摄入足够的钙和维生素 D

（1）补钙：单纯补钙可以增加骨密度，降低骨折风险。50 岁以上和绝经后女性钙的推荐摄入量为 1 000mg/d，建议首先通过膳食补充。

（2）补充维生素 D：维生素 D 用于骨质疏松症防治时，剂量可为 800~1 200U/d。体内维生素 D 的来源主要为皮肤接触日光照射和从膳食中获得。必要时可补充外源性维生素 D。

3. 中药治疗

骨质疏松症或骨质疏松风险的女性，可以选择中药治疗，或者联合中药治疗。中药以补肝益肾、活血化瘀、益气健脾、强筋壮骨为主，最终起到增加骨量、降低骨折风险的作用。

其他专科治疗还包括非激素药物治疗和激素替代治疗（hormone replacement therapy，HRT）。

骨质疏松症防治的目标是预防骨折。所有骨质疏松治疗药物均应在医生指导下服用。

<h1 style="text-align:center">第三节　生育指导</h1>

本节主要介绍各种避孕方法的适应证和禁忌证；避孕失败后补救措施的适应证和禁忌证；优生优育的指导及内容。

一、各种避孕方法的适应证和禁忌证

避孕是计划生育的重要组成部分，是采用科学手段使妇女暂时不受孕。目前我国常用的女性避孕方法有宫内节育器、药物避孕及外用避孕法等。

（一）宫内节育器

宫内节育器（intrauterine device，IUD）是一种安全、有效、简便、经济、可逆的避孕工具，使用宫内节育器是我国生育期妇女的主要避孕措施。

1. 宫内节育器放置术

（1）适应证：凡育龄期女性，自愿要求放置且无禁忌证者。

（2）禁忌证

1）妊娠或可疑妊娠。

2）严重的全身性疾病。

3）生殖道急性炎症。

4）生殖器畸形如双子宫、纵隔子宫等。

5）部分生殖器官肿瘤如黏膜下子宫肌瘤、子宫内膜癌、宫颈癌等。

6）宫颈内口过松、重度子宫脱垂或重度陈旧性宫颈裂伤。

7）宫腔深度 <5.5cm 或 >9cm 者（需除外足月分娩后、大月份引产后或放置含铜无支架宫内节育器）。

8）近 3 个月内有月经失调、不规则阴道流血者。

9）人工流产后出血过多，疑有妊娠物残留或感染可能；中期妊娠引产、分娩或剖宫产胎盘娩出后，子宫收缩欠佳有出血或潜在感染可能。

10）铜过敏或可疑铜过敏者不宜放置带铜节育器。

（3）放置时机选择

1）月经干净后 3~7 日内无性生活。

2）自然分娩 42 日后，恶露已净，会阴伤口已愈合，子宫恢复正常者。

3）人工流产后立即放置。

4）含孕激素宫内节育器在月经第 4~7 日放置。

5）自然流产者于 1 次正常月经后放置，药物流产者 2 次正常月经后放置。

6）哺乳期放置前应排除妊娠。

7）性交后 5 日内放置为紧急避孕方法之一。

（4）操作前准备及注意事项

1）详细询问病史、妊娠分娩史及避孕史。

2）进行全面的体格检查及术前辅助检查（如常规妇科检查、阴道分泌物检查、血常规、止凝血功能等）。

3）排除禁忌证后，告知患者及家属操作过程，可能存在的风险及术后注意事项并签署知情同意书。

4）嘱患者排空膀胱，取膀胱截石位。

（5）操作方法

1）双合诊检查子宫大小、位置及附件情况。常规消毒外阴及阴道部，铺无菌巾。

2）放置阴道窥器撑开阴道，充分暴露宫颈，消毒宫颈与宫颈管。

3）宫颈钳夹持宫颈前唇，轻拉宫颈使其尽量保持水平位置以利于节育器放置。

4）子宫探针顺子宫位置探量宫腔深度，必要时用扩条扩张宫颈。

5）用放置器将节育器推送至宫腔，宫内节育器上缘必须抵达宫底部，带有尾丝的宫内节育器在距离宫口 2cm 处剪断尾丝。

6）观察宫颈口有无较多血液流出，若无则取出宫颈钳及阴道窥器，书写操作记录。

7）放置宫内节育器后观察患者有无合并腹痛、明显阴道出血症状；有无合并面色苍白、呼吸困难；生命体征是否平稳。

（6）术后处理及注意事项

1）术后休息 3 日，1 周内禁重体力劳动，2 周内禁性生活及盆浴，保持外阴清洁。

2）放置宫内节育器后第 1 年的 1、3、6、12 个月进行随访，检查节育器位置是否正确，以后每年随访 1 次。月经期及排便后注意节育器有无掉落。

2. 宫内节育器取出术

（1）适应证

1）有再生育计划或已无性生活无须避孕者。

2）放置期限已满需更换者。

3）拟改用其他避孕措施或绝育者。

4）绝经过渡期停经 1 年内。

5）出现并发症或不良反应，经治疗无效。

6）带器妊娠，包括宫内妊娠和宫外妊娠。

（2）禁忌证

1）生殖道急性炎症，先给予抗感染治疗，治愈后再行取出术。

2）全身情况不良或在疾病的急性期，应待病情好转后再取出。

（3）取环时机

1）月经干净后 3~7 日为最佳手术时间。

2）带器早期妊娠行人工流产时同时取出。

3）带器异位妊娠术前行诊断性刮宫时，或术后出院前取出。

4）异常子宫出血者随时可取，取环时需同时行诊断性刮宫，刮出组织送病理检查，排除子宫内膜病变。

（4）操作前准备及注意事项

1）详细地询问病史，排除禁忌证。

2）进行全面体格检查及妇科检查，签署手术同意书。

3）超声检查或 X 线检查确定节育器是否在宫腔内及位置，同时了解宫内节育器的类型。

4）嘱患者排空膀胱，取膀胱截石位。

（5）操作方法

1）双合诊检查子宫大小、位置及附件情况。常规消毒外阴及阴道部，铺无菌巾。

2）放置阴道窥器撑开阴道，充分暴露宫颈，消毒宫颈及宫颈管。

3）子宫探针沿子宫位置探量宫腔深度，必要时用扩条扩张宫颈。

4）取出宫内节育器：有尾丝者，用血管钳夹住尾丝轻轻牵引取出；无尾丝者，用取环钩或取环钳将节育器取出。取环困难可在超声引导下进行操作，必要时宫腔镜下取出。

（6）术后处理及注意事项

1）取出节育器后需检查节育器是否完整。

2）术后 2 周内避免性生活和盆浴，以防感染。

3）取出宫内节育器后如仍有避孕要求应落实其他避孕措施。

（二）药物避孕

复方口服避孕药（combined oral contraceptive，COC）是目前全球范围内育龄妇女广泛使用的高效避孕方法之一，是含有低剂量雌激素和孕激素（与女性体内天然的雌激素和孕激素相似）的复合甾体激素制剂。其应用始于 20 世纪 60 年代初，主要通过抑制排卵、改变宫颈黏液性状和子宫内膜及输卵管功能而发挥避孕作用。应用 COC 的主要目标是控制生育、避免非意愿妊娠，并在避孕同时获得额外的受益。应用 COC 可根据患者的不同情况给予个体化处理，在高效避孕的同时，最大程度防止或减少心血管疾病等不良反应发生。

1. 适应证　COC 适用于健康育龄期妇女的常规避孕，但在使用时需排除 COC 禁忌证及风险因素。

2. 禁忌证和慎用情况

（1）严重心血管疾病、血栓性疾病不宜应用，如高血压、冠心病、静脉栓塞等。

（2）急、慢性肝炎或肾炎。

（3）部分恶性肿瘤、癌前病变如乳腺癌、子宫内膜癌等。

（4）内分泌疾病，如糖尿病、甲状腺功能亢进症。

（5）哺乳期不宜使用复方口服避孕药。

（6）年龄>40岁的吸烟妇女服用避孕药，增加心血管疾病发病率，不宜长期服用。

（7）精神病患者。

（8）有严重偏头痛，反复发作者。

二、避孕失败的补救措施

人工流产（artificial abortion）指因意外妊娠、疾病等原因而采用人工方法终止妊娠，是避孕失败的补救方法。人工流产对妇女的生殖健康有一定的影响，做好避孕工作，避免或减少意外妊娠是计划生育工作的真正目的。终止早期妊娠的人工流产方法包括药物流产和手术流产。

（一）药物流产

药物流产（medical induction）是用药物而非手术终止早期妊娠的一种避孕失败的补救措施。现国内多采用的药物为米非司酮和米索前列醇，两者配伍应用终止早期妊娠完全流产率可达90%以上。

1. 适应证

（1）早期妊娠≤49日可门诊行药物流产；>49日应酌情考虑具体情况，必要时住院流产。

（2）本人自愿，血或者尿人绒毛膜促性腺激素（hCG）阳性，超声确诊为宫内妊娠。

（3）人工流产术高危因素者如瘢痕子宫、哺乳期、宫颈发育不良或严重骨盆畸形。

（4）多次人工流产手术史，对手术流产有恐惧及顾虑心理。

2. 禁忌证

（1）有使用米非司酮禁忌证：如肾上腺及其他内分泌疾病、妊娠期皮肤瘙痒史、血液病、血管栓塞等病史。

（2）有使用前列腺素药物禁忌证：如心血管疾病、青光眼、癫痫、哮喘、结肠炎等。

（3）带器妊娠、异位妊娠。

（4）其他：过敏体质、妊娠剧吐、长期服用抗结核、抗癫痫、抗抑郁、抗前列腺素药等。

3. 用药前准备

（1）详细评估患者病情，有无合并用药禁忌证。

（2）签署知情同意书，详细告知患者注意事项。

（3）高危患者建议收住院处理观察。

4. 用药方法　米非司酮分顿服法和分服法。顿服法为1次200mg口服。分服法总量为150mg米非司酮分2日服用：第1日晨服用50mg，8~12小时再服25mg；第2日早

晚各服用米非司酮 25mg；第 3 日上午 7 时再服用 25mg。每次服药前后至少空腹 1 小时。两种米非司酮服药方法均于服药的第 3 日晨口服米索前列醇 0.6mg，前后空腹 1 小时。服药后可出现恶心、呕吐、腹痛、腹泻等症状。

5. 注意事项

（1）服药后注意阴道出血开始时间、出血量及腹痛情况，监测生命体征，若出血量超过月经量且伴有组织物排出，应留取组织检查，如有异常情况及时报告医务人员。

（2）药物流产必须在有正规抢救条件的医疗机构进行，必须在医务人员监护下使用。严密观察出血及副作用的发生情况。

（3）注意鉴别异位妊娠、葡萄胎等疾病，以防漏诊或误诊。

（4）出血时间长、出血多是药物流产的主要副作用，极少数人可能出现大出血而需紧急刮宫处理。

（5）药物流产后需及时落实避孕措施，可立即服用复方短效口服避孕药。

（二）负压吸引术

利用负压吸引原理，将妊娠物从宫腔内吸出，称为负压吸引术。

1. 适应证

（1）妊娠 10 周内，要求终止妊娠而无禁忌。

（2）因患有全身严重疾病或因早期妊娠接触大量对胚胎有害的药物、毒物等不宜继续妊娠。

2. 禁忌证

（1）全身或生殖道急性、亚急性炎症。

（2）合并严重内、外科疾病或者疾病急性期；全身状况不良如凝血功能障碍、重度贫血，不能耐受手术。

（3）手术当日 2 次体温超过 37.5℃。

3. 术前准备

（1）术前详细询问病史和避孕史，注意既往人工流产史、剖宫史、有无生殖道畸形，有无严重内、外科合并症等。

（2）完善全身和妇科检查。

（3）术前检查血或者尿 hCG 阳性，超声检查确定妊娠周数及妊娠囊部位、大小。

（4）术前完善实验室检查包括阴道分泌物常规、血常规及止凝血功能等，排除生殖道炎症急性期。

（5）术前测量体温、脉搏、血压等生命体征。

（6）解除患者思想顾虑，签署手术知情同意书。

（7）排空膀胱。

4. 操作方法

（1）取膀胱截石位，双合诊检查子宫位置、大小和附件情况，常规消毒外阴和阴道，铺无菌巾。

（2）术者戴好帽子、口罩和无菌手套。

（3）阴道窥器充分扩张宫颈，消毒阴道、宫颈和宫颈管，宫颈钳夹持宫颈前唇。

（4）顺子宫位置的方向，用探针探测宫腔方向及深度，根据宫腔大小选择吸管。

（5）宫颈扩张器扩张宫颈管，由小号到大号，逐号扩张宫颈至大于所用吸管半号或1号。

（6）连接吸管至负压吸引器，顺应子宫曲度送入宫底部，遇到阻力略向后退，启动负压（一般控制在 $400\sim500mmHg$ ），按顺时针吸引宫腔 $1\sim2$ 周，尤其注意两侧宫角部。

（7）感到宫壁粗糙，提示组织吸净，此时折叠吸管，在无负压的情况下取出吸管。

（8）用小号刮匙轻轻搔刮宫底及两侧宫角，检查宫腔是否吸净。必要时重新放入吸管，再次用低负压吸宫腔1周。

（9）探查术后宫腔深度，吸净者较前应有所减小；取下宫颈钳，用棉球拭净宫颈及阴道血迹，术毕。

（10）将吸出物过滤，测量血液及组织容量，检查有无绒毛，标本送检。

5. 注意事项

（1）正确判别子宫大小及方向，动作轻柔，减少损伤。

（2）扩张宫颈管时需用力均匀，以防宫颈内口撕裂。

（3）严格遵守无菌操作流程。

（4）应由麻醉医生实施和监护静脉麻醉，以防止出现麻醉意外。

（5）妊娠 $\geq$ 10周的早期妊娠应使用钳刮术，先通过机械或药物方法使宫颈松软，然后用卵圆钳钳夹胎儿及胎盘。由于此时胎儿较大，骨骼形成，容易造成出血多、宫颈裂伤、子宫穿孔等并发症。

（6）若术后阴道出血多于月经量，或持续阴道淋漓出血超过2周，或伴有发热、腹痛、阴道脓性分泌物时，应及时复诊。

（7）做好避孕宣教，落实避孕措施，防止再次意外妊娠。

6. 术后并发症及处理措施

（1）人工流产综合征：指手术时因疼痛或局部刺激，受术者在术中或术毕出现恶心呕吐、心动过缓、心律不齐、面色苍白、头昏、胸闷、大汗淋漓；严重者出现血压下降、昏厥、抽搐等迷走神经兴奋症状，甚至休克。这与受术者的情绪、身体状况及手术操作有关。发现症状应立即停止手术，给予吸氧，一般能自行恢复。严重者可加用阿托品 $0.5\sim1mg$ 宫颈注射或者静脉注射。术前重视精神安慰，术中动作轻柔，吸宫时调整运用适当负压，减少不必要的反复吸刮，均能降低人工流产综合反应的发生率。

（2）子宫穿孔：是人工流产术的严重并发症。发生率与手术者操作技术以及子宫本身情况（如哺乳期妊娠，剖宫产子宫瘢痕妊娠等）有关。手术时突然感到无子宫底感觉，或手术器械进入深度超过原来所测的深度，均提示可能发生子宫穿孔，应立即停止手术。穿孔小，无脏器损伤或内出血，手术已完成，可注射子宫收缩剂保守治疗，并给予抗生素预防感染；同时密切观察血压、脉搏等生命体征。若宫内组织未吸净，应由有经验医生避开穿孔部位，也可在超声引导下或腹腔镜下完成手术。破口大、有内出血或怀疑脏器损伤，应剖腹探查或腹腔镜检查，根据情况做相应处理。

（3）出血：妊娠月份较大时，因子宫较大，子宫收缩欠佳，出血量多。可在扩张宫颈后，宫颈注射缩宫素，并尽快取出绒毛组织。吸管过细、胶管过软或负压不足可引起出血，应及时更换吸管和胶管，调整负压。近年来由于剖宫产率升高，种植在瘢痕部位的妊娠发生率明显增加，一旦漏诊，术中出血严重甚至危及生命，应在术前尽量排除或者再次超声检查明确诊断。

（4）人工流产漏吸或空吸：手术未吸出胚胎及绒毛而导致继续妊娠或胚胎停止发育，称为人工流产漏吸。漏吸常见于子宫畸形、位置异常，或由操作不熟练引起。一旦发现漏吸，应再次行负压吸引术。误诊宫内妊娠行人工流产术，称为空吸。术毕仔细检查吸刮出物肉眼未见绒毛，重复妊娠试验阳性及超声检查确认宫内未见妊娠囊可诊断为空吸，此时应该高度警惕异位妊娠，必须将吸刮的组织全部送病理检查以助于明确诊断。

（5）吸宫不全：指人工流产术后有部分妊娠组织物的残留。与操作者技术不熟练或子宫位置异常有关，是人工流产术常见的并发症。如手术后阴道流血时间长（超过 10～14 日）、出血量多或流血停止后再次出现，应考虑为吸宫不全，应行血或尿 hCG 检测和超声检查有助于诊断。如无明显感染征象可立即行清宫术，刮出物送病理检查。术后给予抗生素预防感染。若同时伴有感染，应控制感染后再行清宫术。

（6）感染：可发生急性子宫内膜炎、盆腔炎等，予抗生素治疗，口服或静脉给药。

（7）羊水栓塞：少见，往往由于宫颈损伤、胎盘剥离使血窦开放，为羊水进入创造条件，即使并发羊水栓塞，其症状及严重性不如晚期妊娠并发羊水栓塞发病凶险。治疗包括抗过敏、抗休克等，病情严重者立即转送至有条件救治的上级医院治疗。

（8）远期并发症：宫颈粘连、宫腔粘连、慢性盆腔炎、月经失调、继发性不孕等。

三、优生优育的指导及内容

做好优生优育指导工作是提高人口素质的重要手段，对我国社会的全面发展有重要的作用。在现阶段，党和国家调整完善优化生育政策、促进人口长期均衡发展的重大决策出台后，提高优生优育服务水平和加强优生优育指导仍然是妇产科工作者的主要工作内容。

医疗工作者（包括专任妇产科医生、全科医生、基层卫生及社区医疗工作者）应积极引导群众负责任、有计划地生育，为有生育意愿的群众提供优生优育指导服务。开展人口优化生育政策和优生优育知识培训，普及孕前优生健康检查、遗传病筛查、孕产期保健等优生咨询，帮助育龄群众解决"生得出、生得起、生得好"的问题，筑牢人口质量"第一道防线"。

具体内容包括综合防治出生缺陷，加强相关知识普及和出生缺陷防控咨询，强化婚前保健，推进孕前优生健康检查，加强产前筛查和诊断，做好产前检查及孕期保健，是预防出生缺陷第一道防线，能有效确保优生优育，提高出生人口质量。产前检查

（antenatal examination）与孕期保健，包括对孕妇进行规范的产前检查、健康教育与指导、胎儿健康的监护与评估、孕期营养及体重管理和用药指导等，同时全面落实妊娠风险筛查与评估、高危孕产妇专案管理、危急重症救治等措施和工作，是降低孕产妇和围产儿并发症的发生率及死亡率、减少出生缺陷的重要措施。

第四节　妇产科其他临床基本操作技能

一、孕期四步触诊检查法

四步触诊是妊娠中、晚期产前检查的重要内容。通过四步触诊法检查可以了解孕妇子宫大小、胎产式、胎先露、胎方位，同时还可以了解胎先露是否衔接（图12-4-1）。

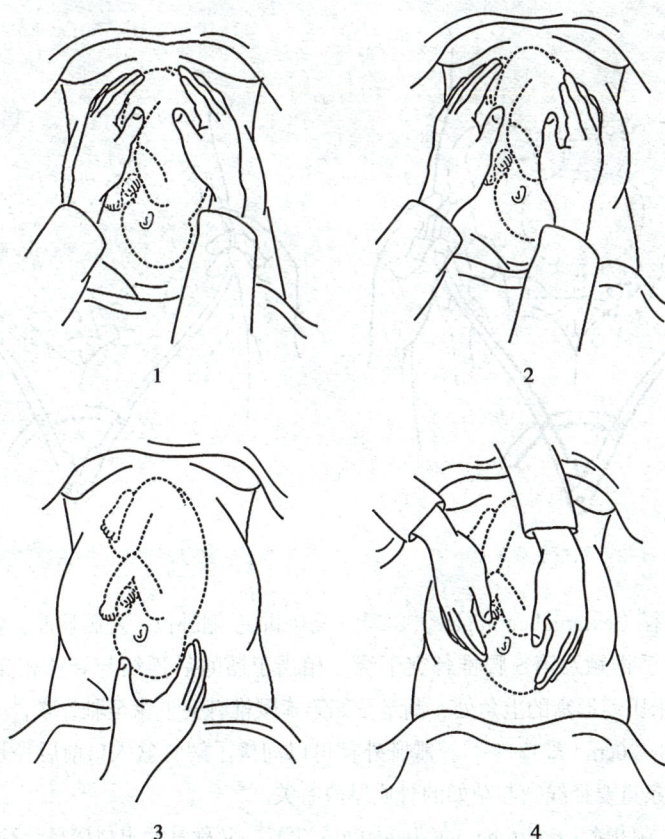

腹部四步
触诊法
（视频）

1

2

3

4

图 12-4-1　胎位检查的四步触诊法

孕妇排尿后仰卧于检查床上，稍垫高头部，两腿稍屈曲略分开放松腹肌。检查者站在孕妇的右侧检查。做前3步手法时，检查者面向孕妇头侧，做第4步手法时，检查者面向孕妇足侧。软尺测量子宫高度（耻骨联合上缘至子宫底的高度）。具体手法见本章第一节。

二、骨盆外测量

骨盆外测量包括测量孕妇髂棘间径、髂嵴间径、骶耻外径、坐骨结节间径或称出口横径。

骨盆外测量技术（视频）

测量髂棘间径、髂嵴间径时，孕妇取平仰卧位，双腿伸直。测量髂棘间径、髂嵴间径可以间接了解孕妇骨盆入口横径的长度。

1. 髂棘间径（interspinal diameter，IS）　检查者用手指触摸到孕妇髂骨的髂前上棘，测量两侧髂前上棘外缘的距离，正常值为23~26cm（图12-4-2）。

2. 髂嵴间径（intercrestal diameter，IC）　检查者手指顺着孕妇髂前上棘向上触及髂嵴，测量两侧髂嵴外缘最宽处的距离，正常值为25~28cm（图12-4-3）。

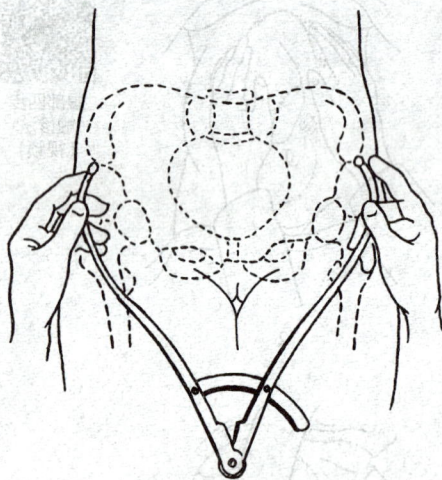

图12-4-2　测量髂棘间径

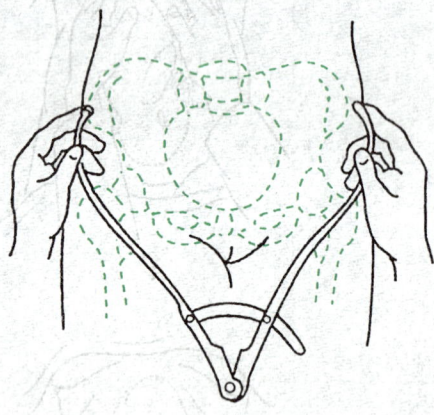

图12-4-3　测量髂嵴间径

3. 骶耻外径（external conjugate，EC）　孕妇取左侧卧位，左腿屈曲，右腿伸直。

检查者用手指触及第5腰椎棘突下缘，相当于髂嵴后连线与脊柱相交叉的点下方1.5cm处，或米氏菱形窝的上角处，测量孕妇第5腰椎棘突下缘至耻骨联合上缘中点的距离，正常值18~20cm（图12-4-4）。骶耻外径可以间接了解骨盆入口前后径长度，是骨盆外测量中的一条重要径线，与孕妇的骨质厚薄有关。

4. 坐骨结节间径（intertuberous diameter，IT）　又称骨盆出口横径。孕妇取仰卧位，双腿向腹部屈曲，双手抱双膝使双腿向外上方充分展开。在会阴后联合中部，检查者触及孕妇两侧坐骨结节，测量两侧坐骨结节内侧缘的距离，正常值8.5~9.5cm（图12-4-5）。

若坐骨结节间径 <8cm，应增加测量出口后矢状径（图12-4-6）。出口后矢状径与出口横径值相加 >15cm，提示骨盆出口平面狭窄不明显。

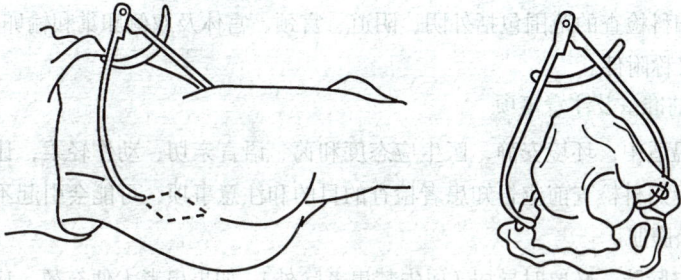

图 12-4-4　测量骶耻外径

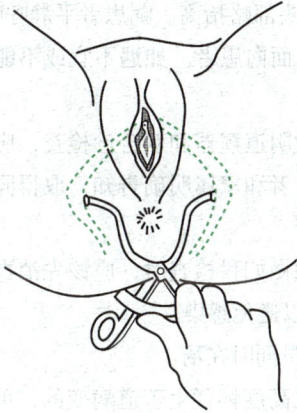

图 12-4-5　测量坐骨结节间径

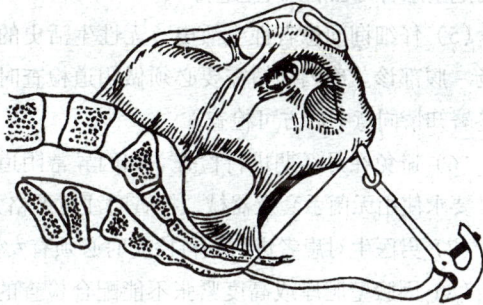

图 12-4-6　测量出口后矢状径

5. 耻骨弓角度（angle of subpubic arch）　检查者双手拇指指尖斜着对拢沿耻骨弓降支下缘放置，测量两拇指间所形成的角度，即为耻骨弓角度（图12-4-7）。正常值为90°，小于80°为异常。该角度反映骨盆出口横径的宽度。

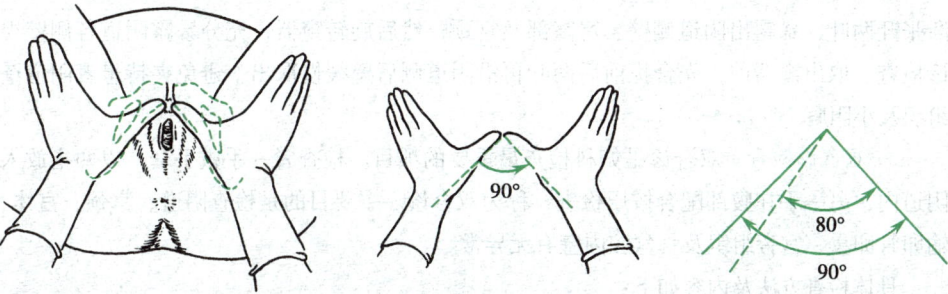

图 12-4-7　测量耻骨弓角度

三、妇科检查

妇科检查又称盆腔检查，包括外阴部检查、阴道窥器检查、双合诊、三合诊及直肠－腹部诊。双合诊、三合诊常简称为妇科内诊，直肠－腹部诊简称肛诊。妇科检查的范围包括外阴、阴道、宫颈、宫体及双侧卵巢和输卵管，后两者又称附件。

1. 检查前准备及注意事项

（1）室温适中，环境安静，医生应态度和蔼、语言亲切、动作轻柔，让患者感到安全、放松。行妇科检查前应告知患者检查的目的和注意事项，可能会引起不适感，并让其尽可能放松腹肌。

（2）排空膀胱，必要时导尿（尿失禁患者除外）。如果患者大便充盈，应先排便或者必要时灌肠后再检查。

（3）为避免交叉感染，在患者臀下垫干净的一次性使用的垫单或纸单，应一人一换。

（4）患者取膀胱截石位，臀部应置于检查床的床沿，头部略抬高。嘱患者平静呼吸，双手平放在身旁，放松腹肌，检查者立于患者两腿之间，面向患者。如遇不宜或不能搬动的危重患者可在病床上检查。

（5）仔细询问患者性生活史，无性生活史的患者禁做阴道窥器和双合诊检查，应行直肠－腹部诊。确因病情需要必须做阴道检查时，应向患者和家属明确告知，取得同意并签署知情同意书后方可检查。

（6）避免在月经期进行检查。如因异常阴道出血必须做妇科检查时，应该先消毒外阴，要求使用无菌手套及器械，检查时注意严格无菌操作以避免感染。

（7）男医生对患者进行妇科检查时必须有女性工作人员同时在场。

（8）因腹壁肥厚或高度紧张不能配合检查的患者，又高度怀疑生殖道病变的，可改用超声检查及其他影像学检查，必要时在麻醉下进行妇科检查。

2. 阴道窥器的放置和取出　根据患者阴道宽窄度及年龄选择适当大小的阴道窥器。放置阴道窥器时，先将窥器前后两叶并拢，前端表面可涂生理盐水润滑以利于插入，必要时可选用润滑剂（拟做宫颈细胞学检查或取阴道分泌物检查时不应使用润滑剂）。放置窥器时，检查者用一手拇指、示指分开两侧小阴唇，另一手将窥器避开敏感的阴蒂及尿道口周围组织，侧向沿阴道后壁方向缓慢插入阴道内，向深推进的同时将窥器转正并逐渐张开两叶，暴露出阴道侧壁、穹窿部及宫颈，然后旋转窥器，充分暴露阴道各侧壁视诊检查。取出窥器前，先合拢前后两叶再沿阴道侧后壁缓慢取出，避免夹持患者阴道壁组织及小阴唇（图 12-4-8）。

3. 双合诊检查　双合诊是妇科检查最重要的项目。检查者一手戴手套，以两指放入阴道内，另一手在腹部配合按压检查，称为双合诊。主要目的是检查阴道、宫颈、宫体、输卵管卵巢、宫旁组织及骨盆腔内壁有无异常。

具体检查方法及内容如下：

（1）检查者一手戴手套，以示指、中指蘸少许润滑剂后顺阴道后壁插入阴道内，检查阴道的通畅度、深度、弹性，有无触痛、畸形、肿块，及阴道穹窿部有无饱满和结节感等。

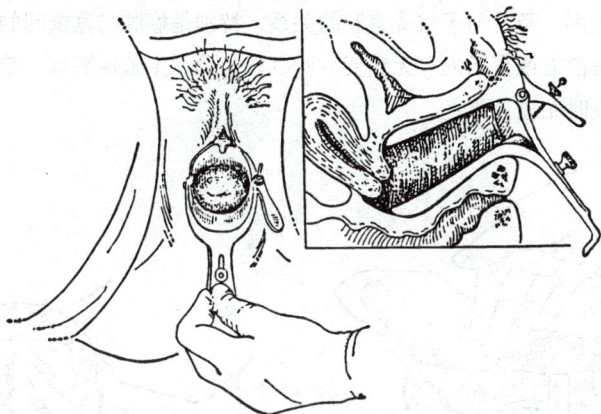

图 12-4-8　阴道窥器检查（正面及侧面观）

（2）扪触宫颈大小、形状、软硬度及活动度，有无举痛、肿物或接触性出血等。

（3）检查子宫体，将阴道内两指放在宫颈后方，另一手掌心朝下四指平放于患者腹部脐下部位。检查时阴道内手指向前上方抬举宫颈，腹部四指同时向下向后方按压腹壁，并逐渐移动至耻骨联合处向盆腔内按压，利用两手手指内外同时分别抬举、按压，相互协调将子宫体夹在两手之间，扪清子宫的位置、大小、形状、软硬度、活动度及有无压痛等（图 12-4-9）。子宫的位置一般是前倾略前屈位，少部分也可以是后倾后屈位。"倾"是指子宫体纵轴与身体纵轴的关系，前倾是指宫体朝向耻骨，后倾指宫体朝向骶骨。"屈"指宫体与宫颈的关系，若宫体纵轴与宫颈纵轴两者间形成的角度朝向前方称为前屈，形成的角度朝向后方称为后屈。

（4）检查子宫后将阴道内手指移至一侧穹窿进行附件检查。阴道内手指向上向盆腔深部顶触，同时按压腹壁的四指移至同侧下腹部髂嵴旁向下按压腹壁，与阴道内手指相互对合扪触，以扪触该侧附件区有无肿块、压痛或增厚。如扪及肿块，应查清其位置、大小、形状、软硬度、活动度、有无压痛及与子宫的关系（图 12-4-10）。正常情况下输卵管及卵巢不能扪及，偶可扪及卵巢，触之时有酸胀感。

4. 三合诊检查（trimanual examination）
经直肠、阴道、腹部联合检查，称为三合诊检查。方法是双合诊结束后，一手示指放入阴道，中指插入直肠，其余检查步骤

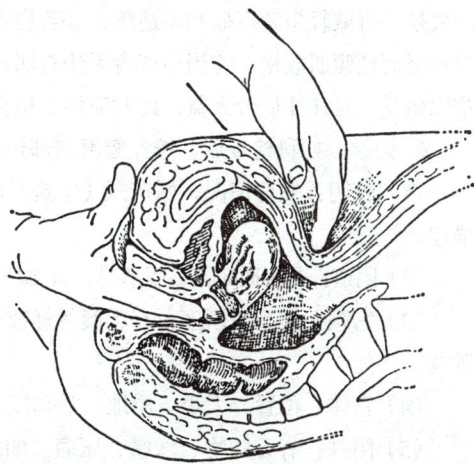

图 12-4-9　双合诊（检查子宫）

与双合诊时相同（图12-4-11），是对双合诊检查不足的重要补充。通过三合诊能扪清后倾或后屈子宫大小，发现子宫后壁、宫颈旁、直肠子宫陷凹、子宫骶韧带和盆腔后部病变，估计盆腔内病变范围，及其与子宫或直肠的关系，特别是癌肿与盆壁间的关系，以及扪诊直肠阴道隔、骶骨前方或直肠内有无病变。所以三合诊在生殖器肿瘤、结核、子宫内膜异位症、炎症的检查时尤显重要。

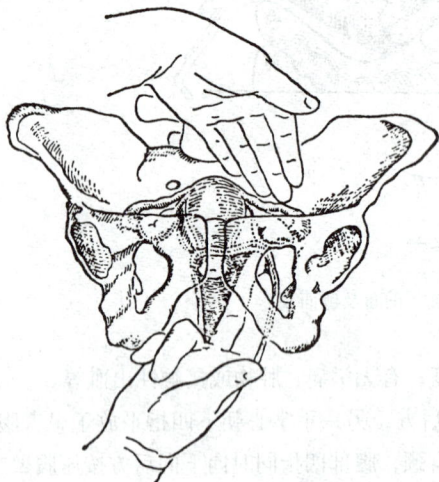

图12-4-10 双合诊（检查附件）　　　　　　　图12-4-11 三合诊

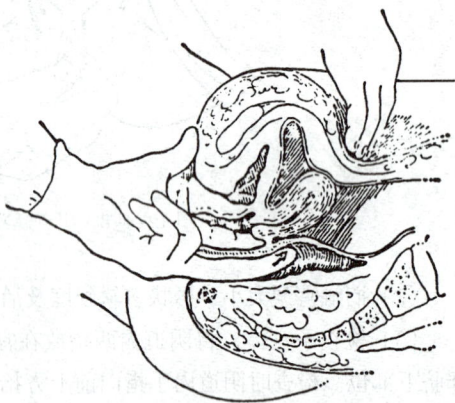

5. **直肠－腹部诊**　检查者一手示指伸入直肠，另一手在腹部配合检查，称为直肠－腹部诊。适用于无性生活史、阴道闭锁或有其他原因不宜行双合诊的患者。

行双合诊、三合诊或直肠－腹部诊时，除应按常规操作外，掌握下述各点有利于检查的顺利进行。①当两手指放入阴道后，患者感疼痛不适时，可用示指替代双指进行检查；②三合诊时，在将中指伸入肛门时，嘱患者像解大便一样用力向下屏气，使肛门括约肌自动放松，可减轻患者疼痛和不适感；③若患者腹肌紧张，可边检查边与患者交谈，使其张口呼吸而使腹肌放松；④当检查者无法查明盆腔内解剖关系时，继续强行扪诊，不但患者难以耐受，且往往徒劳无益，此时应停止检查。待下次检查时，多能获得满意结果。

6. **记录**　妇科检查后，按盆腔解剖部位先后顺序记录检查结果。

（1）外阴：发育情况，婚产式（未婚、已婚、未产、经产）。发现异常情况时应详细描述。

（2）阴道：是否通畅，黏膜情况，有无畸形、肿物，分泌物量、色、性状及有无气味。

（3）宫颈：大小，硬度，有无糜烂样改变、撕裂、息肉、腺囊肿，有无举痛、触血、肿物。

（4）宫体：位置、大小、质地、活动度，表面是否平整，有无压痛、结节、凸起。

（5）附件：有无肿物、增厚、压痛。如扪及肿物，应记录肿物的位置、大小、质地、活动度、有无压痛、表面是否光滑及肿物与子宫、盆壁的关系。分别记录左右两侧附件区的情况。

四、宫颈细胞学检查

宫颈细胞学检查是目前国内采用的发现宫颈癌前病变及早期宫颈癌最主要的筛查基本方法。性生活开始 3 年以后或者 ≥21 岁有性生活的妇女均应常规做宫颈细胞学检查，并定期复查（视其具体情况及检查项目不同每 1~3 年复查 1 次）。宫颈细胞学检查有异常时，患者应进一步行专科检查。

宫颈细胞学检查目前绝大多数采用的是液基薄层细胞学检查。液基薄层细胞学检查（thin-prep cytology test，TCT）是采用膜式液基薄层细胞检测系统检测宫颈细胞并进行细胞学分类诊断，它是目前国际上较先进的一种宫颈癌细胞学检查技术。液基薄层细胞学检查对宫颈癌细胞的检出率为 99% 以上，同时还能发现绝大部分癌前病变，微生物感染如真菌、滴虫、病毒、衣原体等。

1. 检查目的 通过刷取宫颈的脱落细胞行病理检查，筛查宫颈癌前病变及早期宫颈癌。

2. 适应证

（1）性生活开始 3 年以后或者 ≥21 岁有性生活的妇女，每年 1 次宫颈细胞学检查；若连续 3 次阴性，可每 3 年复查 1 次。

（2）有接触性出血症状或阴道检查怀疑有宫颈病变的患者。

（3）既往有宫颈细胞学异常、宫颈癌前病变或宫颈癌，治疗以后需要复查随访的患者。

3. 操作步骤

（1）该检查应在非月经期或无阴道出血的情况下进行。

（2）准备好阴道窥器、特制专用毛刷、含保存液的特制专用容器等。

（3）嘱受检者排空膀胱后取膀胱截石位。

（4）放置阴道窥器暴露宫颈，先用大棉拭子轻轻将宫颈表面分泌物拭净，用特制毛刷置于宫颈管口内深达宫颈外口内 10mm 左右，以宫颈外口为圆心在宫颈管内顺时针旋转轻刷 3~5 周，注意要刷取宫颈鳞 - 柱状上皮交接部组织。

（5）旋转并轻推毛刷杆使毛刷头脱落浸入保存液中，拧紧容器盖子。填写申请单并在保存液容器上标记患者的姓名和年龄，及时送检标本。

4. 宫颈细胞学检查结果报告及分析 目前，宫颈细胞学检查报告国内外多采用 TBS（the Bethesda system）分类系统（表 12-4-1）。

五、阴道分泌物检查

阴道分泌物是由女性生殖器官分泌的液体，俗称"白带"，主要由阴道黏膜渗出物、宫颈管腺体、子宫内膜腺体、大阴唇汗腺、大小阴唇皮脂腺分泌物及前庭大腺液混合组成，以前两者为主。阴道分泌物内含脱落上皮细胞、白细胞、乳酸杆菌等。正常女性有一定量的阴道分泌物，正常阴道分泌物清亮、透明、无味，不引起外阴阴道刺激症状，也可呈白色稀糊状，无气味。阴道分泌物的量与雌激素水平及生殖器官充血情况有关。近排卵期白带量多，如蛋清状、稀薄、无味；排卵期 2~3 日后白带量少、混浊、黏稠；行经前白带量又稍增加；妊娠期白带量较多。

阴道分泌物悬滴检查是临床上检测女性阴道分泌物中有无滴虫、假丝酵母菌等致病菌及阴道炎症严重程度最简单、常用的方法。

1. **检查目的**　查找病原体以明确阴道炎的病因及病情严重程度。

表 12-4-1　宫颈细胞学检测结果报告

2014 年宫颈细胞学 Bethesda 报告系统

标本类型

标明传统涂片（巴氏涂片）或液基细胞制片或其他类别

标本满意度评估

- 标本评估满意（说明有无宫颈管 / 宫颈移行带成分，以及其他任何质量指标，如部分血液遮盖、炎症等）
- 标本评估不满意（注明原因）

—样本被拒收或未制片（注明原因）

—样本已制片并阅片，但对判读上皮异常不满意（注明原因）

总体分类（可选）

- 无上皮内病变或恶性病变
- 其他：见判读意见 / 结果（例如：≥ 45 岁妇女查见子宫内膜细胞）
- 上皮细胞异常：见判读意见 / 结果（最好注明是"鳞状上皮"或"腺上皮"）

判读意见 / 结果

无上皮内病变或恶性病变（若无肿瘤的细胞证据，需在报告单上的"总体分类"栏中或"判读意见 / 结果"栏中注明，不管有无病原体或其他非肿瘤性发现）

非肿瘤性发现（可有选择地报告；不必全部列出）

- 非肿瘤性细胞学变化

—鳞状化生

—角化性变化

—输卵管化生

—萎缩

—妊娠相关变化

- 反应性细胞改变，伴有

—炎症（包括典型修复）

- 淋巴细胞性（滤泡性）宫颈炎

—放射治疗

—宫内节育器（IUD）

- 子宫切除后是否有腺细胞

病原体

- 阴道毛滴虫

2014 年宫颈细胞学 Bethesda 报告系统

- 真菌微生物，形态上符合白念珠菌
- 菌群失调，提示为细菌性阴道病
- 细菌形态符合放线菌属
- 细胞形态改变符合单纯疱疹病毒感染
- 细胞形态改变符合巨细胞病毒感染

其他

- 子宫内膜细胞（≥ 45 岁妇女）（如结果为"无鳞状上皮内病变"需注明）

上皮细胞异常

鳞状细胞

- 非典型鳞状细胞
  - 意义不明的（ASC–US）
  - 不能除外 HSIL（ASC–H）
- 低级别鳞状上皮内病变（LSIL）［包括：人乳头瘤病毒 / 轻度异型增生 / 宫颈上皮内瘤变 1 级（CIN 1）］
- 高级别鳞状上皮内病变（HSIL）（包括：中重度异型增生，原位癌，CIN 2 和 CIN 3）
  - 伴有可疑浸润（怀疑有可疑浸润时）
- 鳞状细胞癌

腺细胞

- 非典型
  - 子宫颈管细胞（非特指，或若有特殊需注明）
  - 子宫内膜细胞（非特异，或若有特殊需注明）
  - 腺细胞（非特异，或若有特殊需注明）
- 非典型
  - 子宫颈管腺细胞，倾向于肿瘤
  - 腺细胞，倾向于肿瘤
- 子宫颈管原位腺癌
- 腺癌
  - 子宫颈管型
  - 子宫内膜型
  - 子宫外
  - 非特指（NOS）

其他恶性肿瘤（需注明）

辅助检查

在报告简要说明检测方法和检测结果，使临床医生容易理解

计算机辅助阅片

如果使用自动仪器进行检测，注明仪器类型和检测结果

报告内容后面附加的教育性注释及建议（可选）

建议应准确简明，并符合专业机构出版的临床随访指南（可包括相关参考文献）

2. 检查前准备及注意事项

（1）患者检查前 24~48 小时避免性生活、阴道检查、阴道灌洗或阴道用药，放置阴道窥器前不用涂抹润滑剂。

（2）嘱患者排空膀胱，取膀胱截石位。

（3）准备好 0.9% 氯化钠溶液和 / 或 10% 氢氧化钾溶液、干净载玻片，取材用具干燥清洁并做好标记，检查显微镜是否处于工作状态。

（4）阴道分泌物取出后应及时送检，冬天应注意保暖。

（5）多次检查结果均为阴性而反复有症状的，或者顽固病例未明确诊断的患者，可改行培养法，以提高致病菌检出阳性率。

3. 检查方法及内容

（1）用窥器扩张阴道，避免用润滑剂，观察分泌物的颜色、性质及是否有异味等。

（2）用无菌棉拭子在阴道近穹窿侧壁或后穹窿处取少许分泌物作为标本。

（3）载玻片中间加 1 滴 0.9% 氯化钠溶液，将标本涂在溶液中，使分泌物均匀分布。由于 10% 氢氧化钾溶液可以有效地溶解其他细胞成分，使显微镜视野下更容易显露假丝酵母菌，故怀疑阴道假丝酵母菌病时用 10% 氢氧化钾优于用 0.9% 氯化钠溶液。

（4）将载玻片及时放在显微镜下进行观察。冬天注意避免环境温度过低影响观察。

4. 阴道分泌物清洁度分级标准　根据阴道分泌物中白细胞、上皮细胞、阴道正常菌群（多为革兰氏阳性杆菌）与病原菌划分清洁度。正常阴道分泌物的清洁度为Ⅰ~Ⅱ度，无致病菌和特殊细胞。当清洁度为Ⅲ度及以上，但未发现病原菌，为非特异性阴道炎。当清洁度为Ⅲ~Ⅳ度时发现病原菌，提示为感染性阴道炎。

（杨　冰）

第十三章　儿童保健相关操作技能

第一节　小儿生长发育评估

儿童时期是生长发育最快的时期，对成年后发育的影响也极大。通过定期体格检查可以发现个体或群体儿童的生长发育是否正常，同时对一些儿科疾病鉴别诊断也具有一定的临床意义。儿童常用的体检项目包括体重、身长（高）、坐高、头围、胸围、腹围、囟门、牙齿、五官、视听力筛查、全身体格检查、精神动作发育评估等。

一、体重

体重是身体各器官、系统及体液的总重量，包括骨骼、肌肉、内脏、体脂、体液等成分。因体脂与体液变化较大，因此，体重是最易波动的身体指标。体重易于准确测量，是最易获得的反映儿童生长与营养状况的指标，也是反映小儿营养的灵敏指标。在临床常用体重来计算小儿的用药量和静脉输液量。

测量小儿体重的常用工具有杠杆式秤，如钩秤、磅秤等。初生儿可以用婴儿磅秤测量体重。这种婴儿磅秤最大称重量不超过15kg，测量时将小儿放于秤盘中央即可读取小儿的毛体重。1个月以上的小儿可用杠杆式体重计。1个月至7岁所用的体重计最大载重为50kg；8~17岁可用的最大载重的体重计，准确读数至100g。体重测量前应校正零点及灵敏度，并测量误差。测量结果记录用"千克（kg）"为单位，精确到小数点后2位。

测量前，应先让被测儿童排空大小便，脱去鞋帽、衣裤。婴儿卧于秤盘中，1~3岁小儿可蹲于秤台中央，年长儿可赤足轻轻地站在画好脚印的踏板适中部位，两手自然下垂，不可摇动或接触其他物体，以免影响准确性。

儿童体重的增加为非等速增长，评价时应以儿童自己体重增长的变化为依据，不能用"公式"计算来评价，也不宜以人群均数（所谓"正常值"）当作"标准"看待。当没有条件测量体重时，为便于医务人员计算小儿用药量和静脉输液量，可用以下公式粗略估算体重（kg）。

3~12月龄体重 =［月龄 +9］/2

1~6岁体重 = 年龄（岁）×2+8

7~12岁体重 =［年龄（岁）×7–5］/2

二、身高或身长

头顶至足底的直线长度称为身高，通常采用直立测量，以厘米（cm）表示。

1. **身长**　3岁以内的婴幼儿躺着的长度称为身长。测量身长时使用的器材为卧式量板（或量床）。卧式量板由一长 120cm 的底板及在其一端与之垂直的顶板组成，另有一可以移动于底板纵槽上的足板。该足板必须与顶板平行，与底板垂直，在底板中线两侧要嵌有两条与长边平行的量尺，其刻度精度为 0.1cm。测量时将量板放在平坦地面或桌面；儿童面向上，两耳在同一水平上，两侧耳郭上缘与眼眶下缘的连线与量板垂直，去鞋袜，穿单衣仰卧于底板的中线上。测量者位于小儿右侧，在确定小儿平卧于底板中线后，将左手置于小儿膝部，使两下肢互相接触并贴紧底板，用右手滑动滑板，使之紧贴小儿双侧足跟，然后读取读数至小数点后一位（0.1cm）。双侧有刻度的量板应注意两侧读数一致。

2. 身高　3 岁以上小儿和青少年测量身高，常使用身高计或固定于墙壁上的立尺或软尺。测量前，应注意校对零点，以标准尺（2m 长，有精确到厘米刻度的钢尺）测量刻度是否准确，若全长（2m）和标准尺相差 0.5cm 以上则不能使用，并应保证身高计立柱与地面垂直。测量时，被测者脱去鞋、袜、帽子和厚衣服，立于木板台上，取立正姿势，两眼直视正前方，胸部稍挺起，腹部微后收，两臂自然下垂，手指并拢，足跟并拢，足尖分开呈 60°，足跟、骶骨部及两肩间区与立柱相接触，躯干自然挺直，头部正直，耳屏上缘与眼眶下缘呈水平位。测试者站在受试者右侧，将水平压板轻轻沿立柱下滑，轻压于受试者头顶。测试人员读数时双眼应与压板平面等高进行读数，以厘米为单位，精确到小数点后一位（0.1cm）。

3. 身长 / 高的粗略估算

（1）出生时为 50cm。

（2）1 岁时为 75cm。

（3）2~6 岁：身长 / 高（cm）＝年龄（岁）×7+75。

（4）7~10 岁：身高（cm）＝年龄（岁）×6+80。

三、头围

头围的大小与脑的发育有关，头围指眉弓上缘经枕外隆凸绕头 1 周的长度，是反映颅骨生长和脑发育的一个重要指标。1 岁时儿童的头围增至 46cm，而第 2 年头围只增长 2cm，第 3 年与第 4 年共增加 1.5cm，5 岁时达 50cm。头围测量应用布质涂漆软尺，不宜用伸缩性较大的纯塑料制品。每测 500 人左右即用标准尺校正一次，不合要求者应立即更换。

被测者脱帽，取立位、坐位或仰卧位，测量者立或坐于被测者右侧或前方，用左手拇指将软尺零点固定于头部右侧眉弓上缘处，软尺从头部右侧经枕外隆凸及左侧眉上缘回至零点，读取软尺与零点重合处的读数，以 1cm 为记录单位，保留小数点后一位（0.1cm）。测量时软尺应紧贴皮肤，不能打折，长发或梳辫者，应先将头发在软尺经过处向上、下分开，使软尺紧贴头皮。

四、前囟

新生儿颅顶骨发育尚未完全，被纤维组织膜充填，称颅囟。前囟最大，位于矢状缝前端，呈菱形，生后 1~1.5 岁闭合。新生儿前囟大小约为 2.5cm×2.5cm（两对边中点连线），摸上去有搏动感。部分婴儿在 6 个月前会有生理性增大，6 个月时开始缩小，在 12~18 个月时会闭合。前囟测量两个对边中点连线的长短，以厘米（cm）表示。

五、牙齿

出生时乳牙已骨化，乳牙牙胞藏在颌骨中，被牙龈覆盖；恒牙的骨化从新生儿期开始，18~24 个月时第三恒臼齿已骨化。人一生有乳牙（共 20 颗）和恒牙（28~32 颗）两副牙齿。生后 4~10 个月乳牙开始萌出，13 个月后未萌出者为乳牙萌出延迟。乳牙萌出顺序一般为下颌先于上颌、自前向后，约于 3 岁时乳牙出齐（表 13-1-1）。

表 13-1-1　乳牙萌出的平均时间和顺序

乳牙	萌出时间
乳中切牙	6~8 个月
乳侧切牙	8~10 个月
第一乳磨牙	12~16 个月
乳尖牙	16~20 个月
第二乳磨牙	20~30 个月

乳牙萌出时间个体差异较大，与遗传、内分泌、食物性状有关。2 岁以内乳牙数目一般等于月龄减 4~6。小儿 6 岁左右萌出第一颗恒牙（第一恒磨牙，在第二乳磨牙之后，又称 6 龄齿）；6~12 岁阶段乳牙逐个被同位恒牙替换，其中第 1、2 前磨牙代替第 1、2 乳磨牙，此期为混合牙列期；12 岁萌出第二恒磨牙；约在 18 岁以后萌出第三恒磨牙（智齿），也有终生第三恒磨牙不萌出者。

六、皮下脂肪

皮下脂肪可以作为营养状态的参考指标之一。以腹部测量法为准。在锁骨中线平脐处，以拇指和示指相距 3cm 并与皮肤表面垂直呈 90° 角，将皮脂层捏起（皮褶方向与躯干长轴平行），然后量其上缘厚度，普遍正常值在 1cm 以上。一般规律为出生至 9 个月，皮下脂肪增长快，15~16 个月后逐渐减退，故皮下脂肪的测量对 3 岁以内的小儿更有诊断价值。

七、胸围

胸围代表胸廓和肺的发育。测量采取立位或仰卧位，皮尺绕乳头下缘，经背部或两肩胛下角缘一圈。新生儿胸围比头围小 1~2cm，1 岁左右，胸围等于头围。

第二节　小儿体格检查方法

一、检查方法的特点

1. **建立良好的关系**　微笑、呼患儿的名字或小名、乳名，用表扬语言鼓励患儿；消除紧张心理，消除或减少恐惧，取得患儿的信任和合作；观察患儿的精神状态、对外界的反应及智能情况。

2. **体位灵活**　检查时应尽量让患儿与亲人在一起，婴幼儿可坐或躺在家长的怀里检查，检查者顺应患儿的体位。

3. **顺序灵活**

（1）容易观察的部位随时查，如四肢、躯干、骨骼、全身浅表淋巴结等。

（2）安静时完成心、肺听诊和心率、呼吸次数检查。

（3）腹部触诊等易受哭闹影响的项目，一般在患儿开始接受检查时进行。

（4）对患儿有刺激而患儿不易接受的部位最后检查，如口腔、咽部等。

（5）疼痛的部位也应放在最后检查。

4. **爱护小儿**　动作轻柔，注意保暖，检查前洗手，器具无菌消毒。体格检查完毕后，应该对小儿的合作表示赞许，以便今后取得更多的合作。

二、检查内容

1. **一般状况**　小儿的生长发育，营养发育情况，神志状态（清醒、嗜睡、昏睡、昏迷），面色，有无脱水、特殊面容、强迫体位，表情，对周围事物的反应，皮肤颜色，体位，行走姿势，语言能力等。

2. **一般测量**　除体温、呼吸、脉搏、血压外，小儿还应测量身高（身长）、体重、头围、胸围等（详见本章第一节）。对身材异常的患儿还要测量上、下部量，有腹水时要测腹围。

（1）体温：可根据不同年龄和病情选择测温方法。①腋下测温法：体表置于腋窝处夹紧上臂，保持5~10分钟，36~37℃为正常。②口腔测温法：口表置于舌下，保持3分钟，37℃为正常，用于神志清楚且配合的6岁以上小儿。③肛门内测温法：测温时间短，准确。肛表插入肛门内3~4cm，测温3~5分钟，36.5~37.5℃为正常，1岁以内小儿、不合作的儿童及昏迷、休克患儿可采用此方法。

（2）呼吸和脉搏：小儿安静时进行。小儿呼吸频率可通过听诊或观察腹部起伏，观察呼吸的节律和深浅，年幼儿以腹式呼吸为主，可按小腹起伏计数。小儿脉搏：年长儿选择较浅的动脉，如桡动脉来检查，幼儿检查股动脉或通过心脏听诊来对比检测。要注意脉搏的速率、节律、强弱及紧张度（表13-2-1）。

（3）血压：一般用汞柱血压计，不同年龄小儿应选用不同宽度的袖带。不同年龄小儿血压的正常值可用公式推算：收缩压（mmHg）=80+（年龄×2）；舒张压为收缩压的

2/3。毫米汞柱（mmHg）与千帕（kPa）的换算为：1mmHg =0.133kPa。一般只测一侧上肢血压即可。

表13-2-1　各年龄组小儿呼吸和脉搏

年龄	呼吸/（次·min⁻¹）	脉搏/（次·min⁻¹）	呼吸：脉搏
<28d	40~45	120~140	1：3
<1岁	30~40	110~130	1：(3~4)
1岁~<4岁	25~30	100~120	1：(3~4)
4岁~<8岁	20~25	80~100	1：4
8~14岁	18~20	70~90	1：4

3. **皮肤和皮下组织**　检查时应采光良好，并做好保暖。检查皮肤的颜色，有无苍白、黄染、发绀、潮红、皮疹、瘀点（斑）、脱屑、色素沉着，毛发有无异常，触摸皮肤的弹性、皮下组织及脂肪的厚度，有无水肿及水肿的性质等。

4. **淋巴结**　大小、数目、质地、活动度，有无粘连、压痛，颈部、耳后、枕部、腹股沟等部位尤其要认真检查，正常情况下在这些部位可触及单个质软的黄豆大小的淋巴结，活动，无压痛。

5. **头部**

（1）头颅：大小、形状，头围；前囟大小及紧张度、有无凹陷或隆起；枕秃和颅骨软化、血肿或颅骨缺损等。

（2）面部：有无特殊面容，眼距宽窄，鼻梁高低，注意双耳位置和形状等，注意面部表情。

1）眼：有无眼睑水肿、下垂、眼球突出、斜视、结膜充血、眼分泌物、角膜混浊，瞳孔大小、形状、对光反射。新生儿及幼婴若两眼紧闭，必要时可请眼科医生用开睑器完成检查。

2）耳：双耳的位置及耳郭的大小，双外耳道有无分泌物、局部红肿及外耳牵拉痛；耳镜检查耳膜情况。高热不退时，要检查外耳道耳膜有无充血或流脓。

3）鼻：观察鼻形，注意有无鼻翼扇动、鼻腔分泌物及通气情况，如有分泌物，记录其性质。

（3）口腔：口唇色泽有无苍白、发绀、干燥、口角糜烂、疱疹。口腔内颊黏膜、牙龈、溃疡、黏膜斑、鹅口疮、硬腭有无充血，腮腺开口处有无红肿及分泌物，牙齿数目及龋齿数，舌质、舌苔颜色，记录出牙数目。

（4）咽部：双侧扁桃体是否肿大，有无充血、分泌物、脓点、假膜。咽部有无溃疡、充血、滤泡增生、咽后壁脓肿等情况，咽部检查一般会引起小儿不适，可以放在最后。

6. **颈部** 有无颈项强直，有无斜颈、短颈或颈蹼等畸形；甲状腺有无肿大，气管位置；颈椎活动情况；颈静脉充盈及搏动情况等。

7. **胸部**

（1）胸廓：观察胸部两侧是否对称，有无鸡胸、漏斗胸、肋骨串珠、肋膈沟、肋缘外翻等佝偻病体征，心前区有无隆起，有无桶状胸，肋间隙饱满、凹陷、增宽或变窄等，较大的儿童注意乳房的发育。

（2）肺脏

1）视诊：呼吸频率和节律，呼吸深浅改变，呼吸困难（吸气性呼吸困难出现三凹征，即胸骨上窝、肋间隙和剑突下在吸气时向内凹陷；呼气性呼吸困难表现呼气延长）。注意胸廓是否对称。

2）触诊：在年幼儿可在啼哭或说话时进行。肋骨、肋软骨是否有串珠、压痛。

3）叩诊：比成人清，用力轻，肺部叩诊应该为清鼓音，肝浊音界在右胸第4肋以下。

4）听诊：听诊时尽量保持小儿安静。正常小儿呼吸音较成人响，呈支气管肺泡呼吸音，应注意听腋下、肩胛间区及肩胛下区有无异常，因肺炎时这些部位较易听到湿啰音。小儿啼哭后深吸气时容易闻及细湿啰音。

（3）心脏

1）视诊：正常婴儿由于膈肌位置较高，心脏位置较成人稍横。心前区是否隆起，心尖搏动强弱和搏动范围，正常小儿心尖搏动范围在 $2\sim3cm^2$ 之内。

2）触诊：主要检查心尖搏动的位置及有无震颤，并应注意出现的部位和性质（收缩期、舒张期或连续性）。进一步明确心尖搏动范围不超过 $2\sim3cm^2$。

3）叩诊：叩诊心界可估计心脏大小、形状及在胸腔的位置，着重记录左心界（表13-2-2）。

4）听诊：注意心率、心律、心音及杂音。小儿心脏听诊应在安静环境中进行，小儿时期肺动脉瓣第二音较主动脉瓣第二音响（$P_2 > A_2$）。

表 13-2-2　小儿正常心脏浊音界

年龄	左界	右界
<1 岁	左乳线外 1~2cm	沿右胸骨旁线
1~4 岁	左乳线外 1cm	右胸骨旁线与右胸骨线之间
5~12 岁	左乳线上或乳线内 0.5~1cm	接近右胸骨线
>12 岁	左乳线内 0.5~1cm	右胸骨线

8. **腹部**

（1）视诊：注意腹部形态，大小，膨隆与否，腹壁静脉是否怒张，是否有肠型或肠蠕动波，新生儿应注意脐部有无分泌物、出血、炎症、脐疝大小。

（2）触诊：仰卧位，有无压痛，观察小儿表情反应。肝脏正常婴幼儿可在肋缘下1~2cm处扪及，柔软无压痛；6~7岁后不应在肋下触及。小婴儿偶可触及脾脏边缘。

（3）叩诊：可采用直接叩诊或间接叩诊法，腹水时出现移动性浊音。

（4）听诊：肠鸣音是否亢进、减弱、消失，是否有血管杂音，并注意杂音的性质、强弱及部位。

9. 脊柱和四肢　注意四肢长短粗细，是否对称、畸形，以及躯干与四肢的比例；佝偻病可出现膝内翻或膝外翻畸形，手镯、脚镯样变，脊柱侧弯等；手指、足趾有无杵状指/趾、多指/趾畸形等。

10. 会阴、肛门和外生殖器　有无畸形（如先天性无肛、尿道下裂、两性畸形）、肛裂；女孩有无阴道分泌物、畸形；男孩有无隐睾、包皮过长、过紧，鞘膜积液，腹股沟疝等。

11. 神经系统

（1）一般检查：神志、精神状态、面部表情、反应灵敏度、动作语言能力、有无异常行为等。

（2）神经反射

1）新生儿期特有的反射：吸吮、拥抱、握持反射。

2）神经反射有其年龄特点：新生儿和小婴儿期提睾反射、腹壁反射较弱或不能引出，但跟腱反射亢进，并可出现踝阵挛；2岁以下的小儿巴宾斯基征可呈阳性。一侧阳性，而另一侧阴性则有临床意义。

（3）脑膜刺激征：表现为颈部有抵抗，克尼格征阳性，布鲁津斯基征阳性。小婴儿克尼格征和布鲁津斯基征也可阳性。

三、注意事项

解释检查结果的意义时要根据病情、结合年龄特点全面考虑。

第三节　婴儿配奶方法

母乳是满足婴儿生理和心理发育的天然的最好食物，对婴儿的健康生长发育有不可替代的作用。

如母乳不足或因其他原因加用牛乳、羊乳或配方乳补充，即为部分母乳喂养。在母乳喂养时，因婴儿体重增长不满意，而采用配方乳或牛乳、羊乳补充母乳喂养的方法为补授法，适宜4~6个月内的婴儿。另一种为代授法，母乳喂养婴儿至4~6月龄时，为断离母乳开始用配方乳、牛乳或羊乳替代一次母乳量。即在某一次母乳哺喂时，有意减少哺喂母乳量，增加

ER13-1
人工喂养（配奶）（视频）

配方乳、牛乳或羊乳量，逐渐替代此次母乳量，直到完全替代所有的母乳。

4个月以内的婴儿由于各种原因不能进行母乳喂养时，完全采用配方乳或其他兽乳，如牛乳、羊乳等喂哺婴儿，称为人工喂养。

一、鲜牛乳

（一）牛乳的特点

人工喂养时常用牛乳，但其成分不适合婴儿。与母乳相比，牛乳乳糖低于母乳，主要为甲型乳糖；牛乳蛋白质高于母乳，以酪蛋白为主，牛乳易凝结成块；氨基酸比例不如母乳合理；牛乳脂肪酶缺乏，不易消化；牛乳不饱和脂肪酸低于母乳；牛乳矿物质含量高。

牛乳缺乏各种免疫因子是与母乳的最大区别，故牛乳喂养的婴儿抵抗力要比母乳喂养的婴儿低。

（二）牛乳的改进

由于牛乳有些成分不适合婴儿，因此常需经过改进才能喂养婴儿。改进的内容主要在于三个步骤，即稀释、加糖和消毒，使牛乳主要营养成分尽可能调配到与人乳相仿，并保持无菌和易于消化。

1. 稀释　加水稀释可降低牛乳中蛋白质和矿物质浓度，减轻消化道和肾脏负荷。稀释的程度因婴儿月龄而异：生后不满2周者可采用2份牛奶加1份水，即2∶1奶；以后逐渐过渡到3∶1或4∶1奶；满月后即可用全奶。

2. 加糖　牛乳中碳水化合物浓度低于人乳，应加糖以改变三大产能物质比例，利于吸收，软化大便。以蔗糖最常用，每100ml可加5~8g。

3. 消毒　消毒方法一般应用巴氏灭菌法，将牛乳加温至65~68℃半小时，或进食前煮沸，既可达到灭菌目的，又能使奶中蛋白质变性，凝块变小易于消化。但煮沸时间不宜过长，否则其短链脂肪酸易挥发而失去香味，酶及维生素也易遭破坏。

（三）奶量的计算

实际工作中为正确指导家长或评价婴儿的营养状况，常常需要估计婴儿奶的摄入量。婴儿每日牛奶需要量个体差异较大，可根据具体情况增减。一般可按每日能量需要计算：

1. 首先计算出婴儿月龄和单位体重每日所需能量及需水量，每千克体重需能量376kJ（90kcal），需水150ml。

2. 按每日所需总能量，计算需要的牛乳量，每100ml加5%蔗糖的牛乳可提供376kJ（90kcal）能量，100ml加8%蔗糖的牛乳可供418.4kJ（100kcal）能量。

3. 每日需水量减去牛乳量即为每日除牛乳以外需喂给的水量，可在哺乳间隔喂给。

如8kg婴儿，每日需能量8×90=720kcal；如配制8%糖牛乳，则需720ml；若每日8次喂养，每次喂奶量为90ml；每日所需水量8×150=1 200ml，除了喂食牛乳，还需额外补充1 200-720=480ml水，每次哺乳间隔可喂水约70ml。

二、牛乳制品

（一）全脂乳粉

鲜牛乳经加热浓缩、喷雾干燥制成，按重量 1∶8（30g 乳粉加水 240ml）或按体积 1∶4（1 匙乳粉加 4 匙水）加温开水冲调成乳汁，其成分与鲜牛乳基本相同，因经热处理，乳凝块较细，比鲜牛乳易于消化，又经消毒，且储存携带方便。

（二）配方乳粉

配方乳粉指全脂乳粉经改变成分，并强化营养素配制而成。其营养素成分尽量"接近"人乳，更适合于婴儿的消化能力和肾功能；如降低酪蛋白、无机盐的含量，添加一些重要的营养素，如乳清蛋白、不饱和脂肪酸、乳糖、核苷酸、维生素 A、维生素 D、β胡萝卜素和微量元素铁、锌等。有些婴儿配方乳还添加了有利于婴儿生长发育的牛磺酸、核苷酸、二十二碳六烯酸（DHA）等。根据不同年龄儿童的需要和某些特殊情况也可配制成不同的配方奶粉。这种配方奶粉一般比鲜牛奶及全脂乳粉营养价值高又易消化吸收，适合母乳缺乏的年幼小儿食用，其调配方法同一般乳粉，浓度和量应按这种配方乳粉的说明进行。

一般使用时应按年龄选用。合理的奶粉调配在保证婴儿营养摄入中至关重要。一般市售配方奶粉配有统一规格的专用小勺。如盛 4.4g 奶粉的专用小勺，1 勺宜加入 30ml 温开水；盛 8.8g 奶粉的专用小勺，1 勺宜加入 60ml 温开水（重量比均为 1∶7）。

（三）鲜羊乳

羊乳也是婴儿良好的食品，其营养价值与牛乳大致相同。蛋白质凝块较牛奶细而软，脂肪颗粒小，更易消化。但羊乳中叶酸含量很少，长期饮用羊乳而未补充合理辅食者，易患巨幼细胞贫血。

第四节　小儿药物剂量计算方法

药物是治疗疾病的重要手段，而药物的过敏反应、副作用和毒性作用又会对机体产生不良影响，特别是对生长发育中的小儿。因此，小儿用药剂量需要根据年龄或体重进行计算，以保证安全。

一、小儿药物动力学特点

（一）药物的吸收

药物吸收的速度和程度取决于药物的理化性质、机体情况和给药途径。新生儿早期胃酸 pH 较成人低，口服给药时，某些弱酸性药物血药浓度高于成人。新生儿胃排空速率一般比成人慢，也影响药物吸收程度、血药浓度及达峰时间，且受出生后月龄、哺乳方式、食物及某些疾病等因素影响。婴幼儿皮肤角质层薄，体表面积大，经皮肤给药时，药物较成人更易吸收。

(二) 药物的分布

对于小儿来说，影响药物分布的主要因素是脂肪含量、体液腔隙比例、药物与蛋白质结合程度等。

1. 婴幼儿脂肪含量较成人低，脂溶性药物不能充分与之结合，血浆中游离药物浓度增高。

2. 婴幼儿体液及细胞外液容量大，水溶性药物在细胞外液被稀释，血浆中游离药物浓度较成人低，细胞内液浓度较高。

3. 婴幼儿药物–蛋白结合能力比成人低，可导致血浆中游离型药物浓度增加，可能引起毒性反应。

4. 儿童尤其是新生儿，血脑屏障尚未发育完全，一些游离型药物可自由通过，一方面有助于细菌性脑膜炎的治疗，另一方面也能导致某些药物对中枢神经系统的损害。含有氨基的解热镇痛药和维生素 K 可从蛋白结合位点上将胆红素置换，使游离胆红素增加，较易引起新生儿高胆红素血症，若透过血脑屏障，则可引起核黄疸。

(三) 药物的代谢

新生儿肝药酶系统发育尚未成熟，特别是早产儿肝微粒体羟化酶功能差，易导致药物消除减慢，在体内蓄积，如地西泮、异戊巴比妥、苯巴比妥等。

(四) 药物的排泄

新生儿肾血流量低，肾小管分泌及重吸收能力也差，滤过率仅为成人的 20%~40%，2 岁时才可达到成人水平；肾小管重吸收能力约 1.5 岁才达到成人水平。此外，小儿肾小管泌酸能力低，尿 pH 高，影响碱性药物排泄。这些可能导致肾排泄药物（如地高辛、庆大霉素）消除减慢，易致蓄积中毒。

二、药物治疗中的一些特殊问题

1. 生长发育快　儿童期生长发育快，体重和体表面积变化都很大，体液量变化也很大。从新生儿生长到 1 岁，一般情况下体重可以增加 3 倍。因此，小儿用药剂量一般按公斤体重多少来计算。

2. 呼吸道狭窄　炎症时黏膜充血水肿，渗出物增多，易出现呼吸道梗阻。因此，当小儿肺炎或剧烈咳嗽时，宜用祛痰止咳药。

3. 新生儿皮肤薄　皮肤局部用药吸收较多，应注意不要引起中毒。

4. 婴幼儿吞咽能力差　口服给药容易误入气管。

5. 机体不成熟　儿童正处于生长发育阶段，对药物的反应与成人有所不同。对于镇静药、阿托品、磺胺类药、激素等的耐受性较好，而在使用酸碱类药物、利尿药、抗生素时则易发生不良反应。因此，在用药时，必须熟悉使用方法和注意事项，发生不良反应时及时采取处理措施。

三、药物剂量的计算

由于小儿的年龄、体重逐年增加，体质各不相同，用药的适宜剂量也有较大的差别，因此，儿科用药剂量较成人更需准确。小儿药物剂量计算方法很多，目前多采用按体重、体表面积计算，也有按年龄计算的方法。

（一）按体重计算

这是最常用、最基本的计算方法。大多数药物已给出每千克体重、每日或每次的用量，根据小儿体重可算出每日或每次需用量。

每日（次）剂量＝每日（次）每千克体重所需药量 × 患儿体重（kg）

需连续应用数日的药，如抗生素、维生素等，可按每日剂量计算，再分 2~3 次服用；临时用药，如退热、催眠药等，常按每次剂量计算。患儿体重应以实际测得值为准。按体重计算剂量如已超过成人量，以成人量为上限计算。如只知道成人剂量而不知道每公斤体重的用量时，可将该剂量除以成人标准体重（50kg），即得到每公斤体重的药量，所得剂量一般都偏小，故不常用。

（二）按体表面积计算

此法较按年龄、体重计算更为准确，因其与基础代谢、肾小球滤过等生理活动的关系更为密切。小儿体表面积推算方法如下：

1. **体重 ≤ 30kg 时**　小儿的体表面积（m^2）＝体重（kg）× 0.035+0.1。

2. **体重 > 30kg 时**　小儿的体表面积（m^2）＝［体重（kg）－30］× 0.02+1.05。

使用此种方法计算剂量时应注意，在婴幼儿时期，某些药物的剂量按体表面积计算相对于按体重计算有较大的差异，尤其是新生儿时期差异更甚。由于新生儿肾、肝功能的发育较差，因此，按体表面积计算药量不适合于新生儿及小婴儿。

（三）按年龄计算剂量

幅度大、不需十分精确的药物，如营养类药物等可按年龄计算，比较简单易行。

（四）从成人剂量折算

《中华人民共和国药典》（2015 年版）经过参考 20 余种不同药物计算法，认真、细致地按小儿各年龄的体重、体表面积、细胞外液量和成人体重、体表面积及细胞外液量的比例，折算出小儿用药量的比例。按此法计算出来的药量偏差在各年龄期较其他方法为小，见表 13-4-1。

表 13-4-1　小儿药物按成人剂量折算表

年龄	相当于成人用量比例
初生 ~1 月龄	1/18 ~ 1/14
1~6 月龄	1/14 ~ 1/7
6 月龄 ~1 岁	1/7 ~ 1/5
1~2 岁	1/5 ~ 1/4
2~4 岁	1/4 ~ 1/3

年龄	相当于成人用量比例
4~6 岁	1/3~2/5
6~9 岁	2/5~1/2
9~14 岁	1/2~2/3

采用上述任何方法计算的剂量，还必须与患儿具体情况相结合，才能得出比较正确的药物用量。

四、给药途径及方法

给药途径由病情轻重、用药目的及药物本身性质决定，正确的给药途径对保证药物的吸收并发挥作用至关重要。

（一）口服给药

一般来说，能口服或经鼻饲给药的小儿，最安全的方法是经胃肠道给药。为了小儿的依从性，可选择水剂、乳剂、糖浆，或掺在果汁或其他甜香可口的液体中喂服。

（二）胃肠道外给药

以下几种情况可用胃肠道外给药：

1. 病情严重的患儿需要速效药物时。

2. 昏迷或呕吐不能经口服给药时。

3. 患消化道疾病不易吸收药物时。

上述情况可以采取注射给药法，注射途径有皮下、肌内、静脉、鞘内、胸腔内以及呼吸道给药等。

有些药物如地高辛、地西泮，口服较肌内注射吸收快，应引起注意。地西泮溶液直肠灌注比肌内注射吸收快，因而更适于迅速控制小儿惊厥。由于小儿皮肤结构异于成人，皮肤黏膜用药很容易被吸收，甚至可引起中毒，体外用药时应注意。皮下注射给药可损害周围组织且吸收不良，不适用于新生儿。

五、儿科用药常见的不良反应

1. **影响儿童骨骼及牙齿发育**　引起这类不良反应的药物主要有喹诺酮类药物、四环素类药物、过量的维生素 A、肾上腺皮质激素等药物。

2. **儿童锥体外系反应**　这类不良反应易由甲氧氯普胺等药物引起。锥体外系失调是神经抑制综合征的先兆，如果没有正确的用药指导，不可随意给儿童用药。

3. **影响凝血系统**　这类不良反应一般由阿司匹林等药物引起。

4. **肾脏损害**　这类不良反应易由氨基糖苷类药物引起。

5. **听力损坏**　这类不良反应易由氨基糖苷类，如庆大霉素、卡那霉素等药物引起。

6. **影响生殖能力**　主要由细胞毒类药物，如氮芥、环磷酰胺等造成。

第五节　儿童智力发育筛查

一、概述

智力测验是一类重要的心理测验方法，特别是儿童智力测验，在我国儿童保健和儿科临床系统已成常规性工作项目，在临床工作中确实为我们评价小儿的发育水平、尽早发现问题、及时干预提供了帮助。

智力测验量表分为筛查量表和诊断量表两大类，每个量表又有不同的适用年龄。

筛查量表一般比较简单、用时少，易于掌握和推广。适用于人群调查和基层单位的初步筛选，发现可疑异常情况仍需进一步进行分析诊断。所以对筛查量表测验的结果解释要慎重。

诊断量表则比较严谨复杂，需要严格的培训才能掌握，其测量结果可以作为诊断治疗的依据。

二、几种智力筛查测验

包括丹佛儿童发展筛选测验（DDST）、50 项儿童智能筛查量表、绘人测验、皮博迪图片词汇测验（PPVT）、瑞文标准推理测验等。

（一）丹佛儿童发展筛选测验

DDST 由美国的儿科医生费兰肯伯格和心理学家道兹研制，发表于 1967 年，适用年龄范围是 0~6 岁。1982 年经我国北方六市标准化，用于筛查出一些发育上可能有问题，但临床尚无症状的小儿，还可用于高危儿的发育监测。操作简单，易于掌握，用时少，尤其适用于基层儿童保健工作者或临床医生使用。

1. 筛查内容　由 104 个项目组成，分布在 0~6 岁范围，分 4 个能区。

（1）大运动能区：表明小儿坐、行走和跳跃的能力。

（2）精细动作－适应性能区：表明小儿看、用手取物和图画的能力。

（3）语言能区：表明小儿听、理解和运用语言的能力。

（4）个人－社会能区：表明小儿对周围人的应答能力和料理自己生活的能力。

2. 性质与用途　主要用于早期发现儿童有无精神发育迟滞。可筛出可能有问题但临床无症状的小儿；也可用于对感到有问题的小儿进行检查加以证实或否定；可对高危小儿进行发育监测，也可进行流行病或其他大型调查的初筛。

3. 特点　适用于 0~6 岁小儿（学前），检查器械价格低廉，易于携带、操作简单，易于掌握，用时少，表格清楚，记录方便，结果易于判断，小儿易于合作。

4. 测验步骤

（1）一般情况填写：计算年龄，精确到日；在记录表上画出年龄线（表格两端均有年龄刻度，1~24 个月以月表示，2 岁半 ~6 岁以岁表示）。

（2）测查顺序：要先易后难，使小儿建立自信，并根据情况随机调整。可先拿出

1~2件用具供小儿玩耍，询问家长一些个人 – 社会能区的项目；对怕生和害羞的小儿最好先测精细动作和适应性，然后再测语言，大运动能区项目最好放在最后测。

（3）测查范围：项目数目因小儿的年龄和能力而不同。

1）每个能区先检查年龄线左侧的项目，至少三项，然后测右侧项目，直至年龄线通过的所有项目，不用再向右侧测。

2）任何项目均允许小儿尝试3次，不能再多。

3）提问方式注意避免暗示。

（4）结果评定：丹佛儿童发展筛选测验的结果分为异常、可疑、无法解释、正常四种。

1）异常：2个或更多区有2项或更多迟缓；1个区有2个或更多项目迟缓，加上1个或多个区有1个迟缓和同区通过年龄线的项目都未通过。

2）可疑：1个区有2项或更多迟缓；1个或更多区有1个迟缓和同区通过年龄线的项目都未通过。

3）无法解释：不合作项目太多。

4）正常：无上述情况。

（二）50项儿童智能筛查量表

这是一种测验学龄前儿童综合能力的量表，是根据国家卫生健康委的要求，由首都儿科研究所与全国协作完成，适用于4~7岁学龄儿童。

1. 特点　简便易行，不需特殊设备；用时少，15~20分钟即可测查完毕；适合学龄前儿童的特点；评分标准易掌握，主试者易培训，便于推广应用。

2. 内容　分回答问题和操作两大类，共50项测验题。

（1）自我认识能力：共13项，如指认身体部位，说出姓名及家庭地址等。

（2）运动能力：共13项，包括大运动和精细动作两部分，如跳远、穿衣服、系扣子等。

（3）记忆能力：共4项，如复述数字、句子、故事内容等。

（4）观察能力：共6项，如指出图画中缺损部分等。

（5）思维能力：共9项，包括左右概念、日期概念、事物的联系等。

（6）常识：共5项，如认识颜色、指出几何图形、动物名称和食品来源等。

3. 测查方法　个体测验，环境及小儿状态与一般测试相同。主试按指导语要求对每一个儿童按50题顺序逐一提问，除题内特殊注明者外，一般问题只问一次，记录回答正确与否。

4. 评分方法　答对一题计1分，部分答对的按指导语评分。

5. 计算方法　算出小儿得到的总分，按实际年龄查50项能力商表换算出能力商，以便比较不同年龄儿童的智能水平。如发现小儿智力存在问题需用诊断量表进一步测查。

（三）绘人测验

绘人测验是一种能引起小儿兴趣、简便易行的智能测验方法，在美国、日本等国家广泛应用。绘人测验所涉及儿童的能力相对比较简单，主要是了解儿童的观察力、精细运动技巧等，通常反映了儿童的发展和成熟水平，而不能全面准确地反映智力水平。因此，在我国绘人测验一直作为一种筛查工具而不是诊断工具。

此方法只需要一支铅笔、一块橡皮和一张白纸，在很短时间内即可完成。测验通过儿童喜欢的绘画活动来测定其智能，进而如实地反映其内在的实际智力水平。

1. **原理** 通过小儿绘人的作画过程和完成水平可以表现出儿童心理发育的成熟程度。对于较小的儿童可反映出手眼协调能力，随着年龄增长，儿童的视觉、运动和手的精细动作发展日趋完善，并逐步形成了抽象概念，所以在较大的儿童则反映出空间知觉和定向能力，充分体现出儿童由具体形象思维向抽象逻辑思维的发展过程。因此可以判断出儿童的神经精神发育是否正常。注意房间里不能有人物画像和照片，以防照着画。

2. **适用对象** 适合 4~12 岁儿童。

3. **评分方法** 使用日本小林重雄的 50 分评分法。按身体部位将同类项目列表归纳为 17 项，每画出一个部位按评分要求得分，满分 50 分。

4. **计算方法** 根据小儿的得分再按年龄查绘人智商表得出相应的智商值，常模是根据北京市 6 062 名 4~12 岁儿童测查结果得出。

（四）皮博迪图片词汇测验

PPVT 由华东师范大学完成该测验的中国标准化，适用于 4~8 岁儿童，特别可用于有语言障碍的儿童。共 120 幅图片，分 30 组，每组 4 张图，根据语言提示指出即可。从易到难，判断出小儿的智力发育水平，简单易行，现有计算机操作软件。

（五）瑞文标准推理测验

这是一个根据图形来进行归纳推理的非文字测验，实施无时限，测验对象不受文化、种族和语言的限制。可用言语指导，也可用手势和示范做指导，可做个体测验，也可做团体测验。使用方便，省时省力，多用于学校或医院做智力筛查，对于年龄 6~17 岁的儿童适用。由北京师范大学张厚粲领导的全国协作组于 1986 年完成了瑞文标准推理测验中国城市修订版。

瑞文标准推理测验共由 A、B、C、D、E 五组测题组成，每组包括 12 个测题，共 60 题。全部测题都是由一系列无意义的抽象图形构成的一个方阵（或为一张整图，或为一张 2×2、3×3 图形的方阵），其中右下方缺失一块为空白。要求受试者从这方阵下所列出的另外 6 个或 8 个小块图形中，只能找出一块补在这个空白上，可使整个图案既完整又合理，符合方阵的整体结构。

结果演算如下：

一级：测验标准分等于或超过同年龄常模组的 95%，为高水平智力。

二级：测验标准分在 75% 与 95% 之间，智力水平良好。

三级：测验标准分在 25% 与 75% 之间，智力水平中等。

四级：测验标准分在 5% 与 25% 之间，智力水平中下。

五级：测验标准分低于 5%，为智力缺陷。

另外，A、B、C、D、E 五组项目的意义及正确题数如下：

A 反映知觉辨别能力（共 12 题）；

B 反映类同比较能力（共 12 题）；

C 反映比较推理能力（共 12 题）；

D 反映系列关系能力（共 12 题）；

E 反映抽象推理能力（共 12 题）。

通过计算这 5 个方面得分的结果，一定程度上有助于了解被测者智力结构。瑞文标准推理测验可以用于智能诊断和人才的选拔与培养。该测验可以进行比较性研究，特别有利于做跨文化研究，以及正常人、听障人士和智力迟钝者之间的比较研究，适用年龄范围宽，测验对象不受文化、种族、语言的限制。适合团体施测，也可单独施测。

（阎　雪）

第十四章　常用眼、耳、鼻、皮肤科操作技能

第一节　眼的一般检查及检眼镜的使用

一、视力检查

视力即视锐度，主要反映黄斑区视功能，也称中心视力，分为远视力和近视力，后者为阅读视力。临床上把 5m 或 5m 以外的视力称为远视力，25~45cm 阅读时的视力称为近视力，一般将中心视力 ≥1.0 定义为正常视力。1973 年世界卫生组织（WHO）提出了以最好矫正视力衡量盲和视力损伤分类的标准：一个人较好眼的最佳矫正视力 <0.3 但 ≥0.05 时为低视力；<0.05 时为盲（表 14-1-1）。2009 年 WHO 提出了新的盲和视力损伤标准（表 14-1-2），该标准将"日常生活视力"作为判断依据。所谓日常生活视力，是指在日常屈光状态下的视力。视力检查是眼科视功能检查的重要部分，每位眼科患者就诊前首先应该检查视力。

表 14-1-1　视力损伤的分类

视力损伤		最好矫正视力	
类别	级别	较好眼	较差眼
低视力	1 级	<0.3	≥0.1
	2 级	<0.1	≥0.05（数指 /3m）
盲	3 级	<0.05	≥0.02（数指 /1m）
	4 级	<0.02	光感
	5 级	无光感	

资料来源：国际疾病分类标准（1973 年）。

表 14-1-2　新的视力损伤的分类

视力损伤		日常生活视力	
级别	类别	低于	等于或好于
0 级	轻度或无视力损伤		0.3
1 级	中度视力损伤	0.3	0.1
2 级	重度视力损伤	0.1	0.05
3 级	盲	0.05	0.02

续表

视力损伤		日常生活视力	
级别	类别	低于	等于或好于
4级	盲	0.02	光感
5级	盲	无光感	
6级	不能确定或不能详细说明		

资料来源：国际疾病分类标准（2009 年）。

（一）视力表

1. **视力表设计原理**　视力表根据视角原理设计而成。所谓视角就是由外界两点发出的光线，经眼内结点所形成的夹角。正常情况下，人眼能分辨出两点间的最小距离所形成的视角为最小视角，即 1 角分（1′）视角。视力表是以 1′视角为单位进行设计的。视力是视角的倒数，即视力是根据视角计算得出，例如视角为 1′时，视力 =1/1′=1.0。

2. **视力表的种类**　视力表是用于测量视力的图表。国内使用的视力表有国际标准视力表、标准对数视力表、朗多环视力表（Landolt chart）。从功能上分有近视力表、远视力表。我国主要使用标准对数视力表（已于 2012 年 5 月施行第二代），此表由 12 行大小不同开口方向各异的"E"所组成，测量从 0.1~1.5（或从 4.0~5.2），每行有标号。视力表与被检查者的距离必须正确固定，被检者的视线要与 1.0 的一行平行，距离视力表 5m。

（二）远视力的检查方法

远视力是指人眼辨别最小物像的能力。以国际标准视力表检查为例（图 14-1-1）。

1. **临床意义**

（1）正常值：能认清"1.0"行或更小的行次者，即为正常视力。

（2）异常结果：若视力不及 1.0 者，应做小孔镜检查，即让受检者通过一个具有 −2mm 圆孔黑片，再查视力。如小孔视力有增进，则表示有屈光不正。

2. **检查方法**

（1）一般检查视力的距离为 5m，受检眼与视力表"1.0"行视标同高。

（2）照明充足，两眼分别检查，一般是先右后左（先检查裸眼视力，后检查矫正视力）。检查一眼时，须以遮眼板将另一眼完全遮住。但注意勿压迫眼球。

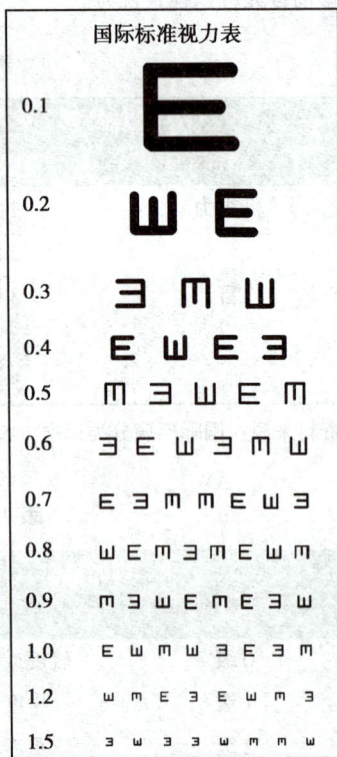

图 14-1-1　国际标准视力表

（3）检查时，让受检者从"0.1"行视标向下逐行检查，应在 3 秒内读出或指出视标开口方向，直至能清楚辨认最小一行视标的视力。如果受检者仅能辨认表上最大的"0.1"行 E 字缺口方向，就记录视力为"0.1"；如果能辨认"0.2"行 E 字缺口方向，则记录为"0.2"；如此类推。能辨认"1.0"行全部视标，对下一行辨认出两个视标，记录为 1.0^{+2}。能在"1.2"行仅认错 3 个视标，记录为 1.2^{-3}。

（4）若受检者视力低于 0.1，嘱其向前走近视力表，直至能辨认"0.1"行为止，其视力则是"视力 =0.1× 距离 /5"〔根据公式 $V=d/D$ 计算出视力数值，V 代表实际视力，d 表示实际看到"0.1"行字符的距离，D 表示正常人看清该行字符的距离（50m）〕。

（5）若受检者视力低于 0.02，则改查数指（counting fingers，CF，俗称指数）。嘱其背光而立，从眼前 1m 开始逐渐移近，直至能正确辨认指数为止，记录辨清指数的距离，如 CF/40cm。

（6）如果数指在 5cm 仍不能辨认手指者，则改为手动检查（hand motion，HM），在受检眼前摆动检查者的手，记录能正确判断手动的距离，如 HM/30cm。

（7）如果受检眼前手动不能识别，则检查光感（light perception，LP）。在暗室中用手电照射受检眼，另一只眼需严密遮盖不让透光，测试患者眼前能否感觉光亮。记录"光感"或"无光感"，并记录看到光感的距离，一般到 5m 为止。有光感者，需检查光定位，进一步了解视网膜功能。方法是嘱受检者注视正前方，在眼前 1m 处，分别将光源置于正前上、中、下，颞侧上、中、下，鼻侧上、中、下共 9 个方向，嘱受检者指出光源方向，按方位记录，能辨明者记"+"，不能辨出者记"−"。

（三）近视力检查

近视力表置于眼前 30cm 处检查视力的方法。近视力检查有助于了解眼的调节能力，与远视力检查配合，可帮助推断有无屈光不正和其他眼病。

我国比较通用的近视力表是标准近视力表和耶格近视力表（Jaeger chart），以前者应用更广泛。检查时光源照在表上，但应避免反光，让受检者手持近视力表放在眼前，前后移动，从上向下逐行辨认，直到能看出最小视标，并记录距离，如 0.8/20cm。

二、眼的一般检查

眼的一般检查分主观检查（病史采集）和客观检查（眼部检查）两部分，本章节主要介绍客观检查即眼部检查。眼部检查包括眼附属器与眼眶检查、眼前段检查及眼后段检查，有时需借助手电筒（或检眼灯）、裂隙灯显微镜、检眼镜等。

眼部检查遵循原则：一般在良好的光线条件，自然光或人工照明下，按系统有顺序地进行，由外向内，先右眼后左眼，两侧对比，先健后患等。

眼部检查的注意事项：如眼睑紧闭不能睁开，宁可用眼睑拉钩拉开眼睑，也不可用手强行扳开而使眼球受压，以免使已受伤的眼球发生破裂，以致眼内容物脱出，造成不可弥补的严重后果；遇到化学性烧伤时，应立即用大量生理盐水或清洁的自来水冲洗，并除去结膜囊内存留的物质，然后再详细询问病史，进行系统检查；如患者有严重的眼痛及刺激症状，可先滴 1% 利多卡因或 0.5% 丁卡因后再进行检查。

（一）眼附属器与眼眶检查

1. 眼睑　主要采取视诊和触诊方法检查。

（1）形态：有无内翻、外翻、缺损等。

（2）皮肤：有无红肿、瘀血、皮疹、瘢痕、硬结或肿物等。

（3）肌力：有无上睑下垂、眼睑闭合不全、双侧睑裂是否对称等，观察眼睑功能是否正常。

（4）睑缘：有无倒睫、秃睫、睫毛变白、根部湿疹鳞屑、分泌物、痂皮、新生物、睑板腺开口阻塞及睑板宽度厚度等。

2. 泪器

（1）泪腺检查法：嘱患者向鼻下看，上睑外眦部向外上方牵引，肿胀的泪腺可暴露在颞侧穹窿部结膜下，检查泪腺区有无肿大、压痛及肿块等。希尔默试验（Schirmer 试验）和测量泪膜破裂时间检查有助于判定泪液分泌量及其组成成分是否正常，从而帮助眼干燥症的诊断（眼干燥症由泪液分泌减少或其组成成分异常引起）。

1）Schirmer 试验：试验应在光线暗淡的室内进行，患者坐位，双眼同时受试。

Schirmer Ⅰ试验：检测泪液的基础分泌量。用 1 条 5mm×35mm 的滤纸，将一端折弯 5mm，置于下睑内侧 1/3 结膜囊内，其余部分悬垂于下睑外皮肤表面，轻闭双眼，5 分钟后测量滤纸被泪水渗湿的长度。若检查前滴了表面麻醉药，该试验主要评价副泪腺的作用，短于 5mm 为异常；如不点表面麻醉药，则是评价泪腺功能，短于 10mm 为异常。

Schirmer Ⅱ试验：检测泪液的反射分泌量，即行鼻腔刺激后再行 Schirmer Ⅰ试验。

2）泪膜破裂时间（breaking up time of tear film，BUT）测量：该方法简单、易行、无创、无损，是对眼干燥症的一种诊断试验方法，通过裂隙灯显微镜（简称裂隙灯）测量。在球结膜颞下方滴入 1%~2% 荧光素钠 1 滴，嘱患者眨眼数次，然后向前凝视，注意一直保持睁眼状态。从患者睁眼时起，立即通过裂隙灯钴蓝色滤光片，用 3mm 宽的光线回扫视角膜，持续观察，同时用秒表开始计时，直到角膜上出现第 1 个黑斑（泪膜缺损）时为止，即测定出现泪膜破裂的时间。正常稳定的泪膜可持续 15 秒，如短于 10 秒则表明泪膜不稳定。

（2）泪道检查法：常用方法有荧光素钠试验和泪道冲洗试验，检查泪道有无阻塞。X 线碘油造影或超声检查可进一步了解泪道阻塞的部位和泪囊大小以便考虑手术问题。

1）泪点检查法：轻轻向下牵引下睑内眦部，患者向上看，观察下泪点位置、大小、有无外翻、是否闭塞等。

2）泪囊检查法：暴露泪点同时，按压泪囊进行观察。观察有无分泌物自泪点流出，如有炎症，应检查红肿及压痛范围，有无波动感及瘘管等。

3）荧光素钠试验：将 1%~2% 荧光钠液滴入结膜囊内，再滴 1~2 滴生理盐水，令患者瞬目，放入同侧鼻孔棉球，2 分钟后擤鼻，观察棉球染色，如棉球带绿黄色，即表示泪道通畅。如超过 5 分钟才使棉球着色，可能有泪道狭窄，完全不能流入鼻腔者为泪道阻塞，可行泪道冲洗试验。

4）泪道冲洗试验：用含表面麻醉药棉球浸润内眦部，向外下牵拉下睑内眦部，患者向外看，探子扩大泪点，用泪道冲洗器或 5ml 的注射器，套上 6 号钝头针头，内装生理盐水，垂直向下插入下泪点中 1~2mm，然后按泪小管走行方向，转为水平位进入 5~6mm，注入生理盐水，注意动作轻巧，勿强行推入。如患者感咽部或鼻腔有水，则为泪道通畅；如水由上泪点或原泪点回流出来，则泪道有阻塞（图 14-1-2）。

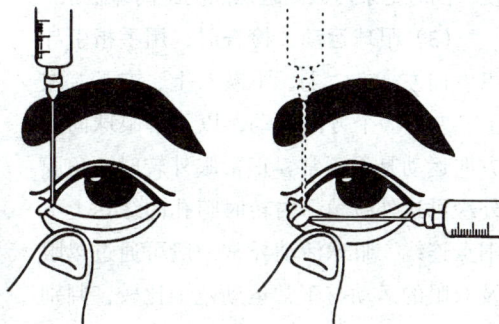

图 14-1-2　泪道冲洗

由于器质性泪道狭窄或闭塞可发生在泪道的任何部位，确定阻塞部位对于治疗方案的选择非常重要。泪道冲洗试验常可揭示泪道阻塞的部位，根据冲洗液体流向判断阻塞及其部位。通常有以下几种情况：①冲洗无阻力，液体顺利进入鼻腔或咽部，表明泪道通畅。②冲洗液完全从注入原路返回，为泪小管阻塞。③冲洗液自下泪点注入，液体由上泪点反流，为泪总管或鼻泪管阻塞。④冲洗有阻力，部分从泪点返回，部分流入鼻腔，为鼻泪管狭窄。⑤冲洗液自上泪点反流，同时有黏液脓性分泌物，为鼻泪管阻塞合并慢性泪囊炎。

3. 结膜　主要采取视诊和触诊方法检查，一般按照下睑结膜—下穹窿部—上睑结膜—上穹窿部—球结膜—半月襞的顺序检查。

检查结膜时，将眼睑向上、下翻转，观察睑结膜有无出血、充血、贫血、结石、乳头、滤泡、瘢痕、溃疡、增生等；观察穹窿部结膜囊深浅，有无睑球粘连等。

检查球结膜时，以拇指和示指将上、下眼睑分开，嘱患者向上、下、左、右各方向转动眼球，观察球结膜是否有结膜充血或睫状充血（注意两者的区别），有无疱疹、出血、异物、色素沉着（有无睑裂斑）或新生物（如翼状胬肉）等。观察半月襞有无炎症或肿瘤等。

4. 眼球

（1）眼球位置检查：一般用视诊方法检查。用两手的拇指和示指分别将两眼的上、下眼睑分开，结合角膜位置，比较两眼球的位置、大小、形状、有无突出或后陷等。检查眼球时，令眼球尽量向各方向转动，以观察眼球是否呈球形，各方向的弧度是否大致相等，有无不随意的眼球震颤等。

（2）眼球突出度：是指角膜顶端至眶外缘的垂直距离。中国人眼球突出度正常值为 12~14mm，平均 13mm，两眼差不超过 2mm。

1）目测法：初步评估，检测的简单方法是患者采取坐位、头稍后仰，检查者站在患者背后，用双手示指同时提高患者上睑，从后上方向前下方看两眼突度是否对称。

2）Hertel 眼球突出计测量（图 14-1-3）：可精确测量眼球前后位置是否正常及眼球突

出的程度。具体方法：将眼球突出计的两端卡在受检者两颞侧眶外缘，嘱其向前直视，从测量器两平面镜中看到两眼角膜顶点投影在标尺刻度上的数值（mm）即为眼球突出度，同时记录两颞侧眶缘间的距离即眶距。

（3）眼球运动：检查时，用手指引导患者向左、右、上、下及右上、右下、左上、左下8个方向运动，以了解眼球向各方向运动是否正常。正常眼外转时，角膜外缘可达外眦角，内转时瞳孔内缘达上下泪点连线。眼球活动异常一般可通过单眼及双眼的运动与正常运动范围比较，判别是共同性斜视的运动相对亢进或不足还是麻痹性斜视的运动障碍。

5. 眼眶 一般采取视诊和触诊方法检查，观察两侧眼眶是否对称，眶缘触诊有无缺损、压痛或肿物等。超声、X线摄片、CT扫描或磁共振检查可进一步了解眼眶深部损伤或病变。

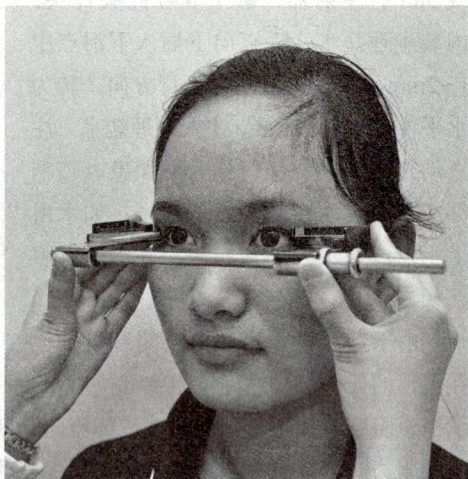

图 14-1-3 眼球突出度测量

（二）眼前段检查

检查眼前段常用的简单方法是手电筒斜照法，即一手持带有聚光灯泡的手电筒，从眼的侧方距眼约2cm处聚焦照明检查部位，另一手持13屈光度（D）的放大镜置于眼前，检查角膜、前房、虹膜及晶状体。

1. 角膜

（1）角膜的一般检查：注意大小、透明度、光滑度、弯曲度、有无新生血管及混浊（瘢痕或炎症）、角膜后有无沉着物等。

（2）角膜感觉检查法：用以检查角膜感觉是否正常。方法：将一块消毒棉花搓成纤维条形，用其尖端从眼的侧面或下方轻触角膜表面，避免患者看到动作而防御性眨眼，同时应检查双眼做比较。如立刻引起瞬目反射，则知觉正常；如反射迟钝，即为知觉减退；如果无任何反应，则为知觉消失。多见于三叉神经受损者、带状疱疹病毒所致的角膜炎等。

（3）角膜荧光染色：用1%~2%荧光素钠液滴入下穹窿结膜囊内，观察角膜是否出现黄绿色着色，以确定角膜上皮有无缺损及其范围。

（4）角膜曲率检查：采用Placido盘映照法初步评估角膜的曲率。方法：受检者背光而坐，检查者一手持Placido盘，将盘的正面向着受检眼睑裂，通过盘中央圆孔，观察映在角膜上黑白同心圆的影像。映像为规则而清晰的同心圆表示正常，椭圆形表示有规则散光，扭曲者表示有不规则散光（图14-1-4）。精确计算角膜曲率半径和屈光度需用角膜曲率计或角膜地形图检查。

2. 巩膜　先观察睑裂部巩膜，然后分开睑裂，转动眼球，观察各部分巩膜。观察是否变色，如黑色素斑、银染症、贫血、黄疸；注意巩膜有无充血、结节及压痛。正常情况下，老年人稍黄，小儿稍蓝（因其巩膜薄）。

3. 前房　角膜后方与虹膜、晶状体之间的空腔称为前房。

（1）前房深度：前房深度为 2.5~3mm，前房深度测定对闭角型青光眼的诊断有一定意义。

1）手电筒斜照法：将聚光手电从颞侧角膜缘照向内眦，光线与虹膜面平行，根据虹膜表面阴影的位置来判断前房深浅，如虹膜全部被照亮，为深前房；如阴影边缘位于颞侧瞳孔缘时，则为浅前房；如阴影边缘位于鼻侧瞳孔缘，则表示稍浅前房。前房浅有发生闭角型青光眼的潜在危险。

2）角膜厚度比较法：以角膜厚度作为度量标准测量周边前房深度。

Van Herick 法：①患者头部固定于裂隙灯托架，注视前方。②裂隙灯显微镜（图 14-1-5）灯光带调到最亮最窄，方向与裂隙灯视轴呈 60°角。③裂隙灯光通过最周边的颞侧角膜缘照射在周边的虹膜表面，形成三条光带分别是角膜上皮表面、角膜内皮表面及虹膜表面。④估计角膜内皮到虹膜表面的距离（周边前房深度）与角膜上皮表面到角膜内皮表面距离（角膜厚度）的比值。⑤结果分为四级：<1/4、=1/4、>1/4 并 <1/2、≥1/2。以 ≤1/4 为标准，筛查闭角性青光眼的灵敏度为 65%，特异度为 99%。

图 14-1-4　角膜曲率检查

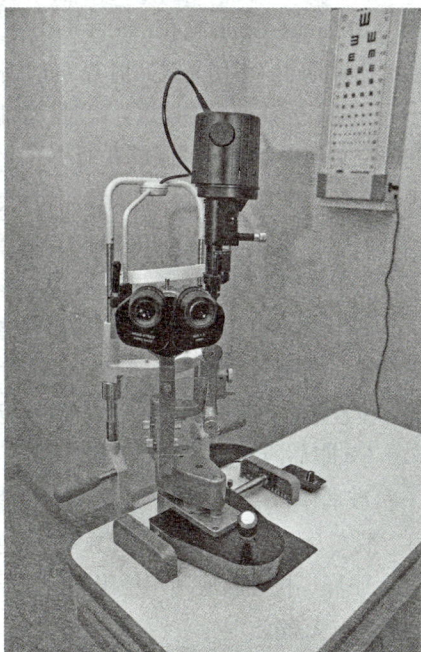

图 14-1-5　裂隙灯显微镜

（2）前房角：通常前房角宽度与前房深度有直接关系。一般采用 Scheie 房角分类法，动静态下观察前房角之宽窄。

（3）前房水：正常房水完全透明。注意观察房水有无混浊，前房内有无积血、积脓，有无异物等。

4. 虹膜　正常为棕褐色且纹理清晰。观察其颜色、纹理，有无出血、新生血管、色素脱落、结节及前后粘连，有无根部离断及缺损、震颤（见于晶状体脱位或无晶状体眼）等。

5. 瞳孔　正常成人瞳孔在弥散自然光线下直径为 2.5~4mm，幼儿及老年人稍小。观察两侧瞳孔是否等大、等圆，位置是否居中，边缘是否整齐，瞳孔对光反射检查时应分别记录各眼的直接和间接光反射是否灵敏、迟钝或消失。

（1）直接对光反射：在暗室内用手电筒照射受检眼，观察被照时瞳孔迅速缩小的反应。比较两瞳孔收缩的快慢及程度。正常：光刺激时立即缩小，停止时随即散大，双眼反应相等。异常：反应迟钝或消失。此反应需要受检眼瞳孔反射的传入和传出神经通路共同参与。

（2）间接对光反射：在暗室内用手电筒照射一侧眼，观察对侧眼瞳孔迅速缩小的反应。正常：光照一眼时对侧瞳孔同时缩小。双眼分别检查并对比。此反应只需要受检眼瞳孔反射的传出途径参与。

（3）集合反射：先嘱患者双眼平视远方，然后迅速改为注视 15cm 处目标，观察瞳孔大小。正常：双眼瞳孔缩小，同时完成双眼集合和调节反应。

（4）Marcus-Gunn 瞳孔（图 14-1-6）：为相对性传入性瞳孔障碍。譬如左眼相对性传入性瞳孔障碍时：①用光线照射右（健）眼时，双眼瞳孔缩小，患眼瞳孔由于间接反射而缩小；②随后光线照射左（患）眼时，双眼瞳孔不缩小，因左眼传入性瞳孔障碍；③以 1 秒间隔交替照射双眼，健眼瞳孔缩小，患眼瞳孔扩大。这种体征特别有助于诊断单眼球后视神经炎、缺血性视神经炎或黄斑病变、晚期青光眼等。

（5）阿 - 罗瞳孔（Argyll-Robertson 瞳孔）：直接光反射消失而集合反射存在，这种体征可见于神经梅毒。

6. 晶状体　可用斜照法和裂隙灯检查法，必要时需充分散瞳。观察晶体是否透明、有无混浊。混浊是晶体本身还是晶体前或后面附着的其他混浊物或为晶体内之异物；观察晶体位置是否正常，有无脱位或半脱位及晶体是否存在等。

（三）眼后段检查

1. 玻璃体　借助检眼镜或裂隙灯检查。观察玻璃体有无混浊、液化、浓缩、积血、变性、脱离及增殖性病变，有无异物、寄生虫等。

2. 眼底　检查眼底须用检眼镜，在暗室中观察视盘、视网膜中央动静脉、黄斑部、视网膜等有无病变。

（1）视盘：正常视盘在黄斑鼻侧 3mm，略呈椭圆形，淡红色，边界清楚。中央呈漏斗形凹陷，色泽稍淡，为生理凹陷，称为视杯，杯盘比（C/D）一般小于 0.3。

（2）视网膜中央动、静脉：视网膜血管清晰可见，动脉呈鲜红色，静脉呈暗红色，动脉与静脉管径之比为 2∶3。动静脉交叉处无压迫。

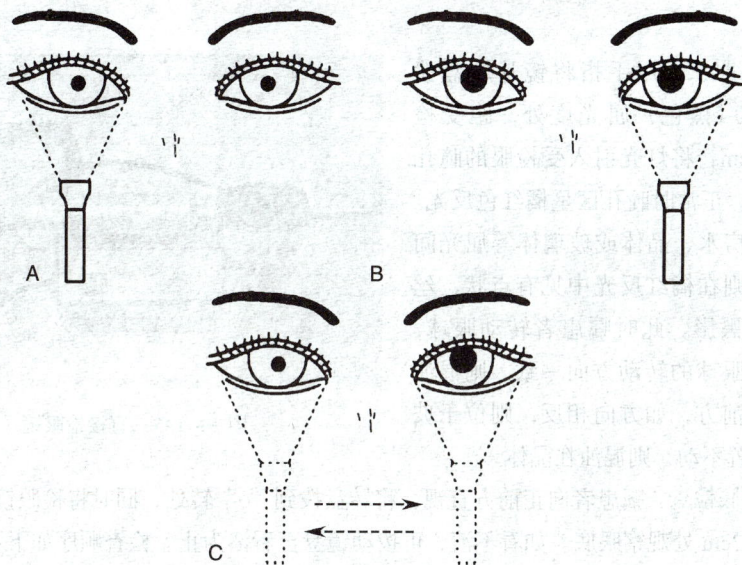

图 14-1-6　Marcus-Gunn 瞳孔（相对性传入性瞳孔障碍）

A. 手电筒照射右眼，双眼瞳孔缩小；B. 照射左眼，双眼瞳孔不缩小；

C. 间隔 1 秒交替照射，健眼瞳孔缩小，患侧瞳孔扩大。

（3）黄斑部：黄斑位于视网膜后极部上下血管弓之间，中心凹位于视盘颞侧 2~2.5PD（PD 表示视盘直径，1PD=1.5mm）略偏下方处，大小约一个视盘或稍大，无血管，其中心有一针尖大的反光点称为中心凹光反射。

（4）视网膜：视网膜正常时透明，由视网膜神经感觉层和其外侧视网膜色素上皮层构成。眼底呈均匀的深橘红色，当有脉络膜血管显露时，则形成豹纹状眼底。

三、检眼镜的使用

检眼镜可分为直接检眼镜和间接检眼镜两种。直接检眼镜由德国科学家赫尔曼·冯·亥姆霍兹（Helmholtz）在 1851 年发明，也叫眼底镜（图 14-1-7）。双目间接检眼镜由 Schepens 在 1947 年发明。因此检查方法也分为直接检眼镜检查法和间接检眼镜检查法。

（一）直接检眼镜检查

检眼镜检查实用、方便。眼底所见为放大约 16 倍的正像。检眼镜下方手柄中装有电源，前端镜盘上装有 1~25 屈光度的凸透镜（以黑色"+"标示）和凹透镜（以红色"+"标示），三棱镜上端有一观察孔，其下有一可转动镜盘，用以矫正检查者和患者的屈光不正，以清晰地显示眼底。通常可不散瞳检查，但若需详细检查则应散瞳（散瞳前必须排除青光眼）。受检者取坐位或卧位，检查右眼时，检查者站在患者的右侧，右手持检眼镜观察眼底；检查左眼时，则相反。检查时先用透照法观察眼的屈光间质有无混浊，再检查视盘及视网膜周边部，最后嘱患者注视检眼镜灯光，检查黄斑部，记录检查结果。

1. **透照法**　用手指将镜片转盘拨到 +8~+10（黑色）屈光度处，距受检眼 10~20cm，将灯光射入受检眼的瞳孔对准眼底。正常时瞳孔区呈橘红色反光。如角膜、房水、晶体或玻璃体等屈光间质混浊，则在橘红反光中见有点状、丝状、块状黑影。此时嘱患者转动眼球，如黑影与眼球的转动方向一致，则混浊位于晶体前方，如方向相反，则位于玻璃体；位置不动，则混浊在晶体。

图 14-1-7　直接检眼镜

2. **眼底检查**　嘱患者向正前方直视，将转盘拨到"0"转处，同时将检眼镜移近到受检眼前约 2cm 处观察眼底。如看不清，可拨动镜盘至看清为止。检查顺序如下：

（1）先查视盘：让光线自颞侧约 15° 处射入，观察视盘的形状、大小、色泽，边缘是否清晰等。

（2）再按视网膜动静脉分支，分别检查各象限：嘱患者向上、下、左、右各方向注视，转动眼球，或将检眼镜角度变动。观察视网膜动、静脉，注意血管的粗细、行径、管壁反光、分支角度及动、静脉交叉处有无压迫或拱桥现象，正常动脉与静脉管径之比为 2∶3。

（3）最后嘱患者注视检眼镜灯光，检查黄斑部：观察黄斑部，注意其大小、中心凹反射是否存在，有无水肿、出血、渗出及色素紊乱等。观察视网膜，注意有无水肿、渗出、出血、剥离及新生血管等。

3. **眼底检查记录**　说明和记录眼底病变的部位及其大小范围。距离和范围大小一般以视盘直径（PD，1PD=1.5mm）为标准计算。记录病变隆起或凹陷程度，是以看清病变区周围视网膜面与看清病变隆起最高处或凹陷最低处的屈光度（D）差来计算，每差 3 个屈光度等于 1mm。通常以视盘、视网膜中央动、静脉行径、黄斑部为标志，表明病变部与这些标志的位置距离和方向关系。明显的异常情况可在视网膜图上绘出。

（二）双目间接检眼镜检查

与直接检眼镜相比，放大倍数较小（3~4 倍），所见为倒像（上下左右均相反），照度强，具有立体感，可见范围大，能比较全面地观察眼底，不易漏诊眼底病变。通常需散瞳检查。因其能在较远距离检查眼底，可直视下进行视网膜裂孔封闭及巩膜外垫压等操作。

1. **适应证**

（1）各类原发性、继发性视网膜脱离。

（2）各类眼底疾患导致的隆起不平者，如肿物、炎症、渗出和寄生虫等。

（3）屈光介质透明时的眼内异物，尤其是睫状体扁平部异物。

（4）屈光介质欠清或高度屈光不正，用直接检眼镜观察眼底困难者。

2. **方法**　受检者取坐位或卧位，检查者与受检者相对而坐或站在被检者头侧，相距0.5m。检查者戴好额带，对好双目镜的瞳孔距离，调整好示教用反光镜，将集光镜对准受检眼眼底，用弱光观察瞳孔区红光背景上的角膜、晶状体、玻璃体内有无混浊。然后，检查者用拇指及示指持物镜（常用 +20 屈光度凸透镜），凸面低的一面置于被检眼前，用环指牵拉上眼睑并将其固定于眼眶缘，将物镜慢慢远离被检眼（+20 屈光度的透镜焦距为 5cm）直至看清眼底。视网膜检查时先检查周边部、赤道部，最后检查黄斑部（图 14-1-8）。

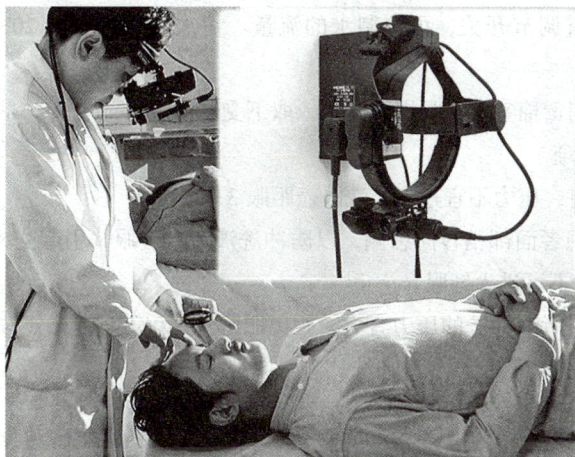

图 14-1-8　间接检眼镜检查

第二节　眼冲洗治疗

一、结膜囊冲洗

（一）适应证

1. 眼科手术前或角膜染色检查时清洁消毒结膜囊。

2. 清除结膜囊内分泌物、异物。

3. 中和稀释眼部有害化学物质，如眼部化学性烧伤。

（二）操作准备

1. **冲洗液**　生理盐水、3% 硼酸溶液、2% 碳酸氢钠溶液等。

ER14-1

结膜囊冲洗
（视频）

2. **操作用物**　治疗盘、洗眼壶或冲洗用吊瓶、受水器、消毒棉签、治疗巾、弯盘等。

3. **局部麻醉药**　根据需要准备表面麻醉药 4% 盐酸奥布卡因或 1% 丁卡因滴眼液。

(三) 操作步骤

1. 患者取坐位或仰卧位，头稍倾向患侧。受水器紧贴其颊部（坐位）或颞侧（仰卧位）。使受水器保持低于眼的水平位置。

2. 用棉签擦净患者眼部分泌物或眼膏。

3. 滴入表面麻醉药于患眼 2 次，间隔 3 分钟。

4. 以左手拇指和示指分开患眼上下眼睑并翻开暴露上、下结膜囊，右手持洗眼壶或用注射器连接钝圆针头进行冲洗，先以少量冲洗液冲洗颊部及眼睑皮肤，再冲洗结膜囊，同时嘱患者上、下、左、右四个方向转动眼球，充分清洗结膜囊各部。也可用输液吊瓶冲洗，因输液器有调节开关，可控制水的流量。每次使用冲洗液 20~30ml，或视情况而定。

5. 冲洗后用消毒棉签擦干眼周围皮肤，取下受水器。

(四) 注意事项

1. 一般冲洗时，压力不宜过大，洗眼壶距眼 3~5cm。

2. 冲洗时嘱患者面部稍转向患侧，以防冲洗液流入健眼，引起交叉感染；切不可直接冲在角膜上，也不可进入健眼。

3. 化学烧伤患者，冲洗的压力宜大，距离眼部 8~10cm，应充分暴露上、下穹窿部，先把各种固体物质取出，反复多次冲洗。

4. 若有眼球穿通伤及较深的角膜溃疡者禁忌冲洗。

5. 冲洗液温度为 18~20℃，冬季可加温到 32~37℃。

6. 若有泪囊炎者，应先压迫泪囊，将脓液排出后再冲洗。

二、眼部紧急冲洗术

当现场作业者的眼睛不慎接触有毒有害以及具有其他腐蚀性化学物质之时，应现场立即进行眼部紧急冲洗，这也是处理眼部酸碱烧伤最重要的一步，而不应将患者直接送往医院处理。

(一) 处理原则

处理的关键是迅速彻底冲洗眼部，迅速清除异物，一定要争分夺秒，因地制宜，反复冲洗，要翻转眼睑，并注意穹窿部，对附着在眼表的异物要用湿棉签将其擦拭下来。

(二) 处理方法

应立即就地取材，用大量清水或其他水源反复彻底冲洗，冲洗时应翻转眼睑，转动眼球，暴露穹窿部，将结膜囊内的化学物质彻底洗出，至少用 30~50ml 水冲洗，冲洗持续 30 分钟，应检查结膜囊内是否还有异物存留，予以清除。也可用紧急洗眼器设备对眼睛进行紧急冲洗，主要是避免化学物质对人体造成进一步伤害，把伤害程度减轻到最低限度。但这些只是对眼睛进行初步的处理，不能代替医学治疗。对于较严重的碱性物质损伤，非眼科专科医生在彻底冲洗后应视情况迅速转给眼科专科医生进一步处理，有条件的医院可进行前房穿刺及冲洗，防治并发症及后遗症等。

第三节　结膜、角膜异物的处理方法

不同性质的异物在眼的不同部位所引起的损伤及其处理各有不同。无论在生活或工作中都可能发生眼球表面异物。本节重点介绍眼球表面异物的处理方法。

一、结膜异物

1. 异物的种类　如尘土、谷粒、玻璃屑、木屑、铁屑、铜屑、竹屑等都可能溅入眼内，造成眼球表面的损伤。

2. 部位　常见部位睑板沟、穹窿部及半月皱襞等

3. 症状　异物感，眼红，眼睑红，流泪，眼睑疼痛等。

4. 处理方法　表面麻醉药点眼后，附着于结膜表面的异物用无菌湿棉签拭去，附着于上睑沟和穹窿部的异物，需翻转眼睑，然后用棉签拭去，或进行结膜囊冲洗，取异物后点抗生素眼药水。

5. 注意事项

（1）要去除眼球表面的异物最关键也是第一位的就是不要揉眼，应该轻闭双眼，有时异物可被眼泪冲出。

（2）注意有外伤时要先冲洗结膜囊，剔除异物，随后再次冲洗结膜囊，最后用抗生素眼膏包盖患眼，后续及时换药。

（3）必须注重剔除异物时的无菌操作。

（4）若是生石灰溅入眼睛内，注意不能用手揉，亦不能直接用水冲洗。急需到就近的医院眼科进行紧急处理，如用镊子取出眼内的生石灰等异物，之后用大量的生理盐水冲洗残余的石灰等眼内异物，同时对受损的结膜角膜等组织进行处理。

二、角膜异物

1. 异物的种类　煤屑、铁屑较多见，铁质异物可形成锈斑，植物性异物容易引起感染。

2. 症状　异物感，畏光、眼刺痛、流泪等刺激症状，严重者视力下降等。

3. 处理方法　局部滴用表面麻醉药后，区别不同异物，并按如下方法处理。

（1）尘粒、谷壳：此类异物往往贴于角膜表面，属于角膜浅层异物。如异物在右眼，操作者左手撑开眼睑，让患者注视一个方向以固定眼球，让异物处于裂隙灯最前方，右手持棉签（用抗生素滴眼液浸润）轻轻擦拭，可将异物去除，术后用抗生素滴眼液滴眼。

（2）铁屑：此类异物多属于角膜中层异物，多半嵌入角膜基质层，周围有铁锈浸润。如异物在右眼，术者左手撑开眼睑，让患者注视一个方向以固定眼球，让异物处于裂隙灯最前方，右手持 7 号针头，与角膜呈 45° 自异物的边缘插到异物的深度拔取，拔取方向应背离角膜中心区。异物取出后，将铁锈刮净。对于创面较深，创面较大的铁锈一次不能刮干净时，拔取不当，角膜混浊，铁锈已不能看清；多次拔取，角膜发生大面积上皮剥脱，不宜再长久暴露及过多损伤，可待隔日分次刮除。有学者认为当时取锈不易取净，3~4 日后待铁锈周围形成白色浸润环，角膜组织变软，较容易刮净。但这样做角膜组织破坏范围广，愈合后角膜薄翳较大，影响视力，最好当日一次取净。锈染的角膜组织不要刮除，较少的锈染可自行吸收；如锈染较重，角膜伤口已愈合，也不宜为去锈染而损伤角膜组织。术后用抗生素滴眼液滴眼。

4. 注意事项

（1）操作时动作轻柔、准确，严格无菌操作。

（2）检查时注意不要挤压眼球，眼睑痉挛严重时可滴表面麻醉药后再行检查。

（3）取角膜异物时应严格注意无菌操作，避免造成感染，特别是用于诊治的荧光素钠和表面麻醉药等必须消毒，以免铜绿假单胞菌等病原菌感染。

（4）位于角膜瞳孔区的异物应特别谨慎，尽量少损伤角膜组织，以免增大瘢痕，影响视力。

（5）爆炸所致多个异物：只取突出于角膜表面的异物，多数包埋于基质层的深在异物，待其逐渐排至浅层时，再分批剔除。

（6）完全嵌于角膜深基质层的细小玻璃碴、火药渣、煤渣、矿石等，可以不取。

（7）异物较大，部分穿透角膜进入前房，或深层的金属异物应在手术显微镜下行异物摘除术，必要时缝合角膜伤口。

（8）取异物后点抗生素眼液或眼膏，较深者包扎伤眼，促进角膜愈合。

第四节　鼻及咽喉的一般检查和鼻镜的使用

一、外鼻及鼻腔检查

（一）检查者和受检者的位置

受检者通常坐在专用诊查椅上，行动不便者可取半卧位。检查者戴额镜（图 14-4-1），调整额镜使光点集焦于受检部位。受检者面对检查者端坐，距离 25~40cm，头颈放松，上身稍前倾，头正、腰直，头位可随检查者需要做调整。对于检查不合作的患儿，应耐心、轻柔，尽量避免使患者受到惊吓，由家长或护士环抱患儿坐在大腿上，将患儿双腿夹紧，一手固定其上肢和身体，另一手固定头部。

(二) 外鼻的检查

通过视诊，观察外鼻的外观形态，是否畸形、肿胀或异常隆起，有无鼻小柱过宽、鼻翼塌陷、前鼻孔狭窄等；观察外鼻皮肤颜色，有无酒渣鼻鼻皮肤潮红症状等；触诊检查有无压痛点、乒乓球样弹性感、增厚、变硬，鼻骨有无骨折、移位及骨擦音。检查的同时可询问病史，听其发音，了解有无"闭塞性鼻音"或"开放性鼻音"，同时还要注意患者呼气是否有特殊的腥臭味等。

(三) 鼻腔的检查

1. 鼻前庭检查法

（1）徒手检查法：以拇指将鼻尖抬起并左右活动，利用反射的光线观察鼻前庭的情况（图 14-4-2）。

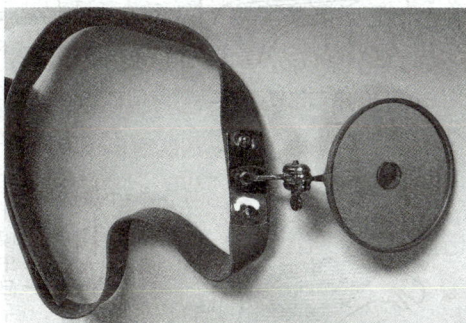

图 14-4-1 额镜

图 14-4-2 徒手检查法

额镜为中央有一小孔的凹面反射聚光镜，焦距

25cm，借额带固定于头部额前，镜面可灵活转动。

（2）前鼻镜检查法（图 14-4-3）：适用于鼻孔狭窄、鼻翼塌陷等患者。操作方法及步骤：①检查者左手执前鼻镜，以拇指及示指捏住前鼻镜的关节。右手扶持受检者的下颌部或头顶以调整其头位。②先将前鼻镜的两叶合拢，与鼻腔底平行伸入鼻前庭，切勿超过鼻阈，以免引起疼痛。然后将前鼻镜的两叶轻轻上下张开，抬起鼻翼，扩大鼻前庭，利于光线与视线射入。③观察鼻前庭皮肤有无红肿、糜烂，有无触痛，鼻毛有无脱落，有无赘生物、乳头状瘤等。④取出前鼻镜时注意不可全闭紧双叶，以免夹持鼻毛引起疼痛。

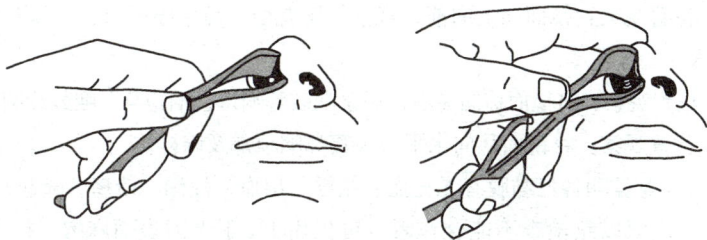

图 14-4-3 前鼻镜检查法

2. 鼻腔及鼻咽喉部检查

（1）前鼻镜检查法：按上述方法手持前鼻镜放入鼻前庭后，按下述三种头位顺序检查（图 14-4-4）。

ER14-2
前鼻镜检查的三种位置（动画）

1）第一位置观察：使受检者头稍向前倾，观察鼻腔底、下鼻甲、下鼻道、鼻中隔前下部分及总鼻道的下段。有下鼻甲萎缩者，可直接看到鼻咽部及软腭运动。

2）第二位置观察：受检者头部后仰到 30°，观察鼻中隔中段、中鼻甲、中鼻道和嗅裂的一部分。

3）第三位置观察：受检者头部逐渐后仰至约 60°，观察鼻中隔上部、中鼻甲前端、鼻丘、嗅裂后部、中鼻道前下部及鼻顶。

注意观察鼻甲有无充血、水肿、肥大、干燥及萎缩，中鼻甲有无息肉样变，各鼻道及鼻底是否积聚分泌物及分泌物的性状，鼻中隔有无偏曲、穿孔、出血、血管曲张、溃疡糜烂或黏膜肥厚。鼻腔内有无息肉、肿瘤、异物等。检查完毕，将两叶微微张开，轻轻撤出前鼻镜。前鼻镜检查不能看到上鼻甲。

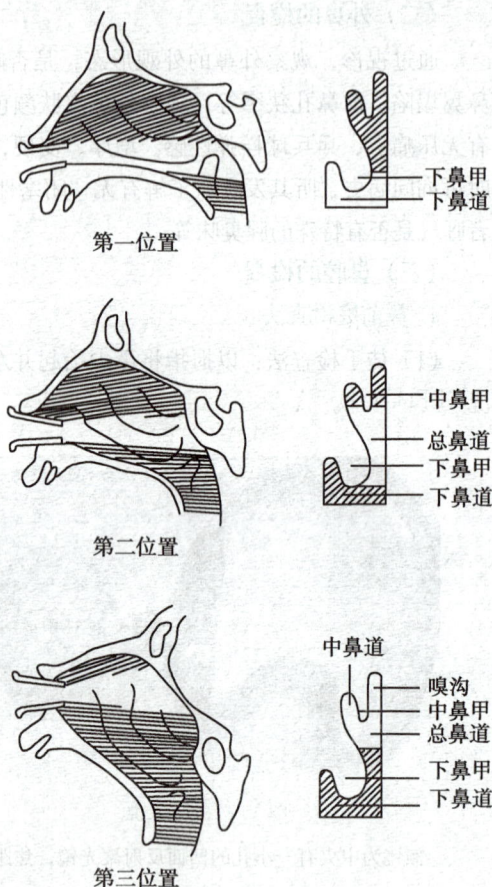

第一位置
下鼻甲
下鼻道

第二位置
中鼻甲
总鼻道
下鼻甲
下鼻道

第三位置
中鼻道
嗅沟
中鼻甲
总鼻道
下鼻甲
下鼻道

图 14-4-4 前鼻镜检查的三种位置

（2）后鼻镜检查法：后鼻镜检查又称间接鼻咽镜检查（图 14-4-5），可弥补前鼻镜检查之不足。操作方法及步骤如下：

1）嘱受检者正坐，头微前倾，张口，用鼻呼吸。

2）检查者左手持压舌板，压下舌前 2/3，右手持加温而不烫的后鼻镜，镜面向上，由张口之一角送入，置于软腭与咽后壁之间。

3）第一位置观察：镜面向上向前，观察软腭背面、鼻中隔后缘、后鼻孔、三个鼻甲及鼻道的后段。

4）第二位置观察：将镜面移向左右，观察咽鼓管咽口、咽隐窝、咽鼓管圆枕等结构。

5）第三位置观察：将镜面移向水平，观察鼻咽顶部及腺样体。

检查时应注意鼻咽各处黏膜有无充血、粗糙、出血、浸润、溃疡、隆起及新生物等。若咽反射过于敏感以致检查不能合作者，可先用 1% 丁卡因表面麻醉，待数分钟后再检查。

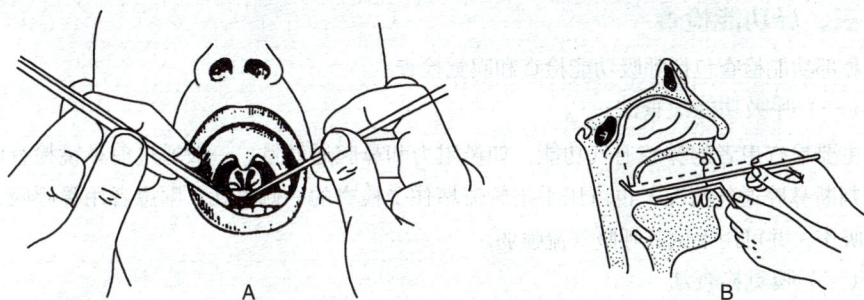

图 14-4-5　后鼻镜检查

A.正面观；B.侧面观。

（3）间接喉镜检查法：间接喉镜检查法主要用于观察喉咽部及喉腔的结构。按如下方法及步骤操作。

1）戴额镜，对光。

2）嘱受检者正坐，头稍后仰，张口，将舌伸出，平静呼吸。

3）检查者用纱块包裹舌前 1/3 部，以左手拇指（在上方）和中指（在下方）捏住舌前部并拉向前下方，示指推开上唇抵住上列牙齿，以求固定。

4）右手持加温而不烫的间接喉镜由受检者左侧口角伸入咽部，镜面朝向前下方，镜背紧贴悬雍垂前面，将软腭推向上方，观察镜中影像。

5）观察喉咽部：调整镜面角度和位置以观察舌根、舌扁桃体、会厌谷、会厌舌面及游离缘、喉咽后壁、喉咽侧壁、梨状窝等结构。

6）观察喉腔：嘱受检者发"衣"声，使会厌上举，观察会厌喉面、杓状会厌襞（披裂）、杓间区、前庭襞、声带及其闭合情况；嘱受检者深吸气，使声带充分外展，观察声门下区。

二、鼻窦检查

常用的鼻窦检查方法如下：

1. 视诊、触诊

2. 前鼻镜及后鼻镜检查法

3. 体位引流法

注意观察鼻道中有无脓液及脓液所在部位，从而协助判断鼻窦炎发生部位。具体操作步骤如下：①先将脓液拭净，用 1% 麻黄碱生理盐水棉片收缩中鼻道及嗅裂黏膜，以助窦口通畅。②然后让受检者固定在一定位置上约 15 分钟，以便脓液流出，再行鼻前、后镜检查，判断脓液的来源。若疑为上颌窦积脓，取仰卧头低位，健侧向下，如见中鼻道有脓流出即可证实。如疑为额窦或筛窦积脓，则头取正坐位；若查蝶窦则须低头，面向下将额部或鼻尖抵在桌面上。

三、鼻功能检查

鼻部功能检查包括呼吸功能检查和嗅觉检查。

（一）呼吸功能检查法

主要检查患者的鼻腔通气功能，如鼻阻力和鼻腔通气量。一般通过前鼻镜检查即可大致判断鼻腔通气情况；也可用手指轮流堵住受检查的一侧鼻孔，嘱患者用鼻呼吸，闻其呼吸声，并可用手试其呼吸气流强弱。

（二）嗅觉检查法

嗅觉检查法分为主观检查法和客观检查法，有无嗅觉功能的评估常用主观检查法判断。一般用各种气味的液体，如醋、乙醇、酱油、香油等，分置于颜色和式样完全相同的小瓶中，并以水作为对照。嘱受检者闭目并用手指闭塞一侧鼻孔，吸气分辨。应避免用刺激性较强的薄荷、氨等，因其可直接刺激三叉神经而误为嗅觉。检查期间要适当间以休息。

第五节　耳的一般检查及耳镜的使用

耳的一般检查法包括外耳检查和耳镜检查，外耳检查有耳郭、外耳道、耳膜检查。按先右后左顺序检查，先检查病情比较轻的耳朵再检查病情比较重的耳朵，避免交叉感染。

一、耳郭及耳周检查

一般以视诊和触诊检查为主。受检者侧坐，受检耳朝向医生。观察耳郭大小、位置是否对称，有无畸形、瘘管、红肿、压痛，耳周淋巴结有无肿大。然后通过触诊方法，检查耳郭有无牵拉痛，耳屏、乳突区有无压痛；耳后有无肿胀、有无波动感等。

二、外耳道及耳膜检查

如果耳郭有牵拉痛，应进一步检查外耳道。如果发现软骨部局限性红肿，考虑外耳道疖肿；外耳道耵聍一般为黄白色，呈片状，油性耵聍常为褐色或酱油色液状，当耵聍堆积成团后经常为褐色硬块，需用 3% 苏打水软化后再清理；若皮肤呈弥漫性红肿则考虑外耳道炎；若出现外耳道黑色污物或黄白色点片状分布的污物，常为外耳道真菌感染的表现；外耳道有脓液时，早期化脓性中耳炎的脓液为透明稀薄，慢性化脓性中耳炎的脓液黏稠并有臭味，检查时需将脓液彻底拭净，以便窥清耳膜；外耳道皮肤无黏液腺，当拭出黏液或脓性分泌物时应考虑为中耳疾病。

（一）徒手检查法

徒手检查法包括单手和双手检查法（图 14-5-1、图 14-5-2），检查步骤如下：

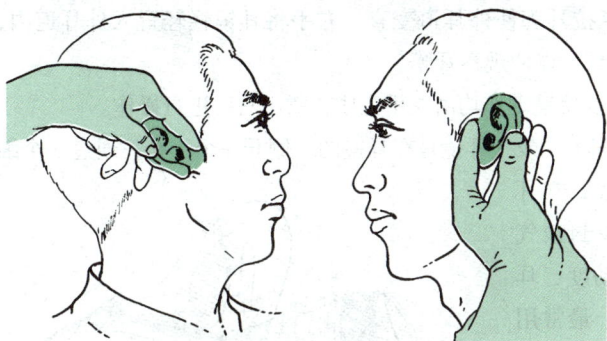

图 14-5-1 单手徒手检查法

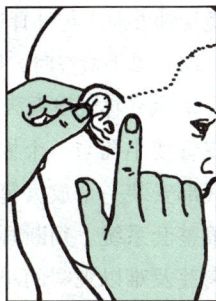

图 14-5-2 双手徒手检查法

1. 戴额镜，对光。

2. 检查者和受检者相对而坐。

3. 检查者一手将耳郭向后、上、外方轻轻牵拉，使外耳道变直，另一手示指将耳屏向前推压，使外耳道口扩大，以便观察耳膜。婴幼儿外耳道呈裂隙状，检查时应向下牵拉耳郭，方能使外耳道变直。

4. 单手检查　查左耳时，左手从耳郭下方以拇指和中指夹持并牵拉耳郭，示指向前推压耳屏；查右耳时，左手从耳郭上方以同法牵拉耳郭及推压耳屏。

5. 双手检查　一只手向后上外方拉直外耳道，另一只手将耳屏向前推移，将外耳道口扩大，可看清外耳道及耳膜。

（二）耳镜检查法

1. 普通耳镜检查法　耳镜检查也可采用双手或单手法（图 14-5-3、图 14-5-4）。耳镜形如漏斗，口径大小不等，耳镜放在外耳道以便观察耳道各部及耳膜之全貌。操作方法及步骤如下：

（1）戴额镜、对光及受检者的姿势同徒手检查。

（2）根据外耳道的宽窄选用口径适当的耳镜。

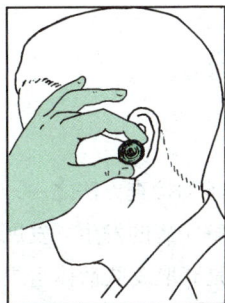

图 14-5-3　单手耳镜检查法

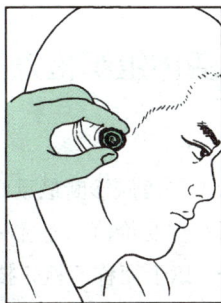

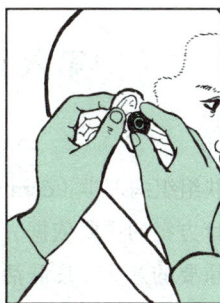

图 14-5-4　双手耳镜检查法

（3）双手检查时，用左手牵拉耳郭使外耳道变直，右手将耳镜轻轻置入外耳道内，耳镜管轴方向应与外耳道长轴一致，以便观察耳膜。

（4）单手检查时，牵拉耳郭及持镜动作均由左手完成，腾出右手进行操作。

2. **鼓气耳镜检查法**（图14-5-5）　鼓气耳镜是在耳镜的一侧开一个小孔，通过一个细橡皮管使小孔与一个橡皮球相连，在耳镜底部安装一个放大镜，借以密封鼓气耳镜整套系统。判断耳膜的运动度、耳膜肉芽及难以观察的小穿孔时，最常用鼓气耳镜检查，其步骤如下：

（1）戴额镜、对光。受检者的姿势同徒手检查。

（2）选用适当大小的鼓气耳镜置入外耳道内，注意使耳镜与外耳道皮肤紧贴，耳镜管轴方向应与外耳道长轴一致。

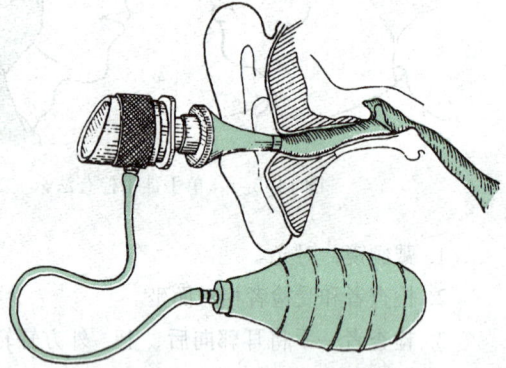

图 14-5-5　鼓气耳镜检查法

（3）反复挤压及放松橡皮球，使外耳道内交替产生正负压，同时观察耳膜向内外的活动度。

3. **电耳镜检查法**　电耳镜是自带光源和放大镜的耳镜，因此检查时不需戴额镜和对光，受检者可在任何体位下接受检查。利用电耳镜可更方便地观察耳膜的细微改变。耳膜的主要检查内容包括以下四个方面：

（1）耳膜的表面标志：如光锥、锤骨短突、锤纹、前后皱襞、紧张部、松弛部等。

（2）耳膜的色泽：如灰白、充血、混浊等。

（3）耳膜的形态：如内陷、外凸、增厚、萎缩、穿孔、钙斑、瘢痕、液平等。

（4）耳膜活动度。

第六节　皮肤活体组织检查的方法

皮肤组织病理学（dermatopathology）是皮肤诊断最重要的辅助检查方法之一，也是制订治疗方案的重要依据。不仅对诊断有重要价值，而且对了解疾病的发生、发展和转归均有重要的意义。皮肤活体组织检查（以下简称活检）技术是获取皮肤活体组织进行病理检查的基础。

一、皮肤活检适应证

1. 所有疑似肿瘤病变。

2. 所有大疱性疾病及皮肤血管炎类疾病。

3. 具有相对特异性组织改变的皮肤病，如结缔组织病、慢性萎缩性肢端皮炎、皮肤淀粉样变性、放射性皮炎等。

4. 某些感染性皮肤病，如麻风、结核、深部真菌病、黑热病后皮肤利什曼病（皮肤黑热病）、囊虫病等，可找到病原体或呈现特殊的肉芽肿性病变。

二、皮肤活检禁忌证

很少有绝对禁忌证，感染并非活检的禁忌证，有时也可以是活检的指征。使用口服抗凝药物或抗血小板药的患者基本上不会过度出血，不应因为单纯的皮肤活检而停用这些药物。一般情况下，建议将正在使用口服抗凝药或抗血小板药的患者以及出血性疾病患者，转诊给皮肤科医生或者外科医生活检。

三、皮肤活检部位选择

一般选择未经治疗的特征性明显的皮损。

1. 炎症性皮肤　应首先选择具有特征性炎症性改变的皮损（如红斑）组织。

2. 水疱性疾病　首选正在发展的早期皮损组织，因其在病理学改变上更具特异性；尽可能完整地移除水疱，并带有邻近的正常皮肤；大疱应在边缘取活检组织，纳入小部分水疱或邻近的完好皮肤，样本中应包括水疱顶部。

3. 非大疱性皮损　尽量多纳入皮损且尽量不要纳入正常皮肤。皮损直径 1~4mm 时，活检皮损中心或整个切除；皮损更大时，活检边缘、最厚的部位或颜色最不正常的部位。

4. 其他　鉴别诊断范围较广时应多处活检；其他部位有皮损时应尽量避免腹股沟、腋窝、关节伸面及面部取标本。

四、皮肤活检方法

常用的皮肤活检方法包括削切法（shave）、钻取法（punch）、切除法（excisional）等，一般来说，可以根据皮损的类型及位置选择不同的方法，临床上以切除法最为常用。

（一）削切法（削刮活检）

1. 皮损选择及活检范围　最适合削刮活检的皮损为高出皮肤或病变局限于表皮的皮损，例如脂溢性角化病或光化性角化病、皮赘、疣和浅表基底细胞癌或鳞状细胞癌。

2. 活检操作步骤

（1）常规消毒皮肤，局部麻醉，通过注射麻醉药形成风团来抬高皮损有利于削刮活检。皮损抬高后便于在拇指和示指间固定。

（2）进行浅表削刮活检时，手术刀（15 号刀片）从水平方向紧贴皮肤表面。随后刀片向前平滑切割，从紧贴皮损下方的部位切除皮损。进行稍深的表皮和真皮削刮活检时，以执笔式握住手术刀，用15号手术刀片的斜尖在皮肤上做一个垂直小口，随后转动手术刀，以水平锯切运动向前移动刀片，最后将刀刃转向皮肤表面完成切除。

（3）即将完成切除时，将示指放在皮损顶部，以固定皮损并防止撕裂。标本即放入固定液中。

（4）创口压迫止血，常规消毒，可用创可贴等加压包扎。

3. 特点及注意事项

（1）完成速度快、不需要缝线缝合。

（2）活检深度取决于刀片角度，因此应注意刀片进出皮肤的角度。浅表削刮活检几乎平行于皮肤表面，仅限于表皮或表皮加有限的浅表真皮。活检后可能会留下和原始皮损一样大的小型凹陷瘢痕。

（3）不应对色素沉着性皮损进行浅表削刮活检，因为意料外的黑色素瘤在部分削除后不能正确分期。

（二）钻取法（钻孔活检）

1. 皮损选择及活检范围　适用于皮损较小，或病变只限于表皮或真皮，或手术切取有困难的病例。应在钻孔活检前确定活检部位的皮肤张力线方向。

2. 活检操作步骤

（1）常规消毒皮肤，局部麻醉后数分钟取材。

（2）根据皮肤大小选择合适孔径的钻孔器，左手固定皮肤，右手用钻孔器在取材部位一边旋转，一边持续向下用力，钻到适当深度时（一般要求达到皮下组织），取出钻孔器。不应在活检过程中取出钻头检查进度，这可能导致伤口参差不齐及活检标本破碎。钻头到达皮下脂肪时会产生明显"突破感"，表明已完成全层组织切除。用带齿小镊子轻轻夹起标本边缘，将标本提起，用小剪刀将标本从底部剪断。

（3）标本即放入固定液中。

（4）创口压迫止血，加压包扎，必要时应缝合切口。

3. 特点及注意事项　皮损选择的正确与否，直接影响病理切片的准确性，因此，应注意以下几点：

（1）选择充分发育的、具有代表性的典型损害，应尽量取原发性损害。应同时取一部分正常皮肤，以便与病变组织做对比。取材时应包括皮下组织，不能过浅。

（2）对水疱性、脓疱性与含有病原体的损害，应选择早期损害。取材时应保持疱的完整性，勿使之破裂。为诊断头发疾病而对头皮进行钻孔活检时，最好使用4mm的钻头，使其与头皮表面呈20°角，大致沿毛囊轴线钻孔。环形损害应在边缘部取材。

（3）当同时存在不止一种损害时，应分别取材。

（4）为观察疗效，治疗后的标本一定要在治疗前取材的同一部位采取。

（三）手术切取法（切除活检）

1. 皮损选择及活检范围　若诊断或治疗中需要完全切除破损，或皮损大小、深度或位置使得钻孔活检无法获得充足样本，那就应行手术切取法。用外科记号笔在待切除皮损周围画一个椭圆，皮损周围 2~5mm 的正常皮肤应纳入在内，两顶点为 30° 角，长度为宽度的 3 倍。

2. 活检操作步骤

（1）常规消毒皮肤，局部麻醉后数分钟取材。

（2）对小皮损进行菱形切除，对较大皮损进行六角形切除。进行菱形切除时，将刀片垂直皮肤，沿着菱形的四条直线切开。进行六边形切除时，在皮损两侧切开两条平行直线，然后再以四条直线连接这两条线的两端，形成六边形。切口的长轴平行于皮肤张力线。

（3）开始下刀时不一定要穿透整个真皮层，但在切除样本时，最终切口必须完全穿透真皮，深至皮下脂肪。取材大小根据需要而定，一般为 1~2cm 长，0.2~0.5cm 宽。

（4）应尽量不损伤组织以免影响标本质量，造成诊断困难。

（5）标本取下后，即平放于吸水纸上，或用大头针固定在小木板上，使之不致卷曲或歪斜，然后再放入固定液中。

（6）缝合切口，缝合时要将皮对齐，以免影响美观。

（7）7~10 日拆线。

3. 特点及注意事项

（1）有利于对整个皮损进行组织病理学检查，特别适合去除大的皮肤肿瘤或累及皮下脂膜的深层皮肤炎症性疾病。

（2）可切除较多组织，因此可通过一个活检部位进行多项检查（培养、组织病理学、免疫荧光、电镜）。

（3）对专业技术的要求最高，且耗时最长，几乎都需要缝合。

第七节　冷冻、激光治疗的适应证

一、冷冻治疗的适应证

冷冻治疗（cryotherapy）是利用制冷剂产生低温使病变组织坏死而达到治疗目的的方法。细胞内冰晶形成、细胞脱水、脂蛋白复合物变性及局部血液循环障碍等是冷冻的效应机制。冷冻剂主要有液氮（-196℃）、二氧化碳雪（-70℃）等，以前者较为常用。可选择不同形状、大小的冷冻头进行接触式冷冻，亦可用喷射式冷冻。冷冻后可见局部组织发白、肿胀，1~2 日内可发生水疱，然后干燥结痂，1~2 周脱痂。

冷冻治疗适用于大量良性病变（各种疣、化脓性肉芽肿、结节性痒疹、瘢痕疙瘩、表浅良性肿瘤等）和少数恶性皮肤肿瘤及癌前病变。

1. **黑色素细胞** 采用的冷冻温度为 -5℃。相对轻微的冷冻导致不可逆的黑素细胞损伤，这解释了为什么色素减退是冷冻治疗的常见不良结果。

2. **良性病变** 冷冻温度一般介于 -25~-50℃ 之间。理想情况下，角质形成细胞应该冷却到 -50℃。

3. **恶性病变** 冷冻温度至少 -50℃。

二、激光治疗的适应证

激光治疗（laser therapy）是一种利用激光对生物组织的热效应进行治疗的手段。皮肤常用激光治疗如下：

1. **激光手术** 用二氧化碳激光器等发射高功率激光破坏组织。适用于寻常疣、尖锐湿疣、跖疣、鸡眼、化脓性肉芽肿及良性肿瘤等。

2. **激光理疗** 氦氖激光和砷化镓半导体激光可促进炎症吸收和创伤修复。适用于毛囊炎、疖肿、甲沟炎、带状疱疹、斑秃、皮肤溃疡等。

3. **选择性激光治疗** 根据"选择光热解"理论，实施选择性激光治疗，从而提高疗效。如果脉冲时间短于靶组织的热弛豫时间（即靶组织吸收光能后所产生的热能释放 50% 所需要的时间），即可使热能仅作用于靶组织，而不引起相邻组织的损伤，从而实现治疗的选择作用。可适用于血管性损害、色素性损害、文身、脱毛等。

4. **点阵激光（fractional lasers）/像素激光治疗** 激光光斑作用于皮肤时，形成密集的筛孔状微治疗区，损伤局限于微治疗区即邻近组织。此种治疗与传统的剥脱性激光相比，可以减少周围组织损伤并缩短愈合时间。适用于痤疮瘢痕、除皱、嫩肤、紧肤、色素性损害。

（曹素艳）

推荐阅读资料

[1]杨培增，范先群.眼科学.9版.北京：人民卫生出版社，2018.

[2]王斌全，黄健.眼耳鼻喉口腔科学.8版.北京：人民卫生出版社，2020.

[3] ALAM M, LEE A, IBRAHIMI O A, et al. A multistep approach to improving biopsy site identification in dermatology：physician, staff, and patient roles based on a Delphi consensus. JAMA Dermatol, 2014, 150 (5)：550.

[4] BREWER J D, GONZALEZ A B, BAUM C L, et al. Comparison of sterile vs nonsterile gloves in cutaneous surgery and common outpatient dental procedures：a systematic review and meta-analysis.JAMA Dermatol, 2016, 152 (9)：1008-1014.

[5] HANSEN T J, LOLIS M, GOLDBERG D J, et al. Patient safety in dermatologic surgery：part I. safety related to surgical procedures. J Am Acad Dermatol, 2015, 73 (1)：1-12.

第十五章　常用传染病相关操作技能

随着经济全球化和社会人员流动的增加，全球传染性疾病以前所未有的速度传播和蔓延，新型冠状病毒就是摆在全世界面前的典型案例。传染病的流行过程就是其在人群中发生、发展和转归的过程。流行过程的发生有三个基本条件，即传染源、传播途径和人群易感性，这三个条件缺一不可。若切断其中任一环节，都会终止传染病流行的过程，保护医务人员和易感人群，避免感染，从而限制甚至终止疾病的播散，对于传染病的防治具有极其重要的意义。

第一节　常用的消毒方法

消毒（disinfection）是指用各种化学、物理或生物学的方法，杀灭或消除体外环境中病原微生物的一系列方法。消毒技术是目前各种传染病预防和控制工作中的一个重要环节，通过清除病原体来阻止其向外界传播，达到控制传染病发生与蔓延的目的。

一、消毒的种类

（一）疫源地消毒

疫源地消毒是指对目前存在或曾经存在传染源的区域进行的消毒。其目的是杀灭或清除传染源排出到外界环境中的病原体。疫源地消毒可分为：

①终末消毒：当患者痊愈或死亡后，对其居住地进行的一次彻底消毒；②随时消毒：是指对来自各种传染源的排泄物、分泌物及其污染物品进行随时消毒。

（二）预防性消毒

预防性消毒是指在未发现传染源的情况下，对可能受病原体污染的场所、物品和人体进行消毒。比如饮用水消毒、餐具消毒、空气消毒、手术室和医护人员手的消毒等。

二、消毒的方法

（一）物理消毒法

物理消毒法包括机械、热、光、电、微波、辐射等在医疗工作中常用的方法。

1. **热力灭菌法**　①煮沸消毒：简单易行，适用于处理各类传染病患者的餐（饮）具、衣服、被单及金属、玻璃等各种耐湿耐热物品的消毒。煮锅内的水应将物品全部淹没，水沸时开始计时，持续 15~30 分钟。亦可以使用 0.5% 肥皂水或 1% 碳酸钠溶液代替清水。②高压蒸汽灭菌：效果可靠，适用于耐热和耐潮物品。通常压力为 98kPa，温度为 121~126℃，15~20 分钟即能彻底杀灭细菌的繁殖体和芽孢。③预真空压力消毒：主要是利用传统的机械式吸气抽真空的灭菌方法，先使灭菌器内形成一定的负压，再导入蒸汽，蒸汽压力可以高达 205.8kPa（2.1kg/cm²），温度达 132℃或以上，随后开始灭菌。到达一定的灭菌时间后，再次抽真空，从而使灭菌物品迅速干燥。本法 2 分钟内可以有效杀灭芽孢，物品也可以迅速干燥。④巴氏消毒法：有热力灭菌和蒸汽消毒两种方法。温度一般为 65~75℃，10~15 分钟，但不能杀死芽孢。此外尚有流动蒸汽消毒、干热灭菌法等。

2. 辐射消毒法　在医院中比较常用，可分为：

①非电离辐射：主要包括紫外线、红外线和微波。紫外线常用于室内空气、水的消毒和一般物品的表面消毒；为低能量电磁波辐射，光波波长范围在 200~275nm 之间；杀菌作用强，杀菌谱广，但是紫外线穿透力较差，照射不到的部位没有杀菌作用；对真菌孢子的效果最差，细菌芽孢次之，对乙型肝炎病毒无效。直接照射到人体皮肤可引起皮肤急性红斑，紫外线性眼炎和臭氧中毒等。红外线和微波主要依赖产热杀菌。②电离辐射：有丙种（γ）射线和高能电子束（β射线）两种。可在常温下对不耐热的物品灭菌，又称"冷灭菌"，具有较为广谱的杀菌作用，剂量容易控制，灭菌效果可靠，但是设备昂贵，对人及物品有一定的损害。多用于各种精密医疗器械、生物医学制品（人工器官、移植器官等）及一次性医疗产品等的灭菌处理。

（二）化学消毒法

用化学消毒药物作用于各种微生物和病原体，使其蛋白发生变性而死亡。

1. 分类　根据其消毒效能可分为三类。

（1）高效消毒剂：指可杀灭一切细菌繁殖体（包括分枝杆菌）、病毒、真菌及其孢子等，对细菌芽孢（致病性芽孢菌）也有一定杀灭作用，达到高水平消毒要求的制剂。如 2% 的碘酊、戊二醛、过氧乙酸、甲醛、环氧乙烷等。含氯制剂和聚维酮碘消毒效能介于高效与中效之间。

（2）中效消毒剂：是指仅能有效杀灭分枝杆菌、真菌、病毒及其他细菌繁殖体等微生物，达到消毒要求的制剂。如乙醇、部分含氯制剂、氧化剂、溴剂等。

（3）低效消毒剂：是指仅能杀灭细菌繁殖体和亲脂类病毒，达到消毒要求的灭菌制剂。如汞、氯己定（洗必泰）及某些季铵盐类消毒剂等。

2. 常用的化学消毒剂

（1）含氯消毒剂：是广谱、低毒的高效消毒剂。具有强烈的刺激性气味，对金属有腐蚀性、对织物有漂白作用，受有机物影响很大，消毒液不稳定等特点。常用的含氯消毒剂有漂白粉、次氯酸钠、氯胺及二氯异氰尿酸钠等。适用于各种餐（茶）具、环境、水、疫源地等消毒。

（2）醇类消毒剂：是速效的中效消毒剂，具有对皮肤黏膜有刺激性、对金属物质无腐蚀性等特点，受某些有机物的影响很大，易挥发、不稳定。主要有 75% 乙醇及异丙醇。

乙醇可迅速杀灭细菌繁殖体，但对乙肝病毒及芽孢作用较差，异丙醇杀菌作用大于乙醇，但毒性也较大。适用于皮肤、环境表面及医疗器械的消毒等。

（3）碘类消毒剂：是速效、低毒的中效消毒剂，具有对皮肤及黏膜无任何刺激，并且不被黄染，对铜、铝、碳钢等二价金属有腐蚀性，受有机物影响很大，稳定性好等特点。常用的有 2% 碘酊及 0.5% 聚维酮碘。适用于皮肤、黏膜等的杀菌消毒。

（4）季铵盐类消毒剂：本类消毒剂主要包括单链季铵盐和双长链季铵盐两类，前者只能杀灭某些细菌繁殖体和亲脂类病毒，属低效消毒剂，例如苯扎溴铵；后者可杀灭多种有机物和微生物，包括细菌繁殖体，某些真菌和病毒。季铵盐类可与乙醇或异丙醇配成复方制剂，其联合杀菌效果明显增加。季铵盐类消毒剂的特点是对皮肤黏膜无任何刺激、毒性较小、稳定性好、对消毒物品无损害等。适用于皮肤黏膜、环境物品消毒。

（5）醛类消毒剂：是广谱的高效杀毒剂，具有对金属腐蚀性较低、受有机物影响小等特点。主要有甲醛和戊二醛，适用于不耐热的医疗器械和精密仪器等的消毒。

（6）氧化消毒剂：是广谱、低毒的高效消毒剂，具有对金属及织物有腐蚀性、受有机物影响大、稳定性差等特点。常用的有过氧乙酸、过氧化氢、臭氧、高锰酸钾等。适用于耐腐蚀物品、环境及皮肤的消毒，具体见表 15-1-1。

表 15-1-1　非芽孢污染场所、污染物品的消毒处理方法与剂量

消毒场所	消毒方法	用量	消毒时间
室外污染表面	500~1 000mg/L 二溴海因喷洒	500ml/m²	30min
	1 000~2 000mg/L 含氯消毒剂喷洒	500ml/m²	60~120min
	漂白粉喷洒	20~40g/m²	2~4h
室内表面	250~500mg/L 含氯消毒剂擦拭	适量	
	0.5% 新洁尔灭擦拭	适量	
	0.5% 过氧乙酸熏蒸	适量	60~90min
	500~1 000mg/L 二溴海因喷洒	100~500ml/m²	30min
	1 000~2 000mg/L 含氯消毒剂喷洒	100~500ml/m²	60~120min
	2% 过氧乙酸气溶胶喷雾	8ml/m³	60min
	0.2%~0.5% 过氧乙酸喷洒	350ml/m²	60min
室内地面	0.1% 过氧乙酸拖地	适量	
	0.2%~0.5% 过氧乙酸喷洒	200~350ml/m²	60min
	1 000~2 000mg/L 含氯消毒剂喷洒	100~500ml/m²	60~120min
室内空气	紫外线照射	1W/m³	30~60min
	臭氧消毒	30mg/m³	30min
	0.5% 过氧乙酸熏蒸	1g/m³	120min

消毒场所	消毒方法	用量	消毒时间
餐、饮具	蒸煮	100℃	10~30min
	臭氧水冲洗	≥12mg/L	60~90min
	含氯消毒剂浸泡	250~500mg/L	15~30min
	远红外线照射	120~150℃	15~20min
被褥、书籍、电器电话机	环氧乙烷简易熏蒸	1 500mg/L	16~24h
	0.2%~0.5%过氧乙酸擦拭	适量	
服装、被单	煮沸	100℃	30min
	250~500mg/L含氯消毒剂浸泡	淹没被消毒物品	30min
	0.04%过氧乙酸浸泡	淹没被消毒物品	120min
游泳池水	加入含氯消毒剂	余氯0.5mg/L	30min
	加入二氧化氯	5mg/L	5min
污水	10%~20%漂白粉溶液搅匀	余氯4~6mg/L	30~120min
粪便、分泌物	漂白粉干粉搅匀	1:5	2~6h
	30~50g/L含氯消毒剂	2:1	2~6h
尿	漂白粉干粉搅匀	3%	2~6h
	10 000mg/L含氯消毒剂搅匀	1:10	2~6h
便器	0.5%过氧乙酸浸泡	浸没便器	30~60min
	5 000mg/L含氯消毒剂溶液浸泡	浸没便器	30~60min
手	2%碘酒、0.5%聚维酮碘、0.5%氯己定醇溶液擦拭	适量	1~2min
	75%乙醇、0.1%苯扎溴铵（新洁尔灭）浸泡	适量	5min
运输工具	2%过氧乙酸气溶胶喷雾	8ml/m³	60min

资料来源：《消毒技术规范》2019年版。

三、消毒效果的监测

消毒效果的监测是评价消毒设备运转是否正常、消毒药剂是否有效、消毒措施和灭菌方法是否合理、消毒结果是否达标的唯一手段，因而在消毒、灭菌工作中必不可少。常用消毒效果的监测方法包括：

①物理测试法：是通过仪表来测试消毒时的温度、压力及强度等的方法。适用于干

热灭菌的效果监测。②化学指示剂测试法：将既能指示温度又能指示温度持续时间的化学指示剂 3~5 个分别放入待灭菌的物品中，并置于灭菌器最难达到的灭菌部位。经一个灭菌周期后，取出化学指示剂，据其颜色及性状的改变判断是否达到灭菌条件。适用于压力蒸汽灭菌、干热灭菌的效果监测和环氧乙烷灭菌效果监测。③生物指示剂测试法：通过使用非致病菌的植物芽孢作为生物指示剂以测定灭菌的效果。适用于压力蒸汽灭菌、干热灭菌的效果监测和环氧乙烷灭菌效果监测。④自然菌采样测定法：在消毒后或使用前进行采样。适用于物品和环境表面消毒效果的监测、手和皮肤黏膜的消毒效果监测及空气消毒的效果监测。⑤无菌检查法：检查样品中的需氧菌、厌氧菌及各种霉菌，除阳性对照外，其他任何一条管均不得有菌生长。

第二节　穿脱隔离衣和防护服

一、隔离衣及防护服的概念

1. 隔离衣　是一种主要用来保护医务人员，使其免受血液、体液和其他可能产生感染性化学物质的污染，或主要用来保护患者避免感染的防护用品。

2. 防护服　医务人员在接触甲类或按甲类传染病管理的乙类传染病患者时所必须穿戴的一次性防护用品。

二、隔离衣与防护服的使用

医务人员应根据诊疗工作的需要，选用合适的隔离衣或防护服。隔离衣应后开口，能够很好地遮盖住所有衣服和外露的皮肤。医用一次性防护服应符合《医用一次性防护服技术要求》（GB 19082—2009）的规定，具有良好的透气防水、耐磨抗静电、过滤效率和对皮肤无刺激性，穿脱方便，接合部严密，袖口、脚踝等部位应具有一定弹性的无缝收口。

1. 应穿隔离衣的情况

（1）接触经接触传播的感染性疾病（如传染病、多重耐药菌感染）等患者。

（2）对患者进行保护性隔离时，例如大面积烧伤、骨髓移植等患者的诊疗、护理。

（3）可能受到患者的血液、体液、分泌物、排泄物喷溅。

2. 应穿防护服的情况

（1）接触甲类或按甲类传染病管理的乙类传染病患者时。

（2）接触经空气或飞沫传播的传染病患者，可能受到患者的血液、体液、分泌物、排泄物喷溅时。

三、医务人员防护用品穿脱程序

1. 穿戴防护用品应遵循的程序

（1）清洁区进入潜在污染区：洗手并戴医用防护口罩→戴帽子→穿好工作服→更换工作鞋→进入潜在污染区。手部皮肤破损的需要戴乳胶手套。

（2）潜在污染区进入污染区：穿隔离衣或防护服→戴护目镜/防护面罩→戴手套→进入污染区。

（3）为患者进行吸痰、气管切开、气管插管等操作时，可能被患者的分泌物及体内有害成分喷溅的诊疗护理工作前，应佩戴防护面罩或全面型呼吸防护器。

2. 脱防护用品应遵循的程序

（1）医务人员离开污染区进入潜在污染区前：手卫生→摘护目镜/防护面屏→脱隔离衣或防护服→脱靴套、外层手套→洗手和/或手卫生→进入潜在污染区，再次洗手或手消毒。将用后物品分别放置于专用的污物容器内。

（2）从潜在污染区进入清洁区前：洗手和/或手卫生→脱工作服→摘帽子→摘医用防护口罩→洗手和/或手卫生→进入清洁区。

（3）离开清洁区：沐浴、更衣→离开清洁区。

3. 穿脱防护用品的注意事项

（1）医务人员在接触多个同类型的传染病患者时，防护服可以连续应用。

（2）接触疑似传染病患者，防护服应在接触每个患者之间进行更换。

（3）如果防护服被患者的血液、体液、污物等污染时，应及时更换。

（4）戴医用防护口罩或全面型呼吸防护器时，应进行面部密合性试验。

四、隔离衣/防护服穿脱方法

（一）穿隔离衣或防护服

1. 用物准备 医用外科口罩、N95 型口罩或全面罩，一次性帽子，医用防护服或隔离衣，鞋套，防护面罩，快速手消毒液，一次性手套（或橡胶手套），清洁垃圾桶，医用黄色垃圾桶。

2. 手卫生 按七步洗手法洗手，每步至少 15 秒。

第一步：掌心相对，手指并拢，相互揉搓。

第二步：手心对手背，双手交叉，沿指缝相互揉搓，双手交换进行。

第三步：掌心相对，双手交叉，沿指缝相互揉搓。

第四步：双手相扣，相互揉搓。

第五步：一手握另一手大拇指，旋转揉搓，双手交换进行。

第六步：将 5 个手指并拢，在另一手的掌心旋转揉搓，双手交换进行。

第七步：螺旋式擦洗手腕，双手交换进行。

3. 戴口罩

（1）医用外科口罩的佩戴方法：①将口罩罩住鼻、口及下颌，口罩下方的带子系于

ER15-1

穿脱隔离衣
（视频）

颈后，上方的带子系于头顶中部，如图15-2-1A。②将双手指尖放在鼻夹上，从中间位开始，用手指向内按压，并逐步向两侧鼻部移动，根据鼻梁形状塑造鼻夹。③调整系带的松紧度。

（2）医用防护口罩的佩戴方法：见图15-2-1B~F。

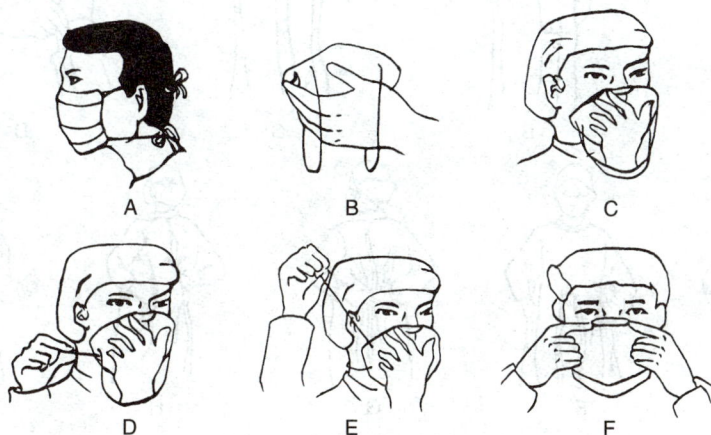

图15-2-1 口罩的佩戴方法

A.医用外科口罩的佩戴方法；B~F.医用防护口罩的佩戴方法；B.一手托住防护口罩，有鼻夹的一面背向外；C.将医用防护口罩罩住鼻、口及下颌，鼻夹部位向上紧贴面部；D.用另一只手将下方系带拉过头顶，放在颈后双耳下；E.再将上方系带拉至头顶中部；F.将双手指尖放在金属鼻夹上，从中间位置开始，用手指向内按鼻夹，并分别向两侧移动和按压，根据鼻梁的形状塑造鼻夹。

（3）注意事项

1）不应一只手捏鼻夹。

2）医用外科口罩及医用防护口罩只能一次性使用。

3）口罩潮湿及受到患者的血液、体液等污物污染后，应及时进行更换。

4）每次佩戴医用防护口罩进入工作区域之前，应进行密合性检查。检查方法是将双手完全盖住防护口罩，快速呼气，若鼻夹附近有漏气应调整鼻夹，若发现漏气在四周，应调整到不漏气为止。

4. 戴帽子　充分遮盖头部及发际线的毛发，将有松紧带的一面向后。

5. 戴内层手套至腕部　此层可为普通的橡胶手套。

6. 根据情况选择隔离衣或防护服

（1）穿隔离衣方法：见图15-2-2。

（2）穿防护服的方法：连体或分体防护服，应遵循先穿下衣，再穿上衣，然后戴好帽子，最后拉上拉链的顺序。以连体防护服为例：①首先取出防护服，从上向下拉开拉链抖顺防护服；②绷住脚尖，双腿依次伸入防护服裤腿中；③上拉防护服，将胳膊依次伸入防护服袖子中，戴上防护服帽子，从下向上拉上拉链；粘贴拉链门襟。

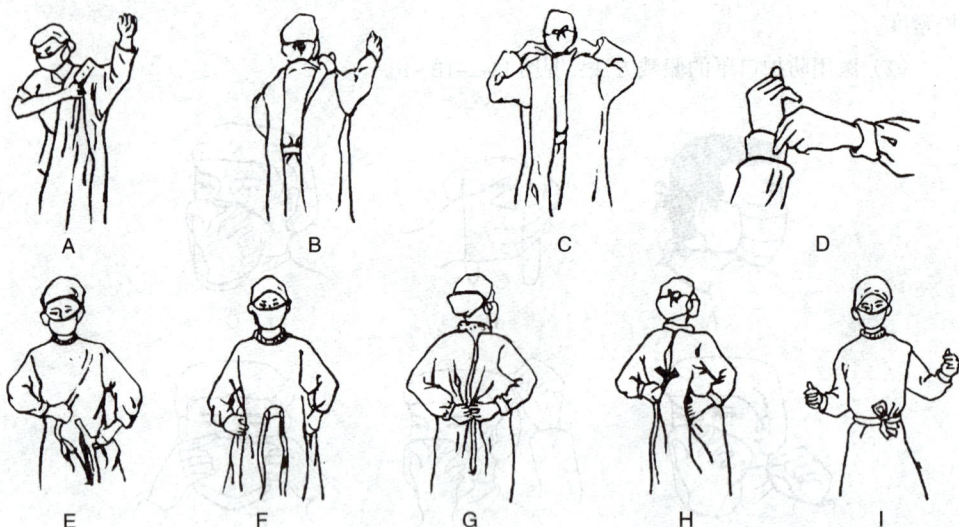

图 15-2-2　穿隔离衣方法

A. 右手提衣领，左手伸入袖内，右手将衣领向上拉，露出左手；B. 换左手持衣领，右手伸入袖内，露出右手，不要触及面部；C. 两手持衣领，由领子中央顺着衣领边缘向后系好颈带；D. 扎好袖口；E. 将隔离衣一边（约在腰下 5cm）逐渐向前拉，见到边缘用力捏住；F. 同法捏住另一侧边缘；G. 双手在背后将衣边对齐；H. 向一侧折叠，一手按住折叠处，另一手将腰带拉至背后折叠处；I. 将腰带在背后交叉，回到身前将带子系好。

7. 防水靴套至少套到小腿，并系好带子，防止脱落或移位。

8. 戴外层手套　戴外层手套至隔离衣（或防护服）的手腕部，完全覆盖手部和隔离衣（或防护服）的袖子，防护服袖口应扎于手套内。此层手套应为防针刺睛手套。

9. 戴护目镜　将护目镜置于面部和眼睛上方，调整头带与面部、头部的松紧适宜度。行容易产生气溶胶的操作时可选择全面型自动送风过滤器面罩。

10. 评估检查防护服的合适性　在离开清洁区进入污染区前，可以通过上举双臂、弯腰、下蹲等简单动作再次评估所选防护服的合适性。

（二）脱防护服及隔离衣

1. 手卫生　按七步洗手法洗手，同前。

2. 脱防护面罩或护目镜　此时防护面罩或护目镜外部是污染面。

（1）手卫生后，拉起防护面罩的头带，从后面取下防护面罩。

（2）如果物品可重复使用，则放置在指定的容器中进行消毒。否则，丢弃在医疗垃圾箱中。

3. 脱防护服或隔离衣　此时隔离衣或防护服外面及手套外部都是污染面。

（1）脱隔离衣：见图15-2-3。

（2）脱分体防护服：见图15-2-4。

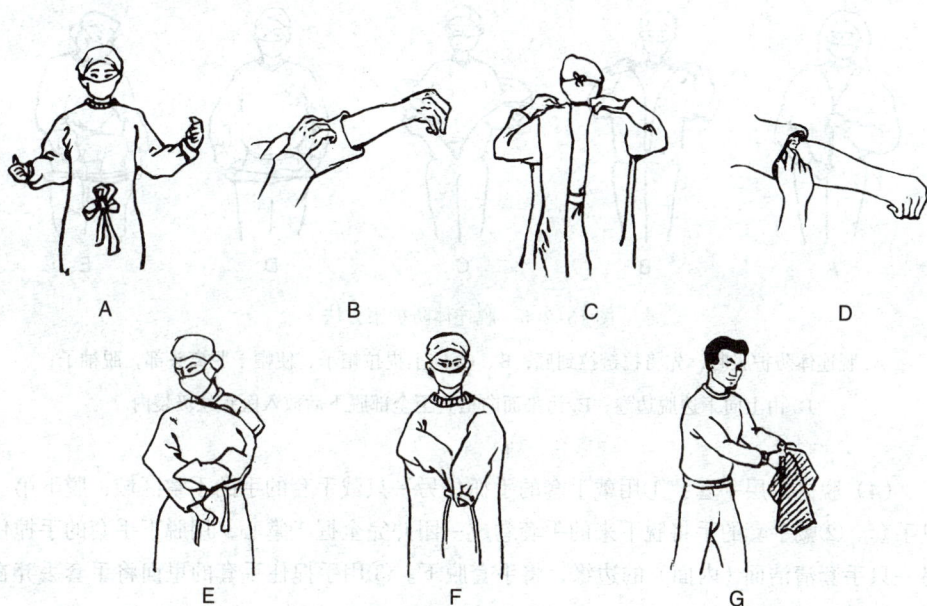

图15-2-3　脱隔离衣方法

A.解开腰带，在前面先打一个活结。B.解开袖带，塞入袖拌内，充分暴露双手进行手消毒。C.解开颈后带子。D.将右手伸入左手腕部袖内，拉下袖子过手。E.用遮盖着的左手握住右手隔离衣袖子的外面，拉下右侧袖子。F.双手转换慢慢从袖管中退出，脱下隔离衣。左手握住领子，右手将隔离衣两边对齐，污染面向外悬挂在污染区；如果悬挂在污染区外，则污染面向里。G.不再使用时将脱下的隔离衣污染面向内，卷成包裹状，放至医疗垃圾容器内或放入回收袋中。

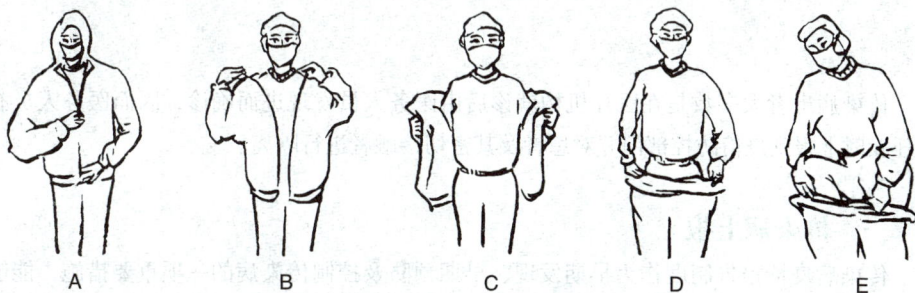

图15-2-4　脱分体防护服方法

A.首先将拉链拉开；B.将帽子向上提拉，使帽子脱离头部；C.先脱袖子、上衣，将污染面向里放入医疗垃圾袋；D、E.脱下衣，由上向下边脱边卷，污染面向里，脱下整件衣服后置于医疗垃圾袋。

（3）脱连体防护服：见图 15-2-5。

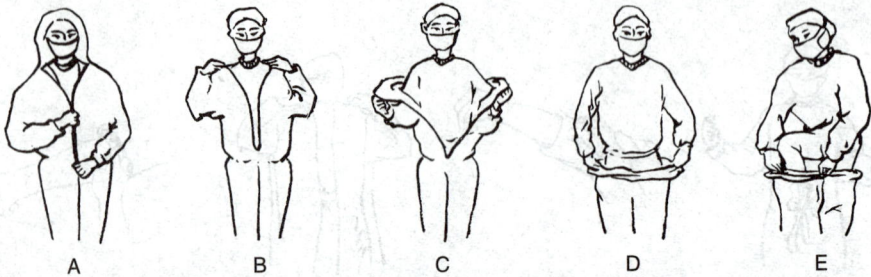

图 15-2-5　脱连体防护服方法

A. 脱连体防护服时，先将拉链拉到底；B、C. 向上提拉帽子，使帽子脱离头部，脱袖子；

D. 由上向下边脱边卷；E. 污染面向里直至全部脱下后放入医疗垃圾袋内。

（4）脱去内层手套：①用戴手套的手抓住另一只戴手套的手的手掌区域，脱下第一只手套。②戴手套的手将脱下来的手套卷成一团并完全握于掌心，用脱下手套的手捏住另一只手套清洁面（内面）的边缘，将手套脱下。③用手捏住手套的里面将手套丢弃在医疗垃圾袋中。

（5）脱帽子：手卫生后，头向前倾斜，从头顶摘下帽子，不要触碰皮肤或者头发等处。

（6）脱口罩：口罩前部是污染面，请勿触摸。手卫生后，在不接触前面的情况下，抓住口罩的尾部系带或松紧带取下，丢弃在医疗垃圾袋中。

第三节　传染病基层管理

传染病患者大多数是在医疗机构就诊后由医务人员发现进而确诊，因而医务人员有责任及时上报到疫情防控部门并对患者及其密切接触者进行隔离。

一、传染病上报

传染病疫情报告制度作为早期发现、早期预防及控制传染病的一项重要措施，能够有效促进疫情防控部门及时掌握疫情，采取必要的流行病学调查和防疫措施。根据《中华人民共和国传染病防治法》《突发公共卫生应急事件条例》及《传染病信息报告管理规范（2015 年版）》，我国将 40 种法定的传染病依据其传播途径、速度及对人类健康危害程度的不同，分为甲类、乙类和丙类传染病，实行分类管理。

1. 甲类　2 种，包括鼠疫、霍乱。

2. **乙类** 27种，包括新型冠状病毒感染、严重急性呼吸综合征（SARS）、艾滋病、病毒性肝炎、脊髓灰质炎、人感染高致病性禽流感、麻疹、肾综合征出血热、狂犬病、流行性乙型脑炎、登革热、炭疽、细菌性痢疾、阿米巴痢疾、肺结核、伤寒和副伤寒、流行性脑脊髓膜炎、百日咳、白喉、新生儿破伤风、猩红热、布鲁氏菌病、淋病、梅毒、钩端螺旋体病、血吸虫病、疟疾。

3. **丙类** 11种，包括流行性感冒（含甲型 H_1N_1 流感）、流行性腮腺炎、风疹、急性出血性结膜炎、麻风病、流行性和地方性斑疹伤寒、黑热病、包虫病、丝虫病，除霍乱、细菌性痢疾、阿米巴性痢疾、伤寒和副伤寒以外的感染性腹泻病、手足口病。

在乙类传染病中严重急性呼吸综合征、肺炭疽、脊髓灰质炎按甲类传染病进行管理和报告。

医疗机构和其他责任报告单位在首次诊断传染病患者后，应立即填写传染病报告卡，传染病报告卡由疾病录卡单位保留三年。

责任报告单位和责任报告人发现甲类传染病和乙类传染病中按甲类传染病管理的传染病患者或者疑似患者时，或发现其他传染病和不明原因疾病暴发时，应于2小时内将传染病报告卡通过网络报告。对于其他乙类、丙类传染病患者、疑似患者或规定报告的传染病病原携带者，实施网络直报的责任报告单位应于病例诊断后24小时内进行网络直报。

不具备网络直报条件的医疗机构应在规定时限内向属地乡镇卫生院、城市社区卫生服务中心或县级疾病预防控制机构报告，并于24小时内寄送出（或传真）传染病报告卡至代报单位。

二、隔离和消毒

（一）隔离

根据传染病传染性大小、传播途径和传播方式的不同，采取不同的隔离措施。

1. **严密隔离** 对传染性强、病死率高的传染病，如霍乱、鼠疫、新型冠状病毒感染等，应严格隔离，尽量单人单间。

2. **呼吸道隔离** 对由空气和飞沫传播的各类急性呼吸道感染性疾病，如新型冠状病毒感染、严重急性呼吸综合征、流行性脑炎、流行性感冒、百日咳、麻疹、白喉、肺结核等，均应进行呼吸道隔离。

3. **消化道隔离** 对由患者的排泄物传播的各种传染性疾病，如甲型病毒性肝炎、戊型病毒性肝炎、伤寒、阿米巴病、细菌性痢疾等，应单人单间或同病种患者在一间病房隔离，如条件有限要加强床边隔离。

4. **血液-体液隔离** 对于经血液及体液传播的传染性疾病，如艾滋病、乙型病毒性肝炎、丙型病毒性肝炎、钩端螺旋体病等，同种病原体感染的患者可以住在一个病房中进行隔离。

5. **接触隔离** 对破损皮肤或黏膜直接或间接接触经患者体表或感染部位排出病原体

引起的传染病，如炭疽、破伤风、淋病、梅毒和皮肤的真菌感染等，应进行接触隔离。

6. 昆虫隔离　对以昆虫作为媒介传播的传染性疾病，如回归热、疟疾、流行性乙型脑炎、丝虫病、斑疹伤寒等，应进行昆虫隔离。患者病房应安装纱窗、纱门，做到防蝇、防蚊等措施。

7. 保护性隔离　对抵抗力特别低的易感人群，如严重烧伤患者、早产儿和器官移植患者、免疫系统疾病长期大量应用免疫抑制剂者、恶性肿瘤患者等，均应进行保护性隔离。

（二）消毒

消毒是切断传染性疾病传播途径的一种重要措施。狭义上的消毒是指消灭污染环境中的病原体。广义上的消毒指消灭传播媒介在内的病原微生物。

三、保护易感人群

通过加强营养和适当的锻炼提高身体素质，可以提高机体的非特异性免疫力。在传染病流行期间，易感人群应避免与其他具有传染性的患者接触。传染病流行前易感人群采取有重点有计划的预防接种可以提高易感人群的特异性免疫能力，有效预防感染。

实例：新型冠状病毒感染的基层管理。

1. 强化"首诊负责制"，发挥"哨卡"作用，对发热患者闭环处置，落实"早发现、早报告、早隔离、早治疗"措施。

2. 规范设置预检分诊、发热筛查门诊及发热门诊；就诊人员戴口罩、测体温、健康码查验、保持 1m 线、不聚集。对不能自主提供健康码人员登记详细信息，准确记录就诊人员信息。

3. 规范佩戴一次性外科口罩及穿脱工作服，做好手卫生和消毒，对工作服定期清洁消毒；严格落实标准预防，医务人员对患者实施近距离操作、存在感染风险时，佩戴医用防护口罩、穿隔离衣或防护服，必要时佩戴护目镜或防护面屏等。

4. 询问就诊人员是否有发热、咳嗽、咽痛、嗅（味）觉减退、腹泻等症状，是否自行服用过退烧药。

5. 核问前 14 日旅居史和与中高风险地区、入境人员接触史，冷链物流工作经历或人员接触史，近期有无参加聚集活动，是否接触过发热或有呼吸道症状病例。

6. 对于发热患者实行闭环管理，1 小时内向乡镇卫生院报告可疑患者信息。不截留发热患者等可疑患者，指导做好个人防护，协调就近闭环转至上级发热门诊（诊室）。

7. 清洁与消毒。诊室每日开窗通风三次，每次不少于 30 分钟；按照《医院空气净化管理规范》要求，加强诊疗环境的通风管理，有条件的可进行空气消毒。

8. 严格执行《医疗机构消毒技术规范》，做好医疗器械、器具和物品等的清洁消毒，做到一人一用一消毒；接诊发热或可疑患者后，严格进行终末消毒。

9. 规范医疗废物处理，对于疑似或确诊新型冠状病毒感染患者产生的生活垃圾与医疗废物，均作为感染性医疗废物处理。

10. 强化社区疫情防控的网格化管理：根据不同风险级别采用不同的防控措施。

11. 进行宣传教育。做好自我防护、1m 线、咳嗽礼仪、公勺公筷，注意手卫生等。

第四节　传染性疾病标本采集

一、传染性疾病标本的采样对象及采样类型

1. **临床标本**　如患者、疑似患者或密切接触者的血液标本、排泄物（粪、尿）、分泌物（鼻分泌物、咽分泌物、痰、脓等）、上呼吸道标本（如咽拭子、鼻拭子等）、下呼吸道标本（如呼吸道吸取物、支气管肺泡灌洗液、深咳痰液、胸腔积液、肺组织活检标本等）、眼结膜拭子、抗凝血和血清标本、其他人体标本（脑脊液、疱疹液、淋巴结穿刺液等）。

2. **尸检标本**　患者死后应依法尽早进行解剖，在严格按照生物安全防护的条件下进行尸检，主要采集肺、气管组织标本，条件允许下也可采集肝、肾、脾、脑、淋巴结等组织标本。

3. **环境标本**　物体表面、室内空气、食物、水等。

4. **病媒和动物标本**　疑似传播疾病的蚊、鼠等。

针对不同的疫情，需重点采集的标本不完全一样。

二、传染性疾病标本采集应具备的条件

1. 具有与采集病原微生物样本所需要的生物安全防护水平相适应的设备，包括个人防护用品（隔离衣、帽、口罩、鞋套、手套、防护眼镜等）、防护材料、器材和防护设施等，防止医源性感染与实验室污染。

2. 具有掌握相关专业知识和操作技能的工作人员。

3. 具有能够有效防止病原微生物扩散和感染的措施。

4. 具有保证病原微生物样本质量的技术方法和手段。

采集高致病性病原微生物样本的工作人员在采集过程中应当防止病原微生物扩散和感染，并对样本的来源、采集过程和方法等做详细记录。

三、传染性疾病标本采集的时间和部位

一般在怀疑细菌感染时应尽量在急性发病期（发病 3 日内）和使用抗生素之前采集标本，进行细菌的分离培养，否则这种标本在分离培养时要加药物拮抗剂。如果需要做病毒分离和病毒抗原检测的标本，应在发病初期和急性期采样，因为此时病毒在体内大量繁殖，检出率高，病毒分类标本最好在发病 1~2 日内采集。比如新型冠状病毒感染临床标本的采集应当尽量选择发病早期的呼吸道标本（尤其是下呼吸道标本）和发病 7 日

内急性期血清及发病后第 3~4 周的恢复期血清。

标本采集的部位根据致病菌在患者不同病期的体内分布和排出部位不同而有所差异。例如伤寒患者应在发病早期未使用抗生素之前采血培养，在 2~3 周时停用抗生素 2 日后采粪便培养。全病程可做骨髓培养。

四、传染性疾病标本检测的目的

传染性疾病标本检测的主要目的是揭示传染病暴发的根本原因，指导临床诊断、鉴别诊断、判断传染性及指导传染性疾病的"精准化"控制。

五、传染性疾病标本的保存

标本保存的总原则：根据标本种类及检测内容确定标本的保存方式。

用于细菌检测的标本：常需无菌、无抗生素保存，从而能确保目标细菌的存活并抑制其他微生物的过度生长。一般在 4℃或室温保存。

用于病毒检测的标本：一般应放在保温容器（0~4℃）里，不可放置超过 2 日。如不能立即分离病毒时，应将标本冷冻保存。若长期储存，最好在 -70℃冻存。

如怀疑是寄生虫，所取粪便中加入 10% 甲醛溶液和聚乙烯醇缩乙醛（PVA）防腐剂（充分混合）。

用于检测抗原或抗体的标本可在 4~8℃保存 24~48 小时，在 -20℃保存时间更长。检测抗体的血清可在 4℃保存约一周，最长 10 日；超过一周必须在 -20℃下冷冻。

实验室必须对所有标本建立追踪系统，此系统中必须严格注明标本基本信息，如标号、标本唯一识别码、采样日期、地点、采样人等；患者的基本信息、临床诊断检测结果，以及实验室检测信息，如检测项目、时间和结果。从而可随时了解标本来源信息，追踪原始出处。实验室标本应有专人管理，完善标本档案资料。存放标本处应贴上特殊标识，加强消毒。

六、传染性疾病标本的运输

1. 送检的样本应严密包装，容器或者包装材料还应当符合防水、防破损、防外泄、耐高（低）温、耐高压的要求，外表加以消毒，进行编号、登记后，贴上"生物危害标识"标签。采用 WHO 提出的三级包装系统。标签不能脱漏和遗失。特殊传染病标本运送时，要认真填写标本送检单，由专人、专车，尽快送至指定的检验部门或单位，完成交接并索要回执。运送过程中避免日光和高热，防止病原体死亡，运送过程中注意采取相应的防护措施。

2. 分离培养细菌、病毒的标本大多数要求冷藏运送，而不耐寒冷的脑膜炎球菌等应在 35~37℃保温运送；血液标本用于细菌、病毒或寄生虫分离时，需低温保存，不能冷冻，应用冰块而不是干冰运送；做立克次体类微生物的全血标本要求干冰保存和冷冻运送。

3. 检测核酸标本的运送要求低温快速。从标本采集到检测的间隔时间要尽可能短，并尽可能让标本处于冷藏状态。未进行检测而保存时间较长时，则需冷冻标本防止核酸降解。

4. 特殊传染性疾病标本的处理，必须在生物安全柜或生物安全不低于 3 级的实验室进行，杜绝检验或实验过程中造成病原微生物的传染和传播。

七、主要标本的采集方法

（一）呼吸道标本

怀疑呼吸道传染性疾病时，需要留取呼吸道标本以明确或排除诊断。

1. 口咽拭子标本　口咽拭子标本作为诊断呼吸道传染性疾病筛查的一个重要标本，临床应用非常广泛。

（1）采集指征：突发性严重咽痛、扁桃体局部肿大、颈部或颌下淋巴结肿痛，常伴有发热、通常无咳嗽和明显的鼻塞的呼吸道传染性疾病的筛查。

（2）标本采集方法：嘱患者先用生理盐水或清水漱口，然后取坐位或平卧位，头后仰，张大嘴，同时发出"啊"音，充分暴露患者的咽喉部，必要时用压舌板固定舌头。取出咽拭子中的无菌长棉签，拭子越过舌根到达咽后壁及扁桃体上的隐窝、侧壁处。首先用拭子适度用力来回擦拭双侧咽扁桃体至少 3 次，再在咽后壁擦拭至少 3 次，以 3~5 次为宜；然后取出拭子，避免直接触及舌头、悬雍垂、口腔和咽部黏膜及唾液。如果扁桃体有脓点，将脓点挤破并采集脓性分泌物送检；如果是新型冠状病毒感染的核酸检测，擦拭完双侧咽扁桃体及咽后壁将拭子头浸入含 3ml 病毒保存液（也可使用等渗盐溶液、组织培养液或磷酸盐缓冲液）的管中，尾部弃去，旋紧管盖。标本盒上注明患者基本信息及贴上唯一的标识码或条码送检。

2. 鼻咽拭子标本的采集　患者头部后仰约 70°，保持身体不动。嘱患者放松，操作人员先用拭子估测耳根到鼻孔的距离；然后将拭子自鼻孔垂直面部方向插入，插入的深度最少应为耳垂部位到鼻尖长度的一半；遇到阻力后即到达患者的后鼻咽，在此处应该停留数秒以吸取分泌物（一般要求 15~30 秒），并反复旋转拭子 3~5 次；轻轻旋转取出拭子，然后再取另一根聚丙烯纤维头的鼻拭子以同样的方法采集另一侧鼻孔。采集完毕将上述两根拭子浸入同一个含 3ml 采样液的管中，尾部弃去，旋紧管盖。标本盒上注明患者基本信息并贴上唯一的标识码或条码送检。注意需要同时采集两个鼻道内的标本。

3. 痰液标本的采集　痰培养适用于呼吸道传染性疾病的诊断。必要时需留取肺泡灌洗液或经气管插管或气管镜留取的痰培养标本进行痰培养。

痰液标本采集之前，需要先判断患者是否能配合留取深部的痰液。因此在留取痰培养标本之前需要向患者充分说明留痰前的注意事项，比如保持口腔清洁、深咳、避免口咽部菌群污染等，指导患者正确地留取痰标本。

（1）采集指征：患者发热、咳嗽、咳痰，影像学检查肺部出现新的或扩大的浸润影。

（2）采集要求：痰标本的采集应严格遵循以下原则。

1）尽可能在抗菌药物治疗前或更换抗菌药物前采集痰标本。

2）标本采集后保证 2 小时内送至微生物实验室并得到接种。

3）只要有可能得到合格的痰标本，应马上采集、送检。

4）尽可能在医护人员直视下及时留取合格的痰液。

5）宜采集清晨第一口痰液。

6）怀疑分枝杆菌感染者，应连续收集 3 日的清晨痰液送检。

（3）标本采集方法：采集前准备无菌痰盒（螺口、有盖、密封）、清水。

1）用清水漱口 2~3 次，有假牙者应先取出假牙；嘱患者深吸气后用力咳嗽将深部的痰液咳出。

2）若无痰或痰量极少，可以使用 3%~5% 氯化钠溶液 5ml 雾化吸入约 5 分钟后留取痰液。

3）将痰液咳入无菌痰盒内。

4）盖好并拧紧杯盖，尽快送至微生物实验室。

5）痰盒上贴患者信息及唯一的标识码或条码，注明标本采集时间和送检目的，立即送检。

（4）痰液标本的保存及运输

1）标本采集后需尽快送到实验室，不能超过 2 小时。

2）不能及时送达或待处理标本应置于 4℃冰箱保存，以免杂菌生长。但不能超过 24 小时。

3）对可疑烈性呼吸道传染病（SARS、肺炭疽、肺鼠疫等）的患者标本，在采集、运送或保存过程中应注意生物安全保护。

4. 支气管肺泡灌洗液（BALF） 采集支气管肺泡灌洗液进行培养可以提高检测结果的准确性。

（1）采集指征：对于疑似肺炎患者，如果有机会应该进行气管镜检查，同时留取支气管肺泡灌洗液进行培养。对于咳痰无力不能自行留取深部痰液的患者，也可以考虑通过纤维支气管镜获取痰液标本。

（2）标本采集方法：嘱患者放松，在进行操作前向患者充分说明操作的方法、意义和注意事项，征得患者的同意及配合。患者取平卧位，咽喉部进行局部麻醉，麻醉后导入纤维支气管镜（约 30cm 深处）。将无菌支气管镜顶端楔入支气管分支开口，通过纤维支气管镜对位于支气管以下肺段或亚肺段水平的病灶，用 37℃或室温无菌生理盐水进行多次灌洗。每次向支气管内注入 30~50ml（常规灌洗 4~5 次），直到灌洗液的总量达 100~300ml，并充分进行吸引回收。从灌洗液中取出 10ml 标本，放入无菌管中，旋紧盖子，注明患者的基本信息及培养目的，贴上唯一标识码或条码立即送至微生物实验室。标本采集过程中注意自身防护，避免引起疾病传播和扩散。保存与运输注意事项参照痰标本的保存与运输。

5. 气道吸取标本

（1）采集指征：留置气管插管或气管切开等人工气道的患者，不能自行咳痰，可以通过吸痰管从气道内抽取痰液。

（2）标本采集方法：操作过程注意手卫生及无菌观念。将患者头部转向操作者一侧。拆开无菌集痰器，连接吸引器，调节吸引器到合适的负压；戴手套持一次性无菌吸痰管导管，折叠吸痰管末端，插入人工气道至适宜深度；放开吸痰管末端，轻柔、灵活、迅速地左右旋转并向上提拉吸痰管吸痰。痰液自动吸入集痰器，折叠一次性吸痰管退出，将一次性吸痰管与吸引器分离（使用人工呼吸机者，一次吸痰时间不应超过 15 秒，吸痰前后需要吸入高浓度的氧气 1~2 分钟）。去掉吸痰管，封闭集痰器。标本采集过程中注意自身防护，避免引起疾病传播及扩散。标本标识要求有唯一标识号或条码，立即送至微生物实验室。保存与运输注意事项参照痰标本的保存与运输。

（二）尿液标本

泌尿系统传染性疾病主要是淋病等，其中病原学诊断主要是通过采集尿液标本进行微生物学检测。泌尿系统感染微生物学检测的方法为尿培养、免疫学检查等。在标本采集过程中，应避免尿液受到粪便或者周围正常菌群的污染。

1. 采集指征　当患者出现尿频、尿急、尿痛，同时可能伴有寒战、高热、白细胞计数增高，或者留置导尿管患者出现发热情况时，或者有其他不明原因的传染性疾病时均应考虑进行尿液标本的送检。

2. 标本采集方法　尿液的留取方法包括清洁中段尿、导尿管采集尿液法、耻骨上膀胱穿刺采集尿液法。不管采取哪种方法采集尿液，在操作过程中都要注意无菌操作，做好个人防护，避免尿液喷溅及污染周围环境。

3. 标本保存与运输

（1）尿标本采集后应立即送检。

（2）若不能在采集后 30 分钟内进行培养，应放入 4℃ 冰箱保存，但也不能超过 24 小时。

（三）粪便标本

怀疑存在胃肠道传染性疾病时，粪便是诊断胃肠道传染性疾病的首选标本。

1. 采集指征　若患者出现腹痛、腹泻（水样便、脓血便）、呕吐，或伴有炎症和发热等症状时建议进行粪便检查。

2. 标本采集方法　尽可能在应用抗菌药物治疗前进行粪便标本采集，标本收集在宽口便盒内，并加盖密封。粪便留取方法包括自然排便法和肛拭子法。

3. 寄生虫及虫卵标本采集注意事项　如怀疑阿米巴原虫感染时，便盆需要先加温，便后连同便盆立即送检；若怀疑绦虫感染时有时需多次收集粪便；查虫卵则需取大便的黏液脓血部分；若查蛲虫卵，需在患者清晨起床前用特制的肛门拭子轻擦肛周皱褶处，放入置有温盐水的试管中立即送检。

4. 标本保存与运输　粪便标本应尽快送检，室温下运送标本时间不超过 2 小时。若不能及时送检，可加入 pH 为 7.0 的磷酸盐甘油缓冲保存液或使用 Cary-Blair 运送培养基置于 4 ℃冰箱保存，保存时间不超过 24 小时。

肛拭子采集的标本应置入 Cary-Blair 运送培养基或革兰氏阴性菌肉汤中送检。在室温下运送时间不应超过 2 小时，4 ℃冰箱保存不超过 24 小时。

高度怀疑霍乱弧菌感染的标本需专人运送，应符合特殊标本的安全要求。

（四）脑脊液

脑脊液是诊断中枢神经系统传染性疾病最主要的标本。

1. 采集指征　发现临床高度疑似脊髓灰质炎病例和高危病例时，就诊医院负责采集脑脊液 1~2ml。

2. 标本采集方法　由临床医生采集，采取腰椎穿刺的方法留取脑脊液 5~10ml，分别置于 3 支无菌试管中，第一管进行化学或免疫学检查，第二管做细菌学检查，第三管做细胞学检查。细菌学检查要求适量标本：细菌 ≥1ml，真菌 ≥2ml，分枝杆菌 ≥2ml。脑脊液采集量不能 <1ml。尽可能多地收集脑脊液，可以提升培养的阳性检出率，尤其是针对真菌和分枝杆菌的培养。整个过程严格执行无菌操作。

3. 标本保存与运输　采集脑脊液后标明姓名、采集日期，区（县）疾控中心于当日冷藏条件下送市疾控中心实验室（如不能当日送检，需 –20℃保存），进行脑脊液培养和聚合酶链反应（PCR）检测。

（五）血标本采集

血标本的采集包括全血、血浆、血清及血块的采集。血液培养及血清抗体检测对传染性疾病的诊断、治疗和预后有重要的临床意义。

1. 采集指征　各种传染病几乎都需采集血标本，原则上腹泻性传染病不需要采集血标本。不明原因的发热，为明确传染病的病原学或者进行血液抗体检测时需要进行血标本采集。

2. 标本采集方法

（1）采血时机：①尽可能在患者寒战初期，发热高峰前 30~60 分钟内进行采血。②尽可能在使用抗菌药物治疗前采集血培养标本；如患者已经接受了抗菌药物的治疗，应该在下次继续用药之前进行采血。③用于检测免疫球蛋白 M（IgM）的血清一般于发病 1 个月内采；用于检测免疫球蛋白 G（IgG）的血清应收集两次。第一次于发病初期（1~3 日），越早越好。第二次血样一般在恢复期（第一次采血后 3~4 周）。双份血清同时检测。如抗体滴度 4 倍以上升高才有意义。

（2）采集方法：多为肘静脉采血，严格无菌操作。如果进行血培养，应同时在两个部位分别采集血标本；每个部位都需要同时送检需氧和厌氧培养。对于儿童患者，应同时分别在两个部位采集血标本，并分别注入培养瓶，一般不需要厌氧瓶，除非怀疑厌氧菌感染。如果进行血清抗体检测，直接静脉采血即可。

（3）采血注意事项

1）采血时严格落实一人一针一带一巾。

2）如果进行核酸检测，抗凝剂一般使用乙二胺四乙酸三钾（EDTA-K3）或枸橼酸钠，可不用肝素。

3）医务人员要做好适当的防护，必要时穿防护服或隔离衣，戴护目镜或防护面屏。

4）采集标本后应在每套血培养瓶上贴上唯一的标识号或条码，并注明标本采集时间和部位，然后送检。

3. 标本保存与运输

（1）血液标本采集后应立即送检，最好在2小时内送达实验室。不能及时送检者，应置室温暂存。血培养瓶接种前后都禁止放入冰箱。

（2）运送的装置要足够安全，避免血培养瓶在送送过程中因碰撞发生破裂。

（六）环境标本采集

1. 环境采样的部位

（1）确诊病例、疑似病例、无症状感染者及密切接触者的居所及相关公共区域均应采集下述每个点位：①居所入户门把手、门铃、指纹开锁手接触处。②卫生间：卫生间门把手、各种龙头把手、毛巾、墩布、马桶冲水按钮、坐便器、地漏、墙壁开关、漱口杯子、牙刷等人员经常接触的区域。③客厅：各种遥控器表面、沙发及茶几扶手或台面、窗户把手、墙壁开关、电话机（如有，采集手接触部分）、水杯。④厨房：厨房门把手、冰箱里残留的冷冻冷藏食品、冰箱门把手、洗菜盆、炊具、餐桌、刀具、案板、墙壁开关、油烟机按键、垃圾桶等经常触碰位点。⑤卧室：卧室门把手、衣柜门把手、床头柜台面、床单、被罩（与人体接触部分）、台灯开关、抽屉把手、枕巾、纸巾盒、墙壁开关、遥控器开关等人员易接触到部位。⑥居所小区内公共区域：小区内公共活动设施器材、垃圾桶、旧物回收机、现制现售饮水机、快递柜等。⑦居所所在楼栋公共区域：单元门禁、把手、楼道楼梯扶手、电梯内部按钮及外部每层按钮、楼道门及每层住户门把手等。⑧小区内其他楼栋公共区域：电梯内部按钮，按30%比例抽样采集楼道楼梯扶手，每层电梯外部按钮，楼道门及住户门把手等部位。

（2）确诊病例、疑似病例、无症状感染者及密切接触者的工作场所，以下每个点位均应采集：①公共洗手间的龙头、各个门把手、按钮，蹲便或坐便、墩布、地漏（若有）。②工作台面、键盘、座椅扶手、饮水机按钮、空调遥控器、工作用具、垃圾桶。③门、窗把手、快递柜、指纹打卡器等。④食堂用餐区域及厨房。

（3）涉及确诊病例、疑似病例、无症状感染者及密切接触者的公共场所，结合流行病学调查情况确定重点区域，不同公共场所的以下重点区域均应采集，其他区域按30%的比例抽样采集。①商场超市：消防通道、商铺各种门把手、按钮、扶梯楼梯扶手、电梯按钮、货架、收银台、清洁间、洗手间、垃圾桶等人员经常接触的位点。②酒店：每个房间的把手、清洁间、洗手间门把手、毛巾、水龙头及马桶按钮、地漏、各种遥控器、开关、空调风口、公共区域各种门把手、电梯按钮、垃圾桶等经常触碰位点。③餐厅：门把手、收银台、餐桌椅、纸巾盒、后厨案板、刀具、厨具、冰柜冰箱把手、内外表面及内容物、清洁用具、垃圾桶。④学校：各种门把手、粉笔、黑板擦及黑板、讲台、饮水机按钮、卫生间等公共区域、清洁间、各类开关、课桌椅、体育器材及教学用具、垃圾桶等。

（4）其他场所：其他场所应根据确诊病例、疑似病例、无症状感染者及密切接触者停留的时间及接触部位合理确定采样点位。应选取与人体接触频繁，尤其是呼吸道飞沫、排泄物、呕吐物等容易污染到的区域，以及与手、口唇等密切接触及其他可能受到病毒污染的物体进行采样。

2. 采样频率

（1）确诊病例、疑似病例、无症状感染者及密切接触者的居所、涉及的公共场所、工作地点在控制好人员流动后并且在进行全面专业消毒前采样一次。确诊病例、疑似病例及密切接触者所在楼层应采用单采方式，其他楼层可采用混采方式。

（2）对检出阳性区域进行一次复核采样（已进行环境全面消毒后仍需进行复核采样）。

（3）为溯源工作进行的环境采样可根据需要确定频次。

3. 采样面积和数量

（1）每个被采集物体表面至少涂抹 10cm×10cm 的面积，不足者采集全部面积。

（2）各种物体的采样数量如上所述。

4. 采集操作

（1）进行单部位采样时手指应握住采集拭子头另一端的顶部，蘸取病毒采样液使采集拭子湿润，在需要采集的物体表面的适当部位来回均匀涂抹，同时转动采集拭子。涂抹完成后将拭子头置入管中，拭子折断点置于管口处，稍用力折断使拭子头落入采集管的液体中，将手握部分的拭子杆扔到医疗废物垃圾袋中，旋紧管盖，在采集管上贴标签，标注样本编号（如已提前加贴并编号，应有措施确保样本的可追溯性），将采集管置于稳定的置物架上。

（2）进行混采时，可根据现场情况，将同类的多个物体合并采集作为一件混合样本。采样时按照上述的采集方法依次采集其余拭子，将完成采集的拭子放入同一采集管中，动作应轻柔，以免管内液体溅出。连续采集多支拭子以后，旋紧管盖，防止溢洒。也可用同一支拭子依次涂抹多个部位。混采部位不应超过 10 个，同时应在采集记录中记录全部采集部位信息，确保可追溯。

5. 样本保存及运输

（1）采集后的拭子应立即放入符合要求的病毒保存液中，并尽快置于低温容器内暂存。严禁将拭子放入蒸馏水等不符合检测要求的液体内保存，严禁将样本暴露在高温环境中。

（2）样本应采用可保持低温的容器中尽快转运至检测机构，能在 24 小时内检测的样本可置于 4℃保存，24 小时内无法检测的样本应置于 –70℃或以下保存（或置于 –20℃保存，但 –20℃保存的时间不得超过 7 日），并避免反复冻融。

（3）样本必须按《病原微生物实验室生物安全管理条例》及《可感染人类的高致病性病原微生物菌（毒）种或样本运输管理规定》等要求进行包装和运输，运输过程中应防止转运箱倾斜、倒置。

传染性疾病种类很多，不同的传染病采集的标本不同，其检测目的、标本保存及运输方法也各不相同。因此临床上需要根据传染病的不同类型采集不同的标本。

（田惠玉）

推荐阅读资料

［1］北京市疾病预防控制中心.北京市新冠肺炎疫情调查处置环境采样规范.（2021-02-01）［2022-10-31］.https：//www.bjcdc.org/article/65842/2021/2/1612152010786.html.

［2］国家卫生计生委办公厅.国家卫生计生委办公厅关于印发传染病信息报告管理规范（2015年版）的通知：国卫办疾控发〔2015〕53号.（2015-10-29）［2022-10-31］.http：//www.nhc.gov.cn/jkj/s3577/201511/f5d2ab9a5e104481939981c92cb18a54.shtml.

［3］国务院应对新型冠状病毒肺炎疫情联防联控机制综合组.关于印发新型冠状病毒肺炎防控方案（第九版）的通知：联防联控机制综发〔2022〕71号.（2022-06-27）［2022-10-31］.http：//www.gov.cn/xinwen/2022-06/28/content_5698168.htm.

［4］姜利，李六亿，吴安华，等.新型冠状病毒：正确而非过度防护.中华内科杂志，2020，59（9）：662-664.

［5］李兰娟，任红.传染病学.9版.北京：人民卫生出版社，2018.

［6］米元元，黄海燕，朱丽群，等.新型冠状病毒患者标本采集技术专家共识.护士进修杂志.2020，35（1）：1-5.

［7］王丽，丁玲莉，胡晓静，等.医疗机构个人防护装备的使用要求和穿脱顺序详解.中国循证儿科杂志，2020，15（1）：22-24.

［8］中华人民共和国第七届全国人民代表大会常务委员会.中华人民共和国传染病防治法.（2013-06-29）［2022-10-31］.http：//www.gov.cn/banshi/2005-05/25/content_971.htm.

［9］中华人民共和国国务院.病原微生物实验室生物安全管理条例.（2004-11-02）［2022-10-31］.http：//www.gov.cn/zhengce/2020-12/27/content_5574545.htm.

［10］中华人民共和国国务院.突发公共卫生应急事件条例.（2003-05-09）［2022-10-31］.http：//www.gov.cn/zhengce/2020-12/26/content_5574586.htm

［11］中华人民共和国卫生部.医院隔离技术规范：WS/T 311—2009.（2009-12-01）［2022-10-31］.http：//www.nhc.gov.cn/wjw/s9496/200904/40116.shtml.

［12］中华预防医学会医院感染控制分会.临床微生物标本采集和送检指南.中华医院感染学杂志.2018，28（20）：3192-3199.

第十六章 常用护理操作技能

第一节 氧 气 疗 法

氧气疗法（oxygen therapy）指通过给氧，提高动脉血氧分压（PaO_2）和动脉血氧饱和度（SaO_2），增加动脉血氧含量（CaO_2），纠正各种原因造成的缺氧状态，促进组织的新陈代谢，维持机体生命活动的一种治疗方法。根据缺氧的原因和血气变化的特点，单纯性缺氧主要分为低张性缺氧、血液性缺氧、循环性缺氧和组织性缺氧四种类型。

一、目的

1. 纠正各种原因造成的缺氧状态，提高动脉血氧分压和动脉血氧饱和度，增加动脉血氧含量。

2. 促进组织的新陈代谢，维持机体生命活动。

二、缺氧程度判断

根据临床表现及动脉血氧分压和动脉血氧饱和度来确定。缺氧的严重程度判断见表 16-1-1。

表 16-1-1 缺氧程度判断

程度	动脉血氧分压 /kPa	动脉血氧饱和度 /%	症状	给氧
轻度	>6.67	>80	无发绀	-
中度	4~6.67	60~80	发绀、呼吸困难	+
重度	<4	<60	显著发绀、呼吸极度困难、三凹症	++

三、供氧装置

（一）氧气筒及氧气表

1. 氧气筒 容纳氧气 6 000L，氧气筒顶部有一个总开关，控制氧气的进出。氧气筒颈部侧面有一个气门与氧气表相连，是氧气自筒中输出的途径。氧气筒内氧气可供应时间计算公式如下：

$$可供应时间（min）= \frac{[压力表压力（kg/cm^2）-5] \times 氧气筒容积（L）}{1kg/cm^2 \times 氧流量（L/min）\times 60（min）}$$

2. **氧气表** 包括压力表、减压器、流量表及安全阀。

（1）装卸氧气表的方法

1）装表：吹尘，上压力表，拧紧螺栓，连接湿化瓶、打开流量表开关、检查管道通畅、无漏气后关闭流量表开关（即一吹、二上、三紧、四查）。

2）卸表：关闭总开关，放出余气后关闭流量表开关，左手扶压力表，右手将氧气筒气门与氧气表连接处螺栓松开，卸氧气表（即一关、二扶、三松、四卸）。

（2）氧气浓度与流量的关系：吸入氧浓度（%）= 21+4× 氧流量（L/min）

（二）中心供氧装置

医院氧气集中由供应站供给，设管道至病房、门诊、急诊。供应站有总开关控制，每个用氧单位需配有流量表，打开流量开关即可使用。

四、方法

（一）鼻氧管给氧法

鼻氧管给氧法（oxygen therapy by nasal catheter）是将鼻氧管前端插入鼻孔内约 1cm，再将导管环固定稳妥（图 16-1-1）。此法比较简单，患者感觉比较舒适，容易接受，是目前临床上常用的给氧方法之一。

1. 操作前准备

（1）操作者衣帽整洁，修剪指甲，洗手，戴口罩。室温适宜、光线充足、环境安静。

（2）评估患者的年龄、病情、意识、治疗情况、心理状态及合作程度。向患者及家属解释给氧的目的、方法、注意事项及配合要点。患者体位舒适，情绪稳定，愿意配合。

（3）用物准备：准备好相关物品，放于治疗车上。

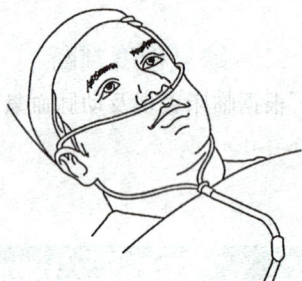

图 16-1-1　鼻氧管给氧法

1）治疗车上层：小药杯（内盛冷开水）、弯盘（内放纱布）、棉签、鼻氧管、内装 1/3~1/2 灭菌蒸馏水的湿化瓶、流量表、管道氧气装置或氧气筒（标志牌"满"）和氧气压力表装置（压力表、减压器、安全阀）及扳手、手电筒、用氧记录单、笔、医嘱单、手消毒液。

2）治疗车下层：生活垃圾桶（袋）、医疗垃圾桶（袋）。

2. 操作步骤

（1）携治疗车至患者床旁，核对患者身份，用湿棉签清洁患者双侧鼻腔，用手电筒检查鼻腔。

（2）装流量表，将鼻氧管与湿化瓶的出口相连，根据患者病情调节氧流量。

（3）将鼻氧管前端放入小药杯冷开水中湿润，并检查鼻氧管的通畅性；将鼻氧管插入患者鼻孔 1cm，导管环绕患者耳部向下放置，调整松紧度。

（4）观察患者口唇、缺氧症状，监测血氧饱和度。

（5）说明注意事项，协助患者取舒适卧位，整理床单位，整理用物，垃圾分类处理；消毒双手，记录给氧时间、氧流量及患者给氧后反应并签字。

（6）停止用氧

1）核对患者身份：分离鼻氧管与湿化瓶的出口连接，关闭流量表。

2）垫纱布取下鼻氧管置于弯盘内，用湿棉签清洁患者双侧鼻腔，协助患者取舒适体位，整理床单位，消毒双手。

3）卸流量表，弃掉鼻氧管和湿化瓶，整理用物；消毒双手，记录停止用氧时间及给氧效果。

3. 注意事项

（1）严格遵守操作规程，注意用氧安全，切实做好"四防"即防震、防火、防热、防油。氧气筒内氧勿用尽，压力表至少要保留 0.5MPa（5kg/cm^2），以免灰尘进入筒内，再充气时引起爆炸。

（2）用氧前，检查氧气装置无漏气且通畅，湿化瓶内放灭菌蒸馏水。急性肺水肿患者用 20%~30% 乙醇，因其具有降低肺泡内泡沫的表面张力，使肺泡泡沫破裂、消散，改善肺部气体交换，减轻缺氧症状的作用。

（3）使用氧气时，应先调节流量。停用氧气时，应先拔出导管，再关闭流量表开关。中途改变流量时，先分离鼻氧管与湿化瓶连接，调好流量后再连接。

（4）用氧过程中，加强氧疗监护。观察患者缺氧症状，监测动脉血氧分压、动脉血二氧化碳分压、动脉血氧饱和度，预防氧疗副作用。当患者吸氧浓度高于 60%、持续时间超过 24 小时，可出现氧疗副作用。常见的副作用有氧中毒、肺不张、呼吸道分泌物干燥、晶状体后纤维组织增生和呼吸抑制。

（二）其他给氧法

1. **鼻塞给氧法** 是将鼻塞塞入患者一侧鼻孔鼻前庭内的给氧方法。鼻塞是一种用塑料制成的球状物，对鼻孔刺激性小，患者较为舒适，且两侧鼻孔可交替使用（图 16-1-2）。适用于长期吸氧的患者。

2. **面罩给氧法** 指将面罩置于患者的口鼻部供氧，氧气自下端输入，呼出的气体从面罩两侧孔排出。由于口、鼻都能吸入氧气，效果较好。给氧时必须有足够的氧流量，一般需 6~8L/min。适用于张口呼吸且病情较重、氧分压明显下降者（图 16-1-3）。

3. **氧气头罩给氧法** 氧气头罩给氧法是将患者头部置于头罩里。罩面上有多个孔，可以保持罩内一定的氧浓度、温度和湿度。头罩与颈部之间要保持适当的空隙，防止二氧化碳潴留及重复吸入。主要用于小儿（图 16-1-4）。

4. **氧气枕给氧法** 氧气枕是一长方形

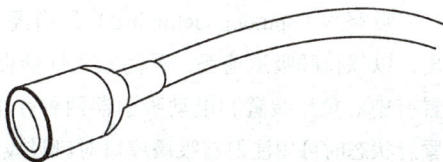

图 16-1-2 鼻塞

橡胶枕，枕的一角有一橡胶管，其上有调节器可调节氧流量，氧气枕充入湿化的氧气后即可使用。可用于家庭氧疗、危重患者的抢救或转运途中，以氧气枕代替氧气装置（图 16-1-5）。

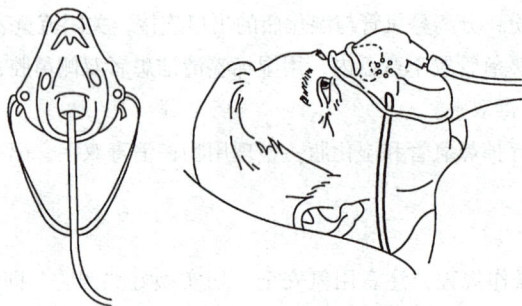

图 16-1-3　面罩给氧法

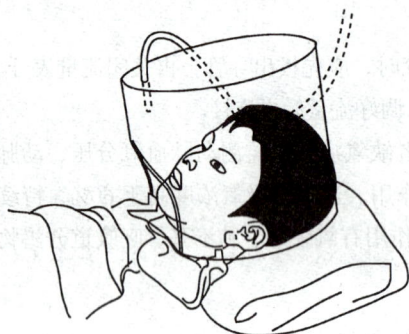

图 16-1-4　氧气头罩给氧法　　　　　图 16-1-5　氧气枕给氧法

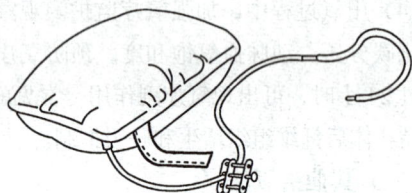

第二节　吸　痰　术

　　吸痰术（sputum suctioning）是指经患者口、鼻腔、人工气道将呼吸道的分泌物吸出，以保持呼吸道通畅，预防吸入性肺炎、肺不张、窒息等并发症的一种方法。吸痰装置有中心负压装置和电动吸引器两种，主要是利用负压吸引原理，连接导管吸出痰液。紧急状态时可用注射器吸痰或口对口吸痰。

一、目的

1. 清除呼吸道分泌物，保持呼吸道通畅。
2. 促进呼吸功能，改善肺通气。
3. 预防吸入性肺炎、肺不张、窒息等并发症的发生。

二、适应证及禁忌证

1. 适应证

（1）各种原因所致的不能自行清除呼吸道分泌物或误吸呕吐物者。

（2）各种原因引起的窒息患者。

（3）昏迷者、危重患者、麻醉未苏醒者、行机械通气的患者。

2. 禁忌证

（1）相对禁忌证：严重缺氧者、严重心律失常者。

（2）绝对禁忌证：颅底骨折者禁忌经鼻腔吸痰。

三、方法

1. 操作前准备

（1）操作者衣帽整洁，修剪指甲，洗手，戴口罩。室温适宜、光线充足、环境安静。

（2）评估患者的年龄、病情、意识、治疗情况，将呼吸道分泌物排出的能力、心理状态及合作程度。向患者及家属解释吸痰的目的、方法、注意事项及配合要点。

（3）用物准备：准备好相关物品，放于治疗车上。

1）治疗车上层：有盖罐 2 只（试吸罐和冲洗罐，内盛无菌生理盐水 2/3 满）、一次性吸痰管数根、弯盘（内放纱布）、无菌血管钳或镊子、无菌手套，必要时另备弯盘（内放压舌板、开口器和舌钳等）、电动吸引器及电插板或中心负压装置、医嘱单、手消毒液。

2）治疗车下层：生活垃圾桶（袋）、医疗垃圾桶（袋）。

2. 操作步骤

（1）携治疗车至患者床旁，核对患者身份。

（2）接通电源，打开吸引器开关，检查其性能，调节负压。一般成人 40.0~53.3kPa（300~400mmHg），儿童 < 40.0kPa。

（3）协助患者头部转向操作者一侧，稍后仰；检查口腔、鼻腔，取下活动义齿。昏迷患者用压舌板或开口器帮助开口。

（4）连接吸痰管，在试吸罐中试吸少量生理盐水，以检查吸痰管的通畅性，同时润滑导管前端。

（5）一手反折吸痰管末端，另一手用无菌血管钳（镊）或者戴无菌手套持吸痰管前端，插入患者口咽部 10~15cm；左右旋转并向上提管的同时放松反折的吸痰管末端，以吸尽呼吸道分泌物。

（6）吸痰管提出后，放入冲洗罐中抽吸，冲洗吸痰管。吸痰完毕后，弃去吸痰管。

（7）观察患者面色、呼吸及气道是否通畅；评估患者心率及吸出痰液的色、质、量。

（8）用纱布拭净患者面部分泌物，协助患者取舒适体位，整理床单位；整理用物，垃圾分类处理；消毒双手，记录。

3. 注意事项

（1）严格执行查对制度和无菌技术操作原则。

（2）吸痰前，检查电动吸引器性能是否良好及连接是否正确。电动吸引器连续使用时间不宜过久；贮液瓶内吸出液应及时倾倒，不得超过 2/3，以避免无效吸引或出现吸引器故障。贮液瓶内应放少量消毒液，使吸出液不致黏附于瓶底，便于清洗消毒。

（3）禁止带负压插管，动作过大，以免损伤气道黏膜。

（4）每次吸痰应更换吸痰管，吸痰时应先分别抽吸口、咽部和鼻腔分泌物，再吸气管内分泌物；若为气管切开患者吸痰，先吸气管切开处，再吸口（鼻）部。

（5）每次吸痰时间 < 15 秒，每次吸痰间隔时间 3~5 分钟，以免吸痰时间过长造成缺氧。

（6）患者痰液黏稠时，可配合叩击、蒸汽吸入、雾化吸入，提高吸痰效果。

（7）根据吸痰操作频度和目的，每班更换吸痰用物或每日更换 1~2 次。

第三节　胃管置入术

胃管置入术（gastric catheterization）是将胃管经口或鼻插入胃内的方法。根据胃管插入的途径，可分为口胃管和鼻胃管。

一、目的

1. 对不能自行经口进食的患者，通过胃管供给食物和药物，以维持患者营养和治疗的需要。

2. 引流胃内容物。

二、适应证及禁忌证

1. 适应证

（1）多种原因造成无法经口进食而需鼻饲或口饲。

（2）食物或药物中毒洗胃术前准备。

（3）胃液检查、胃肠减压。

（4）上消化道穿孔、腹部手术术前准备。

2. 禁忌证

（1）严重颌面部损伤、近期食管腐蚀性损伤、食管梗阻及憩室。

（2）鼻咽部有癌肿或急性炎症、食管静脉曲张。

三、方法

1. 操作前准备

（1）操作者衣帽整洁，修剪指甲，洗手，戴口罩。环境清洁，空气清新。

（2）评估患者并解释：评估患者的年龄、病情、意识、鼻腔的通畅性、心理状态及合作程度。向患者及家属解释操作目的、操作过程及操作中配合的要点。

（3）用物准备：准备好相关物品，放于治疗车上。

1）治疗车上层：鼻饲包（治疗碗、弯盘、镊子、止血钳、压舌板、纱布、胃管、50ml注射器、治疗巾）、液状石蜡、棉签、胶布、别针、夹子或橡皮圈、手电筒、听诊器、温开水适量，按需准备漱口或口腔护理用物及松节油，必要时备开口器及牙垫，医嘱单，手消毒液。

2）治疗车下层：生活垃圾桶（袋）、医疗垃圾桶（袋）。

2. 操作步骤

（1）携治疗车至床边，核对患者身份。有义齿者取下义齿。能配合者取半坐卧位或坐位，无法坐起者取右侧卧位；昏迷者取去枕平卧位，头向后仰，以利于胃管插入。

（2）将治疗巾围于患者颌下，检查患者鼻腔是否通畅，清洁鼻腔。

（3）打开鼻饲包，备好温开水，取出胃管，测量插管长度并做标记。

预测胃管插入长度的方法：①从前额发际到胸骨剑突处的距离；②从鼻尖经耳垂再到剑突的距离。

（4）将少许液状石蜡倒于纱布上，润滑胃管前端；一手以纱布托住胃管，一手持镊子夹住胃管前端，沿一侧鼻孔轻轻将胃管插入。

（5）当胃管插至咽喉部10~15cm时，根据患者具体情况采取不同的方法插入胃管。①清醒患者：嘱患者做吞咽动作，可顺势将胃管插入，直至所标记处。吞咽动作可帮助胃管迅速进入食管。随患者吞咽动作插管，可减轻患者不适。必要时可让患者饮少量温开水。②昏迷患者：左手将患者头托起，使下颌靠近胸骨柄，以增大咽喉通道的弧度，便于胃管顺利通过会咽部，缓缓将胃管插至预定长度（图16-3-1）。

（6）检查胃管是否在胃内：①将胃管末端接无菌注射器抽吸，可抽出胃液（首选方法）；②将胃管末端放入盛有水的治疗碗中，无气泡溢出；③将听诊器置于患者胃部，快速经胃管注入10ml空气，可闻及气过水声。

（7）确认胃管在胃内后，注入少量温开水，固定胃管于患者鼻翼及面颊部。将胃管末端反折、包好、扎紧或夹紧，固定于大单、枕旁或患者衣领处。

（8）协助患者取舒适体位，整理床单位；整理用物，消毒双手并记录胃管置入的时间及患者的反应等。

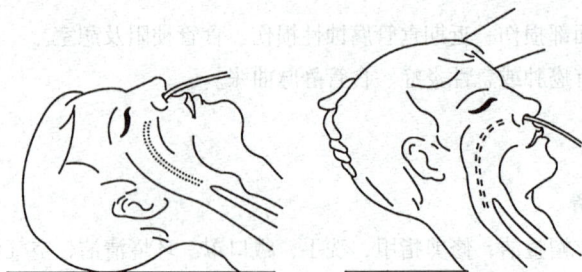

图 16-3-1　昏迷患者插胃管法

（9）拔出胃管时，夹紧胃管末端（以免拔管时管内液体反流入呼吸道）；用纱布包裹近鼻孔处的胃管，嘱患者做深呼吸，在患者呼气时拔管，边拔边用纱布擦胃管，胃管近患者咽喉部时迅速拔出；整理用物，消毒双手并记录。

3. 注意事项

（1）插管时镊子尖端勿触及患者鼻黏膜；插管动作轻柔，尤其是胃管通过食管 3 个狭窄部位（环状软骨水平处，平气管分叉处，食管通过膈肌处）时，避免损伤食管黏膜。

（2）如在插管过程中患者出现恶心、呕吐，应暂停插管，嘱患者做深呼吸，以分散患者注意力，缓解紧张情绪。如插入不畅，应检查口腔，观察胃管是否盘在口中。如出现呛咳、呼吸困难、发绀等现象，表示胃管误入气管，应立即拔出，休息片刻后重新插管。

（3）一般成人胃管插入长度为 45~55cm。为防止反流、误吸，插管长度可在 55cm 以上；若需经胃管注入刺激性药物，可将胃管再向深处插入 10cm。

（4）如需经胃管灌注食物时，应证实胃管在胃内；喂食前后注入少量温开水；嘱患者维持原卧位 20~30 分钟；每次喂食量不超过 200ml，间隔时间应大于 2 小时；食物温度以 38~40℃为宜；喂食用物应每日更换消毒。

（5）长期留置胃管者应每日进行 2 次口腔护理；定期更换胃管，普通胃管每周更换一次，硅胶胃管每月更换一次。

第四节　导　尿　术

导尿术（urethral catheterization）是指在严格无菌操作下，将导尿管经尿道插入膀胱引流尿液的方法。由于男女解剖特点和导尿目的的不同，男女患者导尿用物和导尿操作步骤均有不同。

一、目的

1. 为尿潴留患者引流出尿液，以减轻痛苦。

2. 协助临床诊断，如留取未受污染的尿标本做细菌培养，测量膀胱容量、压力及检查残余尿液，进行尿道或膀胱造影等。

3. 为膀胱肿瘤患者进行膀胱化疗。

4. 为盆腔内器官手术患者排空膀胱，以避免手术中误伤。

5. 为昏迷、尿失禁或会阴部有损伤患者保留导尿管，以保持局部清洁、干燥；为某些泌尿系统手术后患者留置导尿管，以促进膀胱功能恢复及切口愈合。

6. 抢救危重或休克患者时，正确记录每小时尿量，测量尿比重，以密切观察患者的病情变化。

二、适应证及禁忌证

1. 适应证

（1）尿潴留及充溢性尿失禁。

（2）获得未受污染的尿标本。

（3）尿流动力学检查（测定膀胱容量、压力、残余尿量）、危重患者监测尿量、行膀胱检查（膀胱造影、膀胱内压测量）、膀胱内灌注药物进行治疗。

（4）腹部及盆腔器官手术前准备、膀胱及尿道手术或损伤。

2. 禁忌证

（1）绝对禁忌证：急性下尿路感染、尿道狭窄及先天畸形无法留置导尿管。

（2）相对禁忌证：全身严重的出血性疾病、女性月经期。

三、方法

1. 操作前准备

（1）操作者衣帽整洁，修剪指甲，洗手，戴口罩。酌情关闭门窗，用屏风遮挡患者，保持合适的室温，光线充足或有足够的照明。

（2）评估患者的年龄、性别、病情、临床诊断、意识状态、生命体征、心理状况、合作程度及耐受力、生活自理能力、膀胱充盈度及会阴部皮肤黏膜情况，了解男性患者有无前列腺疾病等引起尿路梗阻的情况。向患者及家属解释导尿的目的、意义、过程、注意事项及配合的要点。若患者无自理能力，应协助其进行外阴清洁。

（3）用物准备：准备好相关物品，放于治疗车上。

1）治疗车上层：无菌导尿包（初步消毒用物：手套、小方盘、消毒棉球数个、镊子、纱布。再次消毒及导尿用物：手套、洞巾、弯盘、镊子2把、纱布、消毒棉球数个、导尿管、润滑油棉球、10ml注射器、集尿袋、方盘）、弯盘、一次性垫巾和治疗巾一套、便器及便巾、医嘱单、手消毒液。

2）治疗车下层：生活垃圾桶（袋）、医疗垃圾桶（袋）。

2. 操作步骤　以留取尿培养标本为例。

（1）携治疗车至患者床前，核对患者身份，解释操作目的及有关注意事项，取得患者配合。松开床尾盖被，协助患者脱去对侧裤腿，盖在近侧腿部，对侧腿用盖被遮盖；协助患者取屈膝仰卧位，两腿略外展，暴露外阴。

（2）将一次性垫巾和治疗巾垫于患者臀下，将导尿包外弯盘置于近外阴处。操作者消毒双手，核对检查并打开导尿包，取出初步消毒用物，左手戴上手套，并将消毒棉球倒入小方盘内。

（3）根据男、女性患者尿道的解剖特点进行消毒、插管。

1）女性患者

初步消毒：操作者右手持镊子夹取消毒棉球，先消毒阴阜，由上至下，做"Z"字形消毒；消毒大阴唇，戴手套手分开大阴唇，消毒小阴唇（由外向内，由上至下，先对侧后近侧），最后消毒尿道口至肛门。置污棉球于弯盘内。消毒完毕后脱下手套置弯盘内，将小方盘及弯盘移至床尾处。

嘱患者保持安置的体位，消毒双手后将导尿包置于患者两腿之间，打开导尿包外包布。戴手套，取出洞巾，铺于患者外阴处，并暴露会阴，以在洞巾和外包布内层形成无菌区。取出导尿管置方盘内，用润滑油棉球润滑导尿管前段；必要时将导尿管末段与集尿袋的引流管连接。

将消毒棉球放于弯盘内，置弯盘于外阴处，用左手拇、示指分开并固定小阴唇，右手用镊子夹棉球（每个棉球只用一次），分别消毒尿道口、两侧小阴唇（由内向外、自上而下），最后用一个棉球消毒尿道口，消毒尿道口时稍停片刻，充分发挥消毒液的消毒效果；置污棉球于弯盘内；消毒完毕后将镊子置于弯盘内移至床尾。

左手继续固定小阴唇，右手将内置有导尿管的方盘移至洞巾口旁，嘱患者张口呼吸，用另一镊子夹持导尿管对准尿道口轻轻插入 4~6cm，见尿液流出再插入 1cm，将尿液引入方盘或集尿袋内少许，夹闭导尿管（图 16-4-1）。

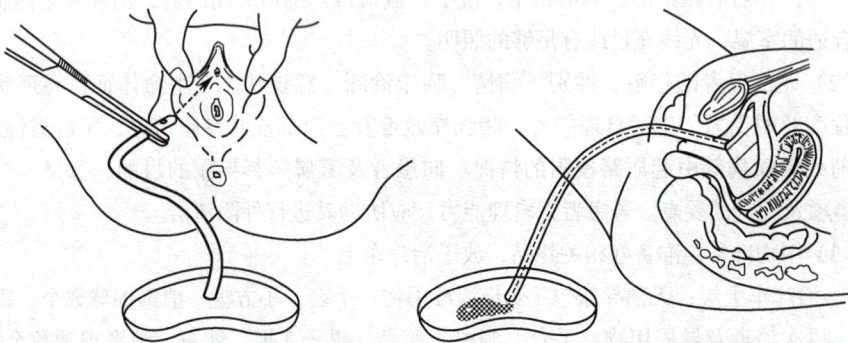

图 16-4-1　女性患者导尿法

2）男性患者

初步消毒：操作者左手戴手套后用无菌纱布裹住阴茎，将包皮向后推暴露尿道口，自尿道口向外向后旋转擦拭尿道口、龟头及冠状沟；右手持镊子夹取消毒棉球（每个棉球只用一次）进行初步消毒，依次为阴阜、阴茎、阴囊（自阴茎根部向尿道口消毒），置污棉球、纱布于弯盘内；消毒完毕后脱下手套置弯盘内，将小方盘及弯盘移至床尾处。

嘱患者保持安置的体位，消毒双手后将导尿包置于患者两腿之间，打开导尿包外包布。戴手套，取出洞巾，铺于患者外阴处，并暴露会阴，以在洞巾和外包布内层形成无菌区。取出导尿管置方盘内，用润滑油棉球润滑导尿管前段；必要时将导尿管末段与集尿袋的引流管连接。

取消毒棉球放于弯盘内，置弯盘于外阴处。左手用纱布包住阴茎将包皮向后推，暴露尿道口；右手持镊子夹消毒棉球（每个棉球只用一次）再次消毒尿道口、龟头及冠状沟（由内向外）；置污棉球于弯盘内；消毒完毕后将镊子置于弯盘内移至床尾。

将内置有导尿管的方盘移至洞巾口旁，嘱患者张口呼吸；左手用无菌纱布固定阴茎并提起，使之与腹壁呈 60° 角，使耻骨前弯消失，利于插管；右手持镊子夹持导尿管对准尿道口轻轻插入 20~22cm（尿管经过三个狭窄部时，动作应轻柔），见尿液流出再插入 1~2cm，将尿液引入方盘或集尿袋内少许，夹闭导尿管（图 16-4-2）。

（4）打开夹闭的导尿管，用无菌标本瓶接取中段尿 5ml。

（5）导尿完毕后，清理用物；脱去手套，消毒双手；协助患者穿好裤子、取舒适体位，整理床单位；消毒双手，记录导尿的时间、导出尿量及患者的反应。

3. 注意事项

（1）严格执行查对制度和无菌操作原则。

（2）导尿过程中注意保护患者的隐私，并采取适当的保暖措施防止患者受凉。

（3）选择粗细合适的导尿管。

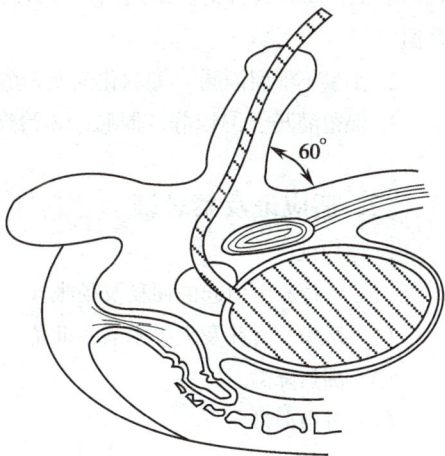

图 16-4-2　男性患者导尿法

（4）掌握男性和女性尿道的解剖特点，避免损伤和导尿所致泌尿系统感染。

1）男性包皮和冠状沟易藏污垢，应仔细擦拭，预防感染；男性尿道有三个狭窄，切忌用力过快过猛而损伤尿道黏膜，注意插管时动作轻柔。

2）为女患者插尿管时，如导尿管误入阴道，应另换无菌导尿管重新插管；老年女性尿道口回缩，插管时应仔细观察、辨认，避免误入阴道。

（5）对膀胱高度膨胀且极度虚弱的患者，第一次放尿不得超过 1 000ml。

（6）如为留置导尿管，见尿液后再插入 7~10cm，连接注射器向气囊注入适量的无菌溶液，轻拉导尿管有阻力感，证实导尿管固定于膀胱内。将集尿袋固定在低于膀胱的高度，防止尿液逆流造成泌尿系统感染。

第五节 灌 肠 疗 法

灌肠疗法（enema therapy）是将一定量的液体由肛门经直肠灌入结肠，以帮助患者清洁肠道、排便、排气或由肠道供给药物或营养，达到确定诊断和治疗目的的方法。根据灌肠的目的，分为保留灌肠和不保留灌肠；根据灌入的液体重，将不保留灌肠分为大量不保留灌肠和小量不保留灌肠。如为了达到清洁肠道的目的，而反复使用大量不保留灌肠，则为清洁灌肠（cleaning enema）。

一、目的

1. **大量不保留灌肠**　①解除便秘、肠胀气；②清洁肠道，为肠道手术、检查或分娩做准备；③稀释并清除肠道内的有害物质，减轻中毒；④灌入低温液体，为高热患者降温。

2. **小量不保留灌肠**　①软化粪便，解除便秘；②排除肠道内的气体，减轻腹胀。

3. **保留灌肠**　①镇静、催眠；②治疗肠道感染。

二、适应证及禁忌证

1. 适应证

（1）各种原因引起的便秘及肠胀气。

（2）结肠、直肠及大手术前的准备。

（3）高热降温。

（4）分娩前准备。

2. 禁忌证

（1）急腹症和胃肠道出血。

（2）肠道手术。

（3）肠伤寒。

（4）严重心脑血管疾病。

三、方法

1. 操作前准备

（1）操作者衣帽整洁，修剪指甲，洗手，戴口罩。酌情关闭门窗，屏风遮挡患者，保持合适的室温，光线充足或有足够的照明。

（2）评估患者的年龄、病情、临床诊断、意识状态、心理状况、排便情况、理解配合能力。向患者及家属解释灌肠的目的、操作方法、注意事项及配合要点。

（3）用物准备：准备好相关物品，放于治疗车上。

1）治疗车上层：一次性灌肠器包（内有灌肠筒、引流管、肛管一套，垫巾、孔巾，肥皂冻1包，纸巾数张，手套）、弯盘、水温计、输液架，医嘱单，手消毒液。

2）治疗车下层：便器及便巾，生活垃圾桶（袋）、医疗垃圾桶（袋）。

2. 操作步骤 以大量不保留灌肠为例。

（1）携治疗车至患者床旁，核对患者身份；协助患者取左侧卧位，双膝屈曲，脱裤至膝部，臀部移至床沿（不能自控排便的患者可取仰卧位，臀下垫便盆），盖好被子，暴露臀部；操作者消毒双手。

（2）检查灌肠器包并打开，取出垫巾铺在患者臀下，孔巾铺在患者臀部，暴露肛门，置弯盘于患者臀部旁边，备好纸巾。

（3）取出灌肠筒，关闭开关；将灌肠液倒入灌肠筒中，挂灌肠筒于输液架上，筒内液面高于肛门40~60cm；戴手套，润滑肛管前端，排尽管内气体。

（4）左手用垫纸巾分开臀部，暴露肛门，嘱患者深呼吸，右手将肛管轻轻插入直肠7~10cm（小儿插入深度4~7cm），固定肛管（图16-5-1）。

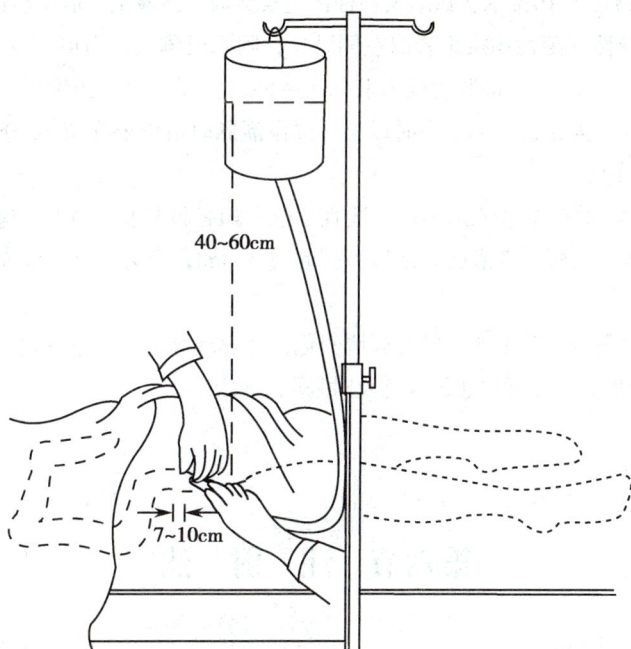

图 16-5-1 大量不保留灌肠

（5）打开开关，使液体缓缓流入；灌入过程中密切观察筒内液面下降速度和患者的情况；待灌肠液即将流尽时夹管，用纸巾包裹肛管轻轻拔出；擦净肛门，脱下手套，消毒双手。

（6）协助患者取舒适卧位；嘱其尽量保留 5~10 分钟后再排便；对不能下床的患者给予便盆，协助能下床的患者如厕排便。

（7）清理用物；根据需要留取标本送检；协助患者取舒适体位，整理床单位；消毒双手，记录灌肠的结果。

3. 注意事项

（1）肝性脑病患者禁用肥皂水灌肠；充血性心力衰竭和水钠潴留患者禁用生理盐水灌肠。

（2）准确选用灌肠溶液，保证浓度、液量、温度适宜。

1）大量不保留灌肠常用灌肠溶液为 0.1%~0.2% 的肥皂液或生理盐水。成人每次用量为 500~1 000ml，小儿 200~500ml。溶液温度一般为 39~41℃，降温时为 28~32℃，中暑患者灌肠溶液温度为 4℃。

2）小量不保留灌肠常用"1、2、3"灌肠溶液（50% 硫酸镁 30ml、甘油 60ml、温开水 90ml）、甘油 50ml 加等量温开水或各种植物油。溶液温度通常为 38℃。液面距肛门通常不超过 30cm。灌注溶液后，嘱患者保留 10~20 分钟。

3）保留灌肠常用 10% 水合氯醛及各种抗生素溶液，溶液量一般不超过 200ml，温度通常为 38℃。慢性细菌性痢疾患者取左侧卧位，阿米巴痢疾取右侧卧位。灌注溶液前，使臀部抬高 10cm；排气后将肛管插入肛门 15~20cm；缓慢注入药液后，再注入温开水 5~10ml，嘱患者尽量保留药液 1 小时以上。降温灌肠时溶液要保留 30 分钟，排便后 30 分钟测量体温并记录。

（3）灌肠时，灌肠溶液流速和压力适宜。患者如有腹胀或便意时，应嘱患者做深呼吸，以减轻不适。伤寒患者灌肠时溶液不得超过 500ml，压力要低，液面不得超过肛门 30cm。

（4）灌肠过程中，随时观察患者病情变化，如发现脉速、面色苍白、出冷汗、剧烈腹痛、心慌气急时，应立即停止灌肠并及时采取急救措施。

第六节　注　射　法

一、皮内注射

皮内注射（intradermal injection，ID）是将少量药液或生物制品注射于表皮与真皮之间的方法。

（一）目的

1. 进行药物过敏试验，观察有无过敏反应。

2. 预防接种。

3. 局部麻醉的起始步骤。

（二）禁忌证

1. 过敏的药物。

2. 对皮肤有刺激性的药物。

（三）方法

以药物过敏试验为例。

1. 操作前准备

（1）操作者衣帽整洁，修剪指甲，洗手，戴口罩。环境安静、整洁，光线适宜或照明充足。

（2）评估患者病情、当前治疗情况、用药史及药物过敏史、意识状态、心理状态、对用药的认知及合作程度、注射部位的皮肤状况等。向患者及家属解释皮内注射的目的、方法、配合要点及注意事项（药物过敏试验时重点解释）。

（3）用物准备：准备好相关物品，放于治疗车上。

1）治疗车上层：注射盘（另备 75% 乙醇消毒剂）、1ml 注射器、药液（如为药物过敏试验，需备急救设备及药品）、医嘱单、手消毒液。

2）治疗车下层：生活垃圾桶（袋）、医疗垃圾桶（袋）、锐器盒。

2. 操作步骤

（1）根据医嘱两人核对药物；正确抽吸药液。

（2）携治疗车至患者床旁，核对患者身份，协助患者采取舒适体位，暴露注射部位。

皮内注射部位：①药物过敏试验，常选用前臂掌侧下段靠内侧；②预防接种，常选用上臂三角肌下缘；③局部麻醉，手术或穿刺麻醉处。

（3）用 75% 乙醇常规消毒皮肤（乙醇过敏者应用 0.1% 苯扎溴铵或生理盐水）。

（4）二次核对患者和药物信息，排尽注射器内空气。

（5）一手绷紧局部皮肤，另一手持注射器（针尖斜面向上，与皮肤呈 5° 角）将针尖全部刺入皮内；放平注射器；用绷紧皮肤的手的拇指固定针栓，持注射器的手注入药液 0.1ml，使局部皮肤隆起形成一个皮丘。皮丘应呈半球状，皮肤变白并显露毛孔（图 16-6-1）。

（6）注射完毕，迅速拔出针头，勿按压穿刺点。协助患者取舒适体位，整理床单位，清理用物，消毒双手，记录注射时间等。

（7）嘱患者勿按揉注射局部，勿远离病房（或注射室），如有不适应立即告知医务人员，以便及时处理。等待 20 分钟后观察结果。

结果判断：①阴性：皮丘无改变，周围无红肿、红晕，无自觉症状，无不适表现；②阳性：皮丘隆起增大，出现红晕，直径大于 1cm，周围有伪足伴局部痒感，出现头晕、心慌、恶心，甚至发生过敏性休克。

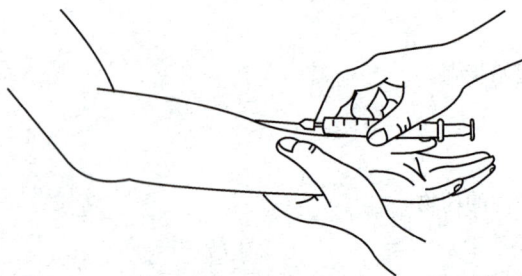

图 16-6-1　皮内注射法

3. 注意事项

（1）严格执行查对制度和无菌操作原则。

（2）做药物过敏试验前应详细询问患者的用药史、过敏史及家族史；备好急救药品，以防发生意外。

（3）做药物过敏试验消毒皮肤时忌用碘酊、聚维酮碘，以免影响对局部反应的观察。

（4）皮内注射进针角度以针尖斜面能全部进入皮内为宜；避免进针角度过大，将药液注入皮下，影响结果的观察和判断。

（5）药物过敏试验结果如为阳性反应，告知患者及家属不能再用该种药物，并记录在病历上。如果患者发生过敏性休克应及时进行抢救。

（6）若需做对照试验，则用另一注射器，在患者另一上肢前臂相应部位注入 0.1ml 生理盐水。密切观察患者反应。

二、皮下注射

皮下注射（hypodermic injection，HD）是将少量药液或生物制剂注入皮下组织的方法。

（一）目的

1. 注入小剂量药物，用于不宜口服给药而需在一定时间内发生药效。

2. 预防接种。

3. 局部麻醉用药。

（二）禁忌证

1. 过敏的药物。

2. 对皮肤有刺激性的药物。

（三）方法

以上臂三角肌下缘注射为例。

1. 操作前准备

（1）操作者衣帽整洁，修剪指甲，洗手，戴口罩。环境安静、整洁，光线适宜或照明充足。

（2）评估患者的原发病情、疾病的治疗情况，询问药物过敏史、用药史及不良反应发生史；判断患者的意识状态、肢体活动能力、对用药计划的了解及合作程度、注射部位皮肤及皮下组织状况。向患者及家属解释皮下注射的目的、方法、药物的作用、配合要点及注意事项。

（3）用物准备：准备好相关物品，放于治疗车上。

治疗车上层：注射盘、1~2ml注射器、药液，医嘱单，手消毒液。

治疗车下层：生活垃圾桶（袋）、医疗垃圾桶（袋）、锐器盒。

2. 操作步骤

（1）根据医嘱两人核对药物；正确抽吸药液。

（2）携治疗车至患者床旁；核对患者身份；协助患者采取舒适体位，暴露注射部位。

皮下注射部位：①预防接种：常选用上臂三角肌下缘；②注入小剂量药物：两侧腹壁、后背、大腿前侧和外侧；③局部麻醉用药：麻醉部位。

（3）常规消毒皮肤两次、待干。

（4）二次核对患者和药物信息，排尽注射器内空气。

（5）一手绷紧局部皮肤，一手持注射器（针尖斜面向上，示指固定针栓）与皮肤成30°~40°角，沿三角肌外侧缘方向快速将针梗的1/2~2/3刺入皮下（图16-6-2）。

（6）松开绷紧皮肤的手，抽动或旋转活塞，如无回血，缓慢推注药液。

（7）注射完毕，用无菌干棉签轻压针刺处，快速拔针后按压片刻，压迫至不出血为止。

（8）协助患者取舒适体位，整理床单位；清理用物；消毒双手，记录注射时间、药物名称、浓度、剂量，患者的反应等。

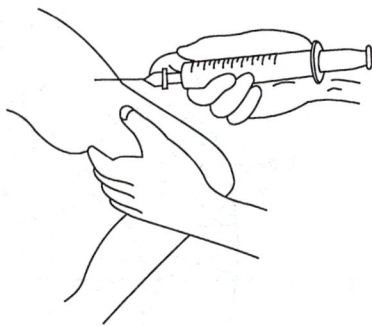

图16-6-2 皮下注射法

3. 注意事项

（1）严格执行查对制度和无菌操作原则。

（2）操作者在注射前详细询问患者的用药史。

（3）穿刺速度和拔针速度宜迅速，推药速度宜缓慢、均匀，以减轻疼痛。

（4）对过于消瘦者，操作者可捏起局部组织，适当减小穿刺角度，进针不宜过深，以免刺入肌层。

（5）对于长期注射者，应经常更换注射部位，以促进药物的充分吸收。

三、肌内注射

肌内注射（intramuscular injection，IM）是将一定量药液注入肌肉组织的方法。

（一）目的

1. 注入药物，用于不宜或不能口服或静脉注射，且要求比皮下注射更快发生疗效时。

2. 注入刺激性较强或药量较大不宜皮下注射的药物。

（二）禁忌证

1. 注射部位皮肤受损的患者。

2. 有严重凝血功能异常和出血倾向的患者。

3. 破伤风发作期、狂犬病痉挛期、癫痫抽搐的患者。

4. 2 岁以下婴幼儿不宜选用臀大肌注射。

（三）注射部位选择

肌内注射一般选择肌肉丰厚且距大血管及神经较远处进行。其中最常用的部位为臀大肌，其次为臀中肌、臀小肌、股外侧肌及三角肌。

1. **臀大肌注射定位法** 臀大肌起自髂后上棘与尾骨尖之间，肌纤维平行向外下方止于股骨上部。臀大肌注射的定位方法有两种，十字法和连线法。

（1）十字法：从臀裂顶点向左侧或向右侧划一水平线，然后从髂嵴最高点作一垂线，将一侧臀部分为四个象限，其外上象限（避开内角）为注射区。

（2）连线法：从髂前上棘至尾骨作一连线，其外上 1/3 处为注射区（图 16-6-3）。

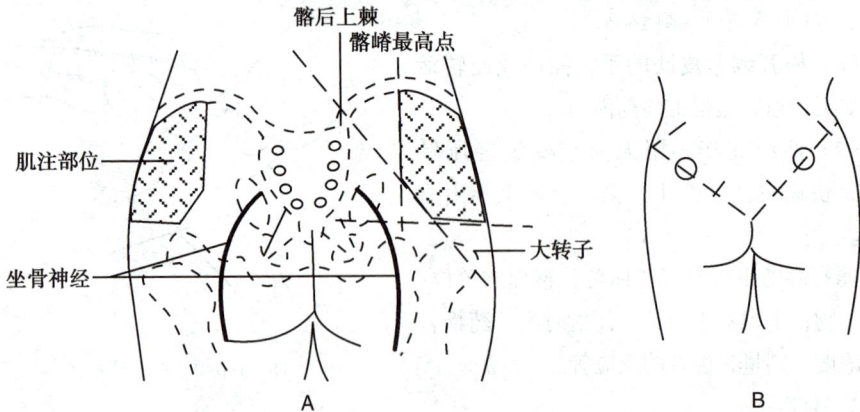

图 16-6-3　臀大肌注射定位法

A. 十字法；B. 连线法。

坐骨神经起自骶丛神经，自梨状肌下孔出骨盆至臀部，在臀大肌深部，大约在坐骨结节与大转子之间中点处下降至股部，其体表投影为自大转子尖至坐骨结节中点向下至腘窝。注射时注意避免损伤坐骨神经。

2. 臀中肌、臀小肌注射定位法

（1）以示指尖和中指尖分别置于髂前上棘和髂嵴下缘处，在髂嵴、示指、中指之间构成一个三角形区域，其示指与中指构成的内角为注射区（图16-6-4）。

（2）髂前上棘外侧三横指处（以患者的手指宽度为准）。

3. 股外侧肌注射定位法　一般成人取髋关节下10cm至膝关节的范围。此处大血管、神经干很少通过，且注射范围较广，可供多次注射，尤其适用于2岁以下婴幼儿。

4. 上臂三角肌注射定位法　上臂外侧，肩峰下2~3横指处。此处肌肉较薄，只可做小剂量注射（图16-6-5）。

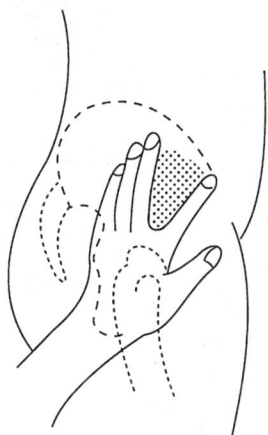

图 16-6-4　臀中肌、臀小肌注射定位法

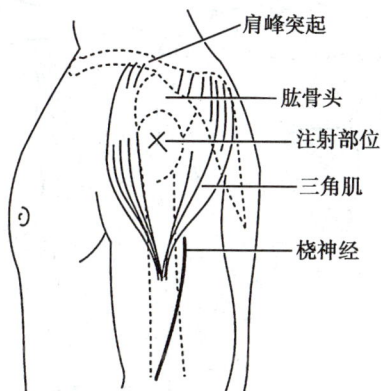

图 16-6-5　上臂三角肌注射定位法

肩峰突起
肱骨头
注射部位
三角肌
桡神经

（四）方法

以臀大肌注射为例。

1. 操作前准备

（1）操作者衣帽整洁，修剪指甲，洗手，戴口罩。环境安静、整洁，光线适宜或照明充足，必要时用屏风或拉帘遮挡。

（2）评估患者病情及治疗情况、意识状态、自理能力及肢体活动能力、对给药计划的了解、认知程度及合作程度、注射部位的皮肤及肌肉组织状况。向患者及家属解释肌内注射的目的、方法、注意事项及配合要点、药物作用及其副作用。

（3）用物准备：准备好相关物品，放于治疗车上。

1）治疗车上层：注射盘、2~5ml注射器、药液、医嘱单、手消毒液。

2）治疗车下层：生活垃圾桶（袋）、医疗垃圾桶（袋）、锐器盒。

2. 操作步骤

（1）根据医嘱，双人核对药物；正确抽吸药液。

（2）携治疗车至患者床旁，核对患者身份；协助患者采取舒适体位，暴露注射部位（臀大肌）。

（3）常规消毒皮肤两次，待干。

（4）二次核对患者和药物信息，排尽注射器内空气。

（5）一手拇指、示指绷紧局部皮肤，另一手持注射器（注射器垂直，针尖向下，中指固定针栓）与皮肤呈 90° 角，快速将针梗的 1/2~2/3 刺入肌内（图 16-6-6）。

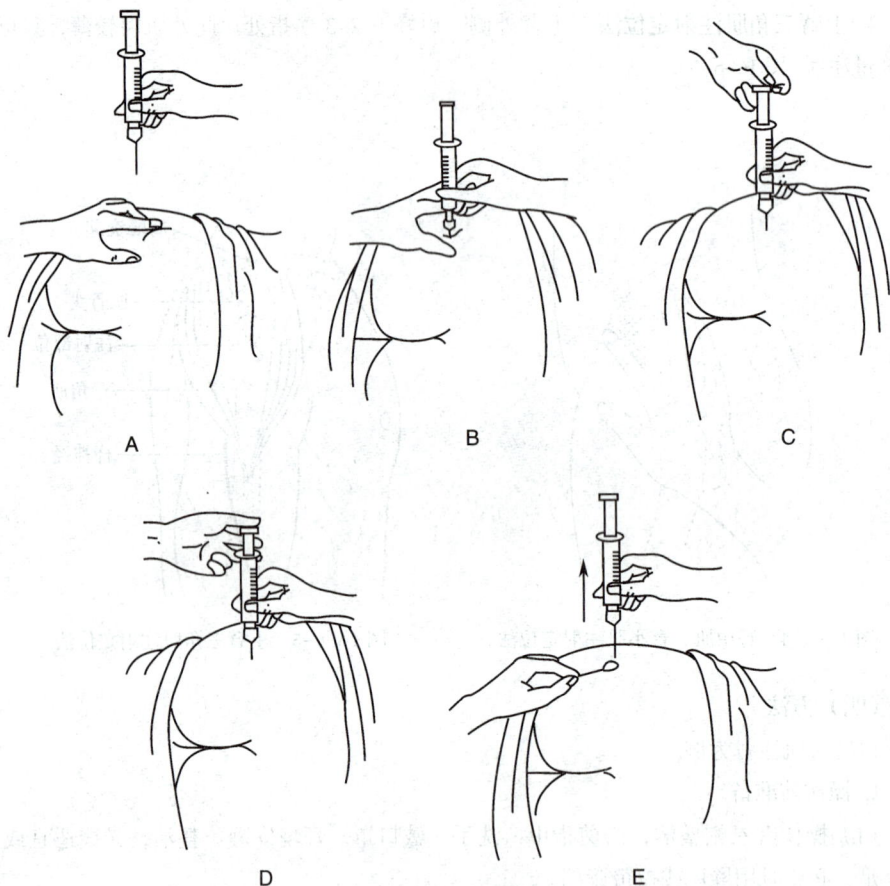

图 16-6-6　肌内注射法

A.绷紧皮肤；B.垂直进针；C.抽取回血；D.推注药液；E.快速拔针。

（6）松开绷紧皮肤的手，抽动或旋转活塞，如无回血，缓慢推注药液。

（7）注射完毕，用无菌干棉签轻压针刺处，快速拔针后按压片刻，压迫至不出血为止。

（8）协助患者取舒适体位，整理床单位；清理用物；消毒双手，记录注射时间，药物名称、浓度、剂量，患者的反应等。

3. 注意事项

（1）严格执行查对制度和无菌操作原则。

（2）两种药物同时注射时，注意配伍禁忌。

（3）臀部肌内注射时，为使局部肌肉放松，可嘱患者取侧卧位，上腿伸直，下腿稍弯曲；或取俯卧位，足尖相对，足跟分开，头偏向一侧。

（4）切勿将针头全部刺入，以防针梗从根部衔接处折断。

（5）对需长期注射者，应交替更换注射部位，并选用细长针头，以避免或减少硬结的发生。

四、静脉注射

静脉注射（intravenous injection，IV）是自静脉注入药液的方法。常用静脉包括四肢浅静脉（贵要静脉、肘正中静脉和头静脉、腕部及手背静脉、大隐静脉、小隐静脉及足背静脉）、深静脉（股静脉）、头皮静脉（图16-6-7~ 图16-6-9）。

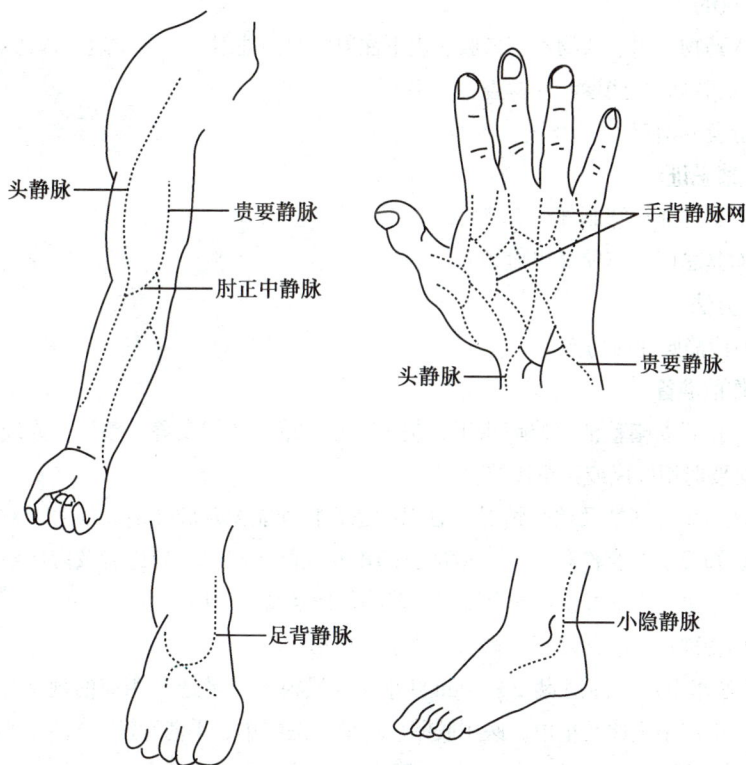

图 16-6-7　四肢浅静脉

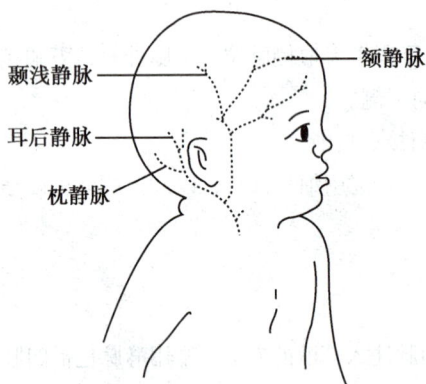

图 16-6-8 小儿头皮静脉

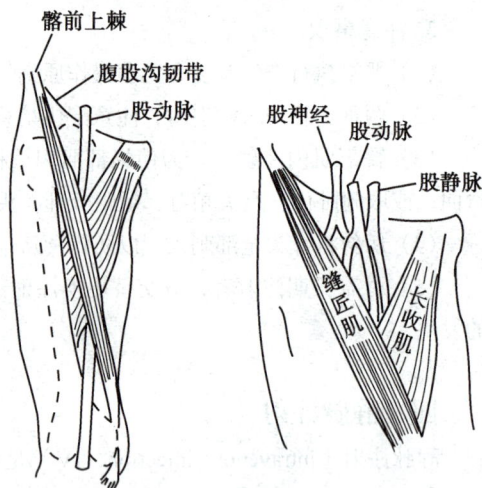

图 16-6-9 股静脉解剖位置

（一）目的

1. 注入药物，用于药物不宜口服、皮下注射、肌内注射，或需迅速发挥药效时。

2. 注入药物做某些诊断性检查。

3. 静脉营养治疗。

（二）禁忌证

1. **绝对禁忌证** 穿刺部位有感染。

2. **相对禁忌证** 有明显出血倾向。

（三）方法

以上肢浅静脉注射为例。

1. 操作前准备

（1）操作者衣帽整洁，修剪指甲，洗手，戴口罩。环境安静、整洁，光线适宜或照明充足，必要时用屏风或拉帘遮挡。

（2）评估患者病情及治疗情况、意识状态、自理能力及肢体活动能力、对给药计划的了解、认知程度及合作程度、注射部位的皮肤及静脉状况。向患者及家属解释静脉注射的目的、方法、注意事项及配合要点、药物作用及其副作用。

（3）用物准备：准备好相关物品，放于治疗车上。

1）治疗车上层：注射盘、5~10ml 注射器（或根据药量选择相应的规格）、头皮针、止血带、注射用小垫枕及垫巾、医用胶贴、药液、医嘱单、手消毒液。

2）治疗车下层：生活垃圾桶（袋）、医疗垃圾桶（袋）、锐器盒。

2. 操作步骤

（1）根据医嘱两人核对药物；正确抽吸药液。

（2）携治疗车至患者床旁；核对患者身份；协助患者采取舒适体位，选择粗、直、弹性好、易于固定的静脉，避开关节和静脉瓣。

（3）消毒双手。必要时先连接好头皮针。

（4）在穿刺部位下方垫小垫枕；常规消毒皮肤（直径大于5cm）；在穿刺部位上方（近心端）约6cm处扎紧止血带。

（5）二次常规消毒皮肤（直径大于5cm），待干。

（6）二次核对信息；排尽注射器内空气；嘱患者握拳；一手拇指绷紧静脉下端皮肤，另一手持注射器，针尖斜面向上，与皮肤呈15°～30°角，自静脉上方或侧方刺入皮下，见回血再进针少许（图16-6-10）。

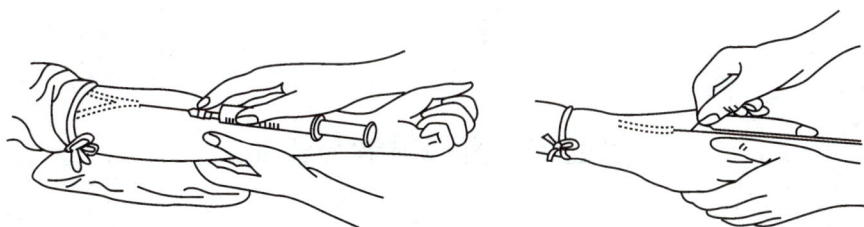

图 16-6-10　静脉注射进针法

（7）松开止血带，嘱患者松拳，固定针头（如为头皮针，用胶布固定）；缓慢注入药液（图16-6-11）。

（8）注射完毕，用无菌干棉签轻压针刺处，快速拔针后按压；再次核对患者及用药信息。

（9）协助患者取舒适体位，整理床单位；清理用物；消毒双手，记录注射时间、药物名称、浓度、剂量、患者的反应等。

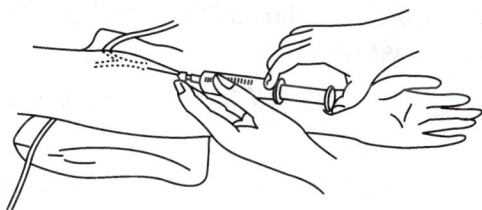

图 16-6-11　静脉注射推药法

头皮静脉注射：选择合适的头皮静脉，由助手固定患儿头部；操作者一手拇指、示指固定静脉两端，一手持头皮针翼，沿静脉向心方向平行刺入，见回血后推药少许；如无异常，用胶布固定针头，缓慢注入药液；注射毕，用无菌干棉签轻压针刺处，快速拔针后按压至不出血为止。操作过程中注意约束患儿，防止其抓拽注射器。

股静脉注射：协助患者取仰卧位，下肢伸直略外展外旋；常规消毒患者局部皮肤及操作者左手示指和中指；左手示指于腹股沟扪及股动脉搏动最明显部位并予以固定，右手持注射器，针头和皮肤呈90°或45°角，在股动脉内侧0.5cm处刺入，抽动活塞见有暗红色回血，提示针头已进入股静脉（若抽出液为鲜红色，提示针头进入股动脉，应立即拔出针头，用无菌纱布加压穿刺处5~10分钟，直至无出血）；注射完毕后拔出针头，局部盖无菌纱布加压止血3~5分钟，以免引起出血或形成血肿。

3. 注意事项

（1）严格执行查对制度和无菌技术操作原则。

（2）对需长期静脉注射者，应有计划地由小到大，由远心端到近心端选择静脉。

（3）静脉注射对组织有强烈刺激性的药物时，需先用生理盐水进行引导穿刺，一定要确认针头在静脉内后方可推注药液，以免药液外溢导致组织坏死。

（4）穿刺时操作者应沉着，一旦出现局部血肿，应立即拔出针头，按压局部，另选其他静脉重新穿刺。

（5）根据患者的年龄、病情及药物性质选择适当的速度注入药物，推药过程中观察患者反应。

（6）对于凝血功能不良者，拔针后应延长按压时间。

第七节　静脉输液与输血

一、静脉输液

静脉输液（intravenous infusion）是将大量无菌溶液或药物直接输入静脉的治疗方法。常用静脉主要有四肢浅静脉、头皮静脉、锁骨下静脉和颈外静脉（常用于进行中心静脉插管）。静脉留置针输液法可保护静脉，减少因反复穿刺造成的痛苦和血管损伤，保持静脉通道畅通，利于抢救和治疗，目前在临床已得到广泛应用。

（一）目的

1. 补充水分及电解质，预防和纠正水、电解质及酸碱平衡紊乱。

2. 增加循环血容量，改善微循环，维持血压及微循环灌注量。

3. 供给营养物质，促进组织修复，增加体重，维持正氮平衡。

4. 输入药物，治疗疾病。

（二）方法

以成人静脉留置针输液法为例。

1. 操作前准备

（1）操作者衣帽整洁，修剪指甲，洗手，戴口罩。环境整洁、安静、舒适、安全。

（2）评估患者病情及治疗情况、意识状态、自理能力及肢体活动能力、对给药计划的了解、认知程度及合作程度、穿刺部位皮肤及血管状况。向患者及家属解释静脉输液的目的、方法、注意事项及配合要点。

（3）用物准备：准备好相关物品，放于治疗车上。

1）治疗车上层：注射盘、药液及无菌溶液、注射器、输液器、留置针、无菌敷贴、肝素帽、封管液、输液瓶签、输液记录单、注射用小垫枕及垫巾、止血带、弯盘、透明胶布、输液架，必要时备输液泵，医嘱单、手消毒液。

2）治疗车下层：医疗垃圾桶（袋）、生活垃圾桶（袋）、锐器盒。

2. 操作步骤

（1）两人核对并检查药物，严格执行查对制度。检查药液有效期，瓶盖无松动，瓶身无裂痕；检查药液无混浊、沉淀及絮状物等；核对药液瓶签（药名、浓度、剂量和时间）、给药时间和给药方法。

（2）按照无菌技术操作原则抽吸药液，加入无菌溶液瓶内。

（3）正确填写输液瓶签，并贴于输液瓶上。注意输液瓶签不可覆盖原有的标签。

（4）检查输液器有效期及包装，关闭调节器；取出输液器，与无菌溶液瓶连接。

（5）携治疗车至患者床旁，核对患者身份，再次查对药液并消毒双手。

（6）输液管排气：①将输液瓶挂于输液架上；倒置墨菲滴管，使输液瓶内液体流出，待墨菲滴管内液体至 1/2~2/3 满时，关闭调节器，迅速正置墨菲滴管，再次打开调节器，使液面缓慢下降，直至排除输液管内气体，再次关闭调节器；将输液管末端放入输液器包装内，置于注射盘中备用。②打开静脉留置针及肝素帽外包装，将肝素帽对接在留置针侧管上，将输液器与肝素帽连接。③打开调节器，排气；关闭调节器，将留置针放回留置针包装内备用。

（7）静脉穿刺：①将小垫枕及垫巾置于穿刺肢体下，在穿刺点上方 8~10cm 处扎紧止血带，确认穿刺静脉；②松开止血带；常规消毒穿刺部位皮肤，消毒范围直径大于5cm，待干；备胶布及透明胶带，并在透明胶带上写上日期和时间；③再次扎紧止血带，二次常规消毒，穿刺前二次核对患者和药品信息；④取下留置针的针套，旋转松动外套管，右手拇指与示指夹住两翼，再次排气于弯盘；⑤嘱患者握拳，绷紧皮肤，固定静脉，右手持留置针，使针头与皮肤呈 15°~30° 角进针，见回血后放平针翼，沿静脉走行再继续进针 0.2cm；⑥左手持"Y"接口，右手后撤针芯约 0.5cm，持针翼将针芯与外套管一起送入静脉内；⑦左手固定两翼，右手迅速将针芯抽出，放于锐器盒中。

（8）松开止血带，嘱患者松拳，打开调节器；用无菌透明敷贴对留置针管做密闭式固定，用注明日期和时间的透明胶带固定三叉接口处，再用胶布固定插入肝素帽内的输液器针头及输液管处。

（9）根据患者年龄、病情及药液的性质调节输液滴速。通常情况下，成人 40~60 滴 /min，儿童 20~40 滴 /min。

（10）再次核对患者床号、姓名，药物名称、浓度、剂量，给药时间和给药方法。

（11）撤去穿刺用物，整理床单位，协助患者取舒适体位，将呼叫器放于患者易取处；整理用物，消毒双手，记录输液开始时间，滴入药物种类、滴速，患者的全身及局部状况。

输液完毕关闭调节器，拔出输液器针头；常规消毒肝素帽的胶塞，用注射器向肝素帽内注入封管液。

再次输液时，常规消毒肝素帽胶塞，将静脉输液针头插入肝素帽内完成输液。

拔除留置针时，揭除透明胶带及无菌敷贴，用干棉签轻压穿刺点上方，快速拔针，局部按压1~2分钟（至无出血为止）；协助患者适当活动穿刺肢体，并协助取舒适体位，整理床单位；整理用物，消毒双手，记录输液结束的时间、液体和药物滴入总量、患者全身和局部反应等。

3. 注意事项

（1）严格执行查对制度和无菌操作原则，预防感染及差错事故的发生。

（2）根据病情需要安排输液顺序，并根据治疗原则，按急缓及药物半衰期等情况合理分配药物。注意药物的配伍禁忌，对于刺激性或特殊药物，应在确认针头已刺入静脉内时再输入。

（3）对需要长期输液的患者，要注意保护和合理使用静脉，一般从远端小静脉开始穿刺（抢救时可例外）。

（4）静脉穿刺前要排尽输液管及针头内的空气，输液结束前要及时更换输液瓶或拔针，严防造成肺动脉空气栓塞，引起严重缺氧或死亡。

（5）严格控制输液速度。对有心、肺、肾疾病的患者，老年患者、婴幼儿及输注高渗、含钾或升压药的患者，要适当减慢输液速度；对严重脱水，且心肺功能良好者可适当加快输液速度。

（6）输液过程中要加强巡视，注意观察滴入是否通畅，针头或输液管有无漏液，针头有无脱出、阻塞或移位，输液管有无扭曲、受压，局部皮肤有无肿胀或疼痛等。应密切观察患者有无输液反应，如患者出现心悸、畏寒、持续性咳嗽等情况，应立即减慢或停止输液，及时处理。每次观察巡视后，应做好记录。

（7）留置针常用的封管液有无菌生理盐水和稀释肝素溶液。在封管时应边推注边退针，直至针头完全退出为止，确保正压封管。

（8）对于需要24小时持续输液者，应每日更换输液器。

（9）小儿头皮静脉输液按小儿静脉注射法进行穿刺，穿刺过程中应注意固定患儿头部，防止针头滑脱。

二、静脉输血

静脉输血（venous transfusion）是将全血或成分血如血浆、红细胞、白细胞或血小板等通过静脉输入体内的方法。静脉输血有直接输血法和间接输血法两种。直接输血法（direct transfusion）是将供血者的血液抽出后立即输给患者的方法，适用于无库存血而患者又急需输血，以及婴幼儿的少量输血时。间接输血法（indirect transfusion）是将抽出的血液按静脉输液法输给患者的方法。

（一）目的

1. 补充血容量，增加有效循环血量，改善血液灌流。

2. 纠正贫血，增加血红蛋白含量，提高携氧能力。

3. 补充抗体、补体等血液成分，增强机体免疫力。

4. 补充血浆蛋白，改善营养状态，维持胶体渗透压，保持有效循环血量。

5. 补充各种凝血因子和血小板，改善凝血功能，有助于止血。

6. 排除有害物质，改善组织器官缺氧状况，用于一氧化碳、苯酚等化学物质中毒。

（二）适应证及禁忌证

1. 适应证

（1）各种原因引起的大出血。

（2）贫血或低蛋白血症。

（3）严重感染。

（4）凝血功能障碍。

2. 禁忌证

（1）急性肺水肿、肺栓塞、恶性高血压。

（2）充血性心力衰竭、肾功能极度衰竭。

（3）真性红细胞增多症。

（4）对输血有变态反应者。

（三）输血原则

1. 输血前必须做血型鉴定及交叉配血试验。

2. 无论是输全血还是输成分血，均应选用同型血液输注。

3. 如需再次输血者，必须重新做交叉配血试验，以排除机体已产生抗体的情况。

（四）血液制品种类

1. 全血　主要包括新鲜血和库存血。

2. 成分血　主要包括红细胞（浓缩红细胞、洗涤红细胞、红细胞悬液）、白细胞浓缩悬液、血小板浓缩悬液、血浆（新鲜血浆、保存血浆、冰冻血浆、干燥血浆）和其他血液制品（白蛋白液、纤维蛋白原、抗血友病球蛋白浓缩剂）。

（五）方法

以间接输血法为例。

1. 操作前准备

（1）操作者衣帽整洁，修剪指甲，洗手，戴口罩。环境整洁、安静、舒适、安全。

（2）评估患者病情、治疗情况、血型、输血史及过敏史、心理状态及对输血相关知识的了解程度、穿刺部位皮肤、血管状况。向患者及家属解释静脉输血的目的、方法、注意事项及配合要点。签署知情同意书。

（3）用物准备：准备好相关物品，放于治疗车上。

1）治疗车上层：血液制品（根据医嘱准备）、生理盐水、无菌手套、输血卡、一次性输血器，其他用物同成人静脉留置针输液。

2）治疗车下层：医疗垃圾桶（袋）、生活垃圾桶（袋）、锐器盒。

2. 操作步骤

（1）根据医嘱两人核对血液制品，严格执行查对制度。

三查八对制度包括三查：血液的有效期、血液的质量及血液的包装是否完好。八对：核对患者床号、姓名、住院号、血袋（瓶）号（储血号）、血型、交叉配血试验的结果、血液的种类、血量。

（2）按静脉输液法建立静脉通道，输入少量生理盐水，冲洗输血器管道。

（3）将储血袋内的血液轻轻摇匀。注意避免血液的剧烈震荡，防止红细胞破坏。

（4）戴无菌手套，打开储血袋封口，常规消毒开口处塑料管，将输血器针头从生理盐水瓶上拔出，插入储血袋的输血接口，缓慢将储血袋倒挂于输液架上。

（5）调节滴速，开始时输入的速度宜慢，一般不超过 20 滴 /min。观察 15 分钟左右，如无不良反应后再根据病情及年龄调节滴速，成人一般 40~60 滴 /min。

（6）操作后查对。

（7）撤去穿刺用物，整理床单位，协助患者取舒适体位；将呼叫器放于患者易取处，告知患者如有不适及时用呼叫器通知；整理用物，消毒双手，记录输血开始时间、滴速、患者全身及局部状况等。

（8）输血完毕后的处理：①换输少量生理盐水，待输血器内血液全部输入体内再拔针，以保证输血量准确；②用干棉签轻压穿刺点上方，快速拔针，局部按压1~2分钟（至无出血为止），协助患者取舒适体位，整理床单位；③用剪刀将输血器针头剪下放入锐器盒中，将输血器放入医疗垃圾桶中，将储血袋送至输血科保留 24 小时；④消毒双手，记录输血时间、种类、血量、血型、血袋号（储血号）、有无输液反应等。

3. 注意事项

（1）严格执行查对制度和无菌操作原则。输血前由两名医务人员再次进行查对，避免差错事故的发生。

（2）输血前后和两袋血之间需要滴注少量生理盐水，以防发生不良反应。

（3）储血袋内不可加入其他药品，如钙剂、酸性及碱性药品、高渗或低渗液体，以防血液凝集或溶解。

（4）输血过程中加强巡视，观察有无输血反应的征象，并询问患者有无任何不适。一旦出现输血反应，应立即停止输血，并按输血反应进行处理。常见的输血反应包括发热反应、过敏反应、溶血反应、循环负荷过重、出血倾向、枸橼酸钠中毒反应等。

（5）严格掌握输血速度，对年老体弱、严重贫血、心力衰竭患者应谨慎，滴速宜慢。

（6）储血袋送至输血科保留 24 小时，以备患者在输血后发生输血反应时分析原因。

（王春梅）

推荐阅读资料

[1] 葛均波，徐永健，王辰. 内科学 .9 版 . 北京：人民卫生出版社，2018.

[2] 李小寒，尚少梅 . 基础护理学 .6 版 . 北京：人民卫生出版社，2017.

[3] 赵岳，闫贵明 . 临床应用护理教程 .2 版 . 北京：人民卫生出版社，2020.

第十七章　病历与处方书写

病历（medical record）是指医务人员在医疗活动中完成的文字、符号、图表、影像、病理等资料的总和。按照病情收治和诊疗方式，病历可分为门（急）诊病历、住院病历和家庭病床病历；根据书写时间，病历可分为在架运行病历和出院病历；根据记录形式，病历可分为手写病历和电子病历。

病历书写是指医务人员通过问诊、体格检查、辅助检查、诊断、治疗、护理等医疗活动获得有关资料，并进行归纳、分析、整理，形成医疗活动记录的行为。病历与处方既是临床实践工作的总结，又是探索疾病规律，处理医疗纠纷及医疗保险支付保额的法律依据和付费凭证，对医疗、教学、科研、预防及医院管理等都有着极其重要的作用。对于全科医生而言，病历与处方的规范化书写是为居民提供良好医疗卫生服务的前提和基础，是必须掌握的基本技能之一。

处方是指由注册的执业医师和执业助理医师在诊疗活动中为患者开具的，由取得药学专业技术职务任职资格的药学专业技术人员审核、调配、核对，并作为患者用药凭证的医疗文书。

第一节　门（急）诊及留观病历

门（急）诊病历是反映门（急）诊患者病情及医务人员诊疗活动的重要资料，包括初诊病历、复诊病历及急诊留观病历。其主要内容由患者基本信息（姓名、性别、年龄、民族、婚姻状况、职业、工作单位、住址、药物过敏史等）和疾病诊疗信息（主诉、现病史、既往史、体格检查、辅助检查、诊断及处理意见等）两部分组成。

一、门（急）诊病历书写

1. 门（急）诊病历首页内容包括患者姓名、性别、出生年月、民族、婚姻状况、职业、工作单位、住址、籍贯、药物过敏史等项目。

2. 门（急）诊病历记录应当由接诊医生在患者就诊时及时完成。门诊病历记录的就诊时间应具体到上（下）午，急诊病历记录的就诊时间应当具体到分钟。

3. 急诊患者就诊时应及时记录患者的血压、心率、呼吸、体温、血氧饱和度、意识状态、救治措施和抢救过程。对急诊抢救无效最终死亡者，要记录参与抢救人员的姓名、职称和职务，患者死亡时间（具体到分钟）、死亡诊断和可能的死亡原因。

4. 如果是儿科、意识障碍或精神障碍等无行为能力的患者就诊，需写明病史陈述者的姓名、与患者的关系、住址及联系方式。

5. 对于门诊不能予以明确诊断的急危重患者，应积极联系上级医生进行会诊，首诊医生负责做好记录。如患者需要行本医院不能完成的特殊检查、手术，首诊医生应向患方充分告知并建议转诊，同时在门诊病历中予以详细记录。

二、急诊留观病历书写

1. 急诊处理完毕，需要进一步观察病情变化、短时间内不能离开医院的患者，可在急诊观察室留观，并建立急诊留观病历。

2. 留观期间应详细记录病情变化、检验检查结果、治疗经过和治疗效果。

3. 对于因外伤等原因需要在急诊施行手术的患者，接诊医生应当记录疾病诊断、术式、术中和术后情况，以及下一步处理意见等。

4. 留观期间如出现病情变化，接诊医生应尽快解决诊断和治疗问题，并做详细记录，必要时收住院诊治或转往上级医院。

5. 当患者终止留观时，接诊医生必须在急诊留观病历上详细记录患者出院时的情况及院外继续治疗的方案和建议。

6. 急诊患者留观时间原则上不超过 72 小时。

第二节 住 院 病 历

住院病历是反映住院患者病情变化及医务人员诊疗活动的重要资料，包括病案首页、出院记录、入院记录、诊疗计划单、病程记录、辅助检查报告单、病理资料、各种同意书、各类告知书、住院谈话记录等。

一、基本规范和要求

1. 病历书写应在规定的时间内，按照规定的格式，由符合资质的医务人员书写完成，做到及时、客观、真实、准确、完整、规范。

2. 电子病历的书写应在电子病历系统中完成，及时保存并签名。

3. 病历书写应当使用中文，通用的外文缩写和无正式中文译名的症状、体征、疾病名称等除外。

4. 病历书写应规范使用医学术语，表述准确、语句通顺、文字工整、字迹清晰、标点正确。

5. 病历中日期和时间一律使用阿拉伯数字书写，日期使用 XX 年 XX 月 XX 日的方式记录，时间采用 24 小时制记录。

6. 病历书写时如需修改，应用双线划在错字上，保留原记录可辨。修改人应签名并注明修改时间。不得采用刮、粘、涂等方法掩盖原记录。

7. 病历应当按照规定的内容书写。上级医务人员有审查和修改下级医务人员（包括实习和试用期医务人员）所书写病历的义务，审查、修改后并确认签名。进修医务人员应在医疗服务机构的管理部门对其进行考核和授权后方可书写病历。

8. 住院病案由医疗服务机构保管。打印病历和电子病历应当符合病历保存的要求，保存时间不少于 30 年。

二、病历首页填写

住院病历首页是医务人员使用文字、符号、代码、数字等方式，将患者住院期间相关信息精练汇总在特定的表格中，形成的病例数据摘要。住院病案首页包括患者基本信息、住院过程信息、诊疗信息、费用信息等。

1. 应当使用规范的疾病诊断和手术操作名称。诊断依据应在病历中可追溯。疾病诊断编码应当统一使用 ICD-10，手术和操作编码应当统一使用 ICD-9-CM-3。

2. 入院时间是指患者实际进入病房的接诊时间，而非办理入院的时间。出院时间是指患者治疗结束或终止治疗，离开病房的时间，而非办理出院的时间或结算的时间，其中死亡患者是指其死亡时间。记录时间应当精确到分钟。

3. 诊断名称一般由病因、部位、临床表现、分期分级、病理诊断等要素构成。出院诊断包括主要诊断和其他诊断（并发症和合并症）。

4. 主要诊断一般是患者此次住院的主要原因，原则上应选择本次住院对患者健康危害最大、消耗医疗资源最多、需住院时间最长的疾病诊断。按照主要诊断选择的基本原则进行填写。

5. 填写其他诊断时，先填写主要疾病并发症，后填写合并症；先填写病情较重的疾病，后填写病情较轻的疾病；先填写已治疗的疾病，后填写未治疗的疾病。

6. 由于各种原因导致原诊疗计划未执行，且无其他治疗的出院患者，原则上选择拟诊疗的疾病为主要诊断，并将影响原诊疗计划执行的原因（疾病或其他情况等）写入其他诊断。

三、入院记录书写

（一）普通入院记录的内容及要求

入院记录的内容一般包括患者基本情况、主诉、现病史、既往史、个人史、婚育史、月经史、家族史、体格检查、辅助检查、初步诊断和临床确定诊断、医生签名。

1. **患者基本情况**　包括姓名、性别、年龄、民族、婚姻状况、出生地、职业、工作单位、住址、入院时间、记录时间、病史陈述者及其与患者的关系。

2. **主诉**　是促使患者本次就诊的主要原因，用其主要症状（或体征）及持续时间来描述，一般要求在 20 字以内。在一些特殊情况下，疾病已明确诊断，住院目的是为进行某项特殊治疗（手术、化疗）者可用病名，如白血病患者入院定期化疗；一些无症状的实验室检查异常也可直接描述，如"发现血糖升高 1 个月"。

3. **现病史** 是指患者本次疾病的发生、演变、诊疗等方面的详细情况，应当按时间顺序书写。内容包括发病情况、主要症状特点及其发展变化、伴随症状、发病后诊疗经过及效果、发病时一般情况的变化，以及与鉴别诊断有关的阳性或阴性资料等。

（1）发病情况：记录发病的时间、地点、起病缓急、前驱症状、可能的原因或诱因。

（2）主要症状特点及其发展变化：按发生的先后顺序描述主要症状的部位、性质、持续时间、程度、缓解或加剧因素，以及演变发展情况。

（3）伴随症状：记录伴随症状并描述其与主要症状之间的相互关系。

（4）发病以来诊治经过及效果：记录患者发病后到入院前，在院内、外接受检查与治疗的详细经过及效果。对患者提供的药名、诊断和手术名称需加引号（""）以示区别。

（5）发病以来一般情况：简要记录患者发病后的精神状态、睡眠、食欲、大小便、体重等情况。与本次疾病虽无紧密关系、但仍需治疗的其他疾病情况，可在现病史后另起一段予以记录。

4. **既往史** 是指患者过去的健康和疾病情况。内容包括既往一般健康状况、慢性疾病史、传染病史、预防接种史、手术外伤史、输血史、食物或药物过敏史、个人史、婚育史、月经史、家族史等。

（1）个人史：记录出生地及长期居留地，生活习惯及有无烟、酒、药物等嗜好，职业与工作条件及有无工业毒物、粉尘、放射性物质接触史，有无冶游史。

（2）婚育史：婚姻状况、结婚年龄、配偶健康状况、有无子女及子女健康状况等。

（3）月经史：记录初潮年龄、行经期天数、间隔天数、末次月经时间（或闭经年龄）、月经量、痛经等情况。

（4）家族史：家庭成员的健康状况，有无与患者类似的疾病，有无家族遗传倾向的疾病。

5. **体格检查** 应当按照系统循序进行书写。内容包括体温、脉搏、呼吸、血压，一般情况，皮肤、黏膜、全身浅表淋巴结，头部及其器官，颈部，胸部（胸廓、肺部、心脏、血管），腹部（肝、胆、脾、胰、胃等），直肠肛门，外生殖器，脊柱，四肢，神经系统等。

6. **辅助检查** 指入院前所做的与本次疾病相关的主要检查及其结果。应分类并按检查时间顺序记录检查结果，如系在其他医疗机构所做检查，应当写明该机构名称、检查项目、检查时间及检查号。

7. **初步诊断** 是指接诊医生根据患者入院时情况，综合分析所作出的诊断。如初步诊断为多项时，应当主次分明。

8. **临床确定诊断** 是主治医师（上级医生）查房时根据患者病史、体格检查及辅助检查所确定的诊断，写在入院记录末尾中线的右侧。

9. **医生签名** 书写入院记录的医生及其带教的上级医生在初步诊断的右下角签名，字迹应清楚易于识别。

（二）再次或多次入院记录

指同一患者因同一种病因再次或多次入住同一医疗机构时，由接诊医生在患者入院24小时内书写完成的记录。书写要求参考入院记录的内容，但现病史中应首先记录和总结以往住院诊疗过程，然后再记录本次现病史。如因新发疾病入院时，不能书写再次或多次入院记录，可将本次入院前的住院疾病诊断书写在既往史中。

（三）24小时内入出院记录

对入院时间不超过24小时，欲转院或者自行出院的患者，可以书写24小时内入出院记录。其内容包括患者姓名、性别、年龄、职业等基本信息，也包括患者主诉、入院情况、入院诊断、诊疗经过、出院情况、出院诊断、出院医嘱、医生签名等诊疗相关信息。

（四）24小时内入院死亡记录

对于入院24小时之内死亡的患者，接诊医生应书写24小时内入院死亡记录，并于死亡后24小时内完成。其内容包括患者姓名、性别、年龄、职业等基本信息，以及患者主诉、入院情况、入院诊断、诊疗经过、抢救经过、死亡原因、死亡诊断、医生签名等诊疗相关信息。

四、病程记录书写

（一）首次病程记录

1. 首次病程记录要求另页书写，且需注明记录日期和时间。

2. 首次病程记录内容

（1）病例特点：接诊医生对患者的主诉、现病史、既往史、体格检查、辅助检查结果等内容进行全面分析、归纳和整理后，概括出的本病例的特点。

（2）入院诊断、诊断依据及鉴别诊断：根据接诊医生的知识和经验，结合病例特点提出初步诊断和诊断依据，并记录与初步诊断相关的鉴别诊断，对需鉴别的内容进行分析。

（3）诊疗计划：可分为检查计划与治疗计划。检查计划是按病情列举必要的或重要的检查项目；治疗计划要求记录治疗原则和拟进行的主要治疗方案等。

3. 首次病程记录从内容上应简明扼要、突出重点，书写时不能把入院记录简单地进行罗列，要有分析、有见解，充分体现出医生的临床思维过程。

（二）日常病程记录

1. 由接诊医生书写，也可由实习医生或试用期医生书写，但需由带教的上级医生及时给予审查、修正并签名。

2. 记录的格式为先标明记录日期，另起一行记录具体内容，记录结束后再另起一行于右侧签署记录者姓名。

3. 日常病程记录原则上要体现出三级医生查房记录内容，包括住院医师查房记录、主治医师首次查房记录、主任或副主任医师查房记录等。

4. 内容不仅包括患者自觉症状、睡眠和饮食情况、情绪变化、精神心理状态、重要病史、症状和体征的变化、是否有新症状、治疗情况及效果，还包括各项辅助检查结果分析及判断、重要医嘱的更改及理由、上级医生对诊断和治疗的意见、补充诊断及对原有诊断的修改及分析、值班医生在值班期间所做的诊疗活动等。最后一次病程记录应记录出院时患者病情，并交代门诊随访、治疗等注意事项。

5. 对于病危患者，应根据病情变化随时书写病程记录，至少每日一次，记录时间应具体到分钟，病危患者如为临终关怀，应与家属做好沟通；对于病重患者应至少每2日书写一次病程记录，必要时积极与上级医院联系协调转院；对于病情稳定的患者应至少每3日记录一次病程记录；对病情稳定的慢性患者，至少每5日记录一次病程记录。

6. 手术前1日应记录术前准备情况和患者情况，术后前3日应至少每日记录一次病程记录。会诊当日、有创操作的当日和次日、患者出院前1日或当日应有病程记录。

7. 病程记录要坚持实事求是的原则，如实反映患者的病情变化，一旦发现对疾病认识或诊断有错误或遗漏，应立即改正或补充。应做到记录及时、准确、重点突出，有分析、有总结。

（三）上级医生查房记录

1. 主治医师首次查房记录应于患者入院48小时内完成。主治医师日常查房记录间隔时间视病情和诊疗情况确定，内容包括以下三方面：

（1）查房医生的姓名、专业技术职务、补充的病史和体征。

（2）诊断依据与鉴别诊断的分析。

（3）诊疗计划及更改诊疗计划的具体意见等。

2. 主任或副主任医师查房记录内容包括三方面：

（1）查房医生的姓名、专业技术职务、对病情的诊断分析。

（2）对下级医生诊疗计划的更正。

（3）新的诊疗意见等。

3. 下级医生应如实记录上级医生的查房情况并签名，尽量避免书写"同意目前诊断、继续治疗"等无实质内容的记录，查房医生应及时审阅并签名。

（四）交接班记录

交接班记录是患者的接诊医生发生变更轮换之际，特别是针对急危重症患者、术后患者或未明确诊断患者，交班医生和接班医生分别对患者病情及诊疗情况进行简要总结的记录。

1. 交班记录应当在交班前由交班医生书写完成，主要记录患者交班前的病情、治疗情况及效果、目前诊断及下一步拟诊疗计划，要求简明扼要，以供接班医生掌握病情及诊疗工作的顺利进行。

2. 接班记录由接班医生于接班后 24 小时内完成，在复习病历及有关资料的基础上，再通过重点询问、体格检查，着重记录接班时间患者的病情及身体状况，力求简明扼要，避免过多重复，着重书写今后的诊断、治疗的具体计划和注意事项。

3. 交（接）班记录的内容包括入院日期、交班或接班日期、患者姓名、性别、年龄、主诉、入院情况、入院诊断、入院经过、目前状况、目前诊断、交班注意事项或接班诊疗计划、医生签名等。

（五）抢救记录

抢救记录是指患者病情危重，医务人员采取紧急措施抢救的记录。记录抢救时间应当具体到分钟。

1. 抢救记录内容包括病情变化情况、采取的措施、抢救成功还是死亡、参加抢救的医务人员姓名及专业技术职称等。

2. 因抢救急危患者，未能及时书写病历时，有关医务人员应当在抢救结束后 6 小时内据实补记，并加以说明。

3. 若抢救无效死亡，应记录死亡时间、尸体处理情况。由有资质的医生书写，上级医生审核后签名。

（六）死亡记录

死亡记录是患者死亡后 24 小时内由接诊医生完成的，对死亡患者住院期间诊疗和抢救经过的记录。记录死亡时间应具体到分钟。

1. 死亡记录内容包括入院日期、入院情况、入院诊断、诊疗经过、死亡时间、死亡原因、死亡诊断、医生签名等。

2. 诊疗经过要翔实记录患者住院后的病情演变和治疗经过，病情突然恶化的具体时间，病情恶化后的抢救经过，上级医生指导抢救措施，临终前在场参加抢救的医生、护士姓名及专业技术职务，同时要记录亲属何人在场及其意愿等。死亡记录应单独立页，由有资质的医生书写，上级医生审核后签名。

（七）出院记录

出院记录是指接诊医生对患者此次住院期间诊疗情况的总结。作为患者直接获得的医疗信息，应当认真详细地书写，并在患者出院后 24 小时内完成。

1. 内容主要包括入院日期、入院情况、入院诊断、诊疗经过、出院日期、出院诊断、出院情况、出院医嘱、医生签名等。

（1）入院时情况包括主诉、简要病史、主要的体格检查及辅助检查等。

（2）诊疗经过包括简要的诊治经过，主要的治疗用药名称、疗程、用量及用法，治疗过程中出现的并发症或不良反应，诊治还存在什么问题等。

（3）出院时情况包括出院时症状、体征及辅助检查结果；手术患者要说明伤口愈合情况，是否留置引流管、石膏及拆线等情况。

（4）出院医嘱包括：①病休时间。②继续治疗的医嘱。药物治疗应写明药名、剂量、具体用法、疗程，用药过程中需注意的事项或需定期复查化验的项目；如有伤口，需交代出院后换药的有关事项；进行康复活动和功能锻炼的指导。③出院后是否建立家庭病床、相关随访及其他需要的注意事项。

（5）诊断要用中文名称，诊断名称应当全面，符合国际疾病分类 ICD-10 的规定。

2. 出院记录应当在专用表格上书写，建议一式两份，原始件存入病历，复写件交由患者或亲属保留与使用。

（八）阶段小结

阶段小结是指患者住院时间较长，由接诊医生每月对病情及诊疗过程所做的总结。

1. 内容包括住院日期、患者姓名、性别、年龄、入院情况、入院诊断、诊疗经过、目前情况、目前诊断、诊疗计划、医生签名、小结日期等。

2. 阶段小结要有实质性内容，重点是入院后至本阶段小结前的病情演变、诊疗过程及结果、目前诊疗措施及今后准备实施的诊疗方案等。

阶段小结应列标题，由有资质的医生书写，交（接）班记录、转科记录可代替阶段小结。

五、病例讨论记录

病例讨论记录是指为保证患者得到及时有效的治疗，相关专业医务人员针对患者诊断及治疗进行讨论而形成的记录。包括疑难病例讨论记录、危重症病例讨论记录和死亡病例讨论记录等。

（一）疑难病例讨论记录

1. 疑难病例讨论记录是指由科主任或具有副主任医师以上专业技术任职资格的医生主持、召集有关医务人员，对确诊困难或疗效不确切病例进行讨论的记录，也可邀请上级医院专科医生。

2. 内容包括讨论时间、地点、主持人及参加人员姓名、专业技术职务、接诊医生病情介绍、病情分析、讨论意见、主持人总结意见、主持人和记录者签名等。由有资质的医生书写，主持人审阅并签名。

（二）危重症病例讨论记录

1. 危重症病例讨论记录是由科主任或具有副主任医师以上专业技术任职资格的医生主持，相关医务人员参加，为制订最佳治疗方案，争取良好疗效，对危重症病例进行讨论的记录。

2. 内容包括讨论时间（记录到分钟）、地点、主持人及参加人员姓名、专业技术职务、病情介绍、参加人员发言纪要、主持人的总结意见、主持人和记录者签名等。

3. 危重症患者如果不属于临终关怀者，应积极与上级医院联系并组织危重症病例讨论，并由有资质的医生书写，主持人审阅并签名。

（三）死亡病例讨论记录

1. 死亡病例讨论记录是指在患者死亡一周内，由科主任或具有副主任医师以上专业技术职务任职资格的医生主持，对死亡病例进行讨论、分析的记录。按照死亡病例讨论制度要求，所有死亡病例必须有死亡病例讨论记录。

2. 内容包括讨论日期、主持人及参加人员姓名、专业技术职务、讨论意见、总结意见和签名等。重点记录诊断意见、抢救措施、死亡原因分析、经验教训总结、国内外对本病在治疗上的先进方法等。

3. 死亡病例讨论记录应另立页书写，由有资质的医生记录，主持人审阅并签名。

六、手术相关记录

涉及手术操作及麻醉的患者，手术医生应按照诊疗规范和病历书写要求完成相应的记录。为保证患者安全及合法权益，手术医生应做好术前访视记录、术前小结、手术记录、术后首次病程记录等。

（一）术前访视记录

1. 术前访视记录是手术医生和麻醉医师在手术和麻醉实施前对患者进行全面访视的记录。

2. 内容包括：①疾病演变过程、治疗用药及效果；②是否应用过与麻醉用药有相互影响的药物；③相关化验检查结果；④术前准备是否充分等。

3. 认真及时签署麻醉同意书和手术同意书。

（二）术前小结

1. 术前小结是指在患者手术前，由手术医生对患者病情所做的总结。

2. 内容包括简要病情、术前诊断、手术指征、拟施手术名称和方式、拟施麻醉方式、注意事项等。

3. 择期手术必须有术前小结，并应在手术前完成。如属急诊手术，因病情危急可免写术前小结，但术前小结的内容必须在首次病程记录中给予体现。

（三）手术记录

1. 手术记录是指由手术者书写的反映手术一般情况、手术经过、术中发现及处理等情况的记录。

（1）一般项目：患者姓名、性别、年龄、科别、病房、床号、住院病历号或病案号、手术日期、术前诊断、术中诊断、麻醉方法、手术名称、术者及助手姓名、手术经过、术中出现的情况及处理等。

（2）手术经过应记录：手术体位、消毒方法、铺巾顺序；手术步骤、病灶切除范围、缝（吻）合方式等。

（3）手术结束后患者的状态及去向。

2. 手术记录应由术者于术后 24 小时内在专用表格上书写，特殊情况下可由一助书写，术者签字确认。

（四）手术安全核查记录

1. 手术安全核查记录是指由手术医生、麻醉医师和巡回护士三方，在麻醉实施前、手术开始前和患者离室前，共同对患者身份、手术部位、手术方式、手术使用物品清点等内容进行核对的记录。如手术医生和麻醉医师为同一人，可改为两方核对，但核查程序和内容不能减少。

2. 手术安全核查必须依次进行，每个步骤检查无误后方可进行下一步操作，由核对的医生和护士确认并签字。

3. 手术安全核查记录应当另立页书写。

（五）术后首次病程记录

1. 术后首次病程记录是指参加手术的医生在患者术后即时完成的病程记录。

2. 内容包括手术时间、麻醉方式、手术方式、术中诊断、手术简要经过、术后处理措施、术后应当特别注意观察的事项等。

3. 术后首次病程记录应另起页开始，列标题记录。术后首次病程记录与手术记录非同一人书写时，应当注意两项记录内容的一致性。

七、医疗知情同意书

医疗知情同意书是指在施行某项医疗行为之前，充分告知患方相关的医疗信息如病情、诊疗措施、医疗风险、医疗费用等，并征得患方同意后与其签订的医疗文书。一般包括手术同意书、麻醉同意书、输血（血液制品）治疗知情同意书、特殊检查/特殊治疗同意书、病情危重通知书、入院须知与宣教等。

（一）手术同意书和麻醉同意书

1. 手术同意书是指在手术前，接诊医生向患者或亲属（委托人）告知拟施手术的相关情况，并由患方签署是否同意手术的医学文书。

2. 麻醉同意书是指在麻醉前，麻醉医师向患者或亲属（委托人）告知拟施麻醉的相关情况，并由患方签署是否同意麻醉的医学文书。

3. 内容包括术前诊断、拟行手术方式、拟行麻醉方式，术中或术后可能出现的并发症、手术风险、患方签署意见及签名、接诊医生签名等。

（二）输血（血液制品）治疗知情同意书

1. 输血（血液制品）治疗知情同意书是指输血前，接诊医生向患者或亲属（委托人）告知输血的相关情况，并由患方签署是否同意输血的医学文书。

2. 内容包括诊断、输血指征、拟输血成分、输血前有关检查结果、输血风险及可能产生的不良后果、患方签署意见并签名及医生签名等。

（三）病情危重通知书

1. 病情危重通知书是指患者病情危重时，由接诊医生或值班医生向患者或亲属（委托人）告知病情，并由患方签名的医学文书。

2. 内容包括目前诊断及病情危重情况，患方签名、医生签名并填写日期。

3. 病情危重通知书一式两份，一份交由患方保存，另一份归病历中保存。

第三节　家庭病床病历

家庭病床（home sick-bed）作为一种新型的医疗护理形式得到了越来越多的服务对象的认可和肯定，但也存在着一定的医疗风险和安全隐患，比如服务条件有限、抢救设施缺乏、医疗废物的处理等。为此，针对家庭病床，建立一套完整规范的管理制度和措施尤为必要，而家庭病床病历的建立和规范书写就是其中的重要内容之一。

一、家庭病床的概念

家庭病床服务是指对需要连续治疗，但因本人生活不能自理或行动不便，到医疗机构就诊确有困难，需依靠医护人员上门服务的患者，以居家、居住的养老服务机构为主设立病床，由指定医护人员定期查床、治疗、护理，并在特定病历上记录服务过程的一种卫生服务形式。

二、家庭病床病历的内容

家庭病床病历内容包括：家庭病床病历封面、家庭病床病历首页、建床记录、体温记录表、医嘱、诊疗记录、会诊记录、双向转诊记录、检查检验报告单、医患沟通记录单、协议书及委托书和撤床小结、病例讨论记录等。

三、家庭病床病历书写

1. 家庭病床病历封面　一般包括社区卫生服务机构名称、家庭病床编号、患者姓名、性别、年龄、现住址、联系人、联系电话、主管医生及主管社区护士等内容。

2. 家庭病床病历首页　一般包括患者的姓名、性别、年龄、职业、婚姻状况、出生地、血型、药物过敏史、民族、病史陈述者、建床日期、联系人、关系、联系电话、诊断、生命体征、主诉、现病史、既往史、药物过敏史、病情摘要、初步诊断、诊疗计划和健康教育计划等内容。

3. 建床记录　应按照 SOAP 形式书写记录。内容包括患者一般信息、主诉、现病史、既往史、个人史、婚育史、家族史、体格检查、实验室检查及特殊检查、建床诊断、诊疗计划等。

4. 体温记录表　一般包括患者的体温、脉搏、呼吸、血压、体重、建床起始日和建床累计日数等内容。

5. **医嘱** 是指医生在医疗活动中下达的医学指令，分为长期医嘱和临时医嘱，其内容、起始和停止时间由家庭病床医生和会诊医生书写。医嘱内容应当准确、清楚，每项医嘱应只包含一个内容，并注明下达时间（具体到分钟）。医嘱由社区护士执行并签名。

6. **诊疗记录** 是主管医生在患者建立家庭病床期间对其病情和诊疗过程所做的连续性、经常性记录。一般包括病情变化情况、重要的辅助检查结果及分析、上级医生巡视意见、制订的诊疗方案及效果、医嘱变化及理由、向患者及家属告知的重要事项、健康教育等。

7. **会诊记录** 是指在患者病情出现变化时分别由医疗专家与护理专家书写的记录。根据会诊内容的不同，会诊记录分为医疗会诊记录和护理会诊记录。会诊记录（含会诊意见）是指患者在建床期间需要他科（院）医生协助诊疗时，分别由申请医生和会诊医生书写的记录。会诊记录包括会诊申请和会诊意见。会诊申请应当简要说明患者病情及诊疗情况、申请他科（院）会诊的理由和目的、申请会诊医生签名。会诊意见应当有会诊医生提出的诊疗意见、会诊医生的科（院）别、会诊时间及会诊医生签名。

8. **双向转诊记录** 是指患者在建床期间由于病情变化需要转入其他医疗机构时，转入单位同意接收后，书写的双向转诊记录单。如确定进行双向转诊并需要给予家庭病床服务时，应填写双向转诊记录单。其内容的第一部分由转诊医院医生书写，包括建床日期、转诊日期、患者姓名、性别、年龄、主诉、建床时情况、建床诊断、诊疗经过、目前诊断、目前情况、转诊目的、转诊医生签名、患者病情摘要、诊断、治疗经过、转诊原因等；第二部分由接诊医生书写，包括接诊时患者的状态、诊断及治疗意见、可能转归情况、社区治疗或康复指导等。

9. **检查检验报告单** 是指在家庭病床服务期间，患者的各种检验报告、医学影像检查报告及其他检查治疗结果的汇总。应按日期先后顺序进行粘贴、保存于患者的家庭病床病历中，以便于患者治疗及医护人员查阅、存档。

10. **医患沟通记录单** 是在患者建床期间，由主管医生或护士与患者或其代理人签署的，关于疾病治疗的知情同意记录。建床时，医患沟通记录单应包括建床时间、建床意愿、家庭病床的利弊、疾病诊断、诊疗计划和疾病预后等内容。如果在治疗过程中病情发生变化，应根据需要适时书写医患沟通记录单，双方签字确认。

11. **协议书及委托书** 由于家庭病床服务条件和设施有限，具有一定的风险，部分诊疗活动需取得服务对象的知情同意并签署协议，以明确医患双方的责任和义务。此外，由于有些建床患者的自理能力、意识状态受限，或者社会关系复杂，对所患疾病缺乏足够认知等，必须要求患者有相应的委托人，代理其行使患者的权利并履行相应的义务。

12. **撤床小结** 是指在家庭病床服务结束后 24 小时内，主管医生对患者的治疗情况进行的总结和记录，内容包括疾病诊断、治疗经过、转归结果、撤床依据等。同时，根据患者的实际治疗结果，按要求书写阶段小结、转院小结或死亡记录等。撤床后，家庭病床病历由基层医疗卫生服务机构一并保存，并按病历存档要求进行存档保管。

13. 病例讨论记录　病例讨论记录是指科室主任或者具有主治医师以上专业技术任职资格的医生主持，召集有关医务人员对疑难、死亡病例进行讨论的记录。内容包括讨论日期、讨论地点、主持人及参加人员姓名、专业技术职称、讨论意见等。

第四节　SOAP 接诊记录与随访记录

SOAP 接诊记录从本质上看和专科病历类似，都是医务人员对患者疾病以及医疗活动过程的记录。SOAP 以问题为导向，较为全面地反映患者的生理、心理、行为和社会各个方面的情况，反映疾病的发展进程。基层医务人员管理患者的过程中，会涉及患者健康问题的诸多方面，如家庭问题、社会和心理问题等，如果沿用传统的以病史＋体格检查＋诊断＋治疗为主的病例书写方式，则收集这些资料可能不到位，难以反映全科诊疗的全部内容。SOAP 是个人健康档案的核心部分，为全科医生进行全方位、全过程、综合、连续的服务提供依据。

一、SOAP 的概念

S：指患者的主观资料（subjective data），是患者所提供的主诉、现病史、相关病史、家族史等内容，应尽量表述出患者的原意，避免把医生的主观看法加入其中。

O：指患者的客观资料（objective data），是医生所诊查到的患者的资料，包括体格检查中的阳性体征、有鉴别意义的阴性体征、实验室检查、影像检查等其他检查资料，以及患者的态度、行为等。

A：指评估（assessment），是 SOAP 中最重要、最困难的一部分。完整的评估除疾病诊断、诊断依据、鉴别诊断外，还包括与其他健康问题的关系、轻重程度及预后等。

P：指计划（plan），也称与问题相关的计划，是针对问题而提出的，体现"以病人为中心"、以预防为导向，以及生物－心理－社会医学模式的全方位考虑。每个问题都有相应的计划，包括诊断计划、治疗计划、患者指导及健康干预计划等。

二、SOAP 接诊记录

SOAP 接诊记录也称全科诊疗记录，是记载患者病史、诊断分析、健康问题之间的联系、制订诊疗计划等内容的规范化表格，与住院病历中的首次病程记录有一定的相似之处。全科医生在接诊患者时，无论是首次就诊的患者，还是随访的患者，均应首先排除患者是否存在急危重症的情况；如果存在，则应立即给予相应处理；社区卫生服务机构不具备诊疗或救治条件的，应立即就近转诊进行治疗。在排除急危重症后，则采用 SOAP 形式进行诊疗，如表 17-4-1 所示，以高血压患者为示例的接诊记录表。

表 17-4-1　高血压患者接诊记录表

姓名：周xx　　年龄：72 岁　　地址：××××××××××　　电话：×××××××

编号□□－□□□□□

S：

主诉：反复头晕 3 年，加重半个月。

现病史：患者 3 年前无明显诱因出现头晕，当时无肢体活动异常、耳鸣、听力下降、头痛、黑矇等，无恶心呕吐、畏寒发热、视物旋转及视力下降，就诊于社区服务中心，测血压为 170/90mmHg；后多次于安静状态下测血压大于 140/90mmHg，最高可达 180/100mmHg，诊断为"高血压 3 级"，予以"珍菊降压片 1 片，每日三次"控制血压，但未予重视，未规律服用抗高血压药，亦未监测血压。近半个月因受凉后感头晕症状较前加重，伴头痛，表现为全头部胀痛，与头位及体位无关，间断性，每次持续 2~3 小时，无恶心、呕吐、视物旋转等症状，在家自测血压波动在"130~160/70~100mmHg"，现为求进一步合理控制血压来社区就诊。近半个月来患者精神、睡眠欠佳，情绪紧张，饮食及二便正常，体重未见明显改变。

相关病史：否认"冠心病、脑血管病、高脂血症、慢性肾脏病史"等慢性病史；否认食物及药物过敏病史。

家族史：父亲有高血压病史，10 年前因"脑出血"去世，余家人无类似病史及相关遗传病史。

生活方式、心理及社会因素：吸烟、饮酒 50 余年，1~2 包 /d，白酒 50~100g/d；喜食腌制食品及肉食；平日缺乏运动；家庭和睦，经济情况良好。

O：

体格检查：体温 36.2℃，脉搏 90 次 /min，呼吸 18 次 /min，血压 162/94mmHg，身高 172cm，体重 80kg，腰围 98cm，BMI 27.0kg/m^2。神清语利，体型偏胖，双侧鼻唇沟对称，伸舌无偏斜，颈软，气管居中，双肺呼吸音清，未闻及干湿啰音。心前区无隆起，心尖搏动位于左侧第五肋间锁骨中线内 0.5cm，范围 2cm，无震颤及心包摩擦感。叩诊心界不大，心率 90 次 /min，律齐，$A_2 > P_2$，未闻及杂音及额外心音，未闻及心包摩擦音。腹软，无压痛及反跳痛，未闻及腹部血管杂音。双下肢不肿。四肢肌力、肌张力正常，病理征未引出。

实验室检查：TCHO 6.4mmol/L，LDL-C 4.2mmol/L，TG 1.8mmol/L，HDL-C 1.1mmol/L，BUN 5.2mmol/L，Cr 58μmol/L，ALT 12U/L，FPG 5.5mmol/L。

心电图：窦性心律，大致正常心电图。

颈动脉超声：双侧颈动脉膨大处多发强回声斑块，双侧颈外动脉起始处强回声斑块。

A：

1. 目前诊断：①高血压 3 级极高危组；②高脂血症；③颈动脉斑块形成。

2. 存在的危险的因素及健康问题

（1）老年男性，心血管家族史，超重，吸烟，饮酒，摄盐、油脂过量，缺乏运动，血脂异常。

（2）目前已经存在颈动脉斑块，需积极控制危险因素，延缓疾病发生发展，避免并发症的发生。

（3）患者头晕反复发作，血压控制欠佳，情绪紧张焦虑。

3. 并发症或其他临床情况　无。

4. 患者依从性　对疾病认识度不够，未监测血压及规律服用抗高血压药，依从性欠佳。

5. 家庭可利用的资源　患者教育程度高，经济条件好，家庭和睦。

P:

1. 进一步诊查计划　完善血常规、尿常规、尿微量白蛋白、血同型半胱氨酸测定、24小时动态血压、24小时动态心电图、超声心动图、踝臂指数、眼底等检查，评估是否存在靶器官损害。

2. 治疗计划

（1）非药物治疗：

①合理饮食：减少盐的摄入，食盐量 6g/d 以下；建议油脂量 20~30g/d；②规律有氧运动：以耐力性运动为主，如快走、打太极拳等，每日持续 30min~1h；③减重：通过调整饮食及适当运动达到理想体重，BMI < 24kg/m²，腰围 < 90cm；④戒烟、戒酒：吸烟是心脏性猝死及冠心病最主要的危险因素之一，应立即戒烟；不提倡高血压患者饮酒；⑤心理指导：保持情绪稳定及良好的心理状态，树立战胜疾病的信心。

（2）药物治疗：

控制血压：苯磺酸左旋氨氯地平片 5mg（1 片），每日一次，口服（晨起空腹）。

美托洛尔片 12.5mg（半片），每日两次，口服（注意心率，若 < 55 次/min 停用）。

控制血脂：阿托伐他汀钙片 20mg（1 片），每晚一次，口服（注意有无肌肉酸痛情况）。

3. 转诊指征　建议上级医院心血管内科专科进一步评估有无高血压所致的靶器官损害。

4. 疾病管理的内容及频度　规律服用药物，勿随意调整剂量；建议血压控制在 130/80mmHg 以下，可每日早晚各测量血压一次，每次测量 2~3 遍，连续 7d，血压达标后，建议每周同 1 日早晚各测量一次，并做好记录。

5. 随访要求

（1）纳入社区高血压规范化管理。

（2）1 周后复诊，了解血压及药物使用情况；3 个月后复查血糖、血脂、肝功能、肾功能、心电图等，必要时调整降压方案。

（3）若头痛头晕症状明显加重，或出现新的症状，随时来社区就诊。

医生签字：XXX

接诊日期：　年　月　日

注：BMI，体重指数；A₂，主动脉瓣第二音；P₂，肺动脉瓣第二音；TCHO，血清总胆固醇 LDL-C，低密度脂蛋白胆固醇；TG，三酰甘油；HDL-C，高密度脂蛋白胆固醇；BUN，血尿素氮；Cr，肌酐；ALT，丙氨酸转氨酶；FPG，空腹血浆葡萄糖。

三、SOAP 随访记录

对于社区居民，尤其是对慢性病居民的随访，是全科医生重要的工作内容之一，包括居民因健康问题主动到社区随访和全科医生主动深入家庭进行随访两种方式。通过对健康问题的随访，可以了解居民近期的健康状况、健康问题的改善程度及患者依从性，能够早期发现可能的并发症，以便及时采取干预措施，降低对健康的损害程度，提高生活质量。

在对居民进行随访时，全科医生可以采用 SOAP 的形式。这种形式具有简单、方便、不易漏项的特点，也有利于各项指标的连续监测及横向对比。采用 SOAP 形式进行随访时，"S"是对患者的主要健康问题进行简要记录，内容包括相关病史、家族史、生活方式、心理及社会因素等，其中症状改善程度要给予重点描述；"O"主要是针对患者的重要的体格检查及辅助检查，如糖尿病患者的空腹、餐后血糖，以及糖化血红蛋白指标变化情况；"A"主要是针对患者目前诊断、存在的危险因素及健康问题、并发症及其他临床情况、患者的依从性及家庭可利用资源等；"P"是根据患者情况制订的进一步诊查的计划、疾病管理的内容及频度、治疗计划、转诊指征及随访要求等。

在全科医疗实践中，全科医生应制订个性化、针对性的随访计划。一方面要调动患者的积极性，使其主动参与到随访工作中；另一方面也要发挥医生的主观能动性，对处于疾病关键期的患者或重点人群加强主动随访。

无论是 SOAP 随访记录还是 SOAP 接诊记录，都应该及时归档保存至健康档案。需要明确的是，在慢性病管理中，SOAP 随访记录与 SOAP 接诊记录的功能是不能互相取代的，在病情变化或突发事件发生时，均应详细记录于全科诊疗记录中。

第五节　转会诊记录

转会诊工作是社区卫生服务机构医疗工作的重要任务之一。积极发挥社区卫生服务机构的功能，理顺与二、三级医疗机构之间的双向转诊流程，科学规范地开展转会诊工作，有利于引导患者合理分流，助推分级诊疗及合理就医格局的形成。

一、转会诊相关规定

1. 社区卫生服务机构在积极诊治患者的过程中，如遇到疑难、危重或复杂病例，因条件有限无法满足诊疗需要时，应及时与区域内二级或三级医疗机构取得联系，协调转诊事宜，保证患者得到及时有效的诊治。

2. 相互转诊的医疗机构间应签署双向转诊协议，明确双方的权利和义务，并指定部门或人员具体负责转会诊工作，保证转会诊工作有序进行。

3. 在患者转诊时，转诊医生应认真书写转诊记录单，详细记录患者病情、诊断及治疗情况，随患者递交至转诊医疗机构。

4. 对于急危重症患者的转诊，须持谨慎态度。如果认为转诊途中的风险较高，应立即就地给予抢救，待病情稳定后方可转诊；如果转诊途中的风险相对可以控制，则要求患者立即转往上级医疗机构进行治疗。

5. 因患者病情变化，需邀请上级医疗机构专家协助诊治时，应书写会诊记录。

（1）会诊记录包括两部分：即由申请医生书写的申请会诊记录和由会诊医生书写的会诊意见记录。

（2）申请会诊记录应包含患者病情摘要、诊断、治疗情况及效果、申请会诊的理由和目的、申请会诊医生签名等内容。

（3）申请会诊的医生应陪同会诊医生检查患者，并汇报患者病情。

（4）会诊意见记录应包括会诊医生所在医疗机构名称、科别、会诊时间、初步诊断、会诊意见及会诊医生签名等内容。会诊医生应在会诊后及时将会诊意见记录在会诊记录单上。

（5）会诊结束后，会诊医生应当与申请会诊医生共同将讨论后的会诊意见告知患者或家属；需要向上级医疗机构转诊治疗的，应说明原因，征得患方同意后方可转诊；如不需要转诊，也应告知下一步的治疗、护理方案，同时做好登记、存档工作。

6. 根据患者病情变化情况，接诊医生可以将患者直接转往二级或三级医疗机构。转诊前，应征得患者及家属同意，并提前联系接诊医院做好接诊准备。在患者转诊时，接诊医生应准备好相关病历资料，必要时提供相应的抢救药品和设备，并安排医务人员护送，确保转诊安全。

7. 对于从急性期过渡到康复期的患者，以及诊断明确的慢性病患者，上级医疗机构应积极动员患者本人或家属及时下转至社区卫生服务机构，同时认真填写双向转诊服务卡，详细说明患者病情及下一步的治疗措施和方案。

8. 做好上级医疗机构转诊患者的跟踪服务工作，在患者转出 5 日之内进行追访，及时了解和掌握转诊患者的诊断治疗情况。

9. 对从上级医院转回社区卫生服务机构的患者应及时建立健康档案，纳入健康管理，确保医疗服务连续性。

二、转诊标准

（一）如遇下列情况，应将患者转诊至上级医疗机构

1. 出现本医疗机构处理不了的急诊情况，需紧急转诊，如急性中毒（毒物、毒气、毒品）、各种损伤（工伤、交通事故、房屋倒塌、烧伤、烫伤等）伤情严重者，慢性疾病的严重并发症（高血压危象等）。

2. 各种原因导致的呕血、咯血、便血等危及生命的紧急情况，需紧急转诊。

3. 诊断明确的病例出现治疗效果不佳或严重并发症的情况。

4. 疑难复杂疾病、诊断不明确的病例。

5. 社区卫生服务机构因技术、设备、药品限制或其他原因不能实施有效救治的病例。

6. 精神障碍疾病的急性发作期病例。

7. 甲、乙、丙类传染病及其他需要住院治疗的新发传染病患者。

8. 疾病诊治范围超出本社区卫生服务机构核准诊疗登记科目的病例。

(二) 如遇下列情况，应将患者转诊至社区卫生服务机构

1. 诊断明确无须特殊治疗或需要长期治疗的慢性病患者。

2. 各种危重症患者经救治后病情稳定，进入疗养康复期的患者。

3. 手术愈合后需要长期康复的病例。

4. 晚期恶性肿瘤患者的非手术治疗或临终关怀的病例。

5. 心理障碍等精神疾病恢复期可以在社区进行恢复性治疗的病例。

6. 部分乙类传染病患者和丙类传染丙患者经诊疗后症状较轻，且解除隔离期者。

三、双向转诊原则

1. **患者自愿的原则**　从维护患者利益出发，充分尊重患者的选择权，真正使患者感受到"双向转诊"的方便、快捷。

2. **分级诊治原则**　大病在医院，小病在社区；常见病、多发病在基层医院，危急重症在上级医院。

3. **医疗资源共享的原则**　加强技术合作和人才的有效流动，促进卫生资源的合理利用。

4. **治疗的原则**　建立有效、严密、实用、畅通的上转及下转渠道，为患者提供整体性、持续性医疗照护。

四、双向转诊程序

转出患者：符合上转或下转条件的患者。接诊医生应事先征得患方同意并与拟转往医疗机构取得联系，填写转诊患者介绍单，做好病情交接和登记工作，并由患者家属携带相关诊疗资料。必要时派医务人员陪同，将患者转送至指定医院。

转入患者：接转诊患者后，应在指定部门进行登记，实行优先就诊、检查、交费和取药，需住院者优先安排入院，力争做到转诊工作全程无缝对接 (图 17-5-1)。

```
                    ┌─────────────────────────────────────┐
                    │        接诊符合双向转诊指征的患者        │
                    └─────────────────────────────────────┘

                    ┌─────────────────────────────────────┐
                    │             征求患方意见              │
                    └─────────────────────────────────────┘

    ┌──────────────┐ ┌─────────────────────────────────────┐
    │ 下级医疗服务机构首诊 │ │           报告中心业务负责人            │
    │     医生      │ └─────────────────────────────────────┘
    └──────────────┘
                    ┌─────────────────────────────────────┐
                    │           填写双向转诊上转单            │
                    └─────────────────────────────────────┘

                    ┌─────────────────────────────────────┐
                    │         向患者交代双向转诊注意事项         │
                    └─────────────────────────────────────┘

                    ┌─────────────────────────────────────┐
                    │       患者持双向转诊上转单到定点医院就诊       │
                    └─────────────────────────────────────┘

    ┌──────────────────────────────────────────────────────┐
    │                定点医院双向转诊专职机构                    │
    └──────────────────────────────────────────────────────┘

                    ┌─────────────────────────────────────┐
                    │             安排医生接诊              │
                    └─────────────────────────────────────┘

    ┌──────────────────┐              ┌──────────────────┐
    │    患者需门诊诊治    │              │     患者需住院     │
    └──────────────────┘              └──────────────────┘

    ┌──────────────────┐              ┌──────────────────┐
    │   患者进行门诊诊治    │              │   安排转诊患者住院治疗  │
    └──────────────────┘              └──────────────────┘

    ┌──────────────────┐              ┌──────────────────┐
    │ 明确诊断，确定治疗方案， │              │ 患者病情稳定符合转回下级医 │
    │    完成门诊转诊     │              │      疗机构指征     │
    └──────────────────┘              └──────────────────┘

    ┌──────────────────┐              ┌──────────────────┐
    │ 门诊医生填写双向转诊下  │              │ 住院医师写出院小结，提出治 │
    │ 转单，提出治疗意见及建  │              │  疗意见及建议上交    │
    │      议上交       │              └──────────────────┘
    └──────────────────┘
```

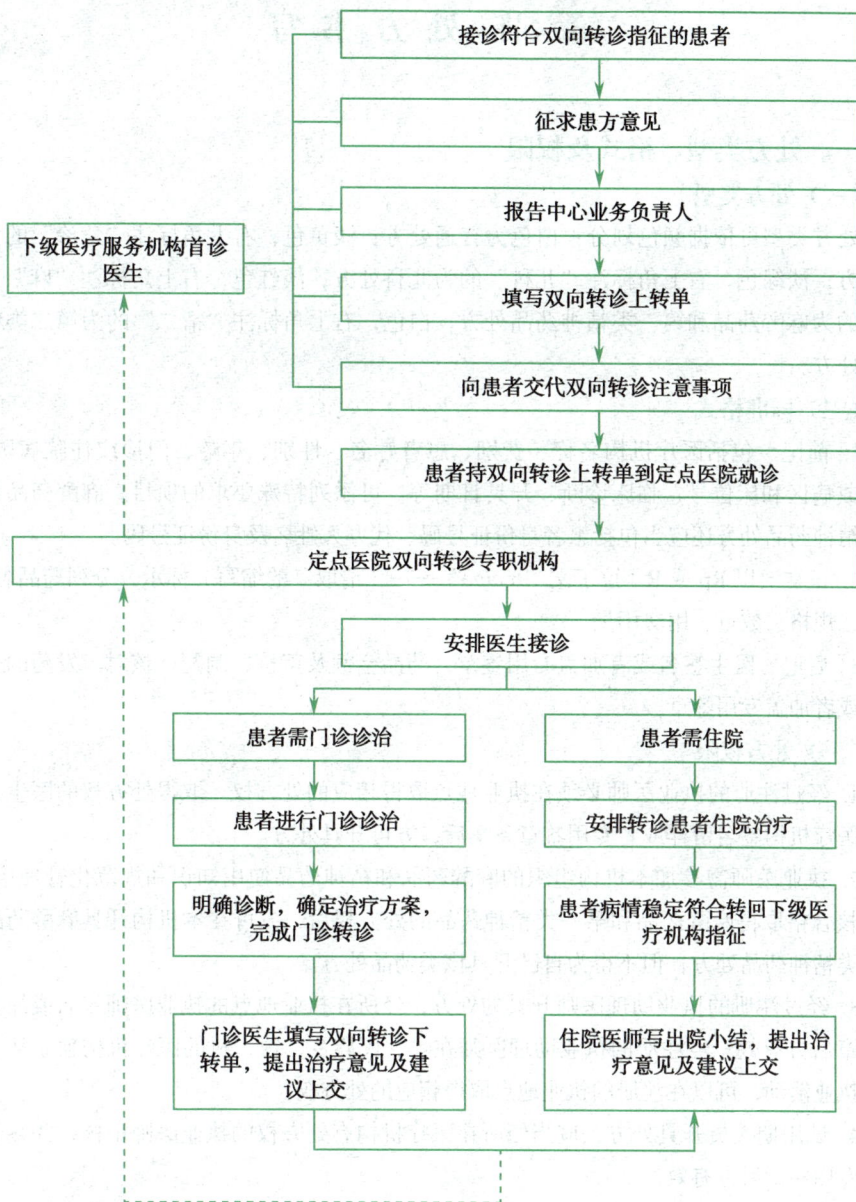

图 17-5-1 双向转诊流程

实线表示上转过程，虚线表示下转过程。

第六节 处方书写

一、处方类型、格式及权限

(一)处方类型

处方类型可依据颜色划分:白色为普通处方;淡黄色,右上角标注"急诊"的为急诊处方;淡绿色,右上角标注"儿科"的为儿科处方;淡红色,右上角标注"麻""精一"的为麻醉药品和第一类精神药品处方;白色,右上角标注"精二"的为第二类精神药品处方。

(二)标准格式

1. 前记 包括医疗机构名称、费别、患者姓名、性别、年龄、门诊或住院病历号、科别或病区和床位号、临床诊断、开具日期等。可添列特殊要求的项目。麻醉药品和第一类精神药品处方还应当包括患者身份证号码、代办人姓名及身份证号码。

2. 正文 以 Rp 或 R(拉丁文"*recipe*"——"请取"的缩写)标示,分列药品名称、剂型、规格、数量、用法用量。

3. 后记 医生签名或者加盖专用签章,药品金额及审核、调配、核对、发药的药师签名或者加盖专用签章。

(三)处方权限

1. 经过注册的执业医师必须在执业地点取得相应的处方权。取得处方权的医生在注册的医疗机构签名留样或者专用签章备案后,方可开具处方。

2. 执业医师需参加本机构组织的麻醉药品和精神药品使用知识和规范化管理培训,经考核合格取得麻醉药品和第一类精神药品的处方权后,方可在本机构开具麻醉药品和第一类精神药品处方,但不得为自己开具该类药品处方。

3. 经过注册的执业助理医师开具的处方,经所在执业地点的执业医师签名或加盖专用签章后方有效。经注册的执业助理医师在乡、民族乡、镇、村的医疗机构独立从事一般的执业活动,可以在注册的执业地点取得相应的处方权。

4. 试用期人员开具处方,应当经所在医疗机构有处方权的执业医师审核,并签名或加盖专用签章后方有效。

5. 进修医生由接收进修的医疗机构对其胜任本专业工作的实际情况进行认定后,授予相应的处方权。

二、处方书写规则

1. 患者一般情况及临床诊断填写清晰、完整,并与病历记载相一致。

2. 每张处方限于一名患者的用药。

3. 字迹清楚,不得涂改;如需修改,应当在修改处签名并注明修改日期。

4. 药品名称应当使用规范的中文名称书写,没有中文名称的可以使用规范的英文名称书写；医疗机构或者医生、药师不得自行编制药品缩写名称或者使用代号；书写药品名称、剂量、规格、用法、用量要准确规范，药品用法可用规范的中文、英文、拉丁文或者缩写体书写，但不得使用"遵医嘱""自用"等含糊不清字句。

5. 患者年龄应当填写实足年龄，新生儿、婴幼儿应写明日、月龄，必要时要注明体重。

6. 西药和中成药可以分别开具处方，也可以开具一张处方，中药饮片应当单独开具处方。

7. 开具西药、中成药处方时，每种药品应当另起一行，每张处方不得超过5种药品。

8. 中药饮片处方的书写，一般应当按照"君、臣、佐、使"的顺序排列；调剂、煎煮的特殊要求注明在药品右上方，并加括号，如布包、先煎、后下等；对饮片的产地、炮制有特殊要求的，应当在药品名称之前写明。

9. 按照药品说明书规定的常规用法用量使用，特殊情况需要超剂量使用时，应当注明原因并再次签名。

10. 除特殊情况外，应当注明临床诊断。

11. 开具处方后的空白处画一斜线以示处方完毕。

12. 处方医生的签名式样和专用签章应当与院内药学部门留样备查的式样一致，不得有任意改动，否则应当重新登记留样备案。

13. 药品剂量与数量用阿拉伯数字书写。剂量应当使用法定剂量单位。如：重量以克（g）、毫克（mg）、微克（μg）、纳克（ng）为单位；容量以升（L）、毫升（ml）为单位；国际单位（IU）、单位（U）；中药饮片以克（g）为单位。片剂、丸剂、胶囊剂、颗粒剂分别以片、丸、粒、袋为单位；溶液剂以支、瓶为单位；软膏及乳膏剂以支、盒为单位；注射剂以支、瓶为单位，应当注明含量；中药饮片以剂为单位。

三、处方开具的权限和数量

1. 处方开具当日有效。特殊情况下需延长有效期的，由开具处方的医生注明有效期限，但有效期最长不得超过3日。

2. 处方一般不得超过7日用量；急诊处方一般不得超过3日用量；对于某些慢性病、老年病或特殊情况，处方用量可适当延长，但医生应当注明理由。

3. 门（急）诊癌症疼痛患者和中、重度慢性疼痛患者需长期使用麻醉药品和第一类精神药品的，首诊医生应当诊查患者，建立相应的病历，要求其签署"知情同意书"。同时，病历中应当留存下列材料复印件：二级以上医院开具的诊断证明；患者户籍簿、身份证或者其他相关有效身份证明文件；为患者代办人员的身份证明文件。

4. 门（急）诊患者的麻醉药品注射剂，原则上每张处方为一次常用量；控缓释制剂，原则上每张处方不得超过7日常用量；其他剂型，原则上每张处方不得超过3日常用量。哌甲酯用于治疗儿童多动症时，每张处方不得超过15日常用量。

5. 门（急）诊癌症疼痛患者和中、重度慢性疼痛患者的麻醉药品、第一类精神药品注射剂，每张处方不得超过 3 日常用量；控缓释制剂，每张处方不得超过 15 日常用量；其他剂型，每张处方不得超过 7 日常用量。

6. 住院患者的麻醉药品和第一类精神药品处方应当逐日开具，每张处方为 1 日常用量。

7. 对于需要特别加强管制的麻醉药品，如盐酸二氢埃托啡处方为一次常用量，仅限于二级以上医院内使用；盐酸哌替啶处方为一次常用量，仅限于医院内使用。

8. 医疗机构应当要求长期使用麻醉药品和第一类精神药品的门（急）诊癌症患者和中、重度慢性疼痛患者，每 3 个月复诊或者随诊一次。

9. 除需长期使用麻醉药品和第一类精神药品的门（急）诊癌症疼痛患者和中、重度慢性疼痛患者外，麻醉药品注射剂仅限于医院内使用。

第七节　健康档案

通过建立健康档案，能够详细了解和掌握社区居民的健康状况、社区家庭问题和卫生资源。对于社区医生而言，健康档案是掌握居民健康状况的基本工具，也是进行社区卫生服务管理的基本前提。全面建立完整的健康档案是全科医生开展全科医疗的首要任务。

一、健康档案的概念

健康档案（health record）是医疗卫生机构为城乡居民提供医疗卫生服务过程中的规范记录，是以居民个人健康为核心，贯穿整个生命过程，涵盖各种健康相关因素的系统化文件记录。

全科医疗健康档案在内容上分为三个部分，即个人健康档案、家庭健康档案和社区健康档案。其中个人健康档案在全科医疗中应用十分频繁，使用价值也最高。

二、个人健康档案

（一）个人健康档案的内容

主要包括个人基本信息、健康体检、重点人群健康管理记录和其他医疗卫生服务记录。

1. 个人基本信息　包括姓名、住址、联系方式等基础信息和过敏史、既往史、家族史等基本健康信息。

2. 健康体检信息　包括一般健康检查、生活方式、健康状况及其疾病用药情况、健康评价等。

3. **重点人群健康管理记录** 包括国家基本公共卫生服务项目要求的 0~6 岁儿童、孕产妇、老年人、慢性病和严重精神障碍及肺结核患者等各类重点人群的健康管理记录。

4. **其他医疗卫生服务记录** 包括上述记录之外的其他接诊、转诊、会诊记录等。

（二）个人健康档案的建立

个人健康档案主要是居民到乡镇卫生院、村卫生室、社区卫生服务中心（站）接受服务时或医务人员通过入户服务、疾病筛查、健康体检等多种方式，由医务人员为居民建立的个人健康档案（图 17-7-1）。社区医生要根据居民的主要健康问题、服务提供情况，填写相应记录，并向居民发放健康档案信息卡，有条件的地区可录入计算机，为建立电子化健康档案奠定基础。

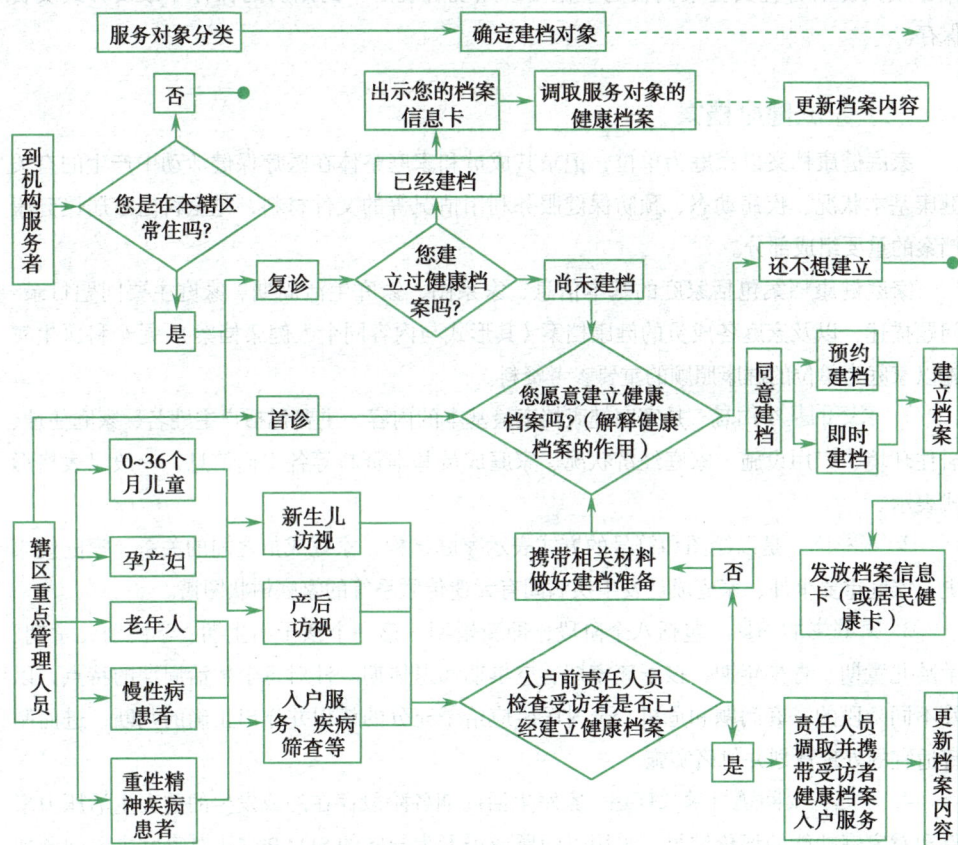

图 17-7-1 个人健康档案的建立

（三）个人健康档案的使用

1. 已建档居民到社区卫生服务机构复诊时，在调取其健康档案后，由接诊医生根据复诊情况，及时更新、补充相应记录内容。

2. 入户开展医疗卫生服务时，应事先查阅服务对象的健康档案并携带相应表单，在服务过程中记录、补充相应内容。已建立电子健康档案系统的机构应同时更新电子健康档案。

3. 对于需要转诊、会诊的服务居民，由接诊医生填写转诊、会诊记录。

4. 所有的服务记录由责任医务人员或档案管理人员统一整理、及时归档。

（四）个人健康档案的终止和保存

1. 居民健康档案的终止缘由包括死亡、迁出、失访等，均需记录日期。对于迁出辖区的，还需记录迁往地点的情况、档案交接情况等。

2. 纸质健康档案应逐步过渡到电子健康档案。档案由健康档案管理单位（即居民死亡或失访前管理其健康档案的单位）参照现有规定中的病历的保存年限及方式负责保存。

三、家庭健康档案

家庭健康档案以家庭为单位，记录其成员和家庭整体在医疗保健活动中产生的有关健康基本状况、疾病动态、预防保健服务利用情况等的文件材料，是全科医疗居民健康档案的重要组成部分。

家庭健康档案包括家庭的基本信息、家系图、家庭生活周期、家庭主要问题目录、问题描述，以及家庭各成员的健康档案（其形式与内容同个人健康档案），是全科医生实施以家庭为单位的健康照顾的重要参考资料。

1. 家庭的基本信息　是家庭健康档案最基本的内容，主要包括户主姓名、家庭住址、居住环境、家用设施、家庭经济状况、家庭成员基本资料等各方面信息，一般以表格形式表示。

2. 家系图　是以绘图和符号的方式表示家庭结构、家庭成员之间的关系、家庭健康史、家庭重要事件、家庭成员发生疾病间有无遗传联系等的家庭树状图谱。

3. 家庭生活周期　包括八个阶段，即新婚期、第一个孩子出生期、学龄前儿童期、学龄儿童期、青少年期、孩子离家期、空巢期和退休期。针对每个生活周期的特点，以及不同阶段的家庭问题和危机，全科医生应给予充分的认识并作出正确的判断，进而制订适宜的处理计划并付诸实施。

4. 家庭主要问题目录及描述　家庭生活周期各阶段存在的或发生的重大生活压力事件和对家庭功能的评价结果。采用以问题或患者为导向的 SOAP 方式对家庭主要问题加以描述和记录，并依次编号。详见本章第四节 SOAP 接诊记录与随访记录。

四、社区健康档案

动员社区资源为居民提供综合性、连续性、协调性的卫生服务是全科医疗的重要特点之一。完整的社区健康档案包括社区的基本资料、社区卫生服务资料与卫生服务状况、居民健康状况等几个部分。

1. **社区基本资料**　主要包括社区的地理位置、交通状况、设备设施、自然和人文环境，社区产业及经济状况，社区内部各种组织及其相互之间的关系三个方面。

2. **社区卫生服务资料**　包括卫生服务机构及卫生人力资源状况。

3. **社区卫生服务状况**　包括各级各类卫生服务机构的门诊及住院服务情况等。

4. **居民健康状况**　包括社区人口数量、性别比、年龄构成、职业状况、出生率、死亡率和人均期望寿命等社会人口学资料，以及社区疾病谱、主要疾病分布、慢性病发病率、死因谱等患病和死亡等资料。

五、建立健康档案的基本原则

1. 加强宣传和政策引导，逐步使城乡居民积极、自愿、主动地加入健康档案建立的工作中。

2. 优先为慢性病患者、老年人、孕产妇、0~6 岁儿童、重性精神疾病患者等社区"重点人群"建立健康档案，然后逐步推广。

3. 完善相关规章制度，规范健康档案的建立、使用和管理工作，确保信息的连续、完整和有效利用。

4. 以基层社区卫生服务机构为基础，进一步整合资源，不断完善居民健康档案内容，有效促进信息的互通、互联，逐步实现电子信息化管理和使用。

第八节　电 子 病 历

电子病历（electronic medical record，EMR）也叫计算机化的病案系统或称基于计算机的患者记录（computer-based patient record，CPR），是指医务人员在医疗活动中，使用计算机医疗系统生成的文字、符号、图表、图形、数字、影像等数字化信息，并能实现存储、管理、传输和重现的医疗记录，是病历的信息化形式，包括门（急）诊病历和住院病历、电子健康档案等。

电子病历系统是指医疗机构内部支持电子病历信息的采集、存储、访问和在线帮助，并围绕提高医疗质量，保障医疗安全，提高医疗效率而提供信息处理和智能化服务功能的计算机信息系统。

一、电子病历的优点

电子病历系统提高了医疗机构的临床诊治水平及工作效率，且为医疗管理、科研、公共卫生、教学提供数据。电子病历是医疗机构病历现代化管理的必然趋势，与纸质病历相比，电子病历的优点如下：

1. 电子病历系统能够主动、智能地提示医生工作中出现的矛盾或违背原则之处，最大限度地避免出现记录错误、记录不全或记录不及时等问题的发生，提高了医疗文书书写质量，保证医疗安全。

2. 存储、检索、浏览、复制非常方便，可以迅速、准确地开展各种科学研究和统计分析工作，大大减少人工收集和录入数据的工作量，极大地提高了临床工作效率和科研效率。

3. 传送速度远远优于纸质病历，医务人员通过医院机构内网可以远程存取患者病历。患者就医时可授权医生查阅自己的病历资料，协助医务人员迅速、直观、准确地了解患者既往治疗及检查情况，帮助医生快速了解患者病情及上次治疗后情况。

4. 电子病历的存储是基于计算机硬盘的，随着技术的发展，电子病历系统数据库的存储容量是相当巨大的，从根本上解决了纸质病历带来的存储空间压力。

5. 电子病历具有极好的共享性，通过网络系统，可以实现异地查阅、会诊和数据库资料共享等功能。

二、应用电子病历系统的常见问题

医务人员使用电子病历系统进行病历书写时，应严格按照《病历书写基本规范》规定的标准和要求。电子病历系统在给医务人员及医院管理带来诸多便利的同时，也存在着不容忽视的问题。

1. 相比于纸质病历，电子病历在保护患者隐私上存在劣势，如身份标识识别手段、权限设置或使用上有缺陷或漏洞时，患者的隐私将难以保障。

2. 电子病历能够有效提高病历书写效率，智能化地避免记录不全和记录不及时，若医务人员不认真地复制粘贴，极易导致病历记录千篇一律、张冠李戴或前后矛盾。

3. 电子病历很大的优势就在于其快捷性，便于异地交流、会诊及资料共享。由于全国范围内的联网还未实施，单个医院的电子病历难以在其他医院看到，患者的诊疗信息无法及时在终端上共享。虽然这个问题可以通过打印病历解决，但仍不能发挥电子病历的全部优势。

4. 电子病历包含患者的个人信息和疾病的诊疗信息，在局域网终端与服务器之间传输及数据库存储这些信息时，若不能防止服务器漏洞、非授权用户访问和系统崩溃等问题的发生，则存在泄露患者个人信息及疾病隐私的风险。

5. 电子病历无疑有诸多纸质病历无法比拟的优点，但若是缺乏第三方平台的监督，完全由医疗机构负责创建、使用和保存，患者权益很难得到保障。

三、电子病历与电子健康档案

电子健康档案（electronic health records，EHR）是存储于计算机系统之中、面向个人提供服务、具有安全保密性能的终身个人健康档案，它将医院诊疗信息、社区服务信息、家庭健康档案、疾病的药物研究等各种医疗信息紧密结合，形成全民健康保障系统。电子健康档案是以居民个人健康为核心，贯穿整个生命过程，涵盖各种健康相关因素，实现多渠道信息动态收集，满足居民自我保健、健康管理和健康决策需要的信息资源。

电子病历和电子健康档案是医院信息系统重要的两个组成部分。电子健康档案是电子病历的高级形式，其主要面向社区，涵盖社区居民基础健康档案，以及预防免疫、就诊记录、健康检查记录、慢病管理等方面健康档案信息。随着社区卫生服务的发展，电子健康档案已经成为社区服务信息化建设的重要形式，是社区卫生服务的依据，是全科医生开展全科医疗的必备工具。

电子健康档案促进了居民健康信息的共建、共享、互通和互联，能够全面、系统地了解患者的病情发生、发展变化情况，有利于挖掘患者健康问题的"根源"，使得医务人员能够有针对性地提出改善患者健康状况的方案与预防措施。基于电子健康档案的区域卫生信息化建设已经成为基层医疗、全科医学发展的必然趋势，成为推动健康中国建设的技术手段和基础保障。

（张卫茹）

第十八章　全科医生拓展技能

全科医生为百姓提供基本医疗卫生服务和基本公共卫生服务，具有自身的服务特点和服务模式，体现全科医生的防治能力。全科医生不仅必须掌握基本的临床操作技能，还需要不断拓展具有全科医学特色的服务技能，包括社区居民的健康风险评估技术、老年人健康综合评估技术、家庭访视技术、孕产妇和新生儿访视技术等。这些技术也是全科综合健康管理能力的一部分，本章将给予概要介绍。

第一节　健康风险评估技术

一、健康风险评估的定义

健康风险评估（health risk assessment，HRA）是一种评估的方法或工具，用来描述和估测某一个体未来发生某种特定疾病或因为某种特定疾病导致死亡的可能性。通过评估能够找出可能的危险因素，帮助人们进行有针对性的预防性干预。

二、健康风险评估的种类与应用

根据健康风险的种类，健康风险因素评估可分为一般健康风险评估和疾病风险评估两大类。

一般健康风险评估主要用于公共卫生筛查，从常见的含有一般健康相关状况问题的问卷中获取危险因素，进而给出综合健康评价和建议。操作步骤即按典型的"选择问卷→危险度计算→评估报告"3个步骤进行，可选用的常见问卷主要有健康调查量表36（36-item short form health survey，SF-36）、国家标准生活质量测定量表等。

疾病风险评估用于对有一定危险因素的个体在一定时间内发生某种健康状况或疾病的可能性进行推测。其风险预测方法有两种，第一类是以单一健康危险因素与疾病发病率为基础，将每个因素与发病的关系进行分析，得出相关因素与患病的风险性。第二类是通过流行病学、统计学进行多种健康因素与某种疾病发病可能性的相关分析。

三、健康风险评估的技术与方法

健康风险评估主要有选择问卷（设计问卷）→危险度计算→形成评估报告三个核心步骤（图18-1-1）。

```
选择问卷              问卷调查
                        │
         ┌──────────────┼──────────────┐
         ↓              ↓              ↓
危险度计算         健康人群       危险人群       慢病人群
                        │              │              │
         ↓              ↓              ↓              ↓
评估报告          保持健康       预防疾病       慢病管理
                                  降低风险
```

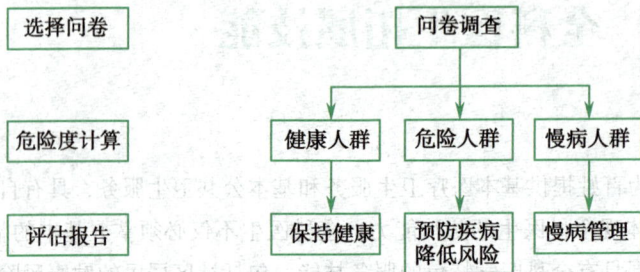

图 18-1-1　健康评估流程

（一）选择问卷

不同的问卷用来评估不同的健康风险。问卷可以选用得到共识的问卷或者自行编写，主要用于基本健康相关信息的收集。

问卷主要组成包括：①生物遗传因素，如身高、体重、性别、种族等；②个人行为生活方式，如吸烟、饮酒、膳食、运动等；③环境因素，如居住条件、家庭收入、家庭关系、工作环境等；④医疗卫生服务，如定期健康体检资料、预防接种史等；⑤病史，如个人患病史、婚育史、家族遗传性疾病史等。

（二）危险度计算

健康风险评价是估计某一个体未来发生某种特定健康事件的可能性，采用统计学方法建立疾病危险因素及患病危险度的关系模型。

常用的健康风险评估表已经对各相关疾病危险因素进行数学整理并给出计分说明，实际使用时注意按照使用说明即可。

（三）评估报告

评估报告一般包括健康风险评估的结果和健康生活信息。评估结果是根据问卷采集信息通过数学模型算出疾病危险度数值，由评估者判读危险度数值代表的含义；健康生活建议信息则根据相应的疾病危险度提出。

评估报告主要针对异常值或危险度数值较高的危险因素提出对应的干预建议，语言尽可能平和易懂，注重个体化特征，避免空泛，以建议的方案实际可操作作为要求。例如建议运动应综合考虑个体化特征，具体建议做何种运动、做到何种程度为宜。

四、健康风险评估的意义

健康风险评估通过问卷形式对个体进行个性化、量化的评估，从而发现其存在的健康危险因素，促使个体认识自身的健康危险因素、发展趋势，并且也有利于全科医生制订有针对性的健康管理方案。

另外，健康风险评估因其健康信息量化的特性，可以对人群进行健康分级，依据健康风险高低，便于分组干预从而进行有效的健康管理。健康风险评估还可以对全科医生采用的健康建议措施的有效性进行评价和修正。

五、健康风险评估应用举例

以 SF-36 为例说明健康风险评估的应用。

（一）适用范围

SF-36 为一般性健康风险评估问卷，适用于普通人群的生命质量调查，与疾病的特异程度无关，常用于健康筛查、一般健康信息获得。

（二）健康评估开展形式

可在讲解后由被测试者自行填写问卷，或者由全科医生以问答形式完成所有问题。请注意评估回答的准确性。

（三）风险评估（计算危险分数）

SF-36 可分为 8 个维度，分别进行健康调查（表 18-1-1）。每个维度分为不同问题，每个问题的每项选择均对应不同分数，最终每个维度均可独立得分，也可综合所有维度进行综合加权得分，使用时请注意问卷说明。

表 18-1-1　SF-36 各维度得分计算表

维度	各条目实际评分计算公式	最低可能得分 / 分	（最高可能得分 − 最低可能得分）/ 分
躯体健康	3a+3b+3c+3d+3e+3f+3g+3h+3i+3j	10	20
躯体角色功能	4a+4b+4c+4d	4	4
躯体疼痛	7+8	2	10
总体健康	1+11a+11b+11c+11d	5	20
精力	9a+9e+9g+9i	4	20
社会功能	6+10	2	8
情绪角色功能	5a+5b+5c	3	3
心理健康	9b+9c+9d+9f+9h	5	25

注：a、b、c、d、e、f、g、h、i、j 分别代表 SF-36 中的（1）、（2）、（3）、（4）、（5）、（6）、（7）、（8）、（9）、（10）；3a 代表 SF-36 中第 3 题（1）的得分，以此类推。SF-36，健康调查量表 36。

SF-36 使用说明如下：

1. 量表评分转换公式

$$各维度转换得分 = \frac{实际得分 - 最低可能得分}{最高可能得分 - 最低可能得分} \times 100$$

2. 关于缺失值的处理　应答者没有答案的问题条目视为缺失，在健康状况的各个方面所包含的多个问题条目中，如果应答者回答了至少一半的问题条目，就应该计算该方面的得分。缺失条目的得分用其所属方面的平均分代替。

3. 评分原则是各维度积分越高，则表示健康状况越佳。

（四）评估报告

综合不同维度的不同分数，给出具有侧重点的健康建议。例如受试对象躯体健康项目转换得分相对较低，则在躯体健康方面进一步问诊，并给出相关健康建议。

六、健康风险评估的注意事项

1. 注意评估对象的选择，对问卷问题应该能够清楚认知和回答。

2. 对问卷的问题，全科医生应给予清晰的描述和解释，避免诱导性启示。

3. 对评估结果提示的健康风险，给予健康建议要简洁易懂、注重个体化特征。

附：健康调查量表 36（SF-36）

1. 总体来讲，您的健康状况是：①非常好；②很好；③好；④一般；⑤差。

（权重或得分依次为 5，4，3，2，1）

2. 跟 1 年以前比您觉得自己的健康状况是：①比 1 年前好多了；②比 1 年前好一些；③跟 1 年前差不多；④比 1 年前差一些；⑤比 1 年前差多了。

（权重或得分依次为 1，2，3，4，5）

3. 以下这些问题都和日常活动有关。请您想一想，您的健康状况是否限制了这些活动？如果有限制，程度如何？

（1）重体力活动，如跑步举重、参加剧烈运动等：①限制很大；②有些限制；③毫无限制。

（权重或得分依次为 1，2，3；下同）

（2）适度的活动，如移动一张桌子、扫地、打太极拳、做简单体操等：①限制很大；②有些限制；③毫无限制。

（3）手提日用品，如买菜、购物等：①限制很大；②有些限制；③毫无限制。

（4）上几层楼梯：①限制很大；②有些限制；③毫无限制。

（5）上一层楼梯：①限制很大；②有些限制；③毫无限制。

（6）弯腰、屈膝、下蹲：①限制很大；②有些限制；③毫无限制。

（7）步行 1 500m 以上的路程：①限制很大；②有些限制；③毫无限制。

（8）步行 1 000m 的路程：①限制很大；②有些限制；③毫无限制。

（9）步行 100m 的路程：①限制很大；②有些限制；③毫无限制。

（10）自己洗澡、穿衣：①限制很大；②有些限制；③毫无限制。

4. 在过去 4 个星期里，您的工作和日常活动有无因为身体健康的原因而出现以下这些问题？

（1）减少了工作或其他活动时间：①是；②不是。

（权重或得分依次为 1，2；下同）

（2）本来想要做的事情只能完成一部分：①是；②不是。

（3）想要干的工作或活动种类受到限制：①是；②不是。

（4）完成工作或其他活动困难增多（比如需要额外的努力）：①是；②不是。

5. 在过去4个星期里，您的工作和日常活动有无因为情绪的原因（如压抑或忧虑）而出现以下这些问题？

（1）减少了工作或活动时间：①是；②不是。

（权重或得分依次为1，2；下同）

（2）本来想要做的事情只能完成一部分：①是；②不是。

（3）干事情不如平时仔细：①是；②不是。

6. 在过去4个星期里，您的健康或情绪不好在多大程度上影响了您与家人、朋友、邻居或集体的正常社会交往？

①完全没有影响；②有一点影响；③中等影响；④影响很大；⑤影响非常大。

（权重或得分依次为5，4，3，2，1）

7. 在过去4个星期里，您有身体疼痛吗？

①完全没有疼痛；②有一点疼痛；③中等疼痛；④严重疼痛；⑤很严重疼痛。

（权重或得分依次为5，4，3，2，1）

8. 在过去4个星期里，您的身体疼痛影响了您的工作和家务吗？

①完全没有影响；②有一点影响；③中等影响；④影响很大；⑤影响非常大。

（如果为7无8无，权重或得分依次为6，4.75，3.5，2.25，1；如果为7有8无，则为5，4，3，2，1）

9. 以下这些问题是关于过去1月里您自己的感觉，对每条问题所说的事情，您的情况是什么样的？

（1）您觉得生活充实：①所有的时间；②大部分时间；③比较多时间；④一部分时间；⑤小部分时间；⑥没有这种感觉。

（权重或得分依次为6，5，4，3，2，1）

（2）您是一个敏感的人：①所有的时间；②大部分时间；③比较多时间；④一部分时间；⑤小部分时间；⑥没有这种感觉。

（权重或得分依次为1，2，3，4，5，6）

（3）您的情绪非常不好，什么事都不能使您高兴起来：①所有的时间；②大部分时间；③比较多时间；④一部分时间；⑤小部分时间；⑥没有这种感觉。

（权重或得分依次为1，2，3，4，5，6）

（4）您的心里很平静：①所有的时间；②大部分时间；③比较多时间；④一部分时间；⑤小部分时间；⑥没有这种感觉。

（权重或得分依次为6，5，4，3，2，1）

（5）您做事精力充沛：①所有的时间；②大部分时间；③比较多时间；④一部分时间；⑤小部分时间；⑥没有这种感觉。

（权重或得分依次为6，5，4，3，2，1）

（6）您的情绪低落：①所有的时间；②大部分时间；③比较多时间；④一部分时

间；⑤小部分时间；⑥没有这种感觉。

（权重或得分依次为1，2，3，4，5，6）

（7）您觉得筋疲力尽：①所有的时间；②大部分时间；③比较多时间；④一部分时间；⑤小部分时间；⑥没有这种感觉。

（权重或得分依次为1，2，3，4，5，6）

（8）您是个快乐的人：①所有的时间；②大部分时间；③比较多时间；④一部分时间；⑤小部分时间；⑥没有这种感觉。

（权重或得分依次为6，5，4，3，2，1）

（9）您感觉厌烦：①所有的时间；②大部分时间；③比较多时间；④一部分时间；⑤小部分时间；⑥没有这种感觉。

（权重或得分依次为1，2，3，4，5，6）

10. 不健康影响了您的社会活动（如走亲访友）：①所有的时间；②大部分时间；③比较多时间；④一部分时间；⑤小部分时间；⑥没有这种感觉。

（权重或得分依次为1，2，3，4，5，6）

11. 下列每条问题，哪一种答案最符合您的情况？

（1）我好像比别人容易生病：①绝对正确；②大部分正确；③不能肯定；④大部分错误；⑤绝对错误。

（权重或得分依次为1，2，3，4，5）

（2）我跟周围人一样健康：①绝对正确；②大部分正确；③不能肯定；④大部分错误；⑤绝对错误。

（权重或得分依次为5，4，3，2，1）

（3）我认为我的健康状况在变坏：①绝对正确；②大部分正确；③不能肯定；④大部分错误；⑤绝对错误。

（权重或得分依次为1，2，3，4，5）

（4）我的健康状况非常好：①绝对正确；②大部分正确；③不能肯定；④大部分错误；⑤绝对错误。

（权重或得分依次为5，4，3，2，1）

第二节　老年人健康综合评估技术

一、定义

老年综合评估（comprehensive geriatric assessment，CGA）是一种从躯体情况、功能状态、心理健康和社会功能状况等多维度测量老年人整体健康功能水平的评价方法，并以此制订维持和改善老年人健康及功能状态的计划，最大限度提高老年人的生活质量。

二、评估流程及方法

在临床综合实践中，采用标准的评估工具进行评估，可使评估过程简单、快捷，有利于保存评估数据，进行诊疗前后对比和科研分析等。考虑到临床工作的效率，多数的老年综合评估并非全面的评估，而是以问题为导向的评估，通过简单快速的筛查来排除问题、发现问题，从而进一步评估，是兼顾全面和效率的有效方法。患者进行问卷自评，还可以节省就诊时间。

（一）一般情况评估

一般情况包括患者性别、年龄、婚姻状况、身高、体重、吸烟、饮酒等。

（二）躯体功能状态评估

躯体功能状态包括日常生活活动能力、平衡和步态、跌倒风险等。

1. 日常生活活动能力评估　日常生活活动（activities of daily living，ADL）能力包括基础性日常生活活动（basic activities of daily living，BADL）能力和工具性日常生活活动（instrumental activities of daily living，IADL）能力。BADL 的评估内容包括生活自理活动和开展功能性活动的能力，在临床应用最多、研究最多。

2. 平衡与步态评估　门诊常用的初筛量表有计时起立 – 行走测试（timed up and go test，TUGT），但国际上更常用、信效度更高的是 Tinetti 量表（Tinetti assessment tool），包括平衡与步态两部分内容。

3. 跌倒评估　常用 Morse 跌倒量表，用于评估老年患者的跌倒风险。

（三）营养状况评估

临床上提倡应用系统评估法，结合多项营养指标评价患者营养状况，包括营养风险筛查 2002（nutritional risk screening 2002，NRS2002）、简易营养评价法（mini nutritional assessment，MNA）、微型营养评价法（short form mini nutritional assessment，MNA-SF）等。

（四）精神、心理状况评估

精神、心理状况评估包括认知功能、谵妄、焦虑抑郁等方面。

1. 认知障碍评估　老年人认知障碍包括轻度认知障碍和痴呆。目前国内外应用最广的筛查量表为简易精神状态检查量表（mini-mental state examination，MMSE）和简易智力状态评估量表。

2. 谵妄评估　采用意识障碍评估法（confusion assessment method，CAM），该方法简洁、有效，诊断的灵敏度和特异度较高。

3. 焦虑抑郁评估　老年人焦虑抑郁初筛可用老年抑郁量表 -4（geriatric depression scale-4，GDS-4），基层医疗卫生机构或养老机构多使用老年抑郁量表 -15（geriatric depression scale-15，GDS-15），也可使用焦虑自评量表（self-rating anxiety scale，SAS）。

（五）衰弱评估

目前关于衰弱的评估方法尚无统一标准，较为常用的是美国 Fried 量表。

（六）肌少症评估

亚洲共识推荐测定肌力（握力测定）和肌功能（日常步行速度测定）作为肌少症筛选措施。

（七）疼痛评估

老年人的疼痛评估需要详细询问疼痛病史和进行体格检查，常采用视觉模拟评分法（visual analogue scale，VAS）和数字分级评分法（numerical rating scale，NRS）。VAS适用于老年急慢性疼痛，但需要视觉和运动功能大致支持，NRS适用于需要对疼痛强度及变化进行评定的老年人。

（八）共病评估

老年人同时存在2种及以上的慢性疾病称为共病。应用老年累积疾病评估量表（cumulative illness rating scale-geriatric，CIRS-G）可对各系统疾病的类型和级别进行评估。

（九）多重用药评估

目前临床认为应用5种及以上药物为多重用药，可根据我国老年人不恰当的用药情况，评估老年人潜在多重用药风险。

（十）睡眠障碍评估

睡眠障碍评估包括睡眠的形式、作息规律、与睡眠相关的诊治和失眠对日间功能的影响、用药史及可能存在的依赖等，可采用阿森斯失眠量表（athens insomnia scale，AIS）。

（十一）视力障碍评估

可应用国际标准视力表，也可以采用简单的阅读报纸标题进行筛查，对于评估老年人群视力障碍、跌倒风险评估等具有一定意义。

（十二）听力障碍评估

排除中耳炎或耳垢堵塞等情况，在受试者后方约15cm处，用气音说几个字，能重复一半以上视为正常。

（十三）口腔问题评估

口腔问题评估包括患者牙齿脱落、假牙等情况，有无影响进食。

（十四）尿失禁

多采用尿失禁问卷简表（incontinence questionnaire short form，ICI-Q-SF）评估尿失禁的发生率及对患者的影响。

（十五）压疮评估

包括量表评估和皮肤评估，对压疮危险评估内容包括指压变白反应、局部热感、水肿和硬结及局部皮肤是否有疼痛。

（十六）社会支持评估

推荐使用社会支持评定量表（social support rating scale，SSRS），适合神志清楚且具有一定认知能力的老年人。

（十七）居家环境评估

居家环境评估更适合接受居家护理的低危老年人，其重点在于预防。

三、老年综合管理

全科医生团队进行随访时，根据实施评估的老年人群、所处的环境、评估的目的等选择不同的评估工具，根据综合评估的结果，采用对应的老年综合管理策略。

1. 对于评估结果提示躯体活动良好、精神状态正常、营养状况良好、认知正常、无衰弱或肌少症的老年人，进行常规的社区慢性疾病管理模式。

2. 对于跌倒高风险、躯体活动能力明显下降、焦虑抑郁谵妄、营养不良、认知功能减退、尿失禁、衰弱或肌少症的老年综合征高危人群，启用多学科管理模式，结合全科医生、营养师、精神科医生、护士、康复师制订疾病治疗和家庭护理的方案，并定期对患者进行评估调整治疗方案，构建全面而个体化的治疗新模式。若评估提示为老年综合征高危人群，且由某种急性疾病引起，建议转入相应专科治疗。

3. 充分应用各种评估方法，在社区人群随访中常规开展，将老年综合评估作为医养护一体化管理模式中的重要组成部分。

四、老年人健康综合评估意义

1. 早期发现老年人潜在的功能缺陷。
2. 明确老年人的医疗和护理需求。
3. 制订适合老年人的防治策略。
4. 跟踪、随访和评估防治效果，及时调整防治计划和策略。
5. 为老年人提供长期合理的医疗护理服务。

五、老年人健康综合评估技术注意事项

1. 对老年人进行健康评估时，采用口语化容易理解的语言，并保证主观问题不因沟通障碍而得到偏倚的结果。

2. 注重评估以"问题"为导向，通过简单快速的方法进行筛查，发现问题再进一步评估。

3. 对老年人进行健康评估时，注意必要的医学人文关怀。

第三节　社区精神心理疾病常用评估量表

一、概述

对精神心理疾病进行初筛及对已确诊精神疾病患者在社区进行随访和管理，是社区卫生工作的重要任务之一。量表是最常用的评估不同的精神活动的工具，其采用心理测量的基本理论和方法，用规范化的技术来量化被测量者精神状况。

二、社区常用心理筛查量表

（一）社区常用心理筛查量表的适用范围

此类量表可用于鉴别心理处于异常状态的个体，及早发现问题并及时治疗。社区常见慢性疾病如高血压、糖尿病、冠心病、脑卒中、慢性呼吸系统疾病、晚期肿瘤等患者合并出现各种情绪问题和心理异常情况时，建议进行心理筛查。18 岁以下青少年及 65 岁以上老年人（尤其独居、丧偶老年人）常规进行心理筛查。

（二）社区常用心理筛查量表的种类

1. 焦虑自评量表（self-rating anxiety scale，SAS） 是一种用于评定受试者焦虑主观感受的自评量表（表 18-3-1）。

表 18-3-1 焦虑自评量表

项目	A. 没有或很少时间	B. 小部分时间	C. 相当多时间	D. 绝大部分或全部时间
1. 我觉得比平时容易紧张和着急	☐	☐	☐	☐
2. 我无缘无故地感到害怕	☐	☐	☐	☐
3. 我容易心里烦乱或觉得惊恐	☐	☐	☐	☐
4. 我觉得我可能将要发疯	☐	☐	☐	☐
5. 我觉得一切都很好，也不会发生什么不幸	☐	☐	☐	☐
6. 我手脚发抖打战	☐	☐	☐	☐
7. 我因为头疼、颈痛和背痛而苦恼	☐	☐	☐	☐
8. 我感觉容易衰弱和疲乏	☐	☐	☐	☐
9. 我觉得心平气和，并且容易安静坐着	☐	☐	☐	☐
10. 我觉得心跳得很快	☐	☐	☐	☐
11. 我因为一阵阵头晕而苦恼	☐	☐	☐	☐
12. 我有晕倒发作，或觉得要晕倒似的	☐	☐	☐	☐
13. 我吸气呼气都感到很容易	☐	☐	☐	☐
14. 我的手脚麻木和刺痛	☐	☐	☐	☐
15. 我因为胃痛和消化不良而苦恼	☐	☐	☐	☐
16. 我常常要小便	☐	☐	☐	☐

项目	A. 没有或很少时间	B. 小部分时间	C. 相当多时间	D. 绝大部分或全部时间
17. 我的手常常是干燥温暖的	☐	☐	☐	☐
18. 我脸红发热	☐	☐	☐	☐
19. 我容易入睡并且一夜睡得很好	☐	☐	☐	☐
20. 我做噩梦	☐	☐	☐	☐

注：根据最近一星期的实际情况进行评定。正向计分题 A、B、C、D 按 1、2、3、4 分计；反向计分题按 4、3、2、1 分计。其中反向计分题号：5、9、13、17、19。自评者评定结束后，将 20 个项目的各项得分相加，即得总粗分，经过换算，总粗分乘以 1.25 取整数，即得标准分。总粗分的正常上限为 40 分，标准总分为 50 分。

2. **抑郁自评量表**（self-rating depression scale，SDS） 是一种用于评定受试者抑郁主观感受的自评量表（表 18-3-2）。

表 18-3-2 抑郁自评量表

项目	A. 没有或很少时间	B. 小部分时间	C. 相当多时间	D. 绝大部分或全部时间
1. 我觉得闷闷不乐，情绪低沉	☐	☐	☐	☐
2. 我觉得一日之中早晨最好	☐	☐	☐	☐
3. 我一阵阵哭出来或觉得想哭	☐	☐	☐	☐
4. 我晚上睡眠不好	☐	☐	☐	☐
5. 我吃得跟平常一样多	☐	☐	☐	☐
6. 我与异性密切接触时和以往一样感到愉快	☐	☐	☐	☐
7. 我发觉我的体重在下降	☐	☐	☐	☐
8. 我有便秘的苦恼	☐	☐	☐	☐
9. 我心跳比平时快	☐	☐	☐	☐
10. 我无缘无故地感到疲乏	☐	☐	☐	☐
11. 我的头脑跟平常一样清楚	☐	☐	☐	☐
12. 我觉得经常做的事情并没有困难	☐	☐	☐	☐
13. 我觉得不安而平静不下来	☐	☐	☐	☐
14. 我对将来抱有希望	☐	☐	☐	☐

第十八章 全科医生拓展技能

项目	A. 没有或很少时间	B. 小部分时间	C. 相当多时间	D. 绝大部分或全部时间
15. 我比平常容易生气激动	☐	☐	☐	☐
16. 我觉得作出决定是容易的	☐	☐	☐	☐
17. 我觉得自己是个有用的人，有人需要我	☐	☐	☐	☐
18. 我的生活过得很有意思	☐	☐	☐	☐
19. 我认为如果我死了别人会生活得好些	☐	☐	☐	☐
20. 常感兴趣的事我仍然照样感兴趣	☐	☐	☐	☐

注：根据最近一星期的实际感觉进行评定。计分和换算方法同焦虑自评量表，其中反向计分题号：2、5、6、11、12、14、16、17、18、20。总粗分的分界值为41分，标准总分为53分。

焦虑及抑郁自评量表的粗分标准分换算见表18-3-3。

表18-3-3 粗分标准分换算表

粗分	标准分	粗分	标准分	粗分	标准分
20	25	40	50	60	75
21	26	41	51	61	76
22	28	42	53	62	78
23	29	43	54	63	79
24	30	44	55	64	80
25	31	45	56	65	81
26	33	46	58	66	82
27	34	47	59	67	84
28	35	48	60	68	85
29	36	49	61	69	86
30	38	50	63	70	88
31	39	51	64	71	89
32	40	52	65	72	90
33	41	53	66	73	91
34	43	54	68	74	92
35	44	55	69	75	94
36	45	56	70	76	95
37	46	57	71	77	96
38	48	58	73	78	98
39	49	59	74	79	99
				80	100

3. 汉密尔顿焦虑量表（HAMA） 用于评定受试者焦虑症状严重程度的一种他评量表，需要 2 名经过培训的专业人员进行评定（表 18-3-4）。

表 18-3-4　汉密尔顿焦虑量表

请在下表中符合近 1 周来您具有的身心症状的分数后打钩：
0 无症状；1 轻微；2 中等；3 较重；4 严重。

圈出最适合患者情况的分数：					
焦虑心境	0	1	2	3	4
紧张	0	1	2	3	4
害怕	0	1	2	3	4
失眠	0	1	2	3	4
认知功能	0	1	2	3	4
抑郁心境	0	1	2	3	4
躯体性焦虑：肌肉系统	0	1	2	3	4
躯体性焦虑：感觉系统	0	1	2	3	4
心血管系统症状	0	1	2	3	4
呼吸系统症状	0	1	2	3	4
胃肠道症状	0	1	2	3	4
生殖泌尿系统症状	0	1	2	3	4
自主神经系统症状	0	1	2	3	4
会谈时行为表现	0	1	2	3	4

注：采用 0~4 分的 5 级评分法；总分分界值为 14 分；超过 29 分，可能为严重焦虑；超过 21 分，肯定有明显焦虑；超过 14 分，肯定有焦虑；超过 7 分，可能有焦虑；如小于 7 分，没有焦虑症状。

4. 汉密尔顿抑郁量表 17 项版本（HAMD17） 用于评定受试者抑郁症状严重程度的一种他评量表，需要 2 名经过培训的专业人员进行评定（表 18-3-5）。

表 18-3-5　汉密尔顿抑郁量表 17 项版本（HAMD17）

圈出最适合患者情况的分数：					
1. 抑郁情绪	0	1	2	3	4
2. 有罪感	0	1	2	3	4
3. 自杀	0	1	2	3	4
4. 入睡困难	0	1	2		

圈出最适合患者情况的分数：					
5. 睡眠不深	0	1	2		
6. 早睡	0	1	2		
7. 工作和兴趣	0	1	2	3	4
8. 迟缓	0	1	2	3	4
9. 激越	0	1	2	3	4
10. 精神性焦虑	0	1	2	3	4
11. 躯体性焦虑	0	1	2	3	4
12. 胃肠道症状	0	1	2		
13. 全身症状	0	1	2		
14. 性症状	0	1	2		
15. 疑病	0	1	2	3	4
16. 体重减轻	0	1	2		
17. 自知力	0	1	2	3	4

注：包括17个项目。大部分采用0~4分的5级评分法：(0)无；(1)轻度；(2)中度；(3)重度；(4)很重。少数为0~2分的3级评分法：(0)无；(1)轻~中度；(2)重度。总分超过24分，可能为严重抑郁；超过17分，可能是轻或中度的抑郁；如小于7分，没有抑郁症状。

三、老年认知功能评估量表

(一)社区常用老年认知功能评估量表的适用范围

65以上老年人（尤其独居、丧偶老年人）常规采用认知功能评估量表进行评定。慢性疾病如高血压、糖尿病、冠心病、脑卒中、慢性呼吸系统疾病、晚期肿瘤等患者合并出现认知功能障碍时，建议进行认知功能评估量表评定。

(二)社区常用老年认知功能评估量表的种类

1. 简易精神状态检查量表（mini-mental state examination，MMSE） 主要对定向、记忆、语言、计算和注意等功能进行简单评定，是目前世界上最有影响力、最常用的认知筛查量表（表18-3-6）。

表18-3-6 简易精神状态检查量表

问题	得分
1. 今年是哪一年?	1 0
2. 现在是什么季节?	1 0
3. 现在是几月份?	1 0
4. 今天是几号?	1 0

问题	得分
5. 今天是星期几?	1 0
6. 你现在在哪个省(市)?	1 0
7. 你现在在哪个县(区)?	1 0
8. 你现在在哪个乡镇(街道)?	1 0
9. 你现在在第几层楼?	1 0
10. 这里是什么地方?	1 0
11. 复述:皮球	1 0
12. 复述:国旗	1 0
13. 复述:树木	1 0
14. 计算 100−7 = ?	1 0
15. −7 = ?	1 0
16. −7 = ?	1 0
17. −7 = ?	1 0
18. −7 = ?	1 0
19. 回忆:皮球	1 0
20. 回忆:国旗	1 0
21. 回忆:树木	1 0
22. 辨认:手表	1 0
23. 辨认:铅笔	1 0
24. 复述:四十四只石狮子	1 0
25. 按卡片上的指令去做"闭上您的眼睛"	1 0
26、用右手拿这张纸	1 0
27. 再用双手把纸对折	1 0
28. 将纸放在大腿上	1 0
29. 请说一句完整的句子	1 0
30. 请您按样子画图	1 0

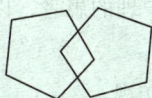

注:回答或操作正确计 1 分。总分 30 分,24 分为分界值;18~24 分为轻度认知功能受损,16~17 分为中度认知功能受损,<15 分为重度认知功能受损。该分界值适用于文化程度在中学及以上者。

2. 全科医生认知功能评估表（the general practitioner assessment of cognition，GPCOG） 是一种适合全科医生使用的简易有效的认知功能筛查量表。该量表由患者评估和知情者评估两部分组成。前者主要包括时间定向力、画钟试验、时事、回忆等 9 个项目，知情者评估检查由患者的照料者完成，检查项目包括患者的近事记忆力、近事回忆、准确用词、管理钱财能力、独立服药能力、独立使用交通工具，总共 6 个项目。

四、量表评估的注意事项

1. 全科医生应根据患者的基础情况作出初步判断，选择合适的量表。

2. 他评量表应由经过训练的至少 2 名评定员对被评定者进行联合检查。采用交谈和观察方式，待检查结束后 2 名评定员分别独立评分。

3. 自评量表要求被评定者有小学以上文化基础，如无，应配备相应人员协助。

4. 全科医生在进行量表评估的过程中应注意尊重患者的隐私权，以及充分的沟通，避免患者对量表评估的疑虑。评估环境务必保持安静、相对独立。

5. 量表并不能完全代替临床检查和记录，全科医生应根据量表评估的结果进行综合判断，必要时安排进一步诊查或转上级专科医疗机构。

第四节　家庭访视技术

一、概念

家庭访视是在服务对象家庭里，为了维持和促进健康而向服务对象提供的一种居家式医疗服务。家庭访视的适用范围包括行动不便者、多病共患老年人、新生儿、临终患者等。

二、家庭访视类型

1. 评估性家庭访视　目的是对照顾对象的家庭进行评估。常用于有家庭或心理问题的患者，以及老年、体弱或残疾人的家庭环境考察。

2. 预防性家庭访视　常见于产妇及新生儿保健性家访。

3. 连续性家庭访视　对慢性病或需要康复护理的患者，以及临终患者提供连续性照顾。

4. 急诊性家庭访视　对患者的紧急情况进行访视。

三、家庭访视流程

家庭访视流程分为访视前、访视中、访视后的工作。

（一）访视前的准备

访视前的准备一般包括选择访视对象及优先顺序，确定访视目的，准备访视用物品，联络被访家庭，安排访视路线等步骤。

1. 确定访视对象及优先顺序　接受家庭访视的对象中有婴幼儿、产妇、慢性病患者、高危人群等。为充分利用时间和人力，需安排好家庭访视的优先次序。

（1）影响人数的多少：一个健康问题影响人数的多少，是需要安排优先访视的首要考虑问题。

（2）对生命的影响：社区内致死率高的疾病应列为优先访视。

（3）是否留下后遗症：如心肌梗死、脑卒中等患者出院后仍需加强护理，所以应优先访视和安排具体的家庭护理。

（4）卫生资源的控制：对于预约进行健康筛查的患者，如患有糖尿病、高血压，疾病的控制将对其今后生活质量产生很大影响，应优先访视。

（5）避免交叉感染：若同一个社区内有两名患者，一个患者躯体留置引流管需换管，另一位患者患有褥疮已破溃感染需换药，则应安排前者优先处置，洗手后再对后者进行换药。

2. 确定访视目的

（1）确定访视目的、制订实际访视中的具体程序。

（2）根据目的评价管理效果：如对慢性病患者经过连续的管理后，需要了解目的设定是否正确，是否需要制订新的措施，是否需要继续管理，或是否现阶段可以结束等。

3. 访视物品准备

（1）依访视对象及目的准备访视包中的物品。如慢性病患者需准备血压计、听诊器、血糖仪、消毒物品等；更换导尿管按操作要求准备物品等。

（2）利用家中的物品。如体温计、体重秤、手电筒等。

4. 安排路线

（1）基本同优先访视原则。以避免访视者将病菌带到其他个案家中引起交叉感染；有的个案访视时间性很强或情况紧急，应提前安排访视等。

（2）一般个案的访视路线可依交通路线安排以节约时间。

（二）访视中的工作

访视中的工作分为收集资料，评估，计划和实施，简单记录访视情况，结束访视等步骤。

1. 收集资料

（1）基本资料：人口学资料如年龄、性别、职业、婚姻、文化程度等；健康行为资料如生活习惯、吸烟、饮酒、饮食习惯、就医行为等；既往健康资料如家族、个人史、现病史、药物过敏史、月经史、各种临床检验结果等。

（2）定期健康检查记录：针对社区的不同人群、不同性别、年龄进行的健康检查。重点是疾病的三级预防，应准确、完整、系统、连续地收集有关健康资料，以便评价疾病控制策略和措施的有效性、分析和确定主要的健康问题。

（3）儿童预防接种计划表：采用国家统一的儿童预防接种计划表。

（4）健康教育记录：健康教育的具体内容、方式、时间或对访视对象健康指导的相关内容。

（5）家庭资料：家庭资料如家庭住址、家庭结构类型、家庭成员的基本资料、医生与护士签名、建档日期等。

2. **实施访视**　访视的目标与计划需要在实际的访视活动中实现，将收集的资料进行整理分析后，找出现有的或潜在的健康问题，采取及时有效的措施，以促进健康和预防疾病。访视的工作内容主要概括为：

（1）提供基础护理：如测量体温、脉搏、呼吸、血压，进行肌内注射、静脉输液、换药、导尿、褥疮护理、饮食护理、造瘘护理、隔离等。

（2）健康教育与指导：包括一般的健康教育内容如个人卫生知识、营养卫生知识、疾病防治知识、环境保护知识、计划生育知识、精神卫生知识等；特殊的健康教育内容如妇女健康保健知识、儿童保健知识、老年人健康保健知识、残疾人自我功能恢复和居家护理保健知识，以及卫生管理法规的教育等。

（3）康复的实施：为患者创造一个舒适的康复环境，提供各种康复性护理，防止残障进一步加重。根据康复专业人员的家庭锻炼计划，结合患者的实际情况安排好功能锻炼活动。

（4）提供基本医疗服务：对于家庭访视对象中的各种慢性病患者、老年功能障碍者等，连续照顾中需提供基本医疗服务及慢性病管理服务。

（5）协助患者提高生活自理能力：对患者的日常活动，如进食、排泄、沐浴、活动或移动等能力进行评估，并指导其充分利用辅助设施、器具等，以增进自理程度。

（6）对家属的指导：患者家属在家庭访视实施过程中起着重要的辅助作用，应给予必要的访视指导，帮助协调好患者与家属的关系，为患者的康复提供良好的家庭氛围。

3. **访视评价**　不论是在访视中或在访视后，应及时评价访视计划、效果等情况，以便及时修改访视内容，提高访视成效。

4. **访视记录**

（1）目的：对访视计划的实施情况等进行笔录。访视记录中的内容可作为本人对自我工作评价及改进工作的依据，作为同行间交流、协作的资料，作为科研和教学的素材，供日后评价参考。

（2）原则：正确、简洁、时效，应使用统一、规范的表格，如家庭病史簿、产妇及新生儿访视卡等。

5. **访视预约**

（1）实际访视完毕，应根据个案问题的缓急，预约下次访视时间。

（2）预约时间应该记录在病历上，把下次访视时间告知访视者，提醒其准备。

（3）留存双方电话便于联络。

（三）访视后的工作

访视后的工作分为消毒及物品的补充，记录和总结，修改诊疗或护理计划，协调合作等。

1. 访视后所用物品处理应根据物品污染情况和病情设定处理方法。
2. 访视后应对个案健康问题给予评价，以判断访视目的是否达到。
3. 评估后进行诊疗计划的修改，必要时协调多部门合作。

四、家庭访视注意事项

1. 家庭访视者具备家庭评估的理论和良好的沟通技巧。
2. 熟悉所在社区家庭照顾的服务项目。
3. 了解患者的付费性质、告知家访收费及免费项目内容。
4. 考虑患者具体照顾者的利益和需求。
5. 选择合适的时间。
6. 家访时要观察每个家庭成员的反应，及时发现存在的问题。

第五节　孕产妇及新生儿家庭访视技术

一、概述

社区卫生服务机构在接到分娩医院转来的产妇分娩信息后，要求在出院后 1 周内和产后第 28 日分别做 2 次产后访视。

二、服务目的

进行产褥期健康管理，加强母乳喂养和新生儿护理指导，同时进行新生儿访视。

三、服务内容及方式

全科医生在与产妇及其家属进行沟通取得同意后，入户进行观察、询问和体检，以了解新生儿和产妇的情况，进行评估分类和处理指导，发现问题并及时转诊。操作顺序为先新生儿后产妇。

四、操作过程

（一）检查前准备

1. 产后访视包准备

（1）必备物品：血压计、听诊器、体温计、75% 乙醇、消毒棉签、口罩、一次性消毒手套、婴儿秤、布兜、电筒。

（2）附带物品：两把镊子、拆线剪、访视记录表、产后宣教资料、母乳喂养宣教资料等。

（3）生活物品：一次性脚套等。

2. 访视前准备

（1）访视前电话预约。

（2）访视人员应统一着装，佩戴上岗证。

（3）自我介绍、说明来访目的。

（4）接触母婴前应先清洁双手。

（二）新生儿访视

1. 询问 新生儿的出生孕周、出生体重、有无窒息史、计划免疫、出院后喂养、睡眠、大小便、新生儿听力/视力和代谢性疾病筛查结果等。

2. 观察 新生儿的一般情况、精神、面色、呼吸、哭声、吸吮情况等。

3. 体检 新生儿的体温、体重、心肺听诊、五官、脐部、臀部皮肤黏膜处有无感染或过敏症状，外生殖器有无异常等。

4. 评估分类和处理指导

（1）对生长发育正常的新生儿或有一般异常问题（鹅口疮、红臀、生理性黄疸、有喂养问题和脐部问题）者，可以进行新生儿保健指导（母乳喂养技巧、护理、沐浴、预防接种）并对相关问题进行处理，30日后转社区卫生服务机构儿保门诊继续随访。

（2）对早产儿、有先天性疾病（如听力/视力筛查发现问题、苯丙酮尿症、甲状腺功能减退）者，以及有病理性黄疸症状者应到上级医院儿科进行进一步诊断和治疗。

（三）产妇访视

1. 询问 产妇的分娩方式、胎产次、会阴及腹部伤口、乳房、有无产后出血、感染。

2. 观察 产妇的一般情况、精神心理，恶露量、色、性状和气味，哺乳情况。

3. 体检 产妇的体温、血压、乳房、乳汁、子宫复旧情况、会阴或腹部伤口等，必要时做心理量表评估。

4. 评估分类和处理指导（图18-5-1）

（1）对于康复正常的产妇和一般异常（存在母乳喂养问题，产后腹痛、便秘、痔疮及会阴伤口问题等）的产妇要进行产褥期保健指导（包括产褥卫生、母乳喂养、营养、心理等）并对相关问题进行处理。做好产后避孕节育健康指导，督促其产后42日进行产后健康检查。

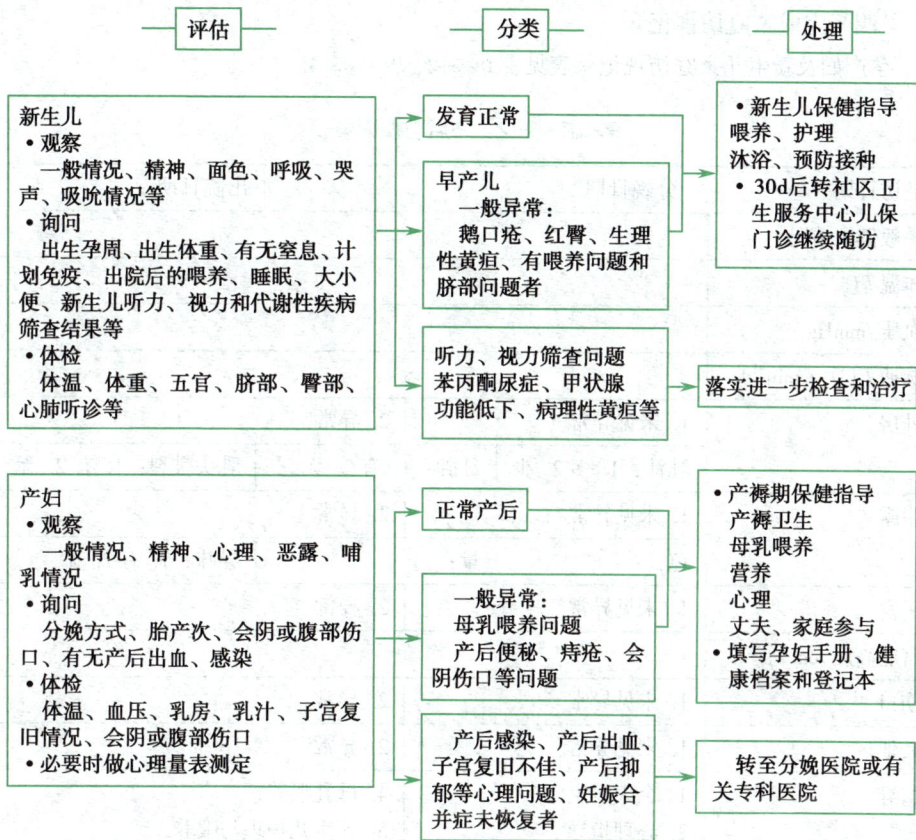

図 18-5-1　产后家庭访视流程图

评估　分类　处理

新生儿
• 观察
　一般情况、精神、面色、呼吸、哭声、吸吮情况等
• 询问
　出生孕周、出生体重、有无窒息、计划免疫、出院后的喂养、睡眠、大小便、新生儿听力、视力和代谢性疾病筛查结果等
• 体检
　体温、体重、五官、脐部、臀部、心肺听诊等

发育正常

早产儿
　一般异常：
　鹅口疮、红臀、生理性黄疸、有喂养问题和脐部问题者

• 新生儿保健指导
　喂养、护理
　沐浴、预防接种
• 30d后转社区卫生服务中心儿保门诊继续随访

听力、视力筛查问题苯丙酮尿症、甲状腺功能低下、病理性黄疸等

落实进一步检查和治疗

产妇
• 观察
　一般情况、精神、心理、恶露、哺乳情况
• 询问
　分娩方式、胎产次、会阴或腹部伤口、有无产后出血、感染
• 体检
　体温、血压、乳房、乳汁、子宫复旧情况、会阴或腹部伤口
• 必要时做心理量表测定

正常产后

一般异常：
　母乳喂养问题
　产后便秘、痔疮、会阴伤口等问题

• 产褥期保健指导
　产褥卫生
　母乳喂养
　营养
　心理
　丈夫、家庭参与
• 填写孕妇手册、健康档案和登记本

产后感染、产后出血、子宫复旧不佳、产后抑郁等心理问题、妊娠合并症未恢复者

转至分娩医院或有关专科医院

（2）发现有产后感染、产后出血、子宫复旧不佳、妊娠合并症未恢复、产后抑郁等问题的产妇（表18-5-1），需转至上级医院治疗。

表 18-5-1　产褥期常见并发症的表现及提示的疾病

表现特征	提示疾病
产后 10 日内体温两次在 38℃以上	产褥病
会阴伤口疼痛、有硬结	会阴伤口轻度感染
宫底有压痛、恶露有异味	子宫内膜炎
高热、寒战、下腹部有明显压痛，经一般感染治疗无好转者	产褥感染
一侧下肢水肿	下肢血栓性静脉炎
乳腺肿块伴发热，经一般处理无效	乳腺炎
阴道出血，特别是剖宫产后	晚期产后出血
悲伤、沮丧、哭泣、孤独、焦虑、恐惧、易怒、自责及自罪、处世能力下降	产后抑郁

（四）完成家庭访视记录

孕产妇及新生儿家庭访视记录表见表 18-5-2、表 18-5-3。

表 18-5-2　产后访视记录表

随访日期	分娩日期		出院日期	
一般健康情况				
体温 /℃				
血压 /mmHg				
脉搏 /（次·min^{-1}）				
乳房	1. 未见异常		2. 异常	
	乳汁：1. 多 2. 少	红肿：1. 有 2. 无		乳头皲裂：1. 有 2. 无
恶露	1. 未见异常		2. 异常	
	色：	量：		异味：1. 有 2. 无
子宫	1. 未见异常		2. 异常	
宫底高度 /cm				
伤口	1. 未见异常		2. 异常	
其他	1. 未见异常		2. 异常	
指导	1. 个人卫生 2. 心理指导 3. 营养指导		4. 母乳喂养 5. 新生儿护理与喂养 6. 其他	
转诊	1. 无 2. 有		原因：	
下次随访日期				
随访机构				
随访医生签名				

表 18-5-3　新生儿家庭访视记录表

母（父）亲姓名		母（父）亲身份证号		
胎次		性别		
联系电话		母亲建册地		
出生日期		出院日期		
实足日龄 /d		访视日期：年　　月　　日		
听力筛查	1. 通过	2. 未通过		3. 未筛查
遗传代谢病筛查	1. 未进行	2. 检查均阴性		3. 异常

先天性心脏病筛查	1. 阴性	2. 阳性	3. 未筛查
喂养方式	1. 纯母乳	2. 混合	3. 人工
每次吃奶量 /ml			
每日吃奶次数			
呕吐	1. 无	2. 有	
大便	1. 糊状	2. 稀	3. 其他
大便次数			
体温 /℃			
目前体重 /kg			
心率 / (次 · min^{-1})			
呼吸频率 / (次 · min^{-1})			
面色	1. 红润	2. 黄染	3. 其他
黄疸部位	1. 无	2. 面部	
前囟大小			
前囟	1. 正常	2. 膨隆	3. 凹陷
眼睛	1. 未见异常	2. 异常	
耳外观	1. 未见异常	2. 异常	
鼻	1. 未见异常	2. 异常	
口腔	1. 未见异常	2. 异常	
心肺听诊	1. 未见异常	2. 异常	
腹部触诊	1. 未见异常	2. 异常	
脐带	1. 未脱	2. 脱落	3. 脐部有渗出
四肢活动度	1. 未见异常	2. 异常	
颈部包块	1. 无	2. 有	
皮肤	1. 未见异常	2. 湿疹	3. 糜烂
肛门	1. 未见异常	2. 异常	
外生殖器	1. 未见异常	2. 异常	
脊柱	1. 未见异常	2. 异常	
胸部	1. 未见异常	2. 异常	
高危新生儿	1. 否	2. A 类	3. B 类
转诊建议	1. 无	2. 有	
转诊原因			

第十八章 全科医生拓展技能

续表

转往机构			
指导	1. 喂养	2. 发育	3. 防病
	4. 预防伤害	5. 口腔保健	6. 其他
下次随访地点			
下次随访时间			
随访医生签名			

五、访视注意事项

1. 根据产妇分娩日期及产休地址，规划访视路线；注意沟通技巧，态度和蔼可亲。

2. 选择自然光线良好的房间，室温 25℃左右，检查台面柔软（床或沙发）。动作轻柔，注意保暖，及时安抚新生儿不安情绪。

3. 注意保护产妇隐私，重视产褥期心理保健。男医生访视时女护士需一同前往。

4. 第二次产后访视内容同第一次，发现异常情况及时处理，必要时增加访视次数或转上级医院治疗。

5. 及时做好访视记录，以免遗漏。

（贾　坚）

推荐阅读资料

［1］陈丽芬，贾建国，路孝琴.列斯特评估量表及其在全科医生应诊能力评价中的应用.中国全科医学，2016，19（4）：447-450.

［2］陈旭娇，严静，王建业，等.老年综合评估技术应用中国专家共识.中华老年医学杂志，2017，5（36）：471-477.

［3］方力争.全科医生常用临床技能手册.北京：人民卫生出版社，2016：166.

［4］于晓松，路孝琴.全科医学概论.5版.北京：人民卫生出版社，2018：288-294.

索引